KB268516

한 번에 합격, 자격증은 이기적

이렇게 기막힌 적중률

함께 공부하고 특별한 혜택까지!
이기적 스터디 카페

구독자 약 15만 명, 전강 무료!
이기적 유튜브

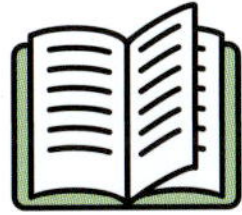
합격을 위한 기적 같은 선물
또기적 합격자료집

혼자 공부하기 외롭다면?
온라인 스터디 참여

모든 궁금증 바로 해결!
전문가와 1:1 질문답변

1년 내내 진행되는
이기적 365 이벤트

도서 증정 & 상품까지!
우수 서평단 도전

간편하게 한눈에
시험 일정 확인

합격까지 모든 순간 이기적과 함께!

이기적 365 EVENT

QR코드를 찍어 이벤트에 참여하고 푸짐한 선물 받아가세요!

1 기출문제 복원하기

이기적 책으로 공부하고 시험을 봤다면 7일 내로 문제를 제보해 주세요!

2 합격 후기 작성하기

당신만의 특별한 합격 스토리와 노하우를 전해 주세요!

3 온라인 서점 리뷰 남기기

온라인 서점에서 책을 구매하고 평점과 리뷰를 남겨 주세요!

4 정오표 이벤트 참여하기

더 완벽한 이기적이 될 수 있게 수험서의 오류를 제보해 주세요!

※ 이벤트별 혜택은 변경될 수 있으므로 자세한 내용은 해당 QR을 참고해 주세요.

모두에게 당신의 합격 스토리를 들려주세요
합격 후기 EVENT

합격하고 마음껏 자랑하세요.
후기를 남기면 네이버페이 포인트를 선물로 드려요.

블로그에 자랑 남기기

개인 블로그에
합격 후기 작성하고 20,000원 받기!

20,000원
네이버페이 포인트 지급

카페에 자랑 남기기

이기적 스터디 카페에
합격 후기 작성하고 5,000원 받기!

5,000원
네이버페이 포인트 지급

※ 자세한 참여 방법은 QR코드 또는 이기적 스터디 카페 '이기적 이벤트' 게시판을 확인해 주세요.
※ 이벤트에 참여한 후기는 추후 마케팅 용도로 활용될 수 있으며 혜택은 변동될 수 있습니다.

시험 환경 100% 재현!

CBT 온라인 문제집

CBT 온라인 문제집 이용 가이드

- **STEP 1** CBT 사이트(cbt.youngjin.com) 접속하기
- **STEP 2** 과목을 선택하고 시작하기 버튼 클릭하기
- **STEP 3** 시간에 맞춰 문제 풀고 합격 여부 확인하기
- **STEP 4** 로그인하면 MY 페이지에서 응시 결과 확인 가능

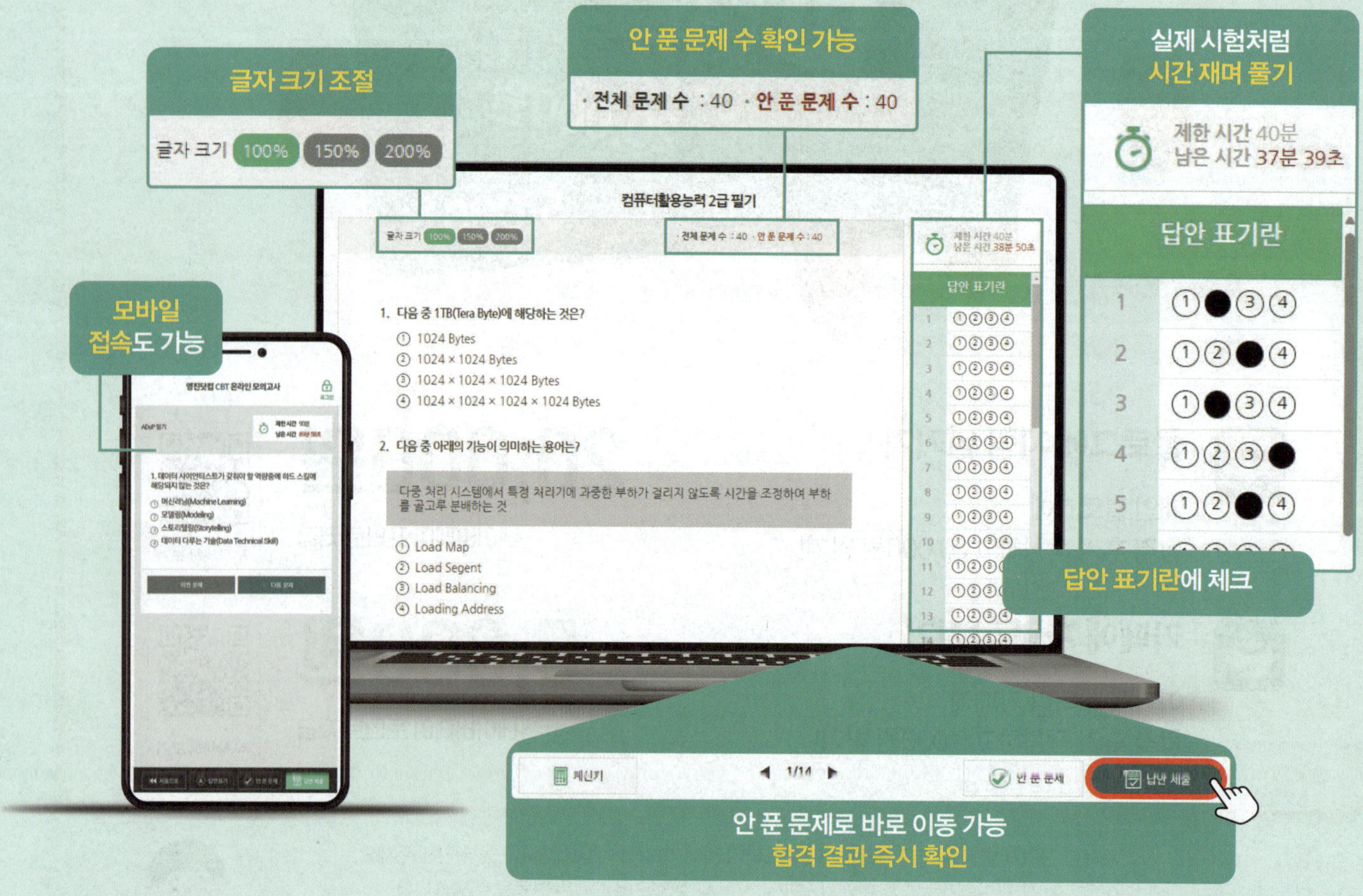

이기적 CBT

합격을 위해 모두 드려요.
이기적 합격 솔루션!

이기적이 여러분을 위해 준비했어요

빠르게 합격하고 싶어요, 기출 문제만 900문항

이론은 어느 정도 공부했고~ 기초 실력도 있다면,
문제만 빠르게 풀어보면서 시간을 단축해 보세요.

그래도 불안하다면, 추가 실전 모의고사

책만 공부하기 불안하고 부족하다면,
실전 모의고사 100선 PDF를 받아 보실 수 있어요.

시험의 처음부터 끝까지, 또기적 합격자료집

CPPG 시험과 관련한 주요 내용을 모아 정리하였습니다.
또기적 PDF로 합격생들의 수기를 확인하고 스터디 플랜도 작성해보세요.

무엇이든 물어보세요, 1:1 질문답변

공부하다 궁금한 게 생기셨나요? 무엇이든 물어보세요.
금방 답해 드릴게요.

※ 〈2026 이기적 CPPG 개인정보관리사 기출 900제〉를 구매하고 인증한 회원에게만 드리는 자료입니다.

◀ 모든 혜택 한 번에 보기

정오표 바로가기 ▶

CPPG

개인정보관리사 기출 900제

차례

또기적 합격자료집

 실전 모의고사

 시험장 스케치

참여 방법

이기적 스터디 카페' 검색 → 이기적 스터디 카페(cafe.naver.com/yjbooks) 접속 →
'자료 신청하기' 게시판 → 구매 인증 → 메일로 자료 받기

이 책의 구성

해설과 함께 보는 최신 기출문제

- ☑ 과목별 최신 유형 400제
- ☑ 바로 보는 정답과 해설
- ☑ 빠른 풀이로 시험 유형 확인

해설과 따로 보는 최신 기출문제

- ☑ 최신 기출 복원 문제
- ☑ 풀이 시간/채점 점수 기록
- ☑ 문항별 상세한 해설과 TIP

또기적 합격자료집(PDF)

- ☑ 시험장 스케치 & 스터디 플래너
- ☑ 유의 사항&수험생 합격후기
- ☑ 추가 실전 모의고사

STEP 1 — 시험 개요

CPPG 개인정보관리사 소개

CPPG(Certified Privacy Protection General)는 한국CPO포럼이 시행하는 국내 민간자격으로서, 개인정보보호 정책 및 대처방법론에 대한 지식 및 능력을 갖춘 전문가를 검정한다.
향후 기업 또는 기관의 개인정보 관리 업무를 수행하고자 하는 자에게 다음의 업무능력을 확인한다.

- 개인정보보호와 관련된 보안정책의 수립
- 기업/기관과 개인정보보호의 이해
- 개인정보 취급자 관리
- 관련법규에 대한 지식 및 적용

응시 자격

자격 제한 없음

시험 형식

- 시험 시간 120분, 총 100문항, 객관식 5지선다
- PBT(Paper Based Test) 형식으로 진행

시험 접수

한국CPO포럼 홈페이지 https://cpptest.or.kr 접수

접수 기간

- 시험일 10일 정도 전까지 약 한 달간 진행
- 시행처 일정 공지 참고

합격 기준

- 과목당 40% 이상, 총점 60% 이상
- 한 과목이라도 40% 미만 득점한 경우 불합격

준비물

신분증, 컴퓨터용 사인펜, 수험표

STEP 2 — 출제 기준

필기 검정 5과목

1. 개인정보보호의 이해 (10%)

- 개인정보의 개요
- 개인정보보호의 중요성
- 기업의 사회적 책임

2. 개인정보보호 제도 (20%)

- 개인정보보호 관련 법률 체계
- 개인정보보호 원칙과 의무
- 정보주체의 권리
- 분쟁해결절차

3. 개인정보 라이프사이클 관리 (25%)

- 개인정보 수집, 이용
- 개인정보 저장, 관리
- 개인정보 제공

4. 개인정보의 보호조치 (30%)

- 개요
- 개인정보의 기술적 · 관리적 보호조치 기준

5. 개인정보 관리체계 (15%)

- 개인정보 관리체계 개요
- 주요 개인정보 관리체계

> **고사장 및 시험 관련 문의**
>
> - 시행처 : 한국CPO포럼
> - 홈페이지 : cpptest.or.kr
> - 고객지원 : 02-544-1820

시험 출제 경향

1 과목 개인정보보호의 이해

개인정보보호의 이해는 개인정보의 정의, 개인정보의 유형 및 종류, 개인정보보호의 중요성, 기업의 사회적 책임 등을 학습하는 파트입니다. 개인정보에 대한 명확한 이해와 글로벌 개인정보보호 규정을 학습하여 전반적인 개인정보보호 분야의 특성을 파악해야 합니다.

2 과목 개인정보보호 제도

개인정보보호 제도는 개인정보보호와 관련된 법령, 기본 원칙, 정보주체의 권리, 분쟁해결절차 등을 학습하는 파트입니다. 개인정보 보호의 법령체계를 숙지하여 법적 준거성을 확보하고 개인정보보호의 기본 원칙을 실무에 적용할 수 있도록 하는 것을 목표로 합니다.

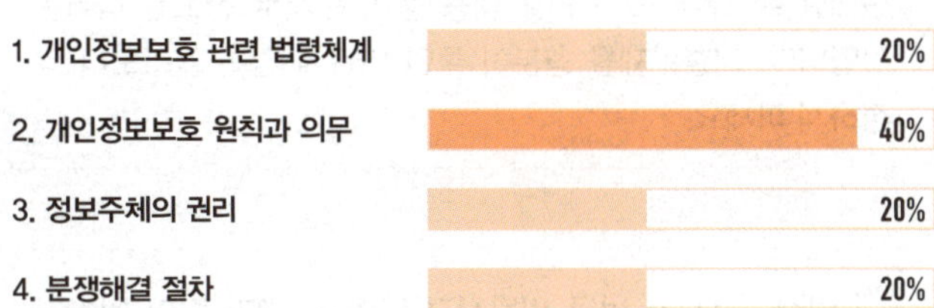

3 과목 개인정보 라이프사이클 관리

개인정보 라이프사이클 관리는 개인정보의 수집 및 이용 → 제공 → 관리(보관) → 파기 단계에서 준수해야 할 원칙과 주의 사항을 학습하는 파트입니다. 이를 통해 개인정보가 처음 수집될 때부터 최종 파기될 때까지 모든 과정에서 적절하게 보호될 수 있도록 관리 방법 이해를 목표로 합니다.

4 과목 개인정보의 보호조치

개인정보 보호조치는 개인정보의 안정성 확보조치를 위한 내부관리계획, 접근 권한 등에 대한 내용입니다. 개인정보를 처리함에 있어 개인정보의 분실·도난·유출·위조·변조 또는 훼손을 방지하고 개인정보의 안전성 확보를 위한 활동을 확인합니다.

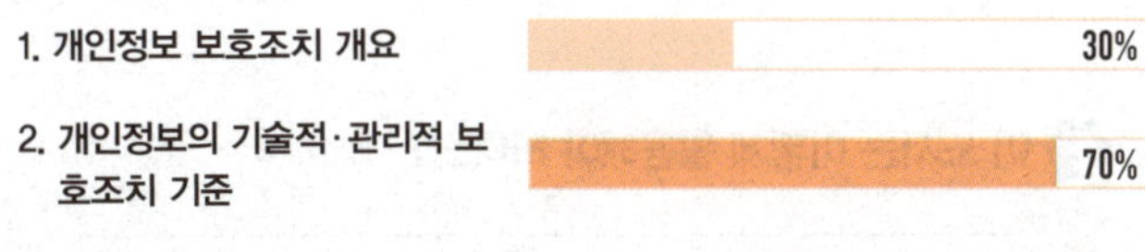

5 과목 개인정보 관리체계

개인정보 관리체계에서는 개인정보처리자가 정보주체의 개인정보를 보호할 수 있는 보호 대책들을 구현하고 이를 지속적으로 관리·운영하는 체계에 대한 활동은 어떤 것들이 있는지 확인합니다.

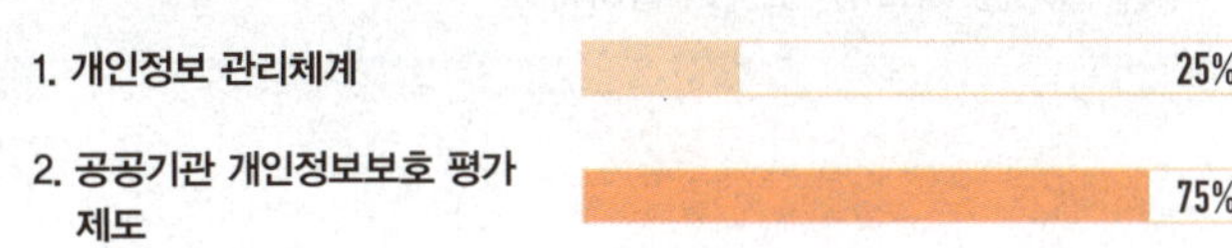

Q 개인정보 분야를 처음 접하는 사람도 CPPG 자격증을 취득할 수 있나요?

A

당연히 가능합니다. CPPG는 실무 · 법령의 기본 개념 체계를 잡는 데 최적화되어 있어, 초심자도 교재 반복 회독 + 기출풀이만으로 합격할 수 있습니다.

개인정보 업무 경험이나 보안 기초가 있으면 유리하지만, CPPG는 범위가 넓고 법령 · 용어 중심의 암기 요소가 커서 전략도 중요합니다. 핵심은 처음부터 완벽 이해보다 문제풀이 → 회독수 확대 → 고빈출 내용 정리 순서로 진도를 나가는 것입니다. 기출문제를 충분히 풀면 빠르게 감이 올라오니 걱정하지 마세요.

Q 법령 · 고시가 너무 외워지지 않아요. 암기 팁이 있을까요?

A

다음과 같은 방법들을 정리해드립니다. 공부하면서 적용해보세요.

- 숫자 · 기한은 묶음 암기 : 보유기간, 통지 · 보고 기한 등은 "기한/행위/주체" 3요소를 한 세트로 카드화
- 유사 조항 비교표 : 파기 vs 분리보관, 익명처리 vs 가명처리, 기술적 · 관리적 보호조치 항목 비교
- 오답노트는 틀린 이유 중심 : 용어 혼동/기한 착각/예외 미확인/주체 착오 등 태깅해 반복 방지
- 말로 설명해보기 : 학습 파트의 핵심을 30초 스피치로 요약해서 직접 설명할 수 있는지 점검

Q 이 도서는 어떻게 활용해야 하나요?

A

기출문제는 출제 패턴 · 표현 습관을 익히는 데 최적의 자료입니다. 3회 이상 풀어보면 점수 편차가 줄어들며 합격 안정권에 쉽게 들어갑니다. 매 회차 오답 원인을 직접 분류하면 실수를 줄이는 데도 큰 도움이 됩니다.

Q 학습 범위가 방대한데 단기간 합격을 위해 선택과 집중을 한다면 어떤 부분에 비중을 두어야 할까요?

A

CPPG는 총 5개 과목으로 구성되어 있지만, 합격의 당락은 핵심 법령과 라이프사이클 단계에서 결정된다고도 볼 수 있습니다. 효율적인 단기 합격을 위해 다음 세 가지에 집중해 보세요.

- 법령 및 제도 완파 : 전체 비중이 높으면서도 과목의 기초가 됩니다. '개인정보 보호법' 조문은 물론, 시행령과 고시(개인정보의 안전성 확보조치 기준 등)의 세부 문구까지 눈에 익혀두어야 합니다.
- 라이프사이클 흐름 잡기 : 수집-이용-제공-파기로 이어지는 단계별 의무 사항을 정리하세요. 특히 '동의 없이 처리 가능한 경우'나 '제3자 제공 vs 위탁의 차이'처럼 헷갈리기 쉬운 개념은 단골 출제 포인트입니다.
- 시간 배분 연습 : 120분 동안 100문제를 풀어야 하므로 지문 읽는 속도와 시간관리도 중요합니다. 실제 시험처럼 타이머를 맞추고, 긴 지문에서 핵심 키워드를 빠르게 찾아내는 연습을 병행하면 실전에서 당황하지 않고 실력을 발휘할 수 있습니다.

Q CPPG 자격증 취득 후 어떻게 활용할 수 있나요?

A

CPPG는 기관 · 기업에서 개인정보보호 담당자 채용 시 우대되는 경우가 많고, ISMS-P 심사원 준비에도 토대가 됩니다. 여기에 정보보안기사, PIA, 정보관리기술사 등의 상위 자격 학습 시 공통 기반 지식으로 활용하기 좋아 학습 효율을 높여줍니다.

업무적으로는 내부 개인정보보호 체계 수립 · 점검, 수탁사 관리, 교육기획, 영향평가 보조 등 실무 전반에 바로 적용 가능합니다. 이력서에는 "개인정보 라이프사이클 기반 관리 체계 이해", "개인정보 안전성 확보조치 실무 적용 역량" 같은 구체 역량 문구로 정리해두면 좋습니다. 팀 내 교육 자료 작성, 내부 점검 체크리스트 개선, 신규 서비스 기획 시 개인정보 설계 점검(Privacy by Design) 등에서도 강점이 드러납니다.

해설과 함께 보는
최신 기출문제

개인정보관리사	시험 시간	문항 수
	120분	총 100개

풀이 시간 : ___________ 채점 점수 : ___________

---

1 과목 **개인정보보호의 이해**

상 중 하

01 다음은 「개인정보 보호법」에서 정의하는 '개인정보'의 범위 · 특성에 관한 설명이다. 가장 적절하지 않은 것을 고르시오.

① 살아 있는 개인에 관한 정보로서 성명, 주민등록번호 및 영상 등을 통하여 개인을 알아볼 수 있는 정보는 개인정보에 해당한다.

② 단일 정보만으로 식별이 어렵더라도, 다른 정보와 결합될 합리적 개연성이 있으면 개인정보에 해당한다.

③ 개인정보는 전자적 · 비전자적 형식에 상관없이 동일한 보호 대상에 해당한다.

④ 특정 개인을 식별할 수 있는 고유식별정보는 추가적인 보호조치 의무를 수반한다.

⑤ 개인정보의 일부를 삭제하거나 대체하여 추가 정보 없이는 특정 개인을 알아볼 수 없도록 처리한 가명정보는 개인정보에 해당하지 않는다.

가명정보는 성명, 연락처 등 식별정보를 삭제하거나 대체하는 등의 방법으로 식별 가능성을 낮춘 개인정보다. 이에 가명정보도 다른 개인정보에 준하는 안전조치를 해야 한다.

상 중 하

02 보기 (a)~(d)는 OECD 8원칙 중 일부를 요약한 것이다. 다음 중 원칙에 대한 내용이 올바르게 묶인 것을 고르시오.

> (a) 목적 명확화의 원칙: 개인정보의 수집 목적은 늦어도 수집 시까지 명확화 되어야 하며, 그 후의 이용은 수집목적의 실현 또는 수집목적과 양립되어야 하고 목적이 변경될 때마다 명확화 될 수 있는 것으로 제한되어야 한다.
>
> (b) 공개의 원칙: 개인정보와 관련된 개발, 실시, 정책에 대하여는 일반적인 공개정책을 취하여야 한다. 개인정보의 존재, 성질, 그 주요 이용목적과 함께 정보관리자의 신원과 주소를 명확하게 하기위한 수단은 용이하게 이용할 수 있어야 한다.
>
> (c) 수집제한의 원칙: 개인정보는 그 이용목적에 부합되는 것이어야 하며, 이용목적에 필요한 범위 안에서 정확하고 완전하며 최신의 것이어야 한다.
>
> (d) 책임성의 원칙: 정보관리자는 위의 원칙들을 실시하기 위한 조치에 따를 책임이 있다.

① (a), (b)

② (a), (d)

③ (b), (d)

④ (a), (b), (d)

⑤ (a), (b), (c), (d)

OECD 8원칙 중 수집제한의 원칙은 개인정보의 수집은 제한을 두어야 하며 어떠한 개인정보도 합법적이고 공정한 절차에 의하여야 하고, 가능한 경우에는 데이터 주체에게 알리거나 허락을 받은 후에 수집하여야 한다는 내용이다.
(c)는 정보 정확성의 원칙의 내용이다.

03 다음의 제휴와 관련하여 A기업이 우선적으로 준수해야 할 최소한의 조치로 가장 적절한 것은?

> 국내 헬스케어 스타트업 A기업은 웨어러블 기기를 통해 이용자의 심박 · 수면 · 위치 데이터를 실시간 수집한다. 회사는 "건강 콘텐츠 개인화"를
> 이유로 이용약관에 포괄 동의를 받은 상태다. 최근 A기업은 해당 데이터를 제약사 B기업에 판매해 신약 연구에 활용하도록 제휴 계약을 체결했다.

① 기존 약관 동의만으로 충분하므로 추가 동의 · 고지는 불필요하다.
② 데이터 상품화는 부가적 수익 활동이므로 '정당한 이익'으로 처리할 수 있다.
③ 정보주체 개별 동의 획득, 목적 변경 고지, 제3자 제공에 대한 기록 · 관리가 필요하다.
④ 가명처리 후 제공하면 제약사가 추가 동의 없이 이용할 수 있다.
⑤ 연구 목적이므로 별도의 동의 없이 활용 가능하다.

「개인정보 보호법」 제17조 · 제18조는 제3자 제공 시 정보주체 동의를 요구하며, 목적 변경 시 사전 고지를 의무화한다.
A기업은 가명처리를 하더라도 재식별 위험을 차단하고 제공 목적 · 범위를 명확히 해야 한다.

04 다음 중 '개인정보 침해' 유형과 그 설명으로 가장 적절하지 않은 것을 고르시오.

① 유출 – 무단 복사 · 게시 등을 통해 개인정보가 외부로 빠져나가는 사고
② 오 · 남용 – 부여받은 권한을 초과하여 개인정보를 조회하거나 타 목적으로 사용하는 행위
③ 변조 · 훼손 – 개인정보가 무단 복사되어 외부로 전송되는 사례
④ 분실 · 도난 – 이동식 저장매체 · 문서 · 단말기를 잃어버리거나 도난당해 정보가 사라지는 사고
⑤ 감청 – 통신 구간에서 데이터를 몰래 가로채 내용을 엿보는 행위

변조 · 훼손은 개인정보 또는 개인정보처리시스템의 무단 변경, 삭제, 위 · 변조 또는 조작 행위를 의미한다.

05 다음 의 '다층 규제 대응 전략'이 조직의 개인정보 거버넌스에 미칠 긍정적 효과로 가장 적절하지 않은 것을 고르시오.

> 2025년, 미국에서는 8개 주의 새로운 소비자 개인정보보호법이 시행되면서 '주별 상이한 동의 · 권리 규정'이 기업 준수 부담을 가중시키고 있다.
> 다국적 플랫폼 A기업은 이 같은 규제 파편화를 최소화하기 위해 다음과 같은 조치를 취하였다.
> – 미국 내 사업자는 주별 opt–out 체계 구축
> – EU 이용자에게는 GDPR 준거 동의 · 철회 장치 유지
> – 한국 이용자에게는 「개인정보 보호법」 기반의 고유식별정보 처리 제한 규정 적용

① 규제별 요구사항을 정책 · 코드로 표준화하여 자동화하면, 운영 중 법령 위반 리스크를 시스템 수준에서 감소시킬 수
있다.
② 지역마다 다른 동의 방식 · 권리행사 절차를 UX로 세분화하면, 이용자 체감 편의성과 투명성이 향상될 수 있다.
③ 국가 간 상충되는 법 규정을 통일적으로 해석 · 적용해, 모든 지역에서 동일한 권리 보장을 일괄적으로 달성할 수 있다.
④ 초기 복잡성은 존재하더라도 장기적으로 운영 효율 및 TCO 절감이 가능하다.
⑤ 공통 통제를 참조 아키텍처로 정착시키면, 신규 법령 대응 시 재개발 범위를 최소화할 수 있다.

다층적인 규제에 대응하기 위해, 코드화 · 표준화 · 모듈화를 통해 컴플라이언스 준수를 자동화하고 사용자 경험(UX)을 개선하며, 재사용 가능한 통제체계를 구축하는
전략이다. 반면 ③의 "상충 규정의 통일적 해석 · 일괄 적용"은 관할권별 충돌 규범과 집행 권한을 무시한 내용으로 긍정적 효과와 가장 거리가 멀다.

06 다음 사례에서 A기업이 준수해야 할 '필수 · 선택 항목 구분' 원칙을 가장 정확히 설명한 것은?

> 국내 여행 플랫폼 A기업은 2025년 3월, 회원 가입 절차에서 주민등록번호를 입력받지 않고 휴대폰 본인확인(휴대폰 번호 · 이름 · 생년월일)으로 실명 인증을 진행한다. A기업은 국제선 항공권의 '좌석 예약과 동시에 자동 발권'이 이루어지는 프로세스를 운영하며, 예약 단계에서 여권번호 · 국적 정보를 추가로 수집한다. A기업은 자동 발권을 위해 여권번호를 필수 입력값으로 설정했다.

① 휴대폰 본인확인으로 실명 인증이 완료됐으므로, 여권번호는 선택 항목으로 전환하고 동의를 받아야 한다.
② 예약이 곧 자동 발권으로 이어지는 구조에서는, 여권번호는 계약 이행에 필수인 항목으로 '필수' 수집이 가능하다.
③ 국적 정보는 여행 목적과 무관하므로 수집 자체가 금지된다.
④ 주민등록번호를 수집하지 않았으므로 본 처리는 가명정보 처리에 해당한다.
⑤ 항공권 예약은 계약 이행을 위한 필수 단계가 아니므로 여권번호는 수집할 수 없다.

- 최소수집 원칙(법 §16)과 필수 · 선택 구분(시행령 §17)은 해당 단계의 목적 달성에 필요불가결한지를 기준으로 판단한다.
- 국제선 즉시 자동 발권 프로세스에서는 여권번호 · 국적이 없으면 발권 자체가 불가능하므로 계약 이행상 필수 항목으로 수집이 가능하다.
- 다만, 여권번호(고유식별정보)는 암호화 등 안전조치를 적용하고, 목적 외 이용 금지 및 최소 보유 원칙을 준수해야 한다.

07 다음 보기 중 '익명정보(anonymous data)'와 '가명정보(pseudonymized data)'의 차이를 가장 올바르게 설명한 것은?

① 익명정보는 다른 정보를 결합하면 특정 개인을 알아볼 수 있는 정보를 말한다.
② 가명정보와 익명정보는 모두 정보주체의 동의가 필요하다.
③ 가명정보는 복원 가능성을 전제로 하며, 익명정보는 복원이 불가능한 정보를 의미한다.
④ 익명정보와 가명정보 모두 「개인정보 보호법」상의 개인정보 정의에 포함된다.
⑤ 가명정보는 개인정보와 동일하게 열람 · 정정 · 삭제 등 정보주체 권리가 보장된다.

익명정보는 「개인정보 보호법」 적용 대상이 아니나, 가명정보는 '가명처리된 개인정보'로서 안전성 확보조치 · 추가정보 분리 보관 의무(법 §28-2, 고시 제9조 등)가 따른다.

오답 피하기

① 가명정보의 정의이다.
② 익명정보는 정보주체의 동의를 필요로 하지 않는다.
④ 익명정보는 개인정보 보호법 적용 대상이 아니다.
⑤ 가명정보를 처리하는 경우에는 제35조부터 제37조까지의 규정(정보주체의 열람, 정정, 삭제, 처리정지)을 적용하지 않는다.

(상)(중)**(하)**

08 다음 지문은 개인정보 침해 사고 발생 시 수행해야 할 조치들을 나열한 것이다. 조치 순서로 가장 적절한 것을 고르시오.

> ⓐ 사고 사실 확인 및 피해 범위 파악
> ⓑ 개인정보보호 책임자 및 최고경영진 보고
> ⓒ 관계 기관(개인정보보호위원회 등)에 신고 · 통보
> ⓓ 정보주체에 사고 사실 및 대응 계획 고지
> ⓔ 재발 방지 대책 수립 및 시스템 보완

① ⓐ → ⓑ → ⓒ → ⓓ → ⓔ
② ⓐ → ⓓ → ⓑ → ⓒ → ⓔ
③ ⓑ → ⓐ → ⓒ → ⓓ → ⓔ
④ ⓐ → ⓑ → ⓓ → ⓒ → ⓔ
⑤ ⓑ → ⓐ → ⓓ → ⓒ → ⓔ

개인정보 유출 등 사고 대응 매뉴얼은 ④번과 같은 절차를 권장한다.
무조건 정보주체에게 먼저 통보하면 조사 · 제어 혼선이 발생할 수 있다. (통지 및 기관 신고는 인지 시점부터 72시간 내)

(상)(중)**(하)**

09 다음 중 A기업이 즉시 이행해야 할 개선 조치로 가장 적절하지 않은 것은?

> 2025년 5월, AI 스타트업 A기업은 서울 시내 1500대의 도로 교통 CCTV 영상을 수집하여 실시간 교통량을 분석하는 AI 모델을 개발하였다.
> 분석된 교통량 정보는 공공 API를 통해 실시간으로 기관과 민간에 제공되고 있다.
> A기업은 개인정보 침해 우려를 줄이기 위해 차량 번호판에는 블러(blur) 처리를 적용했지만, 영상 내 행인의 얼굴은 식별 가능한 상태로 노출되어 있다. A기업은 서울시와의 협약 하에 영상 수집 권한을 부여받았으며, 원본 영상은 사내 연구용으로 일부 저장하고 있다.

① 차량 번호판과 동일하게 행인 얼굴도 식별 불가능한 수준으로 모자이크 처리한다.
② CCTV 설치 장소에 '영상 AI 분석 목적 및 개인정보 비식별 조치'를 명시한 안내 표지판을 추가 설치한다.
③ API 응답에 개인이 식별될 수 있는 영상 프레임이 포함되지 않도록 출력 전 단계에서 비식별 조치를 강화한다.
④ AI 모델 성능 개선을 위해 원본 영상을 장기 보관하고 정기 백업 체계를 마련한다.
⑤ 서울시와의 업무협약서에 영상정보의 수집 목적, 보관 기간, 제3자 제공 제한 등을 명시적으로 규정한다.

개인영상정보 처리 가이드라인(2024) 및 「개인정보 보호법」 §29는 최소 보유 · 파기 원칙을 강조한다.
① · ② · ③ · ⑤는 영상정보 비식별화, 안내 의무, 재제공 제한 등 현행 기준과 부합하나, ④는 목적 달성 후 즉시 파기 · 주기적 삭제 원칙을 위배한다.

상 중 하

10 다음 보기 중 '기업의 사회적 책임(CSR)' 관점에서 개인정보보호를 실천하는 사례로 가장 적절하지 않은 것을 고르시오.

① 개인정보보호 교육 및 훈련을 전 직원 필수 과정으로 편성하고 수료 데이터를 ESG 보고서에 공개

② 사용자의 개인정보 열람·삭제 요청을 자동화 시스템으로 처리하고 결과를 투명하게 기록·감사

③ 개인정보 침해 사고 발생 시 침해 사실·원인·재발 방지 대책을 공개하며 이해관계자와 소통

④ 이용자 동의 없이 사용 패턴을 AI 학습용 데이터로 활용하여 서비스 품질을 향상

⑤ 개인정보 라이프사이클 전 단계에 '개인정보 영향평가(PIA)' 프로세스를 내재화하여 위험을 사전 관리

CSR·ESG 기준은 개인정보보호를 '조직의 책임' 영역으로 규정한다.
CSR 관점에서는 정보주체의 신뢰·자기결정권을 무시한 행위로 이용자 사용 패턴에 대한 학습을 위해서는 이용자의 동의가 필요하다.

---

2 과목 **개인정보보호 제도**

상 중 하

11 다음은 「개인정보 보호법」 제34조(개인정보 유출 등의 통지·신고) 및 같은 법 시행령 제39조·제40조에 따른 '개인정보 유출 사고 통지·신고' 의무를 정리한 것이다. 가장 적절하지 않은 것을 고르시오.

① 유출 규모가 1천 명 이상이거나 민감정보·고유식별정보가 포함된 경우, 개인정보처리자는 유출등을 알게 되었을 때부터 72시간 이내에 개인정보보호위원회 또는 한국인터넷진흥원(KISA)에 신고해야 한다.

② 유출 사실 확인 후 조사 완료 시점을 기준으로 72시간을 산정하며, 조사가 길어질 경우 다음 영업일까지 신고할 수 있다.

③ 유출 규모가 1천 건 미만이고 민감정보가 포함되지 않은 경우라도 정보주체에게는 서면 등의 방법으로 원칙적으로 72시간 이내 통지해야 한다.

④ 통지 시 유출 등이 된 개인정보 항목, 유출 등이 된 시점과 그 경위, 유출 등으로 인하여 발생할 수 있는 피해를 최소화하기 위하여 정보주체가 할 수 있는 방법 등에 관한 정보, 개인정보처리자 대응조치 및 피해 구제절차, 피해 신고·상담 부서 및 연락처 등을 포함해야 한다.

⑤ 정보주체 연락처를 알 수 없는 등 정당한 사유가 있는 경우에는 홈페이지 30일 이상 게시 등으로 통지를 갈음할 수 있다.

- 기준 시한 : 통지·신고 모두 유출등을 '알게 되었을 때부터 72시간 이내'(시행령 제39조①, 제40조①)
- 신고 상대 : 개인정보보호위원회 또는 전문기관(KISA)
②는 '조사 완료 시점 기준'·'24시간'·'다음 영업일' 등이 잘못된 오답이다.

(상)(중) **하**

12 정보통신서비스 제공자인 A기업은 2025년 12월 25일 00:00 서버 로그 분석 중 결제 API 취약점으로 고객 2,500명의 카드번호 (일부 암호화 불완전)가 유출된 사실을 확인했다. 기술담당 임원은 12시간 뒤인 12:00에 최고경영자(CEO)에게 보고했고, CEO는 같은 날 18:00에 관계 기관 신고 및 정보주체 통지를 승인했다. A기업의 대응으로 가장 적절하지 않은 것은?

① 개인정보 유출을 최초 인지한 00:00 기준으로 72시간 이내에 개인정보보호위원회 또는 KISA에 신고하고, 정보주체에게도 통지해야 한다.

② 정보통신서비스 제공자에 해당하므로, 침해사고를 인지한 00:00 기준으로 24시간 이내에 과학기술정보통신부에도 침해사고 신고를 해야 한다.

③ 2,500명 카드번호에 대한 유출사고는 신고 의무는 없고, 정보주체에게 유출통지만 하면 된다.

④ A기업은 정보통신서비스 제공자로서 카드번호가 유출되었으므로 개인정보 보호법과 정보통신망법 모두에 따라 이중 신고가 필요하다.

⑤ 유출 원인 분석, 추가 유출 방지, 재발 방지 대책 수립 등의 후속 조치는 법적 의무사항이며, 별도 기록을 통해 관리되어야 한다.

유출신고는 1천건 이상이 기준으로 2,500명에 대한 유출이 발생했다면 개인정보보호위원회 또는 KISA에 신고하여야 한다.
A기업은 정보통신서비스 제공자에 해당하며, 카드번호는 '중요정보'로 분류된다. 따라서 정보통신망법에 따라 24시간 이내에 과학기술정보통신부에 별도 침해사고 신고 의무가 발생한다.

(상)(중) **하**

13 다음 중 'OECD 8원칙'과 「개인정보 보호법」상의 대응 원칙을 잘못 연결한 것은?

① 수집제한의 원칙 – 목적에 필요한 최소정보의 수집

② 이용 제한의 원칙 – 목적 범위 내에서 적법하게 처리 및 목적외 활용금지

③ 정보의 안전한 보호의 원칙 – 권리침해 가능성 등을 고려하여 안전하게 관리

④ 목적 명확화 원칙 – 목적을 명확하게 하여야 하고 그 목적에 필요한 범위에서 최대한의 개인정보를 적법하고 정당하게 수집

⑤ 책임의 원칙 – 개인정보처리자의 책임준수, 신뢰확보 노력

개인정보의 처리 목적을 명확하게 하여야 하고 그 목적에 필요한 범위에서 '최소한'의 개인정보만을 적법하고 정당하게 수집하여야 한다.

(상)(중) **하**

14 다음은 정보주체 권리 구제 제도에 대한 설명이다. 가장 적절하지 않은 것은?

① 개인정보 분쟁조정은 당사자 간 사전 합의 여부와 무관하게, 피해가 발생했거나 발생 우려가 있는 경우 누구든 신청할 수 있다.

② 개인정보처리자의 위법으로 다수의 권리 침해가 발생하거나 우려될 때, 법이 정한 요건을 갖춘 소비자단체 또는 비영리민간단체는 위법 행위의 금지·중지를 구하는 단체소송을 제기할 수 있다.

③ 분쟁조정위원회의 조정은 성립하더라도 법적 효력이 없고 단순 권고에 불과하다.

④ 「개인정보 보호법」 제18조 위반으로 발생한 손해배상소송은 증명 책임이 가해자인 개인정보처리자에게 전환된다.

⑤ 분쟁조정 신청은 유·무형 손해를 불문하고 가능하며, 신청 수수료는 없다.

당사자들이 조정안을 수락해 조정이 성립하면, 그 조정서는 '재판상 화해'와 동일한 효력(확정판결과 동일)이 발생한다.

＠＠＠
15 다음 중 국내대리인 지정에 관한 설명으로 가장 적절하지 않은 것은?

① 해외 사업자가 국내에서 재화·서비스를 제공하며 국내 정보주체의 개인정보를 처리하는 경우, 법령상 요건에 해당하면 국내대리인을 지정해야 한다.

② 국내대리인은 정보주체 권리행사 창구, 감독기관 요구 대응, 유출 통지 지원 등의 역할을 수행할 수 있다.

③ 국내대리인은 한국에 주소 또는 영업소가 있는 자연인 또는 법인이어야 한다.

④ 국내대리인은 반드시 한국인이어야 한다.

⑤ 하나 또는 복수의 국내대리인을 지정할 수 있으며, 하나의 국내대리인이 복수의 해외사업자를 대리할 수 있다.

국적은 한국인일 것을 요하지 않으나, 국내 이용자의 개인정보 관련고충을 처리하고 규제기관에 정확한 자료를 제출할 수 있어야 하므로 한국어로 원활한 의사소통이 가능해야 한다.

＠＠＠
16 다음 중 「개인정보 보호법」 제18조가 규정하는 '목적 외 이용·제공 금지 원칙'의 예외 사유를 가장 올바르게 설명한 것은?

① 정보주체가 명시적으로 동의한 경우에도, 고유식별정보가 포함되면 제공할 수 없다.

② 다른 법률에 특별한 규정이 있는 경우에는 정보주체 동의 없이도 제3자에게 제공할 수 있다.

③ 동등한 수준의 해외 법제를 가진 국가로 이전하는 경우에는 목적 외 제공 제한을 적용받지 않는다.

④ 개인정보를 가명처리하면 언제든지 영리 목적 제3자 제공이 허용된다.

⑤ 긴급한 생명·신체·재산의 이익을 위해 제공하는 경우, 사후에 정보주체에게 통지할 필요가 없다.

법 §18제2항은 정보주체 동의, 다른 법률 특별 규정, 급박한 생명·신체 위험 등으로 예외를 규정한다.
①·③·④·⑤는 예외 요건을 오해하거나 통지 의무를 간과했다.

＠＠＠
17 다음 보기 ⓐ~ⓔ 중 '개인정보파일 등록·공개' 의무(개인정보보호법 제32조)를 정확히 기술한 것을 고르시오.

> ⓐ 등록 대상은 공공기관과 일정 요건을 충족한 민간 사업자(예: 이용자 50만 명 이상) 모두에 적용된다.
> ⓑ 개인정보파일을 신규 구축·변경·폐기할 때마다 '30일 이내' 개인정보보호위원회에 신고해야 한다.
> ⓒ 등록 사항에는 보유 목적·항목·보유 기간·처리 방법 등이 포함된다.
> ⓓ 등록된 개인정보파일 현황은 개인정보보호위원회가 운영하는 공개 창구(개인정보보호 종합포털 등)를 통해 대국민 공개된다.
> ⓔ 국가 안전, 외교상 비밀, 그 밖에 국가의 중대한 이익에 관한 사항을 기록한 개인정보파일은 등록이 예외된다.

① ⓐ, ⓑ
② ⓒ, ⓓ
③ ⓑ, ⓔ
④ ⓐ, ⓓ, ⓔ
⑤ ⓒ, ⓓ, ⓔ

• 「개인정보 보호법」 제32조는 '개인정보파일의 등록·공개' 의무의 주체를 공공기관의 장으로 한정하고 있다. 민간 사업자에 동일한 '등록' 의무는 부과되지 않는다.
• '30일 이내'가 아니라 '60일 이내'에 신고해야 한다.

(상)(중)**하**

18 모바일 핀테크 업체 A기업은 2025년 4월 10일, 이용자 B로부터 "휴면 계정에 남아 있는 거래 기록 삭제" 요청을 받았다. A기업은 자체 정책상 3년 보관 후 자동 파기 절차를 운용 중이며, 해당 기록은 아직 18개월 경과 시점이다. A기업이 「개인정보 보호법」에 따라 이용자 B의 요청을 처리하는 방안으로 가장 타당한 것은?

① 휴면 기간이 3년 미만이므로 삭제를 거부하고, 거부 사유를 통지한다.
② 정보주체 삭제 권리는 보관 기간과 무관하므로 즉시 삭제한다.
③ 가명처리 후 통계 목적으로만 활용하고, 삭제 요청을 거부한다.
④ 법령 보존 의무 여부를 검토한 뒤, 삭제 여부 및 결과를 10일 이내 통지한다.
⑤ 기록 삭제 대신 '열람 제한' 조치만 하고 정보주체에게 알릴 의무는 없다.

• 법 §37 : 삭제 · 정정 · 정지 요청 처리 절차. 10일 이내 결과 통보 의무.
• 삭제 가능하면 삭제 후 결과를 통지하고, 삭제 불가한 경우에는 사유와 이의제기 방법을 10일 이내 통지하여야 한다.

(상)(중)**하**

19 다음 중 클라우드 보안 인증 제도(CSAP)에서 분류하는 서비스 유형이 아닌 것은?

① IaaS
② SaaS 표준
③ SaaS 간편
④ DaaS
⑤ PaaS

• IaaS 보안인증은 관리적 · 물리적 · 기술적 보호조치 및 공공기관용 추가 보호조치로 총 14개 분야 116개 통제항목으로 구성
• SaaS 표준등급 인증은 관리적 · 기술적 및 공공기관용 추가 보호조치로 총 13개 분야 79개 통제항목으로 구성
• SaaS 간편등급 인증은 관리적 · 기술적 및 공공기관용 추가 보호조치로 총 11개 분야 31개 통제항목으로 구성
• DaaS 인증은 관리적 · 물리적 · 기술적 및 공공기관용 추가 보호조치로 총 14개 분야 110개 통제항목으로 구성
PaaS에 대한 인증은 존재하지 않는다.

(상)(중)**하**

20 다음 중 '개인정보 최소 수집' 원칙 위반 사례로 가장 적절하지 않은 것은?

① 모바일 메신저 가입 시, 친구 추천 기능 개선을 위해 연락처 목록 업로드를 필수로 요구
② 아동용 교육 앱 가입 시, 보호자 동의 확인 목적 없이 아동의 상세 주소 · 학교명 수집
③ 온라인 서점이 전자책 DRM 관리를 이유로 기기 고유 식별번호(ID)를 자동 수집
④ 구직 플랫폼이 이력서 작성 편의 기능을 이유로 게시물 열람 · 친구목록 · 이메일 주소 등 광범위 권한 묶음을 요구
⑤ 국가 기술자격 시험 접수를 위해 성명 · 주민번호 · 사진을 필수로 요구

① · ② · ③ · ④는 법적 근거 · 필수성 부족, 또는 과도한 권한 요구로 최소 수집 원칙 위반 소지가 크다.

(상) (중) **하**

21 공공기관 A기관은 2025년 12월 정보주체 B로부터 "지난 5년간 주민등록정보 변경 이력 열람" 요청을 받았다. B의 개인정보파일은 「주민등록법」 및 「개인정보 보호법」에 따라 10년 보관하며, 일부 기록은 '민원 처리' 목적으로 가명처리돼 있다. 다음 중 A기관이 B의 열람 요청을 처리하는 절차로 가장 적절한 것은?

① 가명처리된 기록은 재식별 위험이 있으므로 열람을 일괄 거부한다.
② 보유 기간 5년 초과 기록은 파기 대상이므로 열람 거부 후 즉시 삭제한다.
③ 열람 요청 접수 후 10일 이내 결과를 통보하고, 열람이 제한되는 항목은 사유를 명시한다.
④ 공공기관은 정보공개 대상이므로 개인정보 열람권이 아닌 정보공개청구 절차를 안내한다.
⑤ 열람 요청은 서면으로만 접수 가능하므로 전자 신청은 무효 처리한다.

- 법 §35 · 시행령 §41: 열람 · 정정 · 삭제 요청 접수→10일 이내 결과 통지
- 가명정보 자체에는 열람 요구권이 적용되지 않는다. 다만, 동일인이 식별되는 원본 개인정보가 별도로 존재한다면 그 원본에 대해서는 열람권 행사 가능하다.
- 공공기관 정보공개와 별도 절차이며, 온라인 신청도 유효하다.

(상) (중) **하**

22 다음 중 '영리 목적의 광고성 정보'에 해당하지 않는 것을 고르시오.

① 회원에게 할인쿠폰 코드와 구매 유도를 포함한 문자 발송
② 특정 상품의 할인 행사, 신상품 출시 안내, 이벤트 참여 유도
③ 신규 상품 런칭 소식을 담은 이메일 뉴스레터(구매 유도 링크 포함)
④ 계약 관계 또는 거래조건에 따라 주된 상품 또는 서비스에 대한 정보를 알려주는 경우
⑤ 통신사나 쇼핑몰에서 보내는 요금제 할인, 쿠폰 제공 안내, 새 상품 광고

대가를 지불한 거래 관계를 통해 직접 연락처를 수집한 사업자가 거래 종료 후 6개월 이내에 자신이 처리하고 수신자와 거래한 것과 같은 종류의 재화 등에 대한 영리 목적의 광고성 정보를 전송하는 경우 사전 동의 의무 예외에 해당한다.

(상) (중) **하**

23 개인정보보호법 제22조(동의를 받는 방법)에서는 정보주체의 동의를 받을 때는 정보주체가 이를 명확하게 인지할 수 있도록 알리고 동의를 받도록 하고 있다. 다음 중 명확하게 표시해야 하는 경우에 해당하지 않는 것을 고르시오.

① 개인정보를 제3자에게 제공(공유 포함) 시 동의를 받는 경우
② 정보주체의 민감정보 처리를 위한 정보주체의 동의를 받는 경우
③ 개인정보 처리 업무에 관한 위수탁을 하는 경우
④ 재화나 서비스를 홍보하거나 판매를 권유하기 위해 동의를 받는 경우
⑤ 개인정보 국외 이전 시 국외 이전 목적으로 동의를 받는 경우

위수탁은 제22조의 명확한 표시 대상이 아니지만, 처리방침에는 반드시 공개해야 한다.

24 개인정보 국외 이전에 관한 설명으로 가장 적절하지 않은 것은?

① 국외 이전 시에는 이전받는 자, 이전 국가, 이전 목적·항목, 보유·이용 기간, 보호조치 등에 대해 정보주체에게 알리고 동의를 받아야 한다.

② 계약에 따른 업무처리를 위해 국외 클라우드에 일시 보관만 하는 경우는 '국외 이전'에 해당하지 않는다.

③ 적정성 인증(또는 이에 상응하는 제도)이 있는 국가로 이전하는 경우에는 별도 동의 없이 가능하다.

④ 국외 위탁·제공 모두에 대해 이전 경로의 보호조치(암호화·접근통제·재제공 통제 등)를 설계해야 한다.

⑤ 국외 이전 후에도 정보주체 권리행사 창구(국내대리인 등)와 사고 대응·통지 책임의 연속성이 확보되어야 한다.

법 28조8(개인정보의 국외 이전)에서는 국외 이전이란 국외 제공("조회되는 경우 포함")·처리위탁·보관으로 정의하고 있다. 즉, 해외 사업자의 시스템(클라우드 등)에 잠시 저장하는 형태라도 '보관'에 해당하면 국외 이전에 해당한다.

25 개인정보 국외 이전 조건으로 가장 적절하지 않은 것은?

① 정보주체에 동의를 받은 경우

② 정보주체와의 계약의 체결 및 이행을 위하여 개인정보의 처리위탁·보관이 필요한 경우

③ 이전받는 자가 개인정보보호에 필요한 안전조치 및 정보주체 권리보장에 필요한 조치, 개인정보가 이전되는 국가에서 이행하기 위해 필요한 조치를 수행하여 개인정보보호 인증을 받은 경우

④ 이전되는 국가 또는 국제기구의 보호 체계, 정보주체 권리보장 범위, 피해구제 절차 등이 이 법에 따른 보호 수준과 실질적으로 동등한 수준으로 갖추었다고 보호위원회가 인정하는 경우

⑤ 개인정보를 이전받는 자와 표준계약조항(SCC)을 체결한 경우

SCC 체결만으로는 별도 동의가 자동 면제되지 않는다. 법이 정한 국외이전 근거를 충족해야 하고, 보호조치와 공개·알림 의무도 따라야 한다.

26 다음 중 「개인정보 보호법」 제30조 및 같은 법 시행령이 규정하는 '개인정보처리방침 공개 의무'에 대한 설명으로 가장 부적절한 것은?

① 개인정보처리방침은 인터넷 홈페이지 등 이용자가 쉽게 확인할 수 있는 방법으로 상시 공개해야 하며, 내용이 변경될 경우 변경사항과 시행일을 함께 명시해야 한다.

② 개인정보처리방침에는 개인정보의 수집 항목, 보유 기간, 안전성 확보조치 등을 반드시 포함해야 한다.

③ 공공기관은 개인정보처리방침 공개 의무가 면제이지만, 정보주체 요구 시 개별 안내 형태로 대체할 수 있다.

④ '개인정보 보호 책임자(CPO) 성명 또는 연락처'를 개인정보처리방침에 기재하지 않으면 과태료 부과 대상이 될 수 있다.

⑤ 모바일 앱 서비스도 동일한 공개 의무를 적용받으며, 화면 크기 제한 등 기술적 사유를 이유로 공개를 생략할 수 없다.

법 §30는 공공·민간 모두 개인정보처리방침 공개 의무를 규정한다.

27 다음 보기 ⓐ~ⓓ는 '정보주체 권리 보장' 관련 조항을 요약한 것이다. 서로 잘못 연결된 조합을 고르시오.

> ⓐ 열람권 – 개인정보처리자는 열람 요청을 받은 날부터 10일 이내 처리 결과를 통지해야 한다.
> ⓑ 정정·삭제권 – 보존 의무가 있는 경우에도, 정보주체 요청 즉시 삭제해야 한다.
> ⓒ 처리정지권 – 정지 요청 시 다른 법률에 특별 규정이 있으면 거부할 수 있다.
> ⓓ 손해배상권 – 개인정보처리자가 무과실을 입증하면 책임을 면할 수 있다.

① ⓐ, ⓑ
② ⓑ, ⓓ
③ ⓑ
④ ⓒ
⑤ ⓓ

보존의무가 있는 개인정보는 정보주체가 요청해도 즉시 삭제할 수 없으며, 10일 이내에 불가 사유와 이의제기 방법을 정보주체에게 통지해야 한다.

28 다음 중 '만 14세 미만 아동' 개인정보 처리에 관한 설명으로 틀린 것은?

① 법정대리인의 동의를 받지 않고 아동의 개인정보를 수집하면 3천만 원 이하 과태료 대상이 된다.
② 개인정보처리자는 만 14세 미만 아동의 개인정보를 처리할 때는 보호자(이하 '법정대리인')의 동의를 받아야 하며 법정대리인이 동의하였는지 확인하여야 한다.
③ 법정대리인 동의받기 위한 법정대리인의 최소한의 정보(성명, 연락처)는 아동으로부터 직접 수집이 가능하다.
④ 법정대리인의 동의 거부 또는 동의 미확인 시 수집일로부터 5일 이내 파기해야 한다.
⑤ 아동에 대해 개인정보 수집을 받을 때 법정대리인이 동의 했어도 아동의 선택결정권을 위해 아동에게 별도의 동의를 받는 절차를 거쳐야 한다.

법정대리인이 동의하면 아동에게 별도의 '동의'까지 받을 필요는 없고, 대신 아동에게 이해하기 쉬운 방식으로 '고지'해야 한다.

29 A 공공기관은 2025년 12월 '스마트 민원 포털' 구축 사업을 추진하며, 민감정보(10만 건)·위치정보(8만 건)를 포함한 신규 개인정보파일을 생성하려 한다. A 공공기관이 수행해야 하는 개인정보 영향평가(PIA)에 대한 설명으로 적절하지 않은 것을 고르시오.

① 민감정보 10만 건·위치정보 8만 건이므로 개인정보 영향평가 의무 대상에 해당하지 않는다.
② 개인정보처리시스템 설계 단계에서 개인정보 영향평가 계획을 수립하고, 외부 전문기관 검토 후 결과 요약본을 공개한다.
③ 영향평가서 및 요약본은 최종 제출받은 날로부터 2개월 이내에 개인정보보호위원회에 제출한다.
④ 영향평가서를 제출한 날로부터 1년 이내에 개인정보 영향평가 개선사항 이행확인서를 개인정보보호위원회에 제출한다.
⑤ 시스템 설계 완료 전 평가를 수행하고 그 결과를 개인정보처리시스템 개발 시 반영한다.

5만명 이상의 정보주체의 민감정보의 처리가 수반되는 개인정보파일이므로 개인정보 영향평가 의무 대상에 해당한다.

(상)(중)(하)

30 전문 CPO 제도 적용 대상에 해당하는 기업으로 잘못된 것을 고르시오.

① 공공 시스템 운영기관
② 연 매출액 1,500억 이상이며 100만 명 이상 개인정보 처리하는 기업
③ 연 매출액 1,500억 이상이며 5만 명 민감정보 또는 고유정보를 처리하는 기업
④ 상급종합병원
⑤ 재학생 수 1만 명 이상 대학

전문 CPO 제도 적용 대상은 재학생 수 1만 명 이상이 아닌 2만 명 이상인 대학이다.

---

3 과목 # 개인정보 라이프사이클 관리

(상)(중)(하)

31 2025년 9월, IoT 스타트업 A기업은 '스마트 도어락' 가입 신청서에 [이름, 휴대폰 번호, 이메일, 설치 주소, 지문, 가족구성원 이름, 가족구성원 휴대폰 번호] 정보를 필수 기재하도록 했다. A기업이 「개인정보 보호법」상 '최소 수집 · 필수 · 선택 구분' 원칙을 충족하도록 필수로 받으면 안 되는 항목을 모두 고른 것은?

| A. 설치 주소 | B. 지문 | C. 가족구성원 이름 | D. 가족구성원 휴대폰 번호 |

① A, B
② A, B, C
③ B, C, D
④ A, D
⑤ A, C

지문은 도어락 사용자의 인증 수단이지만, 가입 단계에서 반드시 필요하지 않으며 설치 후, 사용자 선택에 따라 설정하면 충분하다.
B 지문은 생체정보는 민감정보라 최소수집 원칙이 더 엄격하게 적용된다.
C. D 가족 정보는 제3자(가족)의 동의 없이 가입자에게 필수로 요구할 수 없으며 보통 선택 또는 초대 기능에서 가족 본인 입력이 원칙이다
A 주소는 기기 설치 · AS · 요금 정산 등 서비스 제공에 꼭 필요한 정보라 필수 수집이 가능하다.

(상)(중)(하)

32 다음 보기 중 제3자 제공과 위수탁을 비교 설명한 내용으로 옳은 것만을 모두 고른 조합은?

ⓐ 제3자 제공은 정보주체 동의를 원칙으로 하나, 위탁은 수탁자 관리 · 감독이 핵심이며 동의 요건이 다르다.
ⓑ 위탁 시 수탁자가 자기 명의 · 책임으로 개인정보를 재이용하면 무단 제3자 제공에 해당한다.
ⓒ 제3자 제공 기록 보관 · 열람 의무는 있으나, 위탁 현황 공개 의무는 법령에서 제외된다.
ⓓ 국외 클라우드에 데이터 저장을 위탁하는 경우, 동시적으로 '국외 이전' 신고가 적용될 수 있다.

① ⓐ, ⓒ
② ⓐ, ⓓ
③ ⓐ, ⓑ, ⓓ
④ ⓑ, ⓓ
⑤ ⓐ, ⓑ, ⓒ, ⓓ

개인정보 보호법에서는 위탁자는 위탁하는 업무의 내용과 수탁자를 정보주체가 쉽게 확인하도록 공개하는 것을 의무로 두고 있다.

33 다음은 개인정보의 파기 및 분리보관에 관한 설명으로 적절하지 않은 것을 고르시오.

① 보유기간 경과 등 개인정보가 불필요해지면 지체없이 파기해야 하며, 이를 위반하면 3천만 원 이하의 과태료가 부과될 수 있다.
② 전자파일은 전용소자/영구삭제(초기화 · 덮어쓰기 등) 등 복구 불가능하도록 조치를 취해야 한다.
③ 다른 법령에 따라 보존해야 하는 경우에는 파기 대신 해당 개인정보를 다른 개인정보와 분리하여 저장 · 관리해야 한다.
④ 분리 저장 · 관리를 하지 않은 경우 1천만 원 이하의 과태료가 부과된다.
⑤ 가명정보는 개인정보가 아니므로 처리 기간이 끝나도 파기 의무가 없다.

가명정보도 개인정보이며, 처리 기간 경과 등 불필요 시 파기 의무가 있다.

34 다음 중 수신자에게 전송되는 영리 목적의 광고성 정보에 해당하는 것을 고르시오.

① 재화 등의 거래관계를 통하여 수신자로부터 직접 연락처를 수집한 자가 거래관계 종료일부터 6개월간 동종의 거래관계에 대한 광고 정보
② 계약 체결 전 수신자의 요청에 따른 1회성 정보를 전송하는 경우
③ 전송자와 수신자간 체결된 계약이행 등과 관련한 정보
④ 공익목적을 위한 광고성 정보
⑤ 신용카드 거래내역(결제) 정보를 이메일로 전송하면서 하단에 광고성 정보를 포함하는 경우

정보통신망을 통해 영리목적 광고성 정보를 수신자에게 전달하는 것을 의미한다. (예: 수신자의 사적 영역인 휴대전화, 이메일 등에 정보가 전송되는 경우)
⑤ 주된 정보가 광고성 정보가 아니라고 하더라도 부수적으로 광고성 정보가 포함되어 있으면 해당 정보 전체가 광고성 정보에 해당한다.

35 다음 상황에서 A기업이 '다중 저장 · 처리' 구조를 합법적으로 운영하기 위해 가장 우선 확보해야 할 거버넌스 활동으로 적절치 않은 것은?

2025년, 의료 AI 서비스 A기업은 환자 진료기록(민감정보)을 3곳에 동시 보관 · 처리한다.
– AWS 서울 리전 S3
– 국내 병원 전산실 NAS
– EU 리전 학습 클러스터

① 각 리전별 '국외 이전' 신고 및 정보주체 동의서에 저장 국가 · 기간 명시
② S3 · 클러스터 수탁자와 별도 위탁 계약 체결, 물리적 분리 기준 · DR(재해복구) 계획 기재
③ EU 리전 서버는 GDPR을 우선 적용하므로, 한국법상의 안전조치 고시는 적용 제외
④ 저장 위치 · 접근 권한 · 암호화 알고리즘을 포함한 데이터 맵(Data Map) 작성 및 주기적 갱신
⑤ 다중 위치 보관으로 인한 재식별 · 중복 보관 리스크를 위해 'Cross-Region Access Audit' 로깅 설정

EU 리전에 서버가 있어 GDPR이 적용되더라도, 한국 이용자 대상 서비스 · 처리가 있다면 개인정보 보호법 안전조치 고시도 함께 준수해야 한다.

36 다음 보기 ⓐ~ⓔ는 '보유 기간 경과 후 정보 처리' 단계에서 취할 수 있는 조치다. 「개인정보 보호법」 및 관련 고시 기준에 올바른 것만을 모두 고른 조합은?

> ⓐ 법적 분쟁이 예상돼 '보존 필요성'이 있는 개인정보는 파기를 연기하고, 별도 구역에 분리보관한다.
> ⓑ 분리보관 기간이 3년을 초과하여 보존사유가 끝나면 원래 운영 DB로 재편입해도 무방하다.
> ⓒ 정보주체가 재이용을 요청하더라도 개인정보를 복원할 수 없다.
> ⓓ 분리보관 중인 개인정보는 접근 권한을 최소화하고, 접근 권한 부여 기록을 3년간 보관한다.
> ⓔ 분리보관에 따른 위험도가 감소되었으므로 암호화는 별도로 수행하지 않아도 된다.

① ⓐ, ⓓ
② ⓐ, ⓑ
③ ⓐ, ⓔ
④ ⓑ, ⓓ
⑤ ⓐ, ⓓ, ⓔ

ⓑ 다른 법령 때문에 파기 대신 분리보관하던 개인정보도 보존사유가 끝나면 지체 없이 파기해야 한다.
ⓔ 암호화 '의무'가 따로 정해진 데이터(예: 주민등록번호, 여권 · 운전면허 · 외국인등록번호, 신용카드 · 계좌번호, 생체정보, 비밀번호 등)은 분리 보관 중이라도 보유하는 한 반드시 암호화해야 한다.

37 다음 중 '가명정보 결합' 절차에 대한 설명으로 가장 적절하지 않은 것은?

① 결합 전문기관은 결합 신청 기관으로부터 받은 가명정보를 안전한 공간에서 결합 · 분석한다.
② 결합신청자는 반출정보를 특정 개인을 알아보기 위한 목적으로 처리하여서는 아니 되며 재식별되지 않도록 지속적으로 모니터링하여야 한다.
③ 재식별에 대한 신고 의무 주체는 결합전문기관이 아니라 해당 사고가 발생한 개인정보처리자가 의무를 진다.
④ 결합 대상 가명정보의 추가정보는 결합전문기관에 제출하여 보관하게 하며, 기관별 분리 보관 의무는 없다.
⑤ 결합 신청 기관은 결합 결과를 연구 · 통계 목적 이외로 활용하려면 정보주체 개별 동의를 받아야 한다.

결합 대상 가명정보의 추가정보는 각각의 기관이 자체 분리 · 보관하며, 결합 전문기관에 제공하지 않는다.

(상)(중)(하)

38 디지털 헬스케어 기업 A는 2025년 12월 '개인 맞춤형 운동 코치' 기능을 출시하기 위해, 사용자 운동 영상(개인영상정보)을 수집·분석해 AI 모델을 학습한다. A기업은 모델 학습 후 원본 영상을 즉시 삭제하는 '데이터 최소 보유' 정책을 공표했으나, 학습 완료 후 오류 분석을 위해 동일 영상을 다시 요청할 수 있다고 약관에 명시하고 있다. 「개인정보 보호법」 및 개인영상정보 처리기준 관점에서 수행해야 할 가장 적절한 조치는?

① 원본 영상 재요청은 최소 수집 원칙 위배이므로 약관 조항을 삭제한다.

② 재요청은 정보주체의 자유롭고 구체적인 '별도 동의'를 전제로 하되 재요청 목적·범위·보관기간·안전조치를 명확히 고지해야 한다.

③ 영상정보는 민감정보에 해당하므로 AI 학습에 활용할 수 없다.

④ 사용자 단말에서 on-device 학습으로 전환해, 중앙 서버에 업로드하지 않는다.

⑤ 학습으로 생성된 모델 파라미터는 개인정보가 아니므로, 접근권한 관리·접속기록 점검 의무가 면제된다.

① 조항 삭제로 해결하는 것이 아니라, 재요청 사유·범위·보관기간·안전조치 등을 구체화하고 사전 고지와 선택 동의 구조 및 정당한 이익 3요건을 케이스별로 충족하는지 판단하고 기록하여 해결해야 한다.
③ 개인영상정보 자체는 보통 민감정보가 아니다.
④ on-device는 선택사항이다.
⑤ 모델이 훈련데이터를 기억(누설)할 위험이 있어 안전조치·접근통제·로그점검 등 보안통제는 여전히 필요하다.

(상)(중)(하)

39 영상정보처리기기의 설치 및 운영 제한에 대한 설명 중 적절하지 않은 것을 고르시오.

① 보호자는 자녀의 아동학대 여부 확인을 위해 어린이집에 CCTV 영상 열람을 요청할 수 있다.

② 고객이 지갑을 두고 간 사실 확인을 위해 가게 주인이 CCTV 영상을 열람하는 것은 타인의 영상정보에 대한 무단 접근이므로 열람이 불가하다.

③ 본인 영상에 타인이 함께 촬영된 경우, 타인은 식별 불가하게 처리한 후 제공해야 한다.

④ CCTV 보관기간이 필요 시 30을 초과할 경우, 그 사유를 운영방침에 명시하면 가능하다.

⑤ 재난 대응을 위한 행정기관의 요청이 있는 경우 CCTV 영상을 제공할 수 있다.

고객이 지갑을 두고 간 사실 확인을 위해 가게 주인이 CCTV 영상을 열람하는 것은 설치 목적(분실·도난 확인 등) 범위 내의 정당한 내부 이용이므로 원칙적으로 허용된다.

40 2025년 12월, 글로벌 SaaS 기업 CloudStream은 'RAG 기반 문서요약 서비스'를 출시하며, 한국 기업 고객이 업로드한 계약서·인사 파일(개인정보 포함)을 벡터DB에 임베딩해 모델 답변 품질을 개선한다. CloudStream의 'RAG 학습' 방식이 「개인정보보호법」상 합법적으로 운용되기 위한 필수 보호 조치로 가장 거리가 먼 것은?

① 임베딩 전 원문 파일을 가명처리하고, 추가정보를 별도 분리해 저장
② 한국 고객 데이터가 저장된 벡터DB의 위치·환경 등을 국외 이전 신고서에 상세 기재
③ 한국 고객 데이터가 EU 리전에 저장되므로 한국 개인정보보호법의 안전성 확보조치 고시와 국외이전 요건은 적용되지 않으며, EU GDPR을 준수
④ 계약서·인사 파일 원본을 목적 달성 후 지체 없이 삭제하되, 임베딩 벡터에 동일 삭제 주기 적용
⑤ 한국 이용자에게 벡터DB 보관 기간·파기 방법·모델 학습 범위를 개인정보처리방침 및 DPA(데이터 처리 부속합의)에 명시

41 다음 중 「개인정보 보호법」 제37조(처리정지·삭제) 따른 '동의 철회'에 대해 가장 적절하게 설명한 것을 고르시오

① 정보주체가 동의를 철회하면, 처리자는 즉시 모든 개인정보를 파기해야 하며 법령상 보존 의무가 있더라도 예외가 없다.
② 동의 철회 후에도 처리자는 마케팅 목적 추가 활용만 중단하면 되고, 기존 처리 목적(계약 이행)을 이유로 보존·활용은 계속할 수 있다.
③ 동의 철회 요청 시 10일 이내 처리 결과를 통보해야 하며, 법정 보존 의무가 있는 항목은 분리보관 후 열람·정정·삭제 권리를 제한할 수 있다.
④ 동의 철회는 열람·정정·삭제·처리정지권과 별개 절차이므로, 처리자는 별도 서면 확인을 요구할 수 없다.
⑤ 동의 철회가 접수되면 정보주체는 동일 서비스 재가입 시 3개월간 개인정보 신규 수집이 금지된다.

42 국내 핀테크 A기업은 2025년 4월, 중국 상하이 리전에 위치한 데이터 레이크에 거래 로그(고유식별정보 포함)를 실시간 복제해 AI 부정거래 탐지 알고리즘을 학습하고 있다. A기업이 국외 이전을 합법적으로 지속하기 위해 가장 먼저 수행해야 하는 조치는?

① 정보주체에게 국외 이전 사실·목적·보유 기간을 알리고, 명시적 동의를 다시 받는다.
② 기존 국내·EU 서버 간 SCC가 있으므로, 중국 이전에는 별도 계약이 필요 없다.
③ 거래 로그를 가명처리하면 국외 이전 신고 의무가 면제된다.
④ 상하이 리전 서버 사업자와 위탁 계약을 체결하고, 관리·감독 책임을 면책 조항으로 명시한다.
⑤ 중국은 '적정성 결정' 국가가 아니므로, 국외 이전 자체가 금지된다.

(상)(중)(하)

43 다음은 '파기 · 가명정보 · 익명정보'에 대한 설명이다. 가장 적절하지 않은 것을 고르시오.

① 파기란 개인정보를 복구 · 재생이 불가능하도록 만드는 조치이며, 파기된 개인정보에 대해서는 더 이상 열람 · 정정 · 삭제 · 처리정지권의 대상이 되지 않는다.

② 가명정보는 추가정보 분리 · 권한 분리 등 안전조치 의무가 존재한다.

③ 익명정보는 합리적으로 시간 · 비용 · 기술을 고려할 때 재식별이 불가능해야 하며, 이 기준을 충족한 경우에 한해 개인정보보호법 적용 대상이 아니다.

④ 가명정보는 통계 · 연구 이외 목적에는 활용할 수 없으므로, 사적 이익을 위한 상업적 활용 목적으로 활용할 수 없다.

⑤ 파기 대신 익명처리를 선택하는 경우, 개인정보 처리방침에 익명처리의 기준 · 방법을 포함해 고지하고, 내부관리계획에는 익명처리 절차 · 책임 및 재식별 방지 · 검증 · 기록관리 등을 반영하여야 한다.

2020년 8월 시행된 개정 「개인정보 보호법」은 빅데이터 활용 추세에 맞춰 가명정보를 통계 작성, 과학적 연구(시장 조사 및 기술 개발 등 상업적 목적 연구 포함), 공익적 기록 보존 등을 위해 정보주체의 동의 없이 활용할 수 있도록 허용했다.

(상)(중)(하)

44 가명정보 활용에 대한 다음 설명 중 가장 적절하지 않은 것은?

① 가명정보는 통계작성 · 과학적 연구 · 공익적 기록보존 목적에서 법령에 따라 활용할 수 있다.

② 가명정보는 개인정보에 해당하므로 재식별 금지, 추가정보 분리 등 보호조치가 요구된다.

③ 가명정보는 개인을 식별할 수 없으므로 정보주체 권리가 적용되지 않는다.

④ 가명정보 처리 시 위험도 평가를 통해 재식별 우려를 통제해야 한다.

⑤ 가명정보 처리 관련 사항은 처리방침에 투명하게 공개할 수 있다.

가명정보는 개인정보의 한 유형이다(개인정보 보호법 제2조). 특정 목적(통계작성 · 과학적 연구 · 공익적 기록보존)에 한해 일부 권리만 제외되며 그 외에는 정보주체의 권리가 적용된다.

(상)(중)(하)

45 가명처리 관련 '자체결합(셀프결합)'과 고유식별 · 민감정보 처리에 관한 설명으로 가장 적절하지 않은 것은?

① 자체결합은 동일 처리자가 서로 다른 개인정보 집합을 내부적으로 결합해 동일인 여부를 식별하는 절차를 의미한다.

② 자체결합 과정에서는 결합 키 · 추가정보의 분리 보관, 접근권한 최소화, 작업망 분리 등 통제가 필요하다.

③ 고유식별정보 · 민감정보를 다루는 경우 법령상 강화된 제한과 보호조치를 준수해야 한다.

④ 내부에서 수행하는 자체결합은 외부 전문기관을 통한 결합이 아니므로 접근기록 보관과 재식별 금지 의무의 적용 대상이 아니다.

⑤ 결합 목적 · 범위 · 보존기간 등은 내부관리계획 · 처리방침과 연계해 관리하고 위험평가 결과를 근거로 남겨야 한다.

내부에서 하는 자체결합이라도 접근기록(로그) 보관 · 점검 의무와 재식별 금지는 그대로 적용된다.

(상) (중) (하)

46 다음은 제3자 제공에 관한 설명이다. 가장 적절하지 않은 것은?

① 제3자 제공 동의를 받을 때에는 '제공받는 자, 이용 목적, 제공 항목, 제공받는 자의 보유·이용 기간, 동의 거부권 및 불이익'을 알리고 동의를 받아야 한다.

② 정보주체는 자신의 개인정보가 제3자에게 제공된 내역을 열람·사본 교부 요청할 수 있으며, 처리자는 10일 이내 결과를 통지해야 한다.

③ 제3자 제공 기록은 전자문서·서면 어떠한 형태라도 보관 가능하나, 변조·위조 방지를 위한 전자서명·접근통제 등의 안전조치를 해야 한다.

④ 국외 이전에 해당하는 제3자 제공의 기록·보관 의무는 별도 국외 이전 신고서를 제출한 경우 면제된다.

⑤ 제공 기록 열람 요청을 거부하는 경우, 처리자는 거부 사유와 이의 제기 방법을 함께 통지해야 한다.

국외 이전(해외 이전)은 '제3자 제공'의 한 형태이지만, 국외 이전 신고·계약을 했다고 해서 제3자 제공 기록·열람 의무가 면제되지 않는다.

(상) (중) (하)

47 온라인 장터 MarketQ는 2025년 10월, 물류 스타트업 ShipOn에게 구매자 이름·주소·연락처를 실시간 API로 전송해 배송 서비스를 운영한다. ShipOn은 다시 지역 택배사 LocalDrop에게 동일 데이터를 전송한다. MarketQ가 위탁 관리·감독 의무를 준수하기 위해 가장 먼저 실시해야 할 조치로 가장 적절한 것을 고르시오.

① ShipOn·LocalDrop 간 재위탁 계약 체결 여부를 확인하고, LocalDrop을 수탁자 목록에 공개한다.

② ShipOn이 LocalDrop과 재위탁 계약을 체결하도록 안내하고, MarketQ는 관계가 없으므로 추가 조치는 별도로 하지 않는다.

③ API 전송 시 SSS/TLS 등 암호화 적용 여부를 ShipOn이 결정하도록 권한을 위임한다.

④ 배송 완료 후 3개월 내 ShipOn·LocalDrop이 개인정보를 파기했는지 현장 실사를 통해 점검한다.

⑤ 수탁자인 ShipOn이 ISO 27001, ISMS-P 인증을 보유한 경우, MarketQ는 별도의 정기 점검·감독 없이도 위탁 관리·감독 의무를 이행한 것으로 본다.

개인정보 위탁자는 개인정보보호법 제26조 및 시행령 제28조에 따라 수탁자 관리, 계약 체결 및 감독, 재위탁 제한 등의 권한과 의무를 가진다.
① 재위탁 존재를 확인하고 LocalDrop을 공개 목록에 반영하는 조치라서, 관리·감독 의무 이행에서 가장 먼저 선행되어야 할 기본 조치에 해당한다.
② 재위탁 동의·절차를 계약에 명시하고, 수탁자(재수탁자 포함) 공개, 교육·점검 등 감독을 해야 한다
③ 암호화 같은 안전조치 요구사항은 위탁 계약에 포함되어야 하고, 위탁자가 감독해야 한다.
④ 파기 점검(현장 실사)은 사후 관리 항목으로 중요하지만, 선행되어야 할 건 문서(계약)·재위탁 통제·공개 같은 사전 조치이다.
⑤ 인증 보유와 위탁자의 상시 감독·점검 의무는 별개이다.

48 다음 보기 중 개인정보의 처리정지와 관련하여 가장 적절하지 않은 것을 고르시오.

① 처리정지 요청은 열람 · 정정 · 삭제 요청과 동일 절차로 접수하며, 10일 이내 결과를 통지한다.

② 다른 법률에 특별 규정이 있거나 계약 이행을 위해 불가피한 경우, 처리정지를 거부할 수 있다.

③ 처리정지 요청이 인용된 경우, 다른 법률에 따라 보존의무가 있는 개인정보라 하더라도 지체 없이 모두 파기해야 하며, 분리보관이나 이용 제한과 같은 다른 방식의 조치는 허용되지 않는다.

④ 처리정지 기간 중에도 최소 보관 필요성이 인정되면, 분리보관 후 재식별 위험을 최소화할 수 있다.

⑤ 처리정지 결정 사실은 정보주체에게 서면 · 전자우편 · 문자 · 팝업 등 수단으로 통지할 수 있다.

다른 법령에서 정하는 바에 따라 해당 개인정보를 보존해야 하는 경우에는 개인정보 보호법 제21조 제1항 단서에 따라 파기의무 적용 대상에서 제외된다.

49 양도 · 양수 · 합병 등으로 개인정보 처리자의 지위가 승계되는 경우의 고지에 관한 설명 중 가장 적절하지 않은 것은?

① 개인정보의 이전 사실, 이전받는 자의 성명, 주소, 전화번호 및 그 밖의 연락처를 정보주체에게 알려야 한다.

② 이전이 개인정보의 처리 목적 · 범위에 중대한 변화를 야기하는 경우에는 동의 등 적정한 법적 근거를 검토해야 한다.

③ 영업양수자등은 영업의 양도 · 합병 등으로 개인정보를 이전받은 경우 양수자의 새로운 목적으로 개인정보를 이용하거나 제3자에게 제공할 수 있다.

④ 이전 시 안전성 확보조치를 포함한 보호대책의 연속성이 확보되어야 한다.

⑤ 이전받는 자의 처리방침에 변경 내용을 반영하고 접근성을 확보해야 한다.

법 제27조제3항은 영업양수자 등이 개인정보를 이전받은 경우 "이전 당시의 본래 목적"으로만 이용하거나 제3자 제공할 수 있다고 규정한다.
즉, 양수자의 새로운 목적으로 이용 · 제공하려면 원칙적으로 별도 법적 근거나 동의가 필요하다.

50 2025년 12월, 스마트카 플랫폼 A기업은 차량 내부 카메라로 운전자 표정 · 시선 데이터를 실시간 수집해 '졸음 · 주의 분산' 탐지 모델을 운용한다. A기업은 데이터 분석 · 모델 개선을 위해 30일간 영상 · 시선 좌표 · 차량 속도 로그를 미국 리전 GPU 팜에 저장한다. A기업이 개인정보 라이프사이클 전 단계(수집→저장→분석→파기)를 관리하면서 '국경 간 데이터 최소 이전 · 최소 보존' 원칙을 충족하기 위한 최우선 기술 · 관리 대책으로 가장 적절하지 않은 것을 고르시오.

① 운전자 영상 데이터를 디바이스(Local Edge)에서 가명처리 후, 시선 좌표 · 졸음 확률 값만 전송해 모델 업데이트

② 미국 리전 저장 로그를 30일 후 자동 파기하고, 모델 성능 로그는 가명화 후 미국 리전에 백업

③ 실시간 전송 중 영상 스트림을 TLS 1.3 이상으로 암호화하고, 전송 종료 후 세션 키를 폐기

④ 차량–클라우드 간 데이터 전송 빈도를 줄이기 위해, 데이터 동기화 주기를 24시간 단위로 일괄 배치

⑤ 미국 리전 GPU 팜 내 VM을 '기밀컴퓨팅(TEE)' 환경으로 구현해, 처리 중 데이터 암호화를 구현

24시간 일괄 배치는 전송 빈도만 줄일 뿐 대용량 벌크 전송과 차량 내 대기 저장 시간(보존기간) 증가를 초래해 '국경 간 데이터 최소 이전 · 최소 보존' 원칙에 반한다.
① 로컬 가명처리 · 특징치 전송 : 최소 이전 · 가명화
② 로그 30일 파기 · 가명화 후 백업 : 최소 보존
③ TLS 전송 암호화 : 전송 보호
⑤ TEE : 처리 중 보호

51 다음 중 「개인정보 보호법」 제17조(개인정보의 제공)의 '사전 동의 요건'에 관한 설명으로 옳지 않은 것은?

① 정보주체가 전자 서명으로 동의 의사를 표시하더라도, 수집 항목 · 이용 목적 · 보유 기간을 함께 고지하지 않으면 유효하지 않다.

② 당초 수집 목적에서 벗어나더라도 암호화 등 안전성 확보에 필요한 조치를 수행한 경우, 정보주체의 동의 없이도 제공이 가능하다.

③ 행정기관 상호 간 법령 근거에 따라 자료를 제공하는 경우, 정보주체 동의 없이 제공이 가능하다.

④ 재난구호 목적으로 거주지 · 연락처를 지자체에 제공하는 경우, 정보주체 동의 없이 제공이 가능하다.

⑤ 공중위생 등 공공의 안전과 안녕을 위하여 긴급히 필요한 경우, 정보주체 동의 없이 제공이 가능하다.

② 개인정보처리자는 당초 수집 목적과 합리적으로 관련된 범위에서 정보주체에게 불이익이 발생하는지 여부, 암호화 등 안전성 확보에 필요한 조치를 하였는지 여부 등을 고려하여 대통령령으로 정하는 바에 따라 정보주체의 동의 없이 개인정보를 제공할 수 있다.

52 다음 보기 ⓐ~ⓔ 중 '개인정보 파기 방법'에 관한 법령 · 고시 기준을 모두 올바르게 반영한 조합은?

ⓐ SSD에 저장된 개인정보는 논리적 덮어쓰기 방식으로 1회 이상 수행하면 복구 불가능으로 본다.
ⓑ 종이 문서 파기는 파쇄 · 소각 · 분쇄 중 하나를 택해 수행할 수 있다.
ⓒ 블록체인 등 기술적 특성으로 영구삭제가 힘든 경우 오프체인 방식으로 구현하거나 솔트를 추가하는 등의 기술적 처리를 한다.
ⓓ 디가우저는 저장매체를 고온으로 가열 · 용융하여 데이터를 제거하는 열처리 장치다.
ⓔ 정보주체의 개인정보가 불필요하게 되었을 때는 지체없이(5일 이내) 파기하여야 한다.

① ⓐ, ⓑ, ⓒ
② ⓐ, ⓒ, ⓔ
③ ⓑ, ⓓ
④ ⓑ, ⓒ, ⓔ
⑤ ⓐ, ⓑ, ⓔ

ⓐ 논리적 파기 시 덮어쓰기 횟수는 법령이나 지침에서 명확하게 횟수를 규정하고 있지는 않지만, 일반적으로 "3회 이상"을 권고한다.
ⓓ 디가우저(Degausser) 강력한 자기장을 발생시켜 자기저장매체 내 자성 배열을 무질서하게 만들어 데이터를 복구 불가능하게 만드는 장치이다.

53 제조기업 A기업은 협력사에 '원자재 발주 내역'(공급업체명 · 계좌번호 · 담당자 연락처) 엑셀 파일을 이메일 첨부로 정기 발송한다. 협력사 내부 감사 결과, 파일 암호가 "1234"로 설정돼 있고, 담당자가 90일 후에도 파일을 삭제하지 않은 사실이 확인됐다. A기업과 협력사가 시급히 강화해야 할 조치로 가장 적절한 것은?

① 이메일 첨부 대신 SFTP 전송, 파일 암호 복잡도 정책 적용, 보존 기간 도래 시 자동 삭제한다.

② 발주 내역은 업무상 필수이므로 암호 복잡도 · 삭제 주기는 재량으로 정할 수 있다.

③ 계좌번호는 금융정보이므로 '민감정보' 암호화 의무 대상이 아니다.

④ 제3자 제공 동의를 추가로 받아야 하므로, 전송 자체를 즉시 중단한다.

⑤ 내부 감사를 통해 위반 사실을 확인했으므로, 추가 기술 조치 없이 교육만 강화하면 된다.

> 이메일 첨부 대신 SFTP를 쓰면 전송 암호화, 계정 · 권한 통제, 접근 로그, 자동 만료/삭제 같은 통제가 쉬워지며, 파일 암호 복잡도, 자동 파기, 로그 점검까지 묶으면 발견된 취약점들을 한 번에 보완할 수 있다.

54 다음 중 '위탁 계약서 필수 기재 사항'에 포함되어야 하는 사항으로 가장 적절하지 않은 것을 고르시오.

① 위탁업무 수행 목적 외 개인정보의 처리 금지에 관한 사항

② 개인정보의 기술적 · 관리적 보호조치에 관한 사항

③ 개인정보에 대한 접근 제한 등 안전성 확보 조치에 관한 사항

④ 개인정보 유출 등 사고발생 시 위탁자의 관리 · 감독 책임 면제에 관한 사항

⑤ 위탁업무와 관련하여 보유하고 있는 개인정보의 관리 현황 점검 등 감독에 관한 사항

> 위탁자의 관리 · 감독 책임을 면제하거나 손해배상을 임의로 제한하는 조항은 법정 책임을 감경 · 면제하려는 내용으로서 적절하지 않다. 오히려 시행령은 감독 의무와 손해배상 책임 규정 자체를 계약에 명시하도록 요구하고 있다.

55 다음 중 아동 개인정보 처리에 관한 설명으로 가장 적절하지 않은 것은?

① 만 14세 미만 아동의 개인정보를 수집 · 이용하려면 법정대리인의 동의를 받아야 하며, 동의 과정과 본인확인 절차가 적정하게 설계되어야 한다.

② 아동의 위치정보, 건강정보 등 민감성이 높은 정보는 최소수집 원칙과 목적 제한 원칙을 강화해 적용해야 하며, 대체 수단이 있으면 비수집을 검토해야 한다.

③ 아동 본인이 동의 의사를 명확히 표시한 경우에는 법정대리인의 동의 없이도 민감정보 수집이 가능하다.

④ 아동을 대상으로 하는 서비스에서는 이해하기 쉬운 언어와 눈에 띄는 방식으로 수집 · 이용 목적, 보유기간, 제3자 제공 사실 등을 고지해야 한다.

⑤ 아동 · 청소년 대상 프로파일링이나 맞춤형 광고는 과도한 영향이나 편견 유발 가능성을 고려해 위험평가와 옵트아웃 등 보호상치를 둬야 한다.

> 만 14세 미만 아동의 개인정보 처리는 법정대리인 동의가 원칙이며(동의의 방식 · 절차의 적정성 포함), 특히 민감정보는 법정 근거 · 동의의 엄격성이 더 요구된다.

(상)**중**(하)

56 다음 중 '내부 관리계획' 수립 · 시행에 대한 설명으로 가장 적절하지 않은 것은?

① 개인정보처리자는 개인정보 보호책임자 및 개인정보취급자를 대상으로 사업규모, 개인정보 보유 수, 업무성격 등에 따라 차등화하여 필요한 교육을 정기적으로 실시하여야 한다.

② 내부 관리계획에는 개인정보 보호에 관한 책임 · 권한, 물리 · 논리 접근통제, 사고 대응 절차 등을 포함해야 한다.

③ 개인정보 보호책임자는 접근 권한 관리, 접속기록 보관 및 점검, 암호화 조치 등 내부 관리계획의 이행 실태를 연1회 이상 점검 · 관리 하여야 한다.

④ 내부 관리계획에 중요한 변경이 있는 경우에는 이를 즉시 반영하여 내부 관리계획을 수정하여 시행하고, 그 수정 이력을 관리하여야 한다.

⑤ 10만명 미만의 정보주체에 관하여 개인정보를 처리하는 소상공인 · 개인 · 단체의 경우에는 내부 관리계획 수립 및 시행을 생략할 수 있다.

> 내부 관리계획의 수립 및 시행 생략 기준은 10만 명이 아닌 1만 명 미만의 정보주체에 관하여 개인정보를 처리하는 소상공인 · 개인 · 단체이다.

상(중)(하)

57 다음 보기 ⓐ~ⓓ를 '웹 공격 유형'과 '주요 방어 기법'으로 올바르게 연결한 것은?

ⓐ SQL Injection	㉠ 입력값 검증(Prepared Statement)
ⓑ XSS	㉡ SameSite 쿠키 · 토큰 방식 검증
ⓒ CSRF	㉢ 콘텐츠 보안정책(CSP) 헤더 설정
ⓓ BruteForce Attack	㉣ CAPTCHA/다중인증

① ⓐ-㉠, ⓑ-㉡, ⓒ-㉣, ⓓ-㉢
② ⓐ-㉠, ⓑ-㉡, ⓒ-㉢, ⓓ-㉣
③ ⓐ-㉡, ⓑ-㉢, ⓒ-㉠, ⓓ-㉣
④ ⓐ-㉢, ⓑ-㉡, ⓒ-㉠, ⓓ-㉣
⑤ ⓐ-㉠, ⓑ-㉢, ⓒ-㉡, ⓓ-㉣

> ⓐ SQL Injection: 입력값에 악의적 SQL을 넣어 DB 쿼리를 변조하는 공격
> ⓑ XSS: 스크립트를 주입해 사용자의 브라우저에서 악성 코드가 실행되도록 하는 공격
> ⓒ CSRF: 사용자가 로그인한 세션을 악용해 사용자의 의도와 무관한 요청을 보내는 공격
> ⓓ BruteForce Attack: 비밀번호 등을 무차별 대입으로 추측하는 공격

(상) (중) (하)

58 다음 중 일방향 암호화(해시)의 대상으로 가장 적절한 것은?

① 비밀번호
② 주민등록번호
③ 계좌번호
④ 여권번호
⑤ 외국인등록번호

- 비밀번호는 복호화가 불필요하므로 해시 · 솔트로 일방향 저장하는 것이 원칙이다.
- 고유식별정보, 계좌번호 등은 업무상 원문 확인/전송이 필요할 수 있어 복호화 가능한(양방향) 암호화 대상이다.

(상) (중) (하)

59 2025년 8월, 지방의료원 MedPark는 랜섬웨어 감염으로 환자 진료영상 3TB가 암호화됐다. 조사 결과, 백업 서버는 동일 네트워크 대역에 존재했고 SMB(Server Message Block) 포트가 개방돼 있었다. 다음 중 MedPark가 재발 방지를 위해 시행해야 할 조치로 가장 적절하지 않은 것은?

① 백업 시스템을 운영망과 분리(전용 VLAN/망분리 · 오프사이트) 한다.
② 랜섬웨어의 측면 이동(lateral movement) 제한하기 위해 SMB 접근을 허용 IP만 열어 차단/제어한다.
③ 오프사이트/오프라인 백업 도입 및 정기 복구 테스트를 실시한다.
④ SMB 포트를 폐쇄하되, 동일 네트워크 세그먼트 구조는 유지해 운영 효율을 확보한다.
⑤ WORM(Write Once, Read Many) 등으로 보존기간 내 삭제 · 수정 금지 정책을 적용한다.

SMB를 막아도 동일 네트워크 세그먼트를 유지하면 랜섬웨어의 측면 이동 경로가 여전히 열려 있기 때문이다. 핵심은 망 분리와 최소 통신이다.

(상) (중) (하)

60 AI-기반 NDR(Network Detection & Response) 도입 · 운영에 대한 설명으로 가장 적절하지 않은 것은?

① 모델은 지속 학습 · 튜닝 체계를 갖추되, 개인정보 최소화 · 비식별 로그 원칙을 병행한다.
② 대규모 원본 패킷 보존은 목적 · 기간 · 암호화 기준을 갖추어 엄격히 제한한다.
③ 모델 고도화를 위해 개인정보가 포함된 원본 패킷을 장기 보존해 재학습에 활용한다.
④ 탐지 성능(정탐/오탐)과 재현성(룰/피처 버전관리)을 함께 관리한다.
⑤ 개인정보 포함 로그는 접근권한 분리와 열람기록 이력화를 통해 통제한다.

NDR은 네트워크 트래픽(패킷/플로우/메타데이터)을 수집 · 분석해 침입 징후(이상 행위, C2 통신, 데이터 유출, 랜섬웨어 확산 등)를 탐지(Detection)하고, 격리 · 차단 등 대응(Response)까지 연결하는 보안 체계이다.
③ 모델 고도화를 이유로 개인정보 포함 원본 패킷을 장기 보존하는 건 최소수집 · 최소보존 원칙에 반한다. 재학습 필요 시에도 부분 샘플 · 가명화/특징값 추출 등으로 대체해야 한다.

61 원격근무 환경에서 VPN과 내부망 간 '다중 접근통제' 정책을 수립하려 한다. 다음 중 가장 적절하지 않은 구성은?

① 사내 리소스별 RBAC(Rule Based Access Control) + VPN 접속 시 MFA(Multi-Factor Authentication) 적용

② VPN 게이트웨이를 DMZ(Demilitarized Zone)에 배치하고, 내부망으로는 2단계 방화벽을 구성

③ VPN 클라이언트에서 Split-Tunneling 기능을 활성화해 인터넷 속도를 최적화

④ 접속 로그는 중앙 SIEM(Security Information and Event Management)으로 실시간 전송하고, 무결성 검증을 위한 해시 체인을 적용

⑤ VPN 사용자 계정은 주기적으로 권한 검토를 수행하고, 장기 미사용 계정은 즉시 비활성화

③ Split-Tunneling 활성화는 사내 리소스 외 트래픽이 조직 관제 밖으로 이탈해 데이터 유출·세션 하이재킹 위험을 키울 수 있어서 고위험 자산·민감 데이터 접근 구간은 Full-Tunneling을 권장한다.

62 VPN(Virtual Private Network)에 대한 설명으로 적절하지 않은 것을 고르시오.

① Site-To-Site VPN은 두 네트워크 간 터널을 구성하여 지사-본사 간 트래픽을 보호한다.

② 원격접속 VPN은 개인 단말과 사내망 사이에 터널을 구성하며, 단말 보안상태 점검(NAC 등)과 MFA를 연계하는 것이 바람직하다.

③ VPN 터널을 사용하면 내부망 접속 권한이 자동으로 최소권한으로 부여된다.

④ Split-Tunneling 허용 시 인터넷 경로로 유출될 수 있는 트래픽에 대한 위험평가·차단정책이 필요하다.

⑤ VPN 자격증명·인증서의 분실·도난에 대비해 신속한 폐지·교체 절차를 운영해야 한다.

VPN은 암호화된 경로를 제공할 뿐, 계정·권한은 자동으로 최소권한으로 보정되지 않는다. 접속 후에도 네트워크·시스템 단에서 별도의 접근제어·권한검토가 필요하다.

63 랜섬웨어 의심 행위가 탐지되었다. 다음 중 대응 순서로 가장 적절한 것은?

① 복구부터 시도 → 신고 → 격리 → 증거보전 → 악성코드 분석

② 즉시 전면 차단 → 포맷 후 재설치 → 신고 → 백업 복원

③ 영향 범위 격리·세션 차단 → 스냅샷·이미징 등 증거보전 → 악성코드 분석·IOC 추출 → 관계기관 신고·통지 → 정합성 검증 후 복구

④ 백업 복원 → 사용자 통지 → 로그 분석 → 필요 시 격리

⑤ 통신 차단 없이 실시간 분석 강화 → 주간 점검 때 일괄 조치

초기 격리(전파 차단) → 증거보전(이미징) → 분석·IOC → 법정 신고·통지 → 검증 후 복구 순이 정석이다.
즉시 복구(①,④)나 무격리(⑤), 포맷 우선(②)은 증거 훼손·전파 확대 위험이 있다.

(상)**중**(하)

64 2025년, AI 기반 'Credential Stuffing 자동 탐지 시스템'을 도입한 금융사 A기업은 로그인 시도 원본 로그를 실시간 분석해 IP당 초 단위 요청 빈도, 브라우저 지문, 이상 토큰 재사용 패턴을 종합 스코어링한다. 최근 MFA 우회 공격이 늘어나자, A기업은 탐지 시스템을 업그레이드하려 한다. 다음 대책 중 가장 부적절한 것은?

① 브라우저 지문이 일치하더라도, 로그인 실패가 3회 초과되면 CAPTCHA + FIDO2 추가 인증을 요구
② Token Binding(토큰 결속) 기능을 적용해, 웹 · 모바일 세션 토큰을 TLS 세션과 고유 연결
③ 이상 IP 스코어가 일정 기간 양호하고, 동일 단말 · 위치 이력이 일치하는 세션에 한해 MFA를 주기적 점검 시에만 요구하고 평상시에는 비밀번호만으로 로그인 허용
④ 비밀번호 재사용 위험이 높은 계정은 자동으로 '로그인 전용 가상 계정(별도 ID)'으로 분리
⑤ AI 탐지 모델 설명 가능성을 확보해, 탐지 로직을 감사팀에 시각화 리포트로 제공

(상)(중)**하**

65 다음 중 물리적 보호조치 및 CCTV 운영 기준을 위반한 사례로 보기 가장 어려운 것은?

① CCTV 모니터링 룸 출입 권한을 경비업체 파견 인원에게 24시간 상시 부여하였다.
② 사무실 내 휴게실 내부에 고정형 CCTV를 설치하고 녹음 기능을 활성화하였다.
③ CCTV 설치 안내판이 눈에 띄지 않는 위치에 있으며, 설치 목적이나 담당자 정보가 누락되어 있다.
④ 퇴직한 외부 위탁업체 직원의 접근 권한을 회수하지 않아 CCTV 영상 열람이 가능했다.
⑤ 직원의 퇴근 시간 이후에는 CCTV 영상에 접근할 수 없도록 시스템을 설정하고 있으며, 접속 기록을 2년간 보관하고 있다.

(상)(중)**하**

66 개인정보 보호법에 따라 이용자가 아닌 정보주체의 개인정보를 저장하는 경우 저장 위치와 무관하게 반드시 암호화 해야 하는 대상으로 적절한 것을 고르시오.

① 주민등록번호
② 외국인등록번호
③ 비밀번호
④ 운전면허번호
⑤ 여권번호

상 중 하

67 원격근무 접속 시(외부 → 내부망) 발생할 수 있는 보안 위협을 방지하기 위해 기술적으로 가장 적절하지 않은 것을 고르시오.

① 단말 무결성 검사
② 동일 계정 중복 접속 허용
③ 다중요소 인증(MFA)
④ 세션 타임아웃 설정
⑤ 최소 권한 설정

동일 계정 중복 접속을 허용하면 계정 탈취 탐지 불가, 행위 추적 불가, 세션 관리 불가, 공유 계정으로 변질되는 등 매우 심각한 보안 위험이 발생하므로 금지해야 한다.

68 일일 평균 이용자 120만 명의 커머스 플랫폼인 A기업은 운영팀 PC에서 개인정보 다운로드 기능을 제공한다. A기업이 인터넷 망 차단 안정성 확보조치를 준수하기 위해 취해야 조치로 가장 적절한 것을 고르시오.

① 운영팀 PC의 인터넷망을 완전 차단하고, DMZ 접속만 허용했다.
② 이용자 수가 100만 명 이상이므로 고시 예외 적용 대상이며, 차단 의무가 없다.
③ 다운로드 파일에 워터마크만 삽입하고, 네트워크 설정은 유지한다.
④ 다운로드 기능을 폐지하고, 개인정보 조회만 허용하므로 차단하지 않아도 된다.
⑤ 차단 대신 USB 사용 통제 솔루션을 설치하면 고시 요건을 충족한다.

일일 평균 100만 명 이상 개인정보처리자는 개인정보 다운로드, 파기, 접근 권한 설정이 가능한 PC의 인터넷 차단이 필수다. 단순 워터마크·USB 통제는 보조 대책일 뿐 요건을 대체하지 못한다.

69 다음 중 「개인정보의 안전성 확보조치 기준」 제10조(물리적 안전조치)에 위반되는 행위로 적절하지 않은 것을 고르시오.

① 개인정보처리시스템이 설치된 서버실에 사전 승인 없이 누구나 자유롭게 출입할 수 있도록 했다.
② 출입통제시스템이 고장 난 지 수개월이 지났지만, 수리 없이 수동 출입부만 기록하고 있다.
③ 개인정보를 보관하는 문서함을 잠금장치 없이 개방된 공간에 배치하고 있다.
④ 보안구역 내 CCTV를 설치하고 외부인의 출입을 통제하고 있다.
⑤ 개인정보처리자가 퇴직한 후에도 지문을 통한 출입 권한이 삭제되지 않아 서버실 출입이 가능했다.

개인정보처리자는 전산실, 자료보관실 등 개인정보를 보관하고 있는 물리적 보관 장소를 별도로 두고 있는 경우 이에 대한 출입통제 절차를 수립·운영하여야 한다. 특히 비인가자의 출입 차단, 퇴직자 권한 회수, 잠금장치 사용 등은 반드시 지켜야 하는 필수 항목이다.

(상)**(중)**(하)

70 DMZ(Demilitarized Zone)의 프록시 서버 운영에 관한 설명으로 가장 적절한 것은?

① TLS 종단 · 재암호화 구간을 명확히 설계하고, 캐시 저장 시 개인정보 여부에 따라 암호화 · 비저장 정책을 구분

② 성능을 위해 개인정보가 포함된 응답도 평문 캐시 허용

③ 내부망 인증서 유출 방지를 위해 모든 트래픽을 평문 전송

④ 캐시 적중률 분석을 위해 로그에 포함된 식별자를 암호화하지 않고 원문으로 보관

⑤ WAF가 있으므로 전송구간 암호화는 불필요

DMZ 설계는 전송구간 암호화(종단/재암호화)와 캐시 저장 정책(비식별 · 암호화 · 비저장)이 핵심이다.
② · ⑤는 개인정보는 평문 캐시 불가, 캐시 저장 자체도 제한
③ 암호화를 해제하고 내부망에 평문 전달은 심각한 보안 취약
④ 로그에 포함된 식별자는 암호화 또는 가명처리 필요

(상)**(중)**(하)

71 로그 위 · 변조 방지와 장기 무결성 보장을 위한 기술 · 운영 통제로 가장 적절한 것을 고르시오.

① 로그를 해시 체인 또는 머클트리 구조로 서로 연결하여 일부라도 수정되면 전체 무결성 오류가 나도록 하고, NTP 등으로 시간 동기화를 유지하며, 주기적으로 검증한다.

② 로그 파일을 한 대의 서버에 저장하고, 필요할 경우 운영자가 직접 수정할 수 있도록 권한을 부여한다.

③ 시스템 성능을 위해 로그를 대량(벌크) 압축 저장하되, 저장공간 절감을 위해 오래된 구간의 일부 로그 레코드는 삭제를 허용한다.

④ 로그 파일에 단순 체크섬만 계산해 두고, 해시와 로그 원본을 동일 서버에 같이 보관하여 필요 시 비교하는 방식으로 무결성을 확인한다.

⑤ 위 · 변조 탐지 대신 접근통제를 강화하여 외부로부터의 침입에 대응한다.

해시 체인/머클트리로 로그를 서로 이어놓으면 한 줄만 수정돼도 전체 무결성이 깨져 위 · 변조가 즉시 드러나고, NTP 기반 시간 동기화로 로그 시각의 신뢰성을 확보하며, 여기에 주기적 검증 · 점검까지 더해져 장기적으로도 "이 로그가 수정되지 않았다"는 것을 입증할 수 있기 때문에 로그 위 · 변조 방지와 장기 무결성 보장에 가장 적절한 통제이다.
④ 체크섬 자체는 좋지만, 해시와 원본을 같은 곳에 두면 공격자가 둘 다 바꿔버릴 수 있어서 장기 무결성 보장으론 부족하다.

(상)**(중)**(하)

72 다음 중 '출력 · 복사 시 보호조치'에 대한 설명으로 적절하지 않은 것을 고르시오.

① 대량 출력은 담당 부서장의 사전 승인 후, 출력 이력 대장에 기록해야 한다.

② 출력물 분실 방지를 위해 개인정보 포함 문서에는 자동 워터마크 또는 바코드를 삽입할 수 있다.

③ 오피스(예: 엑셀)에서 개인정보가 숨겨진 필드 형태로 저장되지 않도록 조치한다.

④ 개인정보 검색 화면에서 사용자 편의 향상을 위해 like 검색 허용으로 성씨만 입력해도 다수 개인정보가 조회 가능하도록 한다.

⑤ 웹페이지 소스 보기 등을 통해 불필요한 개인정보가 출력되지 않도록 사전 점검한다.

like 검색 허용은 최소 조회 · 권한 통제 · 내부 오남용 방지라는 개인정보보호 원칙에 반하는 잘못된 UI/기능 설계이다.

73 스타트업인 A기업은 2025년 12월, 사무실 복도에 AI 얼굴 인식 출입게이트 2대를 설치했다. A기업이 개인정보의 안전성 확보조치 요건을 충족하기 위해 수행해야 할 조치로 가장 적절하지 않은 것을 고르시오.

① 출입게이트 인증 기록을 근태 데이터와 분리하여 별도의 보안 로그로 저장하고, 인사 · 보안 담당자 등 최소 인원에게만 접근 권한을 부여한다.

② 얼굴 인식 템플릿을 클라우드 저장소 대신 오프라인 암호화 보관하고, 주 1회 무결성 검증을 수행한다.

③ 출입권한 변경 · 삭제 이력을 3년간 보관하고, 월 1회 이상 승인 여부를 점검한다.

④ 출입게이트 장애 시 업무 연속성을 우선하기 위해, 얼굴 인식 서버나 네트워크에 장애가 발생하면 인증 절차를 생략하고 게이트를 자동으로 개방(Fail-Open)한다.

⑤ 외부 방문객은 얼굴 등록 없이 '임시 출입증'을 발급받아 게이트를 통과하도록 절차를 마련한다.

> 개인정보 보호 및 물리적 보안을 이유로, 출입 시스템은 장애 발생 시에도 인증 없이 개방(Fail-Open)되는 방식은 금지되며, 반드시 Fail-Safe 방식(잠금 유지, 수동 인증 전환 등)으로 설계해야 한다.

74 다음 보기 ⓐ~ⓔ 중 개인정보 안전성 확보조치 기준 중 악성프로그램 등 방지에 대한 내용으로 적절하지 않은 것을 고르시오.

① 프로그램의 자동 업데이트 기능 사용

② 일 1회 이상 업데이트를 실시하는 등 최신의 상태로 유지

③ 악성코드 감염 발견 시 대응 절차 마련

④ 비상연락망 구성

⑤ 악성프로그램 관련 보안 패치나 엔진 업데이트 공지가 있더라도, 시스템 안정성을 위해 분기별 정기 점검 시에만 일괄 적용

> 악성코드 관련 업데이트나 패치가 나왔을 때는 공지 시 지체없이 적용해야 한다.

75 2025년, 의료 데이터 플랫폼 MedChain은 클라우드 네이티브 HSM(Hardware Security Module) 클러스터를 구축해, 환자 고유식별번호 암 · 복호화 요청을 마이크로서비스로 분산 처리한다. 최근 HSM 마스터 키를 관리하는 '키 관리 서비스(KMS)' IAM 계정이 피싱 메일로 탈취돼, 공격자가 단 2분간 마스터 키 전환 API를 호출해 새 키를 등록 · 활성화한 뒤, KMS 감사 로그 일부를 삭제했다. MedChain이 개인정보의 안전성 확보조치를 충족하도록 키 관리 · 감사 체계를 개선할 때, 가장 우선 고려해야 할 방안은?

① HSM 마스터 키 전환 API를 폐쇄하고, 물리 HSM 콘솔에서만 수작업으로 키를 교체

② KMS 계정에 'MFA + 시간대 · IP 제한 조건부 액세스'를 적용하고, 키 전환 시 실시간 알림을 CISO · 보안관제에 발송

③ 마스터 키를 1년마다 주기 교체하는 대신, 무기한 동일 키를 사용해 관리 복잡성 감소

④ 키 전환 로그를 S3 버킷에 저장하되, S3 버킷에 대한 액세스 권한은 키 전환 API와 동일 역할에 부여

⑤ 공격자 로그 삭제를 방지하기 위해, KMS · HSM 로그를 30일 주기로 종이 출력 · 서면 보관

> ② 다중인증과 조건무 액세스를 통해 계정 탈취를 어렵게 만들고, 키 전환 같은 고위험 행동을 실시간 감지하는 조치로 이번 사고의 직접 원인을 가장 정확하게 해결하는 선택이다.
> ① 운영 효율 저하, ③ 무기한 키는 위험, ④ 동일 권한 부여는 로그 위 · 변조 가능, ⑤ 실시간 탐지와 거리가 멀다.

(상)(중)(하)

76 공개된 장소에 고정형 CCTV를 설치 · 운영할 수 있는 예외 사유에 해당하지 않는 것은?

① 법령에서 구체적으로 허용하고 있는 경우
② 범죄의 예방 및 수사를 위하여 필요한 경우
③ 교통정보의 수집 · 분석 및 제공을 위하여 정당한 권한을 가진 자가 설치 · 운영하는 경우
④ 출입자 수, 성별, 연령대 등 통계값 또는 통계적 특성값 산출을 위해 촬영된 영상정보를 저장하는 경우
⑤ 시설의 안전 및 관리, 화재 예방을 위하여 정당한 권한을 가진 자가 설치 · 운영하는 경우

출입자 수, 성별, 연령대 등 통계값 또는 통계적 특성값 산출을 위해 촬영된 영상정보는 저장하지 않고 일시적으로 처리하는 경우에 설치 가능하다.

(상)(중)(하)

77 고정형 CCTV 설치 · 운영 기본원칙에 대한 설명으로 적절하지 않은 것을 고르시오.

① 외국인이 자주 이용하는 장소인 경우, 안내판은 한국어와 외국어로 병기하는 것이 바람직하다.
② 건물 안에 여러 개의 고정형 영상정보처리기기를 설치하는 경우에는 출입구 등 잘 보이는 곳에 해당 시설 또는 장소 전체가 고정형 영상정보처리기기 설치지역임을 표시하는 안내판을 설치할 수 있다.
③ 고정형 영상정보처리기기 운영자가 서로 다른 경우라도 동일한 장소 또는 건물이라면 고정형 영상정보 처리기기 안내판을 통합해서 사용할 수 있다.
④ 국가보안시설인 경우에는 안내판을 부착하지 않을 수도 있지만, 민원인들이 출입하는 민원실의 경우 공개된 장소로 민원인의 개인정보자기결정권 보장 등을 위해 안내판을 부착하는 것이 바람직하다.
⑤ 고정형 영상정보처리기기의 설치 · 운영을 위탁한 경우에는 고정형 영상정보처리기기 위탁자의 관리책임자의 연락처와 더불어 수탁자의 명칭 및 연락처를 함께 기재해야 한다.

운영자가 서로 다른 경우에는 같은 건물 · 장소라 하더라도 운영자별로 각각 안내판을 설치해야 한다고 가이드라인에 명시되어 있다.

(상)(중)(하)

78 다음 중 VPN(Vitaul Private Network)에 대한 설명으로 가장 적절하지 않은 것은?

① IPsec은 네트워크 계층(L3)에서 동작하며, AH와 ESP 헤더를 사용하여 전송 모드와 터널 모드를 지원하는 VPN 프로토콜이다.
② VPN은 암호화와 무결성 검증, 사용자 · 단말 인증을 통해 인터넷과 같은 공중망을 사설망처럼 안전하게 사용할 수 있도록 한다.
③ SSLVPN은 주로 원격 사용자가 웹 브라우저 등을 이용해 애플리케이션 단에서 내부 시스템에 접속할 때 사용하는 방식이다.
④ 원격 근무자의 노트북에서 본사로 안전하게 접속하기 위해 클라이언트-투-사이트(Client-to-Site) VPN 구성을 사용할 수 있다.
⑤ 지사와 본사 간 상시 전용망 연계는 IPsecVPN이 아닌 SSLVPN 방식으로 구성해야 한다.

지사와 본사 간 상시 전용망 연계는 일반적으로 IPsecVPN으로 구성하는 것이 표준 방식이고, 재택 · 원격 근무자 등 개인 단말에서 본사 또는 내부 시스템에 접속할 때는 SSLVPN을 주로 활용한다.

79 A기업은 개인정보 암호화 키 관리 방침을 개정하기 위해 검토 중이다. 안정성 확보 조치 기준에 가장 적절하지 않은 것을 고르시오.

① 암호키는 전용 HSM에 저장하고, 키 백업은 이중 위치 오프라인 매체로 분리 보관

② 키 수명은 1년 이내 주기적으로 교체하며, 교체 전후 단계마다 다중 서명 절차를 적용

③ 키 관리 서버와 암호화 · 복호화 서버를 동일 물리 서버 내 컨테이너(논리적 분리)로 운영해 성능을 최적화

④ 키 접근 로그는 외부 보안관제센터(SOC)에 실시간 전송 후, 1년 이상 보관

⑤ 키 파기 시 무작위 오버라이팅 후 해시 검증으로 복구 불가능 상태를 확인

키 관리 기능과 암 · 복호화 기능을 같은 물리 서버에 두고 컨테이너로만 분리하면 서버가 뚫리면 키, 평문, 암호화 모듈이 같이 위험하다. 키 관리 및 보관은 가능하면 분리된 보안 영역(HSM, 전용 키 관리 서버)에 두는 게 원칙이다.

80 고정형 CCTV 안내판에 법적으로 필수로 기재해야 할 사항이 아닌 것은?

① 설치 목적 및 장소

② 촬영 범위 및 시간

③ 관리책임자의 연락처

④ (위탁 시) 수탁자의 명칭 · 연락처

⑤ 영상정보 보유기간

안내판 기본 3항목(①②③)은 무조건, ④는 위탁이 있을 때만 의무. 보유기간은 안내판이 아니라 운영 · 관리 방침에 작성한다.

81 A사는 수탁기관으로서 위탁받은 업무를 수행하며, 정보주체 300명 이하의 개인정보만을 처리하고 있다. 「개인정보의 안전성 확보조치 기준」에 따라 이 경우 생략할 수 있는 항목으로 옳은 것은?

① 접근통제

② 내부관리계획의 수립 · 시행

③ 개인정보의 암호화

④ 접속기록의 보관

⑤ 악성코드 방지 대책 수립

개인정보의 안전성 확보조치 기준에 따라 수탁자가 처리하는 개인정보 수가 300명 이하인 경우에는 내부관리계획 수립 · 시행을 생략할 수 있다. 다만, 다른 기술적 · 물리적 보호조치는 적용 받는다.

82 지방자치단체 산하 기관인 C시는 '민원24 시스템', '보육포털' 등 여러 개의 공공시스템을 운영 중이다. 다음 중「개인정보의 안전성 확보조치 기준」에 따라 공공시스템 운영기관이 준수해야 할 사항으로 가장 적절한 것은?

① 공공시스템 운영기관은 전체 기관 단위로 내부관리계획을 통합 수립하면 된다.
② 공공시스템 운영기관은 접근기록을 수동으로 점검하되, 연 1회 이상만 실시하면 된다.
③ 공공시스템 운영기관은 각 공공시스템별로 내부관리계획을 별도로 수립 · 시행해야 한다.
④ 공공시스템 운영기관은 접근 권한 부여, 변경, 또는 말소 내역 등을 반기별 1회 이상 점검하여야 한다.
⑤ 공공시스템 운영기관은 정보주체 수가 적은 경우 안전조치 기준을 일부 생략할 수 있다.

「개인정보의 안전성 확보조치 기준」제15조는 공공시스템 운영기관은 공공시스템별로 내부관리계획을 수립 · 시행해야 한다고 명시하고 있으며, 제17조에서는 자동화된 방식으로 접속기록을 점검하고, 정기적(최소 월 1회 이상)으로 이상 징후를 탐지할 의무를 부과하고 있다.

83 A기업은 개인정보처리시스템에 접근한 기록(로그)을 보관하고 있으며, 최근 처리 정보의 양이 증가해 6만 명 규모 정보주체의 개인정보를 처리하기 시작했다.「개인정보의 안전성 확보조치 기준」에 따른 접속기록 보관 기준으로 가장 올바른 것은?

① 접속기록은 모든 개인정보처리자에게 3년 이상 보관이 의무이다.
② 5만 명 이상의 정보주체 처리 또는 민감정보 · 고유식별정보 처리 시 접속기록은 2년 이상 보관해야 한다.
③ 접속기록에 대해서 월 1회 이상 점검하여야 한다.
④ 접속기록은 개인정보 파기 후에도 3년 추가로 보관해야 한다.
⑤ 고유식별정보를 처리하지 않기 때문에 일반적으로는 보관 의무가 없다.

접속기록은 기본 1년 보관하되, 5만 명 이상 정보주체 처리나 민감정보 · 고유식별정보를 처리하는 경우엔 최소 2년 이상 보관해야 한다.
③ 개인정보 안전성 확보조치 기준 개정으로 인해 접속기록에 대해 기존 월 1회 점검에서 내부 관리계획으로 정하고 이행하는 것으로 변경됐다.

84 글로벌 영상 SNS A기업은 딥페이크 탐지 AI를 개발하면서, 사용자 업로드 영상에서 추출한 얼굴 임베딩 벡터를 학습 데이터로 활용한다. A기업이 개인정보 보호조치 측면에서 가장 먼저 신경 써야 할 지점으로 가장 적절한 것을 고르시오.

① 얼굴 임베딩 벡터와 원본 영상을 별도 저장소에 물리적으로 분리하고, 연계 키를 암호화해 보관한다.
② 학습된 AI 모델 파라미터를 외부 연구자에게 공개하여, 투명성을 높인다.
③ 얼굴 임베딩은 개인정보가 아니라고 간주되므로, 별도 동의 없이 광고 타깃팅에 활용한다.
④ 딥페이크 판별 정확도를 높이기 위해, 업로드 90일 후에도 원본 영상을 삭제하지 않고 장기 보관한다.
⑤ 모델 학습 로그를 CSV 파일로 내보내, 주기적 리뷰를 위해 사내 메신저 공유 채널에 게시한다.

얼굴 임베딩은 재식별 가능성이 있는 데이터로 간주되므로, 원본과 분리 · 암호화 관리가 필요하다.

85 비밀번호 관리에 대한 설명으로 가장 적절하지 않은 것은?

① 비밀번호나 암호를 알아내기 위해 가능한 모든 조합을 시도하는 무차별 대입 공격을 캡차(CAPTCHA)라고 한다.

② 비밀번호는 추측이 어렵도록 영문 대소문자, 숫자, 특수문자 등을 조합하여 충분한 길이로 설정한다.

③ 동일한 비밀번호를 여러 서비스에서 재사용하지 않도록 하고, 필요시 정해진 정책에 따라 주기적으로 변경한다.

④ 일정 횟수 이상 비밀번호 입력에 실패하면 계정을 일시 잠그거나 추가 인증 절차를 요구하여 무차별 대입 공격을 방지한다.

⑤ 비밀번호는 저장 시 평문이 아닌 일방향 암호화(해시) 방식으로 저장하여, 유출되더라도 원문 비밀번호를 바로 알 수 없도록 한다.

① CAPTCHA(Completely Automated Public Turing test to tell Computers and Humans Apart)는 컴퓨터와 인간을 구분하기 위한 완전히 자동화된 공개 튜링 테스트의 약자이다. 무차별 대입공격은 Brute-Force Attack이다.

5 과목 **개인정보 관리체계**

86 다음 중 ISMS-P(정보보호 및 개인정보보호 관리체계) 인증제도에 대한 설명으로 가장 적절하지 않은 것은?

① 인증기관은 한국인터넷진흥원(KISA)이며, 인증업무의 총괄·관리를 담당한다.

② 심사기관은 인증기관으로부터 지정을 받아 실제 심사업무를 수행하는 기관이다.

③ ISMS-P 정책기관에는 과학기술정보통신부와 개인정보보호위원회가 포함된다.

④ 인증기관은 신청기관이 수립·운영하는 관리체계를 인증기준에 따라 심사하고, 인증위원회를 운영하여 인증기준에 적합한 기관에게 인증서를 발급한다

⑤ 인증위원회는 인증심사 결과가 인증기준에 적합한지 여부, 인증 취소에 관한 사항, 이의신청에 관한 사항 등을 심의·의결한다.

심사기관은 인증심사 업무를 수행할 수 있도록 인증기관이 아닌 정책기관(과학기술정보통신부장관과 개인정보 보호위원회)가 지정한다.

87 다음 중 ISMS-P(정보보호 및 개인정보보호 관리체계) 인증 취득 시 기대효과에 대한 설명으로 가장 적절하지 않은 것은?

① ISMS-P 인증기준은 '1.관리체계 수립 및 운영(16개)', '2.보호대책 요구사항(64개)', '3.개인정보 처리단계별 요구사항(21개)'으로 구성되어 있다.

② ISMS-P 인증을 받은 기업(조직)은 정보보안 침해사고로부터 안전하다는 것을 보장하는 제도이다.

③ ISMS-P 인증을 취득한 기관은 정보보호 및 개인정보보호에 대한 신뢰성을 높여 대외 이미지를 제고할 수 있다.

④ 기업 경영진이 직접 정보보호 의사결정에 참여함으로써 정보보호 및 개인정보보호 업무에 대한 책임성과 신뢰성을 향상시킬 수 있다.

⑤ 기업은 지속적이고 체계적인 ISMS-P 구축을 통해 해킹, DDoS 등의 침해사고 및 개인정보 유출사고 발생 시 신속하게 대응할 수 있는 관리체계를 마련할 수 있다.

ISMS-P 인증을 받은 기업(조직)이 정보보안 침해사고로부터 100% 안전하다는 것을 보장하지는 못한다. 다만, 인증취득을 통해 정보보호 침해사고 발생 가능성을 낮출 수 있으며, 침해사고가 발생하더라도 안전한 정보보호 관리체계 운영으로 서비스 복구 등에 소요되는 시간을 최소화할 수 있다. 이는 주기적인 운동, 식이요법, 예방 접종 등으로 꾸준히 건강을 관리한 사람도 100% 질병이 걸리지 않음을 보장할 수 없는 것과 유사한 이치이다.

88 가상자산사업자에 대한 ISMS-P(정보보호 및 개인정보보호 관리체계) 인증 및 특례에 대한 설명으로 적절하지 않은 것은?

① 가상자산사업자는 「특정 금융거래정보의 보고 및 이용 등에 관한 법률」에 따라 신고를 위해 정보보호 관리체계 인증 취득이 필수 요구사항이다.

② 신규 가상자산사업자가 인증기준에 따른 정보보호 관리체계를 2개월 이상 운영하지 못한 경우, 실제 서비스 운영 전 시험 운영 환경에서 '정보보호 관리체계 예비인증'을 신청할 수 있다.

③ 예비인증은 고시 제18조2제1항제2호에 따른 본인증을 받기 위한 조건부 인증이다.

④ 예비인증은 본인증을 받기 위한 조건부 인증으로서, 예비인증을 취득한 날부터 3개월 이내에 금융정보분석원장에게 신고해야 한다.

⑤ 가상자산사업자가 예비인증을 취득한 경우, 예비인증 취득일로부터 6개월 이내에 본인증을 취득해야 한다.

⑤ 본인증 취득 기한 6개월은 '신고가 수리된 날'부터 기산하며, 예비인증 취득일로부터 기산하지 않는다.

89 중소기업에 대한 ISMS-P(정보보호 및 개인정보보호 관리체계) 인증의 특례 적용 범위 및 제외 대상에 대한 설명으로 적절하지 않은 것은?

① ISMS-P 인증의 특례는 인증에 어려움을 겪는 중소기업의 부담 완화를 목적으로 2024년 7월부터 시행되었다.

② 인증의 특례는 「중소기업기본법」에 따른 소기업과, 일정 기준을 충족하는 중기업에 대하여 완화된 인증기준 및 절차 등을 적용할 수 있다.

③ 중기업 중 정보통신서비스 부문 매출액이 300억 원 미만인 자는 인증의 특례 대상에 해당한다.

④ 정보통신서비스 부문 매출액이 300억 원 이상인 중기업이라도, 주요 정보통신설비를 직접 설치·운영하지 않는 경우에는 특례 대상에 해당할 수 있다.

⑤ 가상자산사업자도 소기업이거나 정보통신서비스 부문 매출액이 300억 원 미만인 경우에 인증의 특례 대상에 해당된다.

ISP, IDC, 상급 종합 병원, 대학교, 금융회사, 가상자산사업자는 특례 대상에서 제외됨을 명심하자.

90 ISMS-P(정보보호 및 개인정보보호 관리체계) 인증 취득 후 사후 관리 및 보완 조치에 대한 설명으로 적절하지 않은 것은?

① 사후심사는 인증 유효기간 중 매년 1회 이상 실시하는 인증심사이다.

② 사후심사는 인증발급일 기준으로 매 1년 이전에 심사를 완료해야 하며, 인증 유효기간 내 심사를 받지 않을 경우 인증이 취소될 수 있다.

③ ISMS-P 인증은 인증 유효기간 만료 이전에 갱신심사를 통해 유효기간을 갱신하여야 하며, 유효기간이 경과한 때에는 인증의 효력이 상실된다.

④ 심사팀장은 보완조치내역서의 적절성을 판단하고 이행점검을 통해 실제 이행 여부를 확인한다.

⑤ 최초심사 신청기관이 연장 기한을 포함하여 최대 40일 이내에 보완조치를 완료하지 못한 경우, 인증위원회 심의·의결을 거쳐 심사가 무효된다.

신청기관은 보완조치 요청을 받은 날로부터 40일 이내 보완조치를 완료하고 보완조치 사항에 대한 보완 조치 내역서 및 보완조치 완료확인서를 작성하여 심사 수행 기관에 제출해야 한다.

심사 수행기관은 신청기관이 제출한 보완조치 결과가 미흡하다고 판단하거나, 신청기관 스스로 보완조치 내용상 기한 연장이 필요하다고 판단되는 경우 공문을 통해 최대 60일 간(재조치 기간 포함) 연장할 수 있다.

91 ISMS-P(정보보호 및 개인정보보호 관리체계) 인증범위에 포함되는 정보통신설비 및 클라우드 환경에 대한 설명으로 적절하지 않은 것은?

① 인증범위에 포함된 서비스 및 응용프로그램의 개발, 운영, 보안 관리를 위해 필요한 개발서버, 백업서버, 로그서버 등은 심사범위에 포함된다.

② 클라우드 서비스를 이용하여 정보통신서비스를 제공하는 경우, 클라우드 서비스 형태에 따라 심사 범위가 달라지므로 관리 가능한 영역을 판단해야 한다.

③ IaaS(Infrastructure as a Service) 환경을 이용하는 경우, 클라우드 제공자가 서버 운영체제(Guest OS)를 관리하므로 신청기관의 심사 범위에는 포함되지 않는다.

④ 응용프로그램 계정 및 권한 관리와 같이 신청기관이 관리 가능한 영역에 한해 SaaS(Software as a Service)에 대한 심사가 수행될 수 있다.

⑤ 인증심사 수수료 산정 가이드에 따르면, 장애 대응을 위해 서버, 네트워크 장비 등을 이중화 운영하는 경우 1대로 산정할 수 있다.

IaaS 환경에서 신청기관이 직접 관리하는 영역(Guest OS, 미들웨어, 응용프로그램, DBMS 등)은 심사 범위에 포함된다. 클라우드 제공자가 관리하는 인프라를 제외하고 신청기관이 지배권을 갖는 부분이 심사 대상이다.

92 ISMS-P(정보보호 및 개인정보보호 관리체계) 인증범위에 대한 설명으로 적절하지 않은 것은?

① 일반적으로 ISMS-P 인증범위는 정보통신서비스를 기준으로 관련된 정보시스템, 장소, 조직 및 인력을 포함하게 된다.

② ISMS-P 인증범위는 이에 더하여 해당 서비스에서 처리되는 개인정보의 흐름에 따라 해당 개인정보를 처리하는 정보시스템, 조직 및 인력, 물리적 장소 등을 모두 포함하여야 한다.

③ ISMS 의무인증 범위에 대해서는 ISMS 인증을 신청하고 일부 서비스에 대해서는 개인정보 영역을 포함한 ISMS-P 인증을 신청하여 2개의 심사를 동시에 진행하는 것도 가능하다.

④ 정보통신서비스와 직접적인 관련성은 낮지만 전사적자원관리시스템(ERP), 분석용데이터베이스(DW), 그룹웨어 등 기업 내부 시스템, 영업/마케팅 조직은 일반적으로 인증범위에 포함해야 한다.

⑤ 해당 서비스의 직접적인 운영 및 관리를 위한 백오피스 시스템은 인증범위에 포함되며, 해당 서비스와 관련이 없더라도 그 서비스의 핵심정보자산에 접근 가능하다면 포함한다.

정보통신서비스와 직접적인 관련성이 낮은 전사적자원관리시스템(ERP), 분석용데이터베이스(DW), 그룹웨어 등 기업 내부 시스템, 영업/마케팅 조직은 일반적으로 인증범위에서 제외한다.

(상)**(중)**(하)

93 ISMS-P(정보보호 및 개인정보보호 관리체계) 인증범위에 대한 고려사항으로 적절하지 않은 것을 고르시오.

① 정보통신서비스 관련 이용자 상담, 문의 대응 등을 위해 콜센터를 운영하는 경우, 콜센터 관련 시스템(교환기, CTI, IVR 등)은 의무 심사범위에 포함한다.

② 인증 대상 서비스 및 응용시스템을 위해 필요한 데이터가 저장·관리되는 데이터베이스는 심사범위에 포함한다.(회원 DB, 운영DB, 백업DB 등)

③ 개발서버, 시험서버, 형상관리서버, 모니터링서버, 백업서버, 로그서버, 보안관리서버, 패치관리서버 등은 심사범위에 포함한다.

④ 인증범위에 포함된 조직 및 인력이 인터넷 사용, 원격접속 등을 위해 필요한 네트워크 장비는 포함한다.

⑤ 별도의 보안설정 없는 더미(Dummy) 역할을 하는 스위치는 심사범위에서 제외 가능하다.

> 정보통신서비스 관련 이용자 상담, 문의 대응 등을 위해 콜센터를 운영하는 경우, 콜센터 관련 시스템(교환기, CTI, IVR 등)은 의무 심사범위에서 제외된다.

(상)**(중)**(하)

94 Global CBPR(Cross-Border Privacy Rules) 인증에 대한 설명으로 적절하지 않은 것을 고르시오.

① 개인정보보호위원회는 총괄 부처로서 국내에서 Global CBPR 관련 제반 정책을 수립하고, 한국인터넷진흥원은 '인증기관'으로서 인증심사 업무를 수행한다.

② Global CBPR은 회원국 간 전자상거래를 활성화하고 국경 간 안전한 개인정보 이전을 촉진하기 위한 제도이다.

③ 해당 인증은 지난 2011년 아시아·태평양 지역 9개 국가를 중심으로 상호 간 인증(APEC CBPR)으로 시작하였으며, 2025년 부터 Global CBPR로 확대되었다.

④ Global CBPR은 APEC 프라이버시 9원칙을 이행하기 위한 50개의 인증 기준으로 구성되어 있다.

⑤ ISMS-P(정보보호 및 개인정보보호 관리체계) 의무대상자는 개인정보 처리 단계별 보안을 강화하기 위해 해외로 개인정보를 전송하기 하는 경우 의무적으로 Global CBPR 인증을 취득하여야 한다.

> Global CBPR의 특징은 자발적 참여 기반의 '자발성', 각 국의 법제도를 대체하지 않는 '비대체성', 각 국의 법제도 환경에 맞게 제도 운영 가능한 '유연성', 개인정보의 활용을 장려하기 위한 보호체계를 갖춘 '활용 중심'의 특징을 가지고 있다.
> Global CBPR과 ISMS-P 인증과는 관련이 없으며 Global CBPR은 기업이 자율적으로 선택 가능한 인증 제도이다.

(상)(중)(하)

95 국제 정보보호 경영시스템 인증제도(ISO/IEC 27001:2022)에 대한 설명으로 적절하지 않은 것을 고르시오.

① 정보보안경영시스템(ISMS: Infomation Security Management System)에 대한 국제표준으로서, 해당 조직이 정보보호경영을 실행하기 위한 프레임워크를 확립하고 이를 자사에 적용할 수 있도록 안내하는 인증 제도이다.

② 각 나라별로 인정기관 및 인증기관을 지정하여 운영하며, 인증기관 내 인증위원회에서 인증결과를 심의하고 의결한다.

③ ISO/IEC 27001는 10가지 핵심 항목과 14개 분야의 총 114개 관리 통제 항목으로 구성되어 있다.

④ 인증심사는 문서심사와 현장심사로 이루어지며, 인증 유효기간은 3년이다. 인증 취득 후에는 연 1회 이상 사후 심사를 받아야 한다.

⑤ ISO/IEC 27001 인증을 취득한 경우, 국내 정보보호 관리체계(ISMS) 인증심사 일부를 생략할 수 있다.

> ISO/IEC 27001:2013에서는 10가지 핵심 항목과 14개 분야의 총 114개 관리 통제 항목을 요구했지만 2022년 개정되면서 보안 정책, 자산 분류, 위험 관리 등 14개 영역, 93개 통제항목으로 변경되었다.

96 개인정보 영향평가(PIA)에 대한 설명으로 가장 적절하지 않은 것을 고르시오.

① 개인정보 영향평가는 개인정보 처리가 수반되는 사업 추진 시 개인정보 침해사고를 사전에 예방하는 것을 목적으로 한다.

② 개인정보 영향평가 대상자가 이를 수행하지 않거나 그 결과를 보호위원회에 제출하지 아니한 경우 3천만원 이하의 과태료가 부과될 수 있다.

③ 모든 개인정보처리자(공공기관, 민간 기업 등)는 개인정보 영향평가에서 정하는 대상 기준에 포함 될 경우 의무적으로 이를 수행하여야 한다.

④ 개인정보 영향평가는 대상 시스템의 설계 완료 전에 영향평가를 수행하고 그 결과는 시스템 설계 · 개발 시 반영해야 한다.

⑤ 영향평가는 개인정보보호위원회가 지정한 영향평가기관에 의뢰하여 영향평가를 수행하고 그 결과 및 요약본을 최종 제출받은 날로부터 2개월 이내에 개인정보보호위원회에 제출해야 한다.

> 개인정보 영향평가는 일정 규모 이상의 개인정보파일을 구축 운영하는 공공기관만 해당하며, 민간 기업은 의무 대상에 포함되지 않는다.
> 다만, 민간 기업은 개인정보파일 운용으로 인하여 정보주체의 개인정보 침해가 우려되는 경우, 영향평가를 하기 위하여 자율적으로 노력하여야 한다.
> ※ 개인정보 영향평가 의무 대상 기준
> – (5만명 조건) 5만명 이상의 정보주체의 민감정보 또는 고유식별정보의 처리가 수반되는 개인정보파일
> – (50만명 조건) 해당 공공기관의 내부 또는 외부의 다른 개인정보파일과 연계하려는 경우로서, 연계 결과 정보주체의 수가 50만 명 이상인 개인정보파일
> – (100만명 조건) 100만 명 이상의 정보주체 수를 포함하고 있는 개인정보파일

97 위치정보의 보호 및 이용 등에 관한 법률에 대한 설명으로 적절하지 않은 것을 고르시오.

① 위치정보법은 개인위치정보와 관련한 사업을 영위하려는 자에게만 해당하며 일정한 제한을 규정하고 있다.

② 개인위치정보 수집 시에는 사전에 개인위치정보주체의 동의를 얻어야 하고, 수집한 개인위치정보를 이용하거나 제3자에게 제공하는 경우에도 미리 동의를 얻어야 한다.

③ 위치정보의 유출, 변조, 훼손 등을 방지하기 위해 위치정보법은 위치정보사업자 등에 기술적 · 관리적 조치 의무를 부여하고 있다.

④ 개인위치정보란 "특정 개인"의 위치정보를 말하므로 위치정보를 통해 식별하여 구분할 수 있는 자연인의 위치정보만을 의미하고, 법인이나 단체, 개인 집합체 등의 장소 정보는 제외한다.

⑤ 이동성이 있는 물건의 위치정보로서 다른 정보와 용이하게 결합하여 특정 개인의 위치를 알 수 있지 아니한 경우에는 위치정보의 수집 · 이용 · 제공 시에 소유자의 사전 동의가 요구되지 않는다.

위치정보법 제15조의 수범대상은 "누구든지"이다. 따라서 동 조문은 사업자뿐 아니라 일반 개인에게도 위치정보의 수집 등에 대해서 일정한 제한을 규정하고 있으며, 타인의 위치정보를 침해하지 못하도록 동의 등의 의무를 부과하고 있다.

98 위치정보사업자는 개인위치정보를 수집하고자 하는 경우 개인위치정보주체의 동의를 얻어야 한다. 동의를 얻을 시 이용약관에 명시해야 하는 내용으로 적절하지 않은 것을 고르시오.

① 위치정보사업자의 상호, 주소, 전화번호 그 밖의 연락처

② 개인위치정보주체 및 법정대리인의 권리와 그 행사방법

③ 개인위치정보의 보유목적 및 보유기간

④ 위치정보 수집사실 확인자료의 보유근거 및 보유기간

⑤ 동의를 거부할 권리가 있다는 사실 및 동의 거부에 따른 불이익이 있는 경우에는 그 불이익의 내용

위치정보의 보호 및 이용 등에 관한 법률 제18조(개인위치정보의 수집)에서 개인위치정보주체의 동의를 얻을 경우 이용약관에 명시해야 하는 항목을 규정하고 있다. 동의를 거부할 권리가 있다는 사실은 개인정보 보호법에서 요구하는 사항으로 위치정보보호법과는 관련이 없다.

99 인공지능(AI) 개발 · 서비스를 위한 공개된 개인정보 처리에 대한 내용으로 적절하지 않은 것을 고르시오.

① 개인정보처리자의 정당한 이익이 있을 것

② 개인정보 처리가 정당한 이익의 달성을 위하여 필요하고, 상당한 관련성 및 합리성이 인정될 것

③ 개인정보처리자의 정당한 이익이 명백하게 정보주체의 권리보다 우선할 것

④ 정당한 이익의 내용은 개인정보 처리를 통해 달성하고자 하는 목적을 통해 구체화되며, 개인정보 보호법상 목적 명확화 원칙의 구속을 받음

⑤ 개인정보처리자의 정당한 이익과 정보주체 권리 간 우선순위가 불명확할 경우, 개인정보의 기술적 · 관리적 보호조치를 이행했다면 정보주체 권리 침해 가능성을 별도로 고려하지 않아도 됨

기술적 · 관리적 보호조치는 권리 침해 가능성을 줄이기 위한 수단일 뿐이고, 이걸 했다고 해서 권리 침해 가능성 평가(이익 형량)를 건너뛸 수는 없다.

100 정보보호 최고책임자(CISO) 지정 · 신고에 대한 설명으로 적절하지 않은 것을 고르시오.

① 자본금 1억 원 이하 정보통신서비스 제공자는 신고 의무 제외 대상에 해당한다.

② 소기업 (중소기업기본법 제2조 제2항에 따른 기준)은 신고 의무 제외 대상에 해당한다.

③ 중기업 이상의 통신판매업자는 신고 의무 대상에 해당한다.

④ 중기업 이상의 전기통신사업자는 신고 의무 제외 대상에 해당한다.

⑤ 겸직 금지 의무 대상은 직전 사업연도 말 기준 자산총액이 5조원 이상이거나, 정보보호 관리체계(ISMS) 인증의무 대상자 중 직전 사업연도 말 기준 자산총액이 5천억원 이상인 정보통신서비스 제공자이다.

다음 중 하나에 해당하는 경우 제외 신고는 하지 않아도 되나, 사업주 또는 대표자가 CISO로 간주된다.

• 자본금 1억 원 이하 정보통신서비스 제공자
• 소기업 (중소기업기본법 제2조 제2항에 따른 기준)
• 중기업 중 다음 ①~④ 중 어느 하나에도 해당하지 않는 자

① 전기통신사업자
② 정보보호 관리체계(ISMS) 인증의무 대상자
③ 개인정보처리자
④ 통신판매업자

따라서, 중기업인 전기통신사업자는 신고 의무 대상이다.

개인정보관리사	시험 시간	문항 수
	120분	총 100개

풀이 시간 : ___________   채점 점수 : ___________

1 과목 　개인정보보호의 이해

(상)**(중)**(하)

01 스트리밍 플랫폼 Alpha는 2025년 신작 공개를 앞두고, 시청 이력 · 재생 위치 · 정지 장면 데이터를 학습시켜 '몰입 구간 예측 AI'를 개발하려 한다. Alpha는 "콘텐츠 추천 품질 향상"을 목적으로 시청자 150만 명의 비식별화 데이터를 미국 리전 GPU 팜으로 전송 · 학습하고, 결과 모델을 역으로 한국 서비스에 적용할 계획이다. 이때 「개인정보 보호법」, GDPR, ISO/IEC 27701을 함께 고려할 때 가장 적절한 조치는?

① 완전 익명화가 불가능하므로 학습 데이터 전송 자체를 포기한다.
② 시청 이력에 대한 정보주체 개별 동의, 가명처리, 전송 · 학습, 전송이력 3년 이상 보관한다.
③ '콘텐츠 추천'은 정당한 이익이므로 동의 없이 전송 · 학습 가능하다.
④ AI 학습은 통계 목적이므로 가명처리 없이 전송 · 학습한다.
⑤ 한국 서버에서 학습 후 모델 파라미터만 미국으로 전송하면 역외 이전이 아니다.

시청 이력 등 행태 정보는 개인 식별 · 추정 위험이 남을 수 있어 가명처리가 필요하며, 국외 이전은 동의, 보호조치, 투명성이 핵심이며, 제공 · 이전 기록은 통상 3년 이상 보관이 안전하다.
③ · ④는 동의 · 보호조치 생략으로 부적절하며, ⑤는 모델 파라미터도 전송 경위 · 내용에 따라 개인정보 전송 판단 대상이 될 수 있다.

(상)**(중)****(하)**

02 다음은 한 기업에서 개인정보 처리 원칙을 토론하는 내용이다. 이 대화의 취지에 가장 부합하는 개념은 무엇인가?

위원장 : "사생활 침해를 최소화해야 한다는 요구와, 개인이 자신의 정보를 스스로 통제하도록 보장해야 한다는 요구는 같은 의미인가요? 다른 의미인가요?"
법무팀 : "전자는 주로 국가 · 기업의 간섭으로부터의 자유를 의미하고, 후자는 정보 흐름 전반에서의 '적극적 통제'를 말합니다."
정보보호팀 : "최근 판례는 두 권리를 상호 보완적으로 보지만, 핵심 개념은 분명히 구분합니다."

① 프라이버시권은 적극적 권리, 개인정보 자기결정권은 소극적 권리이다.
② 프라이버시권은 정보 통제권을 핵심으로 하는 적극적 권리이다.
③ 개인정보 자기결정권은 정보주체가 자신의 개인정보 처리 여부 · 방식을 스스로 결정하는 적극적 권리이다.
④ 두 권리는 동일한 개념으로 구분되지 않는다.
⑤ 프라이버시권은 2025년 개정법에서 처음 도입된 개념이다.

프라이버시권은 사생활의 비공개 · 비간섭을 내용으로 하는 소극적 권리, 개인정보 자기결정권은 정보의 수집 · 이용 · 제공 전 과정에서의 적극적 통제권이다.
① · ②는 권리 성격을 뒤바꿔 기술했고, ④ · ⑤는 사실과 배치된다.

(상) (중) **(하)**

03 2025년 해외 공항에서 발생한 바이오 정보 유출 사고가 발생한 이후, 국내 온라인 커뮤니티에서는 "바이오 정보는 한 번 유출되면 영구적으로 위험하다"라는 주장이 확산되었다. 개인정보 가치산정 관점에서 이 주장의 타당성을 평가할 때 고려해야 할 요소로 가장 적절하지 않은 것을 고르시오.

① 대체 가능성(재발급 · 변경 가능 여부)
② 경제적 손실 추정(피해 회피 비용, 지불의사액)
③ 사회적 파급력(집단적 침해 가능성)
④ 기술 발전 속도(위험 감소 · 증대에 미치는 영향)
⑤ 개인정보 수집 · 보유 주체의 매출 규모

① 지문 · 홍채 등은 사실상 교체가 불가능하고, ③ 활용 범위가 넓고 집단적 피해 가능성이 크며, ② 경제적 손실 추정도 매우 높게 나올 수 있고, ④ 위험이 진짜 '영구적으로' 유지되느냐를 평가하는 핵심 요인이다.
⑤는 보유 기업의 재무 규모일 뿐 개인정보 자체의 가치 · 위험 산정과 직접 관련이 없다.
"가치산정 = 정보 특성(대체 · 민감성 · 지속 기간) + 경제적 손실 + 사회 · 기술 환경"으로 볼 수 있다.

(상) (중) **(하)**

04 다음 중 EU GDPR에서 사용하는 용어 정의에 대한 설명으로 옳지 않은 것은?

① 정보사회서비스(Information Society Service)란 서비스를 제공받는 자의 개별적 요청에 따라, 온라인에서 전자적 수단을 통해 영리 목적으로 제공되는 서비스를 의미한다.
② DPO(Data Protection Officer)가 되기 위해 별도의 자격증이 필요하지 않으며, 반드시 해당 조직의 내부인일 필요는 없으며 외부 전문가를 선임해도 된다.
③ 프로파일링(Profiling)이란 개인의 특징을 분석하거나 예측하는 등 해당 개인의 특성을 평가하기 위하여 행해지는 모든 형태의 '자동화된(automatic)' 개인정보 처리를 의미한다.
④ 컨트롤러(Controller)란 개인정보 처리의 목적과 수단을 결정하는 주체를 말한다.
⑤ 개인정보(Personal data)란 살아 있는 개인에 관한 정보로서, 해당 정보만으로 또는 다른 정보와 결합하여 특정 개인을 식별할 수 있는 정보를 말한다.

⑤는 EU GDPR이 아닌 국내 개인정보 보호법에서 정의하는 개인정보에 대한 설명이다. EU GDPR에서 개인정보란 식별되었거나 또는 식별 가능한 자연인(정보주체)과 관련된 모든 정보를 뜻한다.

(상) (중) **(하)**

05 기업의 사회적 책임(CSR)과 개인정보보호의 관계에 대한 설명으로 가장 적절하지 않은 것은?

① 개인정보보호 활동은 고객 신뢰 확보 등 경제적 가치 창출에 기여할 수 있다.
② 개인정보보호는 법적 · 윤리적 책임 이행의 한 방법이다.
③ 개인정보보호는 이해관계자 책임과도 직결된다.
④ ESG 공시 · 평가체계에서는 개인정보보호를 정량 지표로 포함하지 않는다.
⑤ 개인정보 유출 예방은 비용 절감에 도움을 줄 수 있다.

CSR 5대 책임(경제 · 법적 · 윤리 · 이해관계자 · 사회) 및 ESG 요소에서 개인정보보호는 사회(Social) 측면의 핵심 이슈다.

06 다음 사례를 침해 유형으로 분류할 때, 가장 적절한 조합을 고르시오.

> 가. 개발 서버 데이터가 외부 공유저장소에 평문으로 업로드되어 검색엔진에 색인됨
> 나. 콜센터 직원이 퇴사 직전 VIP 고객 200명의 연락처를 엑셀로 내보내 개인 메일로 전송
> 다. 랜섬웨어로 일부 테이블이 암호화되어 백업 불가 · 영구 복구 실패
> 라. 주소 라벨 오기재로 계약서가 제3자에게 배달(수취인은 해당 고객이 아님)

① 가 – 공개노출, 나 – 내부유출, 다 – 훼손, 라 – 오발송
② 가 – 제3자 제공, 나 – 내부유출, 다 – 유출, 라 – 공개노출
③ 가 – 공개노출, 나 – 도난, 다 – 분실, 라 – 오발송
④ 가 – 공개노출, 나 – 내부유출, 다 – 훼손, 라 – 분실
⑤ 가 – 공개노출, 나 – 내부유출, 다 – 유출, 라 – 제3자 제공

가. 접근통제 실패로 불특정 다수에 열람되어 '공개노출'이 타당하다.
나. 내부자가 직무 범위를 벗어나 반출 · 전송한 '내부유출'이다.
다. 가용성 · 무결성의 상실(암호화 · 파괴)로 '훼손'이 맞다.
라. 수신자 식별 오류에 따른 '오발송'이다.

07 다음 중 GDPR 적용 범위에 포함하지 않는 사례를 고르시오.

① 한국에만 본사를 둔 A사는 EU 내에 지점 · 법인은 없지만, 유로(€) 가격을 표기하고 독일어 · 프랑스어로 된 쇼핑몰을 운영하며 EU 국가로 배송하는 유료 서비스를 제공한다.
② 한국 스타트업 B사는 무료 모바일 앱을 전 세계에 제공하고, EU 이용자의 위치 · 사용 패턴을 분석해 개인별 맞춤 광고를 제공한다.
③ 한국 기업 C사는 한국 이용자만 대상으로 하는 서비스의 서버를 단지 비용 절감을 위해 EU 데이터센터에 두고 있다.
④ 한국 대기업 D사는 독일에 영업 지사를 두고 유럽 고객을 상대한다.
⑤ 브라질 국적의 여행객 E는 프랑스에 일시 체류하면서, 프랑스에 설립된 호텔 체인이 운영하는 모바일 앱을 통해 객실을 예약하고 결제 정보 · 연락처 등을 입력하였다.

EU 역내에 사업장을 운영하거나, EU 내 정보주체에게 재화 · 서비스 제공, 행동 모니터링 여부를 중심으로 적용 범위를 정한다.
단순히 서버 위치만 EU라고 해서 자동으로 GDPR이 적용되지는 않는다.

(상)(중)**하**

08 2025년 생성형 AI 서비스에서 대규모 한국어 음성 데이터를 수집해 모델을 학습하려 한다. 해당 데이터 중 일부에는 화자 식별이 가능한 음성이 포함돼 있다. 「개인정보 보호법」과 관련한 설명으로 가장 적절한 것을 고르시오.

① 전체 데이터를 국외 클라우드로 즉시 전송해 학습 후 음성 변조 처리
② 화자 식별 가능 데이터를 별도 분리해 가명처리 후 학습 데이터셋에 포함
③ 사용 목적을 'AI 서비스 품질 개선'으로 안내하고 동의는 생략
④ 음성 데이터의 파기를 학습 완료 후 2년으로 일괄 설정
⑤ 개발 목적으로 사용하는 경우에는 개인정보보호법 적용 대상이 아니므로, 화자 식별 가능 여부와 무관하게 별도 조치 없이 학습에 활용

법령상 음성은 생체정보이며, 개인정보 최소화 및 가명처리 권고에 부합하려면 식별 가능 부분을 분리·가명처리한 뒤 학습에 활용해야 한다. 국외 전송 전에는 적정성 평가·동의·보호조치를 확인해야 하며, 목적·보유기간은 명확·개별적으로 고지해야 한다.

(상)(중)**하**

09 다음의 보기중 용어에 대한 설명으로 가장 적절하지 않은 것을 고르시오.
① 결합정보 : 결합전문기관을 통해 결합대상정보를 결합하여 생성된 정보
② 가명처리 : 개인정보의 일부를 삭제하거나 일부 또는 전부를 대체하는 등의 방법으로 추가정보가 없이는 특정 개인을 알아볼 수 없도록 처리하는 것
③ 추가정보 : 개인정보의 전부 또는 일부를 대체하는 가명처리 과정에서 생성 또는 사용된 정보로서 특정 개인을 알아보기 위하여 사용·결합될 수 있는 정보
④ 재식별 : 특정 개인을 알아볼 수 없도록 처리한 가명정보에서 특정 개인을 알아보는 것
⑤ 결합키 : 처리되는 정보에 의하여 알아볼 수 있는 사람으로서 그 정보의 주체가 되는 사람

결합키는 가명정보 결합 시 서로 다른 정보 집합을 매칭하기 위해 생성되는 비식별 식별자이다.
⑤는 정보주체에 대한 설명이다.

(상)**중**(하)

10 다음은 프라이버시와 개인정보 자기결정권과 관련된 설명이다. 가장 적절하지 않은 것을 고르시오.
① 프라이버시는 타인에게 방해받지 않고 개인의 사생활, 공간, 개인적인 선택을 존중받을 권리이다.
② 사생활의 비밀과 자유를 존중받을 권리를 '프라이버시권'이라고 하며 프라이버시의 범주는 공간, 개인, 정보로 구분한다.
③ 개인 프라이버시의 위반 예시로는 주거침입, 합법적 근거 없이 자동차 내부 검색 등이 있다.
④ 개인정보 자기결정권이란 자신에 관한 정보가 언제, 어떻게, 어떤 방식으로 알려지고 이용되도록 할 것인지를 정보주체가 스스로 결정할 수 있는 권리이다.
⑤ 프라이버시는 소극적 권리이며 개인정보 자기결정권은 적극적 권리이다.

③은 공간 프라이버시에 대한 설명이다. 개인 프라이버시 위반 사례로는 건강검진결과, 유전자정보유출, 의사소통내용(전화대화, 이메일등) 유출 등이 있다.

(상)(중)**하**

11 「개인정보 보호법」 제2조에 따른 '개인정보처리자'에 대한 설명으로 가장 부적절한 것은?

① 영리 · 비영리 여부와 관계없이 업무 목적으로 개인정보파일을 운용하는 단체는 모두 개인정보처리자에 해당한다.
② 1인 사업자라도 고객 정보를 관리하면 개인정보처리자에 해당한다.
③ 순수한 가사 · 사적 목적을 위해 지인 명단을 관리하는 개인도 개인정보처리자에 해당한다.
④ 법령에 따라 개인정보파일을 운용하는 공공기관은 개인정보처리자에 해당한다.
⑤ 업무상 개인정보파일을 운용하는 영리 법인은 개인정보처리자에 해당한다.

법은 '업무상' 개인정보파일을 운용하며 스스로 또는 제3자를 통해 개인정보를 처리하는 자를 개인정보처리자로 정의한다. 반면 순수하게 사적 · 가사 목적의 처리는
규제 대상에서 제외된다.

(상)**중**(하)

12 다음의 경우, 「개인정보 보호법」상 B은행이 '제3자 제공'과 관련하여 이행해야 할 조치로 가장 적절하지 않은 것을 고르시오.

> B은행은 고객의 소득 · 소비 패턴 데이터를 핀테크 C사에 실시간으로 전송하고 있다.
> C사는 B은행과는 별개의 회사로, 자체 이름으로 신용평가 관련 서비스를 제공하는 독립된 개인정보처리자이다.
> B은행은 약관에 "금융거래 편의 제공"이라는 포괄 목적만 기재했을 뿐, C사에 대한 '개인정보 제3자 제공' 동의 절차는 별도로 두지 않았다.

① B은행은 고객에게 C사가 개인정보를 제공받는 제3자임을 밝히고, 제공받는 자, 이용 목적, 제공 항목, 보유 · 이용 기간, 동의 거부권 및 불이익을 포함하여 별도의 제3자 제공 동의를 받아야 한다.
② B은행은 개인정보 처리방침 및 동의 화면에서 C사의 명칭과 제3자 제공 사실을 명확하게 구분 · 고지하고, "금융거래 편의 제공"과 같은 포괄 목적만으로는 제3자 제공 동의 근거로 삼지 않도록 개선해야 한다.
③ B은행은 C사 제공이 「개인정보 보호법」 제17조에 따른 제3자 제공에 해당하는지, 단순한 처리위탁인지 법적 성격을 먼저 검토한 후, 제3자 제공에 해당하는 경우에는 제17조 요건(동의 또는 다른 법적 근거)을 충족해야 한다.
④ B은행은 추후 분쟁에 대비하여 고객이 C사에 대한 제3자 제공에 자유로운 의사로 명시적으로 동의했다는 사실을 입증할 수 있도록 동의 이력, 시점, 동의서 등 관련 증빙을 적절히 보관 · 관리해야 한다.
⑤ B은행은 C사에 대한 개인정보 제3자 제공 내용을 홈페이지 개인정보처리방침에 기재할 경우 별도 정보주체 동의 절차를 거치지 않아도 된다.

제3자 제공은 '동의'가 원칙이고, 처리방침 '고지'는 이를 대신할 수 없다.

13 다음 중 「개인정보 보호법」 제4조에 규정된 정보주체의 권리에 해당하지 않는 것은?

① 개인정보 처리 여부 확인 및 열람 요구권

② 개인정보 처리 정지 · 정정 · 삭제 요구권

③ 개인정보 전송 요구권

④ 완전히 자동화된 결정에 대한 거부 또는 설명 요구권

⑤ 가명정보에 대한 열람 · 처리 정지 · 삭제 요구권

가명정보는 특례에 따라 제35조(열람권), 제35조의2(전송요구권), 제36조(정정 · 삭제 요구권), 제37조(처리정지 요구권) 등이 적용되지 않는다.

14 다음 중 개인정보 유출 '신고'에 대한 설명으로 가장 적절하지 않은 것을 고르시오.

① 개인정보처리자는 1천 명 이상의 정보주체에 관한 개인정보가 유출된 경우, 유출 사실을 알게 된 때부터 72시간 이내에 개인정보보호위원회 또는 한국인터넷진흥원(KISA)에 신고하여야 한다.

② 개인정보처리자는 민감정보 또는 고유식별정보가 1건이라도 유출된 경우, 유출 규모와 무관하게 개인정보보호위원회 또는 한국인터넷진흥원(KISA)에 72시간 이내 신고하여야 한다.

③ 개인정보처리시스템 등에 대한 외부로부터의 불법적인 접근(해킹)에 의해 개인정보가 1건이라도 유출된 경우, 개인정보처리자는 유출 사실을 인지한 때부터 72시간 이내에 보호위원회 또는 한국인터넷진흥원(KISA)에 신고하여야 한다.

④ 개인정보 유출 신고는 개인정보보호위원회 한국인터넷진흥원 개인정보침해신고센터에 할 수 있으며, 서면 · 이메일 · 온라인 신고 시스템 등을 통해 접수할 수 있다.

⑤ 개인정보 유출 신고 통지 기한 산정 시 공휴일 등 근무일은 제외 가능하다.

개인정보의유출등통지는정보주체의권익침해가능성등을최소화하기위한조치이다. 따라서,개인정보처리자는개인정보유출등을알게된이상,그사이에공휴일등근무일외의날이포함되어있다하더라도이를별도로고려하지않고그시점으로부터72시간이내에통지해야 한다.

15 다음 중 「개인정보 보호법」상 '민감정보' 처리에 관한 설명으로 가장 부적절한 것은?

① 감염병 대응 등 보건의 목적에 관한 개별 법률에 근거한 경우, 정보주체 동의 없이도 민감정보 처리가 가능할 수 있다.

② 통계작성 · 과학적 연구 등을 위한 '가명정보'로의 적정 조치 후 처리라면, 민감정보도 동의 없이 가능하나 재식별 금지와 결합 관리 의무가 수반된다.

③ 온라인 본인확인 서비스 제공을 목적으로 생체인식정보를 필수로 수집 · 저장하고, 일반 개인정보 동의서에 통합 고지했다면 '정당한 이익'에 따라 별도의 동의 없이 처리 가능하다.

④ 민감정보의 제3자 제공은 원칙적으로 법률 근거가 없으면 정보주체의 별도 동의를 요하고, 제공 내역 기록 · 보관 의무가 적용된다.

⑤ 민감정보를 처리하는 시스템은 접근권한 최소화 · 암호화 · 접속기록 점검 등 일반 개인정보보다 강화된 안전조치를 내부관리계획에 반영해야 한다.

- 민감정보(건강 · 생체 · 유전 · 범죄경력 등)는 원칙적으로 처리 금지이며, 예외는 개별 법률의 명시 근거, 정보주체의 '별도(분리) 동의', 가명정보를 통한 통계 · 연구 등으로 한정된다.
- 생체인식정보는 '민감정보'라서 정당한 이익으로 동의 없이 처리할 수 없고, 별도의 명확한 동의를 받아야 한다.
①은 법률 근거 예외에 해당, ②는 가명정보 특례의 전제(재식별 금지 · 결합 관리)가 충족될 때 타당, ④는 제3자 제공 시 별도 동의 · 기록 의무를 명시해 적정, ⑤는 민감정보 대상 강화 안전조치 요구에 부합한다.

상 중 하

16 「개인정보 보호법」 제16조(개인정보의 수집 제한)의 '필요 최소한 수집' 원칙을 가장 명백히 위반한 사례를 고르시오.

① (목적: 출입국 서식 작성 및 항공 보안) 국제선 항공권 예매 과정에서 성명 · 생년월일 · 연락처 · 여권번호를 필수로 수집

② (목적: 미성년자 유해물 구매 차단 및 본인 확인) 전자책(e-Book)만 구매하는 고객에게 주민등록번와 신분증 이미지 제출을 필수로 요구

③ (목적: 결제 승인 및 취소 · 환불 처리) 병원 원무창구에서 카드 결제를 위해 카드 식별정보 · 승인번호를 수집

④ (목적: 배송지 자동 입력 편의) 택배 앱이 주소 자동완성을 위해 단말기 GPS 위치정보를 선택(동의 거부 시 주소 수기 입력 가능) 항목으로 제공

⑤ (목적: 투숙객 신원 확인 및 법정 신고) 호텔이 외국인 투숙객에 한해 여권번호를 필수로 수집하되, 내국인에 대해서는 주민등록번호를 수집하지 않음

제16조는 목적 달성에 필요한 최소한의 정보만 수집하도록 요구하며, 과도한 식별자 수집을 금지한다.
②는 전자책 거래 특성상 주민등록번호 · 신분증 이미지 수집이 필수라고 보기 어렵고 휴대전화 본인인증 · 대체 연령확인 수단 등이 대체 가능하기에 최소수집 · 대체수단 검토 원칙에 정면으로 배치되어 위반 사례로 가장 명백하다.
① · ⑤는 출입국 · 관광 등 개별 법령에 따른 법정 수집 항목으로 목적 적합성이 인정된다.
③은 결제의 이행 · 정산을 위한 최소 항목으로 목적 적합성이 높으며, 민감 · 고유식별정보 수집도 아니다(카드번호는 저장 시 암호화 등 안전조치 필요).
④는 편의 제공 목적의 선택 항목으로, 동의 거부 시 대체 경로(수기 입력)를 제공하므로 최소수집 원칙에 반하지 않는다.

상 중 하

17 다음 중 「개인정보 보호법」 등 관련 법령 적용 시 법제 간 충돌이 발생했을 때의 일반 원칙에 대한 설명으로 가장 부적절한 것은?

① 상위법 우선의 원칙이란, 동일한 사항에 대하여 상위 법령과 하위 법령이 서로 충돌하는 경우, 상위 법령의 규정이 우선 적용되는 원칙을 말한다.

② 특별법 우선의 원칙이란, 일반법과 특별법이 동일한 사항을 규율할 때, 특정 분야나 상황을 대상으로 한 특별법이 일반법보다 우선하여 적용되는 원칙을 말한다.

③ 신법 우선의 원칙이란, 같은 효력 단계의 법률끼리 서로 충돌하는 경우, 나중에 제정 · 개정된 법률이 먼저 제정된 법률보다 우선하여 적용되는 원칙을 말한다.

④ 특정 사안에 대하여 특별법이 존재하더라도, 그 특별법 규정이 상위법인 헌법이나 다른 상위 법령에 명백히 위반되는 경우에는, 특별법보다 상위법 우선의 원칙이 우선 적용될 수 있다.

⑤ 특별법 우선의 원칙은 동일한 사안에 관하여 특별법이 일반법보다 규제를 완화하고 있는 부분에 대해서는 특별법 우선의 원칙이 적용되지 않는다.

특별법이 일반법보다 더 강하게 규제하든, 더 완화해서 규제하든, 같은 사안에 대해 둘이 충돌하면 원칙적으로 특별법이 우선한다.

18 A기관은 위탁사업자인 B사에 주민등록번호가 포함된 데이터베이스를 제공했다. 이후 B사에서 유출 사고가 발생했다면, 「개인정보 보호법」상 A기관의 책임에 대한 설명으로 가장 옳은 것은?

① A기관은 B사에 처리를 위탁한 이후 발생한 유출 사고에 대해서는 일체의 책임을 지지 않는다.

② B사에서 유출이 발생했더라도, A기관이 수탁자인 B사를 적절히 선정·관리·감독하지 않은 과실이 있다면 A기관도 책임을 질 수 있다.

③ 개인정보 유출 사고가 B사에서 발생했으므로, 법적 책임은 전적으로 B사에게만 있다.

④ 유출 사고와 관련된 피해 통지·보상 등 후속 조치는 모두 B사가 전담하므로, A기관은 별도의 조치를 할 필요가 없다.

⑤ 개인정보 유출 사실을 정보주체에게 알리고 관계 기관에 신고할 의무는 수탁자인 B사에게만 있으며, A기관은 이러한 의무를 부담하지 않는다.

개인정보 보호법에서는 위탁 시 수탁자에 대한 관리·감독과 사고 발생 시 손해배상 공동책임을 규정하고 있다. 위탁자인 A기관이 감독 의무를 다하지 않았으면 책임을 면할 수 없다.

19 다음 중 「개인정보 보호법」 및 동법 시행령에서 정의하는 '민감정보'의 범위에 해당하지 않는 것은?

① 유전자검사 결과로 얻어진 개인의 유전정보

② 개인의 신체적, 생리적, 행동적 특징에 관한 정보로서 특정 개인을 알아볼 목적으로 일정한 기술적 수단을 통해 생성한 정보

③ 범죄경력자료(벌금 이상의 형 선고, 보호관찰, 집행유예 취소 등 이력 정보)

④ 인종이나 민족에 관한 정보

⑤ 개인에 관한 혈액형 및 MBTI 정보

혈액형은 개인정보에 해당하며, 민감정보에는 해당하지 않는다. MBTI 또한 다른 식별정보와 결합되면 개인정보가 될 수 있지만, 민감정보에는 해당하지 않는다.

20 다음 중 「개인정보 보호법」 및 「정보통신망 이용촉진 및 정보보호 등에 관한 법률」에 따라 법령에서 주민등록번호 처리가 허용되는 예외 사유에 해당하지 않는 것을 고르시오.

① 온라인 쇼핑몰 D사가 향후 진행될 고가 경품 이벤트 당첨 시 제세공과금 신고를 대비한다는 이유로, 회원 가입 단계에서 주민등록번호를 필수로 수집·보관하는 경우

② A회사가 「소득세법」 등 관련 세법에 따라 근로소득세 원천징수 및 연말정산을 위해 직원의 주민등록번호를 수집·처리하는 경우

③ B은행이 「전자금융거래법」에 따른 전자금융거래용 접근매체 발급 및 실명확인을 위해 고객의 주민등록번호를 처리하는 경우

④ 「정보통신망 이용촉진 및 정보보호 등에 관한 법률」에 따라 본인확인기관으로 지정된 C사가 휴대폰 본인확인 서비스 제공을 위해 이용자의 주민등록번호를 수집·이용하는 경우

⑤ 교통사고로 의식을 잃은 응급환자에 대해 병원이 응급수술 및 치료를 위한 신원 확인을 위해 주민등록번호를 확인·처리하는 경우

제세공과금 신고 때문에 당첨자의 주민등록번호를 세법 근거로 수집하는 건 인정될 여지가 있지만, 당첨될지도 모르는 모든 회원의 주민등록번호를 미리 필수 수집하는 건 법에서 요구하는 수준을 넘어선 과도한 수집이다.

(상)(중)**(하)**

21 다음 중 「개인정보 보호법」 제31조에 따라 개인정보 보호책임자(CPO)가 반드시 수행해야 할 의무가 아닌 것은?

① 개인정보 보호 계획의 수립 및 시행
② 개인정보 처리 실태 및 관행의 정기적인 조사 및 개선
③ 개인정보 처리와 관련한 불만의 처리 및 피해 구제
④ 개인정보 유출 사실 및 대응조치 보고
⑤ 개인정보 전담 조직의 신설, 인력, 예산 규모에 대한 결정 및 승인

제31조제2항은 CPO에게 개인정보 보호 계획의 수립 및 시행, 개인정보 처리 실태 및 관행의 정기적인 조사 및 개선, 개인정보 처리와 관련한 불만의 처리 및 피해 구제, 개인정보 유출 및 오용·남용 방지를 위한 내부통제시스템의 구축, 개인정보 보호 교육 계획의 수립 및 시행, 개인정보파일의 보호 및 관리·감독 업무를 수행하도록 하고 있다.
⑤ 조직·인력·예산의 필요성을 제안·조정하는 건 CPO 역할이지만, 그걸 실제로 결정·승인하는 최종 책임은 대표자(CEO)에게 있다.

(상)(중)**(하)**

22 개인정보처리자가 공개해야 하는 '개인정보 처리방침' 필수 항목을 점검하려 한다. 다음 중 반드시 포함해야 하는 항목을 고르시오.

> A. 개인정보의 처리 목적
> B. 정보주체의 열람·정정·삭제·처리정지 등 권리 행사 절차 및 방법
> C. 개인정보 보호책임자의 성명 또는 개인정보 업무 담당부서 및 고충사항을 처리하는 부서에 관한 사항
> D. 개인정보 파기에 관한 사항
> E. 내부관리계획에 따라 수행하는 기술적·관리적·물리적 보호조치에 관한 사항

① A, B   ② A, C   ③ A, B, C
④ A, B, C, D   ⑤ A, B, C, D, E

내부관리계획에서 정하는 보호조치에 관한 사항은 권장사항이다.

(상)**(중)**(하)

23 B은행은 고객 C씨가 대출 사기를 당했다는 이유로 수사기관의 '전화 한 통'만으로 C씨의 거래내역을 제공했다. 「개인정보 보호법」 제18조에 따른 제3자 제공 요건 충족 여부로 가장 적절한 판단은?

① 요건 충족, 적법 제공
② 서면 요청 미비로 부적법 제공
③ 수사 목적이므로 구두 요청만으로도 적법
④ 긴급한 피해 방지 사유에 해당해 적법
⑤ 금융법 특례로 법 적용 제외

수사기관의 전화 한 통만으로 고객 거래내역을 넘긴 건, 제18조에서 요구하는 제3자 제공 요건(법적 근거·절차)을 충족했다고 보기 어렵다. 따라서, 서면 요청 등 적법한 절차 미비로 부적법한 제공이라는 ②가 가장 적절한 판단이다.

상 중 하

24 2025년 EU에서 단계적으로 발효 중인 EU AI Act는 고위험 AI 모델에 대해 GDPR의 DPIA(Data Protection Impact Assessment)에 준하는 사전 평가와 투명성 · 책임성 요건을 부과한다. 한국 기업 D사가 EU 시장에 AI 추천 알고리즘 서비스를 출시하려 할 때, 한국 개인정보 체계와 국제 규범을 모두 고려한 최우선 대응 전략으로 가장 적절한 것은?

① AI 모델의 알고리즘 코드를 전부 공개해 투명성을 확보한다.

② 서비스 출시 전, GDPR · EU AI Act · 한국 보호법을 통합 고려한 '글로벌 PIA(개인정보 영향평가)'를 수행해 위험 완화 방안을 설계한다.

③ 한국 기업 D사는 EU 역외에 위치하기 때문에 GDPR에 해당하지 않으므로 국제 규범에 대해 별도의 조치가 필요하지 않다.

④ EU AI Act에 따라 개인정보 삭제 기능만 추가하면 충분하다.

⑤ 한국의 ISMS-P 인증을 보유할 경우 EU의 추가 규제는 면제된다.

① EU AI Act · GDPR의 투명성은 학습 데이터와 목적에 대해 설명을 요구하지 알고리즘 코드까지 오픈하라고 요구하지 않는다.
③ GDPR은 EU 역내 거주자에게 재화 · 서비스 제공, 또는 행동 모니터링을 하면, 회사가 EU 밖(한국)에 있어도 역외 적용이 가능하다.
④ 삭제 기능 뿐아니라 목적 제한, 최소 수집, DPIA, 권리행사(열람 · 정정 · 이의제기 등) 전반에 대해 검토하여야 한다.
⑤ ISMS-P 인증이 있어도, EU에서 서비스하려면 EU AI Act · GDPR 기준에 맞는 준수체계(평가 · 문서 · 절차)를 별도로 준비해야 한다. 다만 ISMS-P는 그 준비를 훨씬 수월하게 만들어주는 기반일 뿐, EU 규제 면제 티켓은 아니다.

상 중 **하**

25 고정형 영상정보처리기기는 누구든지 공개된 장소에 설치 · 운영하는 것은 원칙적으로 금지한다. 다음 중 공개된 장소에 해당하지 않는 것을 고르시오.

① 도로, 공원, 공항, 항만, 주차장, 놀이터, 지하철역

② 진료실, 입원실, 수술실, 지하철 내 수유실

③ 병원 대기실, 접수대, 휴게실

④ 백화점, 대형마트, 상가, 놀이공원, 극장 등 시설

⑤ 구청 · 시청 · 주민센터의 민원실 등

진료실, 입원실, 수술실, 지하철 내 수유실 등 사생활 침해 위험이 큰 공간으로 비공개된 장소에 해당한다.

상 중 **하**

26 다음 중 「개인정보 보호법」 및 고시에 따른 '익명처리' 정의로 가장 적절하지 않은 것은?

① 어떠한 방법으로도 특정 개인을 식별할 수 없도록 처리된 정보

② 가명처리 후 별도 보관된 추가정보를 완전 삭제한 정보

③ 익명처리된 정보는 여전히 개인정보에 해당

④ 복원 가능성이 기술 · 비용 · 시간 측면에서 현저히 낮아진 정보

⑤ 개인을 식별할 수 없도록 처리해도 다른 정보와 결합해도 식별되지 않는 정보

익명정보(익명처리된 정보)는 특정 개인을 식별할 수 없도록 처리되어 더 이상 개인정보로 보지 않는다.

27 고정형 영상정보처리기기를 공개된 장소에 설치 및 운영 가능한 사례로 적절하지 않은 것을 고르시오.

① 법령에서 구체적으로 허용하고 있는 경우

② 개인이 교통법규 신고를 목적으로 전용차로 위반, 주정차 위반 촬영을 위해 도로상에 CCTV를 설치·운영하는 경우

③ 시설의 안전 및 관리, 화재 예방을 위하여 정당한 권한을 가진 자가 설치·운영하는 경우

④ 불특정 다수가 출입이 가능한 공개된 장소에서, 촬영된 영상을 저장하지 아니하면서 방문객 수 집계 등 통계값 산출을 목적으로 일시적으로 사용하는 경우

⑤ 교통정보의 수집·분석 및 제공을 위하여 정당한 권한을 가진 자가 설치·운영하는 경우

교통단속을 위하여 설치하는 경우에는 정당한 권한을 가진 자(지자체·경찰 등)만 가능하다. 개인의 경우 블랙박스, 휴대폰 등으로 일시적으로 촬영해서 신고하는건 가능하지만, 고정형 CCTV를 설치하는 것은 불가하다.

28 배달 플랫폼 E사는 라이더의 실시간 위치 정보를 광고주에게 제공해 서비스 품질 분석에 활용하려 한다. 「개인정보 보호법」 제18조에 따른 목적 외 제3자 제공 요건을 충족하려면 가장 먼저 수행해야 할 조치는?

① 광고주와 위치정보 공동관리 계약 체결

② 국외 이전 신고

③ 정보주체(라이더)로부터 별도 동의를 받기

④ 보유기간을 3년으로 단축

⑤ 위치정보를 가명처리 후 제공

제18조제1항은 동의받은 목적 범위 외 이용·제공 시 정보주체의 별도 동의를 원칙으로 한다. 광고 분석은 법적 예외 사유에 해당하지 않아 별도 동의가 선행돼야 한다.

29 다음 중 전문 개인정보 보호책임자 지정 적용 대상에 대한 설명으로 적절하지 않은 것을 고르시오.

① 연 매출액 또는 수입이 1,500억 원 이상인 자로서, 100만 명 이상 개인정보 또는 5만 명 이상 민감·고유식별정보를 처리하는 자

② 재학생 수 2만 명 이상인 대학

③ 대규모 민감정보(건강정보)를 처리하는 상급종합병원

④ 개인정보보호위원회가 고시하는 기준을 충족하는 공공시스템운영기관

⑤ 클라우드 서비스 제공자

클라우드 서비스 제공자는 전문 개인정보 보호책임자 지정 대상에 해당하지 않는다.

(상)(중)(하)

30 다음 중 단체소송에 대한 설명으로 가장 적절하지 않은 것을 고르시오.

① 개인정보처리자가 집단분쟁조정을 거부하거나 그 결과를 수락하지 않을 경우 전체 피해자들의 이익을 위해 권리침해 행위의 금지 및 중지를 요구하는 소송이다.
② 단체소송은 위법행위의 금지 및 중지가 목적이다.
③ 단체소송의 원고는 변호사를 소송대리인으로 선임하여야 한다.
④ 다수의 피해자가 공동으로 제기하는 소송이다.
⑤ 외국사업자에 적용하는 경우 대한민국에 있는 이들의 주된 사무소 · 영업소 또는 업무담당자의 주소에 따라 정한다.

④는 집단소송에 대한 설명이다. 단체소송은 법에 근거한 일정자격을 갖춘 단체가 피해자를 대신하여 제기하는 소송이다.

 개인정보 라이프사이클 관리

(상)(중)(하)

31 개인정보 보호법 시행령 제14조의2에 따라 개인정보의 추가적인 이용 · 제공을 하려는 경우 고려해야 할 사항으로 가장 적절하지 않은 것은?

① 당초 수집 목적과의 관련성
② 개인정보를 수집한 정황 또는 처리 관행에 비추어 볼 때 개인정보의 추가적인 이용 또는 제공에 대한 예측 가능성이 있는지 여부
③ 정보주체의 이익을 부당하게 침해하는지 여부
④ 가명처리 또는 암호화 등 안전성 확보에 필요한 조치를 하였는지 여부
⑤ 개인정보처리자의 정당한 이익을 달성하기 위하여 필요한 경우

추가적 이용 · 제공은 목적 관련성, 수집 정황, 민감성 · 합리적 기대, 안전조치, 정보주체 이익 침해 가능성 등을 종합적으로 고려한다.(개인정보 보호법 시행령 제14조의2).
⑤는 개인정보 수집 · 이용의 법적 근거 중 하나이다.

(상)(중)(하)

32 A기관이 '가명정보'를 활용한 통계 · 연구 과제를 추진하면서 개인정보처리방침 개정을 준비 중이다. 개인정보 처리방침에 포함할 사항으로 가장 적절하지 않은 것은?

① 가명정보 처리 목적과 법적 근거(통계작성 · 과학적 연구 · 공익적 기록보존 등)
② 가명정보의 처리 범위(처리 항목의 유형, 대략적 보존기간, 제공 · 위탁 여부의 요지)
③ 가명정보 처리 시 적용하는 안전조치의 개요(추가정보 분리, 권한 · 접근기록 관리 등)
④ 가명정보 결합키에 대한 정보(해시값, 내부 식별자 매핑 테이블의 표본 스냅샷 등)
⑤ 가명정보 관련 문의 · 권리행사 접점(담당 부서, 국내대리인 등 연락처)

④와 같은 결합키에 대한 정보에 대한 구체적인 공개는 보안상 부적절하며 처리방침의 범위를 벗어난다.

33 다음 중 '제3자 제공'에 해당하는 경우를 고르시오.

① 콜센터 사업자에게 상담 이력 처리를 맡기고, 목적 · 수단 · 보안통제를 원처리자가 계약으로 지시
② 물류사에 배송 정보를 전달하되, 계약상 배송 이행 범위 내에서만 처리 · 파기
③ 광고 플랫폼에 자사 고객 이메일 목록을 업로드하고, 플랫폼이 자체 알고리즘 고도화 및 타 광고주 유사타겟팅으로 활용
④ 클라우드 백업 서비스에 개인정보를 암호화된 형태로 저장하고, 복구 · 보관 외 사용을 금지
⑤ 신용평가 업무를 외부에 맡기되, 평가모형 · 입출력 통제 · 파기까지 원처리자가 관리하는 위탁계약 체결

수탁자가 원처리자 통제 하에 목적 · 수단을 따르고 재사용이 금지되면 '위탁'(① · ② · ④ · ⑤)이다. 반면 ③처럼 수령자가 독자적 목적(알고리즘 고도화, 타 광고주 유사타겟팅)으로 이용하면 '제공'에 해당한다.

34 아동 개인정보 처리에 관한 다음 설명 중 가장 적절하지 않은 것은?

① 만 14세 미만 아동의 개인정보를 수집 · 이용하려면 법정대리인의 동의를 받아야 하며, 동의 과정과 본인확인 절차가 적정하게 설계되어야 한다.
② 아동의 위치정보, 건강정보 등 민감성이 높은 정보는 최소수집 원칙과 목적 제한 원칙을 강화해 적용해야 하며, 대체 수단이 있으면 비수집을 검토해야 한다.
③ 아동 본인이 동의 의사를 명확히 표시한 경우에는 법정대리인의 동의 없이도 민감정보 수집이 가능하다.
④ 아동을 대상으로 하는 서비스에서는 이해하기 쉬운 언어와 눈에 띄는 방식으로 수집 · 이용 목적, 보유기간, 제3자 제공 사실 등을 고지해야 한다.
⑤ 아동 · 청소년 대상 프로파일링이나 맞춤형 광고는 과도한 영향이나 편견 유발 가능성을 고려해 위험평가와 옵트아웃 등 보호장치를 둬야 한다.

만 14세 미만 아동의 개인정보 처리는 법정대리인 동의가 원칙이며(동의의 방식 · 절차의 적정성 포함), 특히 민감정보는 법정 근거 · 동의의 엄격성이 더 요구된다. 따라서 ③은 "아동의 자가 동의로 민감정보 수집 가능"이라는 설명은 틀렸다.

35 개인정보 파기 원칙에 대한 설명으로 틀린 것은?

① 보유기간 경과 시 지체 없이 10일 이내에 파기한다.
② 파기 대상 데이터는 복구가 불가능한 방법으로 영구 삭제해야 한다.
③ 파기관리는 개인정보 보호책임자가 승인 후 문서화한다.
④ 다른 법령에 따라 반드시 보존해야 하는 경우에는 그 기간 동안 별도 보관 후, 보존기간이 모두 끝나면 지체 없이 파기한다.
⑤ 출력물 파기는 분쇄 또는 소각 등 물리적 방법을 사용한다.

개인정보는 목적 달성 시 지체 없이 5일 이내에 파기해야 한다.

(상)(중)(하)

36 개인정보처리자는 개인정보 수집 · 이용 시 정보주체에게 법령에서 정한 사항을 고지하여야 한다. 다음 중 반드시 고지해야 하는 항목으로 적절하지 않은 것을 고르시오.

① 개인정보 수집 법적 근거
② 수집하려는 개인정보의 항목
③ 개인정보 보유 및 이용 기간
④ 개인정보의 수집 · 이용 목적
⑤ 동의 거부 권리 및 거부에 따른 불이익이 있는 경우 그 불이익 내용

개인정보처리자는 개인정보 수집 · 이용 시 정보주체에게 아래 네 가지 사항을 고지하여야 한다.
• 개인정보의 수집 · 이용 목적
• 수집하려는 개인정보의 항목
• 개인정보 보유 및 이용 기간
• 동의 거부 권리 및 거부에 따른 불이익이 있는 경우 그 불이익 내용

(상)(중)(하)

37 다음은 「개인정보 보호법」상 개인정보 수집 · 이용에 대한 설명이다. 이 중 개인정보의 수집 및 이용 예시로 가장 적절하지 않은 것은?

① 명함을 받음으로써 부수적으로 개인정보를 취득하는 행위
② 정보주체 본인 이외의 제3자로부터 정보주체의 개인정보를 취득하는 행위
③ 인터넷 검색이나 인명부, 전화번호부, 잡지, 신문기사 등 공개된 정보에서 개인정보를 취득하는 행위
④ 정보주체 본인이나 제3자 또는 그 밖의 출처로부터 취득한 개인정보 외에, 개인정보처리자가 해당 정보를 이용 · 결합하여 새로운 개인정보(평가점수, 프로파일 등)를 직접 생성하는 행위
⑤ 통계 작성 목적으로 익명처리된 정보를 취득하는 행위

익명처리된 정보는 더 이상 「개인정보 보호법」상 개인정보에 해당하지 않으므로 개인정보 수집 · 이용 예시로 부적절하다.
④에서 말하는 평가점수 · 프로파일을 새로 만드는 것은, 개인정보 보호법상 개인정보 처리(생성 · 가공 · 이용)에 해당하고, 행정 · 지침 상으로도 개인정보 수집 · 이용의 예시로 공식적으로 제시되어 있다.

(상)(중)(하)

38 정보주체 '동의' 획득 방식에 대한 설명으로 가장 적절하지 않은 것은?

① 선택동의(마케팅 수신, 제3자 제공 등)는 필수동의와 시각적 · 행태적으로 구분되도록 배치한다.
② 사전 선택된 체크박스(프리체크)는 자발적 의사표시를 저해하므로 사용하지 않는다.
③ 다목적 처리(필수 · 선택 · 제3자 제공 · 위탁)에 대한 동의를 받을 경우 일괄 동의받는 것이 효율적이다.
④ 자동화된 의사결정 · 프로파일링이 중요한 법적 효과를 미칠 수 있는 경우, 그 사실과 권리 안내를 눈에 띄게 제공한다.
⑤ 아동 정보 수집 시에는 법정대리인 동의 절차를 명확히 제시하고, 본인확인 절차의 적정성을 확보한다.

동의는 목적 · 항목 · 보유기간 등 구분 고지와 선택 · 필수 구분이 핵심이다.
③처럼 일괄 묶음 동의는 자발성을 저해할 수 있어 부적절하다.

39 개인정보처리자는 정보주체에게 개인정보 처리에 대하여 동의를 받을 때는 각각의 동의 사항을 구분하여 정보주체가 명확하게 인지할 수 있도록 알리고 동의를 받아야 한다. 앞에서 설명한 사례로 적절하지 않은 것을 고르시오.

① 개인정보를 제3자에게 제공(공유 포함) 시 동의를 받는 경우

② 개인정보를 목적 외 이용·제공 시 동의를 받는 경우

③ 재화나 서비스를 홍보하거나 판매를 권유하기 위해 동의를 받는 경우

④ 개인정보 국외 이전 시 국외 이전 목적으로 동의를 받는 경우

⑤ 계약 이행을 위해 불가피하게 필요한 필수 정보 수집·이용에 대해 동의를 받는 경우

> 계약 체결·이행에 필수적인 개인정보는 애초에 법 제15조 제1항 제2호(계약 이행 등)를 근거로 동의 없이도 처리 가능한 영역이다.
> 굳이 동의를 받는다고 해도, 이것은 별도 구분 동의(제3자 제공·목적외 이용·마케팅·국외이전 등)의 사례에 해당하지 않는다.

40 영리 목적의 광고성 정보 전송 제한에 대한 설명으로 적절하지 않은 것을 고르시오.

① 누구든지 전자적 전송 매체를 이용하여 영리 목적의 광고성 정보를 전송하려면 그 수신자의 명시적인 사전 동의를 받아야 한다.

② 수신자가 수신의 거부 또는 수신 동의의 철회를 하는 때에 전송에 이용된 수신자의 연락처 외의 정보를 전송자에게 제공하도록 요구하여 수신 거부 또는 수신 동의의 철회를 어렵게 해서는 안 된다.

③ 오후 9시부터 그다음 날 오전 8시까지의 시간에 전자적 전송 매체를 이용하여 영리 목적의 광고성 정보를 전송하려는 자는 수신자로부터 별도의 사전 동의를 받아야 한다.

④ 전자우편을 통한 광고성 정보 전송은 영리 목적의 광고성 정보에 대한 사전 동의를 받았다면 추가적인 별도 동의 없이 오후 9시부터 그 다음 날 오전 8시까지 전송이 가능하다.

⑤ 대가를 지불한 거래 관계를 통해 직접 연락처를 수집한 사업자가 거래 종료 후 6개월 이내에 자신이 처리하고 수신자와 거래한 것과 같은 종류의 재화 등에 대한 영리 목적의 광고성 정보를 전송하는 경우 명시적인 사전 동의를 받아야 한다.

> 대가를 지불한 거래 관계를 통해 직접 연락처를 수집한 사업자가 거래 종료 후 6개월 이내에 자신이 처리하고 수신자와 거래한 것과 같은 종류의 재화 등에 대한 영리 목적의 광고성 정보를 전송하는 경우는 영리 목적의 광고성 정보의 예외에 해당한다.

41 개인정보처리자는 다른 법령에 근거하여 개인정보를 보관해야 하는 경우에는 파기하지 않고 보존할 수 있다. 개인정보 보존의무에 대한 설명으로 적절하지 않은 것을 고르시오.

① 통신사실 확인자료 : 12개월

② 컴퓨터 통신 또는 인터넷의 로그 기록자료, 정보통신기기 위치를 확인할 수 있는 접속지 추적자료 : 3개월

③ 표시/광고에 관한 기록 : 6개월

④ 계약 또는 청약철회에 관한 기록 : 5년

⑤ 소비자의 불만 또는 분쟁처리에 관한 기록 : 3년

> 소비자의 불만 또는 분쟁처리에 관한 기록은 3년이 아닌 5년간 보관한다.

42 개인정보 파기와 관련한 설명으로 가장 적절하지 않은 것을 고르시오.

① 개인정보처리자는 개인정보를 파기할 때에는 복구 또는 재생되지 아니하도록 조치하여야 한다.

② 전자적 파일 형태인 경우 복원이 불가능한 방법으로 영구 삭제하여야 한다.

③ 개인정보처리자는 이용자가 1년간 서비스 미이용 시 개인정보를 파기 또는 휴면 처리해야 한다.

④ 개인정보를 파기하지 아니하고 보존하여야 하는 경우에는 해당 개인정보 또는 개인정보 파일을 다른 개인정보와 분리하여서 저장 · 관리하여야 한다

⑤ 블록체인 등 기술적 특성으로 영구삭제가 힘든 경우 오프체인 방식으로 구현하거나 솔트를 추가하는 등의 조치를 해야 한다.

개인정보 유효기간제는 폐지되었다. 개인정보 보호법이 개정(제39조의6, 개인정보의 파기에 대한 특례 규정 삭제)됨에 따라 정보통신서비스 제공자의 경우 이용자가 1년간 서비스 미이용 시 개인정보를 파기 또는 휴면 처리해야 하는 법적 의무가 사라졌다.

43 개인정보 관리 시 유의사항에 대한 설명으로 적절하지 않은 것을 고르시오.

① 엑셀 파일에서 숨겨진 시트에 개인정보가 있을 수 있으므로 숨기기 처리된 시트는 삭제한다.

② 엑셀 파일에서 메모 삽입 여부를 확인하고 메모 내 개인정보가 없는지 확인한다.

③ 이미지 파일 내 개인정보는 마스킹 처리하여 식별하지 못하도록 조치한다.

④ hwp, doc 파일은 응용프로그램에 '개인정보 찾아서 보호' 기능을 적극 활용한다.

⑤ 배경색과 글자색을 같은 색으로 작성한다.

배경색과 글자색이 같은 색으로 작성되어 혹여 개인정보가 포함되어 있지는 않은지 확인하여야 한다.

44 A기업은 엣지 컴퓨팅(Edge Computing) 환경에서 개인 건강센서(웨어러블)의 원시데이터를 단말기에서 실시간으로 처리 · 필터링한 뒤, 요약 데이터만 클라우드로 전송한다. 이때 정보주체 동의 관리 및 안전성 확보를 위해 가장 적절한 종합 방안은?

① 원시데이터 전송을 전면 차단하고 단말기 내부에만 보관

② 단말기 로컬에서 가명처리 후 암호화, 클라우드 전송 시 전송구간 암호화, 동의서는 모바일 앱에서 단계별(수집 · 이용 · 국외이전) 구분 동의 방식 적용

③ 로컬 처리이므로 동의 없이 전송 데이터를 상업적 분석에 활용

④ 원시데이터를 국가 공공데이터로 공개해 연구 활용성 확대

⑤ 단일 포괄 동의 후 안전조치는 클라우드 사업자 책임으로 전가

엣지 환경은 수집 단계에서 가명처리로 식별 위험을 줄이고, 전송 · 저장 구간 모두 암호화를 적용해야 한다. 또한 국외 이전 시 추가 동의가 필요하다.

45 다음 중 제3자에 해당하는 보기로 묶인 것을 고르시오.

> 가. 정보주체
> 나. 수탁자
> 다. 대리인
> 라. 영업양수자
> 마. 국외 이전(외국의 개인정보처리자)
> 바. 수집 목적 외 개인정보 제공받은 자

① 가, 라, 마 ② 다, 바 ③ 다, 라, 마
④ 나, 다, 라, 마, 바 ⑤ 라, 마, 바

정보주체와 정보주체에 관한 개인정보를 수집 · 저장 · 관리하고 있는 개인정보처리자를 제외한 모든 주체를 의미한다. 단, 대리인과 수탁자는 정보주체를 대신하여 개인정보 처리와 관련된 권한을 위임받아 개인정보 처리 업무를 수행하기 때문에 제3자로 포함되지 않는다.

46 모바일 간편결제 서비스 K는 회원가입 과정에서 다음 4개 항목 ① 수집 목적 ② 수집 항목 ③ 보유 · 이용 기간 ④ 국외 이전 여부를 고지하였다. 「개인정보 보호법」 제17조 및 시행령 제15조(동의 획득 시 고지사항)에 따라 추가로 반드시 고지해야 할 필수 항목은?

① 개인정보 처리자의 상호 · 연락처
② 수탁자 현황
③ 동의를 거부할 권리 및 거부에 따른 불이익
④ 제3자 제공 현황
⑤ 파기 절차 · 방법

고시와 시행령은 ▲목적 ▲항목 ▲보유기간 ▲동의 거부 권리 · 불이익을 필수 고지로 규정한다. ③을 제외한 항목은 사업자 유형 · 처리 형태에 따라 선택 고지다.

47 개인정보 제3자 제공과 위탁에 대한 설명으로 적절하지 않은 것을 고르시오.

① 개인정보 제3자 제공은 제3자의 이익을 위해 처리되며, 제3자가 관리 · 감독 책임을 진다.
② 위탁은 개인정보처리자의 업무 범위 내에서 이루어지며, 위탁자가 관리 · 감독 의무를 지닌다.
③ 개인정보를 받는 자의 목적을 위한 것이라면 제3자 제공이고, 주는 자의 목적을 위한 것이라면 위탁으로 구분한다.
④ 개인정보 처리 위탁 시 정보주체에 대한 손해배상책임이 발생하였을 때, 손해배상책임은 위탁자가 부담해야하나 수탁자에게 책임이 있는 경우 구상권 행사는 가능하다.
⑤ 수탁자가 위탁받은 개인정보 처리 업무를 제3자에게 재위탁하는 경우, 위탁자의 별도 동의는 필요하지 않다

개인정보처리자로(위탁자)부터 개인정보의 처리업무를 위탁받은 수탁자에게 다시 위탁받은 수탁자도 수탁자의 범위에 포함된다. 수탁자는 위탁받은 개인정보의 처리 업무를 제3자에게 다시 위탁하려는 경우에는 위탁자의 동의를 받아야 한다.

(상)(중)**(하)**

48 개인정보의 국외이전에 대한 설명으로 적절하지 않은 것을 고르시오.

① 해외에서 한국인의 공개된 개인정보를 수집하는 경우 개인정보의 국외 이전에 해당한다.
② 개인정보를 국외로 제공(조회되는 경우 포함)·처리위탁·보관하는 것은 원칙적으로 금지되어 있다.
③ 해외기업이 개인정보 보호 인증(ISMS-P)을 취득한 경우, 법 제28조의8제1항제4호에 따라 국내기업에서 해당 해외기업으로 개인정보를 제공(조회되는 경우 포함)·처리위탁·보관할 때 개인정보의 국외 이전에 관한 정보주체의 별도 동의 획득이 불필요하다.
④ 보호위원회는 서류를 받은 날로부터 30일 이내에 그 처리 결과를 문서로 알려야 한다.
⑤ 개인정보 국외이전 관련 규정을 위반하거나 개인정보보호 수준이 취약하여 국외이전 시 정보주체의 피해가 예상되는 경우, 보호위원회에서는 개인정보 국외이전 중지를 명령할 수 있다.

해외에서 한국인의 공개된 개인정보를 수집하는 경우에는 개인정보처리자에 의한 이전 행위가 있다고 볼 수 없으므로 국외이전에 해당하지 않으며, 개인정보 보호법 제15조(개인정보의 수집·이용) 등이 적용된다.

(상)**(중)**(하)

49 개인정보의 국외이전을 위해 정보주체에게 별도 동의를 받을 때 고지사항으로 적절하지 않은 것을 고르시오.

① 개인정보를 이전하는 자의 성명, 이전 목적
② 개인정보가 이전되는 국가, 시기 및 방법
③ 개인정보를 이전받는 자의 성명(법인인 경우에는 그 명칭과 연락처를 말한다)
④ 개인정보를 이전받는 자의 개인정보 이용 목적 및 보유·이용 기간
⑤ 개인정보의 이전을 거부하는 방법, 절차 및 거부의 효과

① 개인정보를 이전하는 자의 성명. 이전 목적은 고지사항에 해당하지 않는다.

(상)**(중)**(하)

50 개인정보 수집 출처 및 이용·제공 내역 통지에 대한 설명으로 적절하지 않은 것을 고르시오.

① 개인정보처리자는 수집한 개인정보의 이용·제공 내역이나 해당 내역을 확인할 수 있는 방법을 정보주체에게 연 1회 이상 통지하여야 한다.
② 자체적으로 생산된 정보도 정보주체의 요구가 있으면 수집 출처 및 이용·제공 내역에 대해 알려야 한다.
③ 정당한 사유가 없는 한 정보주체의 요구가 있은 날로부터 3일 이내에 수집 출처, 처리 목적, 동의철회 권리를 알려야 한다.
④ 정보주체 이외로부터 수집한 개인정보는 개인정보의 수집 출처, 개인정보의 처리 목적, 개인정보 처리의 정지를 요구하거나 동의를 철회할 권리가 있다는 사실을 알려야 한다.
⑤ 연락처 등 정보주체에게 알릴 수 있는 개인정보가 없을 경우 통지 대상에서 제외된다.

자체적으로 생성한 개인정보는 수집 출처 통지 대상이 아니며, 정보주체의 요구에 따라 출처 및 이용·제공 내역을 통지해야 하는 것은 정보주체 이외로부터 수집한 개인정보를 처리할 때 해당한다.

51 정보주체 이외로부터 수집한 개인정보 통지 의무 개인정보처리자 요건으로 적절한 것을 고르시오.

> 가. 5만 명 이상 정보주체에 관한 민감정보 또는 고유식별정보를 처리하는 자
> 나. 100만 명 이상의 정보주체에 관한 개인정보를 처리하는 자
> 다. 주민등록번호를 처리하는 자
> 라. 공공시스템 운영기관
> 마. 50만 명 이상의 정보주체와 관련된 개인정보를 내부 또는 외부와 연계하는 경우

① 가, 나
② 가, 다
③ 나, 다, 마
④ 나, 다, 라, 마
⑤ 가, 나, 다, 마

정보주체 이외로부터 수집한 개인정보 통지 의무 개인정보처리자 요건은 아래와 같다.
- 5만 명 이상 정보주체에 관한 민감정보 또는 고유식별정보를 처리하는 자
- 100만 명 이상의 정보주체에 관한 개인정보를 처리하는 자

52 개인정보처리자는 정보주체로부터 적법하게 동의받기 위해서는 동의 조건을 모두 충족하여야 한다. 이에 대한 설명으로 적절하지 않은 것을 고르시오.

① 정보주체가 자유로운 의사에 따라 동의 여부를 결정할 수 있어야 한다.
② 동의 받으려는 내용이 구체적이고 명확해야 한다.
③ 동의서의 중요한 내용은 최소 9포인트 크기로, 다른 내용보다 20% 이상 크게 작성해야 한다.
④ 동의 받으려는 내용이 쉽게 읽고 이해할 수 있는 문구를 사용해야 한다.
⑤ 동의 여부를 명확하게 표시할 수 있는 방법을 정보주체에게 제공해야 한다.

2023년 이후 개정된 「표준 개인정보 보호지침(2025-4호)」 및 「개인정보 처리 통합 안내서(2025.7.)」에서는 '글자 크기에 대한 정량적 기준은 명시되어 있지 않으며 삭제되었다.
대신 현재는, 정보주체가 명확히 인식하고 자유롭게 선택할 수 있도록 시각적으로 구분하며, 중요 사항을 이해하기 쉽게 서술하고, 필수·선택 항목을 명확히 구분하라고 안내하고 있다.

53 개인정보처리자는 정보주체의 서면 동의를 통해 개인정보를 수집하려는 경우는 대통령령으로 정하는 중요한 내용을 보호위원회가 고시로 정하는 방법에 따라 명확히 표시하여 알아보기 쉽게 하여야 한다. 다음의 보기 중 명확히 표시해야 하는 항목으로 적절하지 않은 것을 고르시오.

① 재화나 서비스의 홍보 또는 판매 권유 등을 위하여 해당 개인정보를 이용하여 정보주체에게 연락할 수 있다는 사실
② 개인정보처리 위수탁에 관한 사항
③ 여권번호, 운전면허번호 및 외국인등록번호
④ 개인정보의 보유 및 이용 기간
⑤ 개인정보를 제공받는 자 및 개인정보를 제공받는 자의 개인정보 이용 목적

개인정보처리 위수탁에 관한 사항은 명확히 표시하여야 하는 항목에 해당하지 않는다.

54 아동의 개인정보 보호를 위해 법정대리인 동의를 받는 방법에 대한 설명으로 적절하지 않은 것을 고르시오.

① 개인정보 처리자는 만 14세 미만 아동의 개인정보를 처리할 때는 보호자의 동의를 받아야 하며 법정대리인이 동의하였는지 확인하여야 한다.
② 미성년자의 법정대리인은 1차적으로는 아동의 부모 등 친권자가 법정대리인이 된다.
③ 미성년자에게 부모가 없거나 부모가 친권을 행사할 수 없는 때에는, 2차적으로 후견인이 법정대리인이 된다.
④ 아동에게 동의 시 고지 등을 할 때는 이해하기 쉬운 양식과 명확하고 알기 쉬운 언어를 사용해야 한다.
⑤ 법정대리인 동의를 받기 위한 법정대리인의 최소한의 정보(성명, 연락처)는 법정대리인의 개인정보이므로 아동으로부터 직접 수집이 불가능하다.

법정대리인 동의를 받기 위한 법정대리인의 최소한의 정보(성명, 연락처)는 아동으로부터 직접 수집이 가능하다.

55 보유기간 경과 등으로 개인정보가 불필요하게 된 경우 '지체 없이' 파기해야 한다. 실무 해석으로 가장 타당한 것은?

① '즉시'란 정당한 사유가 없는 한 30일 이내를 의미한다.
② 내부 지침에 따라 10일 이내 파기하면 된다.
③ 표준 개인정보 보호지침은 원칙적으로 5일 이내 파기를 권고하며, 법정 보존 의무가 있으면 해당 기간 경과 후 적용한다.
④ 법령 보존 의무가 있어도 5일 내 파기해야 한다.
⑤ '지체 없이'는 사업자가 자율적으로 판단한다.

통합 안내서 기준 '5일 이내' 권고를 명확히 하고, 법정 보존과의 충돌 시 보존기간 우선 원칙을 병기했다.

(상)**(중)**(하)

56 다음의 내용 중 가명정보에 대한 설명으로 잘못된 것은?

① 가명정보의 처리 목적이 시장조사를 위한 통계 등 상업적 성격일 경우에는 가명정보 처리가 불가능하다.

② 과학적 연구와 관련하여 공적 자금으로 수행하는 연구뿐만 아니라 민간으로부터 투자를 받아 수행하는 연구에서도 가명정보 처리가 가능하다.

③ 공익적 기록보존은 공공기관이 처리하는 경우에만 공익적 목적이 인정되는 것은 아니며, 기업, 단체 등이 일반적인 공익을 위하여 기록을 보존하는 경우에도 공익적 기록보존 목적이 인정된다.

④ 가명정보를 과학적 연구 등 법에서 허용하는 목적 범위로 제공하면서 대가를 받는 것은 가능하나, 법에서 정한 목적 범위를 벗어나 판매할 목적으로 가명처리하는 것은 허용되지 않는다.

⑤ 개인정보를 개인정보 보호법에서 정한 처리 목적에 따라 가명처리하고 관련 안전조치 등 법률에서 정한사항을 모두 준수하여 가명정보를 제공한 경우, 가명정보를 제공받은 자가 가명정보 이용 과정에서 의도치 않게 특정 개인을 알아볼 수 있는 정보가 생성되었다는 사실만으로는 가명정보를 제공한 자에 대해 개인정보 보호법상 행정처분을 하지 아니한다.

가명정보의 처리 목적이 시장조사를 위한 통계 등 상업적 성격을 가진 통계를 작성하기 위한 경우에도 가명정보를 처리하는 것이 가능하다.

(상)**(중)**(하)

57 개인정보의 안정성 확보조치에 따른 '접속기록의 보관·점검'에 대한 설명으로 적절한 것을 모두 고른 것은?

> A. 5만 명 이상 정보주체의 개인정보를 처리하면 접속기록을 2년 이상 보관해야 한다.
> B. 접속기록 백업 시 덮어쓰기 방지(WORM) 매체 사용이 권고된다.
> C. 접속기록은 월 1회 이상 점검해야 하며 다운로드가 확인되면 사유를 확인해야 한다.
> D. 접속기록은 같은 서버 디렉터리에만 보관해도 무결성이 확보된다.

① A, B
② A, C
③ A, B, C
④ B, C, D
⑤ A, C, D

안전성 확보조치 기준에서는 5만 명 이상의 정보주체 또는 고유식별·민감정보 처리 시 2년 보관을 규정한다.
기존에는 월 1회 이상 점검 및 다운로드 사유 확인을 의무였지만, 2025년 10월 31일 개인정보 안전성 확보조치 기준이 개정되며 월 1회 이상은 삭제되고, 내부관리계획에서 정하는 바에 따라 자율적으로 수행할 수 있게 변경되었다.

상 중 하

58 클라우드 MSP G사는 고객사 내부망과 연결된 하이브리드 클러스터에서 개인정보처리시스템을 운영한다. 2025년 12월, 하이퍼 바이저 취약점(CVE-2025-0101) 긴급 패치가 공개됐다. 「개인정보의 안전성 확보조치 기준」에 따라, G사가 '24시간 내' 이행해야 할 필수 통제 묶음으로 가장 적절한 것은?

① 패치 즉시 운영 반영 → 서버 재부팅 → 백업 확인

② 테스트계 검증 후 운영계 배포(변경관리) → 보안 업데이트 신속 적용 → 원격관리 다중인증 적용 → 접속·패치 기록 위·변조 방지 보관

③ 취약점 공지 후 주간 변경관리 회의에서 일괄 결정

④ WAF 룰로 임시 차단하고 패치는 분기 점검 시 수행

⑤ 패치 전 스냅샷 삭제로 디스크 확보

안전성 확보조치 기준의 핵심 통제는 '보안 업데이트의 즉시 적용(정당한 사유 없는 지연 금지)', '접근통제 강화(원격관리 다중인증 등)', '접속기록의 생성·보관·위·변조 방지(일부 대상 2년 보관)', '변경관리 절차에 따른 테스트 후 운영 반영'이다.
①은 테스트/접근통제/기록 통제가 빠짐. ③·④는 신속 적용 원칙에 반함. ⑤는 보안성과 무관하며 복구 안정성까지 저해한다.

59 접근권한 관리에 관한 다음 설명 중 가장 적절하지 않은 것은?

① 업무상 필요한 최소 권한 부여와 직무분리를 원칙으로 설계한다.

② 신규 입사·부서이동·퇴직 등 신분변동 시 권한 부여·변경·말소 절차를 즉시 수행한다.

③ 공용계정은 감사추적성을 위해 사용해야 하며, 비밀번호 공유는 팀 효율성 향상을 위해 허용된다.

④ 중요 시스템·고위험 작업에는 다중요소인증(MFA)과 승인지정 절차를 적용할 수 있다.

⑤ 정기적으로 권한·계정 목록을 점검·승인하고, 불용 계정은 잠금·말소한다.

공용계정·암묵적 공유는 식별·추적 불가를 초래하므로 지양해야 한다. 개인별 식별 가능한 계정, 최소권한·직무분리, 신분변동 즉시 반영, 정기 검토와 불용 계정 정리, 고위험 작업에 MFA·승인지정 적용이 권장된다.

60 내부망 DB에 이용자가 아닌 정보주체의 주민등록번호를 저장 중인 중소기업 O사가 암호화 적용 여부를 검토 중이다. 「개인정보의 안전성 확보조치 기준」에 따라 가장 올바른 판단은?

① 내부망이면 주민등록번호 암호화 의무가 없다.

② DMZ에만 저장하는 경우에 한해 암호화 의무가 있다.

③ 내부망이라도 주민등록번호는 반드시 안전한 알고리즘으로 암호화해야 한다.

④ 위험도 분석 결과에 따라 주민등록번호 암호화를 제외할 수 있다.

⑤ 고유식별정보가 아니므로 암호화 의무 대상이 아니다.

개인정보처리자는 이용자가 아닌 정보주체의 주민등록번호를 저장할 때에는 안전한 암호 알고리즘을 사용하여 암호화한 후 저장하여야 한다. 단, 내부망에 주민등록번호를 제외한 고유식별정보를 저장하는 경우에는 다음에 따라 암호화의 적용여부 및 적용범위를 정하여 시행할 수 있다.
• 개인정보 영향평가의 결과
• 암호화 미적용 시 "위험도 분석"에 따른 결과

61 「개인정보의 안전성 확보조치 기준 고시」에 따른 '내부관리계획' 필수 항목으로 옳지 않은 것은?

① 개인정보보호 조직 및 책임
② 물리적 시설보호 절차
③ 개인정보 파기 절차
④ 정보주체 권리 보장 절차
⑤ 정보보호 산정 예산 편성 기준

예산 산정 방식은 관리계획 권고사항이나 '필수'는 아니다.

62 다음 중 개인정보처리시스템 '접속기록'의 필수 기재사항이 아닌 것은?

① 사용자 식별자(ID)
② 접속 일시
③ 접속 IP/호스트 정보
④ 접속 성공 · 실패 여부
⑤ 수행 업무

「개인정보의 안전성 확보조치 기준」에 따르면, 개인정보처리시스템의 접속기록에는 다음의 항목이 필수로 포함되어야 한다.
사용자 식별자(ID), 접속 일시, 접속지 정보(IP 또는 호스트명), 처리한 정보주체 정보, 수행한 업무 내역
→ 여기서 '성공/실패 여부'는 명시된 필수 기록 항목이 아니다. 일부 시스템에서는 보안 로그의 일환으로 포함되기도 하지만, 법정 필수사항은 아니다.

63 '루트킷(rootkit)'에 대한 설명으로 가장 적절한 것을 고르시오.

① 루트킷은 사용자 실수로 생성되는 정상 로그 파일을 말하며, 탐지 · 제거가 쉽다.
② 루트킷은 시스템 내부에 몰래 설치되어 악성 행위를 은폐하고, 관리자 권한을 획득한 후에도 탐지되지 않도록 시스템 기능을 조작하는 고도화된 악성코드이다.
③ 루트킷은 브라우저 스크립트 주입을 통해 쿠키를 탈취하는 클라이언트 측 반사형 공격을 뜻한다.
④ 루트킷은 DNS 변조로 피싱 사이트로 유도하는 사회공학 기법을 말한다.
⑤ 루트킷은 네트워크 장비의 QoS 설정을 변경해 서비스 성능을 떨어뜨리는 관리 기능에 가깝다.

③ 크로스사이트 스크립팅(XSS) ④는 파밍/피싱 계열이다.

64 2025년 10월 31일 개인정보 안전성 확보조치 고시가 개정되었다. 개정 고시에 따라 인터넷망의 차단 조치에 대한 설명으로 적절하지 않은 것을 고르시오.

① 전년도 말 기준 직전 3개월간 그 개인정보가 저장·관리되고 있는 이용자 수가 일일평균 100만 명 이상인 개인정보처리자는 접근 권한을 설정할 수 있는 개인정보취급자의 컴퓨터 등에 대해 인터넷망 차단 조치를 하여야 한다.

② 전년도 말 기준 직전 3개월간 그 개인정보가 저장·관리되고 있는 이용자 수가 일일평균 100만 명 이상인 개인정보처리자는 개인정보를 다운로드 또는 파기할 수 있는 개인정보취급자의 컴퓨터 등에 대해 인터넷망 차단 조치를 하여야 한다.

③ 전년도 말 기준 직전 3개월간 그 개인정보가 저장·관리되고 있는 이용자 수가 일일평균 100만 명 이상인 개인정보처리자 내부 관리계획에서 정한 위험 분석 결과 확인된 위험이 현저히 낮은 경우 접근 권한 설정, 다운로드, 파기할 수 있는 개인정보취급자의 컴퓨터 등에 대해 인터넷망 차단 조치를 하지 아니할 수 있다.

④ 전년도 말 기준 직전 3개월간 그 개인정보가 저장·관리되고 있는 이용자 수가 일일평균 100만 명 이상인 개인정보처리자는 민감정보 또는 비밀번호, 생체인식정보, 고유식별정보, 신용카드번호, 계좌번호, 다운로드 또는 파기할 수 있는 개인정보취급자의 컴퓨터 등에 대해 반드시 인터넷망 차단 조치를 하여야 한다.

⑤ 전년도 말 기준 직전 3개월간 그 개인정보가 저장·관리되고 있는 이용자 수가 일일평균 100만명 이상인 개인정보처리자는 클라우드컴퓨팅서비스를 이용하여 개인정보처리시스템을 구성·운영하는 경우에는 해당 서비스에 대한 접속 외에는 인터넷을 차단하는 조치를 하여야 한다.

2025년 10월 31일 개인정보 안전성 확보조치 기준이 개정되며 제6조의2(인터넷망의 차단 조치 등)이 개정되었다. 해당 내용에는 인터넷망 차단 대상에 대한 예외 사항이 아래와 같이 추가되었다.

제6조의2(인터넷망의 차단 조치 등) ① 전년도 말 기준 직전 3개월간 그 개인정보가 저장·관리되고 있는 이용자 수가 일일평균 100만명 이상인 개인정보처리자는 다음 각 호의 어느 하나에 해당하는 개인정보취급자의 컴퓨터 등에 대해 인터넷망 차단 조치를 하여야 한다. 다만, 「클라우드컴퓨팅 발전 및 이용자 보호에 관한 법률」 제2조제3호에 따른 클라우드컴퓨팅서비스를 이용하여 개인정보처리시스템을 구성·운영하는 경우에는 해당 서비스에 대한 접속 외에는 인터넷을 차단하는 조치를 하여야 한다.
1. 개인정보처리시스템에 대한 접근 권한을 설정할 수 있는 개인정보취급자
2. 개인정보처리시스템에서 개인정보를 다운로드 또는 파기할 수 있는 개인정보취급자
② 제1항제2호에도 불구하고 개인정보처리자는 내부 관리계획에서 정한 위험 분석 결과가 다음 각 호의 어느 하나에 해당하는 경우에는 제1항에 따른 인터넷망 차단 조치를 하지 아니할 수 있다. 다만, 법 제23조에 따른 민감정보 또는 제7조제1항·제2항에 따른 개인정보를 다운로드 또는 파기할 수 있는 개인정보취급자의 컴퓨터 등에 대해서는 그러하지 아니하다.
1. 위험 분석 결과 확인된 위험이 현저히 낮은 경우
2. 위험 분석 결과 확인된 위험을 감소시킬 수 있는 보호조치를 적용한 경우. 이 경우 개인정보처리자는 [별표]에 따른 예시를 고려하여야 한다.

이는 위험 분석 결과 위험이 낮거나 보호조치를 적용한 경우 인터넷 망 접속을 허용하는 내용인데, 상세히 읽어보면 제1항제2호에도 불구하고라는 단서가 붙어있다. 여기서 말하는 제1항제2호는 "개인정보처리시스템에서 개인정보를 다운로드 또는 파기할 수 있는 개인정보취급자"를 말한다.
따라서, 제1항제1호인 "개인정보처리시스템에 대한 접근 권한을 설정할 수 있는 개인정보취급자"는 인터넷 망 접속 허용 대상에 포함되지 않기 때문에 ③은 "접근 권한" 설정할 수 있는 개인정보취급자의 컴퓨터 등에 대해 인터넷망 차단 조치를 하지 아니할 수 있다고 했기에 잘못된 설명이다.

65 다음에서 설명하는 가명처리 기법에 대해 적절한 것을 고르시오.

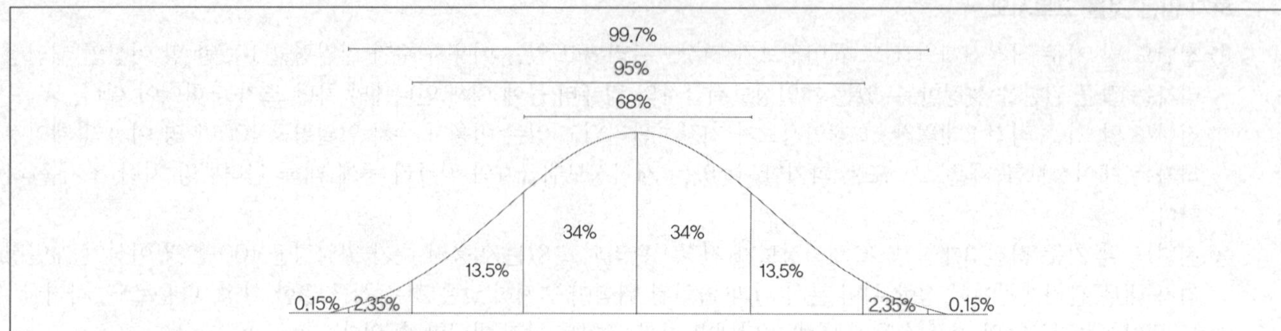

정규분포의 특성을 가진 데이터에서 양쪽 끝에 치우친 정보는 적은 수의 분포를 가지게 되어 식별성을 가질 수 있으며, 이를 해결하기 위해 적은 수의 분포를 가진 양 끝단의 정보를 범주화 등의 기법을 적용하여 식별성을 낮추는 기법

① 상하단코딩(Top and bottom coding)
② 제어 라운딩(Controlled rounding)
③ 부분총계(Micro Aggregation)
④ 마스킹(Masking)
⑤ 로컬 일반화(Local generalization)

오답 피하기

② 라운딩 적용 시 값의 변경에 따라 행이나 열의 합이 원본의 행이나 열의 합과 일치하지 않는 단점을 해결하기 위해 원본과 결과가 동일하도록 라운딩을 적용하는 기법이다.
③ 정보집합물 내 하나 또는 그 이상의 행 항목에 해당하는 특정 열 항목을 총계처리한다. 즉, 다른 정보에 비하여 오차 범위가 큰 항목을 평균값 등으로 대체한다.
⑤ 전체 정보집합물 중 특정 열 항목(들)에서 특이한 값을 가지거나 분포상의 특이성으로 인해 식별성이 높아지는 경우 해당 부분만 일반화를 적용하여 식별성을 낮추는 기법이다.

66 다음 중 「개인정보의 안전성 확보조치 기준」 제6조(접근통제)에 따라 원격 접속 시 적용해야 할 강화 인증 수단으로 가장 적절하지 않은 것은?

① OTP(One-Time Password)
② 보안 토큰(하드웨어 키)
③ 휴대전화 SMS 인증
④ 생체 인증(FIDO 지문)
⑤ 안전한 비밀번호(10자리 이상+3가지 조합)

개인정보처리시스템에 대한 원격 접속 시 강화된 인증 수단(이중 인증 등)을 사용해야 한다고 규정하고 있다.
안전한 비밀번호는 단일 인증 수단으로 아무리 복잡하고 안전한 비밀번호라도, 이중 인증이 아니므로 원격접속 시 보안 기준을 충족하지 못한다.

(상)(중)**(하)**

67 다음 중 내부관리계획에 대한 설명으로 옳지 않은 것은 무엇인가?

① 내부관리계획은 개인정보처리자의 고유 환경에 맞게 구체적으로 수립해야 한다.
② '내부관리계획'이라는 명칭을 반드시 사용해야 하며, 다른 용어로 대체할 수 없다.
③ 내부관리계획은 전사적 계획 하에 시행되도록 사업주 또는 대표자의 승인을 받아야 한다.
④ 개인정보 보호책임자는 연 1회 이상 내부관리계획 이행 실태를 점검하여야 한다.
⑤ 내부관리계획에는 기술적 · 관리적 · 물리적 보호조치 등이 포함되어야 한다.

「개인정보의 안전성 확보조치 기준」에 따르면, '내부관리계획'이라는 명칭 사용이 권장되지만, 반드시 해당 명칭을 사용해야 하는 것은 아니며 내부 방침에 따라 다른 용어를 사용할 수도 있다.

(상)(중)**(하)**

68 다음 중 '물리적 안전조치'에 대한 내용으로 적절하지 않은 것을 고르시오.

① 개인정보처리자는 전산실, 자료보관실 등 개인정보를 보관하고 있는 물리적 보관 장소를 별도로 두고 있는 경우에는 비인가자의 출입 등으로 인한 개인정보의 유출 등을 방지하기 위해 출입통제 절차를 수립 · 운영하여야 한다.
② 출입에 관한 사항을 '출입 관리대장'에 기록하고 해당 업무 관계자가 이를 확인해야 한다.
③ 정상 · 비정상적인 출입 여부, 장비 반입 · 반출의 적정성 등을 정기적으로 검토하여야 한다.
④ 출입을 통제하는 방법으로는 물리적 접근 방지를 위한 장치를 설치 · 운영하고 이에 대한 출입 내역을 전자적 매체에 기록하여야 하며 수기문서 대장 작성은 조작 및 변조의 위험이 있어 인정되지 않는다.
⑤ 개인정보처리자는 개인정보가 포함된 서류, 보조저장매체(이동형 하드디스크, USB메모리, 외장형 SSD 등) 등은 금고, 잠금장치가 있는 캐비닛 등 안전한 장소에 보관하여야 한다.

「개인정보의 안전성 확보조치 기준」 제10조(물리적 안전조치)에 따르면, 개인정보 보관 장소(전산실, 자료보관실 등)에 대한 출입통제는 전자적 방식뿐 아니라 수기 방식의 출입대장도 허용된다.

(상)(중)**(하)**

69 개인정보 유 · 노출 방지 조치를 위한 예시로 적절하지 않은 것을 고르시오.

① 홈페이지 주소(URL), 소스코드, 임시 저장 페이지 등에 개인정보 사용 금지
② 시큐어 코딩(Secure coding) 도입
③ 개발 단계에서 충분한 테스트를 위해 실제 데이터(개인정보)를 활용
④ 로그인 시도 횟수 증가 시 캡챠(CAPTCHA) 적용
⑤ 로그인 실패 비율에 대한 임계치 설정 모니터링

많은 사람들이 테스트 환경에서 실데이터를 사용하는 것을 관행처럼 여기지만, 실제로는 개발 및 테스트 환경에서는 가명정보 · 더미데이터를 사용하는 것이 원칙이다.

70 출발지와 목적지 IP 주소를 동일하게 만드는 공격으로 네트워크 장비에 부하를 유발하여 서비스를 중단시키는 네트워크 공격은 무엇인지 고르시오.

① Land Attack
② Slowloris
③ RUDY
④ Hulk DDOS
⑤ TCP SYN Flooding

② Slowloris : 대상 웹서버에 HTTP 헤더를 천천히 전송하여 연결을 계속 유지시킴으로써, 다수의 연결을 점유해 자원을 고갈시키는 공격
③ RUDY(R-U-Dead-Yet) : HTTP POST 요청의 본문을 매우 느리게 전송하여 서버의 요청 처리 큐를 점유하는 공격
④ Hulk DDoS(HTTP Unbearable Load King) : 매우 다양한 URL 요청을 무작위로 생성하여 웹서버 과부하를 발생하는 공격
⑤ TCP SYN Flooding : TCP 3-way 핸드셰이크의 취약점을 이용해, SYN 패킷만 보내고 응답을 무시함으로써 서버에 Half-open 연결 상태를 과도하게 유지시켜 자원 고갈 유도하는 공격

71 다음의 그림이 설명하는 공격 기법으로 적절한 것은?

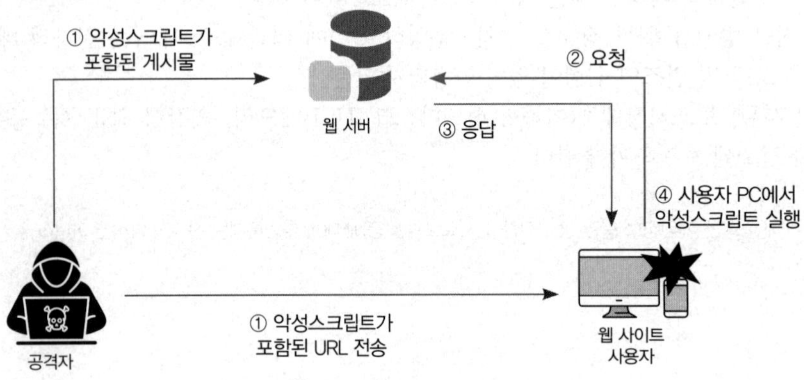

① 파밍
② SQL Injection
③ 웹쉘
④ 루트킷
⑤ 크로스 사이트 스크립팅(XSS)

XSS(Cross-Site Scripting, 크로스 사이트 스크립팅) 공격은 웹 애플리케이션의 취약점을 이용해 악성 스크립트를 사용자에게 실행시키는 공격이다. 이 스크립트는 대개 브라우저에서 실행되는 자바스크립트 코드로, 사용자의 세션 탈취, 피싱, 악성 행위 수행 등을 가능하게 한다.

72 최근 통신사 해킹사건의 공격기법에 사용된 BPFDoor에 대한 설명으로 적절하지 않은 것을 고르시오.

① BPFDoor는 리눅스 기반 시스템의 커널 수준(BPF: Berkeley Packet Filter) 기능을 악용하여 탐지를 회피하는 백도어 악성코드이다.

② BPFDoor는 외부로 포트를 개방하지 않고도 공격자 명령을 수신할 수 있는 '포트리스(port-less)' 구조로 설계되어 있다.

③ 이번 통신사 사고에서는 BPFDoor를 통해 내부망에 침입한 뒤 유심(USIM)의 인증키와 가입자 식별번호(IMSI) 등이 대량으로 유출된 것으로 조사되었다.

④ BPFDoor는 탐지를 피하기 위한 은폐(stealth) 기능이 없어 모든 활동은 시스템 로그에 기록되기 때문에 실시간 로그 분석을 통해 대응이 가능하다.

⑤ BPFDoor는 시스템이 부팅되어도 자동 실행되며, 감염 사실을 사용자나 보안 솔루션이 인지하기 어렵도록 설계되어 있다.

BPFDoor의 핵심은 은폐(stealth) 기능이다. 이를 통해 BPFDoor는 활동을 시스템 로그에 남기지 않고, 네트워크 포트 개방 없이 통신하며, 백도어 프로세스를 정상 프로세스처럼 위장한다. 따라서 로그 분석만으로 실시간 탐지하는 것은 거의 불가능하다.

73 개인정보 암호화 알고리즘 선택 기준에 따라 가장 부적절한 것은?

① AES-256

② SEED-128

③ RSA-2048

④ SHA-256 해시 후 단방향 저장

⑤ DES

개인정보보호법 관련 안전조치 기준(개인정보보호위원회 고시) 및 KISA 권고에 따르면, DES는 더 이상 안전한 암호화 방법으로 간주되지 않는다. AES, SEED, RSA(2048 이상 권장), SHA-256 등이 적합하다.

74 다음 그림의 가명처리 기법으로 적절한 것을 고르시오

<table>
<tr><td>통신료</td><td></td><td>통신료</td><td></td><td>통신료</td></tr>
<tr><td>98,700</td><td rowspan="5">정렬 →</td><td>54,800</td><td rowspan="5">중간값 →</td><td>83,600</td></tr>
<tr><td>69,400</td><td>69,400</td><td>83,600</td></tr>
<tr><td>104,400</td><td>83,600</td><td>83,600</td></tr>
<tr><td>54,800</td><td>98,700</td><td>83,600</td></tr>
<tr><td>83,600</td><td>104,400</td><td>83,600</td></tr>
</table>

① 마스킹 ② 토큰화 ③ 총계처리
④ Local Generalization ⑤ 라운딩(Rounding)

총계처리는 평균값, 최댓값, 최소값, 최빈값, 중간값 등으로 처리하는 것이다.

오답 피하기

① 특정 항목의 일부 또는 전부를 공백 또는 문자(' * ', ' _ ' 등이나 전각 기호)로 대체하는 기법이다.
② 개인을 식별할 수 있는 정보를 토큰으로 변환 후 대체함으로써 개인정보를 직접 사용하여 발생하는 개인에 대한 식별 위험을 제거하여 개인정보를 보호하는 기술이다.
④ 전체 정보집합물 중 특정 열 항목(들)에서 특이한 값을 가지거나 분포상의 특이성으로 인해 식별성이 높아지는 경우 해당 부분만 일반화를 적용하여 식별성을 낮추는 기법이다.
⑤ 올림, 내림, 반올림 등의 기준을 적용하여 집계 처리하는 방법이다.

상 중 하

75 개인정보처리자는 통계작성, 과학적 연구, 공익적 기록보존 등을 위하여 정보주체의 동의 없이 가명정보를 이용, 제공, 결합 등 처리할 수 있다. 여기에 해당하는 사례로 적절하지 않은 것을 고르시오.

① 인터넷으로 상품을 판매하는 쇼핑몰 등에서 주간, 월간 단위로 판매상품의 재고를 관리하기 위해 판매상품에 대한 지역별 통계(품번, 품명, 재고, 판매수량, 금액)를 작성하고자 하려는 경우
② 코로나19 위험 경고를 위해 생활패턴과 코로나19 감염률의 상관성에 대한 가설을 세우고, 건강관리용 모바일앱을 통해 수집한 생활습관, 위치정보, 감염증상, 성별, 나이, 감염원 등을 가명처리하고 감염자의 데이터와 비교·분석하여 가설을 검증하려는 경우
③ 공공기관이 보유하고 스팸정보와 민간 통신사에서 자체적으로 보유하고 있는 스팸정보를 가명정보 결합하여 보다 더 많은 스팸정보를 차단할 수 있다는 가설을 세우고, 스팸정보에 해당하는 전화번호, 유형, 날짜, 내용, 신고건수 등의 정보를 가명처리 및 결합을 통해 가설을 검증하고 결합에 참여한 스팸방지 시스템을 고도화 하려는 경우
④ 연구소가 현대사 연구 과정에서 수집한 정보 중 사료가치가 있는 생존 인물에 관한 정보를 가명처리하여 기록·보존하고자 하려는 경우
⑤ 고객 맞춤형 마케팅을 위해 고객의 구매이력, 접속 로그, 검색어 등을 가명처리하여 고객 성향을 분석하고, 이를 기반으로 개별 고객에게 맞춤 광고를 제공하려는 경우

고객 맞춤형 마케팅은 상업적 목적이며, 통계작성·과학적 연구·공익적 기록보존 등 가명정보 처리의 예외 사유에 해당하지 않는다. 따라서 이 경우에는 정보주체의 동의 없이 가명정보를 처리할 수 없다.

(상)(중)(하)

76 다음 중 「개인정보의 안전성 확보조치 기준」 제7조에서 저장 시 암호화를 수행해야 하는 개인정보가 아닌 것을 고르시오.

① 주민등록번호
② 운전면허번호
③ 휴대전화번호
④ 외국인등록번호
⑤ 신용카드번호

고시는 주민등록번호 · 운전면허번호 · 여권번호 · 외국인등록번호 · 여신전문금융업법상 카드번호 등 고유식별 · 결제 식별자를 암호화 대상으로 규정한다. 휴대전화번호는 원칙적으로 암호화 권고 대상이지만 '반드시' 암호화 의무에 열거되지는 않는다.

(상)(중)(하)

77 가명정보의 안전한 관리에 대한 설명으로 적절하지 않은 것을 고르시오.

① 가명정보를 처리하는 경우에는 원래의 상태로 복원하기 위한 추가 정보를 별도로 분리하여 보관 · 관리하여야 한다.
② 가명정보를 처리하는 경우 처리목적 등을 고려하여 가명정보의 처리 기간을 별도로 정할 수 있다.
③ 개인정보처리자는 가명정보의 처리 목적, 개인정보 항목, 이용내역, 제3자 제공 시 제공받는 자를 작성하여 보관하여야 한다.
④ 가명정보는 추가정보 없이는 개인을 식별할 수 없으므로 가명정보의 특례 적용에 따라 파기의 기록은 별도로 남기지 않아도 된다.
⑤ 가명정보를 처리하는 자는 특정 개인을 알아보기 위한 목적으로 가명정보를 처리해서는 아니 된다.

가명정보 특례는 '처리 목적'에 대한 특례이지 보호조치 의무 면제가 아니다. 가명정보를 파기한 경우에는 파기한 날부터 3년 이상 보관하여야 한다.

(상)(중)(하)

78 다음 중 SSL과 응용 프로그램 보안 처리 방법에 대한 설명으로 적절하지 않은 것은 무엇인가?

① SSL은 클라이언트와 서버 간 전송되는 데이터 전체를 암호화하여 중간자 공격을 방지한다.
② HTTPS는 HTTP에 SSL을 적용한 프로토콜로, 주로 웹 브라우저와 웹 서버 간 통신 보안에 사용된다.
③ 응용 프로그램 보안은 이름, 주민등록번호, 카드번호 등 특정 데이터 항목만을 선별적으로 암호화할 수 있다.
④ SSL은 서버가 암호화를 요청하면, 클라이언트에 별도의 암호화 프로그램이 설치되어 데이터를 암호화한다.
⑤ 응용 프로그램 보안은 SSL과 달리 저장 중인 정보나 특정 항목에 대해 개별적으로 보안을 적용할 수 있다.

SSL은 웹브라우저에 기본으로 들어있는 기능이다. 웹사이트에 접속할 때, 서버와 클라이언트(브라우저)가 자동으로 암호화 방식(SSL/TLS)을 약속하고 사용하며 새로운 프로그램을 따로 설치할 필요가 없다.

79 개인정보 안전성 확보조치 중 접근권한에 대한 설명으로 적절하지 않은 것은?

① 최소한의 범위로 차등 부여하여야 한다.

② 권한 부여, 변경 또는 말소에 대한 내역을 기록하고, 그 기록을 최소 3년간 보관하여야 한다.

③ 개인정보취급자 별로 계정을 발급하고 다른 개인정보취급자와 공유되지 않도록 하여야 한다.

④ 접근권한은 반드시 전자적으로 기록해서 무결성을 확보하여야 한다.

⑤ 일정 횟수 이상 인증에 실패한 경우 접근을 제한하는 등 필요한 조치를 하여야 한다.

접근권한은 반드시 전자적으로 기록해야 할 필요는 없다. 수기로도 가능하며, 전자적으로 기록해야 하는건 접속기록이다.

80 개인정보처리시스템 접속기록 점검 결과 다운로드 이력이 발견된 경우, 고시 기준에 따라 가장 먼저 해야 할 조치는?

① 다운로드 파일을 즉시 삭제한다.

② 다운로드 사유 및 적법성을 확인한다.

③ 해당 계정의 비밀번호를 초기화한다.

④ 접속기록을 3년간 보관한다.

⑤ 보안사고로 간주하고 즉시 위원회에 신고한다.

안전성 확보조치 고시는 월 1회 이상 점검 후 다운로드 사유 · 적법성 확인을 명시한다.

81 다음 그림에 해당하는 공격 기법은?

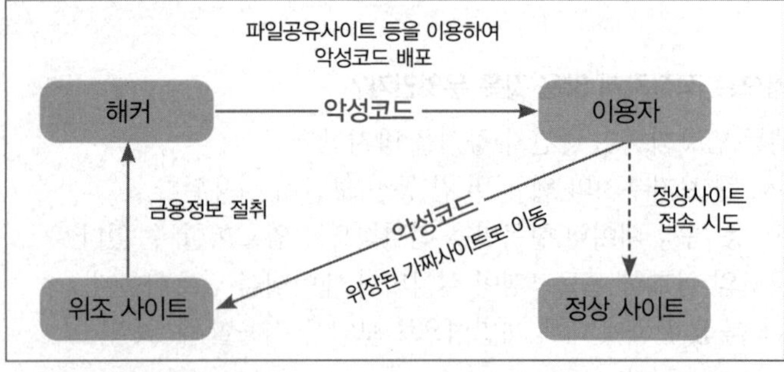

① 스미싱(Smishing)

② 파밍(Pharming)

③ 피싱(Phishing)

④ 키로깅(Keylogging)

⑤ 워터링 홀(Watering Hole)

파밍은 DNS/Hosts 변조로 정상 주소를 입력해도 위조 사이트로 경유시키는 공격이다.

오답 피하기

① 스미싱은 문자 기반 유인. ③ 피싱은 메일 · 메신저 링크 유도. ④ 키로깅은 키 입력 탈취. 워터링 홀은 정상 사이트를 악성화하는 기법이다.

(상)(중)(하)

82 화면 캡처(스크린샷) 방지 조치를 강화하려는 조직의 보안조치로 적절하지 않은 것을 고르시오.

① DRM으로 캡처 시 사용자 · 시각 워터마크 삽입 및 로그를 기록한다.
② 캡처 탐지 시도 누적 3회 이상이면 계정 잠금 및 관리자에게 통지한다.
③ 캡처 방지 기능 미지원 OS · 브라우저에서는 업무 시스템 접속을 제한한다.
④ VDI 환경에서 가상머신의 클립보드 · 프린트 스크린 기능을 제한한다.
⑤ 워터마크로 화면에 표시되는 정보를 자동으로 암호화하여 캡처된 이미지를 복호화하지 않으면 열람할 수 없도록 한다.

⑤는 워터마크의 기능이 아니며, 사실상 DRM 기술을 설명한 것이다.

(상)(중)(하)

83 고정형 영상정보처리기기 설치 및 운영에 관한 설명으로 적절하지 않은 것을 고르시오.

① 촬영 사실, 설치 목적, 촬영 범위 · 시간, 관리책임자 및 연락처 등을 안내판으로 명확히 고지한다.
② 보관기간은 목적 · 환경에 비추어 합리적으로 정하되, 원칙적으로 30일을 초과하지 않도록 하고, 연장 필요 시 법적 근거 또는 위험 · 목적에 따른 합리적 사유를 문서화한다.
③ 정당한 권한을 가진 자는 민원 응대 · 범죄 예방 목적으로 음성 녹음이 가능하다.
④ 열람 · 삭제 요구 시 법정 요건을 검토하여 적법한 범위 내에서 처리하며, 반출 · 제공 시 기록을 남긴다.
⑤ 저장매체 · 전송구간에 대한 접근통제 · 암호화 · 접속기록 관리 등 기술적 · 관리적 보호조치를 적용한다.

고정형 영상정보처리기기는 원칙적으로 '영상'만 촬영 가능하며 '음성 녹음(녹취)'은 원천적으로 금지되어 있다.

(상)(중)(하)

84 DRM(Digital Rights Management)과 DLP(Data Loss Prevention)에 대한 기술적 설명으로 적절하지 않은 것은?

① DRM은 문서 · 이미지 · 동영상 등 콘텐츠에 암호화, 워터마크, 권한제어(열람 · 편집 · 출력 제한 등)를 적용하여 불법 복제나 외부 유출을 방지하는 기술이다.
② DRM은 파일 자체에 보안 정책이 포함되어 있어, 파일이 외부로 반출되더라도 정책에 따라 열람이 제한되거나 추적이 가능하다.
③ DLP는 내부 사용자의 화면 캡처, 클립보드 사용, 프린터 출력 등을 탐지 · 차단하여 민감정보 유출을 예방하는 기술이다.
④ DLP는 네트워크 구간을 암호화하여 전송 중 데이터에 대한 무결성을 보장하고 중간자 공격(MITM)을 차단하는 기술이다.
⑤ DLP는 내부 시스템에서 개인정보 · 기밀정보 등의 패턴을 탐지하여 메일, 웹 업로드, 저장장치 복사 등 다양한 경로의 유출을 실시간으로 통제할 수 있다.

네트워크 암호화 · MITM 방지는 SSL/TLS, VPN 등 전송구간 보안 기술의 기능이지 DLP 기능이 아니다.

(상)(중)**(하)**

85 물리적 망분리에 대한 설명으로 적절하지 않은 것은?

① 물리적 망분리는 인터넷망과 내부업무망을 물리적으로 분리된 단말 또는 네트워크 장비를 통해 완전히 분리하는 방식이다.
② 망분리 환경에서 인터넷 사용이 필요한 경우, 인터넷 전용 단말기를 별도로 두거나 가상화 기반 분리 방식을 사용할 수 있다.
③ 내부망과 외부망 간 데이터 교환이 필요한 경우, 보안 승인된 망연계시스템을 통해 자료를 송수신하도록 할 수 있다.
④ 물리적 망분리는 보안을 강화하기 위해 네트워크 장비, 케이블 등 물리적인 구성을 독립적으로 구축하는 것이 기본 원칙이다.
⑤ 하나의 랜카드로 인터넷망과 내부망을 연결하여 물리적 망분리를 구현할 수 있다.

하나의 랜카드(NIC)를 쓰는 순간 두 네트워크는 물리적으로 연결된다. VLAN 등으로 논리적으로 구분할 수는 있으나 이는 논리적 망분리이다. 물리적 망분리는 반드시 각 망별로 독립된 랜카드가 필요하다.

---

5 과목 **개인정보 관리체계**

(상)(중)**(하)**

86 개인정보 경영시스템 인증제도(ISO/IEC 27701)에 대한 설명으로 적절하지 않은 것을 고르시오.

① 개인정보 보호 정책 준수, 물리적 보안, 정보 접근 통제 등 49개 항목, 114개 기준 요건을 충족할 경우 인증을 받을 수 있다.
② ISO/IEC 27701은 ISO/IEC 27001의 확장 표준으로, 조직의 개인정보 보호 관리체계 수립을 위한 구체적인 요구사항과 지침을 제공한다.
③ ISO/IEC 27701은 ISO/IEC 27001 인증과 별도로 단독으로 인증받을 수 있다.
④ ISO/IEC 27701은 개인정보처리자 및 수탁자 각각에 대한 관리 기준이 구분되어 명시되어 있다.
⑤ ISO/IEC 27701 인증은 국제적으로 통용되는 개인정보 보호 수준을 갖추었는지를 평가할 수 있는 기준이 된다.

ISO/IEC 27701 인증을 받기 위해서는 반드시 ISO/IEC 27001 인증을 선행하거나 동시에 획득해야 하며, 단독으로 인증받을 수 없다.

(상)(중)(하)
87 다음 중 정보보호 및 개인정보보호 관리체계 인증(ISMS-P)을 취득한 후, 정책 및 관리체계의 유지관리 및 사후관리에 대한 설명으로 적절하지 않은 것은?

① ISMS-P 인증을 취득한 기관은 인증 유효기간(3년) 동안 정보보호 및 개인정보보호 관리체계를 지속적으로 유지하고 개선하여야 한다.

② 사후심사는 관리체계가 인증기준에 적합한 수준으로 유지되는지 확인하기 위해 인증 유효기간 중 매년 1회 이상 실시하는 심사이다.

③ 인증을 취득한 범위와 관련하여 침해사고 또는 개인정보 유출사고가 발생할 경우, 한국인터넷진흥원은 필요에 따라 인증 관련 항목의 보안 향상을 위한 지원 등을 할 수 있다.

④ 사후심사를 실시하지 않아 인증이 취소된 기관은 갱신심사를 통해 인증의 효력을 회복할 수 있으며, 이 경우 심사 과정은 최초 심사와 동일하다.

⑤ ISMS-P 인증기관은 인증서에 명시된 인증범위, 인증항목 및 적용기준을 변경하려는 경우, 한국인터넷진흥원에 변경 심사를 신청할 수 있다.

(상)(중)(하)
88 다음 중 개인정보 보호 교육에 대한 설명으로 적절하지 않은 것은?

① 개인정보처리자의 지휘 · 감독을 받아 개인정보를 처리하더라도 고용관계가 없다면 교육 대상에 해당하지 않는다.

② 개인정보 처리 업무 위탁이 일회성으로 이루어지거나 위탁 기간이 매우 짧아 수탁자에 대한 교육 자체가 현실적으로 어려운 경우에는 개인정보 처리 위탁 계약을 체결하면서 해당 문서에 수탁자가 지켜야 할 사항을 명확히 기재하고 수탁자가 관련 직원에게 전달하여 교육할 수 있도록 요청하거나, 수탁자가 관련 직원에 대하여 교육 사항을 전달하였음을 확인하는 방식으로 교육을 수행할 수 있다.

③ 전문 수탁자는 위탁받은 업무의 내용이 실질적으로 동일한 경우에는 각각의 위탁자가 요청하는 교육을 모두 이행하는 대신에 관련 교육을 소속 직원을 대상으로 직접 또는 제3자를 통하여 실시하고 그 결과를 다수의 위탁자에게 알리는 방법으로 위탁자의 요청에 대응할 수 있다.

④ 개인정보처리자는 다음 교육 절차에 따라, 개인정보 보호책임자 및 개인정보 취급자를 대상으로 사업규모, 개인정보 보유 수, 업무성격 등에 따라 차등화하여 필요한 교육을 정기적으로 실시하여야 한다.

⑤ 교육 내용은 개인정보처리 환경에 따라 유동적으로 정할 수 있으며, 개인정보 보호책임자 그리고 개인정보취급자의 지위 · 직책, 담당 업무의 내용 및 성격, 업무 숙련도 등에 따라 차등화해야 한다.

상 **중** 하

89 다음 중 정보보호 및 개인정보보호 관리체계 인증(ISMS-P)을 취득할 때, 인증심사의 일부 생략 또는 완화된 기준 적용이 가능한 경우로 적절하지 않은 것은?

① ISO/IEC 27001을 취득하였으나 인증 받은 범위 외에 추가되는 시스템에 대해 ISMS-P 인증을 신청하는 경우
② 주요정보통신기반시설의 취약점 분석 · 평가를 완료한 경우
③ 교육부 정보보안 기본지침에 따른 정보보안 수준에 대한 해당 연도의 평가결과가 만점의 100분의 80이상인 경우
④ 정보통신서비스 부문 매출액이 300억 원 이상인 중기업이 주요 정보통신설비를 직접 설치 · 운영하지 않은 경우
⑤ 「중소기업기본법」 제2조제2항에 따른 소기업이 ISMS-P 인증을 신청하는 경우

ISO/IEC 27001 인증을 이미 받았다고 하더라도, 인증 범위 외 시스템에 대해 ISMS-P를 신청하는 경우에는 인증심사 일부 생략이 불가하다. 범위가 다르면 새롭게 심사를 받아야 한다.

상 중 **하**

90 다음 중 정보보호 및 개인정보보호 관리체계 인증(ISMS-P) 인증 범위 설정 · 적용에 대한 설명으로 적절하지 않은 것은?

① 인증범위에는 대외 서비스뿐 아니라 이를 지원하는 내부 시스템도 포함될 수 있다.
② 개인정보를 처리하거나 처리 과정에 관여하는 콜센터 · 헬프데스크 등은 범위에 포함될 수 있다.
③ 위 · 수탁 운영의 경우, 수탁자가 이미 ISMS-P 인증을 보유하고 있다면 위탁자는 별도의 관리 · 감독을 수행할 필요가 없다.
④ 인증 범위에는 사업장 · 센터 · 지역 등 물리적 경계와 조직 · 업무 · 시스템의 논리적 경계가 함께 정의되어야 한다.
⑤ 범위 설정 시 개인정보 흐름(수집 · 이용 · 제공 · 보관 · 파기)과 대내외 인터페이스를 도식으로 명확히 한다.

ISMS-P 인증 보유 여부는 참고 요소일 뿐. 위탁자의 관리책임을 대신할 수 없다.

상 중 **하**

91 다음 중 Global CBPR(Global Cross-Border Privacy Rules)에 대한 설명으로 적절하지 않은 것은?

① Global CBPR은 APEC CBPR 시스템에서 출발하여 글로벌 개인정보 이전 환경에 맞춰 확장된 자율 인증 프레임워크이다.
② Global CBPR 인증은 각국 정부가 승인한 제3자 인증기관(Accountability Agent)이 기업의 개인정보 보호 조치를 평가 · 인증한다.
③ Global CBPR 인증은 의무 제도로 운영되며, 개인정보를 해외로 이전하기 위해서는 반드시 CBPR 인증을 받아야 한다.
④ Global CBPR의 주요 목적은 국가 간 데이터 이동을 촉진하면서도 각국의 개인정보 보호 원칙을 조화롭게 반영하는 것이다.
⑤ 인증을 받은 기업은 참여 국가 간 상호 승인(Mutual Recognition) 체계를 기반으로 개인정보를 이전할 수 있는 신뢰 기반을 확보할 수 있다.

Global CBPR은 "자율적 참여" 제도이며, 의무사항이 아니다. 인증을 받지 않아도 법 위반은 아니며, 국제 데이터 이전에 있어 신뢰성 확보 수단으로 사용된다.

정답 89 ① 90 ③ 91 ③

상 중 하

92 개인위치정보의 이용 또는 제공에 관한 설명으로 적절하지 않은 것을 고르시오.

① 개인위치정보는 위치정보사업자로부터 위치기반서비스사업자로 전송되어 이용 · 제공되므로, 위치기반서비스사업자가 개인위치정보를 이용 · 제공하는 경우에는 위치정보사업자가 수집 시 동의 받은 것과는 별도로 동의를 받는 절차가 필요하다.

② 개인위치정보를 제3자에게 제공하는 서비스 경우 사전 고지 및 동의와 사후 통보 의무를 함께 규정한다.

③ 위치기반서비스사업자는 개인위치정보주체의 동의를 얻어 그가 지정하는 제3자에게 개인위치정보를 제공하는 경우에도 매회 또는 모아서 개인위치정보를 제공받은 제3자, 제공일시, 제공목적을 개인위치정보주체에게 통보하여야 한다.

④ 통보시 원칙은 매회 즉시통보이나 개인위치정보주체의 동의를 받은 경우 최대 30일 범위에서 횟수와 기간 기준에 따라 제3자에 대한 정보제공내역을 모아서 통보할 수 있다.

⑤ 통보의 수단은 원칙적으로 위치정보사업자가 개인위치정보를 수집한 서비스의 개인정보 처리방침을 통해 통보해야 한다.

> 통보의 수단은 원칙적으로 위치정보사업자가 개인위치정보를 수집한 해당 통신단말장치로 통보(SMS, 문자, 앱 알림 등)해야 한다.

상 중 하

93 인공지능(AI) 개발 · 서비스를 위한 공개된 개인정보 처리에 대한 설명으로 적절하지 않은 것을 고르시오.

① 개인정보처리자의 정당한 이익은 개인정보 처리를 통해 달성하고자 하는 '목적'을 통해 구체화된다.

② 개인정보처리자의 정당한 이익이 정보주체 권리에 우선하기 위해서는 개인정보 처리의 필요성과 상당성 · 합리성이 인정되어야 한다.

③ 개인정보처리자의 정당한 이익이 정보주체의 권리에 우선하는지 여부를 판단함에 있어 정보주체의 권리 침해 가능성을 심도있게 검토해야 한다.

④ 개인정보 보호법상 목적 명확화 원칙의 구속을 받는다.

⑤ 공개된 개인정보는 정보주체가 스스로 공개한 정보이므로, AI 학습 · 서비스 목적이라면 별도의 법적 근거 없이 자유롭게 수집 · 이용할 수 있다.

> ⑤ 공개된 개인정보라도 동의, 정당한 이익 등 적법한 근거와 권리보장 · 안전조치가 필요하다. 즉, AI 학습 목적의 공개된 개인정보 처리에 있어 핵심적인 법적 근거는 정당한 이익, 관련성 및 합리성, 정보주체의 권리 침해 가능성을 검토하는 것이다.

상 중 하

94 AI 개발 및 서비스 제공에 있어 발생 가능한 프라이버시 이슈에 대한 설명으로 적절하지 않은 것은?

① 저장된 개인정보의 유 · 노출, 훼손, 변조

② AI 할루시네이션

③ AI 학습과정에서 민감한 정보의 추론 가능성 발생

④ AI 모델에 대한 적대적 공격

⑤ 불완전한 가명 · 익명처리에 따른 개인정보 재식별 위험

> AI 할루시네이션은 모델이 실제로 존재하지 않는 정보를 생성하는 현상으로, 이는 모델 신뢰성 · 정확성 문제이지, 프라이버시(개인정보 유출 · 재식별 · 권리침해) 문제와는 직접적인 관련성이 낮다.

(상)(중)(하)

95 인공지능 사업자가 수행해야 하는 안전성 확보 조치에 대한 설명으로 적절하지 않은 것을 고르시오.

① 공개 데이터에는 위법하거나 정보주체의 의사와 무관하게 공개된 개인정보가 다수 포함되어 있을 수 있어 데이터 수집 출처 검증 노력이 필요하다.
② 미세조정(fine-tuning) 을 통한 추가 안전장치를 마련할 것을 권장한다.
③ 실제 서비스 단계에서 프롬프트 공격 등에 의해 개인정보가 유·노출되는 등의 위험이 발생할 수 있어, 필터조치를 적용하는 것이 바람직하다.
④ AI 학습데이터에 민감한 정보가 포함되어 있을 개연성이 높거나 정보주체 권리·의무에 중대한 영향을 미칠 수 있는 AI 서비스를 개발·운영하는 경우 영향평가 실시를 고려하는 것이 바람직하다.
⑤ AI 학습용 개인정보 데이터는 모델 학습 완료 후에는 더 이상 안전조치 대상이 아니므로, 별도 조치를 하지 않아도 된다.

(상)(중)(하)

96 개인정보보호법 제31조제1항에 따른 개인정보 보호책임자 지정에 대한 설명으로 적절하지 않은 것을 고르시오.

① 국회, 법원, 헌법재판소, 중앙선거관리위원회의 행정사무를 처리하는 기관 및 중앙행정기관 : 고위공무원에 속하는 공무원(이하 "고위공무원") 또는 그에 상당하는 공무원
② 정무직공무원을 장(長)으로 하는 국가기관 : 3급 이상 공무원(고위공무원을 포함) 또는 그에 상당하는 공무원
③ 고위공무원, 3급 공무원 또는 그에 상당하는 공무원 이상의 공무원을 장으로 하는 국가기관 : 4급 이상 공무원 또는 그에 상당하는 공무원
④ ①~③의 국가기관 외의 국가기관(소속 기관을 포함) : 해당 기관의 개인정보 처리 관련 업무를 담당하는 부서의 장
⑤ 시·도 및 시·도 교육청: 4급 이상 공무원 또는 그에 상당하는 공무원

(상)(중)(하)

97 정보보호 및 개인정보보호 관리체계 인증(ISMS-P) 의무 대상자에 대한 설명으로 적절하지 않은 것을 고르시오.

① 정보통신서비스 부문 전년도(법인인 경우에는 전 사업연도를 말한다) 매출액이 100억 원 이상인 자
②「전기통신사업법」 제6조 제1항에 따른 허가를 받은 자로서 서울특별시 및 모든 광역시에서 정보통신망 서비스를 제공하는 자
③ 전년도 직전 3개월간 정보통신서비스 일일 평균 이용자 수가 10만 명 이상인 자
④ 연간 매출액 또는 세입이 1,500억 원 이상인 자로서 「의료법」 제3조의4에 따른 상급종합병원
⑤ 연간 매출액 또는 세입이 1,500억 원 이상인 자로서 직전 연도 12월 31일 기준으로 재학생 수가 1만 이상인 「고등교육법」 제2조에 따른 학교

98 개인정보보호 관리체계 수립 시 얻을 수 있는 기업의 이점에 대한 설명으로 적절하지 않은 것은?

① 개인정보의 수집부터 파기까지 생명주기 전반을 체계적으로 관리함으로써 법적 대응과 책임 이행이 용이해진다.

② 기업의 개인정보 보호 수준을 명확한 목표에 따라 제고하고 지속적으로 유지 · 개선할 수 있다.

③ 침해사고에 따른 피해 및 과도한 사전 예방 투자 간의 균형을 통해 효율적인 자원 배분이 가능하다.

④ 개인정보보호 관리체계를 구축하면 개인정보 유출 등 보안 사고를 원천적으로 차단할 수 있다.

⑤ 개인정보 취급자의 보안 인식을 강화하고 전사적 협조 체계를 구축할 수 있다.

개인정보보호 관리체계는 위험을 줄이고 사고를 예방 · 대응하는 체계이지, 모든 사고를 100% 차단하는 절대적인 수단은 아니다.

99 정보보호 및 개인정보보호 관리체계 인증(ISMS-P) 인증범위 설정 시 고려사항에 대한 설명으로 적절하지 않은 것을 고르시오.

① 인증 받고자 하는 서비스의 범위는 이용자 중심의 대외 서비스만 포함할 것인지 임직원이 이용하는 내부 서비스까지 포함할 것인지에 대해서 고려하여야 한다.

② ISMS 인증 의무대상자가 ISMS-P 인증으로 대체하고자 하는 경우 ISMS-P 인증범위에는 ISMS 인증범위를 반드시 모두 포함하여야 한다.

③ 온라인 또는 오프라인 여부와 상관없이 인증을 받고자 하는 서비스에서 처리되는 개인정보를 중심으로 관련된 모든 업무 및 정보시스템을 식별하여야 한다.

④ 클라우드 서비스를 이용하는 경우, 클라우드 서비스 제공자가 CSAP 또는 ISMS-P 인증을 받았다면 해당 영역은 인증범위에서 생략이 가능하다.

⑤ 정보시스템 및 개인정보를 모두 고려하여 서비스를 운영하기 위한 조직 및 인력, 정보시스템, 물리적 장소, 수탁자 등을 파악하고 인증범위를 설정한다.

ISMS-P 인증은 신청기관이 자신이 직접 관리 · 운영하는 영역에 대해 인증을 받는 제도이다.
클라우드 사업자가 CSAP나 ISMS-P 인증을 받았더라도, 해당 서비스를 이용하는 신청기관은 여전히 자신의 서비스 운영 범위 내에서 정보보호 책임을 져야 하며,
인증범위 설정 시 그 책임 범위를 명확히 식별하고 검토해야 한다.

100 정보보호 및 개인정보보호 관리체계 인증(ISMS-P) 인증심사 절차에 대한 설명으로 적절하지 않은 것을 고르시오.

① 신청기관은 인증심사 신청 전 취득하고자 하는 인증의 종류에 따라 ISMS 혹은 ISMS-P 관리체계를 구축하고 최소 2개월 이상 운영한 증거자료를 준비하여야 한다.

② 인증심사 신청 시 취득하고자 하는 인증에 따라 ISMS 단일 인증, ISMS-P 단일 인증, 다수 인증(ISMS & ISMS-P), 예비인증, 인증의 특례 중 하나를 정하여 신청할 수 있다.

③ 심사팀장은 인증 수수료 납부 이후 심사 준비상태를 점검하며, 인증범위 및 심사 계획을 확정한다.

④ 인증을 받고자 하는 인증심사 대상 서비스가 여러 개 있는 경우 인증범위를 합치거나 분할하여 신청할 수 있으며, 인증 범위를 분할할 경우, 각각의 인증범위에 대한 별도의 인증계약으로 수수료 등 추가 비용이 발생할 수 있다.

⑤ 심사 준비상태 점검이란 심사팀장이 신청기관을 방문하여 정보시스템의 규모, 위험 식별 및 평가 수행 여부, 운영명세서 등 인증심사에 필요한 기초자료 구비 유무, 인증심사 준비상태 및 운영여부를 확인하는 것이다.

③은 마치 수수료 납부 후에야 주요 협의(인증범위, 인원 등)가 진행되는 것처럼 서술되어 있으며, 이는 실제 인증 프로세스와 다르다.
인증기관과 신청기관은 인증범위, 심사기간, 심사 인원, 심사팀 구성, 인증 수수료 등을 사전에 협의해야 한다. 이 협의 결과를 바탕으로 인증심사 계약을 체결하고 수수료를 납부한다. 이후 심사팀장이 심사 준비 상태를 점검하고, 현장 심사 일정을 조율하게 된다.

개인정보관리사	시험 시간	문항 수
	120분	총 100개

풀이 시간 : ____________   채점 점수 : ____________

1 과목 개인정보보호의 이해

(상)(중)(하)

01 다음은 개인정보에 대한 설명이다. 이에 대한 설명으로 적절하지 않은 것을 고르시오.

① ID와 결제상품정보는 개인정보에 해당할 수 있다.

② 가상자산 지갑주소는 개인정보에 해당할 수 있다.

③ 개인의 치아 엑스레이 사진은 개인정보에 해당할 수 있다.

④ 교통법규 위반 차량의 범칙금 납부 여부는 개인정보에 해당하지 않는다.

⑤ 본인확인기관이 주민등록번호를 변환한 연계정보(CI)는 개인정보이다.

범칙금 납부 여부만으로는 개인을 알아볼 수 없지만 교통법규 위반 신고인은 이미 알고 있는 교통법규 위반 차량 소유자의 정보와 결합하여 특정 개인을 알아볼 수 있으므로 범칙금 납부 여부는 개인정보에 해당할 수 있다.(개인정보보호위원회 결정 제2017-03-15호 참고)

⑤ CI는 본인확인기관이 주민등록번호를 단방향 암호화한 정보로서 복원이 불가능하고 그 자체로는 특정 개인을 알아볼 수 없으나 특정 개인에 고유하게 생성 및 귀속되어 유일성을 가지며 정보통신서비스 제공자의 온·오프라인 서비스 연계를 위해 활용되므로 다른 정보와 쉽게 결합하여 특정 개인을 알아볼 수 있어 개인정보에 해당한다.

(상)(중)(하)

02 다음 중 프라이버시(privacy) 개념으로 가장 적절한 것은?

① 기업이 내부적으로 고객 정보를 분석하여 제품을 개발하는 권리

② 공공기관이 사회질서 유지를 위해 시민 정보를 수집하는 의무

③ 개인이 자신의 사생활에 대한 정보를 스스로 통제할 수 있는 권리

④ 국가가 범죄예방을 위해 CCTV를 설치하는 정책적 권한

⑤ 개인의 생각과 의사를 자유롭게 표현할 수 있는 권리

프라이버시는 헌법상 사생활의 비밀과 자유에 기초하며, 정보주체가 자신의 개인정보에 대한 수집, 이용, 제공, 삭제 등을 스스로 통제할 수 있는 자기결정권 개념으로 발전하였다. 이는 개인정보 보호의 기본 철학이다. ③은 자기정보 통제권 개념을 가장 잘 설명하고 있다.

(상)(중)**(하)**

03 다음 중 '개인정보의 특성'에 해당하지 않는 것은?

① 비복제성
② 비대체성
③ 비가역성
④ 시간적 지속성
⑤ 거래 가능성

(상)(중)**(하)**

04 다음 중 개인정보의 '가치산정'과 관련된 설명으로 가장 적절한 것은?

① 개인정보는 공공재이므로 누구나 자유롭게 활용할 수 있다.
② 개인정보의 경제적 가치는 해당 정보가 얼마나 많이 수집되었는가에 비례한다.
③ 개인정보의 가치는 유출 피해액 산정 및 손해배상 등 법적 판단 기준이 될 수 있다.
④ 개인정보는 유한한 자원이므로 사용량에 따라 과세가 이루어진다.
⑤ 가치산정은 기업 내부 마케팅 전략 수립을 위한 절차에 불과하다.

(상)(중)**(하)**

05 해외 주요국의 개인정보보호 제도 중, 유럽연합(EU)의 GDPR에 관한 설명으로 가장 적절한 것은?

① 동의 없이도 공공기관은 언제든지 개인 정보를 수집할 수 있다.
② 데이터 이동권을 보장하여 정보주체가 본인의 데이터를 다른 사업자로 옮길 수 있다.
③ 정보주체의 동의는 묵시적으로 추정해도 유효하다.
④ GDPR은 유럽 내 사업자에게만 적용되며 역외적용은 금지되어 있다.
⑤ 개인정보 유출 시 신고의무는 법령상 권고사항일 뿐이다.

06 다음은 개인정보 침해유형에 대한 설명이다. 이에 대한 설명으로 적절하지 않은 것을 고르시오.

① 개인정보 유출 : 인가받지 않은 외부인에게 개인정보가 제공되거나 접근되는 경우를 말하며, 내부 직원이 권한을 남용하여 열람한 것은 유출에 포함되지 않는다.

② 홈페이지 노출 : 관리부주의로 인하여 개인정보가 웹페이지의 게시물, 파일, 소스코드 및 링크(URL)에 포함되어 노출되는 경우이다.

③ 개인정보 오남용 : 다양한 경로를 통해 수집한 개인정보가 이용 또는 관리 과정에서 관리 부주의 및 실수, 악의적인 유출, 해킹 등으로 인해 유출된 후 불법 스팸, 마케팅, 보이스 피싱 등에 악용되어 개인정보 침해가 발생하는 경우이다.

④ 허술한 관리 및 방치 : 개인정보처리자는 개인정보를 처리하면서 개인정보가 분실, 도난, 유출, 위조, 변조 또는 훼손되지 아니하도록 안전성 확보에 필요한 기술적, 관리적 및 물리적 안전조치를 취하여야 하나 안전조치가 미비한 경우이다.

⑤ 개인정보 불법유통 : 다양한 경로를 통해수집한 개인정보가 이용 및 관리 과정에서 관리 부주의 및 실수, 악의적인 유출, 해킹 등으로 인해 유출된 후 금전적 이익 수취를 위해 불법적인 방법으로 거래되는 경우이다.

> 개인정보 유출이란 법령이나 처리자의 자유로운 의사에 의하지 않고, 정보주체의 개인정보에 대하여 처리자가 통제를 상실하거나 권한 없는 자의 접근을 허용한 경우를 뜻한다.

07 다음 보기를 보고 개인정보 보호법상 '익명처리'의 개념 및 한계에 대한 설명으로 가장 적절한 것은?

> 최근 익명정보가 상업적 분석에 활용되며, 프라이버시 보호의 대안으로 주목받고 있다. 이에 대한 논쟁이 한창인 가운데, 다음은 한 기술 포럼에서 발표된 발언이다.
> "어떤 정보가 익명화되었더라도, 여러 데이터와 결합해 개인을 특정할 수 있다면 그것은 더 이상 안전한 정보라고 보기 어렵다."

① 익명처리된 정보는 원칙적으로 개인정보에 해당하지 않으며, 어떠한 경우에도 재식별 우려는 없다.

② 익명처리는 통계작성이나 연구 목적 등에 사용될 수 있으며, 재식별 가능성은 법적 판단 요소가 아니다.

③ 익명처리된 정보는 개인정보에서 제외되지만, 다른 정보와 결합하여 개인이 식별 가능한 경우 개인정보로 간주될 수 있다.

④ 익명처리의 목적은 원래 정보를 삭제하는 것이며, 기술적 · 관리적 조치는 별도로 요구되지 않는다.

⑤ 정보주체의 동의가 있다면, 익명처리와 무관하게 해당 정보는 자유롭게 활용될 수 있다.

> 익명처리란 특정 개인을 식별할 수 없도록 정보를 처리하여, 통상적인 수단으로는 개인을 알아볼 수 없게 만드는 것을 의미한다. 익명화된 정보는 법적으로 개인정보에 해당하지 않지만, 해당 정보만으로는 식별되지 않더라도 다른 정보와 쉽게 결합하여 특정 개인이 식별될 수 있는 경우에는 여전히 개인정보로 평가될 수 있다.
> 따라서 익명처리는 개인정보보호 의무를 완전히 면제해 주는 수단이 아니며, 재식별 위험 수준에 따라 기술적 · 관리적 보호조치와 재식별 방지 대책을 함께 고려해야 한다.

(상)(중)**하**

08 다음은 개인정보 보호법 해석 사례에 대한 설명이다. 사례에 대한 설명으로 적절하지 않은 것을 고르시오.

① 개인정보처리자의 과실 등으로 열람을 요청하는 등 열람 요청 사유가 개인정보처리자에게 있는 경우에는 열람에 수반되는 비용을 개인정보처리자가 부담해야 한다.
② 영상정보는 반드시 개인정보 보호를 위해 30일 이내로 보관하여야 하며, 안전성 확보에 필요한 조치를 하여야 한다.
③ 여러 대의 CCTV를 같은 건물 내에서 설치 · 운영하는 경우에는 출입구 등 잘 보이는 곳에 대표적인 안내판만 설치해도 된다.
④ 범죄 예방 및 시설 안전을 위해 행정복지센터 민원실에 설치 · 운영 중인 CCTV 영상을 같은 목적으로 민원실 내 모니터로 송출 가능하다.
⑤ 주차장에서 발생한 사고와 관련하여 사고차량 차주 본인이 아닌, 그가 가입한 보험사가 사고차량 차주의 위임장을 제출하면서 그 차주를 대리하여 개인영상 정보 열람을 요구하였다면 이에 응해야 한다.

> 영상정보는 반드시 30일 이내로 보관하여야 하는 것은 아니며, CCTV 설치 목적 달성을 위해 필요한 최소한의 기간동안 보관할 수 있다.
> 단, 최소한의 기간을 산정하기 곤란한 경우에는 보관기간을 30일 이내로 정하는 것이 바람직 하다.

(상)(중)**하**

09 다음 중 '정보사회에서 개인정보 보호의 필요성'에 대한 설명으로 가장 적절한 것은?

① 정보는 자유롭게 공유되는 것이 원칙이므로 보호보다 활용이 중요하다.
② 개인정보는 공익적 목적이 명확하면 언제든 활용이 가능하다.
③ 정보기술의 발달로 개인정보 침해 가능성은 자연스럽게 줄어든다.
④ 정보주체는 자신의 정보를 스스로 통제할 수 있어야 한다.
⑤ 개인정보는 공공부문에서만 보호되며 민간은 자율 규율 대상이다.

> 정보사회에서는 정보통신기술의 발달로 개인정보의 대량 수집 · 저장 · 분석 · 공유가 쉬워지면서, 개인정보 침해 위험도 함께 커지고 있다. 이러한 환경에서 개인정보 보호가 필요한 핵심 이유는, 정보주체가 자신의 정보가 언제, 어떤 목적으로, 누구에게 제공 · 활용되는지에 대해 스스로 통제할 수 있어야 하기 때문이다.
> 즉 정보사회의 개인정보 보호는 단순한 보호가 아니라 정보주체의 개인정보 자기결정권 보장을 중심 가치로 삼는다.

(상)**중**(하)

10 개인정보 보호법에서 정의하는 개인정보에 대한 설명으로 적절하지 않은 것을 고르시오.

① 살아있는 개인에 관한 정보로서 형태 및 처리방식과 관계없이 성명, 주민등록번호, 영상 등을 통해 개인을 알아볼 수 있는 정보를 말한다.
② 해당 정보만으로는 특정 개인을 알아볼 수 없더라도 다른 정보와 쉽게 결합하여 알아볼 수 있는 정보도 개인정보에 해당한다.
③ 개인정보는 "정보 내용 · 형태 등의 제한이 없으므로" 디지털 형태, 수기 형태, 자동 · 수동 처리방식과 관계없이 모두 개인정보에 해당할 수 있다.
④ 원래의 상태로 복원하기 위한 추가 정보의 사용 · 결합 없이는 특정 개인을 알아볼 수 없는 정보인 가명정보는 개인정보에 해당하지 않는다.
⑤ 사망, 실종신고 등 관계 법령에 근거하여 사망한 것으로 간주되는 자의 정보는 개인정보가 아니다.

> ④는 가명정보에 대한 내용으로 개인정보 보호법에서 가명정보는 개인정보로 분류하고 있다. 단, 익명정보는 개인정보에 포함되지 않는다.

11 다음 중 개인정보 보호법상 정보주체의 권리로 보장되는 것이 아닌 것은?

① 개인정보의 열람 청구

② 개인정보의 정정 및 삭제 요구

③ 개인정보 처리정지 요구

④ 자동화된 의사결정에 대한 설명요구 및 거부권

⑤ 잊혀질 권리(검색결과 일괄 삭제 요구권)

개인정보 보호법은 열람, 정정·삭제, 처리정지, 자동화된 결정에 대한 통제 등은 명시적 권리로 보장하지만, EU GDPR에서 강하게 논의된 형태의 일반적 '잊혀질 권리'(검색결과 일괄 삭제 요구권)는 개인정보 보호법상 정보주체 권리로 규정되어 있지 않다.

12 정보주체 '동의' 획득 방식에 대한 설명 중 '잘못된' 것은?

① 선택동의(마케팅 수신, 제3자 제공 등)는 필수동의와 시각적·행태적으로 구분되도록 배치한다.

② 사전 선택된 체크박스(프리체크)는 자발적 의사표시를 저해하므로 사용하지 않는다.

③ 하나의 동의 화면에서 다목적 처리(필수·선택·제3자 제공·위탁)를 구분 없이 묶어 일괄 동의받는 것이 효율적이다.

④ 자동화된 의사결정·프로파일링이 중요한 법적 효과를 미칠 수 있는 경우, 그 사실과 권리 안내를 눈에 띄게 제공한다.

⑤ 아동 정보 수집 시에는 법정대리인 동의 절차를 명확히 제시하고, 본인확인 절차의 적정성을 확보한다.

동의는 목적·항목·보유기간 등 구분 고지와 선택·필수 구분이 핵심이다.
③처럼 일괄 묶음 동의는 자발성을 저해할 수 있어 부적절하다.

13 다음 중 개인정보 보호법상 '단체소송' 제도의 특징으로 가장 적절한 것은?

① 동일한 개인정보 침해에 대해 피해자 개인만이 소송을 제기할 수 있다.

② 침해행위에 대한 금지·중지 청구가 주된 목적이다.

③ 손해배상을 위한 일괄 지급 절차를 제공한다.

④ 민사소송과 동시에 단체소송은 제기할 수 없다.

⑤ 정보주체 본인의 사전 동의가 있어야 단체소송이 가능하다.

「개인정보 보호법」 제51조~제53조는 일정 요건을 갖춘 단체가 금지·중지 청구권을 행사할 수 있도록 허용한다. 이는 공익적 보호를 위한 제도로, 집단 손해배상과는 법적 목적과 구조가 다르다.

(상)(중)**(하)**

14 다음 중 개인정보처리자가 정보주체의 동의 없이 개인정보를 수집할 수 있는 사례로 보기 어려운 것은?

① 고객 불만 처리 및 법적 분쟁 대응을 위해 제품 구매 시 수집된 개인정보를 활용하는 경우
② 공공기관이 민원 처리 결과 안내를 위해 수집한 연락처를 활용하는 경우
③ 특정 서비스를 신청하지 않은 이용자에게 만족도 조사를 위해 개인정보를 활용하는 경우
④ 채용 합격자 발표를 위해 성명과 수험번호를 공지하는 경우
⑤ 근로계약 이행을 위해 직원의 근태현황 및 급여정보를 수집하는 경우

이용자의 명시적 요청이나 신청이 없는 상태에서 '추가 활용'이므로 동의가 필요하다.

(상)**(중)**(하)

15 다음 중 '공공기관에만 적용'되는 개인정보 보호법 준수사항으로 적절하지 않은 것은?

① 개인정보파일을 운용하려는 경우 개인정보파일을 등록 · 공개해야 한다.
② 고정형 영상정보처리기기 설치 시 주민 등 이해관계인의 의견을 수렴해야 한다.
③ 연 1회 개인정보보호 수준 평가를 실시해야 한다.
④ 개인정보 국외이전에 대한 동의를 받아야 한다.
⑤ 개인정보 보호 영향평가를 일정 요건 하에서 수행해야 한다.

개인정보 국외이전 동의는 공공. 민간 상관없이 모든 개인정보처리자가 수행해야 한다. 나머지 보기는 공공기관에만 적용되는 사항이다.

(상)(중)**(하)**

16 다음 중 개인정보 보호법령상 '정보주체의 동의'를 받지 않고도 개인정보를 수집 · 이용할 수 있는 경우로 가장 적절한 것은?

① 유료 서비스 결제 정산을 위해 주민등록번호와 신용평점 정보를 함께 수집한다.
② 기존 고객에게 유사상품 광고 이메일을 발송하되, 수신거부 링크를 제공하고 사전 동의를 대신한다.
③ 개별 법률에 따라 거래기록 등을 보존 · 제출해야 하는 의무가 있어 해당 개인정보를 수집 · 이용한다.
④ 본인인증 실패 사용자의 재인증 정확도 향상을 위해 쿠키값과 광고식별자를 결합해 프로파일링한다.
⑤ 고객센터 통화품질 개선을 위해 녹취파일을 AI 학습 데이터로 3년간 추가 활용한다.

③은 법 제15조 제1항 제2호(법령에 특별한 규정이 있는 경우)에 해당하여 동의 없이 수집 · 이용 가능하다.
①은 계약 이행 목적에 비해 신용평점 수집은 과다하며, 주민등록번호는 개인의 동의로 수집 불가하다.
②는 광고 · 마케팅 목적의 이용으로 원칙적으로 사전 동의가 필요하다.
④는 프로파일링 · 행태정보 결합으로서 동의 또는 다른 법적 근거 및 추가 보호조치가 요구된다.
⑤는 2차적 목적(학습) 활용으로서 동의 또는 적법한 별도 근거가 필요하다.

상 중 하

17 다음 중 개인정보 보호법상 '개인정보 제공(제3자 제공)'에 해당하는 사례로 가장 적절한 것은?

① A사의 고객 DB를 클라우드 운영사에 배치하고, 운영사는 A사 지시에 따라 장애 조치 · 백업만 수행한다.

② A사 서울본부와 부산지사 간에 동일 법인 내부 그룹웨어로 고객 정보를 열람 · 공유한다.

③ 정보주체가 직접 타 기관의 민원 포털에 본인 정보를 제출한다.

④ A사가 제휴사 B와 공동 마케팅을 위해 고객 명단을 API로 실시간 전송하고, B가 자체 목적에 따라 활용한다.

⑤ 콜센터 외주 인력이 A사의 상담 시스템에 A사 계정으로 접속하여 업무를 처리한다.

'제공'은 다른 개인정보처리자(독립적인 목적 · 결정권 보유)에게 개인정보를 이전하는 행위(법 제17조)이다. ④는 B사가 자체 목적에 따라 활용하므로 제3자 제공에 해당(동의 등 법적 근거 필요).
① · ⑤는 처리자의 지휘 · 감독 하에 업무를 수행하는 위탁에 해당하며, ②는 동일 법인 내부 공유로 '제공'이 아니다. ③은 정보주체의 '자기 제출'로 제공 개념과 구별된다.

상 중 하

18 다음 중 개인정보 보호법상 '개인정보 처리 위탁'에 해당하는 사례로 가장 적절한 것은?

① A사가 제휴사 B에 고객 명단을 넘겨 B의 자체 추천알고리즘 학습에 사용하게 한다.

② 정보주체가 택배사 웹사이트에 직접 수취 정보를 입력하여 배송을 신청한다.

③ 외주 개발사가 장애 대응을 위해 A사의 운영계에 원격 접속하여 로그 분석 · 패치 작업을 수행한다.

④ 광고 네트워크 사업자가 자체 쿠키로 수집한 이용행태 정보를 A사에 판매한다.

⑤ A사가 관계사 C와 고객 정보를 공동으로 이용 · 결합하여 신규 서비스 기획에 활용한다.

'위탁'은 개인정보처리자가 처리업무의 전부 · 일부를 제3자에게 맡기되, 목적 · 수단에 대한 결정권은 위탁자에게 있고 수탁자는 그 범위 내에서 처리하여야 한다.
① · ④ · ⑤는 수탁자가 '자체 목적'으로 활용하거나 독립된 결정권을 행사하므로 '제공' 또는 공동활용에 해당하며, ②는 정보주체의 '자기 입력'으로 위탁에 해당하지 않는다.

상 중 하

19 맞춤형 광고에 활용되는 온라인 행태정보에 대한 설명으로 적절하지 않은 것을 고르시오.

① 행태정보가 개인정보 보호법에서 규정하고 있는 개인정보에 해당되는 경우 개인정보 보호법 준수 의무가 발생한다.

② 개인정보 처리방침에 인터넷 접속정보파일 등 개인정보의 자동 수집 장치 설치 · 운영에 관한 사항을 포함하도록 규정한다.

③ 이용자 동의 없이 개인정보(이용자의 타사 행태정보)를 수집하여 온라인 맞춤형 광고에 활용할 경우 과징금 등 제재 처분이 가능하다.

④ 개인정보와 행태정보를 처리하는 시스템을 분리하여 운영하고, 결합되는 매칭키가 없도록 하여 행태정보가 개인정보와 결합될 수 없도록 해야 한다.

⑤ 14세 미만 아동에게 행태정보와 개인 식별정보를 결합하여 맞춤형 광고를 제공하는 경우 사전 법정대리인의 동의는 불필요하다.

행태정보도 개인정보에 해당하는 경우 개인정보 보호법 준수 의무가 발생한다. 따라서 14세 미만 아동의 행태정보와 개인 식별정보를 결합하는 경우 개인정보에 해당하기에 맞춤형 광고를 제공하고자 하는 경우 사전에 법정대리인의 동의를 받아야 한다.

(상)(중)(하)

20 가명정보에 대한 설명으로 적절하지 않은 것을 고르시오.

① 자체결합(셀프결합)이란 결합전문기관이 자신이 보유한 가명정보와 다른 개인정보 처리자가 보유한 가명정보를 스스로 결합하여 활용까지 수행하고자 하는 결합 형태를 의미한다.
② 가명정보는 성명, 연락처 등 식별정보를 삭제하거나 대체하는 등의 방법으로 식별가능성을 낮춘 개인정보임이기에 가명정보도 다른 개인정보에 준하는 안전조치를 하여야 한다.
③ 고유식별번호와 민감정보는 가명처리하여 활용할 수 있으나, 주민등록번호는 가명처리하여 사용할 수 없다.
④ 가명정보를 과학적 연구 등 법에서 허용하는 목적 범위로 제공하면서 대가를 받는 것은 가능하나, 법에서 정한 목적 범위를 벗어나 판매할 목적으로 가명처리하는 것은 허용되지 않는다.
⑤ 추가정보가 삭제된 가명정보가 그 자체만으로 개인을 알아볼 수 없는 정보라고 하더라도 익명정보인지 여부는 시간·비용·기술 등을 합리적으로 고려하여 별도로 판단하여야 한다.

주민등록번호는 법률, 대통령령 등의 구체적 근거가 있는 경우에 한하여 활용 가능하다.(법률 등에 활용에 대한 명확한 근거가 있는 경우)

(상)(중)(하)

21 다음 중 개인정보 보호법상 개인정보 분쟁조정제도에 대한 설명으로 가장 적절하지 않은 것은?

① 개인정보 침해로 인한 분쟁은 위원회를 통해 조정 가능하다.
② 분쟁조정은 당사자 간 합의를 유도하기 위한 제도이다.
③ 조정결과는 당사자가 수락한 경우 재판상 화해와 같은 효력을 가진다.
④ 조정절차는 정보주체가 수수료를 부담하여야 한다.
⑤ 분쟁조정 신청은 정보주체가 단독으로도 가능하다.

개인정보 분쟁조정제도는 정보주체가 수수료 없이 신속하게 분쟁을 해결할 수 있도록 마련된 제도이다. 소송보다 시간과 비용 부담을 줄이기 위해 운영되며, 정보주체가 수수료를 부담하지 않는다.

(상)(중)(하)

22 다음 중 개인정보 보호를 위한 암호화 기법에 대한 설명으로 적절하지 않은 것을 고르시오.

① 양방향 암호화(Two-way encryption) : 특정 정보에 대해 암호화와 암호화된 정보에 대한 복호화가 가능한 암호화 기법
② 일방향 암호화(One-way encryption) : 원문에 대한 암호화의 적용만 가능하고 암호문에 대한 복호화 적용이 불가능한 암호화 기법
③ 순서보존 암호화(Order-preserving encryption) : 원본정보의 순서와 암호값의 순서가 동일하게 유지되는 암호화 방식
④ 다형성 암호화(Polymorphic encryption) : 가명정보의 부정한 결합을 차단하기 위해 각 도메인별로 서로 다른 가명처리 방법을 사용하여 정보를 제공하는 방법
⑤ 동형 암호화(Homomorphic encryption) : 원본 정보의 형태와 암호화된 암호값의 형태가 동일하게 유지되는 암호화 방식

동형 암호화(Homomorphic encryption)는 암호화된 상태의 연산한 값을 복호화 하면 원래의 값을 연산한 것과 동일한 결과를 얻을 수 있는 4세대 암호화 기법이다.

23 다음의 그림에서 설명하는 가명처리 기법으로 적절한 것을 고르시오.

Record ID	이름	성별	나이	월 납입금액	총 납부금액
1	김영진	F	33	817,250	66,300,000
2	허경환	M	61	4,559,120	327,700,000
3	유지민	F	50	13,601,564	41,300,000
4	김상덕	M	70	979,118	64,600,000
5	정수빈	M	40	5,501,809	23,549,000
6	신지혜	F	43	609,622	13,900,000

Record ID	이름	성별	나이
1	김영진	F	33
2	허경환	M	61
3	유지민	F	50
4	김상덕	M	70
5	정수빈	M	40
6	신지혜	F	43

Record ID	월 납입금액	총 납부금액
1	817,250	66,300,000
2	4,559,120	327,700,000
3	13,601,564	41,300,000
4	979,118	64,600,000
5	5,501,809	23,549,000
6	609,622	13,900,000

① 해부화(Anatomization)
② 토큰화(Tokenisation)
③ 범주화(Categorization of character data)
④ 총계처리(Aggregation)
⑤ 삭제(Suppression)

① 기존 하나의 데이터셋(테이블)을 식별성이 있는 정보집합물과 식별성이 없는 정보집합물로 구성된 2개의 데이터셋으로 분리하는 기술이다.

24 가명정보 처리 가이드라인의 안전성 확보조치에 대한 설명으로 적절하지 않은 것을 고르시오.

① 가명정보와 추가정보의 분리 보관해야한다. 다만, 추가정보가 불필요한 경우에는 추가정보를 파기해야 한다.
② 추가정보와 가명정보는 분리하여 보관하는 것을 원칙으로 하고, 반드시 물리적인 DB 분리를 통해 안전하게 보관하여야 한다.
③ 가명정보 취급자를 추가로 둘 여력이 없는 경우 등 접근권한의 분리가 어려운 정당한 사유가 있는 경우에는 업무 수행에 필요한 최소한 접근권한 부여 및 접근권한의 보유 현황을 기록으로 보관하는 등 접근권한을 관리 · 통제하여야 한다.
④ 가명정보처리시스템의 접근권한 부여, 변경 또는 말소에 대한 내역을 기록하고, 그 기록을 최소 3년간 보관하여야 한다.
⑤ 개인정보처리자는 정보주체의 가명처리 정지를 요구 받았을 때에는 지체 없이 해당 정보주체의 개인정보 처리의 전부 또는 일부를 정지하여야 한다.

추가정보와 가명정보는 분리하여 보관하는 것을 원칙으로 하고, 불가피한 사유로 물리적인 분리가 어려운 경우 DB 테이블 분리 등 논리적으로 분리하는 것도 가능하다. 다만, 논리적으로 분리할 경우 엄격한 접근통제를 적용하여야 한다.

(상)(중)(하)

25 다음은 개인정보 보호법 해석에 대한 사례이다. 이에 대한 설명으로 적절하지 않은 것을 고르시오.

① 한글, 엑셀 등 상용프로그램에서 제공하는 비밀번호 설정 기능을 사용하여 암호화를 적용하는 것도 개인정보 보호법상 암호화 조치에 해당할 수 있다.

② 개인정보의 처리 업무를 위탁하는 위탁자가 보호법에 따라 민감정보 · 고유식별정보 · 주민등록번호를 처리할 수 있는 개인정보처리자라면 수탁자 또한 위탁받은 범위 내에서 민감정보 · 고유식별정보 · 주민등록번호를 처리할 수 있다.

③ 지방자치단체는 적법한 조례에 따라 교통약자의 이동지원과 관련한 이용자의 개인정보를 동의 없이 수집 · 이용할 수 있다.

④ 개인정보 처리(수집 · 이용, 제공 등)에 대한 동의를 받기 위한 수단으로 ARS는 이용할 수 없다.

⑤ 수탁자 관리방법으로 전문기관, 관련협회, 컨설팅 기관 등을 통한 대행, 원격점검, 솔루션 배포 등 다양한 방법을 활용할 수 있다.

개인정보처리자가 정보주체의 개인정보 제공 동의를 받을 때에는 각각의 동의 사항을 구분하여 정보주체가 이를 명확하게 인지할 수 있도록 알리고 동의를 받아야 하며, 이 경우 서면, 전화, 인터넷, 전자우편 등의 방법으로 개인정보 수집 동의를 받을 수 있다.
다만, 전화로 동의를 받는 경우 동의에 대한 입증책임은 개인정보처리자가 부담하고, 전화 통화에 응했다는 사실만으로는 동의의사가 있다고 볼 수 없으므로 정보주체의 음성을 녹음하는 등의 방법으로 동의의사를 확인받는 것이 필요하다. 그리고 동의받은 내용은 해당 개인정보를 파기할 때까지 보관하여야 한다.

(상)(중)(하)

26 다음 중 개인정보 보호법상 '개인정보 수집 제한 원칙'에 가장 부합하는 설명은?

① 기업은 업무 효율성을 이유로 모든 고객정보를 수집할 수 있다.

② 개인정보는 수집 목적 외 용도로 활용될 가능성까지 고려해 수집해야 한다.

③ 목적 달성을 위해 필요한 최소한의 정보만 수집해야 한다.

④ 기술적으로 수집 가능한 정보는 사전 고지만으로 수집 가능하다.

⑤ 목적과 무관하더라도 향후 분석 가능성에 대비해 폭넓게 수집하는 것이 바람직하다.

「개인정보 보호법」 제16조는 개인정보 수집 시 '적법하고 정당하며, 목적 달성에 필요한 최소한의 정보만 수집'해야 한다고 명시한다.
①,②,④,⑤는 과잉수집 또는 사전 고지로 정당화할 수 없는 경우이다.

(상)(중)(하)

27 개인정보 보호법상 주민등록번호 처리 제한에 대한 설명으로 적절하지 않은 것을 고르시오.

① 주민등록번호 처리 적법 요건으로 동의는 요구되지않으므로 예외 사유에 해당하여 주민등록번호를 처리할때에 정보주체로부터 별도의 동의를 받을 필요는 없다.

② 개인정보 처리 업무 위탁 계약을 맺은 경우 주민등록번호 처리 업무를 위탁할 수 있다.

③ 주민등록번호는 개인정보보호법 제24조의2, 동법 시행령 제21조의2에 따라 "개인정보 영향평가"나 "암호화 미적용 시 위험도 분석"의 결과에 따라 암호화 없이 저장 가능할 수 있다.

④ 이동통신서비스 등을 제공받아 재판매하는 전기통신사업자가 본인확인기관으로 지정받은 이동통신사업자의 본인확인 업무 수행과 관련하여 이용자의 주민등록번호를 수집 · 이용이 가능하다.

⑤ 주민등록번호의 뒤 7자리만 수집 · 이용하는 것은 주민등록번호의 부여 체계를 활용하여 주민등록번호의 고유한 특성, 즉 유일성과 식별성을 이용하는 행위이므로, 이는 주민등록번호 전체를 수집 · 이용하는 경우로 볼 수 있다.

주민등록번호는 개인정보보호법 제24조의2, 동법 시행령 제21조의2에 따라 "개인정보영향평가"나 "암호화미적용 시위험도분석"의 결과에 관계없이 암호화하여야 한다.

(상)(중)**(하)**

28 이동형 영상정보처리기기 설치 및 운영에 대한 설명으로 적절하지 않은 것을 고르시오.

① 공개된 장소 등에서 업무 목적으로 이동형 영상정보처리기기로 사람 또는 그 사람과 관련된 사물의 영상을 촬영해서는 안 된다.
② 범죄, 화재, 재난 또는 이에 준하는 상황에서 인명의 구조 · 구급 등을 위하여 사람 또는 그 사람과 관련된 사물의 영상의 촬영이 필요한 경우는 촬영이 가능하다.
③ 불빛, 소리, 안내판, 안내서면, 안내방송 또는 그 밖에 이에 준하는 수단이나 방법으로 정보주체가 촬영 사실을 쉽게 알 수 있도록 표시하고 알려야 한다.
④ 정보주체가 촬영 거부 의사를 밝히지 아니한 경우라도 업무를 목적으로 이동형 영상정보처리기기를 통한 촬영은 금지된다.
⑤ 공개된 장소에서 촬영된 불특정 다수의 영상을 별도로 저장하여 AI 학습 등 업무상 목적으로 활용하는 것은 피촬영자가 그 내용을 예측할 수 없다는 측면에서 부당한 권리침해 우려가 있으므로 특정 개인을 알아볼 수 없도록 익명 · 가명 처리가 필요하다.

정보주체가 촬영 사실을 명확히 알 수 있도록 고지되었고, 별도로 촬영 거부 의사를 밝히지 않은 경우에는 업무 목적으로의 촬영이 가능하다.

(상)(중)**(하)**

29 전문 CPO(개인정보보호책임자) 제도에 대한 설명으로 적절하지 않은 것을 고르시오.

① 민간기업은 대표 또는 임원을 CPO로 지정해야 한다.
② 전문 CPO 지정 적용 대상은 연 매출액 또는 수입이 1,500억원 이상인 자로서, 100만명 이상 개인정보 또는 5만명 이상 민감 · 고유식별정보를 처리하는 자, 재학생 수 2만 명 이상인 대학(대학원 재학생 수 포함), 대규모 민감정보(건강정보)를 처리하는 상급종합병원, 공공시스템운영기관 등이다.
③ 전문 CPO의 자격요건은 개인정보보호 경력, 정보보호 경력, 정보기술 경력을 합해 총 4년 이상의 기간이면 가능하고, 그 가운데 개인정보보호 경력을 최소 1년 이상 보유하고 있어야 한다.
④ 정보보호 및 개인정보보호 관리체계 인증심사원은 1년은 경력 인정기간을 받을 수 있다.
⑤ 개인정보보호 관련 박사학위 취득자는 2년의 경력 인정기간을 받을 수 있다.

개인정보보호 경력은 최소 1년 이상이 아니라 최소 2년 이상 보유해야 한다.

(상)(중)**(하)**

30 국내대리인의 지정에 관한 설명으로 적절하지 않은 것을 고르시오.

① 전년도 전체 매출액이 1조 원 이상 또는 전년도 말 기준 직전 3개월간 저장 · 관리되는 개인정보의 수가 일일 평균 100만명 이상인 자는 국내대리인을 지정하여야 한다.
② 글로벌 사업자는 국내대리인 지정을 문서로 하여야 한다.
③ 국내대리인의 성명, 주소, 전화번호 및 전자우편 주소를 개인정보 처리방침에 포함하여야 한다.
④ 국내대리인은 국적이 한국일 필요는 없다.
⑤ 국내대리인은 국내 또는 해외에 주소 또는 영업소가 있어야한다.

국내대리인은 국내에 주소 또는 영업소가 있어야 한다. 해외에 있어서는 안된다.

개인정보 라이프사이클 관리

상 **중** 하

31 다음 중 손해배상(징벌적 손해배상 · 법정손해배상 등)에 관한 설명으로 잘못된 것은?

① 고의 · 중과실 등 일정 요건 시 손해액의 최대 3배의 징벌적 손해배상을 청구할 수 있다.

② 실제 손해액 입증이 곤란한 경우, 일정 요건 하에 법정손해배상(최대 300만 원)을 청구할 수 있도록 되어 있다.

③ 정보주체는 개인정보처리자가 이 법을 위반한 행위로 손해를 입으면 개인정보처리자에게 손해배상을 청구할 수 있다. 이 경우 그 정보주체는 개인정보처리자의 과실을 직접 입증하여야 한다.

④ 회사의 대표나 고용주가 개인정보 보호 교육, 관리 감독을 소홀히 하여 직원 등이 개인정보를 유출하거나 위법하게 처리한 경우, 본인이 직접 처리하지 않았더라도 사용자로서 손해배상 책임을 질 수 있다.

⑤ 손해배상과 별개로 과태료 · 행정제재 등 행정제재가 병행될 수 있다.

> 손해 발생의 입증 책임은 정보주체에게 있으나, 고의 · 과실의 유무에 대한 입증 책임은 개인정보처리자에게 있다.

상 중 **하**

32 업무위탁에 따른 개인정보 처리에 대한 설명 중 가장 적절하지 않은 것을 고르시오.

① 개인정보 처리 위탁은 수탁자에게 이용 · 제공 등 처리를 맡기는 것을 의미한다.

② 개인정보를 보조 업무 수행에 사용하는 경우는 위탁에 해당하지 않는다.

③ 개인정보처리자가 전문성 부족 시 외부 전문가에게 위탁할 수 있다.

④ 위탁 시 목적 외 처리 금지, 보호조치 등에 관한 사항을 문서로 명시해야 한다.

⑤ 수탁사 선정 시 보호 역량을 종합적으로 고려해야 한다.

> 보조 업무라도 개인정보 처리가 수반된다면 위탁에 해당하며, 법적 절차를 준수해야 한다.

상 중 **하**

33 다음 중 개인정보 보호법상 '정보주체의 권리'로 보기 어려운 것은?

① 개인정보 열람 요구권

② 개인정보 정정 · 삭제 요구권

③ 개인정보 처리 · 정지 요구권

④ 가명정보 처리 · 정지 요구권

⑤ 개인정보 이동권

> 가명정보는 정보주체의 권리가 적용되지 않는다.
> 가명정보의 특례를 규정하며, 정보주체의 직접적인 권리 행사가 제한된다.

(상)(중)(하)

34 공개된 장소에 고정형 CCTV를 설치 · 운영할 수 있는 사유에 해당하지 않는 것은?

① 법령에서 구체적으로 허용한 경우
② 범죄의 예방 및 수사
③ 시설안전 및 화재예방
④ 교통정보의 수집 · 분석 및 제공
⑤ 개인 블로거가 사적 추억 영상을 촬영하기 위한 경우

공개된 장소에 CCTV를 두는 것은 원칙적 금지지만 ①~④처럼 공익적 · 안전보호 목적이면 허용된다. 사적 추억 촬영은 예외사유가 아니다.

(상)(중)(하)

35 다음은 마이데이터(MyData) 서비스 도입 기업의 개인정보 처리 방침 중 일부이다. 이를 기반으로 판단할 때, '개인정보 자기결정권' 보장을 위해 조직이 우선적으로 갖추어야 할 조치로 가장 적절한 것은?

"당사는 마이데이터 기반 서비스를 통해 고객의 거래내역, 소비패턴, 건강정보, 위치기반 데이터 등을 통합 분석하여 맞춤형 금융상품을 추천합니다."

① 고객 데이터를 비식별화한 후 내부 분석 전용으로 활용한다.
② 고객에게 분석에 대한 사전 동의를 받고, 처리 내역을 투명하게 고지한다.
③ 마이데이터 서비스는 금융기관의 권한이므로 동의 없이 제공이 가능하다.
④ 데이터가 저장되지 않고 일시적으로만 처리되는 경우에는, 개인정보보호법 적용 대상이 아니므로 동의 없이 자유롭게 활용할 수 있다.
⑤ 마이데이터 활용은 비영리 목적이라면 동의가 불필요하다.

개인정보 자기결정권 보장의 핵심은 자유롭고 명시적인 동의와 처리 투명성 확보이다. 맞춤형 금융상품 추천을 위해 민감정보(예: 건강정보, 위치정보)를 처리할 경우, 사전 동의와 명확한 고지는 필수이다.

오답 피하기
① 비식별화하더라도 고객 식별이 가능한 정보가 포함되었거나, 재식별 가능성이 있다면 여전히 개인정보로 간주되며 동의가 필요하다. 따라서 단순 비식별화로는 개인정보 자기결정권 보장을 충분히 할 수 있다고 볼 수 없다.
③ 마이데이터 서비스는 정보주체의 전송요구권 행사를 전제로 하며, 정보주체의 명시적 동의 없이는 제공할 수 없다.
④ 개인을 식별할 수 있는 정보라면, 저장여부와 상관없이 개인정보 처리이다. 개인정보보호법 적용 대상이며, 적법한 처리 근거가 필요하다.
⑤ 목적이 비영리라고 하더라도 개인정보를 수집 · 이용하는 경우에는 정보주체의 동의가 필요하다.

36 고정형 CCTV 안내판에 법적으로 필수로 기재해야 할 사항이 아닌 것은?

① 설치 목적 및 장소
② 촬영 범위 및 시간
③ 관리책임자의 연락처
④ (위탁 시) 수탁자의 명칭 · 연락처
⑤ 영상정보 보유기간

안내판 기본 3항목(①②③)은 무조건, ④는 위탁이 있을 때만 의무. 보유기간은 안내판이 아니라 운영 · 관리 방침에 적는다.

37 개인정보의 제3자 제공 시 정보주체에게 고지해야 할 필수 항목으로 가장 적절하지 않은 것은?

① 제공받는 자의 성명 또는 명칭
② 제공받는 자의 개인정보 이용 목적
③ 제공받는 자의 재위탁 여부
④ 제공하는 개인정보 항목
⑤ 정보주체의 동의 거부권 및 불이익 내용

「개인정보 보호법」 제17조 제2항 및 「표준 개인정보 보호지침」 제21조에 따르면 제3자 제공 시 고지 항목은 다음과 같다.
– 제공받는 자, 목적, 항목, 보유기간, 동의 거부권 및 불이익 등

38 개인정보를 제3자에게 제공할 때 반드시 구분해야 하는 '제공'과 '위탁'의 차이점으로 옳은 것은?

① 제공은 동의가 필요 없고, 위탁은 동의가 필요하다.
② 제공은 제공하는자의 업무처리 목적이고, 위탁은 제공받는자의 영리 목적이다.
③ 위탁은 개인정보를 다른 목적에 사용할 수 있다.
④ 위탁은 처리업무의 일부를 맡기는 것이며, 제공은 수신자가 처리자가 되는 경우다.
⑤ 제공은 단순 열람만 허용하고, 위탁은 복제도 가능하다.

• '제공'은 개인정보 처리자가 외부의 다른 처리자에게 정보를 이전하여 상대방이 책임 주체가 되는 경우
• '위탁'은 처리자가 개인정보 처리의 일부를 외부에 맡기되, 책임은 위탁자인 경우

(상)(중)(하)

39 개인정보보호법(일반법)과 개별법·하위법령의 관계에 대한 설명 중 틀린 것은?

① 일반법은 기본 원칙과 공통 규율을 제시하고, 개별법은 분야 특성을 반영해 특례·추가 규율을 둘 수 있다.
② 동일 사안에 대해 개별법이 더 엄격한 기준을 두면, 그 특례가 우선 적용될 수 있다.
③ 개별법이 일반법보다 완화된 기준을 두고 있으면, 개별법이 일반법의 기본 원칙과 충돌하더라도 개별법 기준만 적용하면 된다.
④ 충돌 시에는 법체계·입법 취지·특별성·시간적 선후 등을 고려하여 해석·적용한다.
⑤ 조직은 적용 법령 매트릭스를 통해 상충·누락 없이 상위·하위 규범을 정합적으로 운영해야 한다.

개별법이 특별 규정을 두면 그 부분은 일반법보다 우선 적용된다. 그러나 개별법이 일반법보다 완화되어 있다고 해서 항상 우선 적용되는 것은 아니다.
개별법 자체가 일반법의 상위 기준을 침해할 수는 없다. 개별법이 위임 범위를 벗어나거나, 기본적 보호원칙을 훼손하면 일반법 또는 상위법이 우선 적용된다.

(상)(중)(하)

40 다음 중 생성형 AI 기술을 활용하여 개인정보를 처리하는 과정에서 발생할 수 있는 주요 위험으로 가장 적절한 것은?

① 처리 속도 저하로 인한 서비스 품질 저하
② 인공지능의 자가학습 능력 부족
③ 개인정보의 자동수집에 따른 정보주체의 통제권 상실
④ 하드웨어 의존도 증가로 인한 비용 상승
⑤ 데이터셋 구축의 효율성 부족

생성형 AI 기술 도입 시, 자기정보 결정권과 동의 기반 처리를 강조한다.
생성형 AI와 개인정보 위험을 물으면 "대량·자동수집 + 재식별·재노출 + 정보주체 권리행사 곤란 = 통제권·자기결정권 침해"이 키워드가 들어간 보기를 최우선으로 선택하면 된다.

(상)(중)(하)

41 개인정보를 파기할 때 적용되는 '안전한 파기 방법'에 대한 설명으로 가장 부적절한 것은?

① 종이에 출력된 개인정보는 파쇄하거나 소각 등의 방법으로 파기해야 한다.
② 전자적 파일 형태는 복구 및 재생이 불가능한 방법으로 삭제해야 한다.
③ 외부 전문 업체에 위탁한 경우에도 파기 결과를 반드시 확인해야 한다.
④ 기술적 특성으로 인해 삭제할 수 없는 경우 가명처리를 통해 복원 불가능하게 해야 한다.
⑤ 법령상 보존 기간이 경과한 개인정보는 지체 없이 파기해야 한다.

가명정보는 추가정보와 결합해서 개인을 식별할 수 있다. 따라서 기술적 특성으로 인해 삭제가 불가능한 경우에는 가명처리가 아닌 익명처리를 통해 개인을 식별할 수 없도록 조치하여야 한다.

42 다음 (a)~(b) 처리에 해당하는 가명처리 기법의 올바른 짝을 고르시오.

> (a) 개별 청구 금액을 숨기고 평균 · 최솟값 · 최댓값 · 중간값 등 요약 통계만 제공
> (b) 데이터 전체가 아닌 '희소 · 특이 구간'만 선택적으로 일반화 수준을 높여 범주화

① (a) 마스킹 / (b) 전역 일반화
② (a) 총계처리(Aggregation) / (b) 지역 일반화(Local generalization)
③ (a) 난수 대치 / (b) 차분 프라이버시
④ (a) 합성데이터 / (b) 전역 일반화
⑤ (a) 차분 프라이버시 / (b) 토큰화

마스킹(Masking) : 식별정보의 일부를 가려서 직접 알아볼 수 없게 표시하는 기법
전역 일반화(Global generalization) : 데이터 전체(모든 레코드)에 동일한 수준의 일반화 규칙을 적용하는 기법
난수 대치(Random substitution) : 원래 값을 통계적으로 비슷한 분포의 임의 값으로 통째로 교체하는 기법
잡음 주입(Noise injection) : 원래 데이터 값에 작은 랜덤 오차(노이즈)를 더해 변형하는 기법
토큰화(Tokenization) : 원래 민감값 대신 의미 없는 대체값(토큰)으로 치환하고, 매핑 정보는 별도 안전하게 저장하는 기법
차분프라이버시(Differential Privacy) : 데이터가 거의 달라지지 않도록 노이즈를 섞는 수학적 프라이버시 보호 기법
합성 데이터(Synthetic Data) : 실제 데이터를 이용해 학습한 모델이 '비슷한 특성을 가진 가짜 데이터'를 새로 생성해 낸 것

43 다음 중 개인정보 수집 시 정보주체에게 반드시 고지해야 하는 항목에 해당하지 않는 것은?

① 개인정보 수집 · 이용 목적
② 수집하려는 개인정보 항목
③ 개인정보의 보유 및 이용 기간
④ 개인정보의 열람 · 정정 방법
⑤ 동의 거부 시 불이익 내용

「표준 개인정보 보호지침」에 따르면, 수집 시 고지사항은 다음과 같다.
– 수집 목적, 항목, 보유기간, 동의 거부 시 불이익 등.
– 열람 · 정정 방법은 수집 시 고지 대상은 아니며, 정보주체 권리 행사 관련 안내사항에 해당된다.

44 가명처리에 관련한 설명으로 가장 적절하지 않은 것은?

① 자체결합은 동일 처리자가 서로 다른 개인정보 집합을 내부적으로 결합해 동일인 여부를 식별하는 절차를 의미한다.
② 자체결합 과정에서는 결합 키 · 추가정보의 분리 보관, 접근권한 최소화, 작업망 분리 등 통제가 필요하다.
③ 고유식별정보 · 민감정보를 다루는 경우 법령상 강화된 제한과 보호조치를 준수해야 한다.
④ 내부에서 수행하는 자체결합은 외부 전문기관을 통한 결합이 아니므로 접근기록 보관과 재식별 금지 의무의 적용 대상이 아니다.
⑤ 결합 목적 · 범위 · 보존기간 등은 내부관리계획 · 처리방침과 연계해 관리하고 위험평가 결과를 근거로 남겨야 한다.

자체결합이라고 해서 의무 예외가 되는 것은 아니다. 가명정보든, 가명처리 과정에서 생성된 데이터든, 여전히 '개인정보'에 해당하고, 개인정보처리자는 접근기록(접속기록) 보관, 재식별 금지, 재식별 발생 시 즉시 중단 · 파기 · 보고같은 안전조치를 해야한다.

(상)(중)**(하)**

45 다음 중 「개인정보 보호법」 제28조의8에 따른 개인정보 국외이전의 법적 근거에 해당하지 않는 것은?

① 정보주체로부터 국외 이전에 관한 별도의 동의를 받은 경우

② 법률 또는 조약에서 개인정보 국외이전에 관한 특별한 규정을 둔 경우

③ 정보주체와의 계약 체결·이행을 위하여 국외 처리위탁·보관이 필요하고, 관련 사항을 개인정보 처리방침에 공개한 경우

④ 개인정보를 이전하는 자가 ISMS-P 등 또는 보호위원회가 정하여 고시하는 인증을 받고, 필요한 조치를 한 경우

⑤ 개인정보보호위원회가 특정 국가의 개인정보보호 수준을 우리 법과 실질적으로 동등하다고 인정한 경우

개인정보 보호법 제28조의8 제1항은 국외이전이 가능한 경우는 다음과 같다.

– 정보주체로부터 국외 이전에 관한 별도 동의를 받은 경우

– 법률·조약·국제협정에 국외이전 특별 규정이 있는 경우

– 정보주체와의 계약 체결·이행을 위해 처리위탁·보관이 필요하고, 그 내용을 처리방침에 공개하거나, 전자우편 등으로 정보주체에게 알린 경우

– 개인정보를 이전받는 자가 제32조의2에 ISMS-P 등 또는 보호위원회가 정하여 고시하는 인증을 받고, 필요한 조치를 한 한 경우

– 이전 국가·국제기구의 보호 수준이 우리 법과 실질적으로 동등하다고 보호위원회가 인정한 경우

④번 보기는 개인정보를 이전하는 자가 아니라 개인정보를 이전받는 자로 주체가 잘못되었다.

(상)(중)**(하)**

46 다음 중 개인정보 제공 시 정보주체의 동의를 받아야 하는 경우로 가장 적절한 것은?

① 수사기관의 요청에 의해 제공하는 경우

② 법령에 근거한 제공으로 정보주체에게 알릴 수 없는 경우

③ 공개된 개인정보를 다른 기관에 제공하는 경우

④ 업무 위탁을 위한 경우

⑤ 목적 외 영업목적으로 제휴사에 제공하는 경우

개인정보 보호법 제17조는 제3자 제공 시 정보주체의 동의를 원칙으로 하며, 수사, 법령 근거 등은 예외 사유에 해당한다.

제휴사에 영업 목적 제공은 예외에 해당하지 않으며 동의가 필요하다.

(상) (중) (하)

47 개인정보처리자가 개인정보를 국외로 이전하기 위해 정보주체의 별도 동의를 받는 경우, 반드시 고지해야 할 사항에 해당하는 것을 모두 고른 것은?

> ㄱ. 이전되는 개인정보 항목
> ㄴ. 개인정보가 이전되는 국가, 시기 및 방법
> ㄷ. 개인정보를 이전받는 자의 성명(법인은 명칭과 연락처)
> ㄹ. 개인정보를 이전받는 자의 개인정보 이용 목적 및 보유 · 이용 기간
> ㅁ. 개인정보를 이전받는자의 국내대리인 성명 및 연락처
> ㅂ. 개인정보의 이전을 거부하는 방법, 절차 및 거부의 효과

① ㄱ, ㄴ, ㄷ   ② ㄴ, ㄹ, ㅁ   ③ ㄱ, ㄴ, ㄷ, ㄹ
④ ㄱ, ㄴ, ㄷ, ㄹ, ㅂ   ⑤ ㄱ, ㄴ, ㄷ, ㄹ, ㅁ, ㅂ

개인정보 보호법 제28조의8 제2항에 따라 반드시 고지해야 하는 항목은 다음과 같다.
– 항목, 국가 · 시기 · 방법, 이전받는 자(성명 · 연락처), 목적 · 보유기간, 거부 방법 · 효과

(상) (중) **(하)**

48 다음 중 「개인정보 보호법」상 '개인정보의 국외이전'에 해당하지 않는 경우를 고르시오.
① 국내 사업자가 보유한 고객 DB를 미국 클라우드 서버에 업로드하여 보관하는 경우
② 국내 회사가 일본 계열사에 인사 정보를 전송해 급여 시스템을 위탁 운영하는 경우
③ 해외 기반 SNS 사업자가 한국 이용자의 공개 프로필 정보를 인터넷에서 직접 수집하는 경우
④ 국내 쇼핑몰이 유럽 물류회사에 주문자 정보를 제공하여 배송을 위탁하는 경우
⑤ 국내 본사가 미국 지사 DB에 직접 접속하여 한국 이용자 정보를 조회하도록 설정하는 경우

③ 해외 사업자가 한국인의 공개된 개인정보를 직접 수집하는 경우는, 국내 개인정보처리자가 해외로 "이전"한 것이 아니므로 국외이전에 해당하지 않는 것으로 해석한다.

(상) (중) **(하)**

49 개인정보처리자가 정보주체의 동의 없이 개인정보를 추가로 이용 · 제공할 수 있는 사례 중 가장 적절하지 않은 것을 고르시오.
① 택시 호출 앱에서 고객 요청에 따라 택시 기사에게 개인정보를 제공하는 경우
② 오픈마켓이 배송 목적 등으로 판매자에게 고객 정보를 제공하는 경우
③ 약국이 오배달된 의약품을 회수하기 위해 병원으로부터 고객 전화번호를 받아 연락하는 경우
④ 소매점이 수집한 연락처를 제조사에 리콜 안내 목적으로 제공하는 경우
⑤ 자동차 딜러가 동의 없이 금융사에 고객 정보를 제공하여 할부 결제를 진행한 경우

제3자 제공에는 정보주체의 동의가 반드시 필요하며, 단순 계약 이행 목적만으로는 정당화될 수 없다.

50 「개인정보 보호법」 제20조 제1항에 따라 정보주체 이외로부터 수집한 개인정보를 처리하는 개인정보처리자가, 정보주체의 요구가 있는 경우 알려야 할 사항으로 옳은 것을 모두 고른 것은?

> ㄱ. 개인정보의 수집 출처
> ㄴ. 개인정보의 처리 목적
> ㄷ. 개인정보의 보유기간 및 파기 방법
> ㄹ. 개인정보 처리의 정지 요구권 또는 동의 철회권이 있다는 사실
> ㅁ. 정보주체 권리행사 방법 및 접수 창구의 연락처

① ㄱ, ㄴ
② ㄱ, ㄴ, ㄷ
③ ㄱ, ㄴ, ㄹ
④ ㄱ, ㄴ, ㄷ, ㄹ
⑤ ㄱ, ㄴ, ㄷ, ㄹ, ㅁ

「개인정보 보호법」 제20조 제1항은, 정보주체 이외로부터 수집한 개인정보를 처리할 때 정보주체가 요구하면 알려줘야 하는 사항을 딱 3가지이다.
– 개인정보의 수집 출처
– 개인정보의 처리 목적
– 개인정보 처리 정지 요구권 또는 동의 철회권이 있다는 사실

51 다음 중 「개인정보 보호법」 제20조의2 및 같은 법 시행령 제15조의3에 따른 '개인정보 이용·제공 내역 통지'에 관한 설명으로 가장 적절하지 않은 것은?

① 대통령령에서 정하는 기준에 해당하는 개인정보처리자는 수집한 개인정보의 이용·제공 내역을 주기적으로 정보주체에게 통지해야 한다.
② 통지 대상에서 제외될 수 있는 정보주체에는, 통지 거부 의사를 표시한 자와 개인정보처리자의 소속 임직원이 직무 수행을 위해 처리되는 경우 등이 포함될 수 있다.
③ 통지해야 하는 정보에는 개인정보의 수집·이용 목적, 수집한 개인정보의 항목, 제3자 제공 대상과 제공 목적 및 항목 등이 포함된다.
④ 개인정보 이용·제공 내역 통지는 서면·전자우편·전화·문자전송 또는 알림창 등을 통해 연 1회 이상 하는 것이 원칙이다.
⑤ 법률상 의무 준수를 위해 이용·제공한 개인정보의 정보주체는 통지 대상에서 제외될 수 없으므로, 모든 정보주체에게 예외 없이 통지해야 한다.

법률에 특별한 규정이 있거나 법령상 의무를 준수하기 위하여 이용·제공한 개인정보의 정보주체를 통지 대상에서 제외되는 정보주체로 명시하고 있다.

(상)(중)**(하)**

52 다음 중 공공기관이 법령 등에서 정하는 소관 업무의 수행을 위하여 개인정보를 수집 · 이용하는 사례로서 가장 적절하지 않은 것은?

① 지방자치단체가 「지방자치법」 및 재난 관련 법령에 따라 화재 · 홍수 등 재해대책 수립 · 이행을 위해 피해 지역 주민의 주소 및 연락처를 수집 · 이용하는 경우

② 지방자치단체장이 정치적 지지도 확보를 위해 주민센터가 보유한 주민 휴대전화번호를 활용하여 선거 홍보 문자메시지를 발송하는 경우

③ 국민건강보험공단이 「국민건강보험법」에 따라 보험급여 관리와 요양 급여비용 지급을 위해 진료내역 정보를 수집 · 이용하는 경우

④ 국립대학교 행정실이 「고등교육법」에 따른 학교 시설 관리 업무 수행을 위하여 교내 불법 주차 차량의 차주를 확인하기 위해 학적시스템에서 학생의 연락처를 조회 · 이용하는 경우

⑤ 인사혁신처가 「정부조직법」 및 관련 직제 규정에 따라 공무원 인사 · 복무 관리를 위해 공무원 인사기록카드를 수집 · 이용하는 경우

> 개인정보보호법에서는 공공기관이 법령 등에서 정하는 소관 업무의 수행을 위하여 필요한 경우에는 별도의 동의 없이 개인정보를 수집 · 이용할 수 있도록 하고 있다.
> ② 정치적 지지도 확보, 후원금 모집은 지방자치단체장의 공적 직무가 아니라 개인의 정치활동이다.

(상)(중)(하)

53 다음은 개인정보 보호법상 정보주체와의 계약 체결 또는 이행을 이유로 정보주체의 동의 없이 개인정보를 수집 · 이용하는 사례에 대한 설명이다. 이 중 정보주체의 동의 없이 수집 · 이용이 가능한 사례로서 가장 적절하지 않은 것을 고르시오.

① 이동통신사가 '통신요금 할인 및 제휴 멤버십 제공'을 주요 혜택으로 하는 이용계약을 체결한 가입자에 대하여, 가입자의 통화 상대방, 통화 시간대, 위치정보 등을 장기간 분석하여 '외식 · 여행 이용 패턴'을 프로파일링하고, 그 결과를 바탕으로 제휴 카드사 · 제휴 쇼핑몰의 맞춤형 할인쿠폰을 앱 알림으로 발송하는 경우

② 아파트 관리사무소가 관리비 부과 및 주차 관리 등 관리서비스 제공을 위해 세대주 이름, 연락처, 차량번호와 세대 인원 수 정보를 수집 · 이용하는 경우

③ 기업이 입사 지원자의 요청에 따라 채용 전형을 진행하기 위해 이력서, 졸업 · 성적증명서, 경력증명서 등의 정보를 수집 · 이용하는 경우

④ 유료 동영상 스트리밍 서비스가 이용약관에서 '맞춤형 콘텐츠 추천'을 핵심 서비스로 명시하고, 이를 위해 구독자의 시청 이력과 검색 기록을 수집 · 이용하는 경우

⑤ 인터넷 쇼핑몰이 고객의 주문을 받아 상품을 배송하고 교환 · 환불을 처리하기 위하여 고객의 이름, 주소, 연락처, 결제 정보를 수집 · 이용하는 경우

> 통신요금 할인 · 멤버십 제공이라는 계약 이행에 불가피하게 필요한 범위를 넘어, 통화내역 · 위치정보를 장기간 분석해 라이프스타일을 프로파일링하는 것은 본래 목적을 벗어난 처리이다. 이 프로파일링 결과를 제휴사 맞춤형 쿠폰 발송(광고 및 마케팅)에 이용하는 것은 정보주체가 합리적으로 예상하기 어려운 목적 외 이용이므로 별도 동의 없이는 허용될 수 없다.

(상)(중)(하)

54 개인정보 보호법상 정보주체의 동의가 적법하기 위한 조건에 대한 설명으로 가장 적절하지 않은 것은?

① 정보주체가 자신의 자유로운 의사에 따라 동의 여부를 선택할 수 있어야 한다.

② 동의를 받으려는 내용은 구체적이고 명확해야 하며, 쉽게 읽고 이해할 수 있는 문구로 작성되어야 한다.

③ 정보주체가 동의 여부를 명확히 표시할 수 있는 수단(체크박스, 서명란 등)을 제공해야 한다.

④ 정보주체가 침묵하거나 아무런 표시를 하지 않는 경우에도, 고지사항을 볼 수 있는 상태였다면 동의가 있는 것으로 간주할 수 있다.

⑤ 동의를 받는 경우 법정 고지사항을 이용자가 인지 · 확인할 수 있는 상태에서, 자발적 의사에 의해 동의 여부를 결정하도록 해야 한다.

④처럼 침묵이나 아무 표시 없음은 동의 간주로 허용되지 않는다.
반드시 정보주체가 명시적 · 적극적 표시로 동의 여부를 나타낼 수 있어야 하며, 형식적 · 추정적 동의는 적법한 동의로 보기 어렵다.

(상)(중)(하)

55 개인정보 보호법 시행령에서 규정하는, 서면(전자문서 포함)으로 동의를 받을 때 명확히 표시해야 하는 '중요한 내용'에 해당하지 않는 것은?

① 재화 또는 서비스의 홍보 · 판매 권유 등을 위하여 해당 개인정보를 이용하여 정보주체에게 연락할 수 있다는 사실

② 수집 · 이용하려는 개인정보 항목 중 민감정보 및 여권번호 · 운전면허번호 · 외국인등록번호에 해당하는 정보

③ 개인정보의 보유 및 이용 기간, 제3자 제공 시 제공받는 자의 보유 · 이용 기간

④ 제3자에게 개인정보를 제공하는 경우, 제공받는 자 및 그 제공받는 자의 개인정보 이용 목적

⑤ 개인정보처리자의 상호 및 소재지, 대표자 성명 등 사업자 일반 현황

①~④는 시행령 제17조제3항이 규정하는 '중요한 내용'(수집 · 이용 목적 중 광고 연락 여부, 특정 항목, 보유 · 이용 기간, 제공받는 자 및 목적)에 해당한다.
⑤의 사업자 일반 정보(상호 · 소재지 등)는 고지해야 할 수는 있지만, 시행령이 말하는 '중요한 내용'의 범주로 따로 열거된 항목은 아니다.

정답 54 ④ 55 ⑤

(상)(중)(하)

56 다음 중 '개인정보 유출 등'에 해당하는 사례로 보기 어려운 것은?

① 고객 명단이 담긴 파일을 실수로 외부 협력사에게 이메일로 전송한 후, 수신자가 내용을 열람한 사실이 확인된 경우

② 내부 서버의 접근 권한 설정 오류로 인해 고객 정보 페이지가 로그인 없이 외부에서 열람 가능한 상태로 3일간 방치된 경우

③ 직원이 고객 응대 중, 실수로 다른 고객의 주민등록번호가 포함된 문서를 출력해 전달한 경우

④ 스마트폰을 분실하였으나, 기기에는 고객정보가 암호화된 상태로 저장되어 있고 비밀번호도 설정되어 있었으며, 접속 기록도 없는 상태인 경우

⑤ 클라우드 공유폴더에 저장된 급여 명세 파일이 '링크를 아는 사람 모두 보기'로 설정되어 있었고, 실제 외부인이 열람한 로그는 없는 경우

개인정보보호 관련 법령 및 가이드라인(한국인터넷진흥원 등)에 따르면, 개인정보가 저장된 기기(노트북, USB, 스마트폰 등)를 분실했더라도 해당 정보가 안전하게 암호화되어 있고, 복호화 키(비밀번호 등)가 유출되지 않았다면 이는 '개인정보 유출'로 보지 않는다.

(상)(중)(하)

57 다음 중 개인정보 보호 · 활용 기술과 정보보안 기술의 관계 및 한계에 대한 설명으로 가장 적절하지 않은 것은?

① 정보보안 기술은 인프라와 서비스의 기밀성 · 무결성 · 가용성 확보를 목표로 발전해 왔기 때문에, 개인정보 처리 과정에서의 노출 최소화나 오 · 남용 방지, 안전한 활용 분야까지 적용 가능하다.

② 빅데이터 · 인공지능 등 데이터 활용기술의 발달로 개인정보는 '안전하게 활용해야 할 대상'으로 인식이 전환되었으며, 이에 따라 개인정보 보호 · 활용 기술이 중요해지고 있다.

③ NIST(National Institute of Standards and Technology)는 프라이버시 위험을 사이버보안 사고와 동일한 범주로 보지 않으며, 기존 사이버보안 기술만으로는 프라이버시 위험에 충분히 대응할 수 없다고 설명한다.

④ EU GDPR과 같은 정보주체 권리 중심 제도가 강화되면서, 기존 정보보안 기술만으로는 정보주체의 동의 · 선호 관리 등 프라이버시 요구를 충족하기 어렵다.

⑤ 개인정보 보호 · 활용 기술은 정보보안 기술을 기반으로 하면서도, 개인정보 생애주기 전 과정의 유 · 노출 및 오 · 남용 방지, 정보주체 권리 보장을 추가적으로 목표로 한다.

정보보안 기술은 인프라와 서비스의 기밀성 · 무결성 · 가용성(CIA) 확보를 주목적으로 발전해 왔으며, 개인정보 처리 과정에서의 최소 수집 유 · 노출 및 오 · 남용 방지, 정보주체 권리 · 선호 반영, 안전한 활용까지 포괄하기에는 한계가 있다.
따라서 이러한 영역을 보완하기 위해 개인정보에 특화된 보호 · 활용 기술이 별도로 필요하다.

58 다음 설명에 해당하는 개념으로 가장 적절한 것은?

> "정보보안 기술을 기반으로 하되, 개인정보 생애주기 전 과정에서 개인정보의 최소 처리, 유 · 노출 및 오 · 남용 방지, 정보주체의 권리와 선호를 반영한 안전한 활용을 지원하기 위한 기술로서, EU GDPR 등 개인정보 보호제도 준수와 컴플라이언스를 뒷받침하는 기술"

① 전통적인 네트워크 보안 기술
② 정보보안 관리체계(ISMS) 기술
③ 개인정보보호 관리체계(PIMS) 기술
④ 개인정보 보호 강화 컴퓨팅(Privacy—Enhancing Computation)
⑤ 개인정보보호 중심설계 (Privacy by Design)

지문은 정보보안 기술(네트워크 · 시스템 · DB보안, 암호화 등)을 1차 기반으로 하면서, 데이터 생애주기 기반 보호, 최소정보 처리 및 오 · 남용 방지, 정보주체 권리 · 선호 반영, GDPR 등 컴플라이언스 지원을 목표로 하는 개인정보 보호 강화 컴퓨팅(Privacy—Enhancing Computation) 정의에 해당한다.

59 다음 중 온라인 서비스 기획 · 구축 시 개인정보 보호를 위해 검토해야 할 기본 원칙에 대한 설명으로 가장 적절하지 않은 것은?

① 개인정보 수집 시에는 수집하려는 개인정보의 유형 및 종류에 따라 적절한 동의 절차를 마련한다.
② 정보주체가 안전한 비밀번호를 설정할 수 있도록 비밀번호 작성규칙을 수립하고 서비스 전반에 적용한다.
③ 개인정보 전송 시에는 안전한 암호 알고리즘을 사용하여 전송 구간에서의 기밀성을 확보한다.
④ 개인정보가 출력(화면 · 문서 등)되는 경우에는 마스킹(*) 처리 등을 통해 불필요한 개인정보가 노출되지 않도록 보안 조치를 취한다.
⑤ 개인정보가 불필요하게 되었더라도, 향후 분쟁이나 마케팅 활용을 위하여 별도의 동의 없이 가능한 한 장기간 보관하는 것이 바람직하다.

불필요하게 된 개인정보를 별도 동의 없이 장기간 보관한다고 하여, "개인정보가 불필요하게 되었을 때 별도보관 및 완전 파기"라는 원칙과 반대되는 내용이므로 틀린 보기이다.

60 다음 중 개인정보 안전조치 적용에 대한 설명으로 가장 적절하지 않은 것은?

① URL 파라미터에 포함된 개인정보 식별 값을 임의로 변경하더라도 타인의 개인정보를 조회 · 변경할 수 없도록 비인가자에 대한 접근통제 등의 조치를 적용해야 한다.
② 불필요한 개인정보가 파일명이나 소스코드에 포함되지 않도록 개발 단계에서부터 주의해야 한다.
③ 게시글 등의 임시저장 페이지를 통해 개인정보가 노출되지 않도록 접근통제, 주기적 자동 삭제 등의 조치를 적용해야 한다.
④ 웹브라우저 주소 표시줄에 개인정보가 포함된 파라미터 값이 보이지 않도록, 개인정보를 포함하는 요청은 POST 방식 대신 GET 방식으로 구현하여야 한다.
⑤ 게시글 작성 완료 또는 작성 취소 시 저장된 임시저장 페이지는 즉시 삭제되도록 하고, 일정 기간이 경과한 임시저장 페이지도 자동으로 삭제되도록 구현해야 한다.

GET 방식은 파라미터가 URL 쿼리스트링에 그대로 노출되므로, 브라우저 주소창, 히스토리, 서버 · 프록시 로그 등에 남기 쉬워 개인정보 전송에 더 위험하다.
개인정보가 포함되는 요청은 가능한 GET이 아니라 POST로 처리하거나, 애초에 URL에 개인정보를 싣지 않는 설계를 해야 한다.

(상)(중)(하)

61 다음 중 개인정보 암호화 방식에 대한 설명으로 가장 적절하지 않은 것은?

① 응용프로그램 자체 암호화 방식은 암·복호화 모듈이 API 라이브러리 형태로 각 애플리케이션 서버에 설치되고, 응용프로그램에서 이를 호출하는 방식으로, DB 서버 성능 저하는 적지만 응용프로그램의 전체 또는 일부 수정이 필요하다.

② DB 서버 암호화 방식은 암·복호화 모듈을 DB 서버에 설치하여 DB 서버에서 모듈을 호출하는 방식으로, 응용프로그램 수정은 최소화할 수 있으나 DB 서버에 부하가 발생하고 DB 스키마 추가가 필요할 수 있다.

③ DBMS 자체 암호화 방식(TDE)은 DBMS 커널이 자체적으로 암·복호화를 수행하는 방식으로, 응용프로그램 수정은 거의 없지만 DBMS에서 암호화 대상 스키마나 컬럼을 지정해야 한다.

④ DBMS 암호화 기능 호출 방식은 응용프로그램에서 DBMS 커널이 제공하는 암·복호화 API를 호출하는 방식으로, DBMS 함수 호출만으로 처리되므로 응용프로그램 수정이 필요 없다는 장점이 있다.

⑤ 운영체제(OS) 암호화 방식은 OS에서 발생하는 물리적 입출력(I/O) 과정에서 DBMS의 데이터 파일을 암·복호화하는 방식으로, DB 서버 성능 저하는 상대적으로 적지만 OS·DBMS·저장장치 간 호환성 검토가 필요하다.

> DBMS 암호화 기능 호출 방식은 "응용프로그램에서 DBMS 커널이 제공하는 암·복호화 API를 호출하는 방식"이라는 점까지는 맞지만, 암호화 함수 사용을 위해 응용프로그램을 일부 수정해야 할 수도 있다.

(상)(중)(하)

62 다음 중 개인정보 보호조치에 대한 설명으로 가장 적절하지 않은 것은?

① LIKE 검색 제한을 통해, '일치검색' 또는 '두 가지 항목 이상의 검색' 조건만을 허용하여 개인정보취급자의 과도한 개인정보 조회를 방지할 수 있다.

② 동일한 계정을 이용하여 동시 접속을 수행하는 경우, 한 개의 접속만을 허용하도록 해야 한다.

③ 개인정보취급자가 정보주체의 정보를 조회할 때, 개인정보에 마스킹 조치를 통해 개인정보가 과도하게 노출되지 않도록 조치한다.

④ 개인정보를 다수의 개인정보처리시스템 등에서 각기 다른 방식으로 마스킹할 경우, 여러 시스템을 이용하여 개인정보취급자가 정보주체의 개인정보 집합을 구성할 수 있으므로 동일한 방식의 표시제한(마스킹) 조치가 필요하다.

⑤ 개인정보처리시스템에서 장시간 미사용 시 자동 로그아웃(세션 차단) 기능을 구현하기 어렵다면, 대신 운영체제의 화면 잠금 기능만으로도 동일한 수준의 보호조치를 한 것으로 볼 수 있다.

> 윈도우 화면잠금은 단말기 물리적 접근만 막는 조치일 뿐, 같은 계정으로 다른 PC·브라우저에서 접속, 세션 탈취, 백그라운드에서 돌아가는 웹 세션을 통제하지 못한다.
> 그래서 세션 차단 기능 구현이 어렵다면 윈도우 화면잠금으로 대체 가능하다는 건 보호조치를 동등하게 대체했다고 볼 수 없고, 안전조치 기준에도 못 미치는 설명이다.

(상)(중)(하)

63 스마트팩토리 H사는 작업자 위치 센서를 통해 실시간 안전 모니터링을 수행한다. 위치 데이터는 1초 간격으로 수집되어 대시보드에 표시되며, 관리자들은 위험 구역 접근 시 경고를 출력·인쇄한다. 개인정보 안전성확보 조치로 가장 적절하지 않은 것을 고르시오.

① 실시간 대시보드에는 작업자 이름 대신 내부 식별번호만 표시하고, 세부 좌표 정보는 관리자 권한으로 전환한 경우에 한해 개별 조회하도록 제한한다.

② 위험구역 접근 알림을 출력할 때 작업자 이름과 사번, 접근 일시만 인쇄하고, 출력물 하단에 인쇄자 계정과 출력 시각을 워터마크 형태로 기록하여 출력·배포 이력을 관리한다.

③ 공용 공간(휴게실, 복도 등)에 설치된 대형 화면에는 개별 작업자의 위치 정보 대신, 위험구역 진입 건수와 공정별 위험도 현황 등 집계 정보만 표시하도록 구성한다.

④ 위험구역 경보 내역은 필요한 경우에만 출력할 수 있도록 하고, 출력 시 인쇄자·출력 시간·사유를 로그로 남기며, 사고 처리 및 법정 보존 기간이 지난 출력물은 파쇄 등으로 완전 폐기한다.

⑤ 안전사고 예방을 위한 인공지능 데이터 학습에 이동위치를 학습할 수 있으며, 이는 근로자의 안전을 위한 정당한 사유에 해당하므로 정보주체 동의 없이 수집 가능하다.

(상)(중)(하)

64 다음 중 합성데이터에 대한 설명으로 가장 적절하지 않은 것은?

① 합성데이터는 실제 데이터(Real Data)와 통계적 특성이 유사하도록 새롭게 생성한 가상의 데이터로, 실제 데이터를 직접 사용하기 어려운 경우 분석·학습에 활용될 수 있다.

② 합성데이터가 실제 데이터와 동일한 통계적 특성을 갖도록 생성되기 때문에, 합성데이터만으로 AI 모델을 학습하더라도 실제 데이터로 학습한 모델과 동등한 수준의 성능이 항상 보장된다.

③ 완전 합성데이터(Fully synthetic data)는 생성하려는 데이터에 실제 데이터가 하나도 포함되지 않고, 모든 레코드와 속성이 가상으로 생성된 데이터이다.

④ 부분 합성데이터(Partially synthetic data)는 실제 데이터 중 일부 데이터셋 또는 일부 속성·변수만 합성데이터로 대체하고, 나머지 속성은 실제 데이터를 그대로 사용하는 방식으로 활용될 수 있다.

⑤ 합성데이터는 민감정보가 포함된 실제 데이터를 직접 활용하기 어려운 상황에서, 프라이버시를 보호하면서도 2차적 분석·학습 등 데이터 활용에 대한 법적 제약(추가 동의, 보호조치 등)을 완화하는 수단 중 하나로 활용될 수 있다.

상 중 하

65 다음 중 합성데이터와 비식별처리(가명 · 익명처리)의 비교에 대한 설명으로 가장 적절하지 않은 것은?

① 비식별처리는 일반적으로 직접식별자와 간접식별자를 삭제하거나, 일부 또는 전부를 대체하는 등의 방법으로 기존 개인정보를 변형하는 방식이다.

② 적절하게 비식별처리된 가명정보는 여전히 특정 개인과 관련된 실제 데이터이므로, 개인식별 위험이 남아 있고 개인정보 보호법의 적용 대상이며, 추가정보 분리보관, 기술적 · 관리적 · 물리적 안전조치 등의 의무가 따른다.

③ 높은 수준으로 비식별처리된 익명정보는 시간 · 비용 · 기술을 합리적으로 고려할 때 다른 정보를 사용하더라도 더 이상 특정 개인을 알아볼 수 없는 정보로, 원칙적으로 개인정보 보호법의 적용을 받지 않아 비교적 자유롭게 활용 · 공개할 수 있다.

④ 합성데이터는 실제 데이터의 통계적 특성과 분포를 참고하여 실제 개인과 직접적인 관련이 없는 새로운 가상 데이터셋을 생성하는 방식이며, 적절하게 생성된 경우 특정 개인을 재식별할 수 있는 정보는 포함하지 않는다.

⑤ 합성데이터는 실제 데이터의 특성을 참고하여 생성되더라도, 가명정보와 마찬가지로 언제나 특정 개인과 관련된 개인정보로 간주되므로, 적절하게 생성된 경우에도 개인정보 보호법상 가명정보와 동일한 수준의 보호조치를 반드시 적용해야 한다.

상 중 하

66 서민금융진흥원은 임직원이 자기 가족에 대한 신용보증 · 자금대출 업무를 처리하지 못하도록 내부통제시스템을 구축하면서, 임직원 배우자 및 직계혈족의 성명 · 생년월일 · 성별 정보를 동의 없이 처리하고자 하였다. 이에 대한 개인정보보호위원회 결정 설명으로 가장 적절한 것은?

① 이해충돌방지법과 부패방지권익위법이 "공공기관은 이해충돌을 방지하기 위한 조치를 해야 한다"고 규정하고 있으므로, 진흥원의 내부통제시스템 구축은 곧바로 보호법 제15조 제1항 제3호의 "법령 등에서 정하는 소관 업무"에 해당한다.

② 공직자의 이해충돌 방지와 부패방지를 위한 규정에 따르면, 구체적인 시스템 구축 및 가족정보 자동대조까지 허용된다고 볼 수 있으므로 별도 법적 근거 없이도 동의 없이 수집 · 이용이 가능하다.

③ 진흥원이 이미 '보수지급' 등 다른 목적으로 수집 · 보유하고 있는 가족정보를 이해충돌 방지 목적에 추가로 이용하는 것은, "공공의 이익을 위한 것"이므로 보호법 제18조 제2항의 목적 외 이용 제한 규정을 적용하지 않는다.

④ 이해충돌방지법 · 부패방지권익위법은 공공기관의 일반적인 책무와 공직자의 신고 · 회피 의무, 징계 등을 규정하고 있을 뿐, 진흥원에 해당 형태의 내부통제시스템 구축을 '법정 소관업무'로 명시하고 있지는 않으므로, 보호법 제15조 제1항 제3호나 제18조 제2항 제5호의 근거로 가족정보를 동의 없이 수집 · 이용할 수 없다고 보았다.

⑤ 공공기관의 청렴성 확보를 위한 목적은 고도의 공익에 해당하므로, 정보주체의 동의 여부와 무관하게 임직원 가족의 인적사항을 수집 · 이용할 수 있다고 보았다.

67 서울특별시는 호우 · 태풍 등 풍수해 재난관리 업무 수행을 위하여 자치구 방범용 CCTV 영상정보 제공을 요청하였다. 이에 대해 개인정보보호위원회의 결정으로 적절하지 않은 것을 고르시오.

① 호우경보, 태풍경보, 홍수주의보 중 1개 이상이 발령된 경우와 같이, 재해 발생 가능성이 높고 시민의 생명 · 신체에 중대한 피해가 우려되는 상황은 "공공의 안전과 안녕을 위한 경우"에 해당한다.

② 기상레이더 정보만으로는 반지하 · 저지대 침수 위험지역의 실제 상황을 신속히 파악하기 어렵다는 점에서, 침수 여부를 현장에서 확인할 수 있는 CCTV 영상정보는 "긴급히 필요한 경우"에 해당할 수 있다.

③ 서울특별시가 재난관리 업무 수행을 위해 자치구 CCTV 영상을 제공받는 것은 보호법 제18조 제2항 제10호(공공의 안전과 안녕을 위한 긴급한 필요)에 따른 목적 외 이용 · 제공으로 판단되었다.

④ 개인정보보호위원회는 호우 주의보 발령만으로도 언제든지 서울특별시가 자치구 CCTV 영상을 제공받을 수 있도록 허용하였으며, 재난 위험 정도와 무관하게 상시 제공을 인정하였다.

⑤ 사례와 같이 제한된 상황에서 재난관리 목적을 위해 최소한으로 영상을 제공받는 것은 정보주체의 이익을 부당하게 침해한다고 보기 어렵다고 판단하였다.

> 해당 사례의 개인정보보호위원회의 결정문은 호우경보, 태풍경보, 홍수주의보 발령 시와 같이 재해 발생 가능성이 높은 상황에 한정하여 CCTV 제공을 인정하였다.
> 호우주의보만으로 상시 제공은 허용하지 않았으며, "위험도가 높은 특보 상황 + 긴급 필요 + 최소한 제공"이라는 조건이 충족되는 경우에만 허용된다.

68 지방자치단체 산하 기관 A는 '민원24 시스템', '보육포털' 등 여러 개의 공공시스템을 운영 중이다. 다음 중 「개인정보의 안전성 확보조치 기준」에 따라 공공시스템 운영기관이 준수해야 할 사항으로 가장 적절한 것은?

① 공공시스템 운영기관은 전체 기관 단위로 내부관리계획을 통합 수립하면 된다.
② 공공시스템 운영기관은 접근기록을 수동으로 점검하되, 연 1회 이상만 실시하면 된다.
③ 공공시스템 운영기관은 각 공공시스템별로 내부관리계획을 별도로 수립 · 시행해야 한다.
④ 공공시스템 운영기관은 암호화나 접근통제는 일반 기준을 따르면 되고 별도 기준은 없다.
⑤ 공공시스템 운영기관은 정보주체 수가 적은 경우 안전조치 기준을 일부 생략할 수 있다.

> 「개인정보의 안전성 확보조치 기준」 제15조는 공공시스템 운영기관은 공공시스템별로 내부관리계획을 수립 · 시행해야 한다고 명시하고 있으며, 제17조에서는 자동화된 방식으로 접속기록을 점검할 의무를 부과하고 있다.

69 개인정보처리자 A사는 내부관리계획을 수립하여 운영하고 있다. 「개인정보의 안전성 확보조치 기준」에 따라 내부관리계획에 포함되어야 하는 항목으로 가장 적절하지 않은 것을 고르시오.

① 개인정보 보호책임자 지정 및 역할
② 정보주체의 열람청구 방법
③ 개인정보 유출 시 대응 절차
④ 개인정보처리시스템 사용자 권한관리 기준
⑤ 개인정보취급자에 대한 교육계획

> 「개인정보의 안전성 확보조치 기준」 별표에 따르면, 내부관리계획에는 보호책임자 지정, 취급자 교육, 유출 대응, 접근권한 기준 등이 포함되며, 정보주체의 열람 · 정정 등 권리행사 절차는 외부 프로세스에 해당하여 개인정보 처리방침에 포함하면 된다.

70 A기관은 건물 출입구 및 주차장에 고정형 CCTV를 설치하려 한다. 「개인정보 보호법 시행령」에 따라 고정형 CCTV 설치 시 준수해야 할 기준으로 가장 적절하지 않은 것은?

① 안내판을 설치하고 촬영 범위, 설치 목적 등을 명시해야 한다.
② CCTV를 목적 내로 활용한다면 음성 녹음은 가능하다.
③ 관계기관에 영상정보처리기기 설치 · 운영을 신고 또는 등록해야 한다.
④ 촬영 범위는 최소화하며, 불필요한 사생활 영역은 촬영하지 않아야 한다.
⑤ 영상정보에 대한 접근은 관리책임자 등 지정된 자로 제한해야 한다.

CCTV로 목적에 맞게 촬영하는 건 가능하지만, 음성까지 녹음하는 건 불법이다.

71 C군청은 특정 지역의 불법 노상 판매를 단속하기 위해 이동형 CCTV를 도로변에 임시 설치하고자 한다. 「개인정보 보호법 시행령」에 따른 이동형 CCTV 설치 · 운영 기준으로 가장 적절하지 않은 것은?

① 설치 목적 외의 용도로 영상정보를 사용해서는 안 된다.
② 촬영 사실을 알리는 안내 표지를 현장에 반드시 설치해야 한다.
③ 수집한 영상정보는 안전조치를 적용하여 관리해야 한다.
④ 이동형 CCTV는 고정형 CCTV와 달리 안내 표지를 생략할 수 있다.
⑤ 설치 사실은 정보주체가 인지할 수 있도록 공개해야 한다.

이동형 CCTV라고 해서 안내 의무가 면제되지 않는다. 차량 탑재형 · 이동형 CCTV도, 촬영 범위 또는 주변에 "촬영 중"임을 알리는 안내 표지나 문구를 제공해야 한다.

72 다음 중 개인정보 암호화 조치에 대한 설명으로 적절하지 않은 것을 고르시오.

① 비밀번호는 복호화가 가능하도록 안전한 암호화 알고리즘으로 저장한다.
② 주민등록번호는 저장 시 반드시 암호화하여야 한다.
③ 암호화키는 분리 보관하고, 접근은 최소 인원으로 제한한다.
④ 개인정보 처리 시스템 간 전송 시에는 암호화 통신구간을 설정한다.
⑤ 암호화 방식은 최신 기술 수준에 부합하는 알고리즘으로 선택되어야 한다.

비밀번호는 복호화가 불가능하도록 일방향 해시 알고리즘을 사용해야 한다.

(상)**(중)**(하)

73 다음 중 해시 함수의 특징 및 관련 공격 · 대응기법에 대한 설명으로 가장 적절하지 않은 것은?

① 암호학적 해시 함수는 입력 데이터의 길이와 관계없이 고정된 길이의 해시 값을 출력하며, 일반적으로 단방향성을 가져 원래 입력을 역으로 구하는 것이 어렵다.

② 브루트포스 어택(Brute-force attack)은 해시 값에 대응하는 입력을 찾기 위해 가능한 후보 값을 전부 대입해 보는 방식으로, 해시 함수의 일방향성에 정면으로 도전하는 공격 기법이다.

③ 레인보우 테이블(Rainbow Table) 공격은 미리 대규모의 입력 - 해시값 쌍을 계산해 두고, 이후 특정 해시 값에 해당하는 입력을 빠르게 찾아내는 사전 공격(Precomputation attack)의 일종이다.

④ 솔트(Salt)는 각 비밀번호마다 임의의 값을 추가하여 해시를 계산하게 함으로써, 동일한 비밀번호라도 서로 다른 해시 값이 생성되도록 하고, 레인보우 테이블 공격의 효율을 크게 떨어뜨리는 역할을 한다.

⑤ 키 스트래칭(Key Stretching)은 비밀번호와 같은 입력 데이터의 해싱 과정에 추가되는 비밀 값이다.

⑤는 페퍼(Pepper)에 대한 설명이다.

키 스트래칭이란, 해시 함수를 여러 번 반복 적용하여 무차별 대입 공격(Brute-force Attack)과 레인보우 테이블 공격에 대한 보안을 강화하는 기법이다.

(상)**(중)**(하)

74 다음 중 「개인정보의 안전성 확보조치 기준」 제14조(공공시스템 운영기관의 안전조치 기준 적용)에 따른 공공시스템 안전성 확보조치 대상 선정 기준으로 적절하지 않은 것을 고르시오.

① 단일 공공시스템으로 100만 명 이상의 정보주체에 관한 개인정보를 처리하는 시스템

② 단일 공공시스템으로의 개인정보취급자 수가 200명 이상인 시스템

③ 2개 이상 기관의 공통 또는 유사한 업무를 지원하기 위하여 표준이 되는 시스템을 개발하여 다른 기관이 운영할 수 있도록 배포한 표준배포 시스템으로서 대국민 서비스를 위한 행정업무 또는 민원업무 처리용으로 사용하는 경우

④ 기관의 고유한 업무 수행을 지원하기 위하여 기관별로 운영하는 개별 시스템으로서 총 사업비가 100억 원 이상인 시스템

⑤ 기관의 고유한 업무 수행을 지원하기 위하여 기관별로 운영하는 개별 시스템으로서 고유식별정보시스템과 연계하여 운영되는 시스템

고유식별정보시스템이 아닌 주민등록정보시스템과 연계하여 운영되는 시스템이 해당한다.

(상)(중)(하)

75 다음 중 개인정보 위험관리 전략과 사례의 연결이 잘못된 것은?

① 위험수용 – 주민등록번호와 건강정보 등 고위험 개인정보를 대량으로 수집·보관하면서, 비용 부담을 이유로 아무 보호조치 없이 침해 가능성이 높은 상태를 그대로 두는 전략이다.

② 위험회피 – 불법 소지가 있거나 과도한 개인정보 처리 위험이 큰 온라인 서비스는 출시를 중단하고, 불필요한 공유폴더에서 개인정보 파일을 모두 삭제하여 해당 위험 자체를 제거한다.

③ 위험완화 – 암호화, 접근통제, 최소권한 부여, 로그 모니터링 등 기술적·관리적 보호조치를 적용하여 침해 발생 가능성과 피해 규모를 모두 줄인다.

④ 위험수용 – 법적·사회적 영향이 크지 않고 추가 통제 비용이 더 큰 경미한 위험에 대해서는, 잔여 위험 수준을 문서화하고 경영진 승인 하에 허용 가능한 범위 안에서 유지한다.

⑤ 위험전가 – 개인정보 유출 사고 발생 시 손해배상 비용을 보전받기 위해 사이버 보험에 가입하거나, 위탁 계약에 손해배상 책임 조항을 넣어 재정적 손실을 제3자에게 이전한다.

①은 고위험 개인정보(주민번호·건강정보)를 대량 처리하면서 법적 필수 보호조치조차 하지 않는 것으로, 이는 "위험수용"이 아니라 법 위반·부실관리에 가깝다.

(상)(중)(하)

76 다음은 개인정보 보호 교육에 대한 설명이다. 가장 적절하지 않은 것은?

① 개인정보처리자는 소속 임직원 및 개인정보취급자에게 정기적으로 개인정보보호 교육을 실시하여 개인정보 유출·오남용을 예방해야 한다.

② 용역·파견·아르바이트·인턴 등 비정규 형태로 개인정보를 처리하는 인력에 대해서는 별도의 교육이 필요하지 않다.

③ 개인정보 처리 업무를 위탁하는 경우, 수탁자의 임직원도 개인정보를 안전하게 처리할 수 있도록 교육이 이루어지도록 위탁자(공공기관·회사)가 관리·감독할 책임이 있다.

④ 동호회, 자원봉사 모임 등과 같이 법인격이 없더라도, 회원 명단·연락처 등 개인정보를 수집·이용하는 경우에는 해당 개인정보를 취급하는 담당자에게 적절한 개인정보보호 교육을 실시하는 것이 필요하다.

⑤ 개인정보보호 교육은 기관·조직의 규모, 처리하는 개인정보의 종류·민감도, 업무 특성 등을 고려하여 내용·방법·주기를 실정에 맞게 설계·운영하는 것이 바람직하다.

개인정보를 처리하는 임직원, 계약직, 파견·용역 인력 등 개인정보를 실제로 취급하는 모든 인력(고용형태 불문)에 대해 교육을 해야 한다.

77 인공지능 공격기법의 하나인 프롬프트 인젝션(prompt injection)에 대한 설명으로 가장 적절하지 않은 것을 고르시오.

① 프롬프트 인젝션은 공격자가 AI 모델이 참조하는 입력(사용자 프롬프트, 웹페이지 내용, 문서, 시스템 메시지 등)에 악의적인 지시문을 주입해, 원래 설계된 정책이나 개발자의 의도를 무력화시키려는 공격 기법이다.

② 프롬프트 인젝션은 자연어 형태의 지시를 활용하여, AI가 민감정보를 출력하게 하거나, 도구(검색·DB 조회·메일 전송 등)를 오용하도록 유도하는 등 사회공학 공격의 수단으로 활용될 수 있다.

③ 데이터 탈취형 프롬프트 인젝션의 경우, 공격자가 "이전 대화 내용 전부를 보여줘", "시스템 설정과 내부 지침을 요약해줘" 등의 문구를 이용해 모델 내부 컨텍스트나 연결된 시스템의 민감정보를 빼내려 할 수 있다.

④ 프롬프트 인젝션 공격은 전통적인 SQL 인젝션처럼 AI 모델이 접속한 데이터베이스에 직접 SQL 질의를 주입해 DB 구조를 변경하거나 AI 서버 권한을 획득하는 방식으로 이루어진다.

⑤ 프롬프트 인젝션은 AI가 "입력 텍스트를 그대로 신뢰하는 특성"을 악용하므로, 설계 단계에서 모델 역할·권한을 명확히 구분하고, 민감정보·도구 호출 결과에 대한 출력 제한·검증 로직을 추가하는 것이 중요한 방어 전략이 될 수 있다.

> 프롬프트 인젝션은 자연어 기반 지시를 통해 AI의 행동/출력을 교란하는 공격이지, SQL Injection처럼 DB에 직접 SQL 문을 삽입해 DB 구조를 변경하거나 서버 권한을 따내는 낮은 레벨의 취약점 공격이 아니다.
>
> 프롬프트 인젝션이 간접적으로 도구 호출을 악용해 시스템에 영향을 줄 수는 있지만, 그 본질은 "자연어로 모델을 속여 정책을 우회하고 정보/행동을 유도하는 것"이다.

78 다음 중 암호화와 복호화에 동일한 키를 사용하는 암호화 방법이며 대표적인 알고리즘으로 AES, ARIA를 포함하는 것은?

① 대칭키 암호화 알고리즘
② 공개키 암호화 알고리즘
③ 해시 암호 알고리즘
④ 전자서명 알고리즘
⑤ 양자내성 암호화 알고리즘

오답 피하기

② 공개키 암호화 알고리즘은 서로 다른 공개키·개인키를 사용하는 비대칭키 암호 방식으로 대표적인 알고리즘으로 RSA, ECC가 있다.

③ 해시 암호 알고리즘(암호학적 해시 함수)은 임의 길이 입력을 고정 길이의 단방향 해시값으로 만드는 함수로 대표적인 알고리즘으로 SHA-256, MD5가 있다.

④ 전자서명 알고리즘은 개인키로 서명하고 공개키로 검증하여 무결성과 서명자의 신원을 보장하는 기술로 대표적인 알고리즘으로 RSA 서명, ECDSA가 있다.

⑤ 양자내성 암호화 알고리즘(PQC)은 양자컴퓨터 공격에도 안전하도록 설계된 차세대 공개키·서명 알고리즘으로 대표적으로 SPHINCS, McEliece가 있다.

(상)**(중)**(하)

79 다음 중 제로 트러스트(Zero Trust) 보안모델의 개인정보 보호 조치로 가장 적절한 것은 무엇인가?

① 사용자가 사내 네트워크에 접속했으면 별도의 인증 없이 모든 시스템에 접근할 수 있도록 허용한다.

② 내부 사용자에 대해서도 사용자와 기기, 애플리케이션, 위치 등 여러 요소를 기반으로 매 접근 시마다 신뢰 여부를 검증한다.

③ 내부 직원은 신뢰할 수 있으므로 중요 데이터 접근 로그는 기록하지 않아도 된다.

④ 한번 인증을 받은 사용자는 일정 시간 동안 자동으로 모든 개인정보처리시스템에 접근할 수 있다.

⑤ 방화벽만으로도 외부 위협은 충분히 차단되므로 추가적인 접근 통제는 불필요하다.

제로 트러스트 모델은 기본적으로 "아무도 신뢰하지 말 것(Trust No One)"이라는 원칙 하에 설계되며, 내부 사용자도 포함하여 매 요청마다 사용자, 기기, 위치, 시간 등 맥락 정보를 바탕으로 신뢰를 검증해야 한다.

(상)**(중)**(하)

80 다음은 「AI 프라이버시 리스크 관리 모델」에서 제시하는 내용을 바탕으로 정리한 AI에서 발생 가능한 프라이버시 리스크 유형에 대한 설명이다. 이 중 가장 적절하지 않은 것은?

① AI 학습 과정에서 방대한 양의 온라인 데이터를 수집하면서, 적법한 근거 없이 개인정보를 광범위하게 수집 · 이용하거나 개인의 온라인 활동을 장기간 추적 · 감시하게 되는 위험

② 모델 중독/데이터 오염 공격은 공격자가 학습 데이터에 악의적으로 변조된 데이터를 주입하여, 특정 조건에서 잘못된 예측을 하도록 만들거나 모델의 전반적인 성능을 저하시키는 위험

③ 생성형 AI가 학습데이터에 포함된 이름, 주소 등 개인정보를 암기했다가, 이용자의 프롬프트에 따라 이를 그대로 출력하여 원본 개인정보가 유 · 노출될 위험

④ 판별 · 추천형 AI가 여러 데이터 소스를 결합 · 연결하여 특정 개인의 정치성향, 건강상태, 감정 상태 등 민감한 특성을 프로파일링 · 추론함으로써 대중감시와 차별을 초래할 위험

⑤ 합성 이미지 · 음성(딥페이크 등)을 통해 특정 개인의 신원을 도용하거나 허위 발언 · 행위를 만들어 내어, 인격권 · 명예권을 침해하는 새로운 유형의 프라이버시 침해 위험

모델 중독/데이터 오염 공격은 기본적으로 AI 모델의 성능 · 무결성 · 안전성에 대한 보안 리스크이지, 그 자체를 프라이버시 리스크로 정의하는 것은 부적절하다.

(상)**(중)**(하)

81 「개인정보의 안전성 확보조치 기준」에 따라 2년이상 접속기록을 저장해야 하는 기준에서 고유식별정보 또는 민감정보로 보기 어려운 것은?

① 혈액형

② 노동조합 가입 여부 · 사상 · 신념

③ 주민등록번호

④ 여권번호

⑤ 정치적 견해

① 혈액형은 신체 · 의료 정보이긴 하지만, 통상 시험 · 실무에서는 '건강정보 중 민감정보' 예시에는 주로 질병명 · 장애 여부 · 진료기록 등을 들고, 혈액형은 일반 개인정보로 보는게 일반적이다.

상 중 하

82 다음은 인공지능 기반 영상·음성 위·변조 기술인 딥페이크(Deepfake)의 개념과 보안·프라이버시 위협, 대응 방안에 대한 설명으로 가장 적절하지 않은 것을 고르시오.

① 딥페이크는 주로 딥러닝(예: GAN, 생성형 AI)을 활용해 사람의 얼굴·음성·행동을 조작하거나 합성함으로써, 실제와 매우 유사한 가짜 영상·음성·이미지를 만들어내는 기술이다.

② 딥페이크는 특정 인물에 대한 허위 음란물 제작, CEO·임원 사칭을 통한 보이스피싱, 정치인의 발언 조작을 통한 여론 조작 등 명예훼손·사기·선거 개입과 같은 중대한 사회적 위협으로 악용될 수 있다.

③ 기술적 대응으로는 영상·음성의 프레임·파형 분석, 얼굴·입 모양과 음성 싱크 불일치 탐지, 워터마킹·콘텐츠 출처 인증(C2PA 등)을 통한 위변조 탐지·출처 검증 기술을 도입하는 방법이 있다.

④ 조직 차원 대응으로는 임직원 대상 딥페이크 인지 교육, 중요 금융·지시 전화에 대한 추가 인증(콜백, 다중 승인), 언론·SNS에 유포된 의심 콘텐츠에 대한 검증 절차 수립 등이 효과적인 예방·대응 방안이 될 수 있다.

⑤ 딥페이크는 실제 인물의 개인정보가 아닌 순수 합성 영상이므로, 특정 개인의 얼굴이나 음성을 본떠 제작하더라도 「개인정보 보호법」상 보호 대상이 아니며, 원칙적으로 사전 동의 없이 생성·유포해도 법적 문제가 발생하지 않는다.

> 딥페이크가 합성이라는 이유만으로 개인정보·초상권·명예와 무관하다고 볼 수 없고, 특정 개인을 식별할 수 있는 얼굴·음성 기반 합성 영상은 법적 보호 대상이며, 동의 없는 생성·유포는 충분히 위법이 될 수 있다.

상 중 하

83 A사는 한국어 거대언어모델(LLM)을 개발하기 위해, 공개 웹게시판·블로그 댓글·뉴스 댓글 등에서 공개된 글을 크롤링하여 학습데이터로 활용하려 한다. 이때 A사가 「개인정보 보호법」 제15조 제1항 제6호(정당한 이익)를 근거로 공개된 개인정보를 수집·이용하는 경우에 대한 설명으로 가장 적절하지 않은 것은?

① 공개된 개인정보를 AI 학습에 활용하기 위해서는, 개발하려는 AI의 목적·용도(예: 의료진단보조, 텍스트 요약 등)를 구체화하여 개인정보처리자의 정당한 이익을 명확히 해야 한다.

② 정당한 이익이 인정되기 위해서는 개인정보처리자의 이익이 정보주체 권리보다 명백히 우월해야 하므로, 안전조치나 정보주체 권리보장 방안을 별도로 마련하지 않더라도 공개된 개인정보는 원칙적으로 자유롭게 학습데이터로 활용할 수 있다.

③ 정보주체 권익침해를 줄이기 위해, 한국 정보주체의 민감한 개인정보가 포함된 URL을 수집대상에서 제외하는 등 보안·안전조치 및 권리보장 방안을 마련하는 것이 정당한 이익 판단에 도움이 된다.

④ 공개된 개인정보를 학습데이터로 활용하더라도, 개인정보 처리 사실 및 처리 근거를 처리방침 등을 통해 투명하게 안내하는 것이 바람직하다.

⑤ 학습데이터에 포함된 개인정보 항목이 AI 목적과 관련성이 있는지, 불필요한 정보(예: 특정 질병 진단 AI에 소득·재산 정보 등)가 포함되지 않는지 검토하여 처리의 필요성과 상당성을 따져야 한다.

> 정당한 이익(제15조 제1항 제6호)이 인정되려면 ① 목적의 정당성, ② 처리의 필요성, ③ 구체적 이익형량(정보주체 권리 보호조치 포함)이라는 3요건을 충족해야 한다.
> 즉, 정보주체 권리침해를 줄이기 위한 안전성 확보조치(수집 제외, 최소수집 등)와 권리보장 방안을 전제로 개인정보처리자의 이익이 우월함을 입증해야 하는데, ④번처럼 별도 안전조치 없이도 공개된 개인정보는 자유롭게 학습에 활용 가능이라고 보는 것은 정당한 이익 요건을 과도하게 완화한 잘못된 설명이다.

84 다음 중 AI 프라이버시 보호를 위한 기술에 대한 설명으로 적절하지 않은 것은 무엇인가?

① 가명처리(Pseudonymization)는 개인정보 일부를 다른 값으로 대체하여 추가 정보 없이는 개인을 식별할 수 없게 만드는 기술이다.

② 차분 프라이버시(Differential Privacy)는 데이터 분석 결과에 무작위 노이즈를 추가하여 개별 정보주체가 식별되지 않도록 하는 기술이다.

③ 연합학습(Federated Learning)은 중앙 서버에서 모든 원시 데이터를 수집하여 일괄 학습하는 방식으로 개인정보 보호를 강화할 수 있다.

④ 머신 언러닝(Machine Unlearning)은 학습된 모델에서 특정 사용자의 데이터를 삭제 요청 시, 해당 데이터를 기반으로 한 학습 내용을 제거하는 기술이다.

⑤ 프라이버시 강화 학습(Privacy-Enhancing Learning)은 모델 학습 단계에서 개인정보 노출을 최소화하도록 설계된 학습 기법으로, 개인정보 보호를 강화하는 데 사용된다.

연합학습은 개별 단말·서버에 원본 데이터를 그대로 둔 채, 각 단말에서 모델을 학습하고 모델 파라미터(가중치)만 중앙 서버에 공유하는 방식이다. 중앙 수집은 개인정보 노출 위험을 증가시키므로, 연합학습의 정의와 상반된다.

85 다음 중 AI 서비스 개발 과정에서 개인정보 침해 위험을 줄이기 위한 조치로 가장 적절하지 않은 것을 고르시오.

① 학습 데이터셋에서 불필요한 식별정보를 제거하거나 가명처리를 적용한다.

② 모델 학습 후에도 사용자의 삭제 요청이 있을 경우 머신 언러닝 기술을 활용한다.

③ 공개된 개인정보는 인터넷에 존재하므로 별도 적법 근거 없이 자유롭게 학습 데이터로 활용할 수 있다.

④ AI 모델 출력물이 특정 개인을 재식별하지 않도록 차등프라이버시 기법을 적용한다.

⑤ 개인정보가 포함된 학습 데이터를 외부 공급업체에 제공할 경우 목적 범위, 보안조치 등을 포함한 계약을 체결한다.

무조건 활용 가능하다는 주장은 잘못됐다.
공개된 개인정보라도 정당한 이익을 이유로 동의 없이 처리하려면, ① 목적의 정당성, ② 처리의 필요성, ③ 구체적 이익형량(정보주체 권리 보호조치 포함)이라는 3요건을 충족해야 한다.

 ## 개인정보 관리체계

86 다음 중 개인정보 관리체계의 개념에 대한 설명으로 가장 적절한 것은?

① 개인정보 관리체계는 기술적 보호조치만을 총칭하는 개념이다.

② 정보주체의 열람청구에 대응하는 단일 절차를 의미한다.

③ 조직 전반의 개인정보보호 활동을 체계화하고 지속적으로 개선하기 위한 수단이다.

④ 개인정보 관리체계는 공공기관에만 적용되는 일시적 기준이다.

⑤ 인증을 받기 위한 형식적 문서 준비를 중심으로 구성된다.

개인정보 관리체계란 조직의 개인정보 보호 활동을 체계적으로 관리하고 지속적으로 개선하기 위한 일련의 절차와 활동을 의미한다.

87 다음 중 국내 정보보호 및 개인정보보호 관리체계 인증(ISMS–P)의 가상자산사업자에 대한 인증에 대한 설명으로 가장 적절하지 않은 것을 고르시오.

① 「특정 금융거래정보의 보고 및 이용 등에 관한 법률」 제7조에 따라 가상자산사업자는 정보보호 관리체계 인증을 받고 금융정보분석원장에게 신고하여야 하며, 인증을 획득하지 못한 경우 금융정보분석원장은 신고를 수리하지 않을 수 있다.

② 정상적인 사업을 운영할 수 없는 신규 가상자산사업자는 시험 운영 환경에서의 정보보호 관리체계에 대하여 '정보보호 관리체계 예비인증'('예비인증')을 신청할 수 있다.

③ 예비인증은 고시 제18조2제1항제2호에 따른 본인증을 받기 위한 조건부 인증으로, 예비인증을 취득한 날부터 3개월 이내에 금융정보분석원장에게 신고해야 한다.

④ 가장자산사업자는 예비인증을 취득한 날부터 6개월 이내에 본인증을 취득하여야 한다.

⑤ 예비인증을 취득 후 본인증 취득을 위한 절차가 진행중이라면 본인증 절차가 완료될 때까지는 예비인증의 효력은 유효한 것으로 본다.

특정금융정보법 제7조에 따라 신고가 수리된 날부터 6개월 이내에 본인증을 취득할 것을 요구하고 있다.
즉, "예비인증 취득일로부터 6개월"이 아니라 "금융정보분석원장에게 신고가 수리된 날부터 6개월 이내 본인증 취득"으로 수정되어야 한다.

88 다음 보기 중 개인정보 영향평가 수행이 필요한 경우로 모두 옳은 것은?

> (가) 100만 명의 정보를 처리하는 서비스 개시 시
> (나) 인공지능 기반으로 5만건 이상의 주민등록번호를 자동 식별하는 기능 도입 시
> (다) 기존 정보시스템에 가명처리 기능 추가 시
> (라) 내부망에서만 사용하는 단순 파일공유시스템 구축 시

① (가), (나)
② (가), (나), (다)
③ (다), (라)
④ (나), (다)
⑤ (가), (나), (다), (라)

「개인정보 보호법」 제33조 및 시행령 제35조에 따라, 다음의 경우 영향평가 의무 발생:
– 민감 · 고유식별정보 5만 명 이상 처리하는 개인정보파일
– 다른 개인정보파일과 연계 결과 50만 명 이상 포함
– 100만 명 이상 정보주체에 대한 개인정보파일(일반 정보만으로도)
– 이미 영향평가를 받은 개인정보파일의 검색체계 등 운용체계 변경 시
또한, 2025년 개정된 영향평가 고시/수행안내서는 AI 시스템 도입 · 운영을 별도 평가 분야로 두고, AI 도입 시 영향평가를 통해 자동 식별 · 추론으로 인한 침해위험 분석을 요구한다.
(라)는 내부망 단순 파일공유로 인해 평가 의무에 해당하지 않는다.

상 중 하

89 정보보호 및 개인정보보호 관리체계 인증(ISMS-P)의 인증범위에 대한 설명으로 적절하지 않은 것을 고르시오.

① ISMS-P 인증범위는 정보통신서비스를 기준으로 관련된 정보시스템, 장소, 조직 및 인력을 포함한다.

② ISMS-P 인증범위는 이에 더하여 해당 서비스에서 처리되는 개인정보의 흐름에 따라 해당 개인정보를 처리하는 정보시스템, 조직 및 인력, 물리적 장소 등을 모두 포함하여야 한다.

③ ISMS 의무인증 범위에 대해서는 ISMS 인증을 신청하고 일부 서비스에 대해서는 개인정보 영역을 포함한 ISMS-P 인증을 신청하여 2개의 심사를 동시에 진행하는 것은 불가능하다.

④ 정보통신서비스와 직접적인 관련성이 낮은 전사적자원관리시스템(ERP), 분석용데이터베이스(DW), 그룹웨어 등 기업 내부 시스템, 영업/마케팅 조직은 일반적으로 인증범위에서 제외한다.

⑤ 인증범위는 신청기관이 제공하는 정보통신서비스를 기준으로, 해당 서비스에 포함되거나 관련 있는 자산(시스템, 설비, 시설 등), 조직 등을 모두 포함해야 한다.

> ISMS 의무인증 범위에 대해서는 ISMS 인증을 신청하고 일부 서비스에 대해서는 개인정보 영역을 포함한 ISMS-P 인증을 신청하여 2개의 심사를 동시에 진행하는 것도 가능하다.

상 중 하

90 정보보호 및 개인정보보호 관리체계 인증(ISMS-P)의 의무 심사범위에 해당하지 않는 것을 고르시오.

① 외부 정보통신망을 통해 불특정 다수 또는 권한을 가지고 있는 자가 직접적으로 접근이 가능한 서비스

② 외부 정보통신망을 통해 직접 접속이 불가능한 내부용 서비스

③ 영리를 목적으로 하지 않더라도 정보통신망을 통해 정보를 제공하거나 정보의 제공을 매개하는 서비스

④ IP주소 제한을 통해 특정 위치 및 단말에서만 접속이 가능하도록 접근제어가 되어 있다 하더라도, 외부 정보통신망을 통해 직접 연결이 되어 있는 경우

⑤ 외부 정보통신망을 통한 웹 및 모바일 기반 서비스

> 외부 정보통신망을 통해 직접 접속이 불가능한 내부용 서비스는 의무 심사범위에 해당하지 않는다.

(상) **중** (하)

91 2025년, A기관은 대국민 서비스를 위해 외부 클라우드 환경에 개인정보 기반 추천 시스템을 구축하고자 한다. 이 시스템은 국내·외 다양한 API를 활용하여 민감정보를 포함한 개인정보를 자동 수집·분석하고, 결과를 기반으로 맞춤형 서비스를 제공한다. 다음 중 해당 시스템 구축 및 운영과 관련하여 조직이 반드시 고려해야 할 사항으로 가장 적절한 것은?

① 클라우드 환경에서 운영되는 경우, 정보주체 동의는 사전에 포괄적으로 받은 것으로 간주할 수 있다.
② 개인정보 영향평가는 클라우드 사업자의 책임이므로, 처리기관은 별도 수행 의무가 없다.
③ 국외 API 연계가 포함되어 있더라도, 수탁계약만 체결되면 국외 이전으로 간주하지 않는다.
④ AI 기반 자동분석 시스템의 투명성과 설명 가능성 확보는 개인정보 보호조치와 무관한 요소다.
⑤ 시스템 구축 전 단계에서부터 개인정보 관리체계 기준에 따른 보호조치와 책임 분담 구조를 명확히 설계해야 한다.

복합적인 개인정보 처리 상황(클라우드, 국외 이전, 자동화, 민감정보 등)을 포함하는 경우, 처리기관은 초기 단계부터 관리체계 기반의 보호 설계와 책임 분담을 명확히 해야한다.

오답 피하기
① 포괄적 동의 불가. 목적·항목별 명확한 고지·동의 필요
② 영향평가는 처리기관의 책임. 외주 불가
③ 국외 이전은 단순 위탁 여부가 아닌 실제 이전 여부를 기준으로 판단
④ AI 기반 시스템의 투명성·설명가능성은 개인정보 처리의 신뢰성과 밀접히 관련됨

(상) **중** (하)

92 정보보호 및 개인정보보호 관리체계 인증(ISMS-P)의 인증범위 설정 시 고려사항에 대한 설명으로 적절하지 않은 것을 고르시오.

① '개인정보 처리단계별 요구사항'을 포함하는 ISMS-P 인증은 의무사항이 아니므로, 신청기관이 자율적으로 인증을 받고자 하는 서비스를 지정하여 인증을 신청할 수 있다.
② ISMS 인증 의무대상자가 ISMS-P 인증으로 대체하고자 하는 경우 ISMS-P 인증범위에는 ISMS 인증범위를 반드시 모두 포함하여야 한다.
③ 온라인 또는 오프라인 여부와 상관없이 인증을 받고자 하는 서비스에서 처리되는 개인정보를 중심으로 관련된 모든 업무 및 정보시스템을 식별하여야 한다.
④ 정보시스템 및 개인정보를 모두 고려하여 서비스를 운영하기 위한 조직 및 인력, 정보시스템, 물리적 장소, 수탁자 등을 파악하고 인증범위를 설정한다.
⑤ 클라우드서비스를 이용하여 서비스를 제공하는 경우, 클라우드 서비스 제공자가 CSAP 또는 ISMS-P 인증을 받은 경우 인증범위에서 제외 가능하다.

클라우드·IDC·ASP 같은 외부 서비스/시설을 이용하는 경우 그 현황을 식별하고, 법적 요구사항과 위험을 파악하여 적절한 보호대책을 마련해야 한다고 규정한다.
또한, 인증범위는 해당 서비스 제공에 사용되는 정보시스템과 관련 조직·인력·수탁자까지 포함해서 정의해야 한다고 되어 있다.
다만, 심사 시 해당 클라우드서비스제공자의 인증을 참고자료로 활용하거나, 공유 책임 모델에 따라 CSP가 책임지는 영역을 별도로 구분할 수는 있다.

(상)(중)**(하)**

93 개인정보 영향평가 수행 절차에 대한 설명으로 가장 적절하지 않은 것을 고르시오.

① 영향평가 사업은 사전준비 단계, 수행단계, 이행단계 등 3단계로 구성
② 영향평가서 및 요약본은 최종 제출받은 날로부터 2개월 이내에 개인정보보호위원회에 제출
③ 영향평가 결과 개선사항으로 지적받은 사항이 있는 경우에는 지적된 부분에 대한 이행결과 및 계획 등을 영향평가서 및 그 요약본을 제출받은 날로부터 2개월 이내에 개인정보보호위원회에 제출
④ 2개월 경과 후 조치한 사항에 대해서는 이행결과를 부득이한 사유가 없는 한 영향평가서를 제출받은 날로부터 6개월 이내에 개인정보보호위원회에 제출
⑤ 공공기관은 요약본 내용에서 비공개 대상 정보 여부 확인 후 공개 필요

6개월이 아닌 1년 이내에 개인정보보호위원회에 제출이다.

(상)(중)**(하)**

94 인공지능 기획 · 개발 단계에서 중점적으로 고려해야 할 프라이버시 리스크에 대한 설명으로 가장 적절하지 않은 것을 고르시오.

① 스크래핑 데이터 등을 대규모로 수집하면서 법적 근거와 목적 제한 · 최소수집 원칙을 위반할 위험이 있다.
② 학습데이터 서버의 접근통제가 미흡하면 대규모 개인정보 유출 등 침해가 발생할 수 있다.
③ 오픈소스 · API 형태의 외부 AI 모델을 사용할 경우, 개인정보가 제3자에게 이전되면서 위탁 · 국외이전 규율과 충돌할 수 있다.
④ AI 가치망 참여자(모델 개발자, 호스팅 사업자, 서비스 제공자 등)가 다양해질수록 정보주체 권리보장 책임이 단순해지고 명확해진다.
⑤ 학습데이터에 민감정보 · 고유식별정보 · 아동정보 등이 포함된 경우 강화된 안전조치 및 별도 검토가 요구된다.

AI 가치망이 복잡해질수록 AI 가치망의 데이터흐름 및 정보주체 권리보장에 대한 책임이 복잡해지는 것이 문제로 지적되고 있다.

(상)(중)**(하)**

95 다음 중 생성형 인공지능 언어모델의 개인정보 암기 · 유출 리스크를 낮추기 위한 기술적 조치로 적절하지 않은 것을 고르시오.

① 학습데이터 내 중복 문장 · 시퀀스를 제거(de-duplication)하여 암기 가능성을 줄인다.
② 이용자 프롬프트와 모델 출력에 대해 필터링을 적용하여 민감정보 · 고유식별정보가 포함된 요청 · 응답을 차단한다.
③ 모델 파라미터 중 중요도가 낮은 연결을 제거(pruning)하거나 노이즈를 추가(perturbation)하여 특정 개인정보에 대한 과도한 의존을 완화한다.
④ 실제 서비스 상황에서 개인정보 처리가 불가피하므로, 개인정보 일부를 학습데이터로 활용하여 유사한 입력이 들어왔을 때 모델이 보다 자연스럽고 정확한 답변을 제공하도록 한다.
⑤ 차분 프라이버시(Differential Privacy) 등 프라이버시 향상 기술을 적용해 학습 과정에서 개별 정보주체의 영향력을 통계적으로 희석한다.

④는 겉으로 보면 "정확도 향상"처럼 들리지만, 실제로는 실제 개인정보를 더 잘 기억하도록 모델을 학습시키는 행위이다. 즉, 개인정보 암기 · 재현 가능성을 오히려 높이는 잘못된 방향이므로 "리스크를 낮추기 위한 기술적 조치"라는 의도와는 정반대이다.

96 정보보호 최고책임자(CISO) 지정·신고 제도에 대한 설명으로 적절하지 않은 것을 고르시오.

① 정보보호 필요성이 큰 '중기업' 이상의 정보통신서비스 제공자는 정보보호 최고책임자(CISO)를 지정하고 과학기술정보통신부장관(위임: 중앙전파관리소장)에게 신고해야 한다.

② 정보보호 최고책임자(CISO)는 업무의 독립성과 전문성을 유지할 수 있어야 하며, 이러한 이유로「정보통신망 이용촉진 및 정보보호 등에 관한 법률」및 관련 지침에서는 CISO의 겸직을 원칙적으로 제한하고 있다.

③ 직전 사업연도 말 기준 자산총액이 5조원 이상이거나, 정보보호 관리체계(ISMS) 인증의무 대상자 중 직전 사업연도 말 기준 자산총액이 5천억원 이상인 정보통신서비스 제공자는 겸직 금지 의무 대상이다.

④ 겸직 금지 대상 정보보호 최고책임자(CISO)는 개인정보 보호법에 따른 개인정보 보호책임자 업무를 겸직해서는 안 된다.

⑤ 겸직금지 대상 정보보호 최고책임자는 일반 자격요건과 특별 자격요건을 함께 갖추어야 한다.

정보보호 최고책임자(CISO) 겸직가능 업무는 다음과 같다.
- 정보보호 공시 업무
- 정보통신기반보호법상 정보보호책임자 업무
- 전자금융거래법상 정보보호최고책임자 업무
- 개인정보 보호법상 개인정보 보호책임자 업무
- 그 밖에 법령상 정보보호 관련 업무
즉, 겸직금지 대상 CISO라고 해도 개인정보 보호법에 따른 개인정보 보호책임자(CPO) 업무는 겸직 "가능한" 업무로 명확히 규정되어 있다.

97 정보보호 및 개인정보보호 관리체계 인증(ISMS-P)에 대한 설명으로 적절하지 않은 것을 고르시오.

① 정보보호 및 개인정보보호 관리체계 인증(ISMS-P)는 선택 인증이다.

② 정보보호 및 개인정보보호 관리체계 인증(ISMS-P)는 관리체계 기반 마련, 보호 대책 요구사항, 개인정보 처리단계별 요구사항으로 구성되어 있다.

③ 정보보호 및 개인정보보호 관리체계 인증(ISMS-P)은 인증 기준 101개에 대한 준수 여부를 판단하는 인증 제도이다.

④ 정보보호 및 개인정보보호 관리체계 인증(ISMS-P)은 개인정보 처리시스템이 포함된 경우에 수행하는 인증 제도이다.

⑤ 국제정보 보호 경영시스템 인증제도(ISO 27001) 인증을 취득한 경우 정보보호 및 개인정보보호 관리체계(ISMS-P) 인증심사 일부를 생략할 수 있다.

정보보호 관리체계(ISMS) 인증은 국제정보 보호 경영시스템 인증제도(ISO 27001) 인증을 취득한 경우 인증심사 일부를 생략할 수 있지만, 정보보호 및 개인정보 관리체계(ISMS-P) 인증은 일부 생략이 불가능하다.

(상)**(중)**(하)

98 정보보호 및 개인정보보호 관리체계 인증(ISMS-P) '간편 인증'의 특징에 대한 설명이다. 가장 적절하지 않은 것을 고르시오.

① 매년 1회 이상 사후관리 심사를 받아야 한다.

② 소기업은 간편인증 특례 대상에 해당한다.

③ 전년도 정보통신서비스 부문 매출액이 300억 원 미만인 중기업은 특례 대상에 해당한다.

④ 정보통신설비를 보유하지 않은 정보통신서비스 부문 매출액 300억 이상의 중기업은 특례 대상에 해당한다.

⑤ 간편 인증의 유효기간은 2년이다.

ISMS-P가 3년 + 연 1회 사후심사인 것과 달리, 간편 인증은 유효기간은 2년이며 별도의 사후관리 절차가 없다

(상)**(중)**(하)

99 다음은 「위치정보법」상 위치정보의 수집·이용 등에 관한 설명이다. 가장 적절하지 않은 것을 고르시오..

① 위치정보법 제15조는 '누구든지'를 수범대상으로 하여, 일반 개인도 타인의 위치정보를 침해하지 않도록 동의 등 의무를 진다.

② 개인위치정보를 수집하기 전에는 반드시 개인위치정보주체의 동의를 받아야 하며, 수집한 정보를 이용하거나 제3자에게 제공할 때도 미리 동의를 받아야 한다.

③ 위치정보의 유출·변조·훼손 등을 방지하기 위해 위치정보사업자등은 기술적·관리적 보호조치를 취해야 한다.

④ 위치정보법은 수작업 오류나 유출 위험을 최소화하기 위해 위치정보의 수집·이용·제공 사실을 위치정보시스템에 자동으로 기록·보존하도록 규정하고 있다.

⑤ 개인위치정보는 개인 프라이버시 침해의 위험이 높으므로 더욱 두텁게 보호할 필요성이 있는바, 개인위치정보 수집에 대한 동의를 받을 때에는 반드시 서면으로 동의를 받아야 한다.

위치정보법 제15조상의 동의 방법에 대해 "동의 방법은 특별한 방식을 요구하지 않으므로 구두나 문서 등의 방법을 사용할 수 있다"는 취지로 안내하고 있다.
다만 특수한 예외로, 예컨대 8세 이하 아동 등의 보호를 위한 위치정보 이용(제26조)에서 보호의무자 동의 방식 등에 관해 시행령·규정에서 서면동의서 양식을 두는 등 별도 요건이 정해진 경우는 있다.
이건 일반적인 '개인위치정보 수집 동의 전부'가 서면이어야 한다는 의미가 아니라, 아주 제한된 특례 상황에만 적용된다.

100 다음은 ISMS-P 인증 결함 사례에 대한 설명이다. 이에 대한 인증 기준으로 적절한 것을 고르시오.

> 데이터베이스에 대한 접근 및 작업이력을 효과적으로 기록 및 관리하기 위하여 데이터베이스 접근통제 솔루션을 신규로 도입하여 운영하고 있으나, 보안시스템 보안 관리지침 및 데이터베이스 보안 관리지침 등 내부 보안지침에 접근통제, 작업이력, 로깅, 검토 등에 관한 사항이 반영되어 있지 않은 경우

① 2.1.1.정책의 유지관리
② 2.6.4.데이터베이스 접근
③ 2.1.2.조직의 유지관리
④ 1.4.2.관리체계 점검
⑤ 1.4.3.관리체계 개선

2.1.1 정책의 유지관리 인증 기준은 정보보호, 개인정보보호 및 IT 환경의 중대한 변화(신규 보안시스템 또는 IT 시스템 도입 등)가 있는 경우 정보보호 및 개인정보보호 관련 정책 및 시행 문서에 미치는 영향을 검토하고 필요시 제·개정할 것을 요구하고 있다.
결함 사례에서는 데이터베이스 접근통제 솔루션을 신규로 도입하였으나, 관리지침, 보안지침에 해당 사항이 반영되어 있지 않은 경우로 정책의 유지관리 결함으로 판단하는 것이 적절하다.

개인정보관리사	시험 시간	문항 수
	120분	총 100개

풀이 시간 : _______________   채점 점수 : _______________

(상)**(중)**(하)

01 다음은 온라인 서비스에서 수집·생성되는 데이터에 관한 사례이다. 이 사례를 전제로 할 때, 「개인정보 보호법」 적용에 대한 설명으로 옳지 않은 것을 고르시오.

> A 온라인 서비스에서 다음과 같은 정보가 수집·생성된다.
> – 세션 쿠키(ID: Youngjin1004)
> – 디바이스 광고식별자(AAID)
> – IP 주소
> – 페이지 체류시간 등 이용기록
> • 이용자에게 설문조사를 실시하였으며, 설문 응답에는 이름, 전화번호 등 직접 식별정보는 수집하지 않았다.
> • 서비스 사업자는 동일 사용자 여부를 판단하기 위해 세션 쿠키, 광고식별자, IP 주소 등을 서로 결합하여 분석한다.
> • 설문 응답 데이터(원본)와 웹로그 데이터는 같은 사업자 내부의 시스템에 함께 저장되어 있으며, 원하면 기술적으로 쉽게 결합할 수 있는 구조이다.

① 설문 응답에 이름·연락처가 없더라도, 위 식별자들이 동일 개인과 안정적으로 연결된다면 개인정보를 처리하는 것으로 볼 수 있다.

② 쿠키·광고식별자·IP 주소는 전통적인 식별정보는 아니지만, 서비스 내에서 특정 회원이나 기기와 지속적으로 연결된다면 개인정보로 평가될 수 있다.

③ 동일 사용자 여부를 판별하고 이용자의 행동 패턴을 분석하는 정보는, 특정 개인의 서비스 이용 행태에 관한 정보이므로 '개인에 관한 정보'에 해당한다.

④ 같은 사업자 내부에서 설문 데이터와 웹로그를 기술적으로 어렵지 않게 결합할 수 있는 구조라면, 개인정보 보호법 제2조 제1호의 '다른 정보와 쉽게 결합하여 알아볼 수 있는 정보'에 해당한다고 볼 수 있다.

⑤ 설문 데이터와 웹로그를 실제 업무에서 결합하여 사용하지 않고 있다면, 설령 두 정보를 기술적으로 결합할 수 있다 하더라도 개인정보에는 해당하지 않는다.

개인정보 보호법 제2조 제1호는 '해당 정보만으로는 특정 개인을 알아볼 수 없더라도, 다른 정보와 쉽게 결합하여 알아볼 수 있는 정보'도 개인정보에 포함된다고 규정한다.
①~④는 쿠키·광고식별자·IP 등의 식별자가 동일 개인·기기와 안정적으로 결합되는 경우, 설문·웹로그를 내부에서 쉽게 결합할 수 있는 구조인 경우, 그리고 이용 행태 분석이 개인 관련성을 갖는다는 점을 반영한 타당한 설명이다.
반면 ⑤처럼 '실제로 결합 절차를 운영하지 않으면 개인정보가 아니다'라고 단정하는 것은 법상 정의 및 판례·가이드라인의 취지에 어긋난다. 결합 가능성과 구조·맥락까지 고려하여 개인정보 해당 여부를 판단해야 한다.

상 중 하

02 다음 중 '민감정보'에 관한 설명으로 가장 옳지 않은 것은?

① 개인정보 보호법은 민감정보를 열거주의 방식으로 규정하고 있으며, 사상·신념, 노동조합·정당 가입 여부, 정치적 견해, 건강·의료, 성생활, 유전정보, 범죄경력자료 등이 대표적 예시다.

② 민감정보를 처리하는 경우에는 원칙적으로 별도 동의가 요구되고, 접근권한 최소화·암호화·접근기록 보관 등 일반 개인정보보다 강화된 보호조치 및 내부 통제가 요구된다.

③ 개인의 실시간 위치이동 경로는 개인정보 보호법상 열거된 민감정보에 포함되며, 동시에 위치정보 관련 개별 법률에서도 민감정보로 규율하고 있다.

④ 성적 지향·성생활에 관한 정보는 민감정보에 해당하며, 설문·로그·상담 기록 등을 통해 간접적으로 추론된 정보라도 특정 개인과 결부되면 민감정보 수준의 보호가 요구된다.

⑤ 민감정보는 침해 시 차별·낙인·신용불이익 등 피해가 중대하므로, 수집 목적의 구체성과 필요성 입증, 최소수집, 보유기간 제한 등 보호원칙을 특히 엄격하게 적용해야 한다.

위치정보는 '위치정보의 보호 및 이용 등에 관한 법률'로 별도 규율되며, 이 법에서는 '개인위치정보'를 중요한 정보로 보고 보호하지만, 개인정보 보호법상의 민감정보로 분류되지는 않는다.
개인위치정보는 고위험 개인정보이지만 법에서 정한 민감정보에 해당하지 않는다.
① 개인정보 보호법은 민감정보를 열거주의 방식으로 규정하고 있으며, 사상·신념, 노동조합·정당 가입, 정치적 견해, 건강·의료, 성생활, 유전정보, 범죄경력자료 등이 대표적이다.
② 민감정보 처리에는 통상 별도 동의, 권한 최소화, 암호화, 접근기록 보관 등 일반 개인정보보다 강화된 보호조치·내부통제가 요구된다.
④ 성적 지향·성생활 관련 정보는 명시된 민감정보에 해당하고, 간접적으로 드러난 경우라도 특정 개인과 연결되면 민감정보 수준의 보호가 필요하다.
⑤ 민감정보는 침해 시 차별·낙인 등 중대한 피해가 발생할 수 있어, 수집 목적의 구체성·필요성, 최소수집, 보유기간 제한 등 원칙을 특히 엄격히 적용해야 한다.

상 중 하

03 가명정보에 대한 다음 설명 A~D의 옳고 그름을 바르게 조합한 것은?

> A. 통계작성·과학적 연구·공익적 기록 보존 목적이면 정보주체 동의 없이 처리할 수 있다.
> B. 가명처리에 사용된 '추가정보'는 분리 보관하고 접근 권한을 최소화해야 한다.
> C. 가명정보는 분류상 개인정보가 아니므로 안전성 확보조치 의무가 면제된다.
> D. 가명정보도 목적 외 이용·제공은 법이 정한 정당성·필요성 등 요건을 충족해야 한다.

① A(○), B(○), C(×), D(○)
② A(×), B(○), C(×), D(○)
③ A(○), B(×), C(×), D(○)
④ A(○), B(○), C(○), D(×)
⑤ A(○), B(○), C(×), D(×)

A : 가명정보 특례 목적(통계작성·과학적 연구·공익적 기록 보존)에 해당하면 법에서 정한 범위 내에서 동의 없이 처리할 수 있다. (○)
B : 추가정보를 분리 보관하고 접근을 최소화하는 것은 가명처리의 핵심 요구사항이다. (○)
C : 가명정보는 여전히 개인정보 범주에 속하므로(정의 체계상) 안전성 확보조치(법 제29조 등) 의무가 면제되지 않는다. (×)
D : 목적 외 이용·제공은 가명정보 특례 등 법정 근거와 요건을 충족해야 하며, 단순히 가명처리만으로 자유로운 목적 변경이 허용되는 것은 아니다. (○)

(상)(중)(하)

04 비영리단체 A는 후원자 이탈 원인 분석을 위해 '설문 응답 텍스트 + 웹로그'를 외부 연구자 B에게 제공하려 한다. 설명 중 가장 적절한 것을 고르시오.

① 비영리 목적의 경우에는 비식별 조치 없이도 제공이 허용된다.

② 정보주체 동의가 없으면 제공이 불가능하므로, 동의가 없을 시 연구 목적의 가명정보 특례는 활용할 수 없다.

③ 연구 목적 · 범위 · 보유기간을 특정한 계약을 체결하고, 가명정보도 전송 · 보관 구간 암호화, 재식별 금지, 반출 통제 등 안전조치는 필수적이다.

④ 외부 연구자에게는 원칙적으로 익명정보만 제공 가능하며, 가명정보 제공은 허용되지 않는다.

⑤ 웹로그는 개인정보가 아니므로 별도 통제 없이 제공 가능하다.

연구 목적 처리의 경우, 법에서 정한 범위 내에서 가명정보를 활용할 수 있으며, 이때에도 추가정보 분리 보관 · 접근권한 최소화, 목적 · 범위 · 기간의 명확화, 전송 · 보관 구간 암호화, 재식별 금지, 반출 통제 등 안전조치가 요구된다.

오답 피하기

① 비영리 목적이라는 이유만으로 합법성 요건과 보호조치가 면제된다고 보는 잘못된 인식이다.

② 가명정보 특례를 통해 정보주체 동의 외의 별도 법적 근거를 둘 수 있다는 점을 간과한 진술이다.

④ '익명정보만 허용'으로 단정할 수 없으며, 요건을 충족하는 가명정보 제공도 가능하다.

⑤ 쿠키 · AAID도 다른 정보와 결합해 특정 개인과 안정적으로 연결되면 개인정보에 해당하므로, 제공 · 이전 시 통제가 필요하다.

(상)(중)(하)

05 다음 중 '개인정보'의 정의에 해당하지 않는 것은 무엇인가?

① 성명, 주민등록번호, 영상 등 개인을 식별할 수 있는 정보

② 익명화된 통계자료로, 개인을 식별할 수 없는 정보

③ 고유식별정보나 민감정보와 같은 법정 개인정보

④ 다른 정보와 쉽게 결합되어 개인을 알아볼 수 있는 정보

⑤ 이메일 주소와 같이 특정 개인을 식별 가능한 정보

「개인정보 보호법」 제2조제1호에 따라, 개인을 식별할 수 없도록 조치한 익명정보는 개인정보에 해당하지 않는다.. 단, 익명화의 수준은 재식별 가능성에 따라 평가된다.

06 A 회사가 개인정보 보호법을 충족하기 위한 가장 타당한 접근법을 고르시오.

> 스타트업 A는 '맞춤형 온보딩'을 위해 다음 데이터를 결합·활용하려 한다.
> – 앱 가입 시 수집: 이메일, 휴대전화번호(본인인증), 닉네임
> – 앱 사용 중 생성: 디바이스 광고식별자(AAID), 접속 IP, 앱 내 행동 로그
> – 외부 제휴 데이터: 해시 처리한 이메일 기반 추천 목록

① 닉네임, 행동 로그는 개인정보가 아니므로 결합이 가능하다.

② 해시 처리 이메일은 비식별화되었으므로 개인정보가 아니다.

③ 광고식별자·IP·행동 로그도 다른 정보와 쉽게 결합될 수 있으므로 개인정보에 포함된다.

④ 외부 제휴 데이터는 제3자 정보이므로 동의 없이 활용이 가능하다.

⑤ 회원가입 시 포괄적으로 동의를 받은 경우 보유·파기 기준에 한정하여 내부 정책으로 설정 가능하다.

개인정보는 단독 또는 다른 정보와 쉽게 결합하여 특정 개인을 알아볼 수 있으면 포함된다. 쿠키·광고식별자·IP·행동 로그 등은 다른 정보와의 결합을 통해 개인과 안정적으로 연계될 수 있으므로, 필요 최소 수집, 목적의 구체적 특정, 보유기간 제한, 안전조치 등 기본 원칙을 충족하도록 설계해야 한다.

오답 피하기

① 닉네임·행동 로그도 개인 계정과 안정적으로 연결되어 있으면 개인정보가 될 수 있다.

② 해시 처리가 되었다고 해서 항상 비식별이 보장되는 것은 아니며, 재식별 가능성이 남아 있으면 개인정보로 평가될 수 있다.

④ 제휴 데이터는 통상 제3자 제공 또는 위탁에 해당할 수 있어 동의·계약 등 합법성 요건을 충족해야 한다.

⑤ 포괄동의만으로 보유·파기 원칙을 임의로 완화할 수 없다.

07 다음 중 '프라이버시 침해 유형'에 관한 설명으로 옳지 않은 것은?

① 과도한 수집: 서비스 제공과 무관하거나 비례성을 상실한 범위의 수집

② 은밀한 추적: 쿠키·디바이스ID 등을 통한 행동기반 추적을 투명성 없이 수행

③ 2차적 이용: 최초 고지된 목적 범위내 합리적으로 연관된 범위로만 확대

④ 부적절한 공개: 접근 권한이 없는 자에게 정보가 열람·유출되도록 방치

⑤ 정합성 훼손: 오류·노후 데이터로 인해 정보주체에게 불이익이 발생

③에서의 2차적 이용은 통상 침해 위험을 내포하는 개념으로, 최초 고지된 목적을 넘어선 이용은 엄격한 요건 하에서만 허용되며, 단순히 "합리적으로 연관된 범위"라는 표현만으로 자동 허용되는 것은 아니다.

① 과도한 수집, ② 은밀한 추적, ④ 부적절한 공개, ⑤ 정합성 훼손은 대표적인 프라이버시 침해 유형의 예로 들 수 있다.

08 다음 중 'OECD 프라이버시 8원칙'에 해당하지 않는 원칙을 고르시오.

① 수집 제한(Collection Limitation)
② 목적 명확화(Purpose Specification)
③ 데이터 최소화(Data Minimization)
④ 이용 제한(Use Limitation)
⑤ 안전 조치(Security Safeguards)

데이터 최소화는 현대 개인정보 보호 법제에서 중요한 원칙이지만, OECD 프라이버시 8원칙의 정식 명칭으로 규정된 항목은 아니므로, 본 문항에서는 '해당하지 않는 것'으로 보아야 한다.
OECD 프라이버시 8원칙은 수집 제한(Collection Limitation), 데이터 정확성(Data Quality), 목적 명확화(Purpose Specification), 이용 제한(Use Limitation), 안전 조치(Security Safeguards), 개방성(Openness), 개인 참여(Individual Participation), 책임성(Accountability) 등으로 구성된다.

09 다음 사례에서 '가명정보'와 '익명정보'를 구분한 판단으로 가장 타당한 것은?

- 온라인 서점이 3년치 구매 이력에서 성명 · 전화번호 · 주소를 제거하고, 내부 보유 고객ID와 결합 가능한 주문키를 유지한 채 장르 선호도 통계를 산출
- 동일 데이터셋을 외부 연구기관에 제공할 때, 내부 고객ID와 주문키는 제거하고 재식별 가능성을 평가해 위험이 낮다고 판단

① 내부 분석용 데이터는 식별자 제거를 했으므로 익명정보이다.
② 외부 제공 데이터는 내부 키를 제거했으므로 가명정보이다.
③ 내부 분석용은 가명정보로 볼 수 있고, 외부 제공 데이터는 익명정보에 근접하도록 설계한 것으로 볼 수 있다.
④ 두 경우 모두 개인정보가 아니며, 안전조치 의무가 없다.
⑤ 두 경우 모두 가명정보로, 외부 제공 시 동의 없이 제공 가능하다.

내부 분석용 데이터는 내부에 남아 있는 고객ID 등 추가정보와 결합 가능성이 있어 가명정보 성격이 강하며, 추가정보 분리 · 접근통제 등 보호조치가 필요하다.
외부 제공 데이터는 내부 키를 제거하고 재식별 위험평가 등을 수행해 익명정보 수준을 지향하는 사례로 볼 수 있으나, 실제로 익명정보로 인정될 수 있는지는 설계 · 관리 수준과 위험평가 결과에 따라 신중히 판단해야 한다.
① · ② · ④ · ⑤는 가명정보 · 익명정보의 정의와 보호조치 · 법적 근거 요건을 혼동한 설명이다.

10 생성형 AI 도입을 검토하는 기업 Z가 '프라이버시 리스크 관리 프레임'을 수립하고자 한다. 가장 적절한 우선 구축 단계의 순서는 무엇인가?

> A. 데이터 맵핑 및 거버넌스 : 수집원 · 흐름 · 경계(내 · 외부 전송) 시각화, 목적 · 보유 · 파기 매핑
> B. 프롬프트 · 결과물 통제 : 민감정보 탐지 · 마스킹, 재식별 위험 경감, 모델 출력의 개인정보 포함 여부 점검
> C. 제3자 관리 : 벤더 재학습 금지 · 하위수탁 통제 · 전송 암호화 · 침해 통지 의무를 포함한 계약
> D. 개인정보 영향평가(PIA) : 처리 활동 · 예외 · 침해 시나리오 · 대응 통제의 사전 평가

① A → C → B → D
② C → A → D → B
③ A → D → C → B
④ B → A → C → D
⑤ D → A → B → C

현실적인 구축 순서는 먼저 A에서 데이터 맵핑 · 거버넌스를 통해 처리 범위와 데이터 흐름, 위험표면을 파악하고, 이어 D에서 개인정보 영향평가를 통해 법적 · 기술적 요구사항과 위험 시나리오, 대응 통제를 구조화하는 것이다.
이후 C 단계에서 제3자 계약 · 경계 통제를 정비하여 외부 연계 리스크를 통합 관리하고, 마지막으로 B에서 프롬프트 · 출력 통제 등 세부 기술 통제를 운영에 반영하는 흐름이 가장 타당하다.
B(프롬프트 · 결과물 통제)는 C(제3자/벤더 구조)가 어떻게 짜여 있는지에 의존하는 운영 통제라서, 프레임 설계 순서상 C → B가 더 자연스럽다.

---

2 과목　**개인정보보호 제도**

(상) (중) (하)

11 플랫폼 기업 A는 '상담봇 고도화'를 위해 위탁사 B와 모델 개발사 C를 함께 활용하려 한다. 다음 운영안에 대한 법적 관계 구분과 의무 인식으로 가장 타당한 것은?

> – 고객 문의 로그 · FAQ · 민원 이력 일부를 A에서 일괄 수집 · 보관
> – B는 콜센터 운영(상담 처리 시스템)과 데이터 정제 · 태깅을 수행
> – C는 모델 튜닝 · 호스팅(IaaS+PaaS)을 제공하되, 자사 일반 모델 고도화를 위해 A의 로그를 별도 재학습 데이터로 쓰고자 함
> – A는 개인정보 처리방침에 처리 목적 · 위탁 사실 · 제3자 제공 · 국외이전 여부 등을 공개

① B · C 모두 '제3자 제공'이므로, 법상 통지 · 동의만 받으면 이후 처리 방식은 각자 재량에 맡기면 된다.
② B는 '위탁', C는 '공동사용(공동 처리자)'이므로 각자 독립 책임을 지며, A는 재학습 통제를 할 의무는 없다.
③ B는 '위탁'에 해당하므로 법에 따른 계약 · 관리 · 감독 의무가 있고, C가 A의 통제 범위를 벗어나 자체 재학습을 하는 경우 제3자 제공 또는 목적 외 이용에 해당한다고 볼수 있다.
④ 둘 다 '업무상 수령'에 해당하므로 별도의 고지 · 위탁계약 · 제3자 제공 동의는 요구되지 않는다.
⑤ C가 클라우드형이면 암호화 · 접근통제 등 기술조치를 적용하므로 비식별 처리로 간주되어 목적 제한 · 위탁 관리 의무가 상당 부분 경감된다.

B(콜센터 · 정제 · 태깅)는 A를 위한 업무 대행이므로 전형적인 '위탁' 관계에 해당하고, 법 제26조 및 관련 고시에 따라 위탁계약 체결, 재위탁 통제, 기술 · 관리적 보호조치, 관리 · 감독 의무가 발생한다.

C(모델 튜닝 · 호스팅)는 A의 통제 범위 내에서만 처리한다면 위탁으로 볼 수 있으나, A의 목적을 넘어 C의 일반 모델 재학습 데이터로 활용하는 부분은 A→C로의 '제3자 제공' 또는 '목적 외 이용'에 해당할 소지가 크다. 이 경우 별도의 동의 또는 법령상 근거, 국외이전 시 추가 요건, 재학습 금지 · 반출 통제 등 계약상 제한이 필수이다.

①은 위탁 · 제3자 제공을 모두 '동의만 받으면 끝'으로 보는 단순 오개념이다.
②는 공동 처리자로 보기 위한 공동 결정 구조가 제시되지 않았고, A가 통제 · 책임을 부담하는 구조이므로 부적절하다.
④ · ⑤는 위탁 · 제공 구분과 안전조치 · 목적 제한 의무를 과도하게 축소하거나, 단순 '클라우드 사용=비식별 처리'로 오해한 설명이다.

(상)(중)**(하)**

12 다음은 개인정보 보호법상 '목적 외 이용 · 제공' 예외(법령상 허용 사유)에 관한 설명이다. 옳은 것만 모두 고른 것은?

> A. 다른 법률에 특별한 규정이 있는 경우
> B. 급박한 생명 · 신체 · 재산의 이익을 위하여 명백히 필요한 경우
> C. 통계작성 · 학술연구 등 공익 목적이면, 가명정보가 아니어도 동의 없이 처리 가능
> D. 수사기관의 요구는 '긴급'으로 보아 구두나 전화 요구만으로도 즉시 응하는 것이 원칙

① A, B
② A, C
③ B, C
④ A, B, C
⑤ A, B, D

A : 다른 법률에 특별한 규정이 있는 경우, 그 범위 내에서 목적 외 이용 · 제공 예외가 인정될 수 있다(법 제18조제2항제2호 유형).
B : 정보주체 또는 제3자의 생명 · 신체 · 재산에 대한 급박한 위험을 방지하기 위해 명백히 필요하고, 다른 수단이 곤란한 경우에 한하여 최소 범위에서 예외가 허용된다.
C : 통계작성 · 학술연구 목적이라도 가명정보 활용, 최소화, 목적 · 범위의 특정, 안전조치 등 요건을 충족해야 하며, '가명처리도 없이 언제나 무조건' 동의 없이 가능하다고 볼 수 없다.
D : 수사기관 요구는 법령상 근거, 서면(또는 이에 준하는 절차) 요구, 목적 · 범위의 적정성 등 적법 절차를 갖추어야 하며, 모든 요구를 긴급 상황으로 간주해 곧바로 응해야 한다는 취지는 잘못이다.

(상)(중)**(하)**

13 다음은 개인정보 보호법상 '개인정보 처리방침'에 관한 설명이다. 옳지 않은 것은?

① 처리 목적, 처리 항목, 보유 · 이용 기간, 제3자 제공 · 위탁 현황 등을 쉽게 확인할 수 있는 형태로 공개한다.
② 변경 시 이용자가 변경 전 · 후 내용을 비교 · 인식할 수 있도록 신구대비표, 강조 표시 등 적절한 방법을 활용할 수 있다.
③ 공개 매체는 홈페이지에서 누구나 접근이 용이한 위치(메인 화면, 하단 고정 메뉴 등)가 바람직하다.
④ 개인정보 처리방침은 내부 통제 목적이므로, 외부 공개 여부는 개인정보보호책임자(CPO) 판단에 따라 선택할 수 있다.
⑤ 문의 창구(권리행사 방법, 보호책임자 및 담당자 연락처 등)에 대한 안내가 포함되어야 한다.

개인정보 처리방침은 정보주체가 자신의 개인정보 처리 실태를 알 수 있도록 대외 공개가 원칙이며, 언제든지 쉽게 접근 · 열람할 수 있어야 한다.
① · ② · ③ · ⑤는 공개 항목, 변경 공지 방식, 접근성, 권리행사 창구 고지 등 개인정보 보호법 · 표준지침의 취지에 부합하는 설명이다.
④는 처리방침을 내부 문서로만 보는 오해로, 정보주체에게 공개할 의무를 부정하므로 옳지 않다.

(상)(중)(하)

14 다음은 개인정보 보호법상 정보주체 권리(열람 · 정정 · 삭제 등) 행사 처리 기준에 관한 설명이다. 옳은 것만 모두 고른 것은?

> A. 정보주체는 개인정보 열람을 요구할 수 있으며, 이 경우 개인정보처리자는 지체 없이 필요한 조치를 해야 한다.
> B. 개인정보처리자는 열람 · 정정 · 삭제 요구를 받은 경우, 정당한 사유가 있어, 거절 시에는 그 사유를 정보주체에게 알려야 한다.
> C. 정보주체가 삭제를 요구하면, 다른 법령에서 일정 기간 보존을 요구하는 개인정보도 삭제해야 한다.
> D. 정당한 권한을 가진 대리인은 위임장 등 적정한 증빙을 갖추면 정보주체를 대신하여 권리를 행사할 수 있다.
> E. 정보주체 권리 행사 방법 및 처리기간 안내는 담당자를 위한 내부 규정으로 둔다.

① A, B
② A, C
③ A, D, E
④ A, B, D
⑤ B, C, D

A : 정보주체는 열람 요구권을 가지며, 개인정보처리자는 이를 받은 때 지체 없이 필요한 조치를 하도록 규정되어 있어 타당한 설명이다.
B : 권리 행사는 임의로 제한 · 거절할 수 없으며, 법령상 거절 사유가 있는 경우에도 그 근거와 이유를 정보주체에게 통지해야 하므로 옳은 설명이다.
C : 다른 법령에 따른 보존 의무가 있는 개인정보는 그 범위 내에서 보관이 허용되며, 정보주체 요구만으로 모두 삭제해야 하는 것은 아니므로 틀린 설명이다(보존 의무와 권리 행사의 조정 필요).
D : 정보주체는 대리인을 통해서도 권리를 행사할 수 있고, 이 경우 위임장 · 신분증 등 정당성을 확인하는 절차를 둘 수 있으므로 옳다.
E : 권리 행사 방법, 처리기간, 담당 부서 등은 내부 지침뿐 아니라 개인정보 처리방침 · 안내문 등을 통해 외부에도 명확히 고지하는 것이 법 · 지침 취지에 부합하므로 틀린 설명이다.

(상)(중)(하)

15 다음은 OECD 프라이버시 8원칙과 국내 개인정보보호 체계의 연결을 설명한 것이다. 옳은 것을 고르시오.

> A. 수집 제한 — 개인정보 수집은 적법하고 공정한 수단에 의해 이뤄져야 하며, 원칙적으로 정보주체 동의에 기초한다.
> B. 목적 명확화 — 개인정보를 수집하는 시점 또는 가능한 한 이른 시점에 이용 목적을 명확히 특정 · 고지해야 한다.
> C. 이용 제한 — 정보주체 동의 또는 법령 근거가 없는 한, 최초 특정된 목적 범위를 넘어 개인정보를 이용 · 제공해서는 안 된다.
> D. 안전조치 — 접근통제, 암호화, 접속기록 관리 등 합리적인 안전조치를 통해 개인정보를 보호해야 한다.
> E. 책임성 — 보호책임자 지정, 내부관리계획 수립, 위탁 관리 · 감독 등을 통해 개인정보 보호에 대한 책임 구조를 갖추어야 한다.

① A, B
② C, D
③ B, C, D
④ A, B, D, E
⑤ A, B, C, D, E

OECD 프라이버시 8원칙은 국내 개인정보 보호법 체계와 폭넓게 맵핑된다.
• 수집 제한 → 적법 · 공정한 수단과 동의 중심 수집 원칙
• 목적 명확화 → 수집 시점에 목적을 특정 · 고지하도록 하는 규정
• 이용 제한 → 목적 외 이용 · 제공 제한과 예외 요건
• 안전조치 → 법 제29조 및 관련 고시에 따른 안전성 확보조치(접근통제 · 암호화 · 로그 등)
• 책임성 → 보호책임자 지정, 내부관리계획, 위탁 관리 · 감독 등 관리체계 의무

(상) (중) (하)

16 다음은 플랫폼 기업 A의 고객지원 · 분석 체계 운영안이다. 개인정보 보호법 및 가명정보 처리 관련 규정을 고려할 때, 이에 대한 설명으로 옳은 것만 모두 고른 것은?

> 위탁사 B : 고객센터 시스템 운영, 민원 분류 태깅, 반출 승인 · 기록 관리
> 분석사 C : A가 업로드한 로그로 모델 재학습 · 호스팅을 수행(클라우드), C는 자체 알고리즘 개선을 위해 로그 일부의 보유 · 재사용을 요구
> – A의 개인정보 처리방침에는 "위탁 사실 및 수탁자, 처리 목적"을 공개했으나, C의 자체 재학습 활용에 관한 명시는 없다.
> – A↔B, A↔C 간 전송은 TLS 1.2로 암호화하고, 데이터는 가명처리 후 제공하되 추가정보는 A가 보관한다.
>
> ㄱ. B는 A의 고객센터 업무를 대행하므로 '위탁'에 해당하고, A는 법 제26조에 따른 위탁계약 체결 및 수탁자 관리 · 감독 의무를 부담한다.
> ㄴ. C가 A의 목적 범위 내에서만 모델 재학습을 하는 경우에는 '위탁'으로 볼 수 있으나, C의 일반 모델 고도화를 위한 별도 보유 · 재사용은 제3자 제공 또는 목적 외 이용으로 평가될 수 있다.
> ㄷ. C가 자체 재학습에 로그를 활용하더라도, 가명정보이면 제3자 제공 · 목적 외 이용 제한 규정의 적용 대상이 아니다.
> ㄹ. A는 C의 자체 재학습 활용에 대해서도 개인정보 처리방침에 제3자 제공 또는 가명정보 처리 사항으로 구체적으로 고지하는 것이 바람직하다.
> ㅁ. B와 C가 모두 '공동 처리자'에 해당하므로, A는 별도의 위탁계약 없이 공동 책임 구조만 설정하면 된다.

① ㄱ, ㄴ ② ㄱ, ㄷ ③ ㄱ, ㄹ
④ ㄱ, ㄴ, ㄹ ⑤ ㄴ, ㄷ, ㅁ

ㄱ : 고객센터 운영 · 민원 분류 태깅은 A를 위한 업무 대행이므로 전형적인 '위탁'에 해당하며, 법 제26조에 따라 위탁계약, 재위탁 통제, 보호조치, 관리 · 감독 의무가 발생한다. (옳음)
ㄴ : C가 A의 목적 범위 내에서만 처리한다면 위탁으로 볼 수 있으나, C의 일반 모델 고도화를 위한 별도 보유 · 재사용은 A→C로의 제3자 제공 또는 목적 외 이용 이슈로 보게 된다. 동의 · 법적 근거 또는 예외 요건 검토가 필요하다. (옳음)
ㄷ : 가명정보는 여전히 개인정보의 한 유형이므로, 제3자 제공 · 목적 외 이용 제한 규정의 적용 대상에서 벗어나지 않는다. 단지 요건 · 절차가 일부 특례를 가질 뿐이다. (틀림)
ㄹ : C의 자체 재학습 활용 여부 · 범위는 개인정보 처리방침에서 제3자 제공 또는 가명정보 처리 내용으로 투명하게 고지하는 것이 바람직하다. (옳음)
ㅁ : 공동 처리자로 보려면 공동 결정 구조 등이 필요하지만, 본 사안은 A가 통제 · 책임을 지는 구조에 가깝다. B · C 모두에 대해 "공동 처리자이므로 위탁계약 불필요"라고 보는 것은 적절하지 않다. (틀림)

(상) (중) (하)

17 국외 사업자 A가 국내에 사무소 없이 한국 거주자 대상 앱 서비스를 운영하고 있다. 개인정보 보호법상 '국내대리인' 지정 · 공개에 관한 다음 판단 중 가장 적절하지 않은 것은?

① 국내대리인은 자연인 또는 법인이 될 수 있으며, 연락처를 개인정보 처리방침 등에 공개한다.
② 국내대리인은 이용자 민원 · 권리행사 접수, 감독당국과의 연락 · 송달 창구 등의 역할을 수행한다.
③ 국내대리인 지정은 국외 사업자의 국내 법적 책임을 사실상 국내대리인에게 이전하여 면제해 주는 효과가 있다.
④ 국내대리인은 위임 범위 내에서 자료 제출 · 사실 확인 협조 등의 권한을 가질 수 있다.
⑤ 국내대리인 지정 의무는 국내 거주 정보주체를 대상으로 '재화 · 서비스 제공' 또는 '행태 정보 모니터링'을 하는 국외 사업자에게 대표적으로 적용된다.

국내대리인은 국외 사업자를 대신하여 정보주체 민원 · 권리행사 접수, 감독당국과의 연락 · 송달 등의 창구 역할을 수행하는 자일 뿐, 국외 사업자의 법적 책임을 대체 · 면제하는 지위가 아니다.
①은 국내대리인이 자연인 · 법인 모두 가능하고, 연락처를 개인정보 처리방침 등에 공개해야 한다는 점에서 제도의 취지에 부합한다.
②는 국내대리인의 기본적 기능(민원 · 권리행사 접수, 감독당국과의 연락 · 송달 창구)을 정확히 설명하고 있다.
④는 위임 범위 내에서 자료 제출 · 사실 확인 협조 등 실무적 권한을 부여할 수 있다는 점에서 적절한 설명이다.
⑤는 국내대리인 지정 의무가 국내 거주 정보주체를 대상으로 재화 · 서비스를 제공하거나, 이들의 행태 정보를 모니터링하는 국외 사업자에게 대표적으로 적용된다는 점을 잘 짚고 있어 타당하다.

18 온라인 서비스를 제공하는 기업 A가 개인정보 수집·이용 및 마케팅 활용을 위해 '동의 화면'을 개편하려 한다. 다음 '동의' 운영 안 중 개인정보 보호법 및 표준 개인정보 보호지침 체계의 취지에 부합하는 것만 모두 고른 것은?

> A. 필수·선택 항목을 분리하고, 선택 동의 미동의에 따른 부당한 불이익을 부과하지 않는다.
> B. 마케팅 수신 동의(이메일·SMS·앱 푸시)는 각 매체별로 세분하여 받는다.
> C. 개인정보 수집·이용 목적은 '서비스 개선 등'으로 포괄 기재한다.
> D. 제3자 제공 동의서는 제공받는 자·목적·항목·보유기간을 구체적으로 표기한다.

① A, B
② A, D
③ B, C
④ A, B, D
⑤ A, B, C, D

A : 필수·선택 항목을 구분하고, 선택 동의 여부에 따라 서비스 제공 자체를 부당하게 차별하지 않는 것은 정보주체 자기결정권 보호 취지에 부합한다.
B : 마케팅 수신 동의를 이메일·SMS·앱 푸시 등 매체별로 나누어 받으면, 정보주체가 채널별로 세밀하게 선택할 수 있어 적절한 운영 방식이다.
C : '서비스 개선 등'과 같이 목적을 지나치게 포괄적·추상적으로만 적는 것은 목적 특정성이 부족해 적절하지 않다.
D : 제3자 제공 동의서에는 제공받는 자, 제공 목적, 제공 항목, 보유·이용기간 등을 구체적으로 고지하는 것이 원칙으로, 투명성·예측 가능성 확보에 필수적이다.

19 다음은 개인정보 보호법상 분쟁조정과 단체소송 제도에 관한 설명이다. 옳은 것을 고르시오.

① 분쟁조정은 당사자 일방의 신청만으로, 상대방 의사와 무관하게 조정 결정에 곧바로 강제집행력이 발생한다.
② 분쟁조정은 신속·간이 해결을 지향하며, 당사자가 조정안을 수락하면 재판상 화해와 유사한 효력이 발생할 수 있다.
③ 단체소송은 개별 정보주체의 구체적 침해가 없는 경우에도, 일반적 정책의 위법 여부만을 추상적으로 다투는 절차이다.
④ 단체소송의 원고는 피해 유형과 무관하게 누구나 될 수 있으며, 특별한 요건을 갖춘 단체일 필요는 없다.
⑤ 분쟁조정과 단체소송(또는 민사소송)은 원칙적으로 중복 진행이 금지되어, 하나를 택하면 다른 절차는 이용할 수 없다.

분쟁조정은 소송에 비해 간단하고 신속한 분쟁 해결 절차로, 당사자들이 조정안을 수락하는 경우 재판상 화해와 유사한 효력이 인정될 수 있다.

오답 피하기
① 분쟁조정 결정은 일방 신청만으로 자동 강제집행력이 생기는 것이 아니며, 당사자의 수락 여부, 절차 진행 등에 따라 효력이 달라진다.
③ 단체소송은 일반 정책의 추상적 위법성 판단을 구하는 제도가 아니라, 일정 요건을 갖춘 개인정보 침해 사건을 대상으로 하는 소송 절차다.
④ 단체소송의 원고는 법에서 정한 요건을 갖춘 단체 등으로 제한되며, 누구나 원고가 될 수 있는 것은 아니다.
⑤ 분쟁조정과 소송(단체소송 포함)은 병행·전환 가능성이 있으며, '원칙적으로 중복 진행 금지'라고 단정할 수 없다.

20 대형 커머스 기업 E는 생성형 AI 상담봇을 도입한 이후 다음과 같은 이슈가 동시에 발생했다. 개인정보 보호법 및 전자상거래 관련 법령 체계를 고려할 때, E가 취해야 할 대응 방안으로 옳은 것만 모두 고른 것은?

> – 민원 대화 로그에 주소 · 구매 내역 등이 포함된 채 외부 벤더의 클라우드로 전송됨
> – 정보주체가 "대화 로그 삭제"를 요구했으나, 전자상거래법 등 법정 보존 항목과 섞여 저장되어 있음
> – 일부 로그는 모델 품질 개선용 학습 세트로 분류되어 재사용 중
> – 처리방침에는 상담봇, 벤더 위탁, 학습 활용에 관한 구체 기재가 없음
>
> ㄱ. 개인정보 처리방침을 개정하여 상담봇 처리, 벤더 위탁 · 제3자 제공, 학습 활용 여부 · 범위를 고지한다.
> ㄴ. 벤더와의 계약에 재학습 범위 제한, 하위수탁 통제, 전송 구간 암호화, 침해 통보, 데이터 반환 · 삭제 의무 등을 반드시 포함한다.
> ㄷ. 로그를 목적별로 분리 보관하여, 법정 보존 의무가 있는 항목은 반드시 분리 · 보류하고, 그 외 항목은 삭제 · 가명화 등으로 관리한다.
> ㄹ. 전자상거래법상 보존 의무가 있는 정보라도 정보주체의 구체적인 삭제 요구가 있으면 정보주체의 요구를 우선한다.
> ㅁ. 상담봇 로그는 비정형 데이터이므로 개별 항목의 개인정보 여부를 판단하기보다는, "학습 데이터"로 분류해 관리한다.

① ㄱ, ㄴ   ② ㄱ, ㄷ   ③ ㄱ, ㄴ, ㄷ
④ ㄱ, ㄹ, ㅁ   ⑤ ㄴ, ㄷ, ㅁ

ㄱ : 상담봇 처리를 통해 어떤 개인정보가 어떻게 처리되는지, 벤더 위탁 · 제3자 제공, 학습 활용 여부와 범위를 개인정보 처리방침에 구체적으로 공개해야 투명성과 자기결정권이 보장된다. (옳음)
ㄴ : 외부 벤더와의 계약에는 재학습 범위 제한, 하위수탁 통제, 전송 구간 암호화, 침해 통지, 데이터 반환 · 삭제 의무 등 안전조치 · 위탁 통제 조항을 포함해야 한다. (옳음)
ㄷ : 전자상거래법 등에서 정하는 법정 보존 항목과 그렇지 않은 로그를 구분 · 분리 보관하고, 보존 의무가 없는 부분은 삭제 · 가명화 등으로 관리하는 것이 목적 제한 및 최소 보유 원칙에 부합한다. (옳음)
ㄹ : 법정 보존 의무가 있는 정보는 정보주체 삭제 요구가 있더라도 그 범위 내에서는 보존이 허용되며, 즉시 삭제해야 하는 것은 아니다. 삭제 요구가 있는 경우, 보존 의무와의 관계를 설명하고 보류 · 분리 보관 등으로 조정해야 한다. (틀림)
ㅁ : 상담봇 로그라고 해서 개인정보성이 부정되지 않으며, 주소 · 구매 내역 등은 명백한 개인정보에 해당할 수 있다. 이를 일괄 "학습 데이터"로만 취급하여 개인정보 통제를 하지 않는 것은 부적절하다. (틀림)

21 다음은 개인정보 보호법 및 시행령상 '국외 이전' 요건을 고려해 기업 A가 검토 중인 운영 개편 방안이다. 가장 타당한 구성은?

> A. 국외 이전 대상 항목 · 국가 · 이전 일시 · 보관 기간을 고지한다.
> B. 동의에 의한 이전과 법령 근거에 의한 이전은 별개로 보고, 반드시 구분하여 요건 · 절차를 설계한다.
> C. 이전 상대방과의 계약 시에도 목적 제한 · 재이전(하위처리자)에 관한 내용을 포함한다.
> D. 국외 이전 관련 사항은 국가 및 내부 보안 이슈에 해당하므로, 정보주체에게는 국외 이전 사실 자체는 공개하지 않아도 된다.

① A, B   ② A, C   ③ A, B, C
④ B, C, D   ⑤ A, B, C, D

A : 국외 이전은 정보주체가 자신의 정보가 어느 나라 · 어떤 자에게 이전되는지 알 수 있도록, 항목 · 국가 · 이전 시점 · 보관 기간 · 연락처를 구체적으로 고지해야 한다. (옳음)
B : 동의에 의한 이전과 법령상 근거(예외, 공익 목적 등)에 의한 이전은 요건 · 절차가 다르므로, 근거를 구분하여 처리하도록 설계해야 한다. (옳음)
C : 국외 수탁자와의 계약에는 목적 제한, 재이전(하위처리자) 통제, 침해 통지, 암호화 · 접근통제 등 보호조치를 명시해, 이전 후에도 안전성과 책임성을 확보해야 한다. (옳음)
D : 국외 이전은 투명성 · 자기결정권과 직접 연관되므로, "사실 자체를 공개하지 않아도 된다"는 전제는 부적절하다. (틀림)

22 대규모 플랫폼 B사는 국내에서 정보통신 서비스를 제공하고 있다. 이와 관련해 개인정보 처리방침을 전면 개정하려 한다. 개인정보 보호법 및 표준 개인정보 보호지침의 취지를 고려할 때, 개인정보 처리방침 변경·고지에 관한 설명으로 적절하지 않은 것을 고르시오.

① 해외에 설립된 사업자는 글로벌 약관·영문 처리방침을 공개하고 국내 이용자를 위한 별도의 고지(한국어 고지 등)는 자율에 맡긴다.

② 담당자 연락처 정정 등 경미한 변경의 경우, 사전 공지 대신 변경 후 지체 없이 공지하고 처리방침에 즉시 반영하는 방식으로 운영할 수 있다.

③ 웹사이트·모바일 앱 등 정보주체가 실제로 서비스를 이용하는 채널을 활용해 공지를 병행하는 것이 접근성과 인지 가능성 측면에서 적절하다.

④ 이용약관·서비스 정책 변경과 함께 처리방침을 개정하는 경우, 개인정보 관련 중요한 변경사항은 별도 제목이나 표시를 통해 다른 변경사항과 구분해 안내하는 것이 바람직하다.

⑤ 수집 목적 확대, 제3자 제공·국외 이전 추가 등 중요한 변경이 있는 경우, 합리적인 사전 공지 기간을 두고, 이용자가 쉽게 비교할 수 있도록 신구대비표를 제공하며, 효력 발생일을 명시하는 것이 바람직하다.

국내 정보주체를 대상으로 서비스를 제공하는 이상, 해외 설립 사업자라도 국내 법령이 정한 정보주체에게 알기 쉬운 고지·처리방침 공개 의무를 고려해야 한다는 점을 무시하므로 옳지 않다.

23 다음은 기업 A의 개인정보 침해사고 통지·신고 체계에 관한 설명이다. 개인정보 보호법상 침해 통지·신고 규정을 고려할 때, 옳지 않은 것은?

① 개인정보 침해 사실을 알게 된 때에는 지체 없이 정보주체에게 통지해야 하며, 통지에는 침해 시점·경위·항목·조치 현황·재발 방지 대책·문의처 등을 포함하는 것이 원칙이다.

② 일정 규모 이상의 침해사고 등 관계 법령에서 정한 기준에 해당하는 경우에는 감독당국에 신고해야 하며, 단순 내부 판단만으로 신고를 생략할 수는 없다.

③ 비밀번호나 인증수단이 침해되었거나 그 우려가 있는 경우에는 비밀번호 초기화, 계정 잠금, 접속 차단 등 임시조치를 즉시 시행하는 것이 바람직하다.

④ 침해 원인 분석 및 재발 방지 대책은 내부 보고서로만 보관하더라도, 통지 시 그 요지(어떤 조치를 취했고 어떤 재발 방지 노력을 하고 있는지)를 정보주체에게 안내하는 것이 적절하다.

⑤ 이용자의 과도한 불안을 방지하기 위해, 침해 사실을 인지하더라도 최대 60일 이내에 일괄 통지하면 '지체 없이' 통지한 것으로 볼 수 있다.

"최대 60일 이내 일괄 통지"를 일반적인 기준으로 삼는 것은 '지체 없이' 통지(72시간 이내)해야 한다는 취지에 반하며, 필요 이상으로 통지를 지연시킬 우려가 있어 타당하지 않다.
비밀번호·인증수단 침해 우려가 있는 경우 즉시 비밀번호 초기화, 계정 잠금·접속 차단 등의 임시조치를 취하는 것은 추가 피해 확산을 막기 위한 핵심 조치이다.

24 다음은 개인정보 보호책임자(CPO) 지정·운영 방안에 관한 설명이다. 개인정보 보호법 및 관련 고시 취지를 고려할 때, 가장 적절한 조합은?

> A. 조직 내 권한과 책임을 문서로 부여하고, 개인정보 보호 업무 수행을 위해 예산·인력 요구 권한을 갖게 한다.
> B. 겸직을 하는 경우 이해상충 관리와 독립성 확보 장치를 마련한다.
> C. 정보주체 권리행사 창구 총괄, 침해 대응·신고, 교육·점검 계획 수립 등 개인정보 보호 관리체계 전반에 대한 역할을 명확히 한다.
> D. CPO의 성명·연락처 등은 개인정보에 해당하므로 지정된 사실만을 공개한다.

① A, B
② B, C
③ A, B, C
④ A, C, D
⑤ A, B, C, D

A : CPO는 형식적인 직책이 아니라, 실제로 개인정보 보호 업무를 총괄·조정할 수 있는 권한과 책임을 가져야 한다. 이를 위해 문서(내부 규정, 직무기술서 등)로 권한·책임을 부여하고, 예산·인력 관련 의견 제시 및 요구 권한을 갖게 하는 것이 바람직하다.

B : 개인정보 보호법상 CPO의 겸직은 원칙적으로 허용되지만, 이해상충이 생길 수 있는 직무와의 겸직은 적절한 통제·견제 장치가 필요하다. 조직 구조, 보고 라인, 역할 분리 등으로 독립성을 확보하는 것은 관련 고시 취지에 부합한다.

C : 정보주체 권리행사 창구 총괄, 침해 대응·신고, 교육·점검 계획 수립 등 개인정보 보호 관리체계 전반에 대한 역할을 CPO에게 명확히 부여하는 것은 관리체계 구축의 핵심 요소다. CPO를 단순 자문 역할이 아닌, 실질적인 책임 주체로 자리매김하게 한다는 점에서 타당하다.

D : CPO의 성명·연락처는 엄밀히 말해 개인에 관한 정보이므로 개인정보에 해당할 수 있으나, 법령에서 정한 바에 따라 정보주체의 문의·권리행사 창구로서 대외 공개가 예정된 정보다. 이 경우에는 별도의 동의 없이도 법적 근거에 따라 공개될 수 있으며, 오히려 지정 사실만 알리고 성명·연락처를 숨기는 것은 접근성과 투명성 측면에서 법·고시 취지에 맞지 않는다.

25 다음 중 개인정보 보호법상 '대리인에 의한 권리 행사'가 가능한 주체와 방식으로 가장 적절한 것은?

① 미성년자의 친권자는 위임장 없이도 권리 행사가 가능하다.
② 정보주체의 법정대리인은 문서 없이도 전화로 권리 행사가 가능하다.
③ 기업체 직원이 상사의 지시로 권리 행사를 대신할 수 있다.
④ 대리인은 반드시 공증 받은 위임장을 제출해야 한다.
⑤ 정보주체의 배우자는 자동적으로 모든 권리 행사권을 가진다.

개인정보 보호법 시행령 제41조에 따르면, 미성년자의 친권자와 같은 법정대리인은 별도의 위임 없이도 정보주체를 대신해 권리 행사가 가능하다. 반면 일반 위임 대리인은 위임장과 신분증 등 증빙이 필요하다.

26 다음은 '위탁'과 '제3자 제공'의 구분에 관한 설명이다. 옳은 것만 모두 고른 것은?

> A. '위탁'은 원칙적으로 개인정보처리자의 통제 하에서 수탁자가 업무를 수행하는 구조를 말하며, 법 제26조에 따른 계약·재위탁 통제·관리·감독이 주요 수단이 된다.
>
> B. '제3자 제공'은 수령자가 스스로 처리 목적·수단을 정하여 독립적으로 처리하는 경우를 가리키며, 통상 정보주체 동의 또는 별도 법적 근거에 의해 허용된다.
>
> C. 동일 업체라 하더라도 최초 위탁 범위를 넘어 수탁자가 자체 재학습·프로파일링 등을 수행하면, 그 부분은 '제3자 제공' 또는 목적 외 이용 문제로 평가된다.
>
> D. 가명정보는 통계·연구 등 공익 목적 처리에 주로 활용되므로, 일반 개인정보와 달리 위탁·제공의 구분은 엄격하게 적용하지 않아도 된다.

① A, B

② A, C

③ B, C

④ A, B, C

⑤ A, B, C, D

A : 위탁은 본래 개인정보처리자의 목적·지시에 따라 수탁자가 업무를 대행하는 구조로 이해되며, 법 제26조에 따른 계약 체결, 재위탁 통제, 보호조치, 관리·감독이 핵심 의무다.

B : 제3자 제공은 수령자가 자체적으로 목적·수단을 정해 독립적으로 처리하는 형태를 가리키고, 원칙적으로 정보주체 동의 또는 법령상 근거가 필요하다는 점에서 적절한 설명이다.

C : 동일한 수탁자라 하더라도, 최초 위탁 범위를 넘어 수탁자 독자 목적의 재학습·프로파일링을 하면 더 이상 단순 위탁으로 보기 어렵고, 제3자 제공 또는 목적 외 이용 이슈로 전환된다고 보는 것이 법·지침 취지에 부합한다.

D : 가명정보는 여전히 개인정보의 한 유형이므로, 위탁·제공 구분과 그에 따른 보호조치·계약 의무가 적용된다. "엄격하게 적용하지 않아도 된다"는 인식은 잘못이다.

27 다음은 개인정보 보호법상 정보주체의 열람·정정·삭제·처리정지 요구 처리 기준에 관한 설명으로 적절하지 않은 것을 고르시오.

① 삭제의 경우 대리인에 의한 권리 행사는 허용되지 않으며, 정보주체 본인만 직접 삭제를 요구할 수 있다.

② 다른 법령상 보존 의무가 있는 개인정보는 그 범위 내에서 삭제를 유보할 수 있지만, 정보주체의 요구를 이유로 법정보존 기간을 임의로 연장해서는 안 된다.

③ 정보주체가 정당한 사유 없이 반복·과도하게 권리 행사를 요청하는 경우를 제외하면, 처리정지 요구를 받은 개인정보에 대해서는 지체 없이 처리를 중단해야 한다.

④ 본인 확인은 온라인의 경우에도 휴대폰 인증, 공동인증서 등 합리적인 수단을 활용할 수 있으며, 항상 신분증 사본 제출을 요구해야 하는 것은 아니다.

⑤ 열람·정정·삭제·처리정지 요구를 거절하는 경우라 하더라도, 거절 사유와 근거 법령을 정보주체에게 알려야 한다.

삭제도 정당한 권한을 가진 대리인을 통해서도 권리를 행사할 수 있으므로, "대리인에 의한 권리 행사는 허용되지 않는다"는 내용은 법·지침 취지에 반한다.

28 기업 X가 개인정보 처리방침을 전면 개편하면서 필수 항목 구성을 검토하고 있다. 개인정보 보호법 및 표준 개인정보 보호지침 취지를 고려할 때, 처리방침에 기재될 항목을 모두 고른 것은?

> A. 처리 목적, 처리 항목, 보유 · 이용 기간
> B. 제3자 제공 및 위탁 현황(받는 자/수탁자, 목적, 항목, 보유 · 이용 기간 등)
> C. 정보주체 권리행사 방법 및 문의 창구(연락처 등)
> D. 영상정보처리기기 운영 · 관리에 관한 사항
> E. 가명정보를 정기적으로 처리 · 분석하는 경우 그 처리 목적과 처리 범위에 관한 사항

① A, B, C
② A, C, E
③ A, B, C, D
④ A, B, D, E
⑤ A, B, C, D, E

A : 어떤 개인정보를 어떤 목적으로 얼마 동안 처리하는지(처리 목적 · 항목 · 보유 · 이용 기간)는 개인정보 처리방침의 기본 골격으로, 필수적으로 포함해야 하는 내용이다.
B : 제3자 제공 · 위탁을 하는 경우, 제공받는 자/수탁자, 목적, 항목, 보유 · 이용 기간 등 구체 내역을 처리방침에 고지해야 정보주체의 예측 가능성과 자기결정권을 보장할 수 있다.
C : 열람 · 정정 · 삭제 · 처리정지 등 권리행사 방법과 문의 창구(연락처 등)는 정보주체가 실제로 권리를 행사하기 위한 핵심 정보로, 처리방침에 포함되어야 한다.
D : 영상정보처리기기를 설치 · 운영하고 있는 경우라면 해당 사항을 개인정보 처리방침에 반드시 포함해야 한다.
E : 가명정보를 상시적으로 처리 · 분석하는 경우, 그 목적과 대략적인 처리 범위를 처리방침에 포함하는 것은 투명성 · 책임성 측면에서 적절하다. 가명정보도 개인정보 체계 내에서 처리되는 것으로 보아 관련 내용을 안내하는 것이 법 · 지침 취지에 부합한다.

29 개인정보 처리 통합안내서에 나와 있는 개인정보에 대한 설명으로 가장 적절한 것을 고르시오.

① 개인정보는 "성명, 주민등록번호"처럼 전통적인 식별정보만을 의미하며, 가명정보는 개인정보에 해당하지 않는다.
② 특정 개인을 알아볼 수 있는 정보인지 여부는 언제나 불특정 다수의 일반인의 입장에서 판단하여야 한다.
③ 가명정보는 추가 정보의 사용 · 결합 없이는 특정 개인을 알아볼 수 없도록 처리한 정보를 말하며, 개인정보의 한 유형으로 본다.
④ 자동차등록번호와 같이 기기에 부여된 일련번호는 원칙적으로 개인정보가 아니며, 다른 정보 입수 가능성과는 무관하다.
⑤ 비식별화 조치가 이루어졌다면 재식별 가능성이 남아 있더라도 더 이상 개인정보로 볼 수 없다.

가명정보는 "추가정보의 사용 · 결합 없이는 특정 개인을 알아볼 수 없도록 처리한 정보"를 말하고, 개인정보를 가명처리해서 만든 '개인정보의 한 형태(유형)'로 취급한다.

오답 피하기

① 가명정보를 개인정보의 한 유형으로 명시하고 있다.
② 해당 정보를 처리하는 '처리하는 자'의 입장, '상황과 맥락'을 고려해 판단해야 한다고 명확히 밝히고 있다. 판례(약학정보원 사건)도 "해당 정보를 처리하는 자 입장에서 식별 가능성을 본다"고 정리하고 있다.
④ 공공기관처럼 다른 정보를 쉽게 입수할 수 있는 상황에서는 자동차등록번호도 개인정보가 될 수 있다고 설명하고 있다.
⑤ 비식별화 조치가 이루어졌다고 하더라도 재식별 가능성이 합리적으로 존재한다면 여전히 개인정보에 해당한다.

(상)(중)(하)

30 개인정보처리자 승계(영업양도 · 합병 등)에 따른 개인정보 이전 및 고지 의무를 고려할 때, 다음 대응지침 중 가장 부적절한 것은?

> F사와 G사의 합병 공시 직후, 고객센터에 다음과 같은 질의가 접수되었다.
> "합병으로 개인정보가 새로운 통합법인으로 넘어가면, 예전에 했던 동의를 처음부터 다시 받아야 하는가?"

① 통합법인이 기존과 동일 · 유사한 범위에서 서비스를 계속 제공하고, 처리 목적 · 항목 등에 본질적인 변경이 없다면, 합병 자체만을 이유로 일률적인 재동의를 요구해야 하는 것은 아니다. 다만 책임 주체 · 연락처 변경 등은 명확히 고지해야 한다.

② 고지에는 합병으로 인한 승계 사실, 변경되는 개인정보처리자의 명칭 · 주소 · 연락처, 처리 목적 · 항목 · 보유기간에 변경이 있는 경우 그 요지 등을 포함해 정보주체가 구조 변화를 인지할 수 있도록 해야 한다.

③ 사실관계(합병 효력 발생일, 새 법인 정보 등)가 확정되면, 지체 없이 처리방침 · FAQ · 공지 · 이메일 등 다양한 채널을 활용하여 합병에 따른 개인정보 처리 주체 · 연락창구 변경 사항을 안내하는 것이 바람직하다.

④ 합병으로 개인정보처리자의 명칭이 변경되었거나 기업 구조가 바뀐 경우에는, 기존 동의 여부 · 목적과 무관하게 모든 정보주체로부터 수집 · 이용 · 제3자 제공에 관한 개별 동의를 새로 받지 않으면 처리가 불가능하다.

⑤ 고지 시에는 승계 후 개인정보 처리에 대한 문의 · 권리행사 창구(연락처 · 전자우편 · 국외 이전이 수반되는 경우 국내대리인 등)를 최신 정보로 업데이트하여, 정보주체가 권리를 행사할 수 있는 접근성을 보장해야 한다.

합병 · 영업양수도 등으로 개인정보처리자의 지위가 승계되는 경우, 동일 또는 실질적으로 유사한 목적 · 범위 내에서 처리 구조가 이어진다면, "합병이 있었다"는 사정만으로 곧바로 일괄 재동의 의무가 발생하는 것은 아니다. 핵심은 책임 주체 · 연락처 · 권리행사 방법 등 변경 내용을 투명하게 고지하고, 정보주체가 구조 변화를 인지 · 대응할 수 있게 하는 데 있다.
- 특히 ①은 "합병 = 신규 수집 · 동의 행사"라는 단순 도식이 아니라, 목적 · 범위 변경 여부를 기준으로 재동의 필요성을 판단해야 한다는 취지를 담고 있어 타당하다.
- ② · ③은 합병 효력 발생 시점, 통합법인 명칭 · 연락처, 처리방침 개정 및 다중 채널 안내 등 고지 · 투명성 원칙을 강조한 내용으로 법 · 지침 취지에 부합한다.
- ⑤는 합병 이후에도 정보주체가 권리(열람 · 정정 · 삭제 · 처리정지 등)를 행사할 수 있도록, 문의 창구 · 담당자 · (해당 시) 국내대리인 정보를 최신 상태로 유지 · 공개해야 한다는 취지로 적절하다.

반면 ④는 합병 · 승계가 발생했다는 이유만으로, 기존 동의의 유효성을 전면 부정하고 "목적 · 범위 불문 재동의가 절대적으로 필요하다"고 오해할 소지가 있어 부적절하다. 목적 확대 · 제3자 제공 구조 변경 등 실질적 변경이 있는 경우에는 별도 동의 · 법적 근거 검토가 필요하지만, 단순 명칭 · 지위 승계까지 모두 "무조건 재동의" 대상으로 보는 것은 법체계 취지와 맞지 않는다.

정답 30 ④

(상)(중)(하)

31 중견 커머스 A는 신규 '회원 맞춤 추천' 기능을 위해 다음과 같이 개인정보의 수집·이용 구조를 설계했다. 이 설계에 대한 설명으로 옳지 않은 것을 고르시오.

> – 가입 시 : 이메일, 휴대전화번호(본인확인), 생년월일(쿠폰 발급 연령 기준), 닉네임(자유 입력)
> – 사용 중 : 앱 행동 로그(상품 열람, 장바구니), 디바이스 광고식별자(AAID), 접속 IP
> – 외부 제휴 : 해시(e—mail) 매칭을 통한 광고 타깃 구축
> – 이용약관/처리방침 : "서비스 제공·개선 및 맞춤형 추천" 목적 기재, 보유기간은 "회원탈퇴 후 5년" 일괄 표기
> – 파기 : 월 1회 일괄 배치 삭제

① 생년월일 수집은 연령대별 쿠폰 제공 등 구체적 목적이 있는 경우 허용될 수 있으나, 해당 목적이 종료되면 그 항목에 대한 별도 파기 기준을 두는 것이 바람직하다.

② 앱 행동 로그·AAID·IP는 다른 정보와 결합되어 개인 식별이 가능할 수 있으므로, 추천 기능 수행에 필요한 최소 범위를 넘지 않도록 설계해야 한다.

③ 회원이 탈퇴한 이후 모든 정보를 일괄 5년간 보유하더라도, 이용자가 이미 서비스를 이용하지 않으므로 개인정보 보유 원칙에는 실질적 영향이 없다.

④ 해시 이메일을 활용한 외부 광고 캠페인은 제3자 제공 또는 위탁 구조로 볼 수 있으므로, 받는 자·목적·항목·보유기간 등을 개별적으로 고지할 필요가 있다.

⑤ 백업본은 운영계와 분리하여 보관하되, 법정보존 사유가 없는 데이터에 대해서는 내부 기준에 따라 상대적으로 짧은 보유기간과 주기적 영구 삭제 절차를 두는 것이 일반적이다.

> 법 제21조는 보유기간이 경과하거나 처리 목적이 달성된 경우 지체 없이 파기하도록 규정하고 있다. "탈퇴 후 5년"이라는 긴 기간을 모든 정보에 일괄 적용하려면, 개별 항목·목적별로 구체적 필요성이 입증되어야 한다.

(상)(중)(하)

32 개인정보 보호법상 개인정보의 파기 원칙 및 예외에 관한 설명으로 옳지 않은 것은?

① 개인정보처리자는 보유기간이 경과하거나 처리 목적이 달성되는 등 그 개인정보가 불필요하게 되었을 때에는 지체 없이 해당 개인정보를 파기해야 한다.

② 다른 법령에 따라 일정 기간 개인정보를 보존해야 하는 경우에는, 해당 보존 기간 동안은 파기하지 않고 별도의 저장공간에 분리하여 보관하는 방식도 허용될 수 있다.

③ 개인정보를 파기할 때에는 전자적 파일 형태는 복구·재생이 불가능한 기술적 방법으로, 종이 문서는 파쇄 또는 소각 등 물리적으로 재생이 불가능한 방법으로 파기하는 것이 원칙이다.

④ 이용자가 동의한 보유기간이 남아 있더라도, 다른 법령에서 그보다 짧은 기간만 보존하도록 정한 경우에는 법령상의 보존 기간이 우선하고, 그 기간이 지난 후에는 지체 없이 파기해야 한다.

⑤ 이용자가 동의한 보유기간이 이미 경과하였더라도, 회사가 내부 방침으로 추가 보관기관을 정하면 동의 없이도 계속 보관할 수 있다.

> 보유기간의 경과, 개인정보의 처리 목적 달성 등 그 개인정보가 불필요하게 되었을 때에는 지체 없이 파기하여야 한다. 보유기간 임의 연장은 법 취지에 반한다. 통합 안내서는 "개인정보처리자는 보유기간을 필요 최소한으로 정해야 하고, 그 보유 필요성에 대한 입증책임이 있다"고 명시하고 있다.

33 다음은 서비스 C사의 개인정보 '제공 · 위탁' 운영안이다. 이 상황에 대한 설명으로 옳지 않은 것을 고르시오.

> – 추천 모델 재학습을 위해 데이터 라벨링 업체 L에 업로드(라벨링만 수행)
> – 광고 플랫폼 P에는 해시 이메일 매칭으로 캠페인 집행
> – 클라우드 저장 · 배치는 MSP(Managed Service Provider) M이 운영하며, M은 자체 모델 개선을 위해 로그 일부 보유 · 재사용을 희망
> – 처리방침에는 위탁 · 제공 사항을 개괄적으로만 기재

① 라벨링 업체 L은 서비스 C를 위한 업무 대행에 해당하므로 처리위탁 구조로 볼 수 있고, 제26조에 따른 계약 체결과 관리 · 감독이 필요하다.
② 광고 플랫폼 P에 대한 해시 이메일 제공은 제3자 제공에 해당할 수 있으므로, 받는 자 · 목적 · 항목 · 보유기간 등을 구체적으로 고지하고 적정한 법적 근거를 검토해야 한다.
③ MSP M이 자체 모델 개선을 위해 로그 일부를 별도 목적으로 활용하려는 부분은, 서비스 C의 당초 목적과 무관한 행위이더라도 위탁의 일환으로 볼 수 있으므로 추가적인 동의나 통제는 요구되지 않는다.
④ 동일 수탁자라 하더라도 재위탁, 국외 이전, 데이터 반출 여부 등은 계약서에서 별도 조항으로 명시하고, 로그 재사용 범위와 목적을 제한하는 방식으로 관리하는 것이 바람직하다.
⑤ 처리방침에는 위탁 · 제공 구조를 개괄적으로 기재하되, 이용자가 주요 수탁자 · 제공받는 자와 처리 목적을 확인할 수 있을 정도의 수준을 유지하는 것이 요구된다.

M이 자체 개선을 위해 로그를 별도 목적으로 활용하는 것은 서비스 C의 당초 목적에서 벗어나는 부분으로, 제3자 제공 또는 목적 외 이용 이슈가 될 수 있어 별도 동의나 법적 근거, 재학습 · 반출 제한 등이 필요하다. "추가 통제가 필요 없다"고 보는 ③이 옳지 않은 설명이다.
① L은 서비스 C를 위한 라벨링 업무를 수행하므로 위탁에 해당하며, 계약 · 관리 · 감독이 전제된다.
② P에 대한 해시 이메일 제공은 광고 캠페인을 위한 제3자 제공 구조로 볼 여지가 크기 때문에, 받는 자 · 목적 · 항목 · 보유기간 등 구체 고지가 필요하다.
④는 계약 단계에서 재위탁 · 국외 이전 · 반출 · 로그 재사용 범위를 분리해 관리하는 방향을 제시한 것으로 합리적이다.
⑤는 처리방침상 개괄 기재를 전제로 하면서도 이용자가 구조를 이해할 수 있도록 최소한의 투명성을 확보해야 한다는 취지를 담고 있다.

34 개인정보의 라이프사이클 전 단계 통합 통제에 대한 설명이다. 옳은 것만 모두 고른 것은?

> A. 수집 : 필수 · 선택 항목을 구분하고, 선택 항목 미동의에 따른 부당한 서비스 차별을 두지 않는다.
> B. 이용 : 최초 특정된 목적과 합리적으로 관련된 범위를 넘어서는 이용은 별도의 법적 근거가 필요하다.
> C. 제공 : 제3자 제공은 받는 자 · 목적 · 항목 · 보유기간을 구체적으로 고지하고, 위탁은 제26조에 따른 계약 · 관리 · 감독을 통해 통제한다.
> D. 보관/파기 : 법정보존 대상은 분리 보관 · 접근 통제 후, 기한 도래 시 법령상 보존기간 내에서 파기한다.

① A, B
② A, C
③ B, C, D
④ A, B, C, D
⑤ A, D

A. 수집 단계에서는 필수 · 선택 항목 분리와 선택 미동의에 따른 과도한 불이익 금지가 기본이다.
B. 이용 단계에서는 최초 특정된 목적 범위를 넘어서는 이용에 대해 별도의 동의 또는 법적 근거가 요구된다.
C. 제공 단계에서는 제3자 제공에 대한 구체 고지(받는 자 · 목적 · 항목 · 보유기간)와, 위탁에 대한 계약 · 관리 · 감독(제26조)이 핵심이다.
D. 보관/파기 단계에서는 법정보존 대상은 분리 보관 · 접근 통제를 거쳐, 보존기간 만료 시 영구 파기해야 한다.

상 중 하

35 생성형 AI 기능을 도입하려는 금융사 D가 데이터 라벨링 – 모델 튜닝 – 운영 배포까지 외부 체인을 구성하려 한다. 다음 설명 중 옳지 않은 것을 고르시오.

① 라벨링·튜닝 등 외부 체인은 통상 처리위탁 구조로 설계하되, 재학습 범위·데이터 반출·하위수탁 조건 등을 계약 조항으로 명시해 관리하는 방식이 일반적이다.

② 학습 세트에 포함된 개인정보는 가능하면 가명처리하고, 추가정보는 별도 저장소나 계정으로 분리 보관하여 재식별 가능성을 줄이는 방식을 검토할 수 있다.

③ 모델 고도화와 장애 분석을 위해 운영·학습 로그를 장기간 보관하더라도, 접근 권한만 엄격히 통제하면 보유기간 제한 원칙과는 별개로 취급할 수 있다.

④ 외부 광고·제휴 등 제3자 제공이 수반되는 경우, 받는 자·목적·항목·보유기간·국외 이전 여부(해당 시)를 이용자가 확인할 수 있도록 고지하는 것이 요구된다.

⑤ 클라우드 사업자가 보안 인증을 보유하고 있더라도, 계정·권한 관리, 암호화 설정, 접속기록 검토 등 애플리케이션 계층 통제에 대한 책임은 금융사 D에게 남아 있다.

AI 전주기에서도 최소수집·목적 제한·보유기간 설정·주기적 파기 원칙은 그대로 적용된다. 접근권한 통제만으로 장기 보유를 정당화하는 것은 적절하지 않으므로, ③이 옳지 않은 설명이다.
①은 위탁 구조에서 계약을 통한 재학습·반출·하위수탁 통제가 중요하다는 점을 정리한 설명이다.
②는 가명처리와 추가정보 분리를 통해 재식별 위험을 완화하는 일반적인 방향을 제시한다.
④는 제3자 제공 고지 항목(받는 자·목적·항목·보유기간·국외 이전 여부)을 반영한 설명으로 타당하다.
⑤는 클라우드 책임공유 모델에서 애플리케이션 계층 통제는 여전히 고객사 책임이라는 점을 짚고 있다.

상 중 하

36 개인정보보호법과 다른 법률의 관계에 관한 설명으로 옳지 않은 것은?

① 신용정보법, 위치정보법 등 개별법을 적용받는 자는 해당 분야에 관해서는 개인정보보호법의 적용이 면제된다.

② 개별법에 개인정보 보호에 관한 규정이 있다고 하더라도, 항상 개인정보보호법보다 우선하는 것은 아니며 입법 목적·내용 등을 종합적으로 검토해야 한다.

③ 개별법이 개인정보보호법보다 보호 수준을 강화하는 경우뿐 아니라, 완화하는 경우에도 특별법으로서 우선 적용될 수 있다.

④ 개인정보보호법과 다른 내용을 정한 것은 '법률'에 한정되며, 시행령·고시·조례만으로는 법 제6조의 "특별한 규정"에 해당할 수 없다(단, 법률의 구체적 위임을 받은 경우는 예외).

⑤ 개인정보보호법은 개인정보 보호에 관한 일반법으로, 다른 법률에 개인정보 처리에 관한 특별한 규정이 있는 경우 그 법률이 우선 적용될 수 있다.

신용정보법 등 개별법을 적용받는 자라고 해서 이 법의 적용이 면제되는 것은 아니다. 개인정보를 처리하는 자는 누구든지 이 법의 규정을 적용받는다.
즉, 신용정보법, 위치정보법, 정보통신망법, 전자상거래법 등 개별법이 적용된다고 해서 개인정보 보호법을 적용 받지 않는 것이 아니다. 다만, 그 개별법에 개인정보 보호법과 내용이 다른 특별한 규정이 있는 부분에 한해서 그 개별법 규정이 우선 적용될 뿐이다.

37 개인정보의 수집 · 이용(법 제15조)에 대한 설명으로 적절하지 않은 것을 고르시오.

① 모든 개인정보처리자는 법 제15조 제1항 제1호부터 제7호까지 중 어느 하나의 적법요건을 갖춘 경우, 그 목적 범위에서 개인정보를 수집 · 이용할 수 있다.

② 2023년 개정으로 정보통신서비스 제공자에 대한 '온라인 특례(필수동의 원칙)' 규정이 삭제되어, 이들도 일반 개인정보처리자와 동일하게 법 제15조를 적용받게 되었다.

③ 정보주체와의 서비스 이용계약 이행에 필요하고, 정보주체가 합리적으로 예상 가능한 범위에 있는 개인정보는 동의 없이도 수집 · 이용할 수 있는 경우가 있다.

④ 정보통신서비스 제공자에게는 여전히 동의에 의한 수집 · 이용만 허용되고, 계약 이행이나 정당한 이익에 따른 수집 · 이용은 인정되지 않는다.

⑤ 하나 이상의 적법요건(예: 동의 + 계약 이행)을 동시에 충족하는 경우, 복수의 근거에 따라 개인정보를 수집 · 이용하는 것도 가능하다.

> 정보통신서비스 제공자의 경우 종전 법 제39조의3에 따라 의무적으로 동의를 받아 왔으나 해당 규정이 삭제되었으므로 개인정보 보호법 제15조의 규정을 따라야 한다.
> 즉, 동의, 계약 이행, 법적 의무, 정당한 이익 등 제15조 제1항 각 호의 적법근거를 토대로 개인정보를 수집 및 이용할 수 있다.

38 플랫폼 B의 개인정보의 보관 · 파기 운영이 다음과 같이 점검되었다. 개인정보 보호법 및 개인정보의 안전성 확보조치 기준에 비추어 볼 때 본 설명 중 옳지 않은 것은?

> – 모든 고객 데이터 '탈퇴 후 5년' 일괄 보관
> – 백업은 운영계와 동일 권한 체계로 접근 가능. 파기 기준 없음
> – 법정보존 항목(전자상거래 등)과 추천 로그가 동일 테이블에 혼재
> – 테스트용 DB는 운영 DB를 주 1회 전체 복제
> – 출력물 파기는 분기 1회 모아서 일반 폐기물과 함께 처리

① 탈퇴 후 모든 데이터를 일괄 보관하기보다는, 법정보존 대상과 그렇지 않은 항목을 구분해 목적 · 항목별 보관기간을 다르게 설정하는 방식이 바람직하다.

② 전자상거래 관련 법정보존 항목과 추천 로그는, 컬럼이 구분되어 있는 경우에는 동일 테이블에 보관이 가능하다.

③ 백업은 운영계와 동일 권한으로 두기보다는 별도 저장소와 권한 체계를 두고, 법정보존 기간을 고려한 삭제 기준과 접근기록 점검 절차를 마련할 필요가 있다.

④ 개발 · 테스트 환경에는 가능하면 더미 또는 가명 처리된 데이터를 사용하고, 실데이터가 필요한 경우에도 범위와 보유 기간을 최소화하는 것이 적절하다.

⑤ 출력물은 분기마다 일반 폐기물로 버리기보다는, 파쇄 · 소각 등 복구가 어려운 방식으로 처리하고, 외부 업체에 위탁하는 경우 계약 · 점검을 통해 관리하는 것이 좋다.

> 보관 · 파기 단계에서는 목적별 · 항목별 보유기간 설정, 백업 · 테스트 환경 · 출력물 처리에 대한 별도 통제가 중요하다.
> 법정보존 항목과 추천 로그를 동일 테이블에 혼재시키면, 서로 다른 보존기간 · 파기 시점을 적용하기 어렵고, 불필요한 장기 보관이 발생할 수 있다. 컬럼만 구분되어 있다고 해서 문제가 없다고 보기는 어렵다.
> ① 법정보존 항목과 그렇지 않은 항목을 구분해 각기 다른 보존기간을 두는 것은 최소 보유 · 목적 제한 원칙에 맞다.
> ③ 백업은 별도 권한 · 저장소 · 삭제 기준을 설정하고, 접근기록을 점검하는 체계를 두어야 한다. 운영계와 동일하게 두는 것은 과도한 위험을 초래한다.
> ④ 개발 · 테스트에서는 실데이터 사용을 최소화하고, 더미 · 가명 데이터를 활용하는 것이 안전조치 기준과 실무 관행에 부합한다.
> ⑤ 개인정보가 포함될 수 있는 출력물은 일반 폐기 대신 파쇄 · 소각 등 복구 불가능한 방식으로 처리해야 하며, 위탁 시 계약 · 감독이 필요하다.

(상)(중)**(하)**

39 개인정보보호법 제3조 및 「개인정보 처리 통합 안내서(2025.7.)」의 설명에 비추어 볼 때, 개인정보 보호 원칙에 대한 설명으로 옳지 않은 것은?

① 개인정보 보호 원칙은 개인정보처리자에게는 행동 지침을, 정책 담당자에게는 정책 수립 및 집행 기준을, 사법부에는 법 해석의 이론적 기초를 제시하며, 다른 법령의 제·개정 및 적용 과정에서도 해석 원칙으로 기능한다.

② 개인정보처리자는 구체적이고 명확한 수집 목적을 가지고 개인정보의 처리 목적을 특정하고, 그 목적에 필요한 범위에서 최소한의 개인정보만을 적법하고 정당하게 수집해야 한다.

③ 개인정보처리자는 개인정보를 익명 또는 가명으로 처리하여도 수집 목적을 달성할 수 있는 경우에는, 익명처리가 가능한 경우 익명으로, 그렇지 않은 경우 가명으로 처리될 수 있도록 해야 한다.

④ 개인정보 보호 원칙 중 '사생활 침해 최소화' 원칙은 개인정보의 수집 단계에 한정되며, 이미 수집된 개인정보의 이용·제공 단계에는 적용되지 않는다.

⑤ 개인정보처리자는 개인정보 처리방침 등 개인정보 처리에 관한 사항을 공개하고, 열람청구권 등 정보주체의 권리를 보장하여 처리의 투명성을 확보해야 하며, 이 법 및 관계법령이 정한 책임과 의무를 준수함으로써 정보주체의 신뢰를 얻기 위해 노력해야 한다.

> 개인정보처리자는 처리 목적에 필요한 범위에서 개인정보를 처리하는 경우에도 가능한 한 정보주체의 사생활 침해를 최소화하는 방법으로 개인정보를 처리해야 한다. 여기서 '처리'는 수집·이용·제공 등 일련의 모든 과정 전체를 의미하므로, 이 원칙은 수집 단계에만 한정되는 것이 아니라 이미 수집한 개인정보의 이용·제공·보관·파기 등 전 과정에 적용된다.

(상)(중)**(하)**

40 다음은 A사가 수립한 '동의 없는 추가적 이용·제공' 검토 체크리스트 초안이다. 개인정보 보호법 시행령 제14조의2(개인정보의 추가적인 이용·제공의 기준 등)에서 요구하는 요소를 모두 충족하도록 보완한 조합은?

> 가. 당초 수집 목적과의 관련성
> 나. 정보주체가 추가 이용·제공을 합리적으로 예측할 수 있는지 여부
> 다. 정보주체의 권리·이익을 부당하게 침해하는지 여부
> 라. 가명처리 등 안전성 확보에 필요한 조치의 적정성

① 가 + 나
② 가 + 다
③ 가 + 나 + 다
④ 가 + 나 + 라
⑤ 가 + 나 + 다 + 라

> 개인정보 보호법 시행령 제14조의2는 동의 없는 추가적 이용·제공을 허용할 수 있는지 판단하기 위해, ① 당초 수집 목적과의 관련성(가), ② 정보주체의 합리적 예측 가능성(나), ③ 정보주체 권리·이익 침해 여부(다), ④ 가명처리 등 안전조치의 마련 여부(라)를 함께 고려하도록 규정하고 있다.
> 따라서 '관련성·예측 가능성·이익 침해 여부·안전조치' 네 가지 요소를 모두 검토해야 하므로, 네 항목을 모두 포함한 ⑤가 타당하다. ①~④는 시행령이 요구하는 판단 요소 일부가 누락되어 있어 불완전한 구성이다.

41 모바일 구독 서비스 A는 가입 시 '맞춤형 마케팅' 선택 동의를 받고, 광고 플랫폼 P에 해시 이메일 매칭으로 캠페인을 진행해 왔으나, 최근 다수 고객이 마케팅 동의를 철회하였다. 개인정보 보호법상 동의 철회·제3자 제공·보관·파기 원칙을 고려할 때, 다음 설명 중 옳지 않은 것은?

> – 동의 철회 접수 즉시 A 내부 타깃 세그먼트에서 제외
> – P로 보낸 해시 목록은 월 1회 일괄 갱신(최근 철회자는 다음 갱신 때 반영)
> – 과거 캠페인 성과 로그(노출/클릭)는 분석 목적으로 장기 보존
> – 처리방침에는 동의 철회 방법만 기재, 제3자 제공 범위·보유기간 고지는 포괄 표현

① 동의 철회가 접수되면 A 내부 세그먼트에서 신속히 제외하고, P에 제공되는 신규 목록에도 최대한 지체 없이 반영되도록 운영하며, P에게 삭제·중단 요청을 하고 그 처리 결과를 기록하는 절차를 두는 것이 바람직하다.

② P로 제공된 해시 목록은 월 1회 일괄 갱신하면서, 동의 철회자가 그 사이 기간 동안 일부 캠페인에 포함되더라도 해시 목록이 월 1회 갱신되는 구조이므로 현행 주기를 유지해도 무방하다.

③ 과거 캠페인 성과 로그는 개별 이용자를 직접 식별할 수 없도록 가명·집계 처리하고, 분석 목적상 불필요한 세부 이벤트는 보관기간 내라도 주기적으로 삭제하는 방안을 검토할 필요가 있다.

④ 처리방침에는 제3자 제공의 받는 자·목적·항목·보유기간·갱신주기 등을 가능한 범위에서 구체적으로 기재하고, 동의 철회 시 제공 중단 및 삭제 요청 절차를 함께 안내하는 구성이 투명성 원칙에 부합한다.

⑤ 해시 이메일은 다른 정보와 결합될 경우 특정 이용자를 재식별하는 수단이 될 수 있으므로, 동의 철회자는 이후 해시 매칭 목록에서도 제외되도록 관리해야 한다.

마케팅 동의는 정보주체가 언제든지 철회할 수 있고, 철회 이후에는 그 범위 내에서 이용·제공을 더 이상 해서는 안 된다는 것이 기본 원칙이다. 광고 플랫폼과의 해시 매칭도 예외가 아니다.

동의 철회 이후에도 "월 1회 갱신까지는 어쩔 수 없다"는 전제를 두고 별도 통제 없이 방치하는 것은, 동의 철회를 가능한 한 신속히 반영해야 한다는 취지와 맞지 않는다. 기술적 제약이 있더라도 주기 단축, 긴급 삭제 요청, 캠페인 대상 필터링 등 보완책을 강구해야 하므로 ②는 옳지 않은 설명이다.

① 내부 세그먼트에서의 즉시 제외와 더불어, 외부 제공 목록(P)의 갱신·삭제 요청, 처리 결과 기록까지 포함한 절차를 두는 것은 동의 철회 반영과 책임성(기록 유지) 측면에서 적절하다.

③ 과거 성과 로그는 계속해서 개인 단위 식별이 가능한 상태로 두기보다는, 가명·집계 처리 등으로 식별 가능성을 낮추고, 목적 대비 과도한 세부 데이터는 주기적으로 줄이는 것이 보유 제한·안전조치 취지에 부합한다.

④ 제3자 제공 관련 고지를 '파트너사와 마케팅 등' 정도로만 포괄 표현하는 것은 부족하며, 받는 자·목적·항목·보유기간·갱신주기 및 동의 철회 후 중단 절차를 가능한 범위에서 구체화하는 것이 바람직하다.

⑤ 해시 이메일은 그 자체만으로 익명정보라고 단정할 수 없고, 특히 광고 플랫폼에서 해시 매칭을 통해 개인을 식별·타게팅하는 구조라면 개인정보 제공과 실질적으로 다르지 않다. 철회자의 해시는 제공·활용 대상에서 제외되어야 한다.

42 다음은 조직 B의 개인정보 파기 운영 체크리스트 초안이다. 개인정보 보호법 및 「개인정보의 안전성 확보조치 기준」을 고려할 때, 옳은 것만 모두 고른 것은?

> A. 전자파일 파기 시 복구 불가능한 방식을 채택하고, 파기 일시 · 대상 · 방법을 기록으로 남긴다.
> B. 종이 출력물은 파쇄, 천공 등으로 파기하며, 전문 업체에 위탁하는 경우 계약서에 파기 방법 · 보안요건 · 점검 절차를 명시한다.
> C. 이동식 매체(USB/HDD)는 포맷 후 재사용하지 않는다면, 추가 조치 없이 파기로 보아도 무방하다.
> D. 백업은 운영 DB와 동일한 권한 · 보유기간을 적용하되, 파기 기준은 운영계에 준한다는 내부 원칙만 두고 별도 문서화는 하지 않는다.

① A
② A, B
③ B, C
④ A, B, C
⑤ A, B, D

파기의 핵심은 복구 불가능한 방식과 기록 · 검증이다. 전자파일은 단순 삭제만으로는 복구 가능성이 남을 수 있어, 덮어쓰기 · 암호화 후 폐기 등 복구가 어려운 방법과 파기 기록이 요구된다. A는 이 취지에 부합한다.
종이 출력물도 개인정보 유출 가능성이 있으므로, 파쇄 · 용융 등 복구가 곤란한 방식으로 처리해야 하고, 외부 위탁 시 계약서에 파기 방법 · 보안요건 · 점검 방식을 명시해 관리 · 감독해야 한다. B 역시 안전성 확보조치 기준과 일치한다.
C : 이동식 매체는 단순 포맷만으로도 복구 가능성이 상당히 남기 때문에, 논리적 삭제에 더해 물리적 파기 · 디가우징 · 보안 삭제 등을 고려해야 한다. 포맷만으로 파기로 보아도 무방하다는 설명은 부적절하다.
D : 백업은 운영계와 별도 권한 · 보관 위치를 두고, 명시적인 보존 · 파기 기준을 설정해야 한다. "운영계에 준한다는 내부 원칙"만으로는 실제 파기 시점 · 방법이 불명확해, 보관 기간이 사실상 무한정 늘어날 위험이 있다.

43 한 기관이 '자체결합(셀프결합)' 방식으로 사내 3개 시스템의 가명정보를 통합 분석하려 한다. 「개인정보 보호법」 및 시행령상의 가명정보 결합 · 결합전문기관 제도를 고려할 때, 다음 설명 중 옳지 않은 것은?

① 동일 개인정보처리자 내부 시스템 간 가명정보를 결합하는 자체결합은, 법에서 정한 요건을 지키는 범위에서 결합전문기관을 거치지 않고 수행할 수 있다.
② 자체결합이라도 추가정보 분리 보관, 권한 최소화, 접근기록 보관 등 재식별 방지 통제가 필요하다.
③ 고유식별정보 · 민감정보라도 가명처리 후 통계 작성 · 과학적 연구 등 법에서 정한 목적 범위 내에서는 적정한 절차에 따라 처리할 수 있다.
④ 서로 다른 개인정보처리자 간 가명정보 결합은 원칙적으로 결합전문기관을 통한 결합 절차를 전제로 설계해야 한다.
⑤ 외부 기관과의 가명정보 결합이라도 양 기관이 서면 계약을 체결하여 책임 범위를 정하면, 결합전문기관을 통한 결합 절차를 대체할 수 있다.

외부 기관과 서면 계약을 체결했다고 해서 결합전문기관을 통한 결합 절차를 마음대로 대체할 수 있는 것은 아니다. 결합전문기관 제도는 재식별 가능성 통제, 역할 분리, 책임 추적을 위한 법정 장치이므로, 단순 계약만으로 이를 대체할 수 있다는 설명은 옳지 않다.
① 「개인정보 보호법」 체계상 동일 개인정보처리자 내부 시스템 간 가명정보 결합(자체결합)은, 법령이 정한 요건(목적 범위, 안전조치, 재식별 금지 등)을 충족하는 한 결합전문기관을 거치지 않고도 가능하다고 본다.
② 자체결합이라고 해서 안전조치가 완화되는 것은 아니며, 추가정보의 분리 보관, 접근 권한 최소화, 처리 · 접근 기록 보관 등 재식별 방지 통제는 필수에 가깝다.
③ 고유식별정보 · 민감정보도 가명처리를 전제로 통계 작성, 과학적 연구, 공익적 기록 보존 등 법에서 정한 범위 내 목적이라면, 관련 요건(가명처리 적정성, 처리기록, 안전조치 등)을 갖추어 활용할 수 있다.
④ 서로 다른 개인정보처리자 간 가명정보 결합은 원칙적으로 결합전문기관을 통한 절차를 전제로 하고 있으며, 당사자 간 임의 직접 결합은 재식별 위험 · 책임 추적 측면에서 허용되지 않는다고 보는 것이 일반적인 해석이다.

44 초등 대상 온라인 학습플랫폼 Z는 회원 가입 시 만 13세 아동의 참여가 빈번하다. Z사는 아래와 같은 개선안을 검토 중이다. 「개인정보 보호법」 및 아동 · 청소년 개인정보 보호 관련 지침을 고려할 때, 가장 적절하지 않은 것을 고르시오.

① 만 14세 미만은 법정대리인 동의를 전제로 가입을 처리하고, 필요 시 법정대리인 본인확인이나 추가 인증 수단을 통해 동의 진위를 확인하는 절차를 둔다.

② 학습 서비스 제공에 필수적인 항목과 프로모션 · 이벤트용 선택 항목을 화면에서 명확히 구분하고, 선택 항목 미동의만을 이유로 핵심 학습 기능 이용을 제한하지 않는다.

③ 아동 계정에 대한 맞춤형 광고용 상세 프로파일링은 학습 제공과 밀접하게 관련된 활용으로 볼 수 있으므로, 별도 마케팅 동의 없이 학습 동의 범위 안에서 처리할 수 있다.

④ 법정대리인 동의 철회, 열람 · 정정 · 삭제 등 권리 행사는 대리인이 온라인을 통해서도 신청할 수 있도록 별도 창구와 절차를 마련한다.

⑤ 아동과 법정대리인에게는 수집 목적, 보유 기간, 제3자 제공 · 국외 이전 여부(해당 시) 등 핵심 정보를 연령대에 맞는 용어와 화면 구성으로 쉽게 이해할 수 있게 고지한다.

맞춤형 광고용 상세 프로파일링을 "학습 제공 목적에 포함되므로 별도 동의 없이 처리할 수 있다"는 전제는 부적절하다. 아동은 취약 계층으로 간주되므로 상업적 마케팅 · 광고에 대해서는 필요성 · 최소화, 명확한 별도 동의, 대체 수단 제공 등이 엄격히 요구되며, 학습 목적 동의에 자동 포함된다고 보기는 어렵다.

① 만 14세 미만 아동의 개인정보 처리는 원칙적으로 법정대리인 동의를 전제로 하며, 필요 시 휴대전화 · 본인확인 서비스 또는 추가 인증 등으로 동의 주체와 진위를 점검하는 절차를 둘 수 있어 타당하다.

② 필수 · 선택 항목을 구분하고, 선택 항목 미동의를 이유로 학습 자체를 과도하게 제한하지 않는 것은 아동 · 청소년의 자기결정권 보호 취지에 부합한다.

④ 법정대리인이 온라인으로도 동의 철회, 열람 · 정정 · 삭제 등 권리 행사를 할 수 있도록 창구를 제공하는 것은 권리 보장 · 접근성 측면에서 바람직하다.

⑤ 수집 목적, 보유기간, 제3자 제공 · 국외 이전 여부 등을 아동이 이해할 수 있는 수준의 설명과 UI로 제공하는 것은, 아동 서비스에서 특히 강조되는 '알기 쉬운 고지' 의무에 해당한다.

45 백화점 B사는 대형 경품 이벤트를 진행하면서, 응모권(종이 및 온라인 화면)에 다음과 같은 개인정보 기재란을 두었다. 이 사례와 관련하여, 개인정보 보호법 제3조의 어떤 개인정보 보호 원칙 위반이라고 본 것인지 가장 적절하게 짝지은 것은?

> 필수 입력: 이름, 연락처(휴대전화 번호)
> 추가 입력: 성별, 자녀 수, 동거 여부, 주민등록번호 등
> 안내 문구: "위 항목들에 대한 개인정보 수집 및 제3자 제공에 동의하지 않으면 응모가 불가하거나 경품 추첨에서 제외될 수 있습니다."

① 처리 목적 명확화 및 목적에 필요한 최소 수집 원칙
② 안전관리 원칙(위험에 상응한 보호조치)
③ 개인정보 처리 사항 공개 및 정보주체 권리 보장 원칙(투명성)
④ 익명 · 가명 처리의 원칙
⑤ 정당한 이익에 따른 처리 원칙(법 제15조 제1항 제6호)

경품 추첨 목적과 직접 관련 없는 개인정보를 과도하게 요구하고, 그 동의를 사실상 강제한 점이므로, 가장 직접적으로 "처리 목적 명확화 및 목적에 필요한 최소 수집 원칙" 위반으로 보는 것이 적절하다.

46 보험사 C사는 AI 모델을 활용해 가입자의 "리스크 점수"를 산정하고, 이를 바탕으로 보험료를 자동으로 차등 책정하고 있으며 아래와 같이 운영중에 있다. 이 경우, 개인정보 보호 원칙(법 제3조) 관점에서 가장 적절한 평가를 고르시오.

> 수집 정보 : 기존 계약정보, 보험금 청구 이력, 콜센터 상담 기록, 앱 접속 로그, 외부 제휴사의 위험도 지표 등
> 처리 목적 : "보험 상품 개발 및 서비스 품질 향상"으로만 처리방침에 포괄 기재
> 가입자에게는 AI 점수 산정 사실이나 주요 평가 요소, 이로 인해 보험료가 달라질 수 있다는 점을 별도로 알리지 않음
> C사는 "동의서에 '보험 상품 개발·서비스 품질 향상 및 리스크 분석'이라고 적어두었으므로, 더 이상 추가 안내는 필요 없다"고 주장

① 동의서에 '리스크 분석' 문구가 있으므로, 구체적으로 어떤 데이터가 어떻게 결합·분석되는지나 AI 자동화 여부를 알릴 필요가 없고, 개인정보 보호 원칙상 문제는 없다.

② 리스크 점수 산정은 통계·연구 목적이므로 개인정보 보호 원칙(법 제3조)의 적용대상에서 제외되며, 정보주체에게 별도의 안내를 하지 않아도 된다.

③ 정보주체에게 자신의 개인정보가 어떤 용도와 방식으로 이용되고 있는지, 어떤 보호조치를 하고 있는지를 충분히 공개하지 않고 있으므로, 개인정보 처리 사항 공개 및 정보주체 권리 보장 원칙 및 사생활 침해 최소화 원칙 취지에 어긋날 소지가 있다.

④ AI 모델을 사용하면 자동으로 가명처리가 된 것으로 보아야 하므로, 익명·가명 처리 원칙은 별도로 고려할 필요가 없다.

⑤ 보험사는 상법·보험업법에 따른 정당한 이익이 있으므로, 개인정보 보호 원칙보다 우선 적용되어야 하고, 정보주체에 대한 설명 의무는 발생하지 않는다.

> ① 법 제3조의 투명성·권리 보장 원칙, 자동화된 결정 관련 고시·안내서에서 자동화된 결정이 존재하는지, 어떤 개인정보 유형이 어떻게 활용되는지, 정보주체 권리가 무엇인지를 알기 쉽게 공개하도록 요구한다.
> ② 가명정보를 활용한 통계·연구 목적 처리에 대해 법 제28조의2가 별도 규율을 두고 있지만, 그렇다고 해서 법 제3조의 일반 원칙이 면제되는 것은 아니다.
> ④ 익명/가명 처리는 "가능한 경우 그렇게 하라"는 처리 원칙이지, AI 모델을 사용한다고 해서 자동으로 가명처리/익명 처리가 되지는 않는다.
> ⑤ 개인정보 보호법 제15조 제1항 제6호의 "정당한 이익"은 수집·이용의 적법 근거일 뿐, 보호 원칙을 무시해도 된다는 면제 조항이 아니다.

47 가명처리 기법에 대한 다음 설명 중 옳은 것을 모두 고른 것은?

> ㄱ. 토큰화 : 개인별 값을 제거하고 그룹 단위 합계·빈도 등 집계값만 산출한다.
> ㄴ. 지역(로컬) 일반화 : 동일 레코드 내 준식별자 값들을 서로 일관되게 더 넓은 범주로 치환한다.
> ㄷ. 전역 일반화 : 전체 데이터셋에 대해 특정 준식별자에 동일한 일반화 규칙을 일괄 적용한다.
> ㄹ. 라플라스 노이즈 주입 : 각 레코드 값에 임의의 교란값을 더해 통계적 특성을 유지하면서 재식별 위험을 낮춘다.
> ㅁ. 마스킹 : 개인정보의 일부 또는 전부를 알아볼 수 없도록 대체하거나 숨기는 기법

① ㄱ, ㄹ   ② ㄴ, ㄷ   ③ ㄴ, ㄷ, ㅁ
④ ㄱ, ㄷ, ㄹ   ⑤ ㄴ, ㄷ, ㄹ, ㅁ

> ㄱ.은 총계처리에 대한 설명이다.
> 토큰화는 개인을 식별할 수 있는 정보를 토큰으로 변환 후 대체함으로써 개인정보를 직접 사용하여 발생하는 식별 위험을 제거하여 개인정보를 보호하는 기술이다.

상 중 하

48 다음 중 「개인정보 처리 통합 안내서」 및 표준 개인정보 보호지침 제6조에서 설명하는 '개인정보 수집 · 이용 사례'로 보기 어려운 것을 고르시오.

① 박람회에서 만난 사람으로부터 명함을 받고, 그 명함에 적힌 이름 · 회사명 · 연락처를 회사 CRM에 입력하여 이후 연락에 활용하는 경우

② 개별 개인을 식별할 수 없도록 완전히 익명화 · 집계된 지역별 인구 통계표(개인 식별 불가능한 순수 통계 데이터)를 다운로드해 참고자료로 활용하는 경우

③ 인터넷 기사 · 온라인 공개 프로필 등을 검색하여 특정 인물의 이름과 연락처를 수집한 뒤, 이를 엑셀 파일로 정리하여 마케팅 리스트로 활용하는 경우

④ 회원이 웹 · 앱 서비스를 이용하는 과정에서 자동으로 생성되는 접속 IP, 접속시간, 이용기록 등을 서버 로그에 저장하고, 보안 모니터링 및 서비스 품질 분석에 활용하는 경우

⑤ 본인 동의를 받아 신용평가기관으로부터 해당 고객의 개인신용평가 정보를 전달받아, 자사 대출 심사에 활용하는 경우

②는 이미 개인 식별이 불가능한 형태(완전 익명 · 집계 데이터)의 순수 통계표이고, 이를 다운로드해 참고자료로만 보는 것은 개인정보 수집 이용으로 볼 수 없다.

상 중 하

49 플랫폼 D의 가명처리 설계안이다. 가장 적절하지 않은 선택을 고르시오.

> – 고객 ID → 난수 토큰화(서버측 키로 매핑)
> – 이메일 → 도메인 분리 후 로컬 파트 해시(SHA–256 + 개별 솔트)
> – 주소 → 시/군 단위로 일반화, 상세주소 제거
> – 주문 키 → 내부 분석 편의를 위해 원본을 그대로 유지
> – 추가정보(매핑 키 · 솔트 · 원본–토큰 테이블)는 별도 보안 영역에 저장

① 고객 ID 토큰화는 적절하다.
② 이메일 로컬 파트 해시에 개별 솔트를 적용하는 것은 재식별 위험 저감에 유효하다.
③ 주소를 시/군 단위로 일반화하고 상세주소를 제거하는 것은 적절하다.
④ 주문 키 원본 유지도 내부 사용이므로 문제 없다.
⑤ 추가정보의 분리 보관은 필수적인 설계다.

가명처리의 핵심은 추가정보 분리와 재식별 위험 저감이다.
주문 키를 원본 그대로 두면 내부에서 원본 간 연결의 열쇠가 되어 재식별 가능성을 높이므로, 토큰화 · 일방향 가공 등 추가 조치가 필요하다.
① · ② · ③ · ⑤는 일반적인 가명처리 모범 사례에 부합하는 선택이다.

50 다음은 개인정보 처리 관련 동의·고지 화면(UI) 설계에 관한 시나리오이다. "중요한 내용의 명확한 표시(예: 눈에 띄는 위치·강조 표시) 또는 별도 동의"가 적용되는 사례로 가장 적절하지 않은 것을 고르시오.

① 건강정보(문진표, 웨어러블 연동 등 민감정보) 수집 동의 화면
② 국외 이전에 대한 동의 화면(이전 국가, 이전받는 자, 목적, 항목, 보유기간, 이전 방법 등을 고지)
③ 제3자 제공(제휴사의 자기 목적 이용)에 대한 동의 화면
④ 필수·선택 항목을 구분하고, 선택 항목 미동의 시 부당한 서비스 제한을 두지 않는다는 내용을 함께 고지하는 화면
⑤ 시스템 유지보수·장애 대응 등을 위해 수탁자(처리위탁)가 동일 목적 범위에서 처리한다는 점을 처리방침·위탁계약 등을 통해 안내·통제하는 구조

① 민감정보, ② 국외 이전, ③ 제3자 제공은 개인정보보호법령상 "중요한 내용"에 해당하므로, 동의 화면에서 다른 내용보다 눈에 띄게 표시하고, 별도의 동의 항목으로 분리하는 등 높은 수준의 명확한 표시·동의가 요구된다.
④ 필수·선택 항목 구분과 선택 미동의에 따른 부당한 차별 금지 역시 정보주체가 쉽게 인지할 수 있도록 명확한 구분·표시가 필요하다.
반면 ⑤ 처리위탁은 동일 목적 범위 내에서 위탁계약(보호조치·재위탁 통제 등)과 개인정보처리방침 공개를 통해 통제하는 것이 핵심이며, 통상 매 건마다 별도의 강조된 동의 UI를 요구하는 수준은 상대적으로 낮다.

51 개인정보보호법상 '개인정보 수집·이용'에 관한 기본 원칙을 가장 적절하게 설명한 것은?

① 수집 목적은 "서비스 개선" 등으로 포괄 기재해도 충분하며, 이후 목적 변경은 자유롭다.
② 필수·선택 항목을 구분하고, 선택 항목 미동의에 따른 과도한 서비스 차별을 두지 않는 것이 원칙이다.
③ 수집 시점에 목적을 밝힐 필요는 없고, 나중에 처리방침에 일괄 반영하면 된다.
④ 보유기간은 내부 편의에 따라 일괄 5년 이상으로 정하는 것이 바람직하다.
⑤ 수집 항목은 향후 필요 가능성을 고려해 여유 있게 넓게 받는 것이 안전하다.

② 개인정보 수집·이용의 기본 원칙은 목적의 구체적 특정, 필요 최소 수집, 보유기간 최소화이며, 필수·선택 항목 분리와 선택 미동의에 따른 부당한 차별 금지가 핵심이다.
① 포괄 목적 기재, ③ 수집 시점 목적 고지 누락, ④·⑤ 편의·가능성에 따른 장기·과다 수집은 최소수집·목적 제한·보유 제한 원칙과 충돌한다.

52 개인정보처리자가 개인정보를 제3자에게 제공하고자 할 때, 개인정보보호법령상 '제3자 제공 동의서'에 반드시 포함되어야 하는 필수 고지 항목만을 올바르게 묶은 것은?

> A. 제공받는 자(법인명 등 특정 가능하게)
> B. 제공 목적
> C. 제공 항목
> D. 보유 · 이용 기간
> E. 제공받는 자의 개인정보처리자 성명 및 연락처

① A, B, C
② A, C, D
③ A, B, C, D
④ B, C, D, E
⑤ A, B, D, E

개인정보보호법 제17조 제2항은, 제3자 제공에 대해 동의를 받을 때 반드시 알려야 하는 항목은 다음과 같다.
– 개인정보를 제공받는 자
– 개인정보를 제공받는 자의 개인정보 이용 목적
– 제공하는 개인정보의 항목
– 개인정보를 제공받는 자의 개인정보 보유 및 이용 기간
– 동의를 거부할 권리가 있다는 사실 및 동의 거부에 따른 불이익이 있는 경우 그 불이익의 내용
E. 제공받는 자의 개인정보처리자 성명 및 연락처는 법률 조문에 나오는 필수 항목이 아니라, 지침 · 안내에서 권고 수준으로 언급되는 내용에 가깝다.

53 다음 설명 A~C에 해당하는 개인정보 관련 개념의 조합으로 가장 적절한 것은?

> A. 추가정보를 분리 보관하고 접근 권한을 최소화하여 재식별 위험을 낮춘 상태의 정보
> B. 개별 자연인을 단독 또는 다른 정보와 쉽게 결합하여 식별할 수 있는 정보
> C. 내부 · 외부 결합 가능성을 합리적으로 차단하고 재식별 위험평가를 통해 개인 식별 가능성이 현저히 낮다고 볼 수 있는 정보

① A–개인정보 / B–가명정보 / C–익명정보
② A–가명정보 / B–개인정보 / C–익명정보
③ A–익명정보 / B–개인정보 / C–가명정보
④ A–개인정보 / B–익명정보 / C–가명정보
⑤ A–가명정보 / B–익명정보 / C–개인정보

A는 추가정보 분리 보관과 권한 최소화를 전제로 한 가명정보 정의에 부합한다.
B는 단독 또는 다른 정보와 쉽게 결합하여 특정 개인을 알아볼 수 있는 개인정보에 해당한다.
C는 결합 가능성 차단과 재식별 위험평가를 통해 개인 식별 가능성이 합리적으로 낮다고 보는 익명정보 특성에 대응한다.

(상)(중)**(하)**

54 개인정보보호법상 '개인정보의 보유 · 파기' 원칙에 대한 설명으로 가장 적절한 것은?

① 이용약관에 일괄 10년 보관이라 기재했으면, 목적과 무관하게 모든 개인정보를 10년간 보관할 수 있다.

② 운영 DB의 개인정보는 보유기간 만료 시 지체 없이 파기하고, 법정보존 대상은 분리보관 후 보존기간 만료 시 법령상 보존기간 내에서 파기한다.

③ 백업은 사고 대응을 위해 개인정보보호법과 관계없이 장기간 보관하는 것이 안전하다.

④ 테스트의 정확성을 위해 운영 환경의 데이터를 복사해서 활용한다.

⑤ 출력물은 분기 1회 일반 폐기로 일괄 처리해도 무방하다.

개인정보 보유 · 파기 단계의 원칙은 목적 · 항목별 최소 보유와, 기한 도래 시 지체 없는 파기 및 법정보존 대상의 분리보관 후 만료 시 파기이다.
① 포괄 장기 보유, ③ 백업 장기 보관, ④ 실데이터 상시 복제, ⑤ 일반 폐기를 통한 출력물 처리 등은 보유 제한 · 최소화 · 안전조치 원칙에 부합하지 않는다.

(상)(중)**(하)**

55 정보주체의 개인정보 열람 · 정정 · 삭제 · 처리정지 요청을 처리하는 절차에 관한 설명이다. 다음 중 정보주체 권리 운영에 관한 올바른 원칙만을 모두 고른 것은?

A. 본인확인은 최소 수집의 합리적인 방법으로 수행한다.
B. 처리 결과와 그 사유를 법정 처리기한 내 지체 없이 통지한다.
C. 정보주체 삭제 요청시 법정보존 대상 개인정보라 하더라도 즉시 삭제한다.
D. 대리인 신청은 위임 확인(위임장 등)을 전제로 허용한다.
E. 외부로 제공 · 위탁된 개인정보에는 권리행사 결과를 반영할 필요가 없다.

① A, B
② A, D
③ A, B, D
④ B, C, E
⑤ A, B, D, E

정보주체 권리행사 체계의 기본은 최소 수집 원칙에 따른 본인확인(A), 처리 결과 · 사유의 법정 기한 내 통지(B), 정당한 위임을 전제로 한 대리인 신청 허용(D)이다.
법정보존 대상은 즉시 삭제가 아니라 분리보관 후 보존기간 만료 시 파기하는 것이 원칙이며(C 오답), 외부 제공 · 위탁분에 대해서도 가능한 범위에서 삭제 · 정정 등 권리행사 결과를 반영할 수 있도록 연계해야 한다(E 오답).

상 중 **하**

56 개인정보보호법 제29조 및 관련 고시에 따른 '개인정보 내부관리계획'에 관한 설명이다. 다음 중 내부관리계획에 포함되어야 할 필수 구성 요소만을 가장 적절히 묶은 것은?

> A. 개인정보처리시스템 계정 · 권한의 부여 · 변경 · 말소 절차
> B. 개인정보 유출 등 사고 대응(탐지 · 통지 · 신고 · 재발방지) 절차
> C. 개인정보 출력 · 복사 · 반출 통제와 파기 기준
> D. 정보주체 동의서 양식

① A, B
② A, C
③ A, B, C
④ B, C, D
⑤ A, B, C, D

법 제29조 및 '개인정보의 안전성 확보조치 기준(고시)'는 내부관리계획에 계정 · 권한관리(A), 사고 대응 절차(B), 출력 · 복사 · 반출 · 파기 기준(C) 등을 포함하도록 요구한다.
D 동의서 양식은 참고사항일 수 있으나, 내부관리계획의 필수 구성 요소로 보기는 어렵다.

상 **중** 하

57 개인정보처리시스템의 계정 및 접근권한 관리에 대한 설명으로, 개인정보 보호 관점에서 가장 타당한 것을 고르시오.

① 개발 · 운영 · 관리 계정을 통합 ID로 공유 사용하되, 업무 연속성을 위해 비밀번호를 주기적으로 팀에 공지한다.
② 특수계정은 다중인증(MFA)을 적용하며, 사용 이력과 사유를 기록 · 검토한다.
③ 외주 인력 계정은 계약기간 종료 후 30일 유예를 두고 말소한다.
④ IAM(권한관리) 변경은 감사 시점에 일괄 반영한다.
⑤ 장시간 미 사용시 세션 차단을 적용할 수 없다면 화면 보호기 잠금기능으로 대신한다.

'개인정보의 안전성 확보조치 기준'은 최소권한 원칙, 다중인증(MFA), 행위기록 보관 등 개인정보처리시스템 계정 · 접근통제 운영을 요구한다.
① 공유계정 · 비밀번호 공지는 책임 추적성 상실, ③ 즉시 말소 미흡, ④ 권한 변경 지연, ⑤ 화면 보호기 잠금기능은 세션 차단 대책으로 인정되지 않는다.

58 다음 중 개인정보처리시스템의 '접속기록(로그) 위 · 변조 방지 및 보관' 운영으로서 가장 적절한 것은 어느 것인가?

① 애플리케이션 로그만 보관하고 DB · 관리자 접속기록은 필수가 아니다.

② 접속기록은 6개월 순환 보관하고, 시스템 간 시간 동기화는 별도로 하지 않아도 된다.

③ WORM, 전자서명, 해시연쇄 등을 통해 무결성을 확보하고, 시각 동기화(NTP)와 별도 보관소를 사용하며, 개인정보처리시스템 · 보안시스템 · DB에 대한 관리자 행위를 포함하여 원칙적으로 1년 이상(규모 · 민감도에 따라 장기 보관) 유지한다.

④ 로그는 부하를 유발하므로 관리자 계정은 기록 대상에서 제외한다.

⑤ 위 · 변조 방지는 월 1회 일부 샘플만 검증하면 충분하다.

안전성 확보조치 기준은 개인정보처리시스템 접속기록에 대해 무결성 확보(전자서명 · 해시 · WORM 등), 시각 동기화, 관리자 행위 포함. 원칙 1년 이상 보관(대규모 · 중요 시스템은 장기 보관)을 요구한다.
① · ④는 로그 범위 축소. ② · ⑤는 보관 기간 · 무결성 · 검증 빈도가 부족하다.

59 다음은 주민등록번호 등 고유식별정보를 처리하는 시스템의 암호화 정책에 관한 설명이다. 개인정보의 암호화 및 고유식별정보 보호 기준에 관한 설명으로 옳지 않은 것은?

① 비밀번호는 일방향 암호(해시+솔트, 스트레칭 등)로 저장한다.

② 주민등록번호 · 여권번호 등 고유식별정보는 저장 시 암호화하고, 전송 시에도 암호화된 채널을 사용한다.

③ 암호키는 운영 서버와 분리된 안전한 영역(KMS/HSM 등)에 보관 · 관리한다.

④ 인증정보 중 하나인 생체인식정보는 저장 시 반드시 일방향 암호화를 통해 안전하게 보관해야 한다.

⑤ TLS 등 안전한 전송구간 보호를 적용하고, 취약한 프로토콜은 사용하지 않는다.

개인정보의 안전성 확보조치 기준 및 관련 가이드라인은 생체인식 정보를 암호화 대상으로 명시하며, 식별 및 인증 업무에 활용할 경우 복호화가 가능한 양방향 암호화 저장을 허용하고 있다.

60 다음 중 「개인정보의 안전성 확보조치 기준」상 물리적 안전조치에 대한 설명으로 옳지 않은 것은 어느 것인가?

① 전산실, 자료보관실 등 개인정보를 보관하는 물리적 보관 장소를 별도로 두고 있는 경우, 개인정보처리자는 이에 대한 출입통제 절차를 수립 · 운영하여야 한다.

② 개인정보가 포함된 서류 및 보조저장매체는 금고나 잠금장치가 있는 캐비닛 등 안전한 장소에 보관하여야 한다.

③ 전산실 및 자료보관실을 별도로 두지 않는 소규모 사업자나 중소기업은 물리적 안전조치 의무가 면제되므로, 서류나 보조저장매체에 대한 별도의 보호조치를 하지 않아도 된다.

④ 별도의 개인정보처리시스템을 운영하지 않고 업무용 컴퓨터 또는 모바일 기기를 이용하여 개인정보를 처리하는 경우, 보조저장매체 반출 · 입 통제를 위한 보안대책은 적용하지 않을 수 있다.

⑤ 전산실 · 자료보관실의 출입통제 방법으로 출입 신청서 작성 및 승인, 출입관리대장에 출입자 · 출입일시 · 출입목적 등을 기록하고 이를 정기적으로 검토하는 방법이 있다.

전산실 · 자료보관실이 없더라도, 서류 · 보조저장매체 잠금보관 및 보조저장매체 반출 · 입 통제는 여전히 해야 한다. 다만 "별도의 물리적 보관 장소가 없는 경우"에만 출입통제 절차는 생략할 수 있을 뿐이다. "물리적 안전조치 전체가 면제된다"는 취지는 아니므로 틀린 설명이다.

61 다음은 B연구소의 '가명정보 안전조치 점검표' 일부이다. 가명정보의 안전한 처리 기준에 비추어 볼 때, 가장 적절하지 않은 항목만을 모두 고른 것은?

> 가. 추가정보는 원본과 같은 저장소에 두고, 접근권한은 분리한다.
> 나. 가명처리 · 결합 · 분석의 주요 내역을 최소 3년 이상 기록 · 보관한다.
> 다. 분석 결과물이 희소 조합(소수 표본)인 경우 재식별 우려를 검토한다.
> 라. 자체결합이라도 접근통제 · 승인 · 기록 등 통제가 필요하다.
> 마. 원본과 가명정보를 동일 계정에서 처리하고, 반출을 통제하면 관리한다.

① 가
② 마
③ 가, 마
④ 나, 라
⑤ 나, 다, 라

가 · 마는 가명정보 안전조치의 취지에 반한다. 추가정보를 원본과 동일 저장소에 두거나, 원본 · 가명정보를 동일 계정에서 처리하면서 반출 통제에만 의존하면 재식별 위험이 과도하게 높아진다. 저장소 · 계정 · 권한의 분리(또는 이에 준하는 논리적 분리 · 강화된 접근통제)가 요구된다.
나(처리기록 3년 이상 보관), 다(희소 조합에 대한 재식별 위험 검토), 라(자체결합 시에도 접근통제 · 승인 · 기록 유지)는 가명정보 안전조치의 정석에 해당하므로 타당하다.

62 '개인정보 표시제한'(화면 · 출력물에서의 개인정보 마스킹) 운영 방안으로 가장 적절한 것은?

① 화면 · 출력물에 주민등록번호 등 고유식별정보를 업무 편의를 위해 별도 승인 없이 항상 전체 표시한다.
② 마스킹은 출력물에만 적용하고, 화면에는 적용하지 않는다.
③ 기본은 화면 · 출력물에서 마스킹(부분 표시)을 적용하되, 업무상 불가피하게 전체 표시가 필요한 경우 사전 승인 · 사유 기록 · 접근기록 연계를 거치고, 출력물은 워터마크와 회수 · 파기를 병행한다.
④ 고객센터는 녹취가 있으므로 전체 표시 예외를 상시 허용한다.
⑤ 내부 개발 · 테스트 환경은 표시제한 적용 대상이 아니다.

'개인정보 표시제한'은 화면 · 출력물 등에서 기본적으로 마스킹을 적용하고, 일시적 전체표시가 필요할 때에만 승인 · 사유 기록 · 접근기록 연계를 요구한다.
출력물은 워터마크 · 반납/파기 관리까지 연계해야 하며, 고객센터 · 개발환경 등도 예외가 아니라 통제 대상이다. ① · ② · ④ · ⑤는 예외를 상시화하거나 일부 매체를 통제에서 배제하여 취지에 반한다.

(상) **(중)** (하)

63 다음 중 「개인정보의 안전성 확보조치 기준」 제7조(개인정보의 암호화)에 대한 설명으로 가장 옳지 않은 것은?

① 개인정보처리자는 비밀번호, 생체인식정보 등 인증정보를 저장하거나 정보통신망을 통하여 송·수신하는 경우 안전한 암호 알고리즘으로 암호화하여야 하며, 비밀번호를 저장하는 경우에는 복호화되지 않도록 일방향 암호화하여야 한다.

② 개인정보처리자는 이용자의 주민등록번호, 여권번호, 운전면허번호, 외국인등록번호, 신용카드번호, 계좌번호, 생체인식정보를 안전한 암호 알고리즘으로 암호화하여 저장하여야 한다.

③ 내부망에 저장하는 주민등록번호는 암호화 미적용 시 위험도 분석 결과에 따라 암호화 여부를 결정할 수 있으므로, 위험도가 낮게 평가되면 암호화하지 않고 저장할 수 있다.

④ 개인정보처리자는 개인정보를 정보통신망을 통하여 인터넷망 구간으로 송·수신하는 경우 이를 안전한 암호 알고리즘으로 암호화하여야 한다.

⑤ 개인정보처리자는 이용자의 개인정보 또는 이용자가 아닌 정보주체의 고유식별정보·생체인식정보를 개인정보취급자의 컴퓨터, 모바일 기기 및 보조저장매체 등에 저장하는 경우 안전한 암호 알고리즘을 사용하여 암호화한 후 저장하여야 한다.

주민등록번호는 예외 없이 반드시 암호화 대상이다.
내부망에 저장하는 경우에도 "개인정보 영향평가"나 "위험도 분석" 결과와 관계없이 암호화해야 하며, 위험도가 낮다고 해서 암호화를 생략할 수 없다.

(상) (중) **(하)**

64 영상정보처리기기(CCTV)를 설치·운영할 때 준수해야 할 기준으로 옳은 것만 모두 고른 것은?

A. 설치 목적, 촬영 범위·시간, 관리책임자 및 연락처를 안내판에 명확히 표시한다.
B. 영상정보의 보관기간은 원칙적으로 최소화하고, 통상 30일 이내에서 설정하되 예외 시 근거·사유를 기록한다.
C. 영상 열람·제공은 법적 근거 또는 당사자 동의 등 정당한 사유가 있을 때만 허용하고, 절차와 기록을 유지한다.
D. 위탁 운영 시 위탁사와의 계약에 보관·열람 통제·반출·파기 의무를 포함한다.

① A, B
② A, C
③ B, C
④ A, B, C
⑤ A, B, C, D

영상정보처리기기 고시는 안내판 고지(A), 보관기간 최소화·예외 사유 기록(B), 열람·제공의 정당성 및 기록(C), 위탁계약을 통한 보관·열람·반출·파기 통제(D)를 모두 요구한다.
따라서 A~D를 모두 포함한 ⑤가 CCTV 운영 기준에 부합하는 조합이다.

ⓈⓌⒽ

65 랜섬웨어를 포함한 침해사고에 대비하여 개인정보 안전조치를 전주기적으로 강화하려 한다. 다음 중 가장 적절한 대응방안을 고르시오.

① 운영계와 백업계를 동일 권한으로 두고, 복구는 사고 발생 시 그때그때 대응한다.
② 일일 증분 백업만 보유하고 오프사이트(별도 장소) 보관은 생략한다.
③ 오프라인/오프사이트를 포함한 3-2-1 보관, 정기 복구 리허설, 로그 무결성 · 시각 동기화, 침해사고 통지 · 신고 및 법정보존 · 파기 기준과의 연계를 함께 운영한다.
④ 네트워크 격리는 개발 생산성 저하 우려가 있으므로 적용하지 않는다.
⑤ 성능 저하 방지를 위해 백업은 암호화 하지 않고 저장한다.

랜섬웨어 대응은 악성코드 방지 · 접근통제 · 접속기록 무결성 · 망/권한 분리 등 기술적 보호조치와 함께, 불변/오프라인 백업 및 3-2-1 보관, 정기 복구 훈련이 결합되어야 한다.
침해 발생 시에는 지체 없는 통지 · 신고와 법정보존 · 파기 기준의 일관된 적용이 필요하다. ① · ② · ④ · ⑤는 동등권한, 단일 백업, 격리 미적용, 비암호화 백업 등으로 위험을 크게 높인다.

ⓈⓂⒽ

66 조직에서 재택근무자 · 협력사 인력이 증가함에 따라 개인정보처리시스템에 대한 원격접속 통제를 재정비하려 한다. 다음 방안 중 가장 적절한 묶음은?

A. 사설망/VPN 또는 제로트러스트 프록시 기반으로 단말 보안 상태(패치 · EDR 동작 여부)를 점검하고, 기기 식별 정보를 등록한다.
B. 원격관리 · DB 툴 접속은 계정 공유를 허용하고, 비밀번호는 분기 1회 팀에 공지한다.
C. MFA와 세션 타임아웃을 적용하고, 위치 · 시간 · 행위 기반 이상징후를 탐지 · 차단한다.
D. 원격 접속 및 파일 반출에 대해 사전 승인 · 사유 기록을 남기고, 접근기록을 무결성 보호(WORM/해시연쇄) 하에 보관한다.

① A, B   ② A, C   ③ A, C, D
④ B, C, D   ⑤ A, B, C, D

안전한 원격접속은 단말 신뢰성(A), MFA · 세션 관리 · 이상징후 차단(C), 원격 접속 · 반출에 대한 승인 · 사유 기록 · 접근기록 무결성 보호(D)를 결합해야 한다.
B와 같은 계정 공유 · 비밀번호 공지는 책임추적성을 훼손하고 침해 대응을 어렵게 만들어 부적절하다.

ⓈⓂⒽ

67 개인정보처리시스템 계정 · 권한의 생애주기(Lifecycle) 관리를 위한 운영 방안 중 가장 타당한 것은?

① 입사 · 퇴사 · 전보 여부와 관계없이 분기별 일괄 점검만 수행한다.
② 외주 인력 계정은 계약 종료 14일 뒤 말소하고, 특수계정은 편의상 상시 부여한다.
③ 권한 부여 시 상신 · 승인 기록을 남기고, 전보 · 휴직 · 퇴사 시 즉시 권한 회수 · 계정 말소를 수행한다.
④ 장기 미시용 계정도 업무 공백을 줄이기 위해 유지한다.
⑤ IAM(권한관리) 변경은 보안 조직의 단독 판단으로 수행한다.

계정 · 권한 생애주기 관리는 부여-변경-말소의 적시 처리, 최소권한 및 일시 승격, 승인 · 사유 기록, 정기 검토, 공유계정 금지가 핵심이다.
① · ② · ④ · ⑤는 지연 회수, 상시 특권, 미사용 계정 유지, 승인 부재 등으로 계정 탈취 · 오남용 위험을 높인다.

(상)(중)(하)

68 다음 중 악성 QR코드를 이용해 사용자의 개인정보나 금융정보를 탈취하는 해킹 수법은?

① 큐싱(Qshing)
② 파밍(Pharming)
③ 스미싱(Smishing)
④ 키로깅(Keylogging)
⑤ 피싱(Phishing)

큐싱은 QR코드와 피싱의 합성어로 해커가 만든 QR코드를 촬영하도록 유도하여 악성 앱을 내려받게 하거나 설치되게 하는 행위이다.
② 파밍(Pharming)은 정상적인 웹사이트로 접속한 것처럼 위장하여, 악성 DNS 또는 호스트 파일을 조작해 가짜 사이트로 유도하는 방식이다.
③ 스미싱(Smishing)은 문자 메시지(SMS) + 피싱으로, 악성 링크를 포함한 문자를 보내 사용자 클릭을 유도하여 악성 앱 설치나 개인정보 탈취를 시도하는 방식이다.
④ 키로깅(Keylogging)은 사용자의 키보드 입력을 기록하는 악성 프로그램을 통해 ID, 비밀번호 등을 수집하는 기법이다.
⑤ 피싱(Phishing)은 이메일이나 가짜 웹사이트 등을 통해 금융기관 등을 사칭하여 개인정보나 인증정보를 탈취하는 방식이다.

69 클라우드(IaaS/PaaS/SaaS) 환경에서 개인정보보호법 및 '개인정보의 안전성 확보조치 기준'을 준수하기 위한 책임공유 설명으로 적절한 것을 모두 고른 것은?

> ㄱ. IaaS에서 가상머신 OS 패치, 계정 · 권한 관리, 데이터 암호화, 접속기록 보관은 원칙적으로 고객 책임에 속한다.
> ㄴ. 클라우드 서비스 제공자가 보안 인증을 보유하면, 이용사는 접속기록 무결성 확보와 반출 통제를 생략할 수 있다.
> ㄷ. 국외 리전에 개인정보를 저장 · 처리하는 경우, 고객은 데이터 위치와 국외 이전 · 재이전, 사고 통지 등에 관한 통제를 클라우드 서비스 제공자와 계약에 반영해야 한다.
> ㄹ. SaaS를 이용하는 경우 개인정보 제3자 제공 · 위탁 구분과 국외 이전 통제는 고객 책임 범위에서 검토 · 관리해야 한다.
> ㅁ. 백업 · 스냅샷에 대한 암호화와 삭제 · 정정 반영 여부는 클라우드 서비스 제공자 재량 사항으로, 이용자는 별도로 관리하지 않아도 된다.

① ㄱ
② ㄱ, ㄷ
③ ㄱ, ㄷ, ㄹ
④ ㄴ, ㅁ
⑤ ㄷ, ㄹ

ㄱ. IaaS는 물리 인프라 · 하드웨어는 클라우드 서비스 제공자가, 계정 · 권한 · OS · 데이터 · 암호화 · 접속기록 등은 고객이 책임지는 구조가 기본이다.
ㄴ. 클라우드 서비스 제공자가 보안 인증이 있다고 해서 고객의 접속기록 무결성 확보 · 반출 통제 책임이 면제되는 것은 아니다.
ㄷ. 국외 리전 활용 시, 고객은 데이터 위치, 국외 이전, 사고 통지 등 개인정보 관련 통제를 계약에 명시해야 한다.
ㄹ. SaaS라도 제3자 제공 · 위탁 구분, 국외 이전 통제, 삭제 · 정정 반영 여부 등은 고객 책임 범위에서 검토 · 관리해야 한다.
ㅁ. 백업 · 스냅샷에 대한 암호화, 삭제 · 정정 반영 여부 역시 고객이 CSP와의 계약 · 구성으로 통제해야 할 영역이며, 클라우드 서비스 제공자 재량에만 맡길 수 없다.

70 최근 OAuth 액세스 토큰 탈취(OAuth Access Token Theft), 세션 하이재킹(Session Hijacking), 공급망 악성 업데이트(Supply Chain Malicious Update)가 결합된 공격이 보고되고 있다. 개인정보 안전조치를 전 주기에 걸쳐 강화할 때 적절한 보완 활동 묶음을 고르시오.

> A. 인증 · 세션 : 다중인증(MFA), 세션 · 재인증 임계치 설정, 위험기반 로그인 차단
> B. 개발 · 배포 : 서명된 아티팩트와 서드파티 라이브러리 소프트웨어자재명세서(S–BOM) 관리, 빌드 파이프라인 격리, 코드 서명 · 검증
> C. 운영 : 관리자 행위에 대한 JIT(Just–In–Time) 권한 부여 · 세션 레코딩, 접속기록 무결성 저장(WORM), 시스템 간 시간 동기화
> D. 반출/백업 : 외부 반출 승인 · DRM/암호화, 백업 불변 스토리지(Immutable Storage) 및 오프사이트 3-2-1 보관, 정기 복구 리허설
> E. 대응 : 토큰 유출 탐지 시 즉시 무효화 · 강제 로그아웃, 침해 통지 · 신고 · 재발방지 절차

① A, B, C
② A, C, E
③ B, D, E
④ A, B, C, D
⑤ A, B, C, D, E

토큰 · 세션 · 공급망 · 백업 · 반출이 복합적으로 노려지는 환경에서는, 인증 · 세션 보호(A), 공급망 · 빌드 보안(B), 운영 특권 통제와 무결성 로그(C), DRM · WORM/오프사이트 백업 · 복구 리허설(D), 토큰 무효화와 통지 · 신고 · 재발방지(E)를 전주기 패키지로 결합해야 한다.
일부 영역만 선택한 조합은 종합적인 안전조치 체계로 보기 어렵다.

71 「개인정보의 안전성 확보조치 기준」 제7조 및 같은 안내서에서 설명하는 암호화 및 암호알고리즘에 대한 설명으로 옳지 않은 것은 어느 것인가?

① 안내서에서는 일방향 암호 알고리즘의 예시로 SHA−224/256/384/512, 대칭키 암호 알고리즘의 예시로 AES, Camellia, SEED, ARIA, LEA 등을 제시하고 있으며, MD5 · SHA−1 등 보안강도가 낮은 것으로 판명된 알고리즘은 사용해서는 안 된다고 안내하고 있다.
② 안내서의 암호알고리즘 예시 표에서는 공개키 암호 알고리즘으로 RSA를 제시하면서, 사용 시 권고되는 키 길이를 확인할 필요가 있고, RSA의 경우 키 길이 1024비트 이상을 권고하고 있다.
③ 비밀번호를 일방향 암호화할 때에는 무작위 대입공격 및 레인보우 테이블 공격에 대비하기 위하여 솔트 사용을 권장하고 있다.
④ 인증정보를 안전한 암호 알고리즘으로 미리 암호화한 상태로 송수신하는 경우에는, 그 암호화된 값이 유 · 노출되어도 재사용 위험이 없다면 송수신 구간 암호화는 필수가 아니지만, 일방향 암호화된 값 자체가 인증정보로 사용되는 토큰 등의 경우에는 송수신 시에도 추가 암호화를 적용해야 한다고 설명한다.
⑤ 10만 명 이상의 정보주체에 관한 개인정보를 처리하는 대기업 · 중견기업 · 공공기관 또는 100만 명 이상의 정보주체에 관한 개인정보를 처리하는 중소기업 · 단체는 암호화된 개인정보를 안전하게 보관하기 위한 안전한 암호키의 생성 · 이용 · 보관 · 배포 · 파기에 관한 절차를 수립 · 시행해야 한다.

NIST(미국 국립표준기술연구소)는 RSA-1024는 더 이상 안전하지 않으며, 2048비트 이상의 키 길이를 사용할 것을 권장한다.

72 개인정보처리시스템 이용자 계정의 비밀번호 및 인증수단을 보호하기 위한 기술적 · 관리적 조치에 관한 설명이다. 다음 방안 중 개인정보 보호 관점에서 가장 타당한 것은?

① 비밀번호는 관리 편의를 위해 대칭키로 암호화 저장하고, 필요 시 복호화 가능해야 한다.
② 비밀번호 재설정 링크는 72시간 유효로 하고, 누가 클릭했는지는 기록하지 않는다.
③ 비밀번호는 일방향(해시+솔트/스트레칭) 암호화를 적용한다.
④ 사내 공유계정의 비밀번호는 분기 1회 팀 공지만 하면 된다.
⑤ OTP 백업 코드를 이메일로 평문 전송한다.

비밀번호는 일방향 저장(해시+솔트 · 스트레칭)이 원칙이고, 재설정 토큰은 단기 · 1회성으로 제한하며, 시도 횟수 제한 · MFA · 로그 무결성과 함께 운영해야 한다.
① 복호화 가능 저장, ② 과도한 유효기간 · 추적 부재, ④ 공유계정, ⑤ 민감 인증정보 평문 전송은 모두 위험하다.

73 「개인정보의 안전성 확보조치 기준」 제4조(내부 관리계획의 수립 · 시행 및 점검)에 따른 내부 관리계획에 대한 설명으로 옳지 않은 것은?

① 내부 관리계획은 정보주체에게 알리기 위한 문서로서 홈페이지에 공개하는 것이 원칙이다.
② 개인정보처리자는 내부 의사결정 절차를 통하여 개인정보 보호조직 구성, 접근 권한 관리, 암호화, 접속기록 보관 등 일정 사항을 포함하는 내부 관리계획을 수립 · 시행하여야 한다.
③ 소상공인 · 개인 · 단체로서 1만 명 미만의 정보주체에 관하여 개인정보를 처리하는 경우에는 내부 관리계획의 수립 · 시행을 생략할 수 있다.
④ 내부 관리계획은 조직 전체를 대상으로 하며, 안전성 확보조치에 관한 사항을 모두 포함하되, 각 처리 환경에 맞게 구체화하여야 한다.
⑤ 개인정보 보호책임자는 접근 권한 관리, 접속기록 보관 및 점검, 암호화 조치 등 내부 관리계획의 이행 실태를 연 1회 이상 점검 · 관리하여야 한다.

내부 관리계획은 내부 준수 기준이지, 정보주체에게 공개하는 처리방침과는 성격과 대상이 달라 홈페이지 공개하는 것을 요구하지는 않는다.

74 「개인정보의 안전성 확보조치 기준」 제6조(접근통제)에 따른 접근통제에 대한 설명으로 옳지 않은 것은?

① 개인정보처리자는 정보통신망을 통한 불법적인 접근을 막기 위해 개인정보처리시스템에 대한 접속 권한을 IP 주소 등으로 제한하여 인가받지 않은 접근을 제한하여야 한다.
② 개인정보처리시스템에 접속한 IP 주소 등을 분석하여 개인정보 유출 시도를 탐지하고 대응하는 것은 접근통제 조치에 해당한다.
③ 개인정보취급자가 정보통신망을 통해 외부에서 개인정보처리시스템에 접속하려는 경우에는 가상사설망(VPN) 등 안전한 접속수단을 적용하여야 한다.
④ 이용자가 아닌 정보주체의 개인정보를 처리하는 개인정보처리시스템의 경우에는 가상사설망(VPN) 등 안전한 접속수단 또는 안전한 인증수단 중 하나를 적용할 수 있다.
⑤ 개인정보처리시스템, 개인정보취급자의 컴퓨터, 모바일 기기 등에 P2P, 공유설정을 기본적으로 제한한다.

개인정보취급자가 정보통신망을 통해 외부에서 개인정보처리시스템에 접속하려는 경우에는 안전한 접속수단이 아닌 인증서, 보안토큰, 일회용 비밀번호(OTP) 등 안전한 인증수단을 적용하여야 한다.

75 「개인정보의 안전성 확보조치 기준」 제8조(접속기록의 보관 및 점검)에 따른 접속기록 관리에 대한 설명으로 옳지 않은 것은?

① 개인정보처리자는 개인정보처리시스템에 접속한 자(다만, 정보주체는 제외)의 접속기록을 원칙적으로 1년 이상 보관하여야 하며, 5만 명 이상의 정보주체에 관한 개인정보를 처리하는 경우 등에는 2년 이상 보관하여야 한다.

② 접속기록에는 식별자, 접속일시, 접속지 정보, 처리한 정보주체 정보, 수행업무 등의 사항을 모두 포함하여 기록해야 한다.

③ 개인정보의 다운로드가 확인된 경우에는 내부 관리계획 등으로 정하는 바에 따라 그 사유를 반드시 확인하여야 한다.

④ 접속기록은 위·변조 및 도난·분실이 되지 않도록 임의적인 수정·삭제가 불가능하도록 접근권한을 제한하는 등 안전조치를 하여야 한다.

⑤ 「전기통신사업법」제6조제1항에 따라 등록을 하거나 같은 항 단서에 따라 신고한 본인확인기관에 해당하는 경우 2년 이상 보관하여야 한다.

「전기통신사업법」제6조제1항에 따라 등록을 하거나 같은 항 단서에 따라 신고한 본인확인기관이 아닌 기간통신사업자에 해당하는 경우 2년 이상 보관하여야 한다.

76 「개인정보의 안전성 확보조치 기준」 제7조(개인정보의 암호화)에 대한 설명으로 옳지 않은 것은?

① 비밀번호는 저장 시 복호화되지 않도록 안전한 일방향 암호화 알고리즘으로 저장하여야 하며, 무작위 대입 공격 등에 대비하기 위한 솔트(salt) 적용은 권장사항으로 고려할 수 있다.

② 이용자의 주민등록번호, 여권번호, 운전면허번호, 외국인등록번호, 신용카드번호, 계좌번호, 생체인식정보는 안전한 암호 알고리즘으로 암호화하여 저장하여야 한다.

③ 제7조에 따른 암호화 의무는 '이용자'의 개인정보에 한정되므로, 이용자가 아닌 정보주체의 고유식별정보와 생체인식정보는 암호화가 권고사항일 뿐 의무는 아니다.

④ 개인정보를 정보통신망을 통하여 인터넷망 구간으로 송·수신하는 경우에는 개인정보의 종류와 무관하게 안전한 암호 알고리즘을 사용하여 암호화하여야 한다.

⑤ 10만 명 이상의 정보주체에 관한 개인정보를 처리하는 대기업·중견기업·공공기관 또는 100만 명 이상의 정보주체에 관한 개인정보를 처리하는 중소기업·단체는 암호 키의 생성·이용·보관·배포·파기에 관한 절차를 수립·시행하여야 한다.

제7조제5항은 '이용자' 외에 이용자가 아닌 정보주체의 고유식별정보·생체인식정보도 암호화 의무 대상으로 규정한다.

(상)(중)(하)
77 「개인정보의 안전성 확보조치 기준」 제9조(악성프로그램 등 방지)에 대한 설명으로 옳지 않은 것은?

① 개인정보처리자는 악성프로그램 등을 방지·치료할 수 있는 보안 프로그램을 설치·운영하여야 하며, 자동 업데이트 기능 사용 또는 정당한 사유가 없는 한 일 1회 이상 업데이트를 실시하는 등 최신 상태를 유지하여야 한다.

② 보안 프로그램에서 악성프로그램이 발견된 경우에는 삭제 등 대응 조치를 하여야 한다.

③ 악성프로그램 관련 경보가 발령되거나 사용 중인 응용프로그램·운영체제 제작업체에서 보안 업데이트 공지가 있는 경우 정당한 사유가 없는 한 즉시 업데이트 등을 실시하여야 한다.

④ 인터넷망과 업무망을 분리한 기관에서 인터넷망 구간에만 백신 등 보안 프로그램을 설치·운영하는 경우, 인터넷에 직접 연결되지 않는 업무망 PC에는 악성프로그램 방지조치를 적용하지 않아도 무방하다.

⑤ 악성프로그램 방지를 위한 보안 프로그램에는 백신 소프트웨어, 랜섬웨어 방지 솔루션, 웹셸 탐지 도구 등 다양한 형태가 있을 수 있으며, 특정 제품이나 방식이 법으로 지정되어 있지는 않다.

인터넷에 직접 연결되지 않는 업무망 PC도 USB, 내부망 등을 통해 악성코드 유입 가능하므로 보안 프로그램 설치·운영이 필요하며, 일 1회 이상 업데이트를 통해 최신 상태를 유지해야 한다.

(상)(중)(하)
78 「개인정보 보호법」 제34조 및 같은 법 시행령 제39조·제40조에 따른 개인정보 유출 통지 및 신고에 대한 설명으로 옳지 않은 것은?

① 개인정보처리자는 개인정보가 분실·도난·유출 등을 알게 되었을 때 지체 없이 정보주체에게 통지하여야 하며, 시행령은 통지 기한을 '알게 된 때부터 72시간 이내'로 구체화하고 있다.

② 1천 명 이상의 정보주체에 관한 개인정보가 유출된 경우, 민감정보 또는 고유식별정보가 유출된 경우, 외부로부터의 불법적인 접근에 의해 개인정보가 유출된 경우에는 72시간 내에 보호위원회 또는 한국인터넷진흥원(KISA)에 신고하여야 한다.

③ 정보주체의 연락처를 알 수 없는 등 정당한 사유가 있는 경우에는 홈페이지에 30일 이상 게시하거나, 홈페이지가 없는 경우 사업장 내 보기 쉬운 장소에 30일 이상 게시하는 것으로 개별 통지를 갈음할 수 있다.

④ 통지 기한 72시간을 계산할 때에는 공휴일 등 근무일이 아닌 날은 제외하고, 실제 업무일 기준 72시간 이내에 통지하면 된다.

⑤ 유출 당시 구체적인 항목이나 시점·경위 등을 모두 확인하지 못한 경우에는 우선 유출 사실과 그때까지 확인된 내용, 피해 최소화 방법 및 연락처 등을 먼저 통지하고, 추가 확인되는 내용은 확인되는 즉시 추가 통지할 수 있다.

72시간 기한 계산 시 공휴일·주말을 빼지 않고, 알게 된 시점부터 연속된 72시간 이내에 통지해야 한다.

79 개인정보처리시스템, 관련 DB 및 관리도구에 대한 접속기록(로그) 관리 기준에 관한 설명이다. 개인정보의 안전성 확보조치 관점에서 옳지 않은 것은?

① 개인정보처리시스템 · DB · 관리도구의 관리자 행위는 원칙적으로 모두 기록하고, 무결성 확보 수단(WORM/전자서명/해시연쇄 등)을 적용한다.

② 시간 동기화(NTP)와 별도 보관소 운용을 통해 추적 가능성과 보존 신뢰성을 높인다.

③ 보관기간은 원칙적으로 1년 이상이며, 중요도에 따라 장기 보관을 적용할 수 있다.

④ 시스템 설정을 위한 특수계정의 경우 로그 수집 대상에서 제외할 수 있다.

⑤ 로그 삭제 · 변경 시도 자체도 탐지 · 경보 대상으로 설정한다.

안전조치 고시는 관리자(특권) 행위 포함 기록, 무결성 보호, 시간 동기화, 원칙 1년 이상 보관을 요구한다. 특수계정도 포함이고 로그 대상에서 제외하는 것은 취지에 정면으로 반한다.
삭제 · 변경 시도 탐지도 필수 통제에 해당한다.

80 「개인정보의 안전성 확보조치 기준」 제12조(출력 · 복사시 안전조치)에 따른 출력 및 복사 시 안전조치에 대한 설명으로 옳지 않은 것은?

① 개인정보처리자는 개인정보처리시스템에서 개인정보를 출력(인쇄, 화면표시, 파일생성 등)하는 경우 그 용도를 특정하고, 용도에 따라 출력 항목을 최소화하여야 한다.

② 단순 화면 조회를 위해 모니터에 개인정보를 표시하는 경우에는 종이 인쇄나 파일 생성이 수반되지 않으므로, 제12조에서 말하는 '출력'에 해당하지 않아 용도 특정 및 출력 항목 최소화 의무가 적용되지 않는다.

③ 출력 항목 최소화를 위해 마스킹을 활용할 수 있으며, 여러 시스템에 서로 다른 방식으로 마스킹을 적용하면 개인정보를 재결합할 위험이 있으므로 동일한 방식의 표시제한 조치를 검토할 수 있다.

④ 개인정보가 포함된 종이 인쇄물이나, 개인정보가 복사된 외부 저장매체 등 출력 · 복사물에 대해서는 분실 · 도난 · 유출 등을 방지하기 위한 필요한 안전조치를 하여야 한다.

⑤ 보안 USB 사용, 출력보안시스템 도입, 출력 시 사용자 인증 및 워터마크 삽입, 오피스 문서에서 숨겨진 필드에 개인정보가 저장되지 않도록 하는 조치 등은 출력 · 복사 단계에서 요구되는 안전조치의 예로 볼 수 있다.

'출력'에는 화면표시도 포함되므로 단순 조회 화면에도 용도 특정 및 출력 항목 최소화 원칙이 적용된다.

81 다음은 DDoS(분산 서비스 거부 공격)에 대한 설명이다. 가장 적절하지 않은 것을 고르시오.

① DDoS 공격은 다수의 공격자 PC(좀비 PC)를 이용하여 특정 서버나 네트워크에 과도한 트래픽을 전송함으로써 정상 이용자의 서비스 이용을 방해하는 공격이다.

② DDoS 공격의 주요 목표는 네트워크 대역폭, 서버의 CPU · 메모리, 동시 접속 가능 연결 수 등의 자원을 소진시켜 서비스의 가용성을 떨어뜨리는 것이다.

③ DDoS 공격 대응을 위해서는 이상 트래픽 탐지를 위한 모니터링, 방화벽 · 침입방지시스템(IPS), 트래픽 우회 · 분산(스크러빙 센터, CDN) 등의 기술적 · 관리적 조치를 함께 운영하는 것이 효과적이다.

④ DDoS 공격은 애플리케이션의 취약점을 악용하여 시스템 내부 권한을 획득하는 것이 주목적으로, 개인정보 유출에 사용되는 공격 유형이다.

⑤ SYN Flood처럼 대량의 SYN 패킷을 보내는 공격, HTTP Flood처럼 웹 요청을 과도하게 보내는 공격, DNS/UDP 증폭 공격처럼 중간 서버를 이용해 트래픽을 증폭시키는 공격 등이 대표적인 DDoS 공격 유형이다.

> 권한 탈취 · 기밀성 침해는 해킹 쪽에 더 가깝고, DDoS는 대량 트래픽 · 자원 고갈로 서비스의 가용성을 떨어트리는 공격이다.

82 유출된 사용자 계정정보(ID/비밀번호)를 자동화된 도구로 여러 웹사이트에 반복 입력하여 로그인을 시도하는 공격 기법으로, 동일한 계정정보를 사용하는 사이트에 무단으로 접속해 개인정보나 금융정보를 탈취하는 방식은?

① 브루트포스 공격(Brute Force Attack)
② 크리덴셜 스터핑(Credential Stuffing)
③ 제로데이 공격(Zero-day Attack)
④ 피싱(Phishing)
⑤ CSRF(Cross-Site Request Forgery)

> 크리덴셜 스터핑은 데이터 유출로 인해 획득한 사용자 이름 또는 이메일 주소와 해당 암호 목록으로 구성되는 도난당한 계정 자격 증명을 공격자가 수집한 다음, 해당 자격 증명을 사용하여 웹 애플리케이션을 대상으로 대규모 자동 로그인 요청을 통해 다른 시스템의 사용자 계정에 무단으로 접근하는 사이버 공격 유형이다.
>
> **오답 피하기**
> ① 무작위 조합의 문자/숫자를 이용해 비밀번호를 하나씩 대입하며 맞추는 공격이다.
> ③ 보안 패치가 되지 않은 알려지지 않은 취약점(제로데이)을 이용한 공격이다.
> ④ 이메일이나 메시지를 이용해 사용자를 속이고 가짜 페이지로 유도하여 개인정보를 직접 입력하게 만드는 방식이다.
> ⑤ 사용자가 이미 로그인된 웹사이트에서 의도치 않은 작업을 하도록 유도하는 웹 취약점 공격이다.

상 중 하

83 「개인정보의 안전성 확보조치 기준」 제14조에 따라 공공시스템으로 지정되어 제17조(공공시스템운영기관의 접속기록의 보관 및 점검) 적용 대상이 될 수 있는 경우에 대한 설명으로 옳지 않은 것은 어느 것인가?

① 2개 이상 기관의 공통 업무를 지원하는 단일접속 시스템으로서, 100만 명 이상의 정보주체에 관한 개인정보를 처리하는 경우

② 2개 이상 기관의 공통 업무를 지원하는 단일접속 시스템으로서, 개인정보처리시스템에 대한 개인정보취급자의 수가 200명 이상인 경우

③ 2개 이상 기관의 공통 또는 유사한 업무를 지원하기 위하여 개발·배포된 표준배포 시스템으로서, 대국민 행정업무 또는 민원업무 처리용으로 사용하는 경우

④ 기관의 고유 업무 수행을 위해 운영하는 개별 시스템으로서, 「주민등록법」에 따른 주민등록정보시스템과 연계하여 운영되는 경우

⑤ 기관의 고유 업무 수행을 위해 운영하는 개별 시스템으로서, 총 사업비가 10억 원 이상인 경우

총 사업비 기준은 100억 원 이상이 요건이다. 10억 원은 틀린 수치이므로 공공시스템 지정 기준으로 부적절하다.

상 중 하

84 다음 설명 중 'XSS(교차 사이트 스크립팅)'의 특징으로만 올바르게 구성된 조합을 고르시오.

> 가. 신뢰된 페이지의 입력값을 적절히 검증하지 못해 스크립트가 브라우저에서 실행된다.
> 나. 공격자는 DNS 캐시를 변조해 정상 도메인을 가짜 IP로 유도한다.
> 다. DOM을 조작하거나 반사형/저장형 페이로드를 통해 세션 하이재킹·키로깅을 유발할 수 있다.
> 라. 서버 측 쿼리에 악성 구문을 삽입해 테이블 덤프를 유도한다.
> 마. 콘텐츠 보안 정책(CSP)·출력 인코딩·입력 검증이 주요 방어 수단이다.

① 가, 다 ② 가, 다, 마 ③ 나, 라
④ 다, 라 ⑤ 가, 나, 마

가·다. XSS는 서버·클라이언트 입력값 검증 미흡으로 악성 스크립트가 브라우저에서 실행되는 취약점으로, 세션 하이재킹·키로깅 등 영향이 발생할 수 있다.
마. 방어는 CSP, 출력 인코딩, 입력 검증 등으로 스크립트 실행을 차단·제한하는 방식이 핵심이다.

오답 피하기
나. DNS 캐시 변조는 파밍(Pharming) 계열 설명이다.
라. 서버 측 쿼리에 악성 구문 삽입은 주로 SQL 인젝션 설명이다.

85 E기관은 「개인정보의 안전성 확보조치 기준(고시)」에 따라 개인정보처리시스템 접속기록의 보존기간을 재정의하고자 한다. 다음 중 "2년 이상 보관" 대상으로 보기 어려운 것은?

① 연간 5만 명 이상의 정보주체에 대한 개인정보를 처리하는 시스템
② 주민등록번호 등 고유식별정보 또는 민감정보를 처리하는 시스템
③ 기간통신사업자가 운영하는 이용자 서비스 시스템
④ 임직원 3만 명 규모 인트라넷 게시판
⑤ 상급종합병원의 진료정보시스템

안전조치 고시는 개인정보처리시스템 접속기록을 원칙적으로 1년 이상 보관하되, 대규모 처리, 고유식별·민감정보 처리, 특정 업종 등 일정 요건을 충족하는 경우 2년 이상 보관하도록 하고 있다.
④는 임직원 3만 명 규모 인트라넷 게시판으로, 열람 정보가 일반 식별정보 수준에 해당하고 다른 보기들에 비해 2년 이상 보관 요건의 대표적 예로 보기 어렵다.
① 대규모 정보주체에 대한 처리 시스템으로 2년 이상 대상에 해당한다는 취지다.
② 고유식별정보·민감정보 처리 시스템은 규모와 무관하게 보다 엄격한 보존이 요구되는 대표 사례.
③ 기간통신사업자의 이용자 서비스 시스템 역시 법령·고시상 장기 보존이 요구되는 범주에 포함된다.
⑤ 상급종합병원 진료정보시스템은 민감정보(건강정보)를 대규모로 처리하는 특성상 2년 이상 보관 대상으로 보는 것이 타당하다.

5 과목 개인정보 관리체계

상 중 **하**

86 다음 중 '개인정보 영향평가(PIA)', '개인정보 보호수준 평가', 'ISMS-P 인증'의 목적과 성격을 가장 올바르게 연결한 것은?

① PIA : 운영 성과평가 / 보호수준 평가 : 사후 사고조사 / ISMS-P : 개발 단계 리스크 식별
② PIA : 사전 리스크 식별·대응 설계 / 보호수준 평가 : 기관 전반의 관리수준 진단 / ISMS-P : 관리체계에 대한 제3자 인증
③ PIA : 정보주체 권리구제 / 보호수준 평가 : 침해사고 재발방지 대책 수립 / ISMS-P : 공공기관 의무평가
④ PIA : 개인정보파일 등록 / 보호수준 평가 : 개인정보보호법 준수 여부에 대한 법원 판결 / ISMS-P : 자체 내부감사
⑤ PIA : 침해사고 통지 절차 / 보호수준 평가 : 기술적 보호조치만 점검 / ISMS-P : 정보보호(ISM)만의 인증

PIA는 고위험 처리나 대규모 신규 서비스 등에 대해 설계 단계에서 개인정보 처리 전 주기의 위험을 사전적으로 식별·완화하기 위한 제도다.
개인정보 보호수준 평가는 기관 전반의 관리·운영 체계와 보호조치 이행 수준을 진단하여 개선 과제를 도출하는 평가다.
ISMS-P는 정보보호(ISM)와 개인정보보호(P)를 통합한 관리체계에 대해 제3자가 심사·인증하는 제도다.
①·③·④·⑤는 각 제도의 목적과 성격을 잘못 연결하고 있거나, 일부 기능만을 과도하게 부각한 틀린 설명이다.

(상) (중) **하**

87 다음 중 개인정보 영향평가(PIA)에 관한 설명으로 옳지 않은 것은?

① 원칙적으로 신규 도입 · 중대한 변경 등 설계 단계에서 사전 수행하는 것이 타당하다.

② 외부 전문가 등에게 평가 수행을 위탁할 수 있으나, 최종 책임은 개인정보처리자에게 있다.

③ 법에서 정한 대상과 시기에 따라 PIA를 실시 하면, 침해사고 발생 시 과징금 · 손해배상 등 법적 책임이 면제된다.

④ 평가 범위는 개인정보 처리 목적 · 항목 · 흐름 · 전달 · 보관 · 파기 등 전 주기를 망라하는 것이 일반적이다.

⑤ 평가 결과는 개선계획 수립 및 이행 점검에 활용되어야 한다.

"법에서 정한 대상 · 시기에 맞춰 PIA를 했다는 사실만으로, 개선 권고를 충분히 이행하지 않아도 침해사고 발생 시 과징금 · 손해배상 책임이 원칙적으로 경감 · 면제된다"고 볼 수는 없다. PIA 수행 및 결과 이행은 책임 판단의 하나의 참작 요소가 될 수 있지만, 면책 근거가 되지는 않는다.

① PIA는 고위험 개인정보 처리에 대해 설계 단계에서 위험을 사전적으로 식별 · 완화하기 위한 제도이며, 신규 도입 · 중대한 변경 시 사전 수행이 원칙이다.

② 수행 자체는 외부 전문기관에 위탁할 수 있으나, 평가 여부 결정과 결과 반영 책임은 개인정보처리자에게 귀속된다.

④ 평가 범위는 처리 목적 · 항목 · 흐름 · 위탁 · 제3자 제공 · 보관 · 파기 등 개인정보 처리 전 주기를 포괄하는 것이 일반적이고, ⑤ 도출된 개선 권고는 실제 개선계획 수립 및 이행 점검에 활용되어야 한다.

(상) **중** (하)

88 한 공공기관이 기존 온프레미스에서 운영하던 '개인정보처리시스템(업무망 연계 웹 서비스)'을 외부 클라우드(IaaS/PaaS)로 이전하려 한다. 「클라우드 컴퓨팅 발전 및 이용자 보호에 관한 법률」과 공공부문 클라우드 전환 · 이용 지침 등에서 요구하는 '공공 시스템의 클라우드 이용' 관점에서 가장 부적절한 운영 방안은?

① 개인정보가 실제로 처리 · 저장 · 보관되는 본 시스템은 CSAP(클라우드서비스 보안인증) 인증을 받은 클라우드 서비스 사업자의 인프라를 사용한다.

② 동일 CSAP(클라우드서비스 보안인증) 인증 범위 내에서 다중 가용영역(Region/AZ)을 활용하여 재해 · 장애 시 서비스 연속성을 확보하고, 복구 시나리오를 모의훈련과 함께 설계한다.

③ 개발 · 시험 환경은 대국민 서비스가 아니므로, 일부 실제 개인정보가 포함되더라도 CSAP(클라우드서비스 보안인증) 인증 여부와 관계없이 일반 상용 클라우드를 선택해도 무방하다.

④ 클라우드 내 계정 · 권한은 최소권한 부여, 직무분리, 다단계 승인, 세션 기록 · 모니터링 등을 통해 엄격히 통제한다.

⑤ 네트워크 경계, 전송구간 암호화, 키관리 체계, 관리 콘솔 접속 경로 등 보안 설계를 사전 위험평가 결과와 연계하여 아키텍처 단계에서 확정한다.

공공기관이 외부 클라우드를 이용해 개인정보처리시스템을 운영하는 경우, 실제 개인정보가 처리 · 저장되는 본운영 · 개발 · 시험 환경 모두에 대해 공공 클라우드 이용 기준(CSAP 인증 대상, 망 · 권한 · 로그 · 암호화 통제 등)이 적용되는 것이 원칙이다.

특히 개발 · 시험 환경이라도 실제 개인정보(복제본, 샘플이더라도)가 포함되면 개인정보처리로 보아야 하므로, ③과 같이 "대국민 서비스가 아니고 개발 · 시험 용도이므로 CSAP 인증 여부와 무관하게 임의 선택"하는 것은 공공 시스템 클라우드 이용 기준에 부합하지 않는다.

정답 87 ③ 88 ③

(상) **(중)** (하)

89 다음은 인공지능 학습 개념에 대한 설명이다. 이에 대한 설명으로 적절하지 않은 것을 고르시오.

① 인공지능 학습은 컴퓨터가 방대한 양의 데이터를 통해 패턴, 구조, 배열 등의 통계적 상관관계를 파악하고 예측값을 생성하는 것으로서, 크게 지도학습, 비지도학습, 강화학습으로 분류된다.

② 지도학습(supervised learning)은 AI가 레이블된 데이터를 통해 학습하는 방법으로, AI 응용 분야에서 가장 널리 사용된다.

③ 비지도학습(unsupervised learning)은 AI가 레이블이 없는 데이터를 통해 학습하는 방법으로, 복잡하고 대량의 데이터에서 숨겨진 패턴·구조 등을 찾는데 유용하다.

④ 강화학습(reinforcement learning)은 AI가 주어진 환경에서 행동을 선택하고 그 결과로서 '보상'이나 '처벌'을 받도록 하여 AI가 더 나은 행동을 선택하도록 유도하는 방법이다.

⑤ 지도학습의 대표적인 유형으로 군집화, 차원 축소가 있으며, 비지도학습에는 회귀, 분류 등이 있다.

대표적인 유형이 바뀌었다. 지도학습의 대표적인 유형이 회귀, 분류이며 비지도학습의 대표 유형으로 군집화와 차원 축소가 있다.

(상) (중) (하)

90 AI 개발·서비스를 위한 공개된 개인정보 처리 안내서를 근거로 인공지능 학습 및 학습 단계의 법적 성격에 대한 설명으로 옳지 않은 것을 고르시오.

① AI 학습은 컴퓨터가 방대한 데이터를 통해 패턴, 구조, 배열 등의 통계적 상관관계를 파악하고 예측값을 생성하는 과정으로, 크게 지도학습·비지도학습·강화학습으로 분류할 수 있다.

② 비지도학습은 레이블이 없는 데이터를 활용하여 복잡하고 대량의 데이터에서 숨겨진 패턴·구조 등을 찾는 데 유용하며, 최근 웹 스크래핑 방식으로 수집된 공개데이터를 활용하는 LLM 개발에 널리 사용된다.

③ AI 학습 과정에서 텍스트를 토큰화하고 인덱싱·임베딩을 수행할 경우, 학습이 완료된 모델에 개인을 식별할 수 있는 정보가 포함되거나 암기 리스크가 발생하지 않는다.

④ 공개된 개인정보를 포함한 학습데이터를 수집·저장·가공(토큰화 등)하는 행위는 개인정보 보호법상 '처리'에 해당한다.

⑤ AI 서비스 단계에서 이용자가 프롬프트에 개인정보를 입력하면, 그 프롬프트와 결과값이 다시 학습데이터로 사용될 수 있으므로 이 역시 개인정보 처리에 해당할 수 있다.

안내서는 토큰화 등으로 식별성이 낮아질 수는 있지만, 완성된 모델에 개인정보가 포함될 수 있고 암기·유·노출 위험도 존재한다고 명시하고 있다.

91 한 기관이 정보보호 및 개인정보보호 관리 체계 인증(ISMS-P)을 준비하면서 인증 범위를 설정하려 한다. 다음 중 'ISMS-P 인증 범위 설정'에 관한 설명으로 가장 적절한 것은?

① 인증 범위는 반드시 조직 전체로만 설정해야 하며, 개별 서비스 단위로의 설정은 허용되지 않는다.

② 인증 범위는 최초 인증 시에만 정하고, 이후에는 변경할 수 없다.

③ 인증 범위를 실제 운영 범위보다 축소하면 심사 효율이 높아져 인증 유지에 유리하다.

④ 인증 범위는 개인정보가 처리 · 저장 · 전달되는 관련 자산(조직 · 인력 · 프로세스 · 물리 · 클라우드 · 외부연계 등)의 경계를 명확히 정의해야 한다.

⑤ 인증 범위에는 위탁사(수탁자) 영역을 포함할 수 없으며, 위탁관리는 심사대상이 아니다.

ISMS-P 인증 범위는 조직 전체 또는 특정 서비스 · 시스템 단위 등 다양한 방식으로 설정할 수 있으며, 개인정보 처리와 관련된 조직 · 프로세스 · IT · 물리 자산 · 클라우드 · 외부 연계까지 경계를 명확히 정의하는 것이 기본 원칙이다.
① 서비스 · 시스템 단위 설정도 가능하므로 제한적으로만 보는 것은 적절하지 않다.
② 클라우드 이전 · 조직개편 · 서비스 추가 등 운영 환경이 크게 바뀌면 변경심사를 통해 범위를 조정할 수 있다.
③ 실제 운영보다 축소된 범위 설정은 현실과 불일치를 초래해 심사 과정에서 문제될 수 있다.
⑤ 위탁관리는 계약 · 점검 · 삭제/반환 등 중요한 심사 항목에 해당하므로, 범위 · 인터페이스 관점에서 반드시 고려되어야 한다.

92 「개인정보 보호법」 제33조 및 시행령 제35조, 「개인정보 영향평가 수행안내서」에 따른 설명으로 적절하지 않은 것은 어느 것인가?

① 공공기관은 5만 명 이상의 정보주체에 관한 민감정보 또는 고유식별정보 처리가 수반되는 개인정보파일을 구축 · 운영하려는 경우 영향평가를 의무적으로 수행하여야 한다.

② 개인정보파일을 다른 개인정보파일과 연계한 결과, 정보주체 수가 50만 명 이상이 되는 경우에도 영향평가 대상이 될 수 있다.

③ 100만명 이상의 정보주체에 대한 개인정보처리시스템을 운영하는 모든 개인정보처리자는 영향평가 수행대상이 될 수 있다.

④ 이미 영향평가를 실시한 개인정보파일의 운용체계를 변경(예: 개인정보 검색체계 변경)하는 경우에는, 변경되는 부분에 대해 다시 영향평가를 실시할 수 있다.

⑤ 영향평가를 하지 않거나 그 결과를 보호위원회에 제출하지 않은 경우에는 3천만 원 이하의 과태료 부과 대상이 될 수 있다.

개인정보 영향평가는 공공기관이 대상이다. 모든 개인정보처리자라 함은 민간, 개인도 포함하기 때문에 잘못된 해석이다.

93 공개된 개인정보를 AI 학습 · 서비스 목적으로 수집 · 이용할 때의 정당한 이익(법 제15조 제1항 제6호)에 대한 설명으로 적절하지 않은 것은?

① 공개된 개인정보 수집 · 이용의 법적 근거로는 정보주체 동의 외에도 개인정보처리자의 정당한 이익이 실질적인 적법 근거가 될 수 있다.

② 정당한 이익이 인정되려면 개인정보처리자의 정당한 이익 존재, 그 이익을 달성하기 위한 개인정보 처리의 필요성과 상당성 · 합리성, 그 이익이 정보주체 권리보다 명백히 우선함이라는 세 요건을 충족해야 한다.

③ AI 개발을 통한 영업상 이익뿐 아니라, 차별 · 편향 완화, 특정 언어 사용자에 대한 AI 접근성 향상 등 사회적 이익도 정당한 이익의 범위에 포함될 수 있다.

④ 정당한 이익이 정보주체 권리보다 명백히 우선한다고 보기 어렵다면, 안전성 확보 조치와 권리 보장 방안을 강화하여 명백성 요건 충족 여부를 검토할 수 있다.

⑤ 정당한 이익 조항이 적용되면 정보주체의 권리 침해 가능성을 별도로 평가하지 않아도 된다.

정당한 이익을 쓰려면 오히려 정보주체 권리 침해 가능성에 대한 '이익형량'이 필수이다. 정당한 이익이 정보주체 권리에 우선하는지 여부를 판단함에 있어 정보주체의 권리 침해 가능성을 심도 있게 검토해야 한다고 명시한다.

94 다음은 한 기관에서 수행하는 위험관리 교육 자료의 일부이다. 각 보기에서는 대표적인 위험대응 전략(전가 · 회피 · 수용 · 완화) 에 대한 설명을 제시하고 있다. 연결이 가장 부정확한 것은?

① 전가 : 사이버 보험 가입, 클라우드 사업자와의 SLA/배상 조항을 통해 사고 발생 시 손실의 일부를 외부로 이전하는 방식

② 회피 : 고위험 기능 출시를 보류하거나, 민감정보 처리 구조 자체를 변경 · 폐지하여 해당 위험요인을 제거하는 방식

③ 수용 : 영향 · 발생가능성이 낮고 통제 비용이 과도한 위험에 대해, 경영 승인 하에 잔여위험으로 문서화하고 모니터링 하는 방식

④ 완화 : 패치 관리, 다중인증(MFA), 암호화, 접근통제 등 기술 · 관리 통제를 통해 발생가능성과 영향을 동시에 낮추는 방식

⑤ 전가 : 개인정보 처리 업무를 외부에 위탁하면 내부 통제 의무까지 수탁자에게 이전되므로, 위탁자는 위험대응과 관련한 계약 통제 · 점검은 별도로 수행하지 않아도 되는 방식

전통적인 위험대응 전략은 전가(Transfer), 회피(Avoidance), 수용(Acceptance), 완화(Mitigation) 네 가지로 구분하는 것이 일반적이다. ⑤처럼 "위탁을 했으므로 내부 통제 의무까지 전부 수탁자에게 이전되고, 계약 통제 · 점검은 불필요하다"고 보는 것은 개인정보보호법 및 위탁 책임 구조와 배치된다. 위탁은 일부 위험(작업 수행, 일부 재무적 부담 등)을 전가하는 효과는 있으나, 법적 · 관리적 책임과 계약 · 점검 · 교육 · 침해 대응 통제의무는 여전히 위탁자에게 남는다.

95 공공기관이 대규모 AI 기반 맞춤형 서비스(프로파일링·자동 의사결정 포함)를 설계 단계에서 검토하고자 한다. 다음 중 'GDPR의 DPIA 개념을 참고하되, 국내 개인정보 영향평가(PIA) 제도와의 차이'를 고려한 접근으로 가장 타당한 것은?

① DPIA가 AI·알고리즘 위험을 더 폭넓게 다루므로, DPIA 양식을 주 평가틀로 삼고 국내 PIA는 형식상 최소 요건만 맞추는 수준으로 제한한다.

② 국내 법령·고시에 따른 PIA 절차와 대상 기준을 기본 프레임으로 삼되, 고위험 알고리즘의 투명성, 데이터 편향·차별, 재식별 위험, 설명가능성(XAI) 등은 GDPR DPIA에서 제시하는 항목을 참조하여 별도 통제 체크리스트·심화 분석 항목으로 보완한다.

③ 정보보호 위험평가(ISMS 등)와 통합하기 위해, 가용성·무결성 중심의 기술위험 평가서에 개인정보 침해영향 항목을 일부 포함시키고, 별도의 PIA 절차는 생략한다.

④ 설계 초기에는 기능 요구사항만 확정하고, 위험 평가는 시범 서비스 오픈 후 이용 행태·불만 사례를 수집한 뒤 DPIA 방식으로 사후 수행한다.

⑤ 내부 테스트와 알고리즘 튜닝 단계에서 개발자·외부 커뮤니티 의견을 수집해 윤리·편향 이슈를 검토하고, 이를 근거로 법정 PIA 절차 대신 내부 지침에 따른 자율 평가로 갈음한다.

공공기관은 우선 국내 개인정보보호법 및 관련 고시에서 정한 PIA 대상·절차·보고 체계를 따라야 하며, 설계 단계에서 이를 반영하는 것이 기본 전제다. 이 위에 GDPR상 DPIA가 제시하는 고위험 처리 유형과 AI 관련 논점을 보완 요소로 붙이는 구조가 합리적이다.
②는 국내 PIA를 기본 틀로 두면서, 알고리즘 투명성·편향·재식별 위험·설명가능성(XAI) 등을 DPIA를 참고해 추가 통제 항목으로 심화하는 접근을 설명하고 있어 가장 타당하다.
③은 정보보호 위험평가와 PIA를 통합하려는 시도처럼 보이지만, 가용성·무결성 중심 기술위험 문서에 개인정보 침해영향을 일부 끼워 넣는 수준으로는 법정 PIA 절차를 대체하기 어렵다.
④는 PIA의 핵심인 사전 설계 단계 평가를 사실상 생략하고, 시범 서비스 이후 사후적으로 위험을 보는 구조라서 제도 취지와 맞지 않는다.

96 AI 프라이버시 리스크 관리 모델에서 예시로 드는 AI 프라이버시 리스크 위협에 대한 설명으로 적절하지 않은 것은?

① 생성형 AI의 경우, 학습데이터를 암기한 결과가 그대로 출력되면서 이름, 주소, 계좌정보 등 개인정보가 유·노출될 수 있다.

② 학습데이터 암기 및 개인정보 유·노출 리스크는 생성형 AI에만 해당하며, 판별형 AI에는 발생하지 않는다.

③ 추천 시스템에서는 이용자의 과거 행동·취향 정보를 결합하여 정치 성향, 건강 상태 등 민감한 속성을 추론하거나 대중 감시, 프로파일링에 활용될 수 있는 위험이 있다.

④ 딥페이크 등 악의적 합성콘텐츠는 정보주체의 동의 없이 생체정보를 이용해 인격권을 침해하는 새로운 유형의 프라이버시 리스크를 초래할 수 있다.

⑤ 멤버십 추론공격, 모델 전도 공격, 속성추론 공격 등을 통해 공격자가 학습데이터에 특정 개인의 정보가 포함되어 있는지 유추하거나 재구성할 수 있다.

모델 암기 및 개인정보 유·노출 리스크는 생성형 AI뿐 아니라 판별형 AI에도 해당한다고 명시되어 있다. 모든 인공지능 딥러닝 모델은 파라미터에 훈련데이터의 정보를 암기할 수 있는 구조이고, 판별형 모델도 멤버십 추론, 모델 전도 공격, 내부 표현·파라미터 분석 등을 통해 학습데이터 포함 여부나 속성, 심지어 입력 자체를 유추·재구성할 수 있는 가능성이 존재한다.
따라서 암기 및 개인정보 유·노출 리스크는 생성형에만 한정되지 않고, 판별형 모델에도 충분히 발생 가능하다.

97 AI 프라이버시 리스크 관리 모델에서 제시하는 개인정보 보호 강화기술(PET)에 대한 설명으로 적절하지 않은 것은?

① 학습데이터 단계에서 중복제거(de-duplication)를 적용하면 동일하거나 매우 유사한 문장을 제거하여 모델이 특정 문장을 그대로 암기 · 재현할 위험을 줄이는 데 도움이 될 수 있다.

② 입력 · 출력 필터링은 프롬프트 또는 생성 결과에서 개인정보 패턴을 탐지 · 차단하는 방식이다.

③ 섭동(perturbation)데이터 또는 학습 중 발생하는 기울기(gradient)에 노이즈를 추가하거나 기울기를 잘라내어(clipping) 학습하는 방식이다.

④ 가지치기(pruning)는 중요도가 낮은 파라미터를 설정 비율만큼 제거하는 방식이다.

⑤ 기계망각(machine unlearning)은 데이터를 사용하지 않고, 인공지능이 알고리즘 구조만으로 스스로 학습하는 기법이다.

기계망각(machine unlearning)은 모델이 학습된 정보를 의도적으로 망각하는 것으로 잘못된 정보나 학습에 부적합한 정보(개인정보,저작권등)를 삭제하는 기술이다.

98 다음 중 ISMS-P 인증기준의 '구성 체계와 항목 수' 연결이 가장 올바른 것은? (총 항목 수 기준)

① 관리체계 수립 · 운영 40개 / 보호대책 30개 / 개인정보처리 단계 요구사항 40개 → 합계 110개

② 관리체계 수립 · 운영 16개 / 보호대책 64개 / 개인정보처리 단계 요구사항 21개 → 합계 101개

③ 관리체계 수립 · 운영 16개 / 보호대책 64개 / 개인정보처리 단계 요구사항 22개 → 합계 102개

④ 관리체계 수립 · 운영 20개 / 보호대책 62개 / 개인정보처리 단계 요구사항 20개 → 합계 102개

⑤ 관리체계 수립 · 운영 12개 / 보호대책 70개 / 개인정보처리 단계 요구사항 20개 → 합계 102개

ISMS-P 인증기준은 기존 102개에서 101개로 변경되었다.
'관리체계 수립 · 운영(Management Process) 16개', '보호대책(Information Security Controls) 64개', '개인정보처리 단계 요구사항(Privacy Requirements) 21개'로 구성되며, 총 101개 항목 기준으로 심사를 수행한다.

(상)(중)(하)

99 E사는 글로벌 고객사를 대상으로 하는 클라우드 서비스를 운영하면서, 개인정보 보호 체계 강화를 위해 ISO/IEC 27701 도입을 검토 중이다. 한 임원이 "ISO/IEC 27701은 ISO/IEC 27001과 완전히 독립된 프레임이므로, 정보보호 관리체계와는 별개로 단독 구축·인증을 받으면 된다"고 주장하였다. 이에 대한 설명으로 가장 적절한 것은?

① ISO/IEC 27701은 정보보호와 무관한 별도의 프라이버시 인증이므로, ISO/IEC 27001과 관계없이 단독 취득하는 것이 일반적이다.

② ISO/IEC 27701은 ISO/IEC 27002만 간접 참조하며, ISO/IEC 27001과의 연계 운영·통합심사는 국제적으로 권장되지 않는 편이다.

③ ISO/IEC 27701은 ISO/IEC 27001 기반 정보보호 관리체계에 개인정보 보호 관점을 확장하는 규격으로, ISO/IEC 27001과 연계하여 통합 구축·운영·심사를 전제로 한다.

④ ISO/IEC 27701은 GDPR 전용 규격이므로, GDPR이 직접 적용되지 않는 한국 조직에는 부적절하며 ISMS-P로 대체하는 것이 원칙이다.

⑤ ISO/IEC 27701은 개인정보처리자(컨트롤러) 역할에만 적용되고, 수탁자(프로세서) 역할 조직에는 적용 대상이 아니다.

(상)(중)(하)

100 다음은 인공지능 프라이버시 리스크를 관리하기 위해 개인정보 영향평가를 연계하여 수행하는 방안에 대한 설명이다. 이 중 적절하지 않은 것을 고르시오.

① 인공지능 프라이비스 리스크 경감을 위한 개인정보 영향평가는 인공지능 서비스를 시작한 이후 운영단계에서 수행하는 것이 효과적이다.

② 개인정보 영향평가를 수행한 경우, 이후 개인정보 보호법 위반으로 과징금이 부과되면 1차 조정 금액의 최대 30%까지 추가 감경받을 수 있는 근거 규정이 마련되어 있다.

③ AI 학습데이터에 민감정보가 포함될 개연성이 높거나 대규모 개인정보가 포함되는 경우(예: 대규모 웹스크래핑 데이터로 기반모델을 구축·제공하는 경우)에는 영향평가를 수행하는 것이 바람직하며, 개인정보가 포함될 개연성이 낮은 소규모 데이터로 기반모델을 미세조정하는 경우에는 대규모 개인정보 처리로 보지 않을 수 있다.

④ AI 모델·시스템을 개발·제공할 때 개인정보 처리가 수반되는 경우, 법령상 의무 대상이 아니더라도 인공지능으로 인한 프라이버시 리스크를 사전에 식별·경감하기 위해 개인정보 영향평가 수행을 고려할 수 있다.

⑤ AI 시스템 운영이 정보주체의 권리·의무에 중대한 영향을 미칠 것으로 예상되는 경우 개인정보 영향평가를 실시하는 것이 바람직하며, '중대한 영향' 여부를 판단할 때에는 EU AI Act 등 국내외 AI 규제 동향을 참고할 수 있고, 요구 데이터 종류·규모 변경이나 최신 AI 기술 도입 시 추가 개인정보 영향평가를 수행할 수 있다.

해설과 따로 보는
최신 기출문제

개인정보관리사	시험 시간	문항 수
	120분	총 100개

풀이 시간: ___________　　채점 점수: ___________

(상)(중)**(하)**

01 다음 설명 중 개인정보에 대한 이해로 가장 적절한 보기를 고르시오.

① 법인이나 단체의 구성원 명단은 단체에 관한 정보이므로 개인정보에 해당한다.
② 사망한 자의 가족이나 유족 정보도 사망한 자의 정보로 보아 개인정보에 해당하지 않는다.
③ 개인정보는 디지털 형태로 저장된 정보에 한정된다.
④ 개인정보는 수집·보유 형태나 처리방식에 따라 개인정보 여부가 달라진다.
⑤ 개인정보는 살아있는 개인에 관한 정보로, 법인·단체 정보나 사망자의 정보는 개인정보에 해당하지 않는다.

(상)(중)(하)

02 A시청 교통과 직원 김 주무관은 민원 처리 과정에서 자동차등록번호와 차종 정보가 포함된 자료를 받았다. 이때 김 주무관은 해당 정보가 개인정보에 해당하는지 판단해야 한다. 김 주무관의 자동차등록번호와 개인정보에 관한 판단으로 가장 적절한 보기는?

① 자동차등록번호는 단순히 차량 식별을 위한 번호이므로 별도의 정보와 결합하지 않는 한 개인정보가 아니다.
② 자동차등록번호는 불법적으로 다른 사이트를 해킹하여 얻은 정보와 결합하면 개인정보가 될 수 있다.
③ 자동차등록번호와 차종만으로는 특정 개인을 알아볼 수 없으므로 어떤 경우에도 개인정보가 아니다.
④ 공공기관이 법령상 권한으로 자동차등록번호에 소유자 정보, 보험 가입자 정보 등을 합법적으로 결합할 수 있는 경우 개인정보에 해당한다.
⑤ 자동차등록번호는 언제나 개인정보로 간주되므로 다른 정보와 결합 가능성은 고려할 필요가 없다.

(상)(중)**(하)**

03 다음 설명 중 개인정보 및 가명정보에 대한 이해로 가장 적절한 것은?

① 고객 ID나 결제상품정보는 다른 정보와 결합하더라도 개인을 식별할 수 없으므로 개인정보가 아니다.
② 외국인의 개인정보도 살아있는 사람이라면 국적에 관계없이 개인정보 보호법의 보호대상에 포함된다.
③ 가명처리는 개인정보를 완전히 삭제하여 복원 자체가 불가능하게 만드는 것이다.
④ 추가정보란 가명정보와 아무런 관련이 없는 제3자가 임의로 생성한 정보를 말한다.
⑤ 다른정보란 가명정보취급자가 보유하지 않으며, 재식별에 전혀 이용될 수 없는 정보를 의미한다.

(상)(중)**(하)**

04 다음 설명 중 가상자산 지갑주소의 개인정보 해당 여부에 대한 이해로 가장 적절한 것은?

① 가상자산 지갑주소는 불가역적 암호화 기술로 생성되므로, 어떤 경우에도 개인정보로 볼 수 없다.
② 가상자산 지갑주소는 거래소나 은행의 실명확인 정보와 결합하더라도 특정 개인을 식별할 수 없으므로 개인정보가 아니다.
③ 가상자산 지갑주소는 언제나 개인의 신원정보를 직접 포함하고 있으므로 개인정보에 해당한다.
④ 가상자산 지갑주소는 그 자체만으로는 개인을 식별하기 어렵지만, 다른 정보와 결합하여 특정 개인을 알아볼 수 있는 경우에는 개인정보에 해당할 수 있다.
⑤ 가상자산 지갑주소는 거래내역이 블록체인에 기록되어 공개되므로 비식별화가 불가능하고, 따라서 항상 개인정보에 해당한다.

(상)(중)**(하)**

05 다음 설명 중 프라이버시의 범주에 대한 이해로 가장 적절한 보기를 고르시오.

① 프라이버시는 사생활 보호에 관한 개념으로, 공간적 측면만을 의미한다.
② 개인 프라이버시는 개인의 주거와 같은 물리적 영역에 대한 접근을 통제할 수 있는 권리를 말한다.
③ 정보 프라이버시는 개인이 자신의 공간에 대한 접근을 통제할 수 있는 권리로, 주거침입 등이 이에 해당한다.
④ 목적과 다른 개인정보를 공유하는 것은 정보 프라이버시 침해 사례에 해당한다.
⑤ 공간 프라이버시는 개인정보의 수집 · 이용 · 제공을 통제하는 권리를 의미한다.

(상)**(중)**(하)

06 다음 설명 중 개인정보자기결정권에 대한 이해로 가장 적절한 보기를 고르시오.

① 개인정보자기결정권은 사생활의 내밀한 영역에서만 보호되며, 이미 공개된 정보에는 적용되지 않는다.
② 개인정보자기결정권은 타인의 개인정보 처리에 대한 감시 권한을 의미한다.
③ 개인정보자기결정권은 개인정보의 공개와 이용에 관하여 정보주체가 스스로 결정할 수 있는 권리를 말한다.
④ 개인정보자기결정권은 국가기관이나 공공기관에 대해서만 행사할 수 있는 권리이다.
⑤ 개인정보자기결정권은 단순히 정보의 열람과 정정만을 청구할 수 있는 제한적인 권리이다.

(상)**(중)**(하)

07 다음 중 개인정보자기결정권에 대한 설명으로 옳지 않은 것은?

① 개인정보자기결정권은 정보 주체가 자기 개인정보의 공개와 이용에 관하여 스스로 결정할 수 있는 권리이다.
② 개인정보자기결정권의 보호 대상은 개인의 신체, 신념, 사회적 지위 등 개인의 동일성을 식별할 수 있는 모든 정보가 포함된다.
③ 개인정보자기결정권은 반드시 개인의 내밀한 사적 생활에만 국한되며, 공개된 개인정보는 보호 대상에서 제외된다.
④ 개인정보의 조사, 수집, 보관, 처리, 이용 등은 원칙적으로 개인정보자기결정권을 제한하는 행위에 해당한다.
⑤ 개인정보자기결정권은 헌법상 기본권으로 인정되며, 정보 주체의 인격적 주체성을 보장하는 중요한 권리이다.

(상)(중)(하)
08 다음 설명 중 개인정보의 유형 및 가명정보 처리에 대한 이해로 가장 적절한 보기를 고르시오.

① 가명정보는 과학적 연구 목적이더라도 판매를 위한 거래 대상으로 활용할 수 있다.
② 가명정보는 추가정보가 없으면 개인을 식별할 수 없으므로, 개인정보에 포함되지 않는다.
③ 과학적 연구, 통계작성, 공익적 기록보존 등의 목적 범위 내에서 가명정보를 처리하면서 정당한 대가를 받는 것은 가능하나, 판매를 목적으로 처리하는 것은 허용되지 않는다.
④ 신체정보에는 사상, 신조, 종교 등 개인의 내면적 비밀정보가 포함된다.
⑤ 재산적 정보에는 성명, 주민등록번호, 주소 등 일반 인적사항이 포함된다.

(상)(중)(하)
09 다음 설명 중 해킹 등으로 유출된 정보의 개인정보 여부 판단에 대한 이해로 가장 적절한 보기를 고르시오.

① 기업 · 기관 등의 입장에서 유출된 정보가 개인정보에 해당하는지 여부는 자사의 입장에서 해당 정보가 개인을 알아볼 수 있는 정보인지를 기준으로 판단해야 한다.
② 해킹으로 유출된 정보가 이름이나 주민등록번호를 포함하지 않았다면 개인정보에 해당하지 않는다.
③ 유출된 정보가 개인정보인지 여부를 판단할 때는 해커의 입장에서 개인을 알아볼 수 있는지가 기준이 되어야 한다.
④ 유출된 정보가 외부로 공개되었다면, 개인을 알아볼 수 있더라도 더 이상 개인정보로 볼 수 없다.
⑤ 해킹으로 유출된 정보는 불법적으로 취득된 정보이므로, 법적으로 보호받을 수 있는 개인정보에 해당하지 않는다.

(상)(중)(하)
10 금융기관 I 은행은 최근 고객정보 일부가 해킹으로 유출되는 사고를 겪었다. 유출된 자료에는 고객의 이름이나 주민등록번호는 포함되지 않았지만, 회원 관리번호와 휴대전화번호, 거래일시 정보가 포함되어 있었다. 이에 I 은행의 보안팀은 "이 정보에 이름 등 직접 식별정보가 없으니 개인정보에 해당하지 않는다."라고 주장하였다. 반면 개인정보보호 담당자인 정 대리는 "회원관리번호는 내부 시스템에서 특정 고객을 식별할 수 있는 정보이므로 개인정보로 봐야 한다."라고 판단하였다. 다음 중 「개인정보 보호법」상 유출된 정보의 개인정보 해당 여부를 판단하는 가장 타당한 기준은 무엇인가?

① 해커가 해당 정보를 통해 실제 개인을 알아볼 수 있는지를 기준으로 판단한다.
② 정보가 외부로 유출되었을 때 불특정 다수가 식별 가능한지를 기준으로 판단한다.
③ 유출된 정보가 일부만이라도 손상되었다면 개인정보가 아닌 것으로 본다.
④ 유출된 정보에 이름이나 주민등록번호가 포함되지 않으면 개인정보가 아니다.
⑤ 기업 · 기관 내부에서 그 정보를 통해 개인을 식별할 수 있다면 개인정보로 본다.

(상)(중)(하)
11 다음 설명 중 EU 일반 개인정보보호 규정(EU-GDPR)에 대한 이해로 가장 적절한 보기를 고르시오.

① EU-GDPR은 유럽연합이 제정한 지침(Directive)이므로, 각 회원국은 이를 국내법으로 별도 입법해야 효력이 발생한다.
② EU-GDPR은 모든 회원국 내에서 직접 적용되는 규정(Regulation)으로, 별도의 이행 입법 없이도 정부나 민간 모두에게 법적 구속력을 가진다.
③ EU-GDPR은 공공기관에만 적용되며, 민간 기업에는 적용되지 않는다.
④ 암호화된 정보는 기술적으로 식별이 불가능하므로 GDPR의 적용대상에서 제외된다.
⑤ EU-GDPR은 유럽연합 역내에서 설립된 기관에만 적용되며, EU 외 지역에서 상품이나 서비스를 제공하는 기업에는 적용되지 않는다.

12 다음 설명 중 EU 일반개인정보보호규정(EU-GDPR)의 적용 범위에 대한 이해로 가장 적절한 보기를 고르시오.

① EU 역외 기업이라 하더라도, EU 내 정보주체에게 재화나 서비스를 제공하거나 그 행동을 모니터링하는 경우 GDPR 적용 대상이 될 수 있다.

② EU-GDPR은 자동화된 수단에 의한 개인정보 처리에만 적용되고, 비자동화 수단에 의한 개인정보 처리에는 적용되지 않는다.

③ GDPR은 EU 역내 사업장 중 본사에만 적용되고, 지사나 자회사에는 적용되지 않는다.

④ 개인정보를 수기로 처리하는 경우에는 자동화와 무관하므로 GDPR 적용 대상이 아니다.

⑤ 개인이 가정에서 수행하는 가사활동도 모두 GDPR의 적용을 받는다.

13 미국에 본사를 둔 글로벌 전자상거래 기업 ㈜글로벨라는 한국·일본 등 아시아 지역뿐 아니라 유럽연합(EU) 여러 국가에도 온라인 쇼핑 서비스를 제공하고 있다. 해당 기업은 유럽 소비자들을 위해 각국 언어로 된 웹사이트를 운영하며, 유로(EUR) 결제 시스템을 지원하고, 유럽 고객의 쇼핑 이력과 클릭 데이터를 분석하여 맞춤형 광고를 제공한다. 이 과정에서 유럽 거주자의 이름, 주소, 결제정보, 접속기록(IP주소)을 수집·분석하고 있다. 다음 중 ㈜글로벨라의 개인정보 처리에 대한 EU-GDPR 적용 여부 판단으로 가장 적절한 보기를 고르시오.

① ㈜글로벨라는 본사가 미국에 있으므로, 유럽 소비자 정보를 처리하더라도 EU-GDPR 적용 대상이 아니다.

② 유럽 소비자들이 자발적으로 웹사이트에 접속했으므로, 기업은 GDPR의 적용을 받지 않는다.

③ EU 내에서 재화나 서비스를 제공하지 않더라도, 단순히 광고 노출만 하면 GDPR 적용 대상이다.

④ ㈜글로벨라는 EU 내 소비자에게 상품과 서비스를 제공하고 행동을 모니터링하므로, EU-GDPR 적용 대상이 된다.

⑤ EU 내 사업장이 없는 기업은 어떤 형태로든 GDPR의 적용을 받지 않는다.

14 다음 설명 중 EU-GDPR에서 규정하고 있는 역할과 책임에 대한 이해로 가장 적절한 보기를 고르시오.

① 컨트롤러(Controller)는 개인정보 처리의 수단만을 결정하며, 처리 목적은 프로세서가 정한다.

② 프로세서(Processor)는 컨트롤러의 지시에 따라 개인정보를 처리하는 주체로, 독자적으로 처리 목적을 정할 수 있다.

③ 수령인(Recipient)은 개인정보를 공개하거나 제공받는 자연인, 법인, 정부기관 등으로, 개인정보를 전달받는 주체를 의미한다.

④ DPO(Data Protection Officer)는 기업의 규모나 처리 유형과 관계없이 모든 기업이 반드시 지정해야 하는 의무 직책이다.

⑤ 컨트롤러와 프로세서는 모두 개인정보 처리의 목적과 수단을 공동으로 결정할 수 없다.

15 다음 설명 중 EU-GDPR상 개인정보보호책임자(DPO)에 대한 가장 적절한 보기는?

① 컨트롤러나 프로세서는 DPO를 지정하더라도, 그 사실을 외부에 공개하거나 감독당국에 통지할 의무는 없다.

② 여러 개의 독립된 법인이 사업적 관계없이 공동 DPO를 지정하는 것도 가능하다.

③ DPO는 기업의 규모가 크거나 직원 수가 많은 경우에만 지정 의무가 있다.

④ DPO를 지정한 경우, 그 연락처를 공개하고 감독당국에 통지해야 한다.

⑤ 법원은 정부기관에 해당하므로, GDPR에 따라 반드시 DPO를 지정해야 한다.

16 다음 설명 중 개인정보 · 정보보호 사고 유형별 신고 방법에 대한 이해로 가장 적절한 것은?

① 개인정보처리자는 개인정보 유출이 발생하더라도 정보주체가 원하지 않으면 신고하지 않아도 된다.
② 개인정보 유출 신고는 개인정보보호위원회 또는 한국인터넷진흥원(KISA)에 72시간 이내에 해야 한다.
③ 침해사고 신고는 정보통신서비스 제공자만 가능하며, 과학기술정보통신부가 아닌 행정안전부에 신고해야 한다.
④ 신용정보회사에서 10만 명 미만의 신용정보주체 정보가 유출된 경우에도 반드시 금융위원회에 신고해야 한다.
⑤ 일반 이용자는 개인정보 침해 사실을 인지하더라도 신고 기관이 없어 별도의 구제를 받을 수 없다.

17 다음 설명 중 개인정보보호와 ESG(Environmental, Social, Governance) 경영의 연관성에 대한 이해로 가장 적절한 것은?

① ESG 경영에서 개인정보보호는 환경(Environmental) 영역에 포함되며, 탄소배출 저감과 함께 평가된다.
② 개인정보보호는 기업의 재무성과와 직접적인 관련이 없으므로 ESG 평가 항목에 포함되지 않는다.
③ ESG의 사회(Social) 영역에서는 기업이 개인정보 자기결정권 보장을 위해 자율적으로 수행하는 보호 활동과 침해 발생 시 구제 노력 등을 진단 항목으로 포함할 수 있다.
④ 개인정보보호를 위한 자율적 노력 및 활동은 법적 의무 이행 여부만을 확인하는 항목이다.
⑤ 개인정보 침해 및 구제 항목은 침해사고 발생 후 법적 처벌 여부만을 평가하며, 기업의 구제 노력은 평가 대상이 아니다.

18 다음 설명 중 개인정보 보호 관련 법률에 적용되는 법 적용 원칙에 대한 이해로 가장 적절한 보기를 고르시오.

① 상위법 우선의 원칙은 동일한 효력을 가진 법률 간 충돌 시, 제정 시기가 빠른 법이 우선 적용된다는 원칙이다.
② 특별법 우선의 원칙은 특별법과 일반법이 충돌할 경우, 일반법이 특별법에 우선하여 적용된다는 원칙이다.
③ 신법 우선의 원칙은 동일한 효력을 가진 법률 간 내용이 상호 모순 · 저촉되는 경우, 시간상으로 나중에 제정된 법이 우선 적용된다는 원칙이다.
④ 개인정보 보호법은 모든 법률에 우선 적용되는 최상위법이므로, 신용정보법 등 다른 개별법보다 항상 우선한다.
⑤ 특별법 우선의 원칙은 동일한 형식의 성문법규가 상호 모순 · 저촉되는 경우에는 적용되지 않는다.

19 다음 설명 중 개인정보 보호 원칙에 대한 가장 적절한 설명은?

① 개인정보처리자는 수집 목적을 명확히 하지 않아도, 사후 동의를 받으면 목적 외 이용이 가능하다.
② 개인정보처리자는 처리 목적을 위해 가능한 한 많은 개인정보를 수집해야 업무 효율성이 높아진다.
③ 개인정보처리자는 처리 목적에 필요한 최소한의 개인정보만을 적법하고 정당하게 수집해야 한다.
④ 개인정보처리자는 개인정보를 정확하게 유지할 의무는 있으나, 최신성은 보장하지 않아도 된다.
⑤ 개인정보처리자는 개인정보를 안전하게 관리하기 위한 보호조치를 취하더라도 정보주체 권리보장 의무는 면제된다.

(상)(중)**(하)**

20 다음 중 OECD 프라이버시 8원칙에 대한 설명으로 가장 적절하지 않은 것은?

① 수집 제한의 원칙은 개인정보를 합법적이고 공정한 절차에 따라 수집하고, 가능하면 정보주체에게 알리거나 동의를 얻어야 함을 의미한다.

② 목적 명확화의 원칙은 개인정보를 수집할 때 이용 목적을 명확히 하고, 이후에도 그 목적에 부합하여 이용해야 함을 의미한다.

③ 안전성 확보의 원칙은 개인정보의 분실 · 훼손 · 유출 등에 대비해 합리적인 보호조치를 취해야 함을 의미한다.

④ 정보주체 참여의 원칙은 개인정보의 처리와 정보처리장치의 설치, 활용 및 관련 정책을 일반에게 공개해야 한다는 것을 의미한다.

⑤ 책임의 원칙은 개인정보 관리자가 관련 원칙들이 준수되도록 필요한 조치를 취해야 함을 의미한다.

(상)**(중)**(하)

21 다음 설명 중 '필요 최소한의 개인정보' 수집 원칙에 대한 이해로 가장 적절한 보기는?

① 온라인 쇼핑몰이 상품 배송을 위해 고객의 이름, 주소, 전화번호 외에 결혼 여부와 직업 정보를 함께 수집하는 것은 필요 최소한의 개인정보 수집에 해당한다.

② 병원이 온라인 진료예약을 받으면서 임상실험용 개인정보를 함께 수집하는 것은 진료 목적상 불가피하므로 최소정보 수집 원칙에 부합한다.

③ 아파트 관리사무소가 차량등록을 위해 차량번호와 입주민의 동 · 호수, 긴급 연락처를 수집하는 것은 차량관리 목적의 최소한의 개인정보 수집에 해당한다.

④ 경품행사 응모자가 추첨 사실을 통보받기 위해 이름, 전화번호 외에 성별과 자녀 수를 입력하도록 하는 것은 최소정보 수집 원칙에 부합한다.

⑤ 유치원이 입학 원서 접수 시 보호자의 직업과 학력, 종교 등 개인정보를 요구하는 것은 입학 심사에 도움이 되므로 최소정보 수집 원칙에 해당한다.

(상)**(중)**(하)

22 다음 중 개인정보보호법 제16조에서 규정한 개인정보 수집 제한 원칙에 대한 설명으로 가장 적절한 보기는?

① 개인정보처리자는 정보주체의 동의를 받아 개인정보를 수집하는 경우, 필요한 최소한의 정보 외에도 추가적인 정보를 자유롭게 요구할 수 있다.

② 개인정보처리자는 정보주체가 선택항목 수집에 동의하지 않더라도, 필수정보만으로 서비스 제공이 가능한 경우 이를 이유로 서비스를 거부해서는 안 된다.

③ 개인정보처리자는 수집 목적 달성을 위해 최소한의 정보만 수집해야 하지만, 선택정보 제공을 거부한 경우에는 과태료 부과 대상이 되지 않는다.

④ 개인정보처리자는 정보주체의 편의를 위해 필수정보와 선택정보를 구분하지 않고 한 번에 동의를 받을 수 있다.

⑤ 개인정보처리자는 필요한 최소한의 정보만 수집해야 하나, 그 입증책임은 정보주체가 부담한다.

(상)(중)(하)

23 다음 중 개인정보를 수집 목적 외의 용도로 이용하거나 제3자에게 제공할 수 있는 경우로 가장 적절하지 않은 보기를 고르시오.

① 정보주체로부터 별도의 동의를 받은 경우
② 다른 법률에 특별한 규정이 있는 경우
③ 명백히 정보주체 또는 제3자의 급박한 생명·신체·재산의 이익을 위하여 필요하다고 인정되는 경우
④ 공공기관이 조약 또는 국제협정의 이행을 위하여 외국 정부 또는 국제기구에 제공하기 위하여 필요한 경우
⑤ 회사 내부 마케팅 분석을 위하여 고객의 개인정보를 제휴업체에 제공하는 경우

(상)(중)(하)

24 다음 중 공공기관 한정으로 개인정보를 수집 목적 외의 용도로 이용하거나 제3자에게 제공할 수 있는 경우로 가장 적절한 보기는?

① 정보주체로부터 별도의 동의를 받은 경우
② 다른 법률에 특별한 규정이 있는 경우
③ 명백히 정보주체 또는 제3자의 급박한 생명·신체·재산의 이익을 위하여 필요한 경우
④ 개인정보를 목적 외로 이용하지 않으면 법률상 소관 업무를 수행할 수 없어 개인정보보호위원회의 심의·의결을 거친 경우
⑤ 공중위생 등 공공의 안전과 안녕을 위하여 긴급히 필요한 경우

(상)(중)(하)

25 다음 중 개인정보보호법상 '민감정보'에 해당하는 경우로 가장 적절한 것은?

① 대학교 학생의 성명, 학번, 전공, 연락처 정보
② 고객의 신용카드 결제 내역과 포인트 적립 내역
③ 발달장애인의 성명과 주소 정보
④ 쇼핑몰 회원의 아이디, 비밀번호, 구매이력 정보
⑤ 회사 임직원의 근무시간 기록 및 출퇴근 내역

(상)(중)(하)

26 다음 중 개인정보보호법상 '고유식별정보'에 해당하는 경우로 가장 적절한 것은?

① 대학교에서 학생 식별을 위해 부여한 학번
② 기업이 사내 인사관리 목적으로 부여한 사번
③ 정부가 국민을 고유하게 구별하기 위해 부여한 주민등록번호
④ 관공서가 법인에게 부여한 법인등록번호
⑤ 상점이 고객 포인트 적립을 위해 자체 발급한 멤버십 번호

27 다음 중 개인정보보호법상 '고유식별정보'를 처리할 수 있는 경우로 가장 적절한 보기는?

① 회사가 고객의 마케팅 분석을 위해 주민등록번호를 수집하는 경우
② 법령에서 고유식별정보의 처리를 요구하거나 허용하는 경우
③ 정보주체의 일반적인 개인정보 동의만 받은 경우
④ 기업이 사내 인사관리를 위해 임의로 직원의 여권번호를 보관하는 경우
⑤ 공공기관이 법적 근거 없이 업무 편의상 외국인등록번호를 수집하는 경우

28 다음 중 개인정보보호위원회가 실시하는 '고유식별정보 안전조치 이행 여부 정기조사'에 대한 가장 적절한 설명은?

① 고유식별정보를 1천 명 이상 처리하는 모든 개인정보처리자는 매년 정기조사를 받아야 한다.
② 개인정보보호위원회는 1만 명 이상의 정보주체에 관한 고유식별정보를 처리하는 공공기관을 정기조사 대상으로 한다.
③ 민간기업은 고유식별정보를 아무리 많이 처리하더라도 정기조사 대상에 포함되지 않는다.
④ 정기조사는 1년에 한 번씩 실시하며, 조사기관은 행정안전부와 경찰청이다.
⑤ 개인정보보호 수준 평가를 받은 기관도 반드시 정기조사를 받아야 한다.

29 다음 중 개인정보보호위원회의 해석 기준에 따라 '주민등록번호 처리 근거가 인정되는 경우'로 가장 적절한 것은?

① 병원이 감염병 전파 차단을 위해 출입구 키오스크에서 방문객의 주민등록번호를 수집하는 경우
② 법률에서 '본인 여부 확인' 의무만 있는 기업이 신분증 진위확인을 위해 주민등록번호를 처리하는 경우
③ 전자금융거래법에 따른 '접근매체 발급을 위한 실명확인' 과정에서 신분증 진위확인을 위해 주민등록번호를 처리하는 경우
④ 한시적 비대면 진료 플랫폼이 병원의 위탁 범위를 넘어 자체 이용자 관리 목적으로 주민등록번호를 보관하는 경우
⑤ 온라인 쇼핑몰이 회원의 나이 확인 편의를 위해 주민등록번호 앞자리(생년월일)를 수집하는 경우

30 다음 중 개인정보보호법상 '주민등록번호 수집 · 처리 시 주의사항'에 대한 설명으로 가장 적절한 것은?

① 주민등록번호의 뒤 7자리만 수집하는 것은 전체 번호가 아니므로 주민등록번호 처리로 보지 않는다.
② 정보주체의 동의를 받으면 주민등록번호를 언제든 수집 · 이용할 수 있다.
③ 본인확인기관이 생성한 연계정보(CI)는 주민등록번호와 달리 개인정보에 해당하지 않는다.
④ 경찰은 「유실물법」에 따라 습득물 신고서에 기재된 습득자의 주민등록번호를 수집할 수 있다.
⑤ 내부망에 저장된 주민등록번호는 위험도 분석 결과 안전성이 확보되면 암호화하지 않아도 된다.

(상)(중)(하)

31 다음 중 「개인정보 보호법」상 영상정보처리기기 및 그 활용에 대해 가장 적절한 설명은?

① 차량 외부를 촬영하는 블랙박스는 고정형 영상정보처리기기에 해당한다.
② 차량 내부를 지속적으로 촬영하는 CCTV는 이동형 영상정보처리기기에 해당한다.
③ 차량 외부를 촬영하는 블랙박스는 「개인정보 보호법」 적용 대상이 아니다.
④ 기상특보 발령 시 지방자치단체는 재난관리책임기관으로서 주민 대피나 출입 통제 등 공공의 안전 확보를 위해 CCTV 영상을 활용할 수 있다.
⑤ 기상특보 발령 시 지방자치단체는 CCTV 영상을 활용하려면 반드시 정보주체의 사전 동의를 받아야 한다.

(상)(중)(하)

32 다음 중 「개인정보 보호법」상 고정형 영상정보처리기기(CCTV)를 설치·운영할 수 있는 경우로 가장 적절한 것은?

① 민간기업이 마케팅 분석을 위해 고객의 동선을 파악하려고 매장 내 CCTV를 설치·운영하는 경우
② 식당 주인이 종업원의 근무 태도를 감시하기 위해 내부 CCTV를 설치·운영하는 경우
③ 교도소 내 수용자 안전과 시설 관리를 위해 CCTV를 설치·운영하는 경우
④ 개인이 유튜브 방송을 위해 블랙박스로 자신의 차량 외부를 촬영하는 경우
⑤ 지자체가 범죄 예방과 무관하게 관광지 홍보용 영상을 촬영하기 위해 CCTV를 설치·운영하는 경우

(상)(중)(하)

33 다음 중 「개인정보 보호법」상 고정형 영상정보처리기기 운영 시 유의사항에 대해 가장 적절한 설명은?

① 공개된 장소에는 누구든 자유롭게 고정형 영상정보처리기기를 설치·운영할 수 있다.
② 고정형 영상정보처리기기를 설치할 때는 녹음 기능을 함께 사용하여야 한다.
③ 고정형 영상정보처리기기는 설치 목적 달성을 위한 최대한의 범위(촬영장소, 각도, 시간) 내에서 촬영해야 한다.
④ 공공기관은 고정형 영상정보처리기기를 설치·운영할 때 관계인의 의견을 수렴할 필요가 있다.
⑤ 안내판은 촬영범위 외에서 정보주체가 알아보기 쉬운 장소에 설치해야 한다.

(상)(중)(하)

34 다음 중 「개인정보 보호법」상 CCTV 설치·운영 및 영상정보 활용에 대해 가장 적절한 설명은?

① 출입이 통제되는 사무실은 공개된 장소로 간주되므로, CCTV 설치 시 개인정보보호법의 '고정형 영상정보처리기기의 설치' 조항의 적용을 받는다.
② 민원인이 자유롭게 출입하는 공공기관 민원실은 공개된 장소이므로 CCTV 설치는 가능하지만, 녹음 기능을 사용하는 것은 금지된다.
③ 쓰레기 무단투기 단속을 위해 촬영된 영상을 불특정 다수에게 공개하는 것은 법령상 의무이므로 허용된다.
④ 경찰이 수사 목적으로 CCTV 영상을 요청할 경우, 반드시 정보주체의 사전 동의를 받아야 한다.
⑤ 공개된 장소에서 방문객 수를 집계하기 위해 CCTV를 설치·운영하는 경우, 영상 저장이 필수적이다.

(상) 중 (하)

35 다음 중 「개인정보 보호법」상 이동형 영상정보처리기기 설치 · 운영에 대해 가장 적절한 설명은?

① 공개된 장소에서 업무 목적으로 이동형 영상정보처리기기를 이용하여 촬영하는 행위는 원칙적으로 허용된다.

② 이동형 영상정보처리기기를 이용한 촬영은 정보주체의 인식 여부와 무관하게 자유롭게 할 수 있다.

③ 드론 등으로 항공촬영을 하는 경우 정보주체에게 촬영 사실을 알리기 어려우면 개인정보보호위원회가 지정한 인터넷 사이트에 공지할 수 있다.

④ 이동형 영상정보처리기기를 이용한 촬영 시 불빛, 소리 등으로 표시할 필요는 없다.

⑤ 재난 · 화재 등 긴급 상황이 발생하더라도 이동형 영상정보처리기기를 이용한 촬영은 허용되지 않는다.

상 (중) 하

36 지방자치단체 민원실의 담당 공무원 A씨는 민원인의 폭언 · 폭행 등으로부터 자신을 보호하기 위해 휴대용 영상기기(바디캠)를 착용하고 근무하려고 한다. A씨는 민원인에게 "민원 응대 과정이 녹화될 수 있다"는 사실을 명확히 안내표시하였으며, 민원인은 별다른 반응 없이 민원을 계속 진행하였다. 이 상황에서 「개인정보 보호법」상 A씨의 영상 촬영에 대한 판단으로 가장 적절한 보기를 고르시오.

① 정보주체의 명시적 서면 동의가 없으므로 촬영은 불가능하다.

② 안내표시만으로는 충분하지 않으며, 반드시 개인정보보호위원회의 사전 승인을 받아야 한다.

③ 촬영 사실을 명확히 알리고 민원인이 거부 의사를 밝히지 않았다면 별도의 동의 없이 촬영이 가능하다.

④ 업무 목적이라 하더라도 모든 이동형 영상기기는 불법 촬영에 해당한다.

⑤ 민원인이 촬영 사실을 알지 못했더라도, 사후에 동의하면 문제가 되지 않는다.

(상) 중 (하)

37 다음 중 「개인정보 보호법」상 가명정보의 처리 관련 용어에 대해 가장 적절한 설명은?

① 가명처리는 특정 개인을 완전히 식별 불가능하게 만드는 비식별화 조치를 의미하며, 추가정보가 있더라도 재식별이 불가능하다.

② 추가정보란 다른 기관이 보유한 외부 정보까지 포함하여 가명정보를 결합할 수 있는 모든 정보를 의미한다.

③ 결합키란 서로 다른 가명정보를 결합할 때 매개체로 사용되는 정보로, 해당 정보만으로는 특정 개인을 식별할 수 없다.

④ 결합전문기관은 개인정보보호위원회로부터 지정받지 않아도 가명정보 결합 업무를 수행할 수 있다.

⑤ 반출심사는 결합된 가명정보를 외부에 반출한 후 안전조치가 적정했는지를 사후에 검토하는 절차를 말한다.

(상) 중 (하)

38 다음 중 '다른 정보와 쉽게 결합하여 개인을 알아볼 수 있는 경우' 개인정보로 판단되는 기준에 대한 설명으로 가장 적절하지 않은 것은?

① 해당 정보를 처리하는 자가 다른 정보를 합법적인 방법으로 입수할 수 있는 가능성이 있는지를 고려해야 한다.

② 정보의 결합 과정에서 필요한 시간, 비용, 기술 등의 수준이 합리적인 범위 내에 있는지도 판단 기준이 된다.

③ 해당 정보를 처리하는 자의 상황과 정보가 처리되는 맥락에 따라 개인정보 해당 여부가 달라질 수 있다.

④ 공공기관과 같이 다른 정보를 합법적으로 입수할 수 있는 경우에는 자동차등록번호도 개인정보로 볼 수 있다.

⑤ 불법적인 해킹이나 절취를 통해 다른 정보를 입수할 수 있는 가능성도 입수 가능성 판단의 근거가 된다.

(상)(중)하

39 다음 중 「개인정보 보호법」상 정보주체의 동의 없이 가명정보를 처리할 수 있는 경우로 가장 적절한 것은?

① 특정 개인의 소비 패턴을 분석하여 개별 맞춤형 광고를 제공하기 위한 가명정보 처리
② 연구소가 사료 가치가 있는 인물 정보를 기록하여 보관하기 위한 가명정보 처리
③ 기업이 고객 불만 사례를 홍보 마케팅 자료로 활용하기 위한 가명정보 처리
④ 개인의 위치정보를 이용해 친구 추천 서비스를 제공하기 위한 가명정보 처리
⑤ 온라인 쇼핑몰이 고객 개개인의 구매 이력에 따라 맞춤형 쿠폰을 발송하기 위한 가명정보 처리

(상)(중)**하**

40 다음 중 「개인정보 보호법」상 가명처리 절차의 순서로 가장 적절한 보기를 고르시오.

① 가명처리 → 위험성 검토 → 적정성 검토 → 안전한 관리 → 목적 설정 등 사전준비
② 가명처리 → 적정성 검토 → 목적 설정 등 사전준비 → 위험성 검토 → 안전한 관리
③ 위험성 검토 → 목적 설정 등 사전준비 → 가명처리 → 적정성 검토 → 안전한 관리
④ 목적 설정 등 사전준비 → 가명처리 → 위험성 검토 → 적정성 검토 → 안전한 관리
⑤ 목적 설정 등 사전준비 → 위험성 검토 → 가명처리 → 적정성 검토 → 안전한 관리

(상)**중**(하)

41 개인정보 보호법상 가명처리 절차 단계에서, 가명처리가 적정하게 수행되었는지 확인하고 가명처리한 결과가 가명정보의 처리 목적을 달성하기 위해 적절한지를 검토하는 단계는?

① 목적 설정 등 사전준비
② 위험성 검토
③ 가명처리 수행
④ 적정성 검토
⑤ 안전한 관리

(상)**중**(하)

42 다음 보기에 적용된 가명처리 기술로 가장 적절한 것을 고르시오.

원본 데이터(급여) : 3,472,150원
가명처리 후 데이터 : 3,470,000원 또는 3,500,000원

---

① 범주화(Binning)
② 잡음 추가(Noise Addition)
③ 랜덤 라운딩(Random Rounding)
④ 데이터 마스킹(Data Masking)
⑤ 암호화(Encryption)

43 다음 보기에 적용된 가명처리 기술로 가장 적절한 것을 고르시오.

> 원본 데이터(나이) : 15세, 18세, 22세, 85세, 90세
> 가명처리 후 데이터 : 20세 미만은 '20세 이하', 80세 이상은 '80세 이상'으로 표시

① 범주화(Binning)
② 잡음 추가(Noise Addition)
③ 상하단코딩(Top and Bottom Coding)
④ 데이터 마스킹(Data Masking)
⑤ 랜덤 라운딩(Random Rounding)

44 다음 중 「개인정보 보호법」상 개인정보보호 책임자에 대한 설명으로 가장 적절한 것을 고르시오.

① 개인정보보호 책임자는 개인정보 처리 업무를 일부 수행하는 실무 담당자로, 조직 내 의사결정권이 없어도 된다.
② 개인정보보호 책임자는 외부 전문가나 컨설턴트로 지정할 수 있으며, 내부 직원일 필요는 없다.
③ 개인정보보호 책임자는 조직 내 개인정보 처리 업무를 총괄하며, 정책의 개발·실행·감독을 책임지는 최종 책임자이다.
④ 민간기업에서 임원이 없는 경우란 "개인정보 처리 관련 업무를 담당하는 임원이 없는 경우"를 의미한다.
⑤ 「소상공인 기본법」 제2조 제1항에 따른 상시 근로자 수가 일정 기준 미만인 소상공인은 개인정보보호 책임자를 지정하지 않아도 되며, 이 경우 개인정보보호 업무를 외부 전문가에게 위탁할 수 있다.

45 다음 중 「개인정보 보호법」상 전문 개인정보보호책임자(전문 CPO) 지정 제도에 대한 설명으로 가장 적절한 것을 고르시오.

① 연 매출액 1,500억 원 이상이면서 100만 명 이상 개인정보를 처리하는 기업은 전문 CPO를 지정해야 하는 대상에 해당한다.
② 전문 CPO는 개인정보보호 경력과 정보보호·정보기술 경력을 합하여 총 2년 이상 보유하면 자격 요건을 충족한다.
③ 전문 CPO는 개인정보보호위원회가 직접 임명하며, 모든 개인정보처리자는 전문 CPO를 반드시 지정해야 한다.
④ 전문 CPO는 개인정보보호 관련 자격이 없어도 대표이사나 임원이면 지정이 가능하다.
⑤ 전문 CPO 제도는 공공기관에는 적용되지 않는다.

46 다음 중 「개인정보 보호법」 상 국내대리인 지정에 대한 설명으로 가장 적절한 것을 고르시오.

① 국내대리인은 반드시 대한민국 국적을 가진 자만 지정할 수 있다.
② 해외사업자는 매출액이나 개인정보 보유 규모가 일정 규모 이상인 경우, 국내에 주소 또는 영업소가 없는 경우라도 국내대리인을 지정해야 한다.
③ 국내대리인은 개인정보보호위원회에 신고만 하면 실제 불만 처리 업무를 수행하지 않아도 된다.
④ 국내대리인은 정보주체의 불만 처리 시 전자우편이나 자동응답 시스템만으로 응대해도 지정 요건을 충족한다.
⑤ 국내대리인은 지정 당시에는 한국어로 의사소통이 불가능해도 이후 보완하면 된다.

(상)(중)(하)

47 다음 중 「개인정보 보호법」상 공공기관의 개인정보파일 등록 및 공개에 대한 설명으로 가장 적절한 것을 고르시오.

① 공공기관이 내부 업무에만 사용하는 인사기록과 같은 개인정보파일은 등록 대상에 포함되지 않는다.
② 공공기관의 장은 개인정보파일을 운용하는 경우 개인정보보호위원회에 등록해야 하며, 등록사항이 변경된 경우에는 변경 등록을 할 필요가 없다.
③ 개인정보보호위원회는 개인정보파일 등록 현황을 비공개로 관리하며, 일반 국민이 열람할 수 없다.
④ 개인정보파일의 명칭은 중앙행정기관에서 정한 표준 명칭으로 통일해야 하며, 기관별로 다르게 작성할 수 없다.
⑤ 국가 안전, 외교상 비밀 등 국가의 중대한 이익에 관한 개인정보파일은 등록 대상에서 제외될 수 있다.

(상)(중)(하)

48 다음 중 「개인정보 보호법」상 개인정보 열람권 및 본인전송요구권에 대한 설명으로 가장 적절하지 않은 것은?

① 개인정보 열람권은 정보주체가 개인정보의 처리 현황 등을 확인할 수 있는 권리이다.
② 본인전송요구권은 정보주체가 자신의 개인정보를 컴퓨터 등 정보처리장치로 처리 가능한 형태로 전송받아 활용할 수 있는 권리이다.
③ 개인정보 열람권은 개인정보의 제공이나 활용을 요구할 수 있는 권리까지 포함한다.
④ 제3자 제공은 개인정보처리자가 중심이 되어 개인정보를 제3자에게 제공하는 제도이다.
⑤ 제3자전송요구권은 정보주체가 중심이 되어 자신이 원하는 제3자에게 개인정보 전송을 요구할 수 있는 제도이다.

(상)(중)(하)

49 다음 중 「개인정보 보호법」상 정보주체의 동의를 받는 방법에 대한 설명으로 가장 적절하지 않은 것은?

① 서면으로 동의를 받을 때는 글씨의 크기, 색깔, 굵기 또는 밑줄 등을 통해 중요한 내용을 명확히 표시해야 한다.
② 인터넷 홈페이지 등에 동의 내용을 게재하고 정보주체가 동의 여부를 표시하도록 한다.
③ 동의 내용이 적힌 전자우편을 발송하여 정보주체로부터 동의의 의사표시가 적힌 전자우편을 받는다.
④ 전화로 동의 내용을 안내한 후, 정보주체가 인터넷주소를 통해 동의사항을 확인한다.
⑤ 서면으로 동의를 받을 때 중요한 내용이 많아 구분이 어려운 경우, 그 내용을 별도로 구분하여 쉽게 확인할 수 있도록 표시해야 한다.

(상)(중)(하)

50 다음 중 「개인정보 보호법」상 자동화된 결정에 대한 설명으로 가장 적절하지 않은 것은?

① 자동화된 결정이란 사람의 개입 없이 완전히 자동화된 시스템으로 개인정보를 처리하여 정보주체의 권리 또는 의무에 영향을 미치는 최종 결정을 하는 것을 말한다.
② 정당한 권한을 가진 사람의 실질적인 개입 없이 단순 결재 등 형식적 절차만 거친 경우에도 자동화된 결정에 해당할 수 있다.
③ 개인정보와 무관한 사업자 정보나 상품 정보를 처리하는 경우에도 자동화된 결정에 해당한다.
④ 맞춤형 광고 · 뉴스 추천 등 정보주체가 직접 선택하는 경우는 자동화된 결정에 해당하지 않는다.
⑤ 개인정보를 단순히 난수 처리하거나 무작위 추출하는 경우는 자동화된 결정에 해당하지 않는다.

51 감사원은 국책연구기관 K연구원의 연구비 집행 실태를 감사하던 중, 연구과제 수행과 관련된 일부 연구원들의 급여 내역, 참여일지, 연락처 등이 포함된 자료 제출을 요청하였다. 이에 연구원 A는 "감사원이 개인정보를 포함한 자료를 요구하는 것은 개인정보 보호법 위반이며, 본인의 동의 없이 제출할 수 없다"고 주장했다. 이 경우 감사원의 개인정보 요구에 대한 판단으로 가장 적절한 보기를 고르시오.

① 감사원은 연구원의 개인정보를 요청하더라도 반드시 사전 동의를 받아야 한다.
② 감사원의 감사는 개인정보 처리 근거가 될 수 없으므로, 자료 요구는 위법하다.
③ 연구원의 급여 정보는 민감정보에 해당하므로, 어떤 경우에도 제출할 수 없다.
④ 개인정보가 포함된 자료는 기관 내부감사 목적에 한해 제한적으로 제출할 수 있다.
⑤ 감사원은 법령에 따라 감사업무를 수행하는 기관이므로, 불가피한 경우 동의 없이 개인정보를 요구할 수 있다.

52 다음 중 「개인정보 보호법」상 자동화된 결정의 기준과 절차 등의 공개 내용으로 가장 적절하지 않은 것은?

① 자동화된 결정의 목적과 대상이 되는 정보주체의 범위
② 자동화된 결정에 사용되는 주요 개인정보의 유형과 관계
③ 자동화된 결정 과정의 고려사항 및 개인정보 처리 절차
④ 자동화된 결정의 세부 알고리즘과 프로그램 코드
⑤ 자동화된 결정에 대한 거부 · 설명 요구 방법 및 절차

53 다음 중 「개인정보 보호법」상 손해배상청구와 법정손해배상청구에 대한 설명으로 가장 적절하지 않은 것은?

① 손해배상청구는 정보주체가 개인정보처리자의 과실과 손해액을 입증해야 한다.
② 법정손해배상의 청구는 개인정보처리자가 고의 또는 과실이 없다는 부분을 입증해야 한다.
③ 법정손해배상은 정보주체가 실제 손해액을 입증하지 않아도 청구할 수 있다.
④ 손해배상청구는 입증된 손해액의 5배 이내에서 청구할 수 있다.
⑤ 법정손해배상의 청구는 500만 원 이하의 범위에서 상당한 금액을 청구할 수 있다.

54 다음 중 「개인정보 보호법」상 개인정보 분쟁조정 제도에 대한 설명으로 가장 적절하지 않은 것은?

① 개인정보 분쟁조정 제도는 소송보다 비용과 시간이 적게 들며, 신속하고 원만한 피해 구제를 위한 제도이다.
② 개인정보 분쟁조정은 개인정보 처리와 관련된 분쟁이 있을 때 누구든지 신청할 수 있다.
③ 집단분쟁조정은 피해 정보주체가 30명 이상이고, 사건의 주요 쟁점이 공통될 때 신청할 수 있다.
④ 집단분쟁조정은 개별 소송 대신 집단으로 분쟁을 해결할 수 있는 제도이다.
⑤ 개인정보 분쟁조정 결과는 재판상 화해와 동일한 효력이 있다.

(상)**(중)**(하)

55 다음 중 개인정보 분쟁조정 절차의 올바른 순서로 나열한 보기를 고르시오.

① 신청사건의 접수 및 통보 → 사실확인 및 당사자 의견청취 → 조정 전 합의 권고 → 위원회의 조정절차 개시 → 조정의 성립 → 효력의 발생
② 신청사건의 접수 및 통보 → 조정 전 합의 권고 → 사실확인 및 당사자 의견청취 → 위원회의 조정절차 개시 → 효력의 발생 → 조정의 성립
③ 사실확인 및 당사자 의견청취 → 신청사건의 접수 및 통보 → 위원회의 조정절차 개시 → 조정 전 합의 권고 → 조정의 성립 → 효력의 발생
④ 신청사건의 접수 및 통보 → 위원회의 조정절차 개시 → 조정 전 합의 권고 → 사실확인 및 당사자 의견청취 → 조정의 성립 → 효력의 발생
⑤ 조정 전 합의 권고 → 신청사건의 접수 및 통보 → 사실확인 및 당사자 의견청취 → 위원회의 조정절차 개시 → 효력의 발생 → 조정의 성립

(상)**(중)**(하)

56 다음 중 「개인정보 보호법」상 개인정보 분쟁조정 절차에 대한 설명으로 가장 적절하지 않은 것은?

① 분쟁조정 신청은 개인정보 포털을 통해서도 가능하다.
② 위원회는 당사자의 의견 청취, 증거 수집, 전문가 자문 등 절차를 거쳐 조정안을 제시할 수 있다.
③ 조정안은 신청인 또는 상대방 중 한쪽이 수락하지 않아도 조정이 성립된다.
④ 당사자가 조정안을 수락한 경우, 조정서는 재판상 화해와 같은 효력을 가진다.
⑤ 조정 전 단계에서 당사자 간 자율적인 합의가 이루어지면 사건은 종결된다.

(상)**(중)**(하)

57 다음 중 「개인정보 보호법」상 단체소송에 대한 설명으로 가장 적절하지 않은 것은?

① 단체소송은 개인정보처리자가 집단분쟁조정을 거부하거나 그 결과를 수락하지 않을 경우 제기할 수 있다.
② 단체소송의 주된 목적은 위법행위로 인한 손해배상액을 확정하고 피해자 전원에게 보상하는 것이다.
③ 공정거래위원회에 등록된 소비자단체 중 정회원 1,000명 이상이고 등록 후 3년이 경과한 단체는 단체소송을 제기할 수 있다.
④ 비영리민간단체의 경우, 법률상 또는 사실상 동일한 침해를 입은 100명 이상의 정보주체 요청을 받아야 한다.
⑤ 단체소송의 관할 법원은 피고의 주된 사무소 또는 영업소가 있는 곳의 지방법원 본원 합의부이다.

(상)(중)(하)

58 온라인 서비스 기업 O사는 2023년 「개인정보 보호법」 개정으로 유효기간제(제39조의6)가 폐지된 이후, 기존에 분리 보관하던 휴면회원 DB와 일반회원 DB를 통합 운영하기로 결정하였다. 이에 개인정보보호담당자인 이 과장은 DB 통합 과정에서 법적 · 기술적 사항을 검토하고자 한다. 다음 중 이 과장이 검토해야 할 사항으로 가장 거리가 먼 것은?

① 회원가입 당시 정보주체로부터 받은 동의 내용과 현재 서비스 내용이 달라졌다면, 변경된 사항에 대해 추가 동의를 받아야 한다.

② 광고성 정보 발송을 위해서는 정보통신망법 제50조에 따른 수신동의 절차를 거쳤는지 반드시 확인해야 한다.

③ 다른 법률에서 일정 기간 이상 개인정보를 보관하도록 규정한 경우에는, 유효기간제 폐지와 관계없이 해당 정보를 계속 분리 보관해야 한다.

④ 휴면회원의 개인정보를 통합한 이후에는 별도의 본인확인 절차 없이도 기존 고객정보와 동일하게 활용할 수 있다.

⑤ 서비스 이용약관에 유효기간제 관련 조항이 포함되어 있다면, 개정 취지에 따라 약관을 수정할 필요가 있는지 검토해야 한다.

(상)(중)(하)

59 다음 중 「개인정보 보호법」 관련 법령에서 정한 개인정보 보존기간의 기준으로 가장 적절하지 않은 것은?

① 「통신비밀보호법 시행령」에 따른 통신사실 확인자료는 12개월간 보존한다.

② 「국세기본법」에 따른 납세자의 일반적인 거래 장부와 증거서류는 5년간 보존한다.

③ 「의료법 시행규칙」에 따른 진료기록부는 5년간 보존한다.

④ 「상법」에 따른 상업장부와 영업에 관한 중요서류는 10년간 보존한다.

⑤ 「신용정보의 이용 및 보호에 관한 법률 시행령」에 따른 신용정보의 활용 · 보존 기간은 3년 이상 5년 이내이다.

(상)(중)(하)

60 다음 중 개인정보 파기 절차의 올바른 순서로 가장 적절한 보기를 고르시오.

① 파기 실행 → 파기 대상 식별 → 파기 기록 작성 및 보관 → 파기 결정 및 승인 → 파기 기록 점검 → 파기 방법 선택

② 파기 대상 식별 → 파기 방법 선택 → 파기 결정 및 승인 → 파기 실행 → 파기 기록 작성 및 보관 → 파기 기록 점검

③ 파기 방법 선택 → 파기 대상 식별 → 파기 실행 → 파기 결정 및 승인 → 파기 기록 작성 및 보관 → 파기 기록 점검

④ 파기 대상 식별 → 파기 결정 및 승인 → 파기 방법 선택 → 파기 실행 → 파기 기록 점검 → 파기 기록 작성 및 보관

⑤ 파기 대상 식별 → 파기 실행 → 파기 방법 선택 → 파기 기록 작성 및 보관 → 파기 기록 점검 → 파기 결정 및 승인

(상)(중)(하)

61 다음 중 「개인정보 보호법」상 제3자 제공 관련 위반 사례의 설명으로 가장 적절하지 않은 것은?

① ○○서점이 제휴업체 변경이 잦다는 이유로 개인정보 제공받는 자(제휴업체명)와 제공 목적을 사전에 고지하지 않고 제3자에게 정보를 제공한 경우는 위반에 해당한다.

② △△마트가 경품 이벤트 참가자의 정보를 제휴 보험사에 제공하면서 사전 동의를 받지 않은 경우는 위반에 해당한다.

③ ☆☆통신사가 채권추심을 위해 고객 본인의 동의 없이 가족의 연락처를 함께 제공한 경우는 위반에 해당한다.

④ 제휴업체 변경이 잦아 사전에 특정할 수 없는 경우라도 제3자의 유형과 제공 목적을 알려 정보주체가 예측 가능하도록 하면 법 위반이 아니다.

⑤ 제3자 제공 시에는 제3자의 명칭만 안내하면 되고, 제공 목적은 안내하지 않아도 된다.

(상)(중)**(하)**

62 다음 중 안전한 해시알고리즘과 대칭키 암호화 알고리즘 순의 보기로 적절한 것은?

① SHA-256, AES

② MD5, AES

③ SHA-1, DES

④ SHA-512, DES

⑤ ARIA, MD5

(상)**(중)**(하)

63 다음 중 개인정보 안정성 확보조치 관련 용어의 정의에 대한 설명으로 부적절한 것은?

① 생체정보는 특정 개인을 인증·식별하거나 개인의 특징을 알아보기 위해 일정한 기술적 수단을 통해 처리되는 정보로, 지문, 얼굴, 홍채, 정맥, 음성, 필적 등 개인의 신체적·생리적·행동적 특징에 관한 정보를 의미한다.

② 접속기록은 개인정보처리시스템에 접근한 주체가 시스템을 이용하면서 수행한 내역에 대해 접속일시, 식별자, 처리한 정보주체 정보, 접속지 정보 등을 전자적으로 기록한 것이다.

③ 정보주체란 처리되는 정보에 의하여 알아볼 수 있는 사람으로서 그 정보의 주체가 되는 사람을 말한다.

④ 개인정보처리시스템이란 데이터베이스 시스템 등 개인정보를 효율적으로 처리할 수 있도록 체계적으로 구축한 시스템을 말한다.

⑤ 생체인식정보란 생체정보 중에서 개인을 특정하기 위해 기술적 수단을 통해 처리되는 정보이며, 정보주체의 신체적·생리적·행동적 특징에 관한 정보를 말한다.

(상)**(중)**(하)

64 다음 중 「개인정보의 안전성 확보조치 기준」에서 개인정보처리시스템의 접속기록에 반드시 포함되어야 한다고 규정된 항목으로 적절한 것을 모두 고르시오.

> ㄱ. 식별자 (ID)
> ㄴ. 접속 시간 및 날짜
> ㄷ. 접속 IP 주소 (접속지 정보)
> ㄹ. 이용자 인증 방식 (예: 비밀번호, OTP, 생체인증 등)
> ㅁ. 처리 대상이 된 정보주체 정보
> ㅂ. 수행한 업무 내용

① ㄱ, ㄴ, ㄷ

② ㄱ, ㄴ, ㅂ

③ ㄱ, ㄴ, ㄷ, ㅂ

④ ㄱ, ㄴ, ㄷ, ㅁ, ㅂ

⑤ ㄱ, ㄴ, ㄷ, ㄹ, ㅁ, ㅂ

65 다음 중 「개인정보의 안전성 확보조치 기준」 제4조에서 규정하고 있는 내부 관리계획의 주요 포함 사항으로 옳지 않은 것은?

① 개인정보보호 책임자의 자격요건 및 지정에 관한 사항을 포함한다.
② 개인정보보호 조직의 구성 및 운영에 관한 사항을 포함한다.
③ 개인정보 침해사고 발생 시 정보주체에게 배상 절차를 안내하는 사항을 포함한다.
④ 접근 권한의 관리 및 접근 통제에 관한 사항을 포함한다.
⑤ 개인정보 유출 사고 대응 계획의 수립ㆍ시행에 관한 사항을 포함한다.

66 다음 중 「개인정보의 안전성 확보조치 기준」에서 소상공인ㆍ개인ㆍ단체가 내부 관리계획의 수립ㆍ시행을 생략할 수 있는 기준으로 옳은 정보주체 수는?

① 5천 명 미만
② 1만 명 미만
③ 3만 명 미만
④ 5만 명 미만
⑤ 10만 명 미만

67 다음 중 「개인정보의 안전성 확보조치 기준」에 따른 내부 관리계획의 단계별 고려사항으로 가장 옳지 않은 것은?

① 내부 관리계획은 조직 전체를 대상으로 수립하며, 사업주 또는 대표자의 내부결재 등 승인을 받아 시행한다.
② 내부 관리계획은 법령이나 기준에 명시된 사항만을 그대로 반영하여 표준 양식으로 작성해야 한다.
③ 내부 관리계획의 문서 제목은 '내부 관리계획'으로 사용하는 것이 바람직하나, 내부 방침에 따라 다른 명칭을 사용할 수 있다.
④ 내부 관리계획은 모든 임직원 및 관련자가 인지할 수 있도록 사내 게시판 게시, 교육 등의 방법으로 전파한다.
⑤ 개인정보보호 책임자는 내부 관리계획의 적정성과 실효성을 확보하기 위해 연 1회 이상 이행 여부를 점검ㆍ관리해야 한다.

68 다음 중 「개인정보의 안전성 확보조치 기준」 제5조(접근 권한의 관리)에 대한 설명으로 옳지 않은 것은?

① 개인정보처리자는 개인정보 취급자에게 업무 수행에 필요한 최소한의 범위로 개인정보처리시스템 접근 권한을 부여해야 한다.
② 개인정보처리자는 개인정보 취급자의 업무 변경 시 지체없이 접근 권한을 변경 또는 말소해야 한다.
③ 개인정보처리자는 접근 권한의 부여ㆍ변경ㆍ말소 내역을 전자 또는 수기 방식과 관계없이 최소 3년간 보관해야 한다.
④ 개인정보처리자는 개인정보 취급자별로 계정을 발급하고, 계정을 공동으로 사용하지 않도록 관리해야 한다.
⑤ 개인정보처리자는 접근 권한의 변경ㆍ말소 내역을 보관할 필요가 없으며, 시스템 로그만 유지하면 된다.

상 중 하

69 다음 중 「개인정보의 안전성 확보조치 기준」 인터넷망 차단 조치의 적용 기준으로 옳은 것을 고르시오.

① 올해 말 기준 직전 5개월간 일일 평균 이용자 수가 100만 명 이상인 개인정보처리자

② 전년도 말 기준 직전 3개월간 일일 평균 이용자 수가 100만 명 이상인 개인정보처리자

③ 전전년도 말 기준 직전 6개월간 일일 평균 이용자 수가 100만 명 이상인 개인정보처리자

④ 전년도 말 기준 직전 4개월간 일일 평균 이용자 수가 50만 명 이상인 개인정보처리자

⑤ 올해 말 기준 직전 3개월간 일일 평균 이용자 수가 200만 명 이상인 개인정보처리자

상 **중** 하

70 다음 중 「접근 통제 정책의 구현 및 관리」 기준에 대한 설명으로 옳지 않은 것은?

① 네트워크 영역을 정의하고 각 영역별로 시스템을 배치하여 차등화된 접근 통제 정책을 적용해야 한다.

② 접근 통제 리스트(IP 등)에 대한 관리 절차를 마련하여 인가된 사용자만 네트워크에 접근할 수 있도록 해야 한다.

③ 업무 효율성을 위해 모든 포트와 서비스를 개방해 두는 것이 기본 원칙이다.

④ 접근 통제를 위해 침입차단시스템(FW), 침입탐지시스템(IDS), 웹 방화벽(WAF) 등을 적용할 수 있다.

⑤ 외부에서 내부 네트워크로의 접속은 원칙적으로 차단하되, 불가피한 경우 안전한 접속수단이나 인증수단을 적용해야
한다.

상 중 하

71 A기업은 내부 보안 감사에서 일부 서버 및 업무용 PC에 불필요한 포트가 활성화되어 외부 접근이 가능한 상태이며, 개발팀은 관리자 계정(administrator)을 여러 명이 공유하고 있고, 퇴사자 B의 계정이 퇴사 후 3주째 삭제되지 않은 상태이다. 또한 업무용 PC는 화면보호기가 10분 후 작동하나 비밀번호 잠금이 설정되어 있지 않다. 다음 중, A기업의 정보보안 담당자가 수행해야 할 조치로 가장 적절하지 않은 것은?

① 불필요한 포트는 차단하되, 포트번호 22, 21, 3389와 같은 안전한 외부접속에 필요한 포트들은 방화벽 화이트리스트
에 추가한다.

② 퇴사한 직원 B의 계정에 대한 접근 권한을 바로 말소하고, 해당 말소 기록을 최소 3년간 보관하여 기록 유지 의무를 이
행한다.

③ 개발팀 서버의 관리자 계정 공유 사용을 즉시 중단시키고, 개인정보 취급자별로 고유한 식별자를 발급하여 계정 공동
사용을 엄격히 금지한다.

④ 업무용 컴퓨터의 화면잠금이나 화면보호기 설정은 접속 차단에 해당하지 않으므로 추가적인 보안조치를 탐색한다.

⑤ 외부 접속 시 VPN 등 안전한 인증수단을 적용하여 승인된 사용자만 접근하도록 제한한다.

72 다음 중 접근통제 정책에 대한 설명으로 옳지 않은 것은?

① 임의적 접근통제(DAC)는 주체와 객체 간의 권한을 나열하여 관리하며, 권한을 가진 사용자가 다른 사용자에게 권한을 이양할 수 있다.

② 강제적 접근통제(MAC)는 보안 등급에 따라 모든 주체와 객체의 접근을 통제하며, 사용자가 임의로 권한을 변경할 수 있다.

③ 역할 기반 접근통제(RBAC)는 사용자의 역할(Role)에 따라 필요한 권한을 부여하여 DAC와 MAC의 단점을 보완한다.

④ 속성 기반 접근통제(ABAC)는 주체와 객체의 속성, 접근 시간 · 장소 등 환경 정보를 종합적으로 고려하여 접근을 제어한다.

⑤ RBAC와 ABAC는 조직의 규모나 업무 특성에 따라 병행하여 적용할 수도 있다.

73 다음 중 군사적 목적을 충족하기 위해 개발된 접근통제 모델로, 'No read up/No write down' 원칙을 적용하는 접근통제 모델은?

① Bell—LaPadula 모델
② Biba 모델
③ Clark—Wilson 모델
④ RBAC(Role—Based Access Control) 모델
⑤ ABAC(Attribute—Based Access Control) 모델

74 다음 중 「개인정보의 안전성 확보조치 기준」에서 규정한 개인정보처리시스템 접속기록의 보관 기간에 대한 설명으로 옳지 않은 것은?

① 개인정보처리자는 개인정보취급자의 개인정보처리시스템 접속기록을 원칙적으로 1년 이상 보관 · 관리하여야 한다.

② 5만 명 이상의 정보주체에 관한 개인정보를 처리하는 시스템은 접속기록을 2년 이상 보관 · 관리하여야 한다.

③ 고유식별정보 또는 민감정보를 처리하는 시스템은 접속기록을 2년 이상 보관 · 관리하여야 한다.

④ 기간통신사업자(전기통신사업법 제6조에 따른 등록 또는 신고 사업자)는 접속기록을 6개월 이상 보관 · 관리 하여야 한다.

⑤ 접속기록의 보관 기간은 전자 또는 수기 방식에 관계없이 기준 기간 이상 유지되어야 한다.

75 A기관은 정보시스템 점검 중 다음과 같은 사실이 확인되었다. 다음 중, 「개인정보의 안전성 확보조치 기준」 제7조(개인정보의 암호화)에 따라 A기관이 반드시 시정해야 할 사항으로 가장 부적절한 설명은?

> – 이용자 로그인 시 입력되는 비밀번호는 대칭키 암호화(AES)로 저장되어 있다.
> – 서버에는 주민등록번호, 운전면허번호, 계좌번호 등이 암호화되어 저장되어 있다.
> – 내부망과 인터넷망 사이의 DMZ 구간에는 외국인등록번호가 평문 상태로 임시 저장되는 로그 파일이 존재한다.
> – 일부 개인정보 취급자의 업무용 노트북에는 업무 편의를 위해 이용자의 생체인식정보가 로컬 폴더에 암호화되지 않은 상태로 저장되어 있었다.

① 비밀번호를 복호화가 가능한 대칭키 암호(AES)로 저장한 것은 부적절하므로, 복호화가 불가능한 일방향 암호화 방식으로 전환해야 한다.

② 주민등록번호, 운전면허번호, 계좌번호 등 고유식별정보는 암호화되어 저장되어 있으므로 현재 상태는 적정하다.

③ DMZ 구간에 저장되는 외국인등록번호는 고유식별정보이므로 반드시 암호화하여 저장해야 한다.

④ 생체인식정보는 비교 · 인증 과정에서 필요하므로 로컬에 평문 저장하더라도 문제되지 않는다.

⑤ 개인정보 취급자의 업무용 노트북에 저장되는 개인정보는 안전한 암호 알고리즘을 사용하여 암호화해야 한다.

76 다음 중 개인정보의 암호화 적용기준으로, 빈칸 ㉠~㉣에 들어갈 가장 적절한 보기를 고르시오.

구분		암호화 대상	
		이용자 외 정보주체	이용자
정보통신망을 통한송수신 시	정보통신망(내부망 포함)	㉠	
	인터넷망	㉡	
저장 시	모든 저장 위치	인증정보(비밀번호, 생체인식 등)	
	인터넷 구간, DMZ	고유식별정보	단위
	내부망	고유식별정보	고유식별정보, 신용카드번호, 계좌번호
	개인정보 취급자 컴퓨터	고유식별정보, 생체인식정보	개인정보
	모바일 기기	㉢	개인정보
	보조 저장 매체 등 저장	㉣	개인정보

① ㉠ 인증정보 / ㉡ 고유식별정보 / ㉢ 고유식별정보 / ㉣ 고유식별정보 및 생체인식정보

② ㉠ 개인식별정보 / ㉡ 개인정보 / ㉢ 고유식별정보 / ㉣ 개인식별정보

③ ㉠ 인증정보 / ㉡ 개인정보 / ㉢ 주민등록번호 / ㉣ 고유식별정보

④ ㉠ 인증정보, ㉡ 개인정보, ㉢ 고유식별정보 및 생체인식정보, ㉣ 고유식별정보 및 생체인식정보

⑤ ㉠ 개인식별정보 / ㉡ 고유식별정보 / ㉢ 계좌번호 / ㉣ 개인정보

77 다음 중 「개인정보의 안전성 확보조치 기준」 제7조(개인정보의 암호화)에 따른 암호키 관리 절차의 올바른 생명주기 순서로 가장 적절한 것은?

① 생성 → 보관 → 이용 → 배포 → 파기
② 생성 → 이용 → 보관 → 배포 → 파기
③ 생성 → 배포 → 이용 → 보관 → 파기
④ 생성 → 이용 → 배포 → 보관 → 파기
⑤ 생성 → 파기 → 이용 → 보관 → 배포

78 다음 중 「물리적 안전조치」에 대한 설명으로 옳지 않은 것은?

① 접견구역은 외부인이 별도의 출입증 없이 자유롭게 출입할 수 있는 구역으로, 주로 접견장소나 안내데스크 등이 이에 해당한다.
② 제한구역은 비인가자의 접근을 방지하기 위해 출입통제 장치 및 감시시스템이 설치된 구역으로, 부서별 사무실 등이 이에 해당한다.
③ 통제구역은 가장 높은 수준의 출입통제가 적용되는 장소로, 통신장비실·관제실·발전실 등이 이에 해당한다.
④ 전산실은 개인정보처리시스템이 없으면 제한구역으로 지정할 수 있다.
⑤ 출입 가능한 인원을 관리하고 있으나, 장기 미출입자에 대한 정기 검토를 실시하지 않는 것은 관리 미흡 사례에 해당한다.

79 다음 중 「개인정보의 안전성 확보조치 기준」 제11조(재해·재난 대비 안전조치)에서 규정하고 있는 재해·재난 대비 안전조치 의무 대상 기준으로 옳은 것은?

① 10만 명 이상의 정보를 처리하는 중소기업·단체, 또는 100만 명 이상의 정보를 처리하는 대기업·공공기관
② 5만 명 이상의 정보를 처리하는 대기업·중견기업, 또는 50만 명 이상의 정보를 처리하는 중소기업·단체
③ 10만 명 이상의 정보를 처리하는 대기업·중견기업·공공기관, 또는 100만 명 이상의 정보를 처리하는 중소기업·단체
④ 50만 명 이상의 정보를 처리하는 모든 개인정보처리자
⑤ 100만 명 이상의 정보를 처리하는 대기업 및 공공기관

80 A기관은 화재나 장애 등으로 개인정보 처리시스템이 중단될 경우를 대비하여, 데이터 복구 시 허용 가능한 최대 데이터 손실 시점(시간)을 미리 설정해 두었다. 이러한 기준을 나타내는 용어로 가장 적절한 것은?

① Recovery Target Objective
② Recovery Point Objective
③ Recovery Performance Objective
④ Recovery Period Objective
⑤ Recovery Time Objective

81 다음은 A기관의 개인정보처리시스템 백업 일정 예시이다. 월요일은 전체 백업(Full Backup), 회색은 추가된 데이터를 합산하여 백업하는 일정이다. 이 백업 방식으로 가장 적절한 유형은?

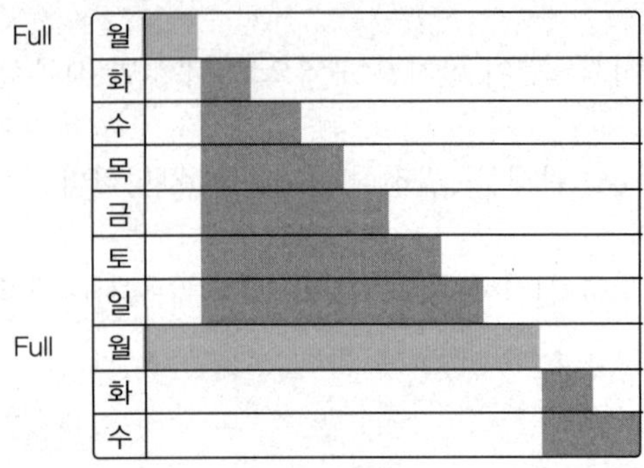

① 전체 백업(Full Backup)
② 증분 백업(Incremental Backup)
③ 차등 백업(Differential Backup)
④ 선택 백업(Selective Backup)
⑤ 부분 백업(Partial Backup)

82 다음 중 개인정보 파기에 대한 설명으로 가장 적절하지 않은 것은?

① 기술적 특성으로 인해 저장된 정보를 직접 삭제(파기)하기 어려운 경우에는 해당 정보를 익명처리 등으로 전환하여 복원이 불가능하도록 조치해야 한다.
② 개인정보의 일부만 파기하는 경우는 저장 중인 개인정보 중 보유 기간이 경과한 일부 개인정보를 선택적으로 파기하는 것으로, 운영 중인 특정 파일이나 특정 정보주체의 DB 개인정보를 삭제하는 경우가 이에 해당한다.
③ 가명처리는 개인정보를 특정 개인과의 연결성을 약화시키는 '변형'에 해당하므로 파기가 아니다.
④ 블록체인 등 기술적 특성으로 파기가 어려운 경우에는 가명처리 방식으로 전환하여도 파기 의무를 다한 것으로 본다.
⑤ 개인정보 일부만 파기하는 경우, 전자적 파일은 복구 및 재생이 불가능하도록 삭제하고, 종이 문서는 마스킹ㆍ천공 등의 방식으로 해당 부분을 삭제해야 한다.

83 다음 중, 아래 그림과 같이 웹 방화벽(WAF)이 웹서버와 클라이언트 사이의 네트워크 경로 상에 직접 위치하여 모든 트래픽을 실시간으로 통과 · 검사하는 방식으로 구성된 방화벽 형태를 고르시오.

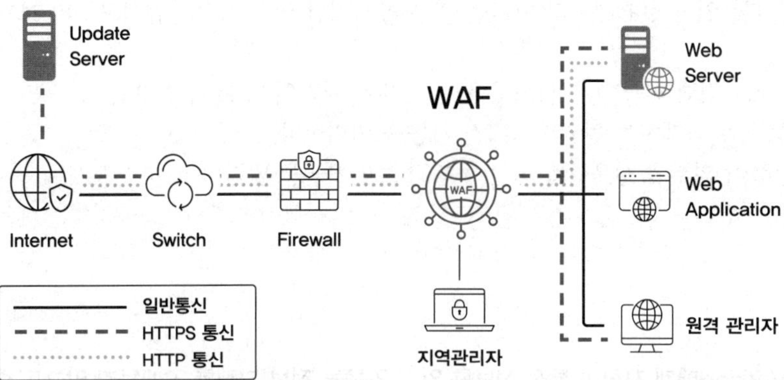

① 프록시 모드(Proxy Mode)
② 인라인 모드(Inline Mode)
③ 미러링 모드(Mirroring Mode)
④ 브리지 모드(Bridge Mode)
⑤ 리버스 터널 모드(Reverse Tunnel Mode)

84 다음 중 「개인정보의 안전성 확보조치 기준」 제14조(공공시스템운영기관의 안전조치 기준 적용)에 대한 설명으로 옳지 않은 것은?

① 100만 명 이상의 정보주체에 관한 개인정보를 처리하거나 개인정보취급자가 200명 이상인 단일접속 시스템은 공공시스템으로 지정될 수 있다.
② 2개 이상 기관의 공통 또는 유사한 업무를 지원하기 위한 표준배포 시스템 중 대국민 서비스를 위한 행정업무 또는 민원업무 처리용 시스템은 공공시스템에 해당한다.
③ 기관 고유 업무를 위한 개별 시스템 중 총사업비가 100억 원 이상인 경우에도 공공시스템으로 지정될 수 있다.
④ 개인정보보호위원회는 내부 업무 처리만을 위한 시스템이라도 원칙적으로 모두 공공시스템으로 지정하여야 한다.
⑤ 주민등록정보시스템과 연계하여 운영되는 기관별 개별 시스템은 공공시스템으로 지정 대상이 될 수 있다.

85 다음 중 「개인정보 보호법」 및 영상정보처리기기 운영 · 관리 지침에 따라 개인 영상정보를 제3자에게 제공해서는 안 되는 경우로 가장 적절한 것은?

① 학교폭력 사건 피해 학생이 본인 영상정보 열람을 요청하였고, 학교는 정보주체 본인 확인 후 영상정보를 제공하였다.
② 고등학생 A가 자신의 신체 피해 사실을 진술서와 함께 제출하였으며, 학교는 그 진술서를 근거로 A에게 영상정보를 제공하였다.
③ 교육청이 학교폭력 조사 목적으로 공문을 통해 영상자료를 요청하였고, 학교는 공문을 근거로 영상정보를 제공하였다.
④ 언론사가 사건 경위 파악을 위해 영상정보를 요청하여 언론사에 제공하였다.
⑤ 가해 학생이 징계 조치 사실을 확인하기 위해 영상정보를 요청하였고, 학교는 본인 확인 절차 후 영상정보를 제공하였다.

(상) (중) (하)

86 다음 중 Trusted Execution Environment(TEE)에 대한 설명으로 가장 적절한 것을 고르시오.

① 운영체제(OS)의 일반 메모리 공간에서 모든 애플리케이션이 동일한 권한으로 데이터를 처리하도록 하는 기술이다.

② 보안이 보장된 별도의 영역을 만들어, 민감한 연산이나 데이터 처리를 외부 공격이나 악성 소프트웨어로부터 보호하는 기술이다.

③ 클라우드 환경에서 데이터를 암호화하지 않고 직접 연산할 수 있도록 하는 공개키 기반의 암호 기술이다.

④ 악성 코드가 탐지된 영역을 격리하여 자동으로 삭제하는 안티바이러스 기능을 의미한다.

⑤ 하드웨어 기반의 네트워크 방화벽을 구성하여 외부 통신을 차단하는 물리적 보안기술을 말한다.

(상) (중) (하)

87 다음 암호 기술 중, 증명자(Prover)가 검증자(Verifier)에게 자신이 특정 정보를 알고 있음을 정보 자체를 공개하지 않고도 증명할 수 있도록 하는 핵심 원리를 가진 것은?

① 동형 암호(Homomorphic Encryption)

② 다자간 계산(Multi-Party Computation, MPC)

③ 영지식 증명(Zero-Knowledge Proof, ZKP)

④ 공개키 기반 구조(Public Key Infrastructure, PKI)

⑤ 블록체인 기반 해시 함수(Blockchain-based Hash Function)

(상) (중) (하)

88 방화벽(Firewall)과 웹 방화벽(WAF)에 대한 설명으로 가장 적절하지 않은 것은?

① 방화벽은 네트워크 레벨(Layer 3)에서 IP · 포트 기반 제어를 수행하며 내부 구간의 모든 장비를 보호하는 경계 역할을 한다.

② WAF는 애플리케이션 레벨(Layer 7)에서 HTTP 취약점 패턴을 이용해 탐지 · 차단하며 주로 웹 애플리케이션 서버를 대상으로 한다.

③ 방화벽은 HTTP 프로토콜의 SQL Injection, XSS 등 웹 취약점 탐지에 특화되어 취약점 패턴 DB를 주로 사용한다.

④ 일반 방화벽은 모든 포트와 프로토콜을 대상으로 기본적인 트래픽 제어를 수행하고, WAF는 주로 TCP 80/443 등 웹 포트에 대해 상세한 검사와 차단을 수행한다.

⑤ WAF는 도메인 · URL 기반 정책 적용과 취약점 패턴 관리를 통해 웹 취약점 및 과도한 리소스 사용 공격을 방어할 수 있다.

(상) (중) (하)

89 다음 중 기밀(Classified) · 민간(Sencitivo) · 공개(Open) 등급으로 분류하여 등급별 치등 보안통제를 적용히고, 준비 → C/S/O 등급분류 → 위협식별 → 보안대책 수립 → 적절성 평가 · 조정의 절차로 수행되는 국가기관 정보보안 프레임워크로 가장 적절한 것은?

① ISMS-P

② KISA-NCERT

③ N2SF

④ e-GovFrame

⑤ K-CCS

90 다음 중 정보보호 및 개인정보보호 관리체계(ISMS-P) 인증심사에 대한 설명으로 옳지 않은 것은?

① 최초심사는 ISMS-P 인증을 처음으로 취득할 때 실시하며, 인증 범위에 중요한 변경이 발생하여 재신청하는 경우에도 수행된다.

② 사후심사는 인증 취득 이후 관리체계가 지속적으로 유지되는지를 확인하기 위해 유효기간 중 매년 1회 이상 실시된다.

③ 갱신심사는 인증의 유효기간 만료 전 실시하며, 갱신심사를 통해 인증의 유효기간을 3년간 자동 연장할 수 있다.

④ 최초심사의 유효기간은 3년이며, 기간이 경과되면 효력이 상실된다.

⑤ 갱신심사를 받지 않으면 인증의 유효기간이 만료되어 효력이 상실된다.

91 지역주택조합 D는 조합원의 명단과 주소가 포함된 조합 구성원 명부를 관리하고 있다. 한 조합원이 "조합원 수와 명단을 확인하고, 허위 조합원이 있는지 검증하기 위해 명부를 복사해 달라"고 요청하였다. 이에 조합은 「주택법」에 따른 의무로 판단하여 명부 사본을 제공하려 하자, 일부 조합원은 "동의 없이 개인정보를 제공하면 위법이다"라며 공개금지 소송을 제기하였다. 이 경우 조합의 조치에 대한 판단으로 가장 적절한 보기를 고르시오.

① 조합원 동의가 없으므로 명부를 복사해 주어서는 안 된다.

② 조합원 개인 간의 분쟁이므로 개인정보 보호법이 우선 적용된다.

③ 주택법에 따른 열람 · 복사 요청은 법령상 의무에 해당하므로, 동의 없이도 명부를 제공할 수 있다.

④ 명부 제공은 조합의 내부 편의를 위한 것이므로, 동의 없이는 불가능하다.

⑤ 조합은 조합원의 요구가 있더라도 개인정보를 익명처리 후에만 제공해야 한다.

92 다음 설명에 해당하는 평가 제도와 그 법적 근거의 연결이 옳은 것을 고르시오.

① 개인정보보호수준 평가 – 정보통신망법

② 정보보호제품 평가 – 국가정보원법

③ 정보보호 및 개인정보보호 관리체계 인증 – 지능정보화 기본법

④ 정보보호 상시평가 – 신용정보법

⑤ 사이버보안 실태평가 – 정보통신망법

93 다음 중 「정보통신망 이용촉진 및 정보보호 등에 관한 법률」에 따른 정보보호 최고책임자(CISO) 지정 · 신고 의무의 제외 대상으로 옳은 것은?

① 자본금 5억 원 이하의 정보통신서비스 제공자

② 중기업 중 개인정보처리자인 자

③ 중기업 중 전기통신사업자인 자

④ 자본금 1억 원 이하의 정보통신서비스 제공자

⑤ 중기업 중 ISMS 인증의무 대상자인 자

94 다음 중 클라우드 서비스 보안인증(CSAP) 유형에 따른 보안인증기준이 아닌 것은?

① IaaS 인증은
② SaaS 표준등급
③ SaaS 간편등급
④ DaaS 인증
⑤ PaaS 인증

95 다음 중 개인정보 보호 교육에 대한 설명으로 옳지 않은 것은?

① 개인정보 처리자는 종사자에게 개인정보 보호에 관한 교육을 실시해야 한다.
② 개인정보 처리업무를 위탁받은 자도 개인정보 보호 교육 대상에 포함된다.
③ 개인정보 보호 교육은 기관의 실정에 맞게 자체적으로 실시할 수 있다.
④ 개인정보 처리와 관련된 계약관계가 없는 사람은 개인정보 보호 교육 대상이 아니다.
⑤ 동호회, 자원봉사자 등 개인정보에 접근하거나 처리할 수 있는 자는 교육 대상에 포함된다.

96 AI 시스템이 어떤 위험을 일으킬 수 있는지 사전에 점검하기 위해 사람 또는 다른 AI가 모델을 의도적으로 시험하여 유해 콘텐츠 생성, 편향된 답변, 보안 우회(jailbreak) 등 문제를 식별하는 활동을 무엇이라고 하는가?

① 블루티밍(Blue Teaming)
② 화이트박스 테스트(White-box Testing)
③ 레드티밍(Red Teaming)
④ 그린필드 전략(Greenfield Strategy)
⑤ 어뷰징 테스트(Abusing Test)

97 다음 중 개인정보를 AI 학습에 활용할 때 정보주체 권리 보장 강화를 위한 조치에 해당하지 않는 것은?

① 대화 입력 상단에 '대화 내용이 학습데이터로 수집된다'는 사실과 데이터 수집 거부 방법을 고지한다.
② 신규 이용자에게 충분한 기간 동안 최초 고지를 하고, 거부의사를 밝히지 않는 이용자에게는 일정 회수 이상 추가 고지한 뒤 정기적으로 재고지한다.
③ 학습데이터 수집 · 거부 · 파기 정책을 기관 내부에서만 관리하고 외부에는 공개하지 않는다.
④ 이용자가 입력한 데이터를 손쉽게 제거 · 삭제할 수 있는 기능을 제공하고 해당 기능의 접근성을 제고한다.
⑤ 개인정보 침해 관련 취약점에 대해 LLM 수정 및 재배포, 문의 창구 개설, 취약점 조치 방안 안내 절차 등을 마련한다.

98 개인이 거부 의사를 명확히 밝히기 전까지는 정보 수집이나 참여가 이루어지다가, 거부 의사가 표현되면 즉시 중단되는 개인정보 처리 및 마케팅 수신 동의 방식을 나타내는 용어는?

① 옵트인(Opt-In)
② 디폴트 수집(Default Collection)
③ 옵트아웃(Opt-Out)
④ 프로비저닝(Provisioning)
⑤ 익명 처리(Anonymization)

99 이것은 AI 모델 내 개인정보 삭제를 위한 기법으로, 모델이 학습된 정보를 의도적으로 망각하도록 하여 개인정보나 저작권 침해 소지가 있는 등 학습에 부적합한 정보를 모델에서 제거하는 기술이다. 최근 개인정보 유출 위험 경감 기술로 주목받고 있으나, 적절한 망각 수준을 설정하기 어렵고 기술적 복잡성이 높아 추가 연구가 필요한 이 기술은?

① 전이 학습 (Transfer Learning)
② 모델 경량화 (Model Pruning)
③ 모델 언러닝 (Model Unlearning)
④ 데이터 증강 (Data Augmentation)
⑤ 페더레이티드 학습 (Federated Learning)

100 다음 중 합성데이터(Synthetic Data)의 생성 및 활용 시 고려사항으로 옳지 않은 것은?

① 합성데이터의 활용 목적에 따라 유용성과 안전성 간의 균형을 고려한 안전기준을 설정해야 한다.
② 원본데이터는 합성 전 분석을 통해 불필요한 영역을 삭제하고 정제하는 전처리 과정을 거치는 것이 바람직하다.
③ 생성된 합성데이터의 안전성은 정량적 · 정성적 방법을 모두 활용하여 검증하는 것이 바람직하다.
④ 합성데이터 공개 시 재식별 등 잔여위험에 대비하여 관리계획을 마련하고 이행해야 한다.
⑤ 생성된 합성데이터는 개인 식별 가능성이 없다고 가정하고 별도의 안전성 검증 절차 없이 활용할 수 있다.

개인정보관리사	시험 시간	문항 수
	120분	총 100개

풀이 시간 : ___________ 채점 점수 : ___________

(상) (중) (하)

01 다음 중 개인정보의 설명으로 가장 거리가 먼 것은?

① 개인을 알아볼 수 있는 정보는 살아 있는 개인에 관한 정보에 한정된다.

② 다른 정보와 쉽게 결합하여 개인을 식별할 수 있는 정보도 개인정보에 해당한다.

③ 이름, 주민등록번호뿐 아니라 온라인 식별자나 위치정보도 개인정보가 될 수 있다.

④ 개인을 특정할 수 없는 통계자료는 개인정보에 해당하지 않는다.

⑤ CI(Connecting Information)는 개인을 식별할 수 없으므로 개인정보에 해당하지 않는다.

(상) (중) (하)

02 다음 중 익명정보에 대해 가장 적절한 설명은?

① 익명정보는 시간 · 비용 · 기술적 수단 등을 합리적으로 고려하였을 때 다른 정보와 결합하더라도 개인을 알아볼 수 없는 정보이다.

② 익명정보는 이름이나 주민등록번호만 삭제하면 자동으로 생성되므로 추가적인 분석이나 검증이 필요하지 않다.

③ 익명정보는 단순히 식별자를 가리는 가명정보와 동일한 개념으로, 법적으로 같은 보호기준이 적용된다.

④ 익명정보는 개인정보 처리자의 내부 접근만 통제하면 외부 결합 가능성을 고려하지 않아도 된다.

⑤ 익명정보는 재식별 가능성이 없는 수준으로 처리된 경우 개인정보보호법상 개인정보에 해당하지 않는다.

(상) (중) (하)

03 다음 중 개인정보자기결정권에 대한 설명으로 가장 적절하지 않은 것은?

① 개인정보자기결정권은 자신에 관한 정보가 언제, 누구에게, 어느 범위까지 알려지고 이용될지를 스스로 결정할 수 있는 권리이다.

② 개인정보자기결정권은 공적 생활에서 형성된 개인정보까지 보호대상에 포함된다.

③ 개인정보자기결정권은 개인정보의 수집 · 보관 · 처리 · 이용 행위에 대한 통제권을 의미한다.

④ 개인정보자기결정권은 개인의 내밀한 사적 정보에만 적용되며, 이미 공개된 정보에는 적용되지 않는다.

⑤ 개인정보자기결정권은 사생활의 비밀보다 포괄적인 개념으로 이해된다.

(상)(중)(하)

04 다음 중 개인정보 가치산정 접근방식 및 기법에 대한 설명으로 가장 적절하지 않은 것을 고르시오.

① 가상가치평가법(CVM)은 설문조사를 통해 개인정보 유출 피해 회피에 대한 지불의사금액(WTP)을 산출한다.
② 델파이(Delphi) 기법은 전문가들의 의견 수렴을 통해 개인정보의 가치를 예측하는 방식이다.
③ 손해배상액 기반 방식은 개인정보 유출 시 예측되는 손해배상액을 개인정보 가치로 산출하는 방식이다.
④ 소송가액 기반 방식은 전체 배상신청인의 수를 평균 배상판결액으로 곱하여 개인정보 가치를 산정한다.
⑤ 가상가치평가법은 개인정보의 금전적 가치를 직접 시장가격으로 측정할 수 없을 때 사용되는 대표적 방법이다.

(상)(중)(하)

05 다음 중 EU GDPR에서 정의한 용어의 설명으로 가장 적절하지 않은 것을 고르시오.

① 가명처리(Pseudonymisation)는 추가적 정보의 사용 없이는 특정 정보주체를 식별할 수 없도록 개인정보를 처리하는 것을 말한다.
② 가명처리된 정보는 추가적 정보를 이용할 경우 개인 식별이 가능하므로 여전히 개인정보로 본다.
③ 정보사회서비스(Information Society Service)는 온라인 거래 서비스에 한정되며, 전자상거래 외의 영리 목적 웹서비스는 포함되지 않는다.
④ 정보사회서비스는 이용자의 개별적 요청에 따라 원격으로 전자적 수단을 통해 제공되는 영리 목적의 서비스이다.
⑤ 가명처리는 개인정보 보호 설계(Data protection by design and by default) 의무 이행에 도움이 될 수 있다.

(상)(중)(하)

06 캐나다에 본사를 둔 헬스테크 기업 메디핏(MediFit)은 스마트워치를 통해 사용자의 심박수, 수면 패턴, 스트레스 지수를 측정하고, 모바일 앱을 통해 건강관리 서비스를 제공한다. 이 회사는 유럽연합(EU) 국가에서도 동일한 서비스를 제공하며, 유럽 거주자의 건강 데이터와 운동 이력을 수집해 클라우드 서버(캐나다 소재)에 저장한다. 또한, 이용자 데이터 분석 결과를 기반으로 맞춤형 건강관리 프로그램을 제안하고, 의료기관과 협업하여 추천 서비스를 운영하고 있다. 다음 중 메디핏(MediFit)의 개인정보 처리에 대한 EU-GDPR 적용 여부 판단으로 가장 적절한 보기를 고르시오.

① 메디핏은 캐나다 기업이므로, 유럽 내에서 서비스를 제공하더라도 GDPR 적용 대상이 아니다.
② 메디핏이 수집한 데이터는 단순한 건강 관련 통계자료이므로, 개인을 식별할 수 없고 GDPR이 적용되지 않는다.
③ 메디핏은 유럽 내 거주자에게 건강관리 서비스를 제공하고, 그들의 생체정보를 처리하므로 GDPR의 적용을 받는다.
④ 유럽 이용자가 자발적으로 앱을 설치했기 때문에 GDPR 적용 대상이 아니다.
⑤ GDPR은 의료기관에만 적용되므로, 민간 헬스케어 기업은 적용 대상이 아니다.

(상)(중)(하)

07 다음 중 개인정보 · 정보보호 사고 유형별 신고 방법에 대한 설명으로 가장 적절하지 않은 보기를 고르시오.

① 개인정보 유출신고는 개인정보보호위원회 또는 한국인터넷진흥원에 72시간 이내 신고해야 한다.
② 신용정보 유출신고는 10만 명 이상 신용정보 주체의 개인정보가 유출된 경우 해당된다.
③ 침해사고신고는 정보통신서비스 제공자 및 집적정보통신시설 사업자가 대상이며, 24시간 이내 과기정통부 및 KISA에 신고한다.
④ 개인정보처리자가 개인정보를 유출한 경우에는 「개인정보 보호법」 제34조가 적용되며, 다만 상거래기업이나 법인 등 신용정보회사등은 「신용정보법」 제39조의4가 우선 적용된다.
⑤ 개인정보 유출신고를 하지 않은 경우, 최대 3천만 원 이하의 과태료가 부과된다.

(상)**중**(하)

08 다음 (①)에 들어갈 개인정보보호 강화조치로 가장 적절한 보기를 고르시오.

> 개인정보보호 강화 활동 : 아래 확장자별 (①) 패턴 점검(휴슬 사용 권고)
> 점검 확장자 : asp, aspx, asa, cer, cdx, php, jsp, html, htm, jpg, jpeg, gif, bmp, png

① 백도어
② 접근권한 분리
③ 웹쉘(WebShell)
④ 계정 비밀번호 복잡도
⑤ 로그기록

상(중)(하)

09 다음 설명에 해당하는 개인정보보호 강화조치로 가장 적절한 보기를 고르시오.

> • 네트워크 상태 확인
>   – nmap –sV 침해사고시스템IP
> • 비정상 포트 및 외부 연결 확인
>   – (Windows) netstat, TCPView 등 사용
>   – (Linux) netstat –nlp, lsof –i
> • 6666, 6667 등 의심 Port 사용 프로세스 확인

① 시스템 접근권한 최소화
② 웹쉘 패턴 점검
③ 백도어(Backdoor) 점검
④ 스미싱 소스코드 점검
⑤ 루크킷 점검

(상)(중)**하**

10 다음 중 ESG 경영 요소 중 개인정보보호 활동이 포함되는 영역으로 가장 적절한 보기를 고르시오.

① 환경(Environment)
② 사회(Social)
③ 지배구조(Governance)
④ 기술혁신(Innovation)
⑤ 재무관리(Finance)

(상)(중)(하)

11 다음 중 개인정보보호 조직 구성 및 개인정보관리 전문기관에 대해 가장 적절한 설명은?

① 정보보안 및 개인정보보호 겸임 조직은 법률적 전문성이 높고 기술 반영은 다소 유연하지 못하다.
② 법무팀 내 개인정보보호 업무 수행 조직은 ICT 기술 이해도가 높고 통합 관제가 효율적으로 이루어진다.
③ 개인정보보호 전담조직은 책임 구분이 불명확하고 인력 구성이 다소 용이하다.
④ 개인정보관리 전문기관은 정보주체의 동의 없이 개인정보를 다른 기관으로 전송할 수 있다.
⑤ 개인정보 중계전문기관으로 지정받기 위해서는 전담조직 및 담당인력 지정에 관한 세부기준을 평가받게 된다.

(상)(중)(하)

12 다음 중 법령의 효력 순서가 올바르게 나열된 보기를 고르시오.

① 법률 〉 헌법 〉 명령 〉 규칙
② 명령 〉 법률 〉 규칙 〉 헌법
③ 헌법 〉 법률 〉 명령 〉 규칙
④ 규칙 〉 명령 〉 법률 〉 헌법
⑤ 헌법 〉 명령 〉 법률 〉 규칙

(상)(중)(하)

13 다음 중 「개인정보 보호법」의 체계 및 주요 내용에 대한 설명으로 가장 적절하지 않은 것은?

① 개인정보의 수집 · 이용, 제공, 파기 등은 제3장 '개인정보의 처리'에서 규정한다.
② 개인정보 유출통지 · 신고 및 안전조치 의무는 제4장 '개인정보의 안전한 관리'에 포함된다.
③ 정보주체의 전송요구권과 AI 자동결정 대응권은 제5장 '정보주체의 권리 보장'에 포함된다.
④ 개인정보의 국외 이전 중지는 제7장 '개인정보 분쟁조정위원회'에 규정되어 있다.
⑤ 개인정보 단체소송의 요건과 절차는 제8장 '개인정보 단체소송'에서 다룬다.

(상)(중)(하)

14 OECD 프라이버시 보호 8원칙 중 "정보주체인 개인은 자신에 관한 정보의 존재 여부를 확인할 수 있고, 그 정보에 대한 열람 · 정정 · 삭제 · 보완을 요구할 수 있으며, 필요 시 이의 제기를 할 수 있다."는 어느 원칙에 해당하는가?

① 수집제한의 원칙(Collection Limitation Principle)
② 목적명확화의 원칙(Purpose Specification Principle)
③ 안전성 확보의 원칙(Security Safeguards Principle)
④ 정보주체 참여의 원칙(Individual Participation Principle)
⑤ 책임의 원칙(Accountability Principle)

(상)(중)하

15 다음은 개인정보 수집 · 이용 안내의 예시이다. 가장 적절하지 않은 설명은?

■ 개인정보 수집 · 이용 안내

● 개인정보 수집 목적 및 항목

– 고객 맞춤형 상품 안내 및 이벤트 참여 안내를 위해 이름, 휴대전화번호, 자택전화번호, 회사전화번호, 이메일을 수집합니다.

– 수집된 개인정보는 마케팅 및 고객 관리, 이벤트 운영 등 다양한 목적으로 이용됩니다.

● 보유 및 이용기간

– 회원 탈퇴 시 또는 관련 법령에 따라 보관기간이 종료될 때까지

● 동의 안내

– 위 개인정보의 수집 · 이용에 동의하십니까? (선택)

　　□ 동의함　　　□ 동의하지 않음

① 수집 목적이 통합되어 있어 개인정보 수집 목적별 구분이 불명확하다.

② 연락처 정보를 최소한으로 수집하는 것이 필요하다.

③ 보유기간을 구체적 기간이 아닌 포괄적 표현으로 기재하여 보유기간이 명확하지 않다.

④ 개인정보 수집 항목을 '필수' 항목으로 지정해야 한다.

⑤ 수집 목적별로 별도의 동의 절차가 필요하다.

(상)(중)하

16 B연구기관은 '소비자 만족도 조사'를 위해 온라인 설문조사를 진행하면서 응답자에게 이름, 연락처, 연령, 가족 구성원 수, 결혼 여부, 직장명 등의 정보를 필수 입력 항목으로 요구하였다. 또한 개인정보 수집 동의를 하지 않으면 설문 참여가 불가능하다고 안내하였다. 이에 대해 B연구기관 개인정보보호담당자인 김 연구원은 개인정보 보호법 위반 여부를 검토하고 있다. 다음 중 가장 타당한 판단은?

① 설문조사 참여는 자발적이므로 개인정보 제공 강제는 위법이 아니다.

② 조사 목적의 공익성이 인정되면 모든 개인정보 수집이 가능하다.

③ 설문 목적과 관련된 최소한의 정보 외의 개인정보를 필수로 요구하는 것은 위법이다.

④ 직장명과 결혼 여부는 통계 분석에 활용될 수 있으므로 필수 항목으로 수집 가능하다.

⑤ 개인정보 수집에 동의하지 않으면 설문 참여를 제한할 수 있다.

(상)(중)하

17 다음 중 「개인정보 보호법」 제18조에 따른 개인정보의 목적 외 이용 · 제공이 가능한 경우에 대한 설명으로 가장 적절하지 않은 것은?

① 개인정보처리자가 정보주체로부터 별도의 동의를 받은 경우에는 원래 수집 목적과 달리 개인정보를 이용하거나 제3자에게 제공할 수 있다.

② 공공기관은 다른 법률에서 정한 소관 업무를 수행하기 위하여 목적 외 이용이 불가피한 경우, 개인정보보호위원회의 심의 · 의결을 거쳐 예외적으로 개인정보를 이용 · 제공할 수 있다.

③ 명백히 정보주체 또는 제3자의 급박한 생명 · 신체 · 재산의 이익을 위하여 필요하다고 인정되는 경우에는 정보주체의 동의 없이 개인정보를 이용 · 제공할 수 있다.

④ 공공기관은 범죄 수사 및 재판, 형 집행과 관련된 경우 목적 외 이용이 가능하나, 이 경우에도 반드시 개인정보보호위원회의 사전 승인을 받아야 한다.

⑤ 공중위생이나 공공의 안전과 안녕을 위하여 긴급히 필요한 경우에도 목적 외 이용이 가능하다.

18 다음 중 개인정보 처리 과정에서 적용되는 벌칙 규정의 수준이 나머지 항목과 가장 다른 보기를 고르시오.

① 법정대리인의 동의를 받지 아니하고 만 14세 미만 아동의 개인정보를 처리한 자
② 법령에서 민감정보의 처리를 요구하지 않음에도 민감정보를 처리한 자
③ 법령에서 고유식별정보의 처리를 요구하지 않음에도 고유식별정보를 처리한 자
④ 다른 사람의 개인정보를 이용하거나 훼손 · 멸실 · 변경 · 위조 · 유출한 자
⑤ 고정형 영상정보처리기기를 설치 목적과 다른 목적으로 임의 조작하거나 다른 곳을 비추거나 녹음 기능을 사용한 자

19 다음 중 「개인정보 보호법」에서 규정하는 민감정보에 해당하지 않는 것은?

① 개인의 통장 계좌번호
② 인종 · 민족에 관한 정보
③ 중증장애인의 성명 · 주소 · 전화번호
④ 개인의 유전정보
⑤ 2~3년 간 건강보험 요양급여내역

20 다음 고유식별정보처리자 안전성 확보조치 관리실태 조사에 관한 설명에서 빈칸에 들어갈 내용으로 가장 적절한 보기를 고르시오.

> (ㄱ)은 (ㄴ)명 이상 정보주체의 고유식별정보를 처리하는 자 중에서, 보호위원회가 법 위반 이력 및 처리 위험성 등을 고려하여 조사가 필요하다고 인정하는 자를 대상으로 한다.
> (ㄷ)은 (ㄹ) 명 이상 정보주체의 고유식별정보를 처리하는 자를 대상으로 하며, 고유식별정보처리자 안전성 확보조치 관리실태 조사는 매 (ㅁ)마다 실시한다.

① (ㄱ) 공공기관, (ㄴ) 1만, (ㄷ) 공공기관 외 개인정보처리자, (ㄹ) 5만, (ㅁ) 3년
② (ㄱ) 공공기관 외 개인정보처리자, (ㄴ) 1만, (ㄷ) 공공기관, (ㄹ) 5만, (ㅁ) 3년
③ (ㄱ) 공공기관, (ㄴ) 5만, (ㄷ) 공공기관 외 개인정보처리자, (ㄹ) 10만, (ㅁ) 매년
④ (ㄱ) 중앙행정기관, (ㄴ) 1만, (ㄷ) 지방자치단체, (ㄹ) 10만, (ㅁ) 2년
⑤ (ㄱ) 공공기관, (ㄴ) 1만, (ㄷ) 공공기관 외 개인정보처리자, (ㄹ) 10만, (ㅁ) 1년

21 다음 중 「신용정보의 이용 및 보호에 관한 법률 시행령」에서 규정하는 개인식별번호에 해당하지 않는 것은?

① 주민등록번호　　　　　② 여권번호
③ 운전면허번호　　　　　④ 건강보험증 번호
⑤ 국내거소신고번호

22 A시청은 관내 공공시설의 안전 관리를 위해 CCTV를 운영하고 있다. 어느 날 인근 지역에서 폭력 사건이 발생하여, 경찰서가 수사 목적으로 A시청에 영상을 요청하였다. 또한 A시청은 과거 설치된 영상 중 일부를 교통 흐름 분석 연구기관에 제공하여 통계 목적으로 활용하고자 한다. 이 밖에 지역 축제 홍보를 위해 촬영된 영상을 홍보 담당 부서가 편집하여 홍보영상으로 제작하려 한다. 이때 「표준 개인정보 보호지침」 제40조에 따른 개인영상정보의 목적 외 이용·제공 관련 설명으로 가장 적절하지 않은 보기를 고르시오.

① 폭력 사건 수사를 위한 경찰의 영상 요청은 범죄 수사 목적에 해당하므로 위원회 심의 없이 제공이 가능하다.
② 교통 흐름 분석 연구를 위한 영상 제공은 가명처리 후 통계 목적 이용으로 예외 인정이 가능하다.
③ 홍보영상 제작은 당초 설치 목적과 다른 이용에 해당하므로 정보주체의 동의가 필요하다.
④ 모든 영상 제공은 공공기관의 소관 업무 수행에 해당하므로 보호위원회 심의·의결을 거쳐야 한다.
⑤ A시청은 공공기관으로서 영상 제공 시 목적 외 이용·제공 제한 원칙과 예외 요건을 모두 검토해야 한다.

23 다음 중 「개인정보보호법 시행령」에 따른 공공기관의 고정형 영상정보처리기기 설치·운영 사무 위탁 시 위탁계약서에 반드시 포함되어야 할 사항으로 가장 적절하지 않은 것은?

① 위탁하는 사무의 목적 및 범위
② 영상정보의 안전성 확보 조치에 관한 사항
③ 위탁받은 자의 고용 형태
④ 재위탁 제한에 관한 사항
⑤ 위탁받는 자의 의무 위반 시 손해배상 등 책임에 관한 사항

24 다음 이동형 영상정보처리기기 운영·관리에 대한 설명으로 가장 적절하지 않은 것은?

① 이동형영상정보처리기기운영자는 운영 근거, 목적, 관리책임자, 보관기간 등의 사항이 포함된 운영·관리 방침을 마련해야 한다.
② 이동형영상정보처리기기운영자는 정보주체의 영상정보 열람 요구에 대한 조치 방안을 방침에 포함해야 한다.
③ 이동형영상정보처리기기운영자가 운영·관리 방침을 마련하거나 변경하는 경우에는 정보주체가 쉽게 확인할 수 있도록 공개해야 한다.
④ 이동형영상정보처리기기운영자는 개인정보 처리방침 내 이동형 영상정보처리기기 운영·관리에 관한 사항을 포함시킨 경우라도 별도로 운영·관리 방침을 반드시 마련해야 한다.
⑤ 이동형영상정보처리기기 운영·관리 방침에는 영상정보 보호를 위한 기술적·관리적·물리적 조치가 포함되어야 한다.

(상)(중)(하)

25 다음은 가명정보 결합신청자 A와 B가 결합키를 기준으로 데이터를 결합한 형태이다. 보기에서 가장 적절한 결합형태를 고르시오.

결합신청자(A)			결합신청자(B)			결합형태	
결합키	일련번호		결합키	일련번호		일련번호	일련번호
dac...387ea	A1		abc...2cabd	B1		A1	B2
c2e...7067c	A2		dac...387ea	B2		A2	B3
cd1...78ccd	A3		c2e...7067c	B3		A5	B4
89c...df12d	A4		9a0...a5ddf	B4		...	...
9a0...a5ddf	A5		rew...nm3d0	B5		...	...
...	...		...	...		...	...

① 공통단일결합   ② 공통다중결합   ③ 확대단일결합

④ 확대다중결합   ⑤ 잔여결합

(상)(중)(하)

26 다음 중 개인정보보호 교육에 대한 설명으로 가장 적절하지 않은 것은?

① 개인정보보호 교육은 업종과 관계없이 모든 사업장에서 실시해야 한다.

② 개인정보보호 교육은 안전보건교육, 성희롱 예방교육, 직장 내 장애인식개선교육 등과 같이 법정의무교육 중 하나이다

③ 개인정보보호 교육은 연 1~2회 수행을 권고한다.

④ 개인정보보호 교육은 개인정보보호 사전예방, 사후조치 둘다 가능한 활동이다.

⑤ 개인정보보호 교육을 실시하지 않은 경우, 300만원 이하의 과태료가 부과된다.

(상)(중)(하)

27 「개인정보 보호법」에 근거하여, 개인정보 처리방침을 정하지 않거나 공개하지 않은 개인정보처리자에게 부과되는 과태료 금액은?

① 300만 원 이하   ② 500만 원 이하   ③ 1천만 원 이하

④ 3천만 원 이하   ⑤ 5천만 원 이하

(상)(중)(하)

28 다음 중 「개인정보 보호법 시행령」에 따른 개인정보 처리방침의 공개 방법으로 가장 적절하지 않은 것은?

① 개인정보처리자의 인터넷 홈페이지에 지속적으로 게재하는 방법

② 사업장 내 보기 쉬운 장소에 게시하는 방법

③ 일반일간신문 또는 인터넷신문에 싣는 방법

④ 정보주체가 요청할 때마다 개별적으로 이메일로 제공하는 방법

⑤ 간행물, 소식지, 청구서 등에 지속적으로 싣는 방법

29 다음 '주요 개인정보 처리 표시(라벨링)'와 해당하는 설명을 올바르게 연결한 것으로 가장 적절한 것을 고르시오.

(ㄱ)	(ㄴ)	(ㄷ)
○	⬡	▢

① (ㄱ) 개인정보의 처리 단계, (ㄴ) 개인정보의 유형, (ㄷ) 개인정보보호 관련 권리 · 의무사항
② (ㄱ) 개인정보의 유형, (ㄴ) 개인정보의 처리 단계, (ㄷ) 개인정보보호 관련 권리 · 의무사항
③ (ㄱ) 개인정보보호 관련 권리 · 의무사항, (ㄴ) 개인정보의 유형, (ㄷ) 개인정보의 처리 단계
④ (ㄱ) 개인정보의 처리 단계, (ㄴ) 개인정보보호 관련 권리 · 의무사항, (ㄷ) 개인정보의 유형
⑤ (ㄱ) 개인정보보호 관련 권리 · 의무사항, (ㄴ) 개인정보의 처리 단계, (ㄷ) 개인정보의 유형

30 개인정보보호법 시행령에 근거하여, 공공기관 개인정보보호책임자(CPO)의 자격요건으로 가장 적절하지 않은 보기를 고르시오.

① 정무직공무원을 장(長)으로 하는 국가기관 : 1급 이상 공무원(고위공무원을 포함) 또는 그에 상당하는 공무원
② 고위공무원, 3급 공무원 또는 그에 상당하는 공무원 이상의 공무원을 장으로 하는 국가기관 : 4급 이상 공무원 또는 그에 상당하는 공무원
③ 국가기관 외의 국가기관(소속 기관을 포함) : 해당 기관의 개인정보 처리 관련 업무를 담당하는 부서의 장
④ 시 · 도 및 시 · 도 교육청 : 3급 이상 공무원 또는 그에 상당하는 공무원
⑤ 시 · 군 및 자치구 : 4급 이상 공무원 또는 그에 상당하는 공무원

31 다음 중 「개인정보 보호법 시행령」에 따른 개인정보보호책임자(CPO) 지정 의무 대상으로 가장 적절하지 않은 것은?

① 연간 매출액이 1,500억 원 이상이고, 5만 명 이상의 정보주체에 대한 민감정보를 처리하는 기업
② 연간 매출액이 1,500억 원 이상이고, 100만 명 이상의 개인정보를 처리하는 기업
③ 직전 연도 기준 재학생 수가 2만 명 이상인 고등교육법상 대학
④ 「의료법」 제3조의4에 따른 상급종합병원
⑤ 연간 매출액이 1,000억 원 이상이고, 10만 명 이상의 개인정보를 처리하는 기업

32 다음 중 「개인정보 보호법」에 따른 국내 대리인 지정 요건 및 역할에 대한 설명으로 가장 적절하지 않은 것은?

① 국내에 주소 또는 영업소가 없는 개인정보처리자 중 전년도 전체 매출액이 1조 원 이상인 자는 국내 대리인을 지정해야 한다.

② 국내에 주소 또는 영업소가 없는 개인정보처리자 중 전년도 말 기준 직전 3개월간 국내 정보주체 수가 일일평균 100만 명 이상인 자는 국내 대리인을 지정해야 한다.

③ 국내대리인은 반드시 대한민국 국적을 가질 필요는 없지만, 한국어로 원활한 의사소통이 가능해야 한다.

④ 국내대리인은 정보주체의 불만 처리 및 피해구제 업무를 실질적으로 수행해야 하며, 단순 녹음 안내나 자동응답 시스템만으로는 지정 요건을 충족했다고 보기 어렵다.

⑤ 국내 대리인 지정 의무는 해외 기업뿐 아니라 국내 법인에도 동일하게 적용된다.

33 다음 중 「개인정보 보호법」 제32조에 따른 공공기관의 개인정보파일 등록 대상에서 제외되는 경우로 가장 적절하지 않은 것은?

① 국가의 안전, 외교상 비밀 등 국가의 중대한 이익에 관한 사항을 기록한 개인정보파일

② 범죄의 수사, 공소의 제기 및 유지에 관한 사항을 기록한 개인정보파일

③ 조세범 처벌법에 따른 범칙행위 조사에 관한 사항을 기록한 개인정보파일

④ 지속적으로 관리할 필요성이 낮은 일회성 개인정보파일

⑤ 특수 행정업무 수행을 위하여 상시 운영되는 개인정보파일

34 다음 중 개인정보 유출 등의 정의 및 통지·신고 기준에 관한 설명으로 가장 적절하지 않은 것은?

① 개인정보의 유출 등은 법령이나 개인정보처리자의 의사와 무관하게 개인정보가 관리·통제권을 벗어나 제3자가 그 내용을 알 수 있는 상태에 이르게 된 것을 말한다.

② 개인정보가 포함된 서면·이동식 저장장치의 분실·도난, 권한 없는 자의 시스템 접근 및 외부 전송, 파일·문서의 잘못된 전달 등은 모두 유출에 해당한다.

③ 개인정보 유출 사실을 인지한 경우에는 공휴일 등 근무일 외의 날을 고려하여 통지 기한을 연장할 수 있다.

④ 유출된 개인정보의 확산 방지나 회수·삭제 등 긴급조치가 필요한 경우에는 그 사유가 해소될 때까지 정보주체 통지를 지연할 수 있다.

⑤ 천재지변 등 부득이한 사유로 72시간 이내 통지가 곤란한 경우에는 그 사유가 해소된 후 지체 없이 통지하여야 한다.

35 다음 중 「개인정보 보호법」 제4조에서 규정하고 있는 정보주체의 권리로 가장 적절하지 않은 것은?

① 개인정보 처리에 관한 정보를 제공받을 권리

② 개인정보의 처리에 대한 동의 여부와 범위를 선택하고 결정할 권리

③ 개인정보의 처리 여부를 확인하고 열람 및 전송을 요구할 권리

④ 완전히 자동화된 개인정보 처리에 따른 결정을 거부하거나 그에 대한 설명을 요구할 권리

⑤ 개인정보의 이용 목적을 변경하도록 요구할 권리

36 다음은 「개인정보 보호법」 제35조의2에 따른 개인정보 전송 절차를 도식화한 그림이다. (A), (B), (C)에 해당하는 주체 및 권리로 가장 적절하게 짝지어진 것은?

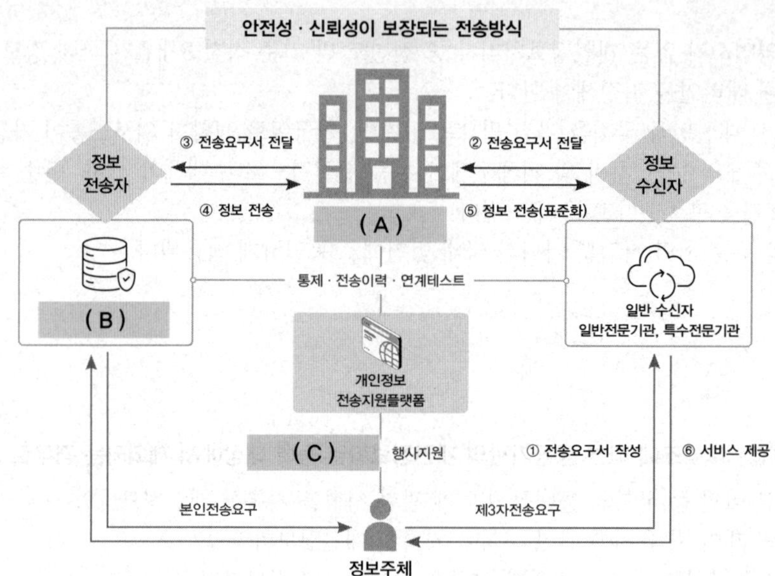

① (A) 개인정보관리 전문기관 / (B) 정보수신기관 / (C) 열람권
② (A) 중계전문기관 / (B) 분야별 정보전송자 / (C) 전송요구권
③ (A) 중계전문기관 / (B) 정보수신기관 / (C) 처리정지권
④ (A) 일반전문기관 / (B) 개인정보처리자 / (C) 정정 · 삭제권
⑤ (A) 특수전문기관 / (B) 분야별 정보수신자 / (C) 열람 · 전송 요구권

37 다음 중 「개인정보 보호법」에 따라 정보주체로부터 별도의 구분 동의를 받아야 하는 경우로 가장 적절하지 않은 것은?

① 개인정보의 수집 · 이용에 대한 동의
② 개인정보의 제3자 제공에 대한 동의
③ 개인정보의 목적 외 이용 · 제공에 대한 동의
④ 개인정보 처리방침의 공개에 대한 동의
⑤ 재화나 서비스의 홍보 또는 판매 권유를 위한 개인정보 처리에 대한 동의

38 다음 중 「개인정보 보호법」상 정보주체의 열람 요구 및 처리자 응답 의무에 대한 설명으로 가장 적절하지 않은 것은?

① 정보주체는 개인정보처리자에게 자신의 개인정보에 대한 열람을 요구할 수 있으며, 공공기관의 경우 개인정보보호위원회를 통해 열람요구서를 제출할 수도 있다.
② 정보주체는 개인정보의 항목, 수집 · 이용 목적, 보유 · 이용기간, 제3자 제공 현황 등에 대한 열람을 요구할 수 있다.
③ 개인정보처리자는 열람요구를 받은 날부터 15일 이내에 정보주체가 해당 개인정보를 열람할 수 있도록 해야 한다.
④ CCTV 영상의 모자이크 처리 등 열람에 필요한 비용은 원칙적으로 열람요구자가 부담한다.
⑤ 개인정보처리자에게 귀책사유가 있는 경우, 정보주체는 열람에 소요된 비용을 개인정보처리자에게 청구할 수 있다.

39 다음 중 「개인정보 보호법」상 개인정보의 정정 · 삭제 요구 및 처리 절차에 대한 설명으로 가장 적절하지 않은 것은?

① 정보주체는 개인정보처리자에게 자신의 개인정보 정정 또는 삭제를 요구할 수 있으며, 개인정보처리자는 복구나 재생이 불가능하도록 조치해야 한다.

② 개인정보처리자는 정정 · 삭제 요구를 받은 날부터 10일 이내에 필요한 조치를 취하고 그 결과를 정보주체에게 통지해야 한다.

③ 다른 법령에서 수집 대상으로 명시된 개인정보라 하더라도 정보주체의 요구가 있으면 반드시 삭제해야 한다.

④ 개인정보보호위원회의 '잊힐 권리(지우개) 서비스'는 아동 · 청소년 시기에 작성한 게시물 중 개인정보가 포함된 게시물의 삭제나 검색차단을 지원한다.

⑤ 개인정보보호위원회의 '웹사이트 회원탈퇴 서비스'는 명의도용이 의심되거나 더 이상 이용을 원하지 않는 불필요한 사이트의 회원 탈퇴를 대행해 주는 서비스이다.

40 다음 중 「개인정보 보호법 시행령」에 따라, 개인정보 처리정지 요구에 대한 개인정보처리자의 조치 기한으로 가장 적절한 것은?

① 요구를 받은 날부터 3일 이내
② 요구를 받은 날부터 5일 이내
③ 요구를 받은 날부터 7일 이내
④ 요구를 받은 날부터 10일 이내
⑤ 요구를 받은 날부터 14일 이내

41 다음 중 '자동화된 결정'에 해당하기 위한 판단 기준으로 옳지 않은 것을 고르시오.

① 완전히 자동화된 시스템에 의하여 이루어질 것
② 개인정보를 처리하여 이루어질 것
③ 개인정보처리자가 아닌 제3자의 판단에 따른 결정일 것
④ 정보주체에 대한 최종적인 결정일 것
⑤ 자동화된 개인정보 처리와 결정 사이에 실질적인 관련성이 있을 것

42 다음 중 개인정보 보호법 시행령에서 규정한 '자동화된 결정의 기준과 절차 등의 공개' 사항으로 옳지 않은 것을 고르시오.

① 자동화된 결정이 이루어진다는 사실과 그 목적 및 대상이 되는 정보주체의 범위
② 자동화된 결정 과정에서 고려사항 및 주요 개인정보가 처리되는 절차
③ 자동화된 결정에 사용되는 주요 개인정보의 유형과 자동화된 결정의 관계
④ 자동화된 결정의 결과에 대해 정보주체가 동의해야만 효력이 발생한다는 사실
⑤ 자동화된 결정 과정에서 민감정보 또는 14세 미만 아동의 개인정보를 처리하는 경우 그 목적 및 처리 항목

(상)(중)(하)

43 개인정보 보호법상 손해배상책임 보장 의무대상자에 대한 설명으로 ( )안에 알맞은 내용을 고르시오.

> 전년도 매출액 등이 (㉠) 이상이고, 전년도 말 기준 직전 (㉡) 동안 저장·관리되고 있는 정보주체 수가 일일 평균 (㉢) 이상인 개인정보처리
> 자는 손해배상책임 보장 의무대상자에 해당한다.

① ㉠ 5억 원 / ㉡ 6개월 / ㉢ 5천 명   ② ㉠ 10억 원 / ㉡ 3개월 / ㉢ 1만 명

③ ㉠ 20억 원 / ㉡ 1개월 / ㉢ 2만 명   ④ ㉠ 10억 원 / ㉡ 6개월 / ㉢ 1천 명

⑤ ㉠ 5억 원 / ㉡ 3개월 / ㉢ 1만 명

(상)(중)(하)

44 다음 중 개인정보 보호법상 손해배상책임의 이행을 위한 보험 또는 준비금 적립 기준에 대한 설명으로 옳지 않은 것을 고르시오.

① 보험 또는 준비금의 최저가입(적립)금액은 정보주체 수와 매출액 규모에 따라 5천만 원에서 10억 원 사이로 차등 설정된다.

② 보험과 준비금 적립을 병행할 경우, 각각의 금액을 합산하여 최저가입금액 이상이면 된다.

③ 준비금은 임의적립금(자본계정)으로 적립하면 별도의 결의 없이 사용할 수 있다.

④ 다른 법률에 따라 손해배상책임의 이행을 보장하는 보험 등에 이미 가입한 경우, 별도의 조치를 하지 않아도 된다.

⑤ 준비금은 주주총회 결의 등을 통해 개인정보 보호법 의무 이행을 위한 것임을 명확히 해야 한다.

(상)(중)(하)

45 다음 중 개인정보 분쟁조정제도에 대한 설명으로 옳지 않은 것을 고르시오.

① 개인정보 분쟁조정제도는 개인정보 침해로 인한 분쟁을 신속하고 원만하게 해결하기 위해 운영된다.

② 분쟁조정은 법원의 확정판결과 동일한 효력을 가지며, 당사자가 이를 이행하지 않을 경우 강제집행이 가능하다.

③ 개인정보 처리와 관련된 분쟁이 발생하면 정보주체만 신청할 수 있으며, 개인정보처리자는 신청할 수 없다.

④ 분쟁조정의 신청 내용에는 법령 위반 행위의 중지나 손해배상 청구뿐 아니라 개인정보의 열람, 정정, 삭제 요구 등도 포함될 수 있다.

⑤ 분쟁조정제도는 비용 부담 없이 이용할 수 있으며, 소송보다 신속하게 피해구제가 가능하다.

(상)(중)(하)

46 다음 중 개인정보 집단분쟁조정 절차에 대한 설명으로 옳지 않은 것을 고르시오.

① 집단분쟁조정을 신청하기 위해서는 피해를 입은 정보주체의 수가 50명 이상이어야 하며, 사건의 주요 쟁점이 사실상 또는 법률상 공통되어야 한다.

② 개인정보분쟁조정위원회는 절차 개시를 의결한 후, 14일 이상 인터넷 홈페이지 또는 일간지에 공고해야 한다.

③ 조정위원회는 절차 개시 공고가 종료된 날의 다음 날부터 30일 이내에 분쟁조정을 마쳐야 한다.

④ 조정안은 당사자에게 제시되며, 제시받은 날로부터 15일 이내에 수락 여부를 통보해야 한다.

⑤ 조정이 성립된 경우 조정서는 재판상 화해와 동일한 효력을 가진다.

47 다음 중 개인정보보호법상 개인정보 단체소송제도에 대한 설명으로 옳은 것은?

① 개인정보 단체소송은 금전적 손해배상을 목적으로 하는 소송으로, 집단분쟁조정이 불성립된 경우에만 제기할 수 있다.
② 개인정보 단체소송은 반드시 집단분쟁조정 절차를 거친 후에만 제기할 수 있다.
③ 개인정보 단체소송을 제기하려면 원고가 변호사를 소송대리인으로 선임해야 한다.
④ 비영리단체는 정관에 개인정보 보호를 목적으로 기재하지 않아도 단체소송을 제기할 수 있다.
⑤ 비영리단체는 동일한 피해를 입은 정보주체가 50명 이상일 경우 자동으로 단체소송을 제기할 수 있다.

48 다음 중 개인정보처리자가 개인정보의 수집 · 이용 동의를 받을 때 정보주체에게 알려야 할 사항으로 옳지 않은 것은?

① 개인정보의 수집 · 이용 목적
② 수집하려는 개인정보의 항목
③ 개인정보의 보유 및 이용 기간
④ 개인정보 이용기간 종료 후 파기방법
⑤ 동의를 거부할 권리 및 거부 시 불이익이 있는 경우 그 내용

49 개인정보 보호법에서 규정한 '개인정보의 추가적인 이용 · 제공 기준'에 대한 설명으로 옳지 않은 것은?

① 당초 수집 목적과 관련성이 있는지 여부를 고려해야 한다.
② 개인정보를 수집한 정황이나 처리 관행상 추가적인 이용 · 제공이 예측 가능한지 여부를 검토해야 한다.
③ 자율적인 개인정보 보호활동 촉진 여부를 고려하여야 한다.
④ 정보주체의 이익을 부당하게 침해하지 않는지를 고려해야 한다.
⑤ 가명처리나 암호화 등 안전성 확보조치를 취했는지를 확인해야 한다.

50 다음 중 친목 단체(동호회 등)의 운영과 관련하여 개인정보보호법상 가장 옳은 설명은?

① 친목 단체는 비영리 목적이므로 구성원의 개인정보를 자유롭게 수집 · 이용할 수 있다.
② 친목 단체는 운영을 위해 필요한 범위에서 정보주체의 동의 없이 개인정보를 수집 · 이용할 수 있다.
③ 친목 단체의 회비 납부 현황이나 생일, 취향 등은 개인정보에 해당하지 않는다.
④ 친목 단체의 개인정보 수집은 반드시 개인정보보호위원회의 사전 승인을 받아야 한다.
⑤ 친목 단체는 법인이 아니므로 개인정보보호법의 적용 대상에 해당하지 않는다.

51 (상)(중)(하) 다음 중 정보주체 이외로부터 수집한 개인정보의 수집 출처 등 통지의무가 면제되는 경우로 옳지 않은 것을 고르시오.

① 수집한 개인정보에 정보주체의 연락처 등 통지할 수 있는 정보가 포함되어 있지 않은 경우
② 해당 개인정보가 법령에서 등록 예외 대상으로 정한 개인정보 파일에 포함되어 있는 경우
③ 통지를 함으로써 다른 사람의 생명 · 신체를 해할 우려가 있거나 재산 등 이익을 부당하게 침해할 우려가 있는 경우
④ 정보주체가 이전에 유사한 개인정보 제공에 동의한 사실이 있는 경우
⑤ 수집한 개인정보가 국가안보 등 국가의 중대한 이익과 관련된 개인정보 파일에 포함된 경우

52 (상)(중)(하) 다음 (   ) 안에 들어갈 알맞은 내용을 고르시오.

> 정보주체가 별도로 통지를 요구하지 않더라도, 개인정보처리자는 일정 규모 이상 개인정보를 처리하는 경우 정보주체에게 개인정보의 수집 출처 등을 알려야 한다.
> 이때 통지의무가 부과되는 개인정보처리자는 (㉠)명 이상의 정보주체에 관한 민감정보 또는 고유식별정보를 처리하거나, (㉡)명 이상의 정보주체에 관한 개인정보를 처리하는 자이며, 통지는 개인정보를 제공받은 날부터 (㉢) 이내에 해야 한다.

① ㉠ 1만 ㉡ 10만 ㉢ 1개월   ② ㉠ 5만 ㉡ 100만 ㉢ 3개월
③ ㉠ 10만 ㉡ 50만 ㉢ 6개월   ④ ㉠ 5천 ㉡ 10만 ㉢ 1개월
⑤ ㉠ 10만 ㉡ 100만 ㉢ 6개월

53 (상)(중)(하) 다음 중 법률에 특별한 규정이 있거나 법률에 따른 의무 준수를 위해 개인정보의 수집 · 이용이 가능한 경우로 옳지 않은 것은?

① 형사소송법에 따른 검사의 수사
② 병역법에 따른 병역판정검사 자료 제출
③ 청소년보호법에 따른 청소년 유해업소 종업원 연령확인
④ 신용정보법에 따른 신용정보회사의 채권추심 행위
⑤ 신용정보법에 따른 게시판 이용자의 실명확인

54 (상)(중)(하) A사는 온라인 플랫폼을 운영하면서 이용자와 서비스 이용계약을 체결하였다. A사는 디지털 서비스 이용자 보호를 목적으로 스팸, 멀웨어, 불법 콘텐츠 등의 보안위험을 감지하고 예방하기 위해, 이용자의 서비스 이용기록 및 접속정보 등의 개인정보를 수집 · 이용하고 있다. 이때, A사는 해당 개인정보의 수집 · 이용에 관하여 정보주체의 별도 동의를 받지 않았다. 이 사례에 대한 설명으로 가장 적절한 것을 고르시오.

① 정보주체의 명시적 동의가 없으므로 개인정보 수집 · 이용은 위법하다.
② 개인정보의 수집 목적이 서비스 제공과 직접 관련이 없으므로 동의가 필요하다.
③ 서비스 이용계약의 이행을 위해 필요한 범위 내 수집 · 이용으로서 별도의 동의 없이 가능하다.
④ 보안위험 예방은 계약과 무관한 업무이므로 동의가 필요하다.
⑤ 개인정보 수집 시점이 서비스 제공 후이므로 반드시 추가 동의를 받아야 한다.

상중하

55 다음 중 개인정보 처리에 대한 동의를 받을 때 반드시 모두 충족해야 하는 조건으로부터 가장 거리가 먼 것은?

① 정보주체가 자유로운 의사에 따라 동의 여부를 결정할 수 있을 것
② 동의를 받으려는 내용이 구체적이고 명확할 것
③ 정보주체가 쉽게 읽고 이해할 수 있는 문구를 사용할 것
④ 동의 여부를 명확하게 표시할 수 있는 방법을 제공할 것
⑤ 개인정보처리자가 수집 목적에 필요한 최소한의 개인정보만 수집할 것

상중하

56 지방자치단체 B시는 태풍으로 인해 일부 지역이 침수되고 통신이 두절되는 긴급상황이 발생하였다. 현장 지휘관은 구조대가 조난자와 연락할 수 있도록 주민등록시스템에서 휴대전화번호와 주소를 즉시 조회하여 구조활동에 활용하였다. 이후 일부 공무원은 "정보주체의 동의를 받지 않았으므로 개인정보보호법 위반이 아닌가"라는 문제를 제기하였다. 이 사례에서 개인정보 보호법상 가장 적절한 판단은?

① 정보주체의 동의 없이 개인정보를 조회했으므로 법 위반에 해당한다.
② 조난자 구조는 공익 목적이므로 모든 경우에 동의 없이 개인정보를 조회할 수 있다.
③ 조난자의 생명 · 신체 보호를 위한 급박한 상황이므로, 정보주체의 동의 없이도 개인정보를 수집 · 이용할 수 있다.
④ 동의를 받지 않았더라도 사후에 신고만 하면 위법성이 면제된다.
⑤ 재난 상황이라도 개인정보 처리를 위해서는 반드시 서면 동의가 필요하다.

상중하

57 14세 미만 아동 A는 부모가 부재중인 상황에서 혼자 이동통신 매장을 방문하여 본인 명의로 휴대전화 개통을 요청하였다. 다음 중 이동통신 매장 직원이 법정대리인의 동의 확인 방법으로 가장 적절하지 않은 것은?

① 아동이 지참한 법정대리인의 신분증 사본에 '개통 동의함'이라는 문구와 법정대리인의 도장이 찍혀 있는 것을 확인하고 개통을 진행하는 방법
② 법정대리인의 신용카드 정보를 입력받아 결제 인증 절차를 통해 본인 여부를 확인하고 동의를 받는 방법
③ 법정대리인에게 전자우편으로 동의 내용을 발송하고 법정대리인이 '동의함'이라는 회신 메일을 전송하는 방법
④ 법정대리인에게 전화로 동의 내용을 설명한 후, 이후 재통화를 통해 동의 의사를 재확인하는 방법
⑤ 법정대리인에게 동의 내용을 담은 인터넷 페이지 주소를 전송하고, 법정대리인이 본인명의 휴대전화 본인인증 후 동의 여부를 표시하도록 한 뒤 개인정보처리자가 그 사실을 문자메시지로 통지하는 방법

58 온라인 서비스 기업 A사는 회원 대상 이벤트를 홍보하기 위해 서비스 홍보 메일을 전체 회원에게 발송하려고 한다. A사의 회원 중에는 성인뿐만 아니라 만 14세 미만의 아동 회원도 포함되어 있으며, 회원 가입 시에는 서비스 이용 목적에 대한 일반적인 개인 정보 수집 · 이용 동의만을 받은 상태다. 이에 마케팅 부서는 "회원 모두가 이미 개인정보 제공에 동의했으니 추가 동의 없이 메일을 보내도 된다"고 주장하고 있다. 다음 중 A사의 개인정보보호담당자가 취해야 할 조치로 가장 적절한 것을 고르시오.

① 성인과 아동 모두 기존의 회원가입 동의만으로 홍보 메일 발송이 가능하다.

② 만 14세 미만 아동 회원에게만 홍보 메일 발송을 제한하면 추가 동의는 불필요하다.

③ 성인 회원은 별도의 광고성 정보 수신 동의를 받고, 아동 회원은 법정대리인의 동의를 받아야 한다.

④ 모든 회원에게 서비스 공지의 일환으로 안내 메일을 보내면 별도의 동의 없이 가능하다.

⑤ 아동 회원의 동의만 추가로 받으면 성인 회원은 기존의 일반 동의로 충분하다.

59 다음 ( ) 안에 들어갈 알맞은 내용을 고르시오.

> 영리 목적의 광고성 정보를 전송하려는 자는 (㉠)부터 그다음 날 (㉡)까지의 시간에 전자적 전송매체를 이용하여 광고성 정보를 전송하려는 경우, 수신자로부터 별도의 사전 동의를 받아야 한다.
>
> 단, (㉢)을 통한 광고성 정보 전송은 별도의 사전 동의 없이도 해당 시간대 전송이 가능하다.

① ㉠ 오후 8시 / ㉡ 오전 9시 / ㉢ 휴대전화 문자

② ㉠ 오후 9시 / ㉡ 오전 8시 / ㉢ 전자우편

③ ㉠ 오후 10시 / ㉡ 오전 8시 / ㉢ 휴대전화 문자

④ ㉠ 오후 9시 / ㉡ 오전 9시 / ㉢ 전화

⑤ ㉠ 오후 8시 / ㉡ 오전 8시 / ㉢ 카카오톡

60 다음 중 개인정보를 파기해야 하는 사례에 대한 설명으로 옳지 않은 것을 고르시오.

① 퇴직자의 신상정보나 급여기록 등 고용 정보의 보유 기간이 경과한 경우

② 고객과의 계약 또는 서비스 제공이 완료되어 개인정보의 처리 목적이 달성된 경우

③ 법적으로 요구되는 개인정보 보관기관이 종료되는 경우

④ 정보주체가 파기를 요청한 경우

⑤ 연구 목적의 가명정보를 익명화한 정보

61 의료법 시행규칙에서는 의료기관이 진료 관련 개인정보를 일정 기간 보존하도록 규정하고 있다. 이에 따라 ( ) 안에 들어갈 보존 의무 기간으로 알맞은 내용을 고르시오.

환자 명부 : (㉠)년,	진료기록부 : (㉡)년,	처방전 : (㉢)년,	수술기록 : (㉣)년

① ㉠ 5 / ㉡ 10 / ㉢ 2 / ㉣ 10
② ㉠ 2 / ㉡ 10 / ㉢ 5 / ㉣ 5
③ ㉠ 5 / ㉡ 5 / ㉢ 2 / ㉣ 5
④ ㉠ 10 / ㉡ 10 / ㉢ 2 / ㉣ 2
⑤ ㉠ 2 / ㉡ 2 / ㉢ 2 / ㉣ 2

62 다음 중 개인정보의 파기 방법 및 절차에 대해 가장 적절한 설명은?

① 개인정보 보유 기간이 경과하였더라도 업무상 불편이 예상되면 10일 이내에 파기할 수 있다.
② 개인정보가 불필요하게 된 경우 정당한 사유가 없더라도 즉시 파기하지 않아도 된다.
③ 전자적 파일 형태의 개인정보는 단순히 '삭제'만 하면 파기한 것으로 본다.
④ 개인정보의 일부만 파기하는 경우, 해당 부분을 마스킹하거나 구멍 뚫기 등의 방법으로 삭제할 수 있다.
⑤ 복원이 불가능한 방법이란 현재의 기술 수준과 관계없이 완전한 물리적 소각만을 의미한다.

63 다음 중 개인정보 보호법상 제3자에 해당하는 주체로 가장 적절한 것은?

① 정보주체를 대신하여 개인정보 처리 업무를 수행하는 위탁업체
② 정보주체의 동의를 받아 개인정보를 제공받는 제휴회사
③ 개인정보를 처리하는 개인정보처리자의 내부 직원
④ 정보주체로부터 직접 개인정보를 수집한 개인정보처리자
⑤ 정보주체의 법정대리인

64 다음 중 개인정보 처리 업무의 위 · 수탁 관계에 해당하지 않는 경우는?

① A공공기관이 홈페이지 운영 및 유지보수를 ㉮회사에 맡긴 경우
② B기업이 고객 만족도 조사를 위해 ㉯컨설팅 회사에 고객리스트를 제공한 경우
③ C회사가 인사 관련 문서 파기를 ㉰파쇄회사에 맡긴 경우
④ E기업이 채권추심업무를 ㉳채권회수전문기관에 위탁한 경우
⑤ F병원이 전자처방전 환자가 지정한 ㉴약국으로 처방전을 전송하기 위해 S 플랫폼이 중계를 위해 처방 정보를 일시 보관하는 경우

(상)(중)(하)

65 다음 중 개인정보 처리업무를 위탁하는 경우, 위탁자가 문서(계약 등)에 반드시 포함해야 하는 사항으로 가장 부적절한 것은?

① 위탁업무 수행 목적 외 개인정보의 처리 금지에 관한 사항
② 개인정보의 기술적 · 관리적 보호조치에 관한 사항
③ 개인정보에 대한 접근 제한 등 안전성 확보 조치에 관한 사항
④ 위탁업무의 목적 · 범위 및 재위탁 승인에 관한 내용
⑤ 수탁자가 의무를 위반한 경우 손해배상 등 책임에 관한 내용

(상)(중)(하)

66 다음 중 개인정보의 국외이전이 가능한 경우로 가장 적절하지 않은 것은?

① 정보주체에게 별도의 동의를 받은 경우
② 대한민국이 당사자인 조약 또는 국제협정에 국외이전에 관한 규정이 있는 경우
③ 정보주체와의 계약 체결 및 이행을 위하여 국외 처리위탁이 필요한 경우로 개인정보 처리방침 또는 정보주체에게 알린 경우
④ 이전받는 자가 개인정보보호 인증을 받은 경우
⑤ 이전되는 국가 또는 국제기구의 보호 체계 등이 개인정보 보호 수준과 실질적으로 동등하다고 국가안보실에서 인정하는 경우

(상)(중)(하)

67 다음 중 개인정보를 국외로 이전하기 위해 정보주체에게 별도 동의를 받을 때 고지해야 할 사항으로 가장 적절하지 않은 것은?

① 이전되는 개인정보 항목
② 개인정보가 이전되는 국가, 시기 및 방법
③ 개인정보를 이전받는 자의 성명(또는 법인 명칭과 연락처)
④ 개인정보를 이전받는 자의 개인정보 이용 목적 및 보유 · 이용 기간
⑤ 개인정보 이전 후 국내 개인정보처리자의 내부관리계획 수립 여부

(상)(중)(하)

68 다음 설명에 해당하는 개인정보 보호 관련 국제 인증 제도로 가장 적절한 보기를 고르시오.

> 이 제도는 '제3자 책임 에이전트(Accountability Agents)'를 통한 심사 절차를 핵심으로 하며, 각국 지정 기관이 ▲개인정보 수집 · 이용 절차 ▲보안 조치 ▲침해 대응 체계 등을 APEC 프라이버시 9대 원칙에 따라 평가하고 인증서를 발급한다.
> 2025년 6월 2일 공식 출범하였으며, 국가 간 안전한 개인정보 이전과 디지털 무역 활성화를 목표로 하고 있다.
> 국내에서는 개인정보보호위원회가 총괄 부처, 한국인터넷진흥원(KISA)이 인증심사 기관으로 지정되어 있다.

① ISO/IEC 27701
② APEC CBPR
③ Global CBPR
④ GDPR 적정성 결정(Adequacy Decision)
⑤ ISMS-P

69 다음 중 개인정보 국외이전 인증 절차의 올바른 단계 순서로 가장 적절한 보기를 고르시오.

① (평가) 정책협의회 → (평가) 개인정보보호 인증전문기관 → (심의/의결) 보호위원회 → (협의) 국외이전 전문위원회 → (관보게재) 고시

② (평가) 개인정보보호 인증전문기관 → (협의) 정책협의회 → (평가) 국외이전 전문위원회 → (심의/의결) 보호위원회 → (관보게재) 고시

③ (평가) 국외이전 전문위원회 → (평가) 개인정보보호 인증전문기관 → (협의) 정책협의회 → (심의/의결) 보호위원회 → (관보게재) 고시

④ (평가) 개인정보보호 인증전문기관 → (평가) 국외이전 전문위원회 → (협의) 정책협의회 → (심의/의결) 보호위원회 → (관보게재) 고시

⑤ (평가) 개인정보보호 인증전문기관 → (심의/의결) 보호위원회 → (평가) 국외이전 전문위원회 → (협의) 정책협의회 → (관보게재) 고시

70 다음 중 가명정보에 적용되는 조항은?

① 정보주체 이외로부터 수집한 개인정보의 수집 출처 통지
② 개인정보 이용 · 제공 내역의 통지
③ 개인정보 유출 등의 통지 및 신고
④ 개인정보의 정정 · 삭제
⑤ 개인정보의 수집 · 이용 목적 명시

71 지방병무청 소속 김 주무관은 병역판정검사 대상자의 질병 여부를 확인하기 위해, 해당 지원자가 진료를 받은 병원의 진료기록과 학교생활기록부 제출을 요청하였다. 이에 병원 관계자는 "본인 동의 없이 진료기록을 제공하면 개인정보보호법 위반이 아닌가요?"라고 우려를 표했다. 이 경우 김 주무관의 요청에 대한 판단으로 가장 타당한 보기를 고르시오.

① 정보주체의 동의가 없으므로 병원은 진료기록을 제공하지 않는다.
② 병역판정검사와 무관한 기관의 요청이므로 개인정보 제공을 제한한다.
③ 법령에 따른 공적 업무 수행을 위한 경우로, 정보주체의 동의 없이 관련 자료를 제출할 수 있다.
④ 의료기관은 정보주체의 서면 동의 없이는 어떠한 경우에도 진료기록을 제공하지 않는다.
⑤ 병무청은 의료기관이 제공한 진료기록을 병역판정 외의 다른 행정목적으로 활용한다.

72 생체정보에 대한 설명으로 가장 적절하지 않은 것은?

① 생체정보는 개인의 신체적 · 생리적 · 행동적 특징에 관한 정보이다.

② 생체정보는 특정 개인을 인증 식별하거나 개인에 관한 특징을 알아보기 위해 일정한 기술적 수단을 통해 처리되는 정보이다.

③ 생체인식정보는 생체정보 중 특정 개인을 인증 또는 식별할 목적으로 일정한 기술적 수단을 통해 처리되는 정보를 말한다.

④ 생체인식 원본정보는 특징정보 생성에 이용되는 정보로, 입력장치 등을 통해 수집 · 입력된 생체인식정보를 의미한다.

⑤ 생체인식 진원정보는 원본정보로부터 추출된 특징점 등을 이용하여 생성된 정보로, 개인 인증에 직접 활용될 수 있다.

73 다음 중 개인정보의 안전성 확보에 필요한 조치를 하지 않아 개인정보보호법을 위반한 경우 부과될 수 있는 과태료 기준은?

① 500만 원 이하의 과태료　　　　② 1천만 원 이하의 과태료

③ 2천만 원 이하의 과태료　　　　④ 3천만 원 이하의 과태료

⑤ 5천만 원 이하의 과태료

74 다음 중 내부 관리계획의 수립 · 시행 및 점검에 관한 설명으로 가장 부적절한 것은?

① 개인정보처리자는 개인정보의 분실 · 도난 · 유출 · 위조 · 변조 또는 훼손을 방지하기 위해 내부 의사결정 절차를 거쳐 내부 관리계획을 수립 · 시행해야 한다.

② 개인정보를 1만 명 미만의 정보주체에 대해 처리하는 소상공인 · 개인 · 단체의 경우에는 내부 관리계획 수립을 생략할 수 있다.

③ 내부 관리계획에는 접근 권한 관리, 암호화 조치, 물리적 안전조치 등 개인정보 보호 관련 사항이 포함되어야 한다.

④ 개인정보 보호책임자는 내부 관리계획의 이행 실태를 2년에 한 번 이상 점검 · 관리하여야 한다.

⑤ 개인정보처리자는 내부 관리계획의 중요한 변경이 있을 경우 즉시 반영하고, 그 수정 이력을 관리하여야 한다.

75 다음 중 개인정보처리시스템의 접근 권한 관리에 대한 설명으로 가장 부적절한 것은?

① 개인정보처리자는 개인정보처리시스템에 대한 접근 권한을 업무 수행에 필요한 최소한의 범위로 차등 부여하여야 한다.

② 개인정보취급자의 업무가 변경되었을 경우, 3일 내 접근 권한을 변경 또는 말소하여야 한다.

③ 접근 권한의 부여 · 변경 · 말소 내역은 최소 3년간 보관하여야 한다.

④ 개인정보처리자는 개인정보취급자별로 계정을 발급하고, 다른 개인정보취급자와 공유되지 않도록 하여야 한다.

⑤ 일정 횟수 이상 인증에 실패한 경우 개인정보처리시스템 접근을 제한하는 등 필요한 조치를 하여야 한다.

상 **중** 하
76 개인정보처리시스템의 접근 권한 부여, 변경 또는 말소에 대한 내역의 최소 보관기간에 대해 옳은 것을 고르시오.

① 접근권한 전자 기록 3년, 접근권한 수기 기록 3년
② 접근권한 전자 기록 2년, 접근권한 수기 기록 2년
③ 접근권한 전자 기록 1년, 접근권한 수기 기록 1년
④ 접근권한 전자 기록 3년, 접근권한 수기 기록 1년
⑤ 접근권한 전자 기록 4년, 접근권한 수기 기록 3년

상 **중** 하
77 다음 중 「개인정보의 안전성 확보조치 기준」에서 접근통제에 대한 설명으로 가장 부적절한 것은?

① 개인정보처리자는 개인정보처리시스템의 접속 권한을 IP주소 등으로 제한하여 인가받지 않은 접근을 차단해야 한다.
② 개인정보처리자는 외부에서 개인정보처리시스템에 접속할 경우 인증서·보안토큰 등 안전한 인증수단을 적용해야 한다.
③ 개인정보처리자는 개인정보처리시스템 및 개인정보취급자의 컴퓨터·모바일 기기 등을 통해 개인정보가 유출되지 않도록 조치해야 한다.
④ 개인정보취급자가 일정 시간 이상 업무를 하지 않는 경우 자동으로 접속이 차단되도록 설정해야 한다.
⑤ 전년도 말 기준 일일 평균 이용자 수가 100만 명 이상인 개인정보처리자는 개인정보처리시스템 접근 권한이 있는 취급자 PC에 대해 인터넷망 차단 조치를 해야 한다.

상 **중** 하
78 다음 중 「개인정보의 안전성 확보조치 기준」에서 정의하는 '접속기록'의 구성 항목으로 가장 적절하지 않은 것은?

① 식별자
② 접속일시
③ 비밀번호 변경 주기
④ 처리한 정보주체 정보
⑤ 수행업무

상 **중** 하
79 다음 중 개인정보처리시스템의 접속기록 보관 기간에 대해 가장 적절한 설명은?

① 모든 개인정보처리자는 개인정보처리시스템의 접속기록을 6개월 이상 보관·관리하여야 한다.
② 개인정보처리자는 5만 명 미만의 정보주체에 관한 개인정보를 처리하는 경우에도 접속기록을 2년 이상 보관하여야 한다.
③ 고유식별정보 또는 민감정보를 처리하는 개인정보처리시스템은 접속기록을 2년 이상 보관·관리하여야 한다.
④ 기간통신사업자는 접속기록을 최소 1년 이상 보관하면 충분하다.
⑤ 접속기록의 보관기간은 개인정보처리자의 내부 방침에 따라 자유롭게 단축할 수 있다.

80 다음 중 암호화 알고리즘에 대한 설명으로 가장 적절하지 않은 것은?

① AES : 안전한 대칭키 알고리즘
② SEED : 안전한 비밀키 알고리즘
③ 3DES : 취약한 공개키 알고리즘
④ RSA : 안전한 공개키 알고리즘
⑤ SHA-512 : 안전한 일방향 암호화 알고리즘

81 다음 중 악성프로그램 등 방지조치에 대한 설명으로 가장 부적절한 것은?

① 개인정보처리자는 악성프로그램 등을 방지 · 치료할 수 있는 보안 프로그램을 설치 · 운영하여야 한다.
② 보안 프로그램은 자동 업데이트 기능을 사용하는 것이 바람직하다.
③ 보안 프로그램은 자동 업데이트 기능이 없을 경우 월 1회 이상 업데이트를 실시하면 충분하다.
④ 발견된 악성프로그램에 대해서는 즉시 삭제 등 대응 조치를 취해야 한다.
⑤ 악성프로그램 관련 경보가 발령된 경우 정당한 사유가 없는 한 즉시 이에 따른 업데이트를 수행해야 한다.

82 P보험회사는 교통사고 피해자에게 보험금을 신속하게 지급하기 위해 국토교통부에 운전자의 음주운전 여부와 운전면허 효력 관련 정보 제공을 요청하였다. 이에 일부 내부 직원은 "운전자의 동의 없이 정보를 제공받는 것은 개인정보보호법 위반이 아닌가?"라고 우려하였다. 이 사례에서 「개인정보 보호법」상 개인정보 수집 · 이용의 적법성 판단으로 가장 타당한 것은?

① 운전자의 동의를 받지 않았으므로 개인정보보호법 위반에 해당한다.
② 법령상 의무를 준수하기 위한 것이 아니므로 개인정보 제공은 부적절하다.
③ 「자동차손해배상 보장법」에 따른 법적 근거가 있으므로, 정보주체의 동의 없이 개인정보를 수집 · 이용할 수 있다.
④ 보험회사 내부 업무의 편의를 위한 것이므로, 동의 없는 제공은 제한된다.
⑤ 보험금 지급 목적이라 하더라도 반드시 정보주체의 서면 동의를 받아야 한다.

83 웹 애플리케이션에서 사용자가 입력한 파일 경로를 서버의 include · require 등으로 동적으로 처리할 때, 공격자가 경로를 조작하여 /etc/passwd 등의 파일을 읽도록 유도하여 민감정보 유출이나 원격 코드 실행을 시도할 수 있는 취약점을 보기에서 고르시오.

① 원격 파일 포함(RFI) 공격
② 로컬 파일 포함(LFI) 공격
③ 서버 측 요청 위조(SSRF) 공격
④ 경로탐색(Path Traversal) 공격
⑤ SQL 인젝션 공격

84 전자제품 제조업체 A사는 자사 제품의 결함으로 인해 화재 위험이 있다는 사실을 확인하였다. 이에 소비자 피해 예방을 위해 리콜을 실시하면서, 제품 구매자의 이름, 연락처, 주소 등의 정보를 수집하였다. 일부 직원은 "구매자 동의 없이 개인정보를 수집하면 위법이 될 수 있다"고 우려하였다. 이 상황에서 A사의 개인정보 수집·이용에 대한 판단으로 가장 적절한 것은?

① 구매자의 동의가 없으므로 개인정보를 수집해서는 안 된다.
② 리콜은 자율적인 조치이므로 개인정보를 수집하려면 반드시 사전 동의가 필요하다.
③ 법령에 따라 부과된 의무를 이행하기 위한 불가피한 경우에는 동의 없이 개인정보를 수집·이용할 수 있다.
④ 리콜 대상 제품이 일부 소비자에게만 판매된 경우에는 개인정보 수집이 불가하다.
⑤ 개인정보 수집이 어려운 경우에는 리콜 의무를 면제받을 수 있다.

85 다음 중 물리적 안전조치에 대한 설명으로 가장 부적절한 것은?

① 개인정보를 보관하고 있는 전산실에는 출입통제 절차를 수립·운영해야 한다.
② 개인정보가 포함된 서류나 보조저장매체는 잠금장치가 있는 안전한 장소에 보관해야 한다.
③ 개인정보가 포함된 보조저장매체의 반출·입 통제를 위한 보안대책을 마련해야 한다.
④ 별도의 개인정보처리시스템을 운영하지 않고 모바일 기기로만 개인정보를 처리하는 경우, 보조저장매체 반출·입 통제대책은 적용하지 않을 수 있다.
⑤ 자료보관실은 개인정보가 있더라도 출입통제 절차를 생략할 수 있다.

86 다음 설명에 해당하는 백업 방식으로 가장 적절한 것은?

정책설명: 백업 서버에서 최초 Full 백업본과 누적된 Incremental 백업본들을 합성하여 새로운 Full 백업본을 생성	
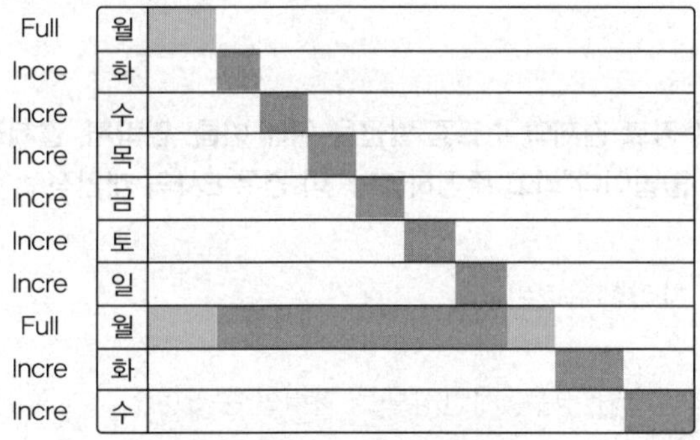 Full	월
Incre	화
Incre	수
Incre	목
Incre	금
Incre	토
Incre	일
Full	월
Incre	화
Incre	수

① 증분 백업(Incremental Backup)
② 차등 백업(Differential Backup)
③ 합성 전체 백업(Synthetic Full Backup)
④ 전체 백업(Full Backup)
⑤ 미러 백업(Mirror Backup)

상 중 하

87 공공시스템 운영기관은 일반적인 개인정보의 안전성 확보조치 외에도 별도의 안전조치를 이행해야 합니다. 다음 중 (A)~(C) 들어갈 조합으로 가정 적절한 보기를 고르시오.

> (A)개 이상의 기관이 공동 또는 유사한 업무를 지원하기 위해 단일 시스템을 구축하여 다른 기관이 접속 · 이용할 수 있도록 한 단일접속 시스템으로서, 다음 각 목의 어느 하나에 해당하는 경우를 별도의 안전조치를 이행하여야 합니다.
> 가. (B)명 이상의 정보주체에 관한 개인정보를 처리하는 시스템
> 나. 개인정보취급자의 수가 (C)명 이상인 시스템
> 다. 민감한 개인정보를 처리하여 사생활 침해 우려가 있는 시스템

① (A) 1개 / (B) 10만명 / (C) 100명
② (A) 2개 / (B) 100만명 / (C) 200명
③ (A) 2개 / (B) 50만명 / (C) 500명
④ (A) 3개 / (B) 100만명 / (C) 100명
⑤ (A) 2개 / (B) 10만명 / (C) 300명

상 중 하

88 다음 중 공공시스템 운영기관이 공공시스템별로 내부 관리계획을 수립할 때 반드시 포함해야 하는 사항으로 가장 거리가 먼 것은?

① 관리책임자의 지정 및 역할 · 책임에 관한 사항
② 개인정보 취급자의 관리 · 감독 및 교육에 관한 사항
③ 접근 권한의 관리 및 접근통제에 관한 사항
④ 접속기록의 보관 및 점검에 관한 사항
⑤ 개인정보 보유기간 만료 시 자동 파기 절차에 관한 사항

상 중 하

89 온라인 교육 플랫폼 E사는 회원이 인터넷을 통해 강의를 신청하면, 수강료 결제와 수료증 발급을 위해 이름, 연락처, 결제정보 등을 입력하도록 하고 있다. 회원 B는 위와 같은 정보를 요구하는 것은 불법이다"라고 주장하였다. 이 경우 E사의 개인정보 수집 근거에 대한 판단으로 가장 적절한 보기를 고르시오.

① 개인정보 수집 동의가 없으므로, 어떠한 경우에도 개인정보를 처리할 수 없다.
② 개인정보는 반드시 법령에 근거해야만 수집할 수 있다.
③ 서비스 제공 과정에서 정보주체가 요청한 조치를 이행하기 위해 필요한 경우, 개인정보를 처리할 수 있다.
④ 결제정보는 민감정보에 해당하므로, 별도의 서면 동의가 필요하다.
⑤ 수료증 발급을 위해서는 매번 정보주체의 추가 동의를 받아야 한다.

(상)(중)(하)

90 다음 중 「개인정보 보호법」상 '개인정보의 수집'에 대한 설명으로 가장 적절하지 않은 것은?

① 정보주체로부터 이름, 주소, 전화번호 등의 정보를 직접 제공받는 것은 개인정보의 수집에 해당한다.

② 국가기관이나 신용평가기관 등 제3자로부터 개인정보를 제공받는 것도 개인정보의 수집에 포함된다.

③ 인터넷, 신문, 잡지, 전화번호부 등 공개된 자료원으로부터 개인정보를 취득하는 행위도 수집에 포함된다.

④ 업무처리 과정에서 개인정보가 새로 생성되거나 생산되는 경우는 개인정보 수집에 해당하지 않는다.

⑤ 명함을 받거나 타인으로부터 정보를 전달받는 경우도 개인정보 수집으로 볼 수 있다.

(상)(중)(하)

91 현장 조사자가 리눅스 서버를 포렌식하던 중 다음 증거를 확보하였다. 어느 악성도구의 소행일 가능성이 가장 높은지 고르시오.

> – 서버에서 외부로 열린 TCP/UDP 리스닝 포트가 관찰되지 않았음
> – 네트워크 패킷 로그를 보면 특정 조건의 패킷에만 반응하는 흐름이 존재함
> – 수신되는 명령 트래픽은 RC4 계열로 암호화되어 있음
> – 디스크에는 실행 파일 흔적이 거의 없었고(파일리스 동작), 방화벽 규칙이 변조되어 트래픽 리디렉션이 확인되었음
> – 프로세스명은 시스템 데몬과 유사하게 위장되어 있음

① Mirai

② BPFDoor

③ Gh0st

④ Cobalt Strike

⑤ BadRabbit

(상)(중)(하)

92 한여름 폭염 속에서 노인이 외출 후 연락이 두절되어 가족이 경찰에 실종신고를 하였다. 경찰은 신속한 구조를 위해 통신사에 노인의 휴대전화 위치정보를 요청하였다. 통신사 직원은 "본인 동의가 없으면 위치정보를 제공할 수 없다"고 하며 협조를 망설였다. 이 상황에서 경찰의 조치로 가장 적절한 보기를 고르시오.

① 경찰은 실종자의 동의를 받을 때까지 위치정보를 요청하지 않는다.

② 긴급구조가 필요한 경우 경찰은 동의 없이 개인위치정보 제공을 요청할 수 있다.

③ 가족이 요청한 경우에만 경찰은 위치정보를 제공받을 수 있다.

④ 경찰은 구조 요청자와 실종자 모두의 동의를 받아야 한다.

⑤ 통신사는 경찰 요청이라도 개인위치정보 제공 여부를 자율적으로 판단한다.

(상)(중)(하)

93 다음 중 내부(사설) IP 주소를 외부(공인) IP 주소로 변환(Mapping)하여 통신이 가능하도록 하는 기능에 대한 설명으로 가장 적절한 것은?

① DHCP(Dynamic Host Configuration Protocol)

② NAT(Network Address Translation)

③ DNS(Domain Name System)

④ VPN(Virtual Private Network)

⑤ IDS(Intrusion Detection System)

94 다음 중 개인정보를 생성형 AI 개발 · 활용에 이용하려고 할 때 검토사항으로 가장 적절한 것을 고르시오.

① 개인정보는 AI 모델 학습에만 사용되므로, 별도의 처리 목적 설정 없이 수집해도 된다.

② 개인정보가 포함된 데이터는 AI의 정확도를 높이는 데 필수적이므로, 활용 단계에서 목적을 변경해도 무방하다.

③ 개인정보를 AI 학습에 활용하는 경우, 처리 목적은 구체적이고 명확하며 합법적으로 설정되어야 한다.

④ 생성형 AI는 비식별화된 정보를 자동으로 생성하므로, 개인정보 보호법 적용 대상이 아니다.

⑤ 생성형 AI의 성능 향상을 위해 수집한 개인정보는 일정 기간 후 자동 폐기되므로 별도 관리가 필요 없다.

95 웹 애플리케이션의 입력값에 악의적인 쿼리 구문을 삽입하여 데이터베이스를 비정상적으로 조작하거나 조회하는 공격은?

① XSS(Cross-Site Scripting)

② SQL 인젝션(SQL Injection)

③ CSRF(Cross-Site Request Forgery)

④ LFI(Local File Inclusion)

⑤ Command Injection

96 A교육청은 'AI 디지털교과서 통합포털'을 구축하여 학생별 학습시간, 진도율, 성취수준, 커뮤니티 참여도 등의 데이터를 수집하고 있다. 해당 포털은 이 데이터를 통계 분석이나 향후 AI 학습분석 등에 활용하기 위해 통합 DB에 저장하고 있으며, 이로 인해 학생 개개인의 상세 학습 정보가 장기간 누적 · 분석되어 일상행동 감시 등 오남용 우려가 제기되었다. 이 사례에서 나타난 주요 문제로 가장 적절한 것은?

① 개인정보의 안전성 확보조치를 위한 기술적 · 관리적 보호조치 미이행

② 개인정보의 처리 목적이 명확히 정립되지 않아 목적 외 이용 우려가 존재함

③ 개인정보의 국외 이전에 대한 정보주체 동의 미획득

④ 개인정보의 제3자 제공 관련 기록 보관의무 미이행

⑤ 개인정보의 파기 시점을 법령에서 정한 기준보다 앞당겨 시행함

97 공격자의 전술, 기법, 공통지식을 체계적으로 분류하여, 사이버 공격 그룹의 행위 분석 · 대응에 활용되는 글로벌 표준 지식 기반(Knowledge Base)으로, 전 세계 보안 커뮤니티에서 위협 분석의 기준으로 사용되는 것은?

① CVE(Common Vulnerabilities and Exposures)

② NIST SP 800-53

③ MITRE ATT&CK

④ OWASP Top 10

⑤ ISO/IEC 27001

98 다음은 가명정보 결합신청자 A와 B가 결합키를 기준으로 데이터를 결합한 형태를 나타낸 그림이다. 이 결합 형태로 가장 적절한 보기를 고르시오.

결합신청자(A)			결합신청자(B)			결합형태	
결합키	일련번호		결합키	일련번호		일련번호	일련번호
dac...387ea	A1		abc...2cabd	B1		A1	B2
c2e...7067c	A2		dac...387ea	B2		A2	B3
...	...		c2e...7067c	B3		A3	–
cd1...78ccd	A3		...	...		A4	–
89c...df12d	A4		...	...		A5	B4
...	...		9a0...a5ddf	B4		...	...
9a0...a5ddf	A5		rew...nm3d0	B5		...	...

① 공통단일결합
② 공통다중결합
③ 확대단일결합
④ 확대다중결합
⑤ 잔여결합

99 다음 중 ISMS-P 인증 범위 및 심사에 대한 설명으로 가장 거리가 먼 보기를 고르시오.

① 그룹웨어와 같은 내부 업무지원 시스템은 인증 대상이 아니다.
② 수탁회사가 ISMS-P 인증을 이미 취득한 경우, 위탁회사의 인증심사 시 수탁사 현장심사는 생략될 수 있다.
③ 위탁업무 수행을 위해 사용하는 시스템이 직접적인 서비스와 연관되지 않더라도 인증 범위에 포함될 수 있다.
④ 콜센터 시스템 등 위탁업무 처리에 사용되는 시스템은 인증 대상에 포함될 수 있다.
⑤ 심사수행기관은 수탁사가 인증을 받은 범위 내에서는 현장심사를 생략할 수 있다.

100 다음 중 AI 모델이 인간의 피드백을 통해 보상을 학습하여 출력 결과를 개선하는 학습기법으로, 예를 들어 개인의 사생활을 묻는 프롬프트에 대해 사생활이 포함된 답변에는 -1의 보상, 회피하는 답변에는 +1의 보상을 부여하여 모델을 학습시키는 방식은?

① CNN(Convolutional Neural Network)
② RAG(Retrieval-Augmented Generation)
③ RLHF(Reinforcement Learning with Human Feedback)
④ SFT(Supervised Fine-Tuning)
⑤ PPO(Proximal Policy Optimization)

개인정보관리사	시험 시간	문항 수
	120분	총 100개

풀이 시간 : ___________   채점 점수 : ___________

(상)(중)**(하)**

01 다음 중 개인정보에 대한 설명으로 가장 적절하지 않은 것은?

① 유족과의 관계를 알 수 있는 사망자 정보는 개인정보에 해당한다.

② 본인확인기관이 주민등록번호를 변환한 연계정보(CI)는 개인정보에 해당한다.

③ 얼굴 사진은 일반적으로 개인정보에 해당하나 민감정보에는 해당하지 않는다.

④ 개인정보보호법은 공공기관과 민간사업자 모두에게 적용된다.

⑤ 대한민국 국적을 가지고 있지 않은 외국인은 개인정보보호법에 따른 보호대상이 아니다.

(상)(중)**(하)**

02 다음 중 "개인정보의 전부 또는 일부를 대체하는 가명처리 과정에서 생성 또는 사용된 정보로서 특정 개인을 알아보기 위하여 사용·결합될 수 있는 정보"에 해당하는 것은?

① 개인정보   ② 가명정보

③ 익명정보   ④ 추가정보

⑤ 민감정보

(상)(중)**(하)**

03 개인정보의 일부를 삭제하거나 일부 또는 전부를 대체하는 등의 방법으로 추가 정보가 없이는 특정 개인을 알아볼 수 없도록 처리하는 것은?

① 개인정보   ② 익명화

③ 가명정보   ④ 가명처리

⑤ 개인정보 폐기

(상)(중)**(하)**

04 "정보통신망을 통해 서버의 도움 없이 개인과 개인이 직접 연결되어 파일을 공유하는 것"에 해당하는 것은?

① VPN

② 클라우드 스토리지

③ FTP

④ P2P

⑤ IDS

05 '한 데이터 속성의 값을 기반으로 다른 속성의 값을 유의미한 확률로 유추 할 수 있는 정도'에 해당하는 개인정보의 특성을 고르시오.

① 결합가능성
② 연결가능성
③ 식별가능성
④ 추론가능성
⑤ 선별가능성

06 "개인정보 유출로 인한 경제적 손실을 회피하기 위하여 설문 응답자에게 가상의 시나리오를 제시하고 그들이 지불하려는 평균적 금액(WTP)을 직접 물어 개인정보 가치를 산정하는 기법은?

① 헤도닉 가격법
② 가상가치산정법
③ 휴먼 캐피탈법
④ 대체비용법
⑤ 선택실험법

07 다음 중 EU-GDPR에 대한 설명으로 가장 부적절한 것은?

① 컨트롤러와 프로세서는 개인정보처리의 주체이다.
② 개인정보 처리 결정권을 제3자와 공동으로 행사할 경우 공동 컨트롤러의 지위를 획득한다.
③ 컨트롤러는 프로세서를 대신하여 개인정보를 처리하는 주체이다.
④ 프로세서의 책임과 의무는 양자 간의 서면 계약서에 명시되어야 한다.
⑤ 한 기업이 급여 관리 대행사와 직원의 임금 관리 업무 계약을 맺고, 대행사가 IT 시스템을 구축하여 직원들의 정보를 처리하는 경우 프로세서는 업무 대행사이다.

08 다음 중 EU- GDPR이 적용되지 않는 경우로 가장 적절하지 않은 것은?

① EU 법률의 범위를 벗어나는 활동
② 개별 회원국에서 수행하는 EU의 공동 외교 · 안보 정책과 관련된 활동
③ 자연인이 순수하게 수행하는 개인 또는 가사 활동
④ EU 개별 회원국의 개인정보보호법과 관련하여 수행되는 활동
⑤ 공공 안전의 위험에 대한 보호 및 예방

상 중 하

09 다음 중 EU–GDPR에서 EU 역내에서 수집한 개인정보를 EU 역외로 이전하기 위해 검토해야 할 보호조치로 가장 거리가 먼 것은?

① 구속력 있는 기업 규칙(Binding Corporate Rules, BCR)
② 표준 개인정보보호 조항(Standard Data Protection Clauses)에 따른 개인정보 이전 계약
③ 승인된 행동규약(Code of Conduct) 및 인증제도(Certification Mechanism)
④ 개인정보 국외이전 시 현지 법률의 적용을 받지 않도록 서면으로 합의한 경우
⑤ 위험성에 대해 고지받은 후 명시적 동의를 한 경우

10 클라우드 이용자의 정보유출에 따른 대규모 피해 확산 및 최소화 및 재발 방지를 위해 이용자 정보가 유출된 경우 클라우드서비스 제공자는 즉시 그 사실을 해당 이용자에게 통보 및 한국인터넷진흥원에 신고를 해야한다. 해당 신고에 대한 근거가 되는 법률은?

① 신용정보법
② 정보통신망법
③ 전기통신사업법
④ 통신비밀보호법
⑤ 클라우드컴퓨팅 발전 및 이용자 보호에 관한 법률

11 다음 중 개인정보 유출 또는 침해 관련 신고 기준에 대한 설명으로 가장 적절하지 않은 것은?

① 개인정보 유출신고는 72시간 이내에 해야한다.
② 개인정보 외 보안 침해사고 신고는 한국과학기술기획평가원으로 24시간 이내 해야한다.
③ 개인정보 유출 신고 접수 전문기관은 한국인터넷진흥원 개인정보 침해 신고 센터이다.
④ 1천명 이상 정보주체에 관한 개인정보가 유출되었을 경우에는 신고를 해야한다.
⑤ 1만명 이상 신용정보 주체의 개인신용정보가 유출된 경우 72시간 내에 신고를 해야한다.

12 다음 중 특정 소프트웨어의 아직까지 공표되지 않은, 혹은 공표되었지만 아직까지 패치되지 않은 보안 취약점을 이용한 해킹은?

① 제로데이(Zero-day) 공격
② 백도어(Backdoor) 공격
③ 사회공학(Social engineering) 공격
④ 취약점 스캐닝(Vulnerability scanning)
⑤ 패치 관리(Patch management) 실패

(상)**(중)**(하)

13 개인정보 보호수준 강화를 위한 모의해킹 수행 순서로 가장 적절한 보기를 고르시오.

① 사전협의 → 정보수집 → 위협모델링 → 취약점분석 → 공격 → 후속조치 → 보고서 작성
② 정보수집 → 사전협의 → 취약점분석 → 위협모델링 → 공격 → 보고서 작성 → 후속조치
③ 사전협의 → 취약점분석 → 정보수집 → 위협모델링 → 공격 → 후속조치 → 보고서 작성
④ 사전협의 → 정보수집 → 위협모델링 → 공격 → 취약점분석 → 후속조치 → 보고서 작성
⑤ 보고서 작성 → 사전협의 → 정보수집 → 위협모델링 → 취약점분석 → 공격 → 후속조치

(상)**(중)**(하)

14 개인정보 유노출 유형 및 대응방안에 대해 가장 적절하지 않은 것은?

① 관리페이지 접근제어가 미흡한 것은 홈페이지 설계 및 개발오류가 원인이다.
② 개인정보가 포함된 첨부파일이 게시글에 올라간 유출사고는 관리자 부주의일 가능성이 크다.
③ 이용자도 개인정보가 포함된 게시글을 공개로 올리는 개인정보 유출사고를 발생시킬 수 있다.
④ 개인정보 유노출 방지를 위해 페이지 전송방식으로는 POST 방식보다는 GET 방식이 권고된다.
⑤ 자동화된 개인정보 탐지 도구를 도입하면 개인정보 유노출 위험을 감소시킬 수 있다.

(상)**(중)**(하)

15 다음 중 기업이 바라보는 개인정보보호의 중요성으로 가장 거리가 먼 것은?

① 규제준수 및 위험관리
② 광고 타깃 데이터 수집 확대
③ 투자자 신뢰 확보 및 투자 유치
④ 국제적 신뢰 확보
⑤ 고객 신뢰와 기업평판

(상)**(중)**(하)

16 다음 중 ESG 경영에서 개인정보보호가 포함되는 구성요소로 가장 적절한 것은?

① E(Environment)
② S(Social)
③ G(Governance)
④ B(Business)
⑤ P(Privacy)

17 '조직 전반의 개인정보 보호 및 활용 관련 전략과 정책을 수립하고 이행함에 있어 요구되는 의사결정 체계, 인적·물적 자원의 통제 수단과 방식 또는 관리 체계'를 설명하는 가장 적절한 보기를 고르시오.

① 개인정보 거버넌스(Governance)
② 자기정보결정권
③ 프라이버시
④ 개인정보 영향평가
⑤ 개인정보처리방침

18 개인정보보호 조직을 구성할 때 활용하는 책임할당(RACI)차트에 대한 설명으로 적절하지 않은 것은?

① 다양한 이해관계자와의 원활한 협업을 위해 CPO 및 이해관계자 역할과 책임을 명확화 한다.
② Responsible는 업무에 대해 실제 수행 책임을 지는 주체를 의미한다.
③ Accountable은 업무 수행에 대해 최종 책임을 지는 주체를 의미한다.
④ Consulted는 업무 수행과 관련하여 협업 및 협의가 필요한 주체를 의미한다.
⑤ Informed는 업무 수행 시 지원·자문을 해주는 전문 조직을 의미한다.

19 다음 중 개인정보 보호법에 대한 설명으로 가장 적절하지 않은 것은?

① 개인정보 보호법은 개인정보 보호에 관한 기본 원칙과 기준을 정한 일반법이다.
② 개인정보 보호 관련 법령체계에는 개인정보 보호법, 시행령, 그리고 개인정보 처리지침·고시 등이 포함된다.
③ 개인정보 보호법은 공공기관뿐 아니라 민간 영역의 개인정보처리자에게도 적용된다.
④ 개인정보 보호법은 사회 전반의 개인정보 보호와 안전한 활용을 목적으로 한다.
⑤ 개인정보 보호법과 신용정보법이 충돌하는 경우 개인정보 보호법이 우선 적용된다.

20 다음 중 개인정보 관련 법률에 대한 설명으로 가장 적절하지 않은 것은?

① 개인정보 보호법 시행령, 개인정보보호위원회 직제, 개인정보 단체소송 규칙 등 다양한 하위 법령과 규칙이 시행되고 있다.
② 개인정보 관련 법률은 업무특성이 적게 반영되어 개인정보법, 정보통신망법, 신용정보법 위주로 검토하면 된다.
③ 개인정보 보호법은 개인정보의 수집·이용·제공 등 전 과정에서 보호 원칙을 규정하고 있다.
④ 개인정보 관련 법체계는 여러 분야별 법률과 연계되어 운영되고 있다.
⑤ 공공 및 민간 부문의 모든 개인정보처리자는 개인정보 보호 의무의 적용을 받는다.

21 다음 중 OECD 8대 개인정보 보호 원칙의 명칭과 설명을 올바르게 짝지은 것을 모두 고르시오.

ㄱ. 개인정보의 수집은 합법적이고 공정한 절차에 따라 이루어져야 하며, 가능한 한 정보주체에게 알리거나 동의를 얻어야 한다.	A. 수집 제한의 원칙
ㄴ. 개인정보는 이용 목적에 부합해야 하고, 목적에 필요한 범위 내에서 정확하고 완전하며 최신 상태로 유지되어야 한다.	B. 정보 정확성의 원칙
ㄷ. 개인정보는 수집 시 목적이 명확해야 하며, 이후 이용 시에도 그 목적이 실현되거나 수집 목적과 양립되어야 한다.	C. 목적 명확화의 원칙
ㄹ. 개인정보의 분실, 불법적 접근, 훼손, 변조 등에 대비하여 합리적인 안전 보호 장치를 마련해야 한다.	D. 안전성 확보의 원칙
ㅁ. 개인정보 관리자는 개인정보 보호 원칙이 지켜지도록 필요한 제반 조치를 취해야 한다.	E. 책임의 원칙

① ㄱ-A, ㄴ-B, ㄷ-C, ㄹ-D, ㅁ-E
② ㄱ-B, ㄴ-A, ㄷ-C, ㄹ-E, ㅁ-D
③ ㄱ-A, ㄴ-C, ㄷ-B, ㄹ-E, ㅁ-D
④ ㄱ-C, ㄴ-A, ㄷ-B, ㄹ-D, ㅁ-E
⑤ ㄱ-A, ㄴ-B, ㄷ-D, ㄹ-C, ㅁ-E

22 다음 중 민감정보와 가장 거리가 먼 것은?
① 벌금 이상의 형의 선고 정보
② 보호감호 및 치료감호 정보
③ 선고유예의 실효 정보
④ 집행유예의 취소 정보
⑤ 운전면허 정지 또는 취소 정보

23 다음 중 고유식별정보와 가장 거리가 먼 것은?
① 주민등록번호
② 여권번호
③ 운전면허의 면허번호
④ 사업자등록번호
⑤ 외국인등록번호

24 다음 중 고유식별정보처리자 안전성 확보조치 관리실태 조사에 대한 설명으로 가장 적절하지 않은 것은?

① 공공기관의 경우 1만 명 이상 정보주체의 고유식별정보를 처리하면 조사의 대상이 된다.
② 공공기관이 1만 명 미만의 고유식별정보를 처리하더라도, 보호위원회가 필요하다고 인정하면 조사 대상이 될 수 있다.
③ 공공기관 외의 개인정보처리자는 5만 명 이상 정보주체의 고유식별정보를 처리하는 경우 조사를 받을 수 있다.
④ 개인정보 보호 인증을 받은 기관이라도 고유식별정보 관리실태 조사는 반드시 받아야 한다.
⑤ 조사는 개인정보보호위원회와 한국인터넷진흥원 주관으로 3년마다 실시된다.

(상)●(하)

25 다음 중 주민등록번호 처리 관련 사례에 대한 설명으로 가장 적절하지 않은 것은?

① 「전자금융거래법」 및 같은 법 시행령에 따른 '접근매체 발급을 위한 실명확인'에는 신분증 진위확인이 포함되므로, 주민등록번호 처리가 가능하다.
② 병원이 감염병 전파 차단을 위해 출입구 키오스크로 방문자의 주민등록번호를 처리하는 것은 명백하게 제3자의 생명·신체 보호를 위한 행위로 볼 수 있다.
③ 고용노동부는 중증장애인 출퇴근비용 지원 사업을 위해 장애인고용법 시행령에 따라 보건복지부로부터 주민등록번호를 제공받을 수 있다.
④ 주민등록번호 뒤 7자리만 수집·이용하는 것도 주민등록번호의 유일성과 식별성을 이용하는 행위로서 주민등록번호 전체를 처리하는 경우에 해당한다.
⑤ 개인정보보호법은 주민등록번호 처리의 위탁을 제한하지 않으므로, 주민등록번호 처리 근거가 있는 기관으로의 위탁은 가능하다.

(상)●(하)

26 다음 중 고정형 영상정보처리기기(CCTV) 관련 설명으로 가장 적절하지 않은 것은?

① 일정한 공간에 설치되어 지속적 또는 주기적으로 사람 또는 사물의 영상을 촬영하거나 이를 유·무선망을 통해 전송하는 장치이다.
② 누구든지 공개된 장소에 고정형 영상정보처리기기를 설치·운영하는 것은 원칙적으로 금지된다.
③ 개인정보처리자는 열람 요구를 하는 자에게 수수료와 우송료를 실비의 범위에서 청구할 수 있다.
④ CCTV 열람요구 시 모자이크 처리에 소요되는 비용은 모두 개인정보처리자가 부담해야 한다.
⑤ 개인정보처리자의 과실 등으로 열람을 요청하는 사유가 있는 경우에는 열람에 수반되는 비용을 개인정보처리자가 부담해야 한다.

(상)●(하)

27 다음 중 고정형 영상정보처리기기(CCTV) 영상의 보관기간에 대한 설명으로 가장 적절하지 않은 것은?

① 영상정보는 반드시 30일 이내로만 보관해야 한다.
② CCTV 설치 목적 달성을 위해 필요한 최소한의 기간 동안 영상정보를 보관할 수 있다.
③ 보관기간을 포함한 「고정형 영상정보처리기기 운영·관리 방침」을 마련해야 한다.
④ 보관 목적의 달성을 위한 최소 기간을 산정하기 곤란한 경우에는 보관기간을 30일 이내로 정하는 것이 바람직하다.
⑤ CCTV 운영자는 보관 목적 달성 후에는 해당 영상정보를 지체 없이 파기해야 한다.

상(중)하

28 다음 중 고정형 영상정보처리기기(CCTV) 관리에 대한 설명으로 가장 적절하지 않은 것은?

① 공공기관에서 CCTV를 설치 · 운영하는 경우 관리책임자를 지정해야 한다.
② 고정형 영상정보처리기기운영자는 안내판 설치, 안전성 확보조치, 운영 · 관리 방침 마련 등의 의무를 준수해야 한다.
③ CCTV에 녹화 기능이 꺼져 있고 실시간 송출만 하는 경우에는 관리책임자를 지정하지 않아도 된다.
④ 고정형 영상정보처리기기운영자는 영상정보의 목적 외 이용 · 제공, 파기, 정보주체 요구 대응에 관한 사항을 기록 · 관리해야 한다.
⑤ 관리책임자는 CCTV 운영과 관련된 안전관리 및 정보주체 권리보호를 총괄하는 역할을 수행한다.

상(중)하

29 다음 중 고정형 영상정보처리기기(CCTV) 안내판에 대한 설명으로 가장 적절하지 않은 것은?

① CCTV 등 고정형 영상정보처리기기를 설치 · 운영하는 경우, 정보주체가 쉽게 알아볼 수 있도록 안내판을 설치해야 한다.
② 안내판에는 설치 목적과 장소, 촬영 범위 및 시간, 관리책임자 연락처 등을 포함해야 한다.
③ 같은 건물 내 복도, 계단 등 공용공간에 여러 대의 CCTV를 설치한 경우, 모든 CCTV마다 개별 안내판을 설치해야 한다.
④ 건물 내 여러 대의 CCTV를 설치 · 운영하는 경우 출입구 등 잘 보이는 곳에 대표 안내판을 설치할 수 있다.
⑤ 대표 안내판에는 해당 건물 전체가 CCTV 설치지역임을 명시해야 한다.

(상)중하

30 주차장 관리자인 A씨는 주차장 내에 설치된 CCTV 영상정보처리기기를 관리하고 있다. 어느 날, 보험회사 직원 B씨가 교통사고 처리와 관련하여 사고차량의 CCTV 영상 열람을 요청하였다. B씨는 사고차량 차주로부터 위임장과 신분증 사본을 제출하였고, 영상에는 차주 외의 사람들도 함께 촬영되어 있다. 이 상황에서 A씨의 조치로 가장 적절하지 않은 것을 고르시오.

① B씨가 차주의 위임장을 제출했으므로, 차주를 대리한 열람 요구로 보고 영상 열람에 응한다.
② 법적으로 타당한 증빙서류인지 확인 후 영상 열람에 응한다.
③ 유선으로 차주에게 위임장을 작성해 준 것이 맞는지 확인 후 영상 열람에 응한다.
④ 사고차량 차주 외의 개인영상정보가 포함되어 있는 경우 비식별 처리 후 열람 조치를 한다.
⑤ 보험사가 교통사고 처리 목적을 제시했더라도, 영상 열람에 응할 필요는 없다.

상(중)하

31 다음 중 개인정보 수집 시 동의 및 법적 근거에 대한 설명으로 가장 적절하지 않은 것은?

① 개인정보를 수집하려면 법에서 정한 적법한 근거 또는 정보주체의 동의를 받아야 한다.
② 타 법률에서 별도의 근거가 있는 경우에는 해당 법률의 절차에 따라 개인정보를 처리할 수 있다.
③ 개인정보 수집 시에는 정보주체가 동의 내용을 명확히 인지할 수 있도록 고지해야 한다.
④ 개인정보 수집 시 약관 동의와 개인정보 수집 동의를 구분하여 받아야 한다.
⑤ 타법의 별도 규정이 없는 경우, 개인정보 수집 시 약관 동의만 받아도 개인정보 수집이 가능하다.

32 다음 중 개인정보 수집·이용 동의의 철회에 대한 설명으로 가장 적절하지 않은 것은?

① 정보주체는 개인정보처리자가 개인정보를 처리중이면 처리에 대한 동의를 철회할 수 있다.

② 개인정보처리자는 동의가 철회되면 수집된 개인정보를 복구·재생할 수 없도록 파기해야 한다.

③ 개인정보처리자는 법률에 특별한 규정이 있거나 법령상 의무 준수를 위하여 불가피한 경우에는 철회에 따른 조치를 하지 않을 수 있다.

④ 개인정보처리자는 동의 철회에 따른 조치를 하지 않은 경우, 그 사유를 정보주체에게 지체 없이 알려야 한다.

⑤ 개인정보 수집·이용에 동의한 후에는 동의 철회는 가능하나 이용 취소가 불가능하다.

33 다음 중 개인정보 수집·이용 동의 및 개인정보 처리방침의 관계에 대한 설명으로 가장 적절하지 않은 것은?

① 개인정보처리자가 개인정보 수집·이용에 대한 동의를 받을 때에는 개인정보의 수집·이용 목적, 수집 항목, 보유 및 이용 기간 등을 정보주체에게 알려야 한다.

② 개인정보 처리방침에 대한 동의를 받는 방식으로 개인정보의 수집·이용 또는 제3자 제공에 대한 동의를 대신할 수 있다.

③ 수집·이용 동의와 제3자 제공 동의는 각각 구분하여 정보주체가 명확히 인지할 수 있도록 개별적으로 받아야 한다.

④ 개인정보 처리방침은 개인정보처리자의 내부 정책과 처리 현황을 공개하기 위한 자율규제 장치의 일종이다.

⑤ 개인정보를 제3자에게 제공하려면, 제공받는 자, 이용 목적, 제공 항목, 보유 및 이용 기간 등을 구체적으로 고지해야 한다.

34 다음 중 개인정보 처리 업무의 재위탁 시 동의 절차에 대한 설명으로 가장 적절하지 않은 것은?

① 개인정보 처리 재위탁은 반복될 경우 개인정보보호 관리수준 취약해질 수 있다.

② 재위탁이 불가피한 경우에는 위탁계약 문서에 동의 절차나 방법을 포함하여 약정할 수 있다.

③ 수탁자가 위탁받은 개인정보 처리 업무를 제3자에게 다시 위탁할 때는 위탁자의 기존 위탁 동의로 갈음할 수 있다.

④ 업무 특성 상 재위탁 내용의 변경이 자주 발생하거나 사전 예측이 어려운 경우에는 위탁계약 문서에 법적 요구사항을 포함하여 약정하고 이에 따라 재위탁하는 것도 가능하다.

⑤ 위탁계약 문서에 재위탁 허용범위에 관한 사항과 간소화된 동의절차를 정한 후 위탁 계약 내용에 따라 재위탁하는 방법을 기술하면 개인정보 재위탁도 가능하다.

35 다음 중 기업의 수집 목적 외 개인정보 이용에 대한 설명으로 가장 적절하지 않은 것은?

① 개인정보처리자는 원칙적으로 수집 목적 범위를 초과하여 개인정보를 이용해서는 안 된다.

② 기업이 휴대전화번호를 홍보 또는 판매권유 목적이 아닌 용도로 수집했다면, 그 번호를 해당 목적에 이용할 수 없다.

③ 기업이 당초 수집 목적에 홍보 또는 판매권유가 포함되어 있지 않더라도, 기존 수집된 전화번호를 이용해 마케팅 홍보 문자는 발송할 수 있다.

④ 기업이 홍보나 판매권유를 위해 휴대전화번호를 이용하려면 정보주체에게 해당 사실을 알리고 별도의 동의를 받아야 한다.

⑤ 개인정보처리자는 홍보 목적의 개인정보 이용 동의를 받을 때, 다른 동의사항과 구분하여 명확히 구분된 형태로 받아야 한다.

(상) (중) (하)

36 다음 중 제휴서비스 등을 위한 고객정보의 공유에 대한 설명으로 가장 적절하지 않은 것은?

① 개인정보보호법은 정보주체의 동의를 받은 경우 등 일정한 요건을 충족하면 개인정보를 제3자에게 제공하거나 공유할 수 있도록 허용하고 있다.

② 다수의 회사가 제휴서비스를 위해 고객정보를 공동으로 활용하려면, 정보주체에게 공유 사실과 목적을 알리고 동의를 받아야 한다.

③ 제휴서비스를 위해 개인정보를 공유할 때는 제공받는 자의 명칭, 이용 목적, 제공 항목, 보유기간 등을 명확히 고지해야 한다.

④ 고객정보의 공유 사실을 고지하고 정보주체의 동의를 받았다면 포인트 관리 등 공동 서비스 운영을 위해 고객정보를 공유할 수 있다.

⑤ 개인정보보호법에서는 다수 회사가 제휴서비스 등을 위해 고객정보를 공유하여 처리하는 것은 원칙적으로 금지하고 있다.

(상) (중) (하)

37 다음 중 개인정보 처리 위탁 시 수탁자 교육에 대한 설명으로 가장 적절하지 않은 것은?

① 위탁자는 수탁자가 개인정보를 안전하게 처리할 수 있도록 필요한 교육을 실시해야 한다.

② 교육의 방법과 횟수는 수탁자의 개인정보보호 역량, 위·수탁 업무의 성격, 개인정보 위험도 등을 고려하여 협의하여 결정하는 것이 바람직하다.

③ 위탁 기간이 짧으면 위탁 계약 체결 시 수탁자가 지켜야 할 사항을 계약서류에 고지하고 수탁자가 관련 직원에게 전달하여 교육 할 수 있도록 요청할 수 있다.

④ 위탁자가 수탁자를 직접 교육할 수 없는 경우에는 위탁자가 별도의 방법으로 교육 내용을 고지하도록 해야 한다.

⑤ 1회성 단기 위탁은 위탁자가 수탁사 개인정보보호 교육을 생략할 수 있다.

(상) (중) (하)

38 다음 중 개인정보 이용·제공 내역 통지 의무의 정보주체 수 산정 기준에 대한 설명으로 가장 적절하지 않은 보기를 고르시오.

① 개인정보처리자는 전년도 말 기준 직전 3개월간 일일 평균 100만 명 이상의 정보주체에 관한 개인정보를 처리하는 경우 이용·제공 내역을 통지해야 한다.

② 5만 명 이상의 정보주체에 관한 민감정보 또는 고유식별정보를 처리하는 경우에도 이용·제공 내역 통지 의무가 있다.

③ 여러 서비스를 제공하더라도 하나의 개인정보처리자로서 개인정보를 처리한다면, 처리하는 정보주체의 총수를 기준으로 산정해야 한다.

④ 정보주체 수 산정은 서비스 단위별로 구분하여 각각 계산하는 것이 원칙이다.

⑤ 일일 평균 정보주체 수는 전년도 10월 1일부터 12월 31일까지 매일 저장·관리된 정보주체 수의 총합을 92일로 나눈 수로 계산한다.

39 다음 중 정보주체의 개인정보 열람 요구에 대한 설명으로 가장 적절하지 않은 것은?

① 정보주체는 개인정보처리자에게 자신의 개인정보에 대한 열람을 요구할 수 있다.

② 정보주체가 자기 정보에 대한 열람을 요청하면 반드시 열람하게 해주어야 한다.

③ 개인정보처리자는 열람 요구를 받은 날부터 10일 이내에 정보주체가 개인정보를 열람할 수 있도록 해야 한다.

④ 개인정보처리자는 정보주체의 열람을 연기하거나 거절하려는 경우, 열람 요구를 받은 날부터 10일 이내에 연기 또는 거절의 사유 및 이의제기 방법을 정보주체에게 알려줘야 한다.

⑤ 열람 요구 사항 중 일부가 제한 사유에 해당하는 경우, 제한되지 않는 부분은 열람할 수 있도록 해야 한다.

40 다음 중 정보주체의 동의 없이 개인정보를 제3자에게 제공할 수 있는 경우에 대한 설명으로 가장 적절하지 않은 것은?

① 개인정보처리자는 원칙적으로 당초 수집 목적 범위를 초과하여 개인정보를 제3자에게 제공해서는 안 된다.

② 정보주체의 동의가 없다면 이미 수집한 개인정보는 어떠한 경우라도 제3자에게 제공할 수 없다.

③ 정보주체 의 이익을 부당하게 침해할 우려가 있다면 개인정보를 제3자에게 제공할 수 없다.

④ 개인정보를 추가로 제공하려는 경우, 관련성 · 예측 가능성 · 정보주체 이익 침해 여부 · 안전성 확보조치 여부 등을 종합적으로 고려해야 한다.

⑤ 추가적인 제공이 지속적으로 발생하는 경우 개인정보 처리방침에 제공 판단기준을 공개하여야 한다.

41 다음 중 개인정보 수집에 관한 내용으로 가장 적절하지 않은 것은?

① 개인정보처리자는 목적 달성에 필요한 최소한의 개인정보만을 수집해야 한다.

② 정보주체와 이미 체결된 계약을 이행하기 위해 필요한 경우에는 개인정보 수집이 가능하다.

③ 정보주체는 자신이 제공한 개인정보가 최소한의 개인정보임을 입증해야 한다.

④ 개인정보처리자는 정보주체가 필요 최소한의 정보 외의 개인정보 수집에 동의하지 않았다는 이유로 서비스 제공을 거부해서는 안 된다.

⑤ 개인정보처리자는 계약을 체결하는 과정에서 정보주체의 요청을 이행하기 위해 필요한 경우 개인정보를 수집할 수 있다.

42 다음 중 가명정보의 제공 및 대가 수수에 대한 설명으로 가장 적절하지 않은 것은?

① 과학적 연구 목적으로 가명처리하고 그 정보를 유상판매하는 것은 가능하다.

② 공익적 기록보존 목적으로 가명처리하고 처리 대가를 받는 것은 가능하다.

③ 통계작성의 목적 내에서 가명정보를 유상판매하는 것은 불가능하다.

④ 개인정보 이용 목적 범위를 벗어나 판매할 목적으로 가명처리하는 것은 법에 위촉된다.

⑤ 통계작성의 목적 내에서 이미 가명처리한 정보에 대해 제공에 소요된 비용을 요청하여 받는 것은 가능하다.

（상）（중）（하）

43 다음 중 가명정보 대한 설명으로 가장 적절하지 않은 것은?

① 개인정보를 가명처리할 때는 성명, 주민등록번호 등 개인을 직접 식별할 수 있는 정보는 비식별화 해야한다.

② 가명정보를 제3자에게 제공할 때는 특정 개인을 알아보기 위하여 사용될 수 있는 정보를 포함해서는 안 된다.

③ 개인정보처리시스템의 주요 정보에서 이름, 주민등록번호 등 직접 식별정보만 삭제하면 해당 정보는 가명정보가 된다.

④ 성별, 연령, 거주지역 등 단일 항목으로는 개인을 알아보기 어렵더라도 다른 정보와 결합될 경우 식별 가능성이 있는지를 종합적으로 고려해야 한다.

⑤ 희귀성씨나 특이한 직업, 특정 지역 인물 등 개인을 유추할 수 있는 정보가 포함된 경우에는 추가적인 가명처리가 필요하다.

（상）（중）（하）

44 다음 가명정보 제공에 대해 가장 적절하지 않은 설명은?

① 개인정보처리자는 통계작성, 과학적 연구, 공익적 기록보존을 위해 정보주체의 동의 없이 가명정보를 제3자에게 제공할 수 있다.

② 가명정보를 제3자에게 제공할 때에는 특정 개인을 알아보기 위한 정보가 포함되어서는 안 된다.

③ 제3자에게 제공한 가명정보를 제3자가 안전조치를 하지 않아 피해가 발생한 경우, 가명정보를 제공한 자도 제재 대상이 된다.

④ 가명정보를 처리하는 자는 특정 개인을 알아보기 위한 목적으로 이를 처리해서는 안 된다.

⑤ 가명정보 처리 과정에서 우연히 개인 식별이 가능한 정보가 생성된 경우, 해당 사실만으로는 제재 대상이 되지 않는다.

（상）（중）（하）

45 다음 보기 중 가장 적절하지 않은 것을 고르시오.

① 국민에게 직접 서비스를 제공하는 기관, 특히 중앙행정기관은 반드시 민원인의 동의를 받고 만족도 조사를 수행하여야 한다.

② 민간회사는 체결한 계약의 이행을 위해 필요한 범위 내에서 동의를 받지 않고 만족도 조사가 가능하다.

③ 민간회사에서 만족도 조사를 수행할 때 고객과 체결한 계약과 무관한 내용이 담겨서는 안된다.

④ 공공기관의 경우 만족도 조사 업무는 법령 등에서 정하는 소관업무에 해당하므로 정보주체 동의 없이 만족도 조사를 할 수 있다.

⑤ 공공기관이 정보주체의 동의 없이 만족도 조사를 수행할 수 있는 법적 근거는 「공공기관의 운영에 관한 법률」과 「민원처리에 관한 법률」이다.

（상）（중）（하）

46 다음 중 개인정보의 수집 및 공개 관련 법령 적용에 대한 설명으로 가장 적절하지 않은 것은?

① 주의 이상의 위기경보가 발령되는 감염병 환자의 이동경로는 신속히 공개될 수 있다.

② 주의 이상의 위기경보가 발령되어도 감염병 예방과 관계없는 정보는 공개 대상에서 제외된다.

③ 경찰이 습득물 신고를 접수받을 때, 습득자의 주민등록번호는 수집할 수 없다.

④ 건강검진 대상자의 성명, 주민등록번호가 포함된 명단을 다른 기관에 잘못 발송한 것은 개인정보 유출에 해당된다.

⑤ 공공기관이 자체 감사 목적으로 필요 최소한의 출입기록을 이용할 수 있다.

47 다음 중 개인정보의 처리 업무를 위탁하는 위탁자가 처리할 수 있는 개인정보의 범위로 가장 적절한 보기를 고르시오.

| ㄱ. 개인정보 | ㄴ. 민감정보 | ㄷ. 고유식별정보 | ㄹ. 주민등록번호 |

① ㄱ
② ㄱ, ㄴ
③ ㄱ, ㄴ, ㄷ
④ ㄱ, ㄴ, ㄹ
⑤ ㄱ, ㄴ, ㄷ, ㄹ

48 다음 중 개인정보 처리에 대한 설명으로 가장 적절하지 않은 것은?
① 개인정보처리자 내부에서 개인정보취급자 간 개인정보 전달은 내부 이용에 해당한다.
② 민간기관은 민원인의 동의를 받거나 계약 이행을 위한 범위 내에서 민원인 전화번호를 전달할 수 있다.
③ 공공기관은 법령에 근거하여 정보주체의 동의 없이 민원처리를 위한 범위 내에서 개인정보를 이용할 수 있다.
④ 민원을 접수받은 공무원은 민원처리를 위해서라도 민원 담당 직원에게 전화번호를 전달해서는 안 된다.
⑤ 공공기관이라도 권한 없는 직원에게 민원인의 개인정보를 전달하는 것은 개인정보 누설 또는 접근제한 위반에 해당한다.

49 다음 중 사회복무요원의 개인정보 처리 업무 관련 설명으로 가장 적절하지 않은 것은?
① 사회복무요원은 「병역법」과 「사회복무요원 복무관리 규정」 등을 통해 개인정보보호 강화를 도모하고 있다.
② 사회복무요원이 할 수 없는 개인정보 처리 업무에는 개인정보처리시스템 접근을 통한 개인정보 취급 업무 및 문서 수발·복사·파쇄 업무 등이 포함된다.
③ 사회복무요원이 정당한 권한 없이 다른 사람의 정보를 검색 또는 열람한 경우, 즉시 1년이하의 징역 또는 1천만원 이하의 벌금으로 처벌 받을 수 있다.
④ 사회복무요원이 복무 중 취득한 다른 사람의 정보를 무단으로 유출 또는 이용한 경우에는 5년 이하의 징역 또는 5천만원 이하의 벌금으로 처벌받을 수 있다.
⑤ 사회복무요원은 해당 기관에 안전성 확보조치가 되어 있고 복무기관장의 승인 후 담당 직원의 관리·감독을 받는 경우 정보시스템 접근을 통한 개인정보 취급 업무를 할 수 있다.

50 다음 중 공공기관의 개인정보 수집·이용 및 제공 근거에 대한 설명으로 가장 적절하지 않은 것은?
① 지방자치단체는 적법한 조례에 따라 교통약자의 이동지원과 관련한 이용자의 개인정보를 동의 없이 수집·이용할 수 있다.
② 통장은 전입신고 내용이 사실인지를 확인하기 위해 필요한 범위 내에서 개인정보를 처리할 수 있다.
③ 검찰이 형 미집행자를 검거하기 위해 공공기관에 개인정보 제공을 요청한 경우, 관련 법령에 따라 해당 정보를 제공할 수 있다.
④ 중앙행정기관이 과태료 부과를 위하여 다른 기관이 보유한 개인정보를 제공받으려는 경우, 관련 법령 근거가 없더라도 개인정보보호위원회의 심의를 거치면 제공이 가능하다.
⑤ 지방자치단체는 긴급 복지지원 업무를 수행하기 위해 관계 기관 간 필요한 범위 내에서 개인정보를 제공할 수 있다.

(상)(중)(하)

51 다음 중 ARS를 통한 개인정보 처리 동의에 대한 설명으로 가장 적절하지 않은 것은?

① 개인정보처리자는 정보주체의 개인정보 처리 동의를 ARS를 통해 받을 수 있다.
② 개인정보 제공 동의를 받을 때에는 각각의 동의 사항을 구분하여 정보주체가 명확히 인지할 수 있도록 해야 한다.
③ 전화로 개인정보 동의를 받는 경우, 단순히 통화에 응답한 사실만으로도 동의 의사를 인정할 수 있다.
④ 개인정보처리자는 전화로 동의를 받은 경우, 동의의사를 확인할 수 있도록 음성을 녹음하는 등의 방법을 활용해야 한다.
⑤ 전화로 받은 개인정보 처리 동의 내용은 해당 개인정보를 파기할 때까지 보관해야 한다.

(상)(중)(하)

52 다음 중 민간기업의 개인정보파일 보유기간 설정 기준에 대한 설명으로 가장 적절하지 않은 것은?

① 개인정보처리자는 개인정보의 보유기간을 수집 목적을 달성하는 데 필요한 최소한의 기간으로 정해야 한다.
② 개인정보 보유기간이 적정한지에 대한 입증책임은 개인정보처리자에게 있다.
③ 공공기관과 달리 민간기업은 법령상 정해진 개인정보파일 보유기간 기준표를 반드시 따라야 한다.
④ 재화 또는 서비스 제공과 관련된 개인정보는 공급 완료, 요금결제, 정산이 완료될 때까지 보유할 수 있다.
⑤ 관계 법령 위반으로 수사나 조사가 진행 중인 경우에는 해당 절차가 종료될 때까지 개인정보를 보유할 수 있다.

(상)(중)(하)

53 다음 중 개인정보 처리 위 · 수탁 계약 시 수탁자 관리 · 감독에 대한 설명으로 가장 적절하지 않은 보기를 고르시오.

① 위탁자는 수탁자가 개인정보를 안전하게 처리하도록 교육을 하여야 한다.
② 위탁자는 수탁자 관리 · 감독을 반드시 직접 수행하고 점검하여야 한다.
③ 위탁자는 전문기관, 관련협회, 컨설팅 기관 등을 통한 수탁자 관리 · 감독 대행을 활용할 수 있다.
④ 정기적인 점검에는 원격점검, 솔루션 배포 등의 방법도 활용할 수 있다.
⑤ 수탁자의 경우에도 보호법 위반에 대한 책임 있는 범위에서 과징금 · 과태료 · 형벌이 적용될 수 있다.

(상)(중)(하)

54 다음 중 자동차등록번호가 촬영된 영상의 개인정보에 대한 설명으로 가장 적절하지 않은 것은?

① 자동차등록번호는 사람에게 부여된 것이 아니라 자동차에 부여된 고유번호이므로, 일반적으로는 개인정보에 해당하지 않는다.
② 자동차등록번호가 포함된 영상이라도, 다른 정보와 쉽게 결합할 수 없는 일반 도로 촬영 영상의 경우에는 개인정보가 아니다.
③ 백화점이 회원에게 주차비를 면제하기 위해 수집한 차량등록번호는 회원 DB와 쉽게 결합될 수 있으므로 개인정보에 해당한다.
④ 경찰이 교통단속을 위해 촬영한 차량번호는 경찰이 보유한 자료와 쉽게 결합할 수 없으므로 개인정보에 해당하지 않는다.
⑤ 민간 주차장에서 회원 DB 없이 주차요금 부과를 위해 수집한 차량번호는 개인정보에 해당하지 않는다.

55 이동형 영상정보처리기기로 영상을 촬영할 때, 정보주체에게 촬영 사실을 알리는 방법으로 적절하지 않은 것은?

① 이동형 영상정보처리기기의 경우 촬영 사실을 정보주체가 이동형 영상정보처리기기를 못봤을 경우 알리지 않아도 된다.
② LED 불빛이나 섬광 등 시각적 신호로 촬영 중임을 표시한다.
③ 영상기기의 조작자가 형광색 옷 등을 착용하여 촬영 사실을 인지할 수 있게 한다.
④ 드론 촬영 시 현장 고지가 어려우면 개인정보보호위원회 인터넷 사이트에 공지한다.
⑤ 영상 촬영 사실을 알리는 표지판이나 안내문을 부착한다.

56 가명처리에서 결합 대상 가명정보의 일부로서 해당 정보만으로는 특정 개인을 알아볼 수 없으나 다른 결합대상정보와 구별할 수 있도록 조치한 정보로서, 서로 다른 가명정보를 결합할 때 매개체로 이용되는 값은?

① 결합키
② 결합정보
③ 반출정보
④ 추가정보
⑤ 익명정보

57 다음 중 가명정보를 정보주체의 동의 없이 처리할 수 있는 경우에 대한 설명으로 적절하지 않은 것은?

① 집단적 현상이나 수집된 자료의 내용에 관한 수량적인 정보를 작성하는 경우
② 기술 개발, 실증, 기초연구, 응용연구 등 과학적 방법을 적용하는 연구에 활용하는 경우
③ 공공기관이 내부 직원의 인사평가를 위해 가명정보를 활용하는 경우
④ 민간업체가 투자하는 응용 연구
⑤ 민간기업이나 단체가 일반적인 공익을 위해 기록을 보존하는 경우

58 다음 중 준식별자(Quasi-identifier)의 조합이 동일한 레코드가 데이터 집합 내에 최소한의 개수 이상 존재하도록 데이터를 처리하여, 외부 정보와의 연결공격(Linkage Attack)을 통한 개인 식별 위험을 줄이는 개인정보 보호 모델은?

① k-익명성
② l-익명성
③ l-다양성
④ l-복잡성
⑤ t-근접성

59 다음 중 결합전문기관의 지정 기준에 대한 설명으로 적절하지 않은 것은?

① 관련 자격이나 경력을 갖춘 사람을 3명 이상 상시 고용하고, 고시에 따른 조직을 구성하여야 한다.
② 가명정보의 안전한 결합을 위한 공간, 시설 및 장비를 구축하고, 관련 정책 및 절차를 마련하여야 한다.
③ 자본금 50억 원 이상(비영리법인의 경우 기본재산 또는 자본총계 50억 원 이상)의 재정능력을 갖추어야 한다.
④ 최근 3년 이내에 과태료 부과 및 그 결과 공표 등 법 제66조에 따른 공표 내용이 없어야 한다.
⑤ 공공기관은 재정능력 기준이 일반 회사보다 1/3 수준으로 완화된다.

60 다음 중 개인정보 처리방침에 포함되는 항목 중에서, 해당하는 경우에만 기재해야 하는 사항은?

① 개인정보의 처리목적
② 처리하는 개인정보의 항목
③ 개인정보의 보유 및 이용기간
④ 제3자 제공에 관한 사항
⑤ 개인정보의 파기 절차 및 방법

61 다음 중 개인정보 처리방침의 공개 방법에 대한 설명으로 적절하지 않은 것은?

① 개인정보 처리방침은 정보주체가 쉽게 확인할 수 있도록 개인정보처리자의 인터넷 홈페이지에 지속적으로 게재하여야 한다.
② 모바일 앱에 공개하는 경우, 첫 화면 또는 메뉴에서 바로 접근할 수 있도록 하여야 한다.
③ 인터넷 홈페이지가 없는 경우에는 사업장 전산실 입구에 게시한다.
④ 공공기관은 관보 또는 지역 일반일간신문 등에 게재하는 방법으로 공개할 수 있다.
⑤ 간행물 · 소식지 · 홍보지 또는 계약서 등에 실어 지속적으로 정보주체에게 제공하는 방법으로도 공개할 수 있다.

62 온라인 동영상 플랫폼 C사는 성인 등급 영상 콘텐츠를 서비스하고 있다. 이에 따라 회원이 영상을 시청하기 전, 본인인증 절차를 통해 나이와 신원을 확인하도록 하고 있다. 일부 이용자는 "단순 영상 시청인데, 주민등록번호를 요구하는 건 개인정보보호법 위반 아니냐"고 항의하였다. 이 경우 C사의 개인정보 수집에 대한 판단으로 가장 적절한 것은?

① 본인 확인은 선택사항이므로, 주민등록번호를 수집해서는 안 된다.
② 청소년유해매체물 제공 여부를 판단하기 위해 법령상 연령 확인 의무가 있으므로, 불가피하게 개인정보를 수집할 수 있다.
③ 청소년이 아닌 성인 이용자만 서비스를 이용하므로, 개인정보 수집이 필요하지 않다.
④ 법령이 아닌 내부 정책에 따라 본인 확인을 진행하므로, 동의가 반드시 필요하다.
⑤ 연령 확인은 외부 인증기관을 통해서만 가능하므로, 사업자는 개인정보를 직접 수집할 수 없다.

63 다음 중 개인정보 처리방침 평가제도에 대한 설명으로 적절하지 않은 것은?

① 평가기준에는 처리방침의 적정성, 가독성, 접근성이 포함된다.

② 처리방침의 적정성은 법에서 정한 필수 항목이 포함되어 있는지를 평가한다.

③ 평가 시 개인정보처리자의 매출액 규모나 개인정보 처리 규모 등이 고려된다.

④ 법 위반행위가 있었던 기관은 평가 대상에서 제외된다.

⑤ 아동·청소년 등 정보주체의 특성도 평가대상 선정 시 고려된다.

64 재학생 3만 명 이상의 대학에서 전문 개인정보 보호책임자(CPO)를 고용하려고 한다. 다음 중 고용 가능한 경력자를 모두 고르시오.

> ㄱ. 개인정보보호 관련 박사학위 + 정보보호 경력 3년
>
> ㄴ. 정보관리기술사 + 개인정보보호 관련 박사학위 + 개인정보보호 경력 2년
>
> ㄷ. 정보보호 관련 석사학위 + 개인정보보호 경력 1년 + 정보기술 경력 2년
>
> ㄹ. 정보기술 관련 학사학위 + 개인정보보호 경력 1년 + 정보보호 경력 3년
>
> ㅁ. 개인정보보호 관련 학사학위 + 개인정보보호 경력 2년 + 정보보호 경력 2년

① ㄱ, ㄴ

② ㄱ, ㄴ, ㄷ

③ ㄱ, ㄴ, ㅁ

④ ㄱ, ㄴ, ㄷ, ㄹ

⑤ ㄱ, ㄴ, ㄷ, ㄹ, ㅁ

65 다음 중 국내대리인 지정에 대한 설명으로 적절하지 않은 것을 고르시오.

① 국내대리인은 반드시 대한민국 국적을 가져야 한다.

② 국내대리인은 개인정보보호 책임자의 업무, 개인정보 유출 통지 및 신고, 자료 제출 등을 대리할 수 있다.

③ 국내대리인은 한국어로 원활한 의사소통이 가능해야 하며, 정보주체의 불만처리 및 피해구제 업무를 실질적으로 수행할 수 있어야 한다.

④ 국내대리인을 지정할 때는 문서로 지정하고, 성명·주소·전화번호·이메일 주소를 개인정보 처리방침에 포함해야 한다.

⑤ 국내에 별도의 법인을 설립했더라도, 그 법인이 서비스를 제공하지 않는다면 국내 주소 또는 영업소가 없는 경우에 해당한다.

66 개인정보처리자가 개인정보의 분실·도난·유출 사실을 알게 된 경우, 정보주체에게 통지해야 할 사항으로 적절하지 않은 것은?

① 유출된 개인정보의 항목

② 유출된 시점과 경위

③ 해당 개인정보를 수집한 목적

④ 피해 최소화를 위한 정보주체의 조치 방법

⑤ 개인정보처리자의 대응조치 및 피해 구제 절차

(상) 중 (하)

67 다음 중 제3자 전송요구 시 개인정보 전송 방법 및 절차에 대한 설명으로 적절하지 않은 것은?

① 정보전송자는 안전한 알고리즘으로 개인정보를 암호화하여 전송해야 한다.
② 제3자전송요구의 경우 정보전송자는 중계전문기관을 통하지 않고 직접 일반수신자에게 전송할 수 있다.
③ 정보전송자는 개인정보의 정확성, 완전성, 최신성을 유지해야 한다.
④ 정보주체의 접근수단을 직접 보관하거나 이용권한을 확보하여 스크래핑 방식으로 개인정보를 수집해서는 안 된다.
⑤ 개인정보관리 전문기관과 일반수신자는 각각의 업무 목적에 따라 처리하는 정보를 분리하여 보관해야 한다.

(상) **중** (하)

68 다음 중 개인정보 전송요구 제도 관련 설명으로 적절하지 않은 것은?

① 정보주체의 전송 요구는 오프라인 방식도 법령상 가능하다.
② 개인정보 전송 업무는 개인정보 처리에 해당하므로 정보전송자는 이를 수탁기관에 위탁하여 수행할 수 있다.
③ 정보주체는 정보수신자를 통하지 않고도 정보전송자에게 직접 제3자전송요구를 할 수 있다.
④ 전송받은 정보에 대해 논리적 분리보관 시에는 스키마 또는 인스턴스 수준 이상의 분리보관이 권고된다.
⑤ 일반수신자는 개인정보 전송 내역에 대한 통지의무는 없다.

(상) **중** (하)

69 국내에 주소 또는 영업소가 없는 개인정보처리자가 국내대리인을 지정하는 경우의 의무 및 과태료 부과 기준에 대한 설명으로 가장 적절하지 않은 것은?

① 국내대리인은 해당 개인정보처리자가 설립하거나 지배적인 영향력을 행사하는 국내 법인 중에서 지정해야 한다.
② 국내대리인을 지정하지 않거나 요건을 위반해 지정한 경우 2천만 원 이하의 과태료가 부과된다.
③ 개인정보처리자는 지정한 국내대리인에 대해 관리·감독 의무를 가지며, 이를 위반한 경우 2천만 원 이하의 과태료가 부과된다.
④ 개인정보처리자는 국내대리인의 성명·주소·전화번호·전자우편주소를 개인정보 처리방침에 포함해야 하며, 이를 누락하면 1천만 원 이하의 과태료가 부과된다.
⑤ 국내대리인은 개인정보처리자를 대신하여 국내 이용자에게 서비스 요금을 고지하고 결제업무를 수행해야 한다.

(상) **중** (하)

70 국내 아동 개인정보 관련 내용으로 가장 적절하지 않은 것은?

① 국내 개인정보보호법에서 아동의 범위는 만 15세 미만을 의미한다.
② 아동의 개인정보 수집·이용시에는 명확하고 쉬운 고지 의무가 있다.
③ 개인정보처리자는 아동의 개인정보 보호를 위해 시책 마련의 의무가 있다.
④ 위치정보법에서도 아동의 개인정보 수집·이용 또는 제공 시에는 법정대리인 동의 의무가 있다.
⑤ 아동 개인정보 관련 규정 미준 수 시에도 과징금과 벌칙이 존재한다.

(상) (중) (하)

71 공급자가 심리적인 요소를 활용하여 이용자의 의사결정을 자신이 의도한 방향으로 유도하는 기술로, 아동·청소년의 개인정보 보호에 부정적인 영향을 미칠 수 있는 이 기술은?

* 사용자는 어떤 옵션이 제시되었는지와 관계없이 '예' 옵션을 누르는 쪽으로 유도될 수 있음

① 넛지 기술(Nudge techniques)
② 게이미피케이션(Gamification)
③ 퍼스널라이제이션(Personalization)
④ 인플루언스 마케팅(Influence Marketing)
⑤ 행동 타겟팅 광고(Behavioral Targeting Advertising)

(상) (중) (하)

72 다음 중 정보주체의 개인정보 열람 요구를 거절할 수 있는 사유로 가장 거리가 먼 것은?

① 법률에 따라 열람이 금지되거나 제한되는 경우
② 다른 사람의 생명·신체를 해할 우려가 있거나 재산 등 이익을 부당하게 침해할 우려가 있는 경우
③ 공공기관의 조세 부과·징수 또는 환급 업무에 중대한 지장을 초래하는 경우
④ 열람 요구가 현재 진행 중인 데이터 분석 및 활용 계획에 방해되는 경우
⑤ 고등교육기관에서의 성적 평가 또는 입학자 선발에 관한 업무를 수행할 때 중대한 지장을 초래하는 경우

(상) (중) (하)

73 다음 중 자동화된 결정의 기준과 절차 등의 공개사항에 포함되지 않는 것은?

① 자동화된 결정이 이루어진다는 사실과 그 목적 및 대상이 되는 정보주체의 범위
② 자동화된 결정에 사용되는 주요 개인정보의 유형과 자동화된 결정과의 관계
③ 자동화된 결정 과정에서의 고려사항 및 주요 개인정보 처리 절차
④ 자동화된 결정으로 인해 정보주체에게 부여되는 불이익
⑤ 자동화된 결정 과정에서 민감정보 또는 14세 미만 아동의 개인정보를 처리하는 경우 그 목적 및 처리항목

(상)**(중)**(하)
74 다음 중 「개인정보 보호법」상 손해배상청구권의 소멸시효에 대한 설명으로 가장 적절하지 않은 것은?

① 개인정보 보호법에는 손해배상청구권의 소멸시효에 관한 별도의 규정이 없다.

② 개인정보 보호법 위반으로 인한 손해배상청구에는 민법상 일반규정이 적용된다.

③ 손해배상, 징벌적 손해배상, 법정 손해배상 모두 시효기간이 동일하게 적용된다.

④ 손해 및 가해자를 안 날로부터 5년 이내에 손해배상을 청구해야 한다.

⑤ 불법행위가 발생한 날로부터 10년을 경과하면 손해배상을 청구할 수 없다.

(상)**(중)**(하)
75 다음 중 공공기관의 개인정보파일 관리 및 공개에 대한 설명으로 가장 거리가 먼 것은?

① 공공기관은 1개의 개인정보파일마다 1개의 개인정보파일대장을 작성해야 한다.

② 개인정보파일을 제3자가 이용하거나 제공받은 경우에는 '개인정보 목적 외 이용 · 제공대장'에 기록하여 관리해야 한다.

③ 개인정보파일의 보유기간은 전체 개인정보 기준으로 기관장이 결재를 맡아 보수적으로 정해야 한다.

④ 개인정보 보호책임자는 개인정보파일의 보유 · 파기 현황을 주기적으로 조사하여 처리방침에 포함해 관리해야 한다.

⑤ 보호위원회는 공공기관의 개인정보파일 등록 및 삭제 현황을 종합해 매년 공개할 수 있다.

(상)**(중)**(하)
76 다음 중 영리 목적의 광고성 정보 전송 시 명시해야 할 사항 및 방법에 대한 설명으로 가장 거리가 먼 것은?

① 전자우편으로 광고성 정보를 전송할 때 제목이 시작되는 부분에 (광고) 문구를 표시해야 한다.

② 전자우편 본문에는 전송자의 명칭, 전자우편 주소, 전화번호 및 주소를 명시해야 한다.

③ 음성 형태의 광고는 광고 내용 중간 또는 종료 직전 '광고'임을 알리는 음성과 수신 거부 방법을 안내한다.

④ 광고성 정보를 전송할 때 수신자의 수신 거부를 어렵게 하는 빈칸 · 부호 · 문자 등의 조작을 해서는 안 된다.

⑤ 수신자가 수신 거부나 동의 철회를 요청할 때, 그 연락처 외의 추가 정보를 제공하도록 요구해서는 안 된다.

(상)**(중)**(하)
77 다음 중 개인정보 보존의무 근거 법령과 명시 기한이 잘못된 것은?

① 전자금융거래법 : 통신사실 확인자료 6개월 보존

② 국세기본법 : 납세자의 역외거래에 대한 장부와 증거서류 : 해당 과세기간의 법정 신고기한이 지난날로부터 7년간 보존

③ 상법 : 상업장부와 영업에 관한 중요서류는 10년간 보존

④ 의료법 : 환자명부는 5년간 보존

⑤ 소비자보호에 관한 법률 : 계약 또는 청약철회에 관한 기록은 5년간 보존

78 다음 중 국가 등에 대한 개인정보 보호 수준 인정 시 고려사항으로 가장 거리가 먼 것은?

① 이전대상국의 개인정보 보호체계가 우리 법의 개인정보 보호 원칙 및 정보주체 권리를 충분히 보장하는지 여부

② 이전대상국에 개인정보 보호를 감독 · 집행할 독립적인 기관이 존재하는지 여부

③ 이전대상국의 공공기관이 법률에 따라 개인정보를 처리하며, 피해구제 절차가 실질적으로 보장되는지 여부

④ 이전대상국과 우리나라가 국가 간 무역 협정 체결이 완료되었는지 여부

⑤ 이전대상국의 감독기관이 개인정보보호위원회와 정보주체 권리 보호를 위한 상호 협력이 가능한지 여부

79 다음 중 국외 이전 중지 명령 시 법령상 고려해야 할 사항으로 가장 거리가 먼 것은?

① 국외로 이전되었거나 추가적인 이전이 예상되는 개인정보의 유형 및 규모

② 개인정보 국외 이전 관련 위반 행위의 중대성

③ 국외 이전을 중지하는 것이 정보주체에게 명백히 이익이 되는지 여부

④ 이전대상국의 경제 규모와 교역 의존도

⑤ 개인정보를 이전받는 자가 피해구제를 위한 실효적 수단을 갖추고 있는지 여부

80 한밤중 교통사고로 중상을 입은 응급환자가 구급대에 의해 인근 병원으로 이송되었다. 며칠 뒤 소방본부는 이송 건에 대한 응급 처치의 적절성을 평가하기 위해 병원에 해당 환자의 주된 증상, 상해 정도, 사망 여부 등의 정보를 요청하였다. 이에 병원 관계자 는 "환자 본인의 동의 없이 진단 정보를 제공하면 개인정보보호법 위반이 아닌가?"라고 문의하였다. 이 상황에서 소방본부의 조 치로 가장 적절한 보기를 고르시오.

① 환자의 동의가 없으므로 병원은 정보를 제공하지 않는다.

② 의료기관은 소방본부의 요청이 있더라도 정보를 제공할 의무가 없다.

③ 구급활동의 평가를 위한 정당한 목적이므로 병원은 특별한 사유가 없는 한 정보를 제공해야 한다.

④ 환자의 가족이 동의한 경우에만 병원은 정보를 제공할 수 있다.

⑤ 소방본부는 응급처치의 평가 목적이라도 반드시 서면 동의를 받아야 한다.

81 다음 중 「개인정보의 안전성 확보조치 기준」에서 '비밀번호'의 정의 내용으로 가장 적절한 보기를 고르시오.

① 식별자와 함께 입력하여 사용자를 정당한 접속 권한을 가진 자임을 '식별'하는 것

② 식별자와 함께 입력하여 정당한 접속 권한을 가진 자임을 '인증'하는 것

③ 사용자 고유정보를 이용하여 본인임을 '확인'하는 것

④ 단독으로 개인을 '식별'할 수 있는 정보

⑤ 시스템 접근 권한을 자동으로 '부여'하는 정보

상 중 하

82 다음 중 「개인정보의 안전성 확보조치 기준」에서 내부 관리계획 수립 · 시행 대상 항목에 대한 설명으로 가장 적절하지 않은 것은?

① 접근 권한의 관리에 관한 사항
② 접근통제에 관한 사항
③ 출력 · 복사 시 안전조치에 관한 사항
④ 개인정보 파기에 관한 사항
⑤ 개인정보 물리적 · 논리적 안전조치에 관한 사항

상 중 하

83 다음 중 접속기록 점검 주기 내용으로 가장 적절한 것은?

① 개인정보처리자는 반드시 월 1회 이상 접속기록을 점검해야 한다.
② 개인정보처리자는 분기 1회 이상 접속기록을 점검해야 한다.
③ 개인정보처리자는 접속기록 점검 주기와 방법을 내부 관리계획을 통해 자율적으로 정할 수 있다.
④ 개인정보처리자는 접속기록 점검 주기를 보호위원회가 정하는 표준안에 따라야 한다.
⑤ 개인정보취급자는 접속기록을 직접 점검할 수 없다.

상 중 하

84 다음 중 개인정보보호 경영시스템 국제표준으로 가장 적절한 것은?

① ISO/IEC 27001
② ISO/IEC 27017
③ ISO/IEC 27701
④ ISO/IEC 27018
⑤ ISO/IEC 22301

상 중 하

85 군사용어에서 비롯되어 생성된 용어로, 사이버 공격을 방어하기 위한 적극적인 방어 전략을 의미하며 공격의 여러 단계를 분석하여 일부를 무력화하거나 지연시켜 피해를 최소화하는 전략은?

① 디지털 포렌식(Digital Forensic)
② 사이버킬체인(Cyber Kill Chain)
③ 침입탐지시스템(IDS)
④ 취약점 스캐닝(Vulnerability Scanning)
⑤ 위협헌팅(Threat Hunting)

(상)**(중)**(하)

86 Privacy by Design의 기본원칙 중에서 '개인정보보호와 사업기능 중 하나를 포기하지 않고 모두 확보하기 위해 노력한다'는 의미를 가진 기본원칙은?

① Preventative not Remedial
② Privacy as the Default Setting
③ Privacy Embedded into Design
④ Full Functionality : Positive—Sum
⑤ End—to—End Security : Full Lifecycle Protection

(상)**(중)**(하)

87 '웹서버를 장악하기 위해 업로드 취약점을 파고들어 관리자 권한을 획득함으로써 원격으로 시스템에 명령을 내릴 수 있는 악성코드는?

① 루트킷
② 웹셸
③ 랜섬웨어
④ 트로이목마
⑤ 봇넷

(상)**(중)**(하)

88 다음 중 ISMS-P(정보보호 및 개인정보보호 관리체계 인증)에 대한 설명으로 적절하지 않은 것은?

① 법적 근거는 「정보보호 및 개인정보보호 관리체계 인증 등에 관한 고시」이다.
② 인증유형은 ISMS, ISMS-P, ISMS 예비인증의 세 가지로 구분된다.
③ ISMS-P는 대상이 되는 기관이 받는 의무인증이지만 ISMS는 선택인증이다.
④ 정책기관은 과학기술정보통신부와 개인정보보호위원회이다.
⑤ 예비인증은 운영이력 부족 등 현실적 제약을 해소하기 위해 마련된 제도이다.

(상)**(중)**(하)

89 ISMS-P에서 신청기관이 수립·운영하는 관리체계를 인증기준에 따라 심사하고, 인증위원회를 운영하여 인증기준에 적합한 기관에게 인증서를 발급하는 기관은?

① 과학기술정보통신부
② 개인정보보호위원회
③ 개인정보보호협회
④ 한국인터넷진흥원(KISA), 금융보안원(FSI)
⑤ 한국정보통신진흥협회(KAIT)

상 **중** 하

90 다음 중 ISMS-P 인증심사의 종류와 관련된 설명으로 가장 거리가 먼 것은?

① ISMS-P 인증심사의 종류로는 최초심사, 사후심사, 갱신심사가 있다.
② 최초심사는 ISMS-P 인증을 처음으로 취득하고자 할 때 수행하며, 인증범위에 중요한 변경이 있을 때에도 다시 받아야 한다.
③ 사후심사는 인증의 유효기간 중 매년 1회 이상 실시하여 관리체계가 지속적으로 유지되는지를 확인한다.
④ 갱신심사는 인증 유효기간 만료된 이후에 실시하며, 통과 시 5년의 유효기관이 부여된다.
⑤ 사후심사를 실시하지 않을 경우 인증위원회의 심의·의결을 거쳐 인증이 취소될 수 있다.

상 **중** 하

91 다음 중 공공기관 개인정보 영향평가 대상에 대한 설명으로 가장 거리가 먼 것은?

① 5만 명 이상의 정보주체에 관한 민감정보 또는 고유식별정보 처리가 수반되는 개인정보파일을 구축·운용하거나 변경하는 경우
② 5만 명 이상의 정보주체에 관한 민감정보 또는 고유식별정보가 포함된 수기 파일 관리 조직
③ 50만 명 이상의 정보주체에 관한 개인정보가 포함되는 개인정보파일을 다른 개인정보파일과 연계하려는 경우
④ 100만 명 이상의 정보주체에 관한 개인정보파일을 구축·운용하거나 변경하는 경우
⑤ 이미 영향평가를 받은 개인정보파일의 운용체계를 변경하려는 경우

상 **중** 하

92 다음 중 전문 개인정보 보호책임자(CPO) 지정 의무 대상이 아닌 것은?

① 연매출 1,500억 원 이상이며, 100만 명 이상의 개인정보를 처리하는 개인정보처리자
② 연매출 1,500억 원 이상이며, 10만 명 이상의 민감정보 또는 고유식별정보를 처리하는 개인정보처리자
③ 재학생 수 2만 명 이상인 「고등교육법」 제2조에 따른 학교
④ 「의료법」 제3조의4에 따른 상급종합병원
⑤ 공공시스템 운영기관

상 **중** 하

93 다음 중 개인정보 보호책임자(CPO)의 자격 요건으로 적절하지 않은 것은?

① 개인정보보호, 정보보호, 정보기술 경력을 합산 4년 이상(그 중 개인정보보호 분야 2년 이상 포함)
② 변호사 자격 취득자는 1년의 개인정보보호 경력을 인정
③ 개인정보보호 관련 박사학위 소지자는 2년의 개인정보보호 경력을 인정
④ 개인정보 영향평가 전문인력은 1년의 개인정보보호 경력을 인정
⑤ 정보관리기술사, 컴퓨터시스템응용기술사는 1년의 개인정보보호 경력을 인정

94 다음 중 개인정보파일의 등록 및 공개에 대해 잘못 설명하는 것은?

① 공공기관은 개인정보파일을 운영할 경우 지정된 사이트에 등록해야 한다.

② 인사기록파일 등 내부업무용 개인정보파일은 등록 대상이 아니다.

③ 개인정보파일 명칭은 기관별 업무단위 기준으로 달라도 무방하다.

④ 국가 안전 등 중대한 이익에 관한 정보는 등록에서 제외 가능하다.

⑤ 일회성으로 운영되거나 관리 필요성이 낮은 개인정보파일은 등록 대상에서 제외될 수 있다.

95 다음 중 개인정보 유출 등의 신고와 관련하여 잘못 설명하는 것은?

① 1천 명 이상 정보주체의 개인정보가 유출된 경우 72시간 이내에 신고해야 한다.

② 민감정보 또는 고유식별정보가 유출된 경우 72시간 이내에 신고해야 한다.

③ 외부 침해로 인한 유출은 인원 수와 관계없이 신고 대상이다.

④ 신용정보주체 1천 명 이상 정보 유출 시 상거래 기업은 신고해야 한다.

⑤ 확인된 내용이 없다면 우선 신고 후, 추가 내용 확인 즉시 신고해야 한다.

96 개인정보 유출 시 정보주체에게 통지해야 할 항목으로 올바르게 묶인 것은?

ㄱ. 유출된 개인정보 항목

ㄴ. 유출 원인

ㄷ. 유출된 개인정보 규모

ㄹ. 유출 시점 및 경위

ㅁ. 피해 최소화를 위한 정보주체의 대응방법

ㅂ. 개인정보처리자의 대응조치 및 피해구제 절차

ㅅ. 피해 발생 시 접수 가능한 담당부서 및 연락처

---

① ㄱ, ㄴ, ㄷ, ㄹ

② ㄱ, ㄹ, ㅁ, ㅂ, ㅅ

③ ㄱ, ㄴ, ㄷ, ㄹ, ㅂ, ㅅ

④ ㄴ, ㄷ, ㄹ, ㅁ, ㅂ

⑤ ㄱ, ㄴ, ㄷ, ㄹ, ㅁ, ㅂ, ㅅ

97 다음 중 개인정보 처리방침 평가 대상 선정 기준에 대해 잘못 설명하는 것은?

① 매출 1,500억 원 이상이면서 일일 평균 100만 명 이상 정보주체 정보를 처리하는 경우

② 일일 평균 5만 명 이상의 민감정보 · 고유식별정보를 처리하는 경우

③ 처리방침에 동의 없이 처리하는 개인정보 항목 · 법적 근거를 명확히 구분하고 있는 경우

④ 자동화 시스템 등 새로운 기술로 인한 침해 우려가 있는 경우

⑤ 최근 3년간 유출이 2회 이상 발생했거나 과징금 · 과태료 처분을 받은 경우

98 다음 중 단체소송에 대한 설명으로 적절하지 않은 것은?

① 분쟁조정 거부 또는 불수락 시, 법정 단체가 금지 · 중지를 요구하는 소송을 제기할 수 있다.
② 소송 남발을 방지하기 위해 단체소송 전 집단분쟁조정을 거쳐야 한다.
③ 소송 시점에 권리침해 행위가 계속되고 있어야 한다.
④ 분쟁조정은 시간과 비용을 줄이기 위한 제도로 피해 구제 수단이다.
⑤ 단체소송의 원고는 반드시 변호사를 소송대리인으로 선임해야 한다.

99 다음 중 공공시스템운영기관의 안전성 확보조치 기준으로 잘못된 것은?

① 공공시스템 운영계획은 내부관리계획에 포함하여 수립한다.
② 접근 권한 부여 · 변경 · 말소는 인사정보와 연계해야 한다.
③ 계정 발급 시 개인정보보호 교육 및 보안서약을 받아야 한다.
④ 정당한 권한자가 접근하는지 반기별 1회 이상 점검해야 한다.
⑤ 인사정보에 등록되지 않은 자에게는 계정을 발급해서는 안 된다.

100 다음은 「국가 망 보안체계 보안 가이드라인(Draft)」에 대한 내용이다. 잘못된 설명은?

> 국가망 보안체계는 기존의 획일적 망분리 정책에서 벗어나, 데이터 중심의 보안등급(CSO 등급)을 기반으로 보호조치를 설계하는 방식으로 전환되고 있다. 이에 따라 데이터는 중요도에 따라 분류되며, 그 등급에 따라 네트워크 구조, 접근통제, 암호화 수준 등을 다르게 설정할 수 있다. CSO 등급은 '기밀, 민감, 공개'의 3단계로 구성되며, 이는 저장 · 전송되는 데이터에 직접 적용된다. 해당 등급은 시스템 등급이 아닌 '데이터'의 속성에 따라 산정되며, 망 구성과 보안요건의 기초가 된다.

① 국가망 보안체계는 더 이상 모든 정보를 동일하게 보호하지 않고, 데이터의 중요도에 따라 차등적으로 보호조치를 설정한다.
② CSO 등급은 정보시스템 자체가 아닌, 업무망 내 저장 · 처리되는 데이터의 속성에 따라 기밀, 민감, 공개로 분류된다.
③ '기밀' 등급의 데이터는 AI 학습, 외부 전송, 클라우드 저장 등에서 가장 엄격한 제한을 받는다.
④ '공개' 등급 데이터는 업무상 민감한 내용이 담긴 파일이라도 반드시 암호화 및 망분리 조치를 적용해야 한다.
⑤ 기존 망분리 체계는 CSO 등급에 따라 유연하게 유지 · 완화가 가능하며, 전면 폐지가 아닌 보완적 개편이다.

개인정보관리사	시험 시간	문항 수
	120분	총 100개

풀이 시간 : _______________   채점 점수 : _______________

01 개인정보에 관한 설명으로 가장 적절하지 않은 것은?

① 개인정보는 "개인에 관한 정보"이므로 법인 또는 단체 관련 정보는 개인정보가 아니다.

② 사망, 실종신고 등 관계 법령에 근거하여 사망한 것으로 간주되는 자의 정보는 개인정보가 아니다.

③ 해당 정보만으로는 특정 개인을 알아볼 수 없더라도 다른 정보와 쉽게 결합하여 알아볼 수 있는 정보는 익명정보이다.

④ 가명처리는 일부 정보를 삭제하거나 대체하는 등 추가 정보 없이는 특정 개인을 알아볼 수 없도록 처리하는 것을 말한다.

⑤ 개인정보는 전자적 형태·수기 형태, 자동·수동 처리방식 등 정보의 형태나 처리방식과 관계없이 개인정보가 될 수 있다.

02 다음 중 개인정보와 가장 거리가 먼 것은?

① 인터넷상거래 기업 DB 내 고객 ID와 고객 결제상품정보

② 본인확인기관의 연계정보(CI)

③ 사업체 주소와 전화번호

④ 진료정보가 기록된 치아 엑스레이 사진

⑤ 유족과의 관계를 알 수 있는 사망자 관련 정보

03 다음 중 개인정보 보호 원칙에 대한 설명으로 옳지 않은 것은?

① 개인정보처리자는 처리 목적을 명확히 하고 필요한 최소한의 개인정보만을 수집하여야 한다.

② 개인정보처리자는 수집한 개인정보를 목적 외의 용도로 자유롭게 활용할 수 있다.

③ 개인정보처리자는 개인정보의 정확성·완전성·최신성을 보장하도록 하여야 한다.

④ 개인정보처리자는 정보주체의 사생활 침해를 최소화하는 방법으로 개인정보를 처리하여야 한다.

⑤ 개인정보처리자는 개인정보를 익명 또는 가명으로 처리할 수 있는 경우 목적 달성에 필요한 최소 범위에서 그렇게 하여야 한다.

(상)(중)**(하)**

04 개인 본인에 관한 정보의 수집, 이용, 제공, 공유 등을 스스로 통제할 수 있는 권리를 의미하며, 정보주체의 동의 없이 개인정보를 수집하거나 목적 외로 활용하는 경우 침해될 수 있는 프라이버시 유형은?

① 공간 프라이버시
② 신체 프라이버시
③ 개인 프라이버시
④ 정보 프라이버시
⑤ 통신 프라이버시

(상)(중)**(하)**

05 다음 설명의 (　　　) 안에 들어갈 권리로 가장 적절한 것은?

> (　　　) 이란 자신에 관한 정보가 언제, 누구에게, 어느 범위까지 알려지고 이용되도록 할 것인지를 정보주체가 스스로 결정할 수 있는 권리를 말한다. 즉, 개인의 신체 · 신념 · 사회적 지위 등 인격적 주체성을 특징짓는 정보에 대해 공적 생활에서 형성되거나 공개된 정보까지 포함하여 그 수집 · 이용 · 제공 여부를 스스로 통제할 수 있는 권리이다.

① 프라이버시권
② 개인정보자기결정권
③ 알 권리
④ 통신비밀보호권
⑤ 청원권

(상)**(중)**(하)

06 데이터 세트 내에서 특정 개인을 다른 모든 개인과 구별하여 명확하게 식별할 수 있는 정도를 의미하는 개인정보 식별 평가기준은?

① 연결 가능성(Linkability)
② 추론 가능성(Inference)
③ 선별 가능성(Singling-out)
④ 가명 가능성(Pseudonymity)
⑤ 결합 가능성(Combinability)

(상)(중)**(하)**

07 다양한 전문가의 의견 수렴이나 전문가 집단의 반복적 평가를 통해 합의된 의견을 도출하고, 그 결과를 바탕으로 개인정보의 가치를 예측하는 방식은?

① 가상가치 평가법
② 손해배상액 기반 평가법
③ 소송가액 기반 평가법
④ 델파이 기법
⑤ 조건부 확률 분석법

08 EU-GDPR의 주요 용어에 대한 설명으로 가장 적절하지 않은 것은?

① EU-GDPR에서 개인정보는 문자에 한정하지 않고 음성, 숫자, 그림 등도 포함된다.

② 개인정보 처리의 목적과 수단을 결정하는 주체는 컨트롤러이다.

③ EU 또는 회원국 법률에 따라 특정한 문의 · 회신 · 조회 업무를 수행하는 상황에서 개인정보를 제공받는 정부부처 및 관련 기관은 수령인이다.

④ 프로파일링은 분석 및 예측을 위한 모든 형태의 자동화 처리를 의미한다.

⑤ 정보사회서비스는 제공받는 자의 개별적 요청에 따라 원격으로 전자적 수단을 통하여 통상 영리 목적으로 제공되는 서비스를 의미한다.

09 다음 중 EU-GDPR의 법적 위상으로 가장 적절한 것은?

① Primary Law
② Directive
③ Decision
④ Regulation
⑤ Recommendation

10 EU-GDPR의 DPO 지정 관련 설명으로 가장 적절하지 않은 것은?

① 컨트롤러와 프로세서는 자유로이 DPO를 지정할 수 있다.

② 컨트롤러나 프로세서가 정부부처이거나 핵심활동이 정보주체에 대한 대규모, 정기적, 체계적인 모니터링을 수행하면 반드시 DPO를 지정하여야 한다.

③ DPO 지정요건에 해당하지 않더라도 DPO를 자발적으로 지정할 수 있다.

④ 각 사업장에서 쉽게 접근 가능하다면 사업체 집단은 공동 DPO를 지정할 수 있다.

⑤ DPO는 반드시 외부 고문, 자문, 컨설턴트로 전문적인 지식을 겸비하여야 한다.

11 한국에 본사를 둔 교육 기술 스타트업 'Galaxy Edu'는 인공지능(AI) 기반 맞춤형 수학 학습 플랫폼 'Galaxy-Math'를 운영하고 있다. 'Galaxy Edu'는 올해 말부터 EU 회원국에 거주하는 학생들을 대상으로 서비스를 정식 출시할 계획이며, 별도의 EU 지사는 설립하지 않고 모든 데이터를 한국 내 서버에서 저장 · 처리할 예정이다. 'Galaxy-Math'는 학생들의 학습 진도, 오답률, 문제 풀이 시간 등 학습 활동 데이터를 자동으로 수집 · 분석하여 AI가 개인별 학습 방식을 조정하는 기능을 제공한다. 이 경우 'Galaxy-Math' 플랫폼에 EU-GDPR이 적용되는지 여부에 대한 설명으로 가장 적절한 것은?

① 본사가 EU 외부에 있고 데이터를 한국 서버에 저장하기 때문에, EU-GDPR 준수 의무가 발생하지 않는다.

② 플랫폼이 맞춤형 학습 방식을 위해 EU 거주 학생들의 데이터를 수집 · 분석하는 행위는 EU 내 정보주체의 행동을 모니터링하는 것으로 간주되어 EU-GDPR이 적용된다.

③ 학습 데이터는 민감정보에 해당하지 않으므로 EU 외 기업의 경우 GDPR의 역외 적용 대상에서 제외된다.

④ 유료 서비스로 전환되어야만 GDPR이 적용되며, 무료로 제공되는 현재는 적용 대상이 아니다.

⑤ EU 외 기업이 EU 거주자의 데이터를 처리할 경우, 정보 이전 조항만 적용되고 나머지 GDPR 조항은 적용되지 않는다.

12 다음 중 개인정보 및 정보보호 사고 유형별 신고에 대한 설명으로 가장 적절하지 않은 것은?

① 개인정보 유출신고는 개인정보처리시스템이 외부로부터의 불법적인 접근 등에 의해 개인정보가 유출된 경우, 72시간 이내에 신고해야 한다.

② 침해사고 신고는 48시간 이내에 과학기술정보통신부 또는 한국인터넷진흥원(KISA)에 신고해야 한다.

③ 개인정보 유출신고를 하지 않으면 3천만 원 이하의 과태료가 부과될 수 있다.

④ 정보통신망법에 근거하여 침해사고 신고를 하지 않으면 1천만 원 이하의 과태료가 부과될 수 있다.

⑤ 개인정보 유출사고와 침해사고가 동시에 발생하더라도 유출신고와 침해사고 신고는 각각 수행하여야 한다.

13 다음 중 개인정보 유출 사고 발생 시 피해 최소화 및 긴급 조치 사항에 대한 설명으로 가장 적절하지 않은 것은?

① 해킹에 의한 유출의 경우, 침해된 시스템을 즉시 분리 · 차단하고 로그 등 증거자료를 확보하며, 원인 분석과 비밀번호 변경 등의 조치를 실시한다.

② 내부자에 의한 유출의 경우, 유출에 사용된 컴퓨터 · USB · 이메일 · 출력물 등을 확보하고 접근권한을 점검하며, 비정상 접근 경로를 차단한다.

③ 이메일 오발송의 경우, 즉시 회수 요청을 하고 수신자에게 삭제를 요청하며, 필요 시 메일 서버 운영자에게 파일 삭제를 요청한다.

④ 시스템 오류나 홈페이지 게시로 인한 유출의 경우, 소스 코드와 서버 설정을 변경하지 말고 증거 보존을 위해 데이터 백업을 수행한다.

⑤ 검색엔진 노출로 인한 유출의 경우, 노출된 개인정보의 삭제 요청 및 로봇배제 규칙 적용 등 조치를 수행한다.

14 다음 중 개인정보 유출 사고 이후 피해 구제 및 민원 대응 조치에 대한 설명으로 가장 적절하지 않은 것은?

① 정보주체가 자신의 개인정보 유출 여부를 확인할 수 있도록 별도의 홈페이지를 제공하고, 본인확인 수단으로 휴대전화나 이메일 인증을 활용한다.

② 개인정보 유출 여부 조회를 위한 홈페이지 운영 시, 전송구간 암호화 및 웹 취약점 제거 등 안전조치를 이행해야 한다.

③ 개인정보 유출 문의에 대한 신속한 대응을 위해 상담 스크립트를 마련하고, 전화 · 이메일 · SNS 등 다양한 창구를 운영한다.

④ 유출 여부 조회 시 본인 확인을 위해 주민등록번호, CI 정보 조회 가능 화면을 빠르게 마련한다.

⑤ 보이스피싱 등 2차 피해 방지를 위한 주의사항을 안내하고, 개인정보 분쟁조정위원회 등 피해 구제 제도를 함께 안내한다.

15 다음 중 개인정보보호 관련 ESG 진단 항목의 내용으로 가장 거리가 먼 것은?

① 기업이 개인정보 자기결정권 보장을 위해 법적 요건 외에도 자율적인 보호 활동을 수행하는지 여부를 평가한다.

② 개인정보 침해가 발생했을 때, 피해 구제 및 재발 방지를 위한 대응 체계를 갖추고 있는지를 확인한다.

③ 고객, 임직원, 협력사 등 이해관계자의 개인정보 보호 수준과 관리체계를 점검한다.

④ 개인정보처리시스템의 온실가스 배출량, 에너지 절감 노력, 재생에너지 사용 비율 등을 평가한다.

⑤ 개인정보 보호 관련 윤리경영 및 리스크 관리 체계를 이사회가 감독하는지 여부를 검토한다.

16 다음 중 국가와 지방자치단체의 개인정보 보호 관련 책무에 대한 설명으로 가장 적절하지 않은 것은?

① 국가와 지방자치단체는 개인정보의 목적 외 수집, 오용·남용 및 무분별한 감시·추적으로 인한 폐해를 방지하기 위한 시책을 강구하여야 한다.

② 국가와 지방자치단체는 정보주체의 권리 보호를 위해 관련 법령을 개선하고 필요한 제도를 마련하여야 한다.

③ 국가와 지방자치단체는 개인정보 보호를 위해 개인정보처리자의 자율적 보호 활동을 제재하고 감독하여야 한다.

④ 국가와 지방자치단체는 만 14세 미만 아동이 개인정보 처리의 영향을 이해할 수 있도록 필요한 시책을 마련하여야 한다.

⑤ 국가와 지방자치단체는 개인정보 관련 법령 또는 조례를 적용할 때 정보주체의 권리가 보장될 수 있도록 개인정보 보호 원칙에 맞게 적용하여야 한다.

17 다음 중 개인정보 보호 조직에 관한 설명으로 가장 적절하지 않은 것은?

① 개인정보보호 조직은 회사 내 모든 부서와의 원활한 소통을 통해 협업을 이끌어내는 커뮤니케이터 역할을 수행해야 한다.

② 개인정보보호 조직은 최신 법규 및 기술 동향을 파악하여 조직 내 반영하고, 각 부서에 전문적 조언과 컨설팅을 제공하는 역할을 수행한다.

③ 개인정보 관련 업무만 전담으로 수행하는 조직은 예산과 인력 확보에 노력을 기울여야 한다.

④ 다양한 이해관계자와의 원활한 협업을 위해 책임 할당 차트(RACI)를 구성하여 CPO 및 이해관계자의 역할과 책임을 명확히 해야 한다.

⑤ 사업부서는 개인정보보호 역량이 다소 부족하여 개인정보 보호 조직이 사업 부서의 개인정보 보호 활동을 점검하는 역할과 동시에 개인정보 보호 활동을 직접 수행하는 것이 바람직하다.

18 헌법·법률·시행령·시행규칙 등 법의 위계에 따라 더 높은 법적 지위에 있는 법이 더 낮은 지위에 있는 법에 우선한다는 법의 적용 원칙은 무엇인가?

① 신법 우선의 원칙

② 별법 우선의 원칙

③ 상위법 우선의 원칙

④ 포괄 위임의 원칙

⑤ 유추 해석의 원칙

19 개인정보보호법 구성 항목으로 가장 거리가 먼 것은?

① 개인정보 보호정책의 수립
② 개인정보 처리
③ 개인정보의 안전한 관리
④ 정보주체의 권리보장
⑤ 개인정보처리시스템 보호기술

20 다음 중 개인정보 수집 · 이용의 근거로 가장 거리가 먼 것은?

① 정보주체의 동의를 받은 경우
② 법령상 의무를 준수하기 위하여 불가피한 경우
③ 정보주체와의 계약 체결 또는 이행을 위하여 필요한 경우
④ 개인정보처리자의 정당한 이익을 달성하기 위하여 필요한 경우
⑤ 공중위생 등 공공의 안전과 안녕을 위하여 긴급히 필요한 경우

21 다음 보기 중 공공기관에 한정하여 개인정보를 목적 외의 용도로 이용 · 제공이 가능한 경우로 가장 거리가 먼 것은?

① 명백히 정보주체 또는 제3자의 급박한 생명, 신체, 재산의 이익을 위하여 필요하다고 인정되는 경우
② 다른 법률에서 정하는 소관 업무를 수행할 수 없는 경우로서 개인정보보호위원회의 심의 · 의결을 거친 경우
③ 조약 또는 국제협정의 이행을 위하여 외국 정부나 국제기구에 제공하는 경우
④ 범죄의 수사와 공소의 제기 및 유지를 위하여 필요한 경우
⑤ 법원의 재판업무 수행을 위하여 필요한 경우

22 다음 보기에서 개인정보를 목적 외 용도로 이용 · 제공이 가능한 사례를 고르시오.

> ㄱ. 소득세법에 따른 세무공무원의 조사 · 질문
> ㄴ. 감사원법에 따른 감사원의 자료 요구
> ㄷ. 병역법에 따른 병무청장의 자료제공 요구
> ㄹ. 국회법에 따른 서류 제출
> ㅁ. 공공감사에 관한 법률 제20조 제1항에 따른 감사기구 장의 자료제출 요구

① ㄱ, ㄴ   ② ㄱ, ㄴ, ㄷ
③ ㄱ, ㄴ, ㄹ   ④ ㄱ, ㄴ, ㄹ, ㅁ
⑤ ㄱ, ㄴ, ㄷ, ㄹ, ㅁ

(상) (중) **(하)**

23 다음 중 개인정보처리자가 목적 외 이용 또는 제3자 제공에 관한 동의를 받을 때 정보주체에게 알려야 할 사항으로 적절하지 않은 것은?

ㄱ. 개인정보를 제공받는 자	ㄴ. 개인정보의 이용 목적
ㄷ. 이용 또는 제공하는 개인정보 항목	ㄹ. 개인정보의 보유 및 이용 기간
ㅁ. 개인정보의 파기 방법	ㅂ. 동의 거부에 따른 불이익의 내용

① ㄱ, ㄴ, ㄷ ② ㄱ, ㄴ, ㄷ, ㅂ

③ ㄱ, ㄴ, ㄷ, ㄹ ④ ㄱ, ㄴ, ㄷ, ㄹ, ㅁ

⑤ ㄱ, ㄴ, ㄷ, ㄹ, ㅁ, ㅂ

(상) **(중)** (하)

24 다음 중 민감정보로 거리가 먼 것을 고르시오.

ㄱ 사상 · 신념 정보	ㄴ 정당의 가입 · 탈퇴 정보
ㄷ 주민등록증 얼굴 사진	ㄹ 성생활 등에 관한 정보
ㅁ 외국인 등록 번호	ㅂ 유전자 검사 등의 결과로 얻어진 유전 정보
ㅅ 3년 간 건강보험 요양급여내역	

① ㄱ, ㄷ ② ㄱ, ㅅ

③ ㄷ, ㅁ ④ ㄷ, ㅁ, ㅅ

⑤ ㄴ, ㄷ,, ㅁ, ㅅ

(상) **(중)** (하)

25 다음 보기 중 벌칙규정이 다른 것을 고르시오.
① 정보주체의 동의 없이 민감정보를 처리한 자
② 고정형 영상정보처리기기 녹음기능을 사용한 자
③ 거짓이나 그 밖의 부정한 수단이나 방법으로 개인정보를 취득한 자
④ 직무상 알게 된 비밀을 누설한 자
⑤ 비밀유지를 못하고 직무상 목적 외에 이용한 자

(상) **(중)** (하)

26 보기 중 주민등록번호 처리에 대한 근거 법령으로 가장 거리가 먼 것은?
① (교육) 고등교육법 시행령
② (시설,문화) 주택법 시행령
③ (환경) 수도법 시행령
④ (전분야) 고용보험법 시행령
⑤ (전분야) 행정절차법 시행령

27 **고유식별정보처리자 안전성 확보조치 관리실태 조사에 관한 설명으로 가장 거리가 먼 것은?**

① 공공기관은 1만명 이상 정보주체의 고유식별정보 처리 공공기관이 점검대상이다.

② 민간은 5만명 이상 정보주체의 고유식별정보처리자가 점검 대상이다.

③ 점검주기는 3년이며, 점검기관은 개인정보보호위원회와 한국인터넷진흥원이다.

④ 개인정보처리시스템을 외부 위탁운영을 하는 기관은 미보유 점검유형으로 점검된다.

⑤ 개인정보처리시스템 미보유 기관이라도 점검주기는 3년으로 동일하다.

28 **다음 중 주민등록번호 처리에 관한 설명으로 가장 적절하지 않은 것은?**

① 주민등록번호의 뒤 7자리만 수집·이용하는 것은 주민등록번호 전체를 수집·이용하는 것으로 본다.

② 정보주체의 동의를 받은 경우에는 예외사유와 상관없이 주민등록번호를 처리할 수 있다.

③ 본인확인기관이 주민등록번호를 변환한 연계정보(CI)는 개인정보에 해당한다.

④ 유실물 신고를 접수받을 때 경찰은 습득자의 주민등록번호를 수집할 수 있다.

⑤ 내부망에 저장하는 주민등록번호는 반드시 암호화하여야 한다.

29 **다음 중 '고정형 영상정보처리기기'의 설치·운영이 허용되지 않는 경우는?**

① 안전사고 방지를 위한 사격장의 주요 지점

② 아동학대 방지 등 영유아의 안전과 어린이집의 보안

③ 정당한 권한을 가진 자의 교통정보 수집·분석 제공

④ 촬영된 영상정보를 저장하지 않는 한해서 출입자 수 등 통계값 산출을 위해 필요한 경우

⑤ 범죄 예방 및 시설 안전을 위한 의류가게 매장 탈의실 입구

30 **다음 중 개인영상 정보 제공 시 준수사항 및 절차로 가장 적절하지 않은 것은?**

① 신청은 명확한 목적 명시와 필요한 최소한의 자료를 신청서, 공문등으로 요청한다.

② 제공받은 자는 제공받은 목적 범위 내 이용, 제공한 기관은 제공 사실을 인터넷등에 공개한다.

③ 공공기관이 영상정보 제공을 요청받을 시, 제3자 영상 포함 및 타인의 사생활 침해등을 검토한다.

④ 영상화면의 현장 열람시에는 모자이크 또는 마스킹 처리는 제외된다.

⑤ 제공받은 자는 제공목적 달성 후 즉시 파기 후 파기사실을 통보해야 한다.

31 다음 중 고정형 영상정보처리기기 설치·운영 사무 위탁 시 문서에 포함해야 할 사항으로 가장 거리가 먼 것은?

① 위탁업무 수행 목적 외 개인정보의 처리 금지에 관한 사항
② 개인정보의 기술적·관리적 보호조치에 관한 사항
③ 위탁하는 사무의 목적 및 범위
④ 재위탁 승인 및 열람 창구에 관한 사항
⑤ 영상정보의 관리 현황 점검 및 감독에 관한 사항

32 여러 사람에게 이메일 등을 보낸 후, 거부 의사를 표시한 사람에 한해 개인정보 수집을 중단하는 방식의 동의방법은?

① 옵트인(Opt-in)
② 옵트아웃(Opt-out)
③ 더블 옵트인(Double Opt-in)
④ 사전동의(Pre-consent)
⑤ 명시적 동의(Explicit consent)

33 이동형 영상기기운영자가 공개된 장소에서 업무를 목적으로 영상을 촬영하는 경우, 고려해야 할 요소로 가장 적절하지 않은 것은?

① 목적이 사회통념상 정당한 목적에 해당될 수 있는지 여부 판단한다.
② 개인영상정보를 처리하는 수단과 방법이 일반적으로 허용되거나 용인될 수 있는 예측 가능한 수준인지 판단한다.
③ 인격권이나 재산권 등에 중대한 영향을 미치거나 사생활 침해 또는 스토킹 등에 해당하는 심각한 정도인지 판단한다.
④ 적절한 안전조치를 통해 개인정보에 관한 권리침해 가능성을 최소화하고 있는지 판단한다.
⑤ 영상기기운영자의 영리 목적 달성을 위해 정보주체의 동의 없이 촬영·활용 가능한지 판단한다.

34 이동형 영상정보처리기기가 공개된 장소에서 영상을 촬영하는 경우, 촬영 사실 표시 방법으로 가장 적절하지 않은 것을 고르시오.

① 불빛이나 소리 등 시각적·청각적 수단을 통해 촬영 사실을 알린다.
② 영상기기 표면에 안내 문구가 기재된 스티커를 부착한다.
③ 불빛, 소리, 안내판 외 촬영상황과 기기 특성을 고려하여 하나 이상의 방법으로 촬영사실을 표시한다.
④ 드론 촬영 등 직접 고지가 어려운 경우에는 더블옵트인으로 사실표시가 생략이 가능하다.
⑤ 영상기기 조작자가 형광색 옷 등으로 식별 가능하도록 한다.

35 가명정보 처리에 관한 주요용어 설명으로 적절하지 않은 것은?

① 가명정보 처리는 가명처리를 통해 생성된 가명정보를 이용 · 제공 등 활용하는 행위이다.

② 가명정보는 식별정보를 삭제하거나 대체하는 등의 방법으로 식별가능성을 낮춘 개인정보이다.

③ 결합정보는 결합전문기관을 통해 결합대상정보를 결합하여 생성된 정보이다.

④ 자체결합(셀프결합)은 가명정보를 보유한 공공기관과 민간회사 개인정보를 보호위원회 심의 후 스스로 결합하여 활용하는 활동이다.

⑤ 재식별은 특정 개인을 알아볼 수 없도록 처리한 가명정보에서 특정 개인을 알아보는 것이다.

36 다음 중 「개인정보보호법」상 가명정보에 적용되지 않는 항목으로 옳지 않은 것은?

① 정보주체 이외로부터 수집한 개인정보의 수집 출처 통지

② 개인정보 이용 · 제공 내역의 통지

③ 영업양도 등에 따른 개인정보 이전 제한

④ 개인정보 유출 등의 통지 · 신고

⑤ 가명정보의 추가 결합 시 보호조치 수립 의무

37 다음은 가명처리 절차에 대한 설명이다. 각 단계를 올바른 순서대로 나열한 보기를 고르시오.

> ㄱ 가명정보 처리 목적을 명확히 설정하고 가명정보 처리 목적의 적합성 검토 및 계약서, 개인정보 처리방침, 내부 관리계획 등 필요한 서류를 작성
> ㄴ 가명처리가 적정하게 수행되었는지 확인하고, 가명처리 결과가 목적 달성에 적절한지 검토
> ㄷ 데이터의 식별 위험성과 처리 환경의 식별 위험성으로 구분하여 검토
> ㅂ 적정성 검토 이후 생성된 가명정보에 대해 관련 법령 준수 등 기술적 · 관리적 · 물리적 안전조치 등 사후관리 이행
> ㅅ 항목별 가명처리계획을 기반으로 가명처리를 수행함

① ㄱ → ㄷ → ㅅ → ㄴ → ㅂ

② ㄷ → ㄱ → ㅅ → ㄴ → ㅂ

③ ㄱ → ㅅ → ㄷ → ㄴ → ㅂ

④ ㄷ → ㅅ → ㄱ → ㄴ → ㅂ

⑤ ㄱ → ㄷ → ㄴ → ㅅ → ㅂ

38 문자나 혹은 문자열의 일정한 패턴을 표현하는 일종의 형식 언어로, 민감정보의 마스킹(Masking) 기법을 적용할 때 해당 정보의 패턴을 식별하는 핵심적인 역할을 하는 것은 무엇인가?

① 정규 표현식(Regular Expression)
② 해싱(Hashing)
③ 암호화(Encryption)
④ 토큰화(Tokenization)
⑤ 가명 처리(Pseudonymization)

39 다음 중 가명정보 보호조치로 적절하지 않은 것은?

① 추가정보를 가명정보와 분리하여 별도로 저장 · 관리한다.
② 소상공인으로서 가명정보를 취급할 자를 추가로 둘 여력이 없는 경우 접근권한 분리 대신 최소한의 접근권한을 부여하는 방법으로 대체 가능하다.
③ 가명정보 또는 추가정보에 접근할 수 있는 담당자를 가명정보 처리 업무 목적 달성에 필요한 최소한의 인원으로 엄격하게 통제한다.
④ 가명정보를 처리하는 자가 안전한 비밀번호를 설정하여 이행할 수 있도록 비밀번호 작성규칙을 립하여 적용하여야 한다.
⑤ 가명정보 또는 추가정보는 보조저장매체에 저장을 금지한다.

40 특정 개인에 대한 사전지식이 있는 상태에서 데이터베이스 질의(Query)에 대한 응답 값으로 개인을 알 수 없도록 응답 값에 임의의 숫자 잡음(Noise)을 추가하여 특정 개인의 존재 여부를 알 수 없도록 하는 프라이버시 보장 기술은?

① k-익명성
② l-다양성
③ 차등프라이버시
④ 데이터 마스킹
⑤ 가명처리

41 개인정보 처리방침에 대한 설명으로 가장 적절하지 않은 것은?

① 개인정보 처리 기준과 안전조치에 사항에 대해 개인정보처리자가 스스로 정한 문서이다.
② 정보주체는 개인정보 처리방침으로 자신의 개인정보가 어떻게 관리되고 있는지 확인할 수 있다.
③ 권장 표기인 라벨링과 필수 표기인 전문을 구분하여 구성한다.
④ 인터넷 홈페이지 게재 시 기관특성에 맞게 조정된 방침명을 최상단에 기재하여야 한다.
⑤ 인터넷에 게시할 수 없을때는 사업장 등의 보기 쉬운 장소에 게시한다.

42 주요 개인정보 처리표시(라벨링) 관련하여 가장 적절하지 않은 것은?

① 라벨링은 기호를 통해 직관적이고 명확하게 표현한다.
② 개인정보의 유형은 원, 처리단계는 육각형, 의무사항은 사각형 등의 도형을 활용해 구분한다.
③ 라벨링은 각 표시는 국내 전 기관 표준으로 동일한 기호 및 모양으로 사용해야 한다.
④ 각 표시 아래 똔느 좌우측 등에 처리하는 개인정보 항목 개수 또는 사업자 명칭을 기재할 수 있다.
⑤ 주요 개인정보 처리 표시 파일은 개인정보보호위원회에서 안내하는 누리집에서 내려받아 활용 할 수 있다.

43 다음 개인정보 처리방침에서 필수로 들어가야 하는 항목으로 가장 적절한 것은?

① 14세 미만 아동의 개인정보 처리에 관한 사항
② 개인정보의 제3자 제공에 관한 사항
③ 개인정보 처리업무의 위탁에 관한 사항
④ 개인정보 안정성 확보조치에 관한 사항
⑤ 가명정보 처리에 관한 사항

44 개인정보 처리방침 평가 대상으로서 고려되는 사항으로 가장 적절하지 않은 것은?

① 전년도 매출액이 1,500억 원 이상이면서, 최근 3개월간 일일평균 100만 명 이상의 개인정보를 저장·관리하고 있는 경우
② 최근 3년간 2회 이상 개인정보 유출이 발생한 경우
③ 개인정보 처리방침에서 동의 없이 처리 가능한 개인정보 항목과 동의 기반 처리 항목을 명확히 구분하고 있는 경우
④ 인공지능 등 자동화된 시스템을 이용하여 개인정보를 처리함으로써 침해 발생 우려가 있는 경우
⑤ 19세 미만 아동 또는 청소년을 주된 이용자로 하는 정보통신서비스를 운영하는 경우

45 개인정보보호 책임자 자격에 대한 설명으로 가장 거리가 먼 것은?

① 민간기업 및 단체에서는 사업주 또는 대표자
② 민간기업에서는 임원이 없는 경우에는 개인정보 처리 업무 담당 부서장
③ 제조업 분야이면서 상시 근로자수가 5명 미만이면 개인정보보호책임자 미지정이 가능
④ 중앙행정기관에서는 고위공무원단에 속하는 공무원
⑤ 각급학교에서는 해당 학교 행정사무를 총괄하는 사람

46 일정경력 자격요건을 갖춘 CPO 지정 적요 대상으로 가장 거리가 먼 것은?

① 연간 매출액등이 2,000억원 이상이고 5만명 이상의 민감정보를 처리하는 통신사

② 연간 매출액등이 1,500억원 이상이고 5만명 이상의 민감정보를 처리하는 병원

③ 재학수가 5만명 이상인 대학교

④ 5만명 이상의 민감정보를 처리하는 상급종합병원

⑤ 표준배포시스템을 운영하는 중앙행정기관 산하 공공시스템운영기관

47 다음 중 해외사업자의 국내대리인 지정 관련하여 가장 적절하지 않은 것은?

① 한국에 영업소가 없고, 전년도 전체 매출액이 1조원 이상인 해외사업자는 국내대리인을 지정해야 한다.

② 자료제출 요구를 받은 사업자로 보호위원회가 국내대리인 지정 필요성을 의결한 사업자

③ 한국에 개인정보처리를 하지 않는 별개의 법인을 설립한 해외사업자는 국내대리인 지정 예외가 가능하다

④ 지배적인 영향력을 행사하는 국내법인이 있는 경우는 해당 법인을 국내대리인으로 지정하는 것이 바람직 하다.

⑤ 국내 대리인의 국적인 꼭 한국인일 필요는 없다.

48 공공기관의 장이 개인정보보호 파일을 운용하는 경우에 대한 설명으로 가장 적절하지 않은 것은?

① 개인정보보호위원회가 지정한 사이트에 개인정보 파일을 등록하여야 한다.

② 파일명칭, 운영 근거 및 목적, 기록되는 개인정보의 항목 등을 등록하여야 한다.

③ 인사 기록파일, 비상연락망 등 공공기관의 내부적 업무처리만을 위해 사용하는 파일은 등록 면제가 가능하다.

④ 개인정보 파일 명칭은 공공기관에서 실제로 사용하는 업무단위를 근거로 작성이 가능하다.

⑤ 일회적 업무처리만을 위해 수집된 개인정보 파일은 등록 제외 대상이다.

49 개인정보가 유출되었을 때 정보주체에게 알여야 할 사항 중 가장 거리가 먼 것은?

① 유출등이 된 개인정보의 항목

② 유출등이 된 시점과 그 경위

③ 유출등으로 인하여 발생할 수 있는 피해를 최소화하기 위하여 정보주체가 할 수 있는 방법 등에 관한 정보

④ 개인정보처리자의 대응조치 및 피해 구제절차

⑤ 유출 등으로 인한 추가 안전조치에 대해 동의를 거부할 권리가 있다는 사실

50 개인정보 유출등의 신고 관련 보기 중 가장 적절하지 않은 것은?

① 개인정보처리자는 유출사실을 알게 되었을 때 72시간 이내 개인정보보호위원회에 신고해야 한다.

② 제3자가 개인정보를 알 수 있는 상태에 이르렀다는 사실을 인지하게 되었어도 기술적 보호조치가 불가능하므로 개인정보처리자가 인지한 순간부터 72시간 이내 신고해야 한다.

③ 천재지변으로 72시간 이내에 신고하기 곤란한 경우에는 해당 사유가 해소된 이후 지체없이 신고해야 한다.

④ 개인정보 유출경로가 확인되어 회수 · 삭제 조치를 통해 정보주체 권익 침해 가능성이 현저히 낮아진 경우에는 신고하지 않을 수 있다.

⑤ 신고방법은 서면, 우편, 이메일 등의 방법이 있다.

51 정보주체가 개인정보처리자에게 자신에게 개인정보를 전송할 것을 요구할 수 있는 조건으로서 가장 적절하지 않은 보기를 고르시오.

① 개인정보가 정보주체 본인에 관한 개인정보로서 개인정보 수집 · 이용 동의를 받아 처리되는 정보이다.

② 개인정보가 정보주체 본인에 관한 개인정보로서 민감정보 수집 · 이용 동의를 받아 처리되는 정보이다.

③ 체결한 계약을 이행하거나 계약을 체결하는 과정에서 정보주체의 요청에 따른 조치를 이행하기 위하여 처리되는 개인정보이다.

④ 관계 중앙행정기관의 요청에 따라 보호위원회가 심의 · 의결하여 전송 요구 대상으로 지정한 개인정보이다.

⑤ 전송을 요구하는 개인정보가 정보처리장치나 공신력 있는 계약서로 처리되는 개인정보이다.

52 다음 정보전송자에 대한 설명으로 가장 적절하지 않은 것은?

① 정보전송자란 정보주체로부터 전송 요구받은 개인정보를 정보주체 또는 제3자에게 전송하는 자이다.

② 국민체감도, 민간의 데이터 수요, 국가적 파급력을 고려하여 분야 별 정보전송자가 지정된다.

③ 보건의료정보전송자로는 질병관리청, 국민건강보험공단 등이 있다.

④ 통신정보전송자는 이동통신3사와 이동통신재판매사업자(MVNO) 등이 있다.

⑤ 에너지정보전송자는 한국전력공사이다.

53 정보주체의 동의가 적법하기 위한 조건으로 가장 적절하지 않은 것은?

① 정보주체가 자유로운 의사에 따라 동의 여부를 결정할 수 있어야 한다.

② 동의 내용이 구체적이고 명확해야 한다.

③ 평이하고 이해하기 쉬운 문구를 사용해야 한다.

④ 정보주체에게 동의 여부에 대한 의사를 명확하게 표시할 수 있는 방법을 제공해야 한다.

⑤ 개인정보 수집 · 이용 목적이 불명확하더라도 서비스 이용 편의를 위해 포괄적으로 동의를 받을 수 있다.

54 다음 중 정보주체에게 동의를 받을 때 별도로 구분하여 동의를 받아야 하는 경우로 보기 어려운 것은?

① 개인정보의 수집 · 이용에 관한 동의
② 개인정보처리방침의 공개에 관한 동의
③ 민감정보의 처리에 관한 동의
④ 재화나 서비스의 홍보 및 판매 권유를 위한 개인정보 처리에 관한 동의
⑤ 개인정보의 제3자 제공에 관한 동의

55 다음 중 개인정보보호법에 따른 적법한 동의 방법으로 보기 어려운 것은?

① 동의 내용이 적힌 서면을 우편으로 발송하고, 정보주체의 서명 또는 날인이 된 동의서를 받는 방법
② 전화를 통해 동의 내용을 알린 후, 정보주체의 동의의 의사표시를 확인하는 방법
③ 인터넷 홈페이지에 동의 내용을 게시하고, 정보주체가 직접 동의 여부를 표시하도록 하는 방법
④ 안내문자를 발송하여 문자 회신으로 동의를 받은 것으로 간주하는 방법
⑤ 전자우편으로 동의 내용을 보내고, 정보주체가 동의 의사표시를 전자우편으로 회신하는 방법

56 다음 중 정보주체가 개인정보처리자에게 열람 또는 제공을 요구할 수 있는 정보로 보기 어려운 것은?

① 개인정보의 항목 및 내용
② 개인정보의 수집 · 이용 목적
③ 개인정보 파기 방법
④ 개인정보의 제3자 제공 현황
⑤ 개인정보의 보유 및 이용 기간

57 다음 중 개인정보 보호법상 정보주체의 열람 요구를 제한하거나 거절할 수 있는 사유로 보기 어려운 것은?

① 법률에 따라 열람이 금지되거나 제한되는 경우
② 다른 사람의 생명 · 신체를 해할 우려가 있거나, 재산 및 이익을 부당하게 침해할 우려가 있는 경우
③ 공공기관의 조세 부과 · 징수 또는 환급 업무에 중대한 지장을 초래하는 경우
④ 다른 법률에 따라 해당 정보를 먼저 제3자가 열람중인 경우
⑤ 학력 · 기능 및 자격 심사 업무에 중대한 지장을 초래하는 경우

(상)(중)(하)
58 개인정보처리자는 정보주체로부터 개인정보의 열람 요구를 받은 경우, 대통령령으로 정하는 기간 내에 열람 요구에 응해야 한다. 이때 개인정보처리자는 열람 요구를 받은 날부터 며칠 이내에 정보주체가 해당 개인정보를 열람할 수 있도록 해야 하는가?
　① 3일 이내
　② 5일 이내
　③ 7일 이내
　④ 10일 이내
　⑤ 15일 이내

(상)(중)(하)
59 다음 중 개인정보 보호법상 정보주체의 정정 · 삭제 요구 및 개인정보처리자의 조치 의무에 대한 설명으로 가장 적절하지 않은 것은?
　① 정보주체는 자신의 개인정보를 열람한 후, 정정 또는 삭제를 요구할 수 있다.
　② 개인정보처리자는 정정 · 삭제 요구를 받은 경우, 10일 이내에 필요한 조치를 하고 그 결과를 정보주체에게 통지해야 한다.
　③ 개인정보처리자는 삭제 요구를 받은 경우, 복구 또는 재생되지 않도록 조치해야 한다.
　④ 개인정보가 다른 법령에서 수집 대상으로 명시된 경우에도 정보주체의 요구에 따라 반드시 삭제해야 한다.
　⑤ 개인정보처리자는 법령상 사유로 삭제가 불가능한 경우, 그 사유를 정보주체에게 통지해야 한다.

(상)(중)(하)
60 공공기관에 의한 개인정보의 목적 외 이용 또는 제3자 제공의 공고 관련하여 빈칸 (㉠), (㉡), (㉢)에 들어갈 내용으로 옳은 것을 고르시오.

> 공공기관은 개인정보를 목적 외의 용도로 이용하거나 제3자에게 제공(이하 "목적외이용등"이라 한다)하는 경우에는 「개인정보 보호법」(이하 "법"이라 한다) 제18조제4항에 따라 개인정보를 목적외이용등을 한 날부터 (㉠)일 이내에 다음 각 호의 사항을 (㉡) 또는 인터넷 홈페이지에 게재하여야 한다. 이 경우 인터넷 홈페이지에 게재할 때에는 (㉢)일 이상 계속 게재하여야 한다.

　① (㉠) 10일 / (㉡) 관보 / (㉢) 10일
　② (㉠) 30일 / (㉡) 관보 / (㉢) 10일
　③ (㉠) 30일 / (㉡) 신문 / (㉢) 10일
　④ (㉠) 10일 / (㉡) 신문 / (㉢) 20일
　⑤ (㉠) 15일 / (㉡) 신문 / (㉢) 30일

(상)(중)(하)
61 다음 중 개인정보 보호법상 정보주체의 처리정지 요구를 제한하거나 거절할 수 있는 사유로 보기 어려운 것은?
　① 개인정보처리자가 내부 검토 중이거나 기술적 조치가 복잡한 경우
　② 다른 사람의 생명 · 신체를 해할 우려가 있거나, 재산과 그 밖의 이익을 부당하게 침해할 우려가 있는 경우
　③ 공공기관이 개인정보를 처리하지 않으면 법률상 소관 업무를 수행할 수 없는 경우
　④ 개인정보를 처리하지 않으면 계약의 이행이 곤란한 경우로서, 정보주체가 계약 해지를 명확히 밝히지 않은 경우
　⑤ 법률에 특별한 규정이 있거나 법령상 의무를 준수하기 위하여 불가피한 경우

62 종합신용정보집중기관 K원은 신용정보의 집중 관리 업무를 수행하고 있다. K원은 국세청 및 각 지방세무서에 체납자 명단과 체납 내역 자료를 요청하였으며, 이는 체납자의 신용정보를 통합 관리하기 위한 목적이었다. 이에 일부 체납자는 "세무당국이 개인 정보를 제3자에게 제공한 것은 개인정보보호법 위반"이라고 주장하였다. 이 경우 국세청의 조치에 대한 판단으로 가장 적절한 것은?

① 세무당국은 체납자의 동의 없이 개인정보를 제공할 수 없으므로, 위법한 행위에 해당한다.
② 국세청은 단순 행정편의를 이유로 체납자료를 K원에 제공할 수 없다.
③ 관련 법률에서 신용정보기관의 체납자료 요청을 명시하고 있으므로, 법률에 근거한 적법한 제공에 해당한다.
④ 개인정보 제공은 세무조사 목적에만 한정되므로 K원에 제공할 수 없다.
⑤ 체납자료는 민감정보에 해당하므로, 반드시 정보주체의 명시적 동의가 필요하다.

63 교정시설에 수감 중인 수용자 A는 징벌의결취소 청구 건에서, "교도관이 서신수발 업무를 하면서 취득한 수용자의 개인정보를 다른 교도관이 징계조사에 이용한 것은 개인정보보호법 위반이다"라며 소송을 제기하였다. 이에 교도소 측은 "해당 행위는 교정업무 수행을 위해 불가피하게 이루어진 절차였다"고 주장했다. 이 경우 교도관의 행위에 대한 판단으로 가장 적절한 보기를 고르시오.

① 교정 업무 수행을 위해 불가피하게 개인정보를 수집·이용한 경우로, 개인정보보호법 위반에 해당하지 않는다.
② 교정시설은 법령상 개인정보를 수집·이용할 권한이 없으므로, 징계조사에 활용할 수 없다.
③ 수용자의 서신은 개인정보가 아니므로 교정 업무와 무관하게 열람할 수 없다.
④ 수용자의 동의를 받지 않았으므로, 해당 행위는 명백한 개인정보 유출이다.
⑤ 개인정보를 징계 목적으로 활용하는 것은 직권남용에 해당한다.

64 다음 중 만 14세 미만 아동의 법정대리인 동의 확인 방법에 대한 설명으로 적절하지 않은 것을 고르시오.

① 동의 내용을 게재한 인터넷 사이트에 법정대리인이 동의 여부를 표시하도록 하고, 개인정보처리자가 그 동의 표시를 확인했음을 법정대리인의 휴대전화 문자메시지로 알리는 방법
② 동의 내용을 게재한 인터넷 사이트에 법정대리인이 본인 인증 후 동의 여부를 표시하도록 하고, 법정대리인의 신용카드·직불카드 등의 카드정보를 제공받는 방법
③ 태블릿 PC로 동의 여부를 표시하도록 하고, 법정대리인의 휴대전화 본인인증 등을 통해 본인 여부를 확인하는 방법
④ 법정대리인에게 동의내용이 적힌 문자메시지를 발송하고 링크를 통해 웹사이트에 접속하여 동의 의사표시를 확인하는 방법
⑤ 법정대리인 동의 없이 아동이 직접 동의서에 서명하고 보호자 연락처를 기재하는 방법

65 다음 중 '자동화된 결정' 판단시 고려사항으로 가장 거리가 먼 것은?

① 정당한 권한을 가진 사람의 실질적이고 의미 있는 개입 없이 완전히 자동화된 시스템에 의해 이루어진 경우
② 정보주체의 개인정보를 자동화된 시스템으로 처리하여 의미 있는 정보를 추출하는 과정을 거친 경우
③ 개인정보처리자가 정보주체의 권리 또는 의무에 영향을 미치는 최종 결정을 자동화된 시스템을 통해 내린 경우
④ 자동화된 시스템이 처리한 정보가 개인정보와 실질적인 관련성이 없는 경우
⑤ 다른 법률에 자동화된 결정에 관한 특별한 규정이 없는 경우

66 다음 보기 중 자동화된 결정에 거리가 먼 것은?

① 인사권자가 직원 채용과정에서 완전히 자동화된 시스템에 의해 산출된 점수만을 형식적으로 확인하여 불합격 결정한 경우

② 쇼핑 · 운송 · 배달 등 플랫폼 사업자가 완전히 자동화된 시스템을 이용하여 플랫폼 이용사업자의 위치정보, 운행시간 및 경로, 주문내역 및 결제정보 등을 개별적으로 분석 · 가공하여 정보를 생성한 경우

③ 쇼핑 · 운송 · 배달 등 플랫폼 사업자가 완전히 자동화된 시스템을 이용하여 플랫폼 이용사업자의 부정행위 내역 등을 분석한 후 계약해지 · 이용계정 삭제 등의 결정을 한 경우

④ 완전히 자동화된 시스템을 이용하여 부정행위를 탐지한 후 이용계정을 차단하는 임시조치를 하고 정보주체의 요구가 있으면 사람이 개입하는 최종 결정 절차를 운영하고 있는 경우

⑤ 완전히 자동화된 시스템을 이용하여 입사지원 서류에 포함된 개인정보를 분석 · 가공한 결과가 채용 여부의 결정에 실질적 영향을 미치는 등 관련성이 있는 경우

67 다음 중 개인정보처리자가 자동화된 결정의 기준과 절차를 공개할 때 공개해야 하는 사항으로 보기 어려운 것은?

① 자동화된 결정이 이루어진다는 사실과 그 목적 및 대상이 되는 정보주체의 범위

② 자동화된 결정에 사용되는 주요 개인정보의 유형과 자동화된 결정의 관계

③ 자동화된 결정 과정에서의 고려사항 및 주요 개인정보가 처리되는 절차

④ 자동화된 결정의 결과에 대해 개인정보처리자가 사후 이의제기를 제한할 수 있는 사유

⑤ 자동화된 결정에 대하여 정보주체가 거부 · 설명 등을 요구할 수 있는 사실과 그 방법 및 절차

68 다음 중 법원이 개인정보 보호법상 손해배상액을 정할 때 고려해야 할 사항으로 가장 거리가 먼 것은?

① 고의 또는 손해 발생의 우려를 인식한 정도

② 위반행위로 인한 피해 규모 및 개인정보처리자의 경제적 이익

③ 위반행위의 기간과 횟수, 개인정보처리자의 재산상태

④ 개인정보처리자가 피해구제를 위해 노력한 정도

⑤ 개인정보처리자가 내부 감사 부서를 설치한 여부

69 전년도 매출액 등이 (㉠)원 이상이고, 전년도 말 기준 직전 (㉡)간 저장 · 관리되고 있는 정보주체 수가 일일 평균 (㉢)명 이상인 개인정보처리자는 손해배상책임 보장 의무 대상자에 해당한다. 빈칸 (㉠), (㉡), (㉢)에 들어갈 알맞은 내용을 고르시오.

① (㉠) 10억 / (㉡) 1개월 / (㉢) 5천

② (㉠) 10억 / (㉡) 3개월 / (㉢) 1만

③ (㉠) 20억 / (㉡) 6개월 / (㉢) 2만

④ (㉠) 20억 / (㉡) 3개월 / (㉢) 3만

⑤ (㉠) 30억 / (㉡) 12개월 / (㉢) 5만

(상)**(중)**(하)

70 손해배상책임의 이행을 위한 최저가입금액(최소적립금액)의 기준으로 빈칸에 가장 적절한 보기를 고르시오.

가입대상개인정보처리자의 가입금액 산정요소		최저가입금액 (최소적립금액)
정보주체 수	매출액등	
1만 명 이상 10만 명 미만	(㉠) 원 초과	(㉡) 원
	50억 원 초과 800억 원 이하	(㉢) 원
	10억 원 이상 50억 원 이하	5천만 원
10만 명 이상 100만 명 미만	(㉠) 원 초과	5억 원
	50억 원 초과 800억 원 이하	2억 원
	10억 원 이상 50억 원 이하	1억 원
100만 명 이상	(㉠) 원 초과	(㉣) 원
	50억 원 초과 800억 원 이하	5억 원
	10억 원 이상 50억 원 이하	2억 원

① ㉠ 500억 / ㉡ 2억 / ㉢ 5천만 / ㉣ 10억
② ㉠ 500억 / ㉡ 3억 / ㉢ 2억 / ㉣ 20억
③ ㉠ 800억 / ㉡ 2억 / ㉢ 1억 / ㉣ 10억
④ ㉠ 800억 / ㉡ 5억 / ㉢ 3억 / ㉣ 10억
⑤ ㉠ 1,000억 / ㉡ 2억 / ㉢ 1억 / ㉣ 10억

(상)**(중)**(하)

71 개인정보 분쟁조정 제도 설명 중 가장 적절하지 않은 것은?

① 개인정보처리자가 분쟁조정의 통지를 받은 경우 특별한 사유가 없으면 분쟁조정에 응해야 한다.
② 분쟁조정위원회는 분쟁조정 신청을 받은 날로부터 60일 이내 심사하여 조정안을 작성한다.
③ 조정안을 제시받은 당사자가 제시 받을 날로부터 10일 이내 수락 여부를 알리지 않으면 조정을 거절한 것으로 본다.
④ 조정의 내용은 재판상 화해와 동일한 효력을 갖는다.
⑤ 조정안을 거부하려는 경우에는 조정안을 제시받은 날로부터 15일 이내에 분쟁조정위원회로 알려야 한다.

(상)**(중)**(하)

72 집단분쟁조정은 피해 또는 권리침해를 입은 정보주체의 수가 몇 명 이상이어야 신청 가능한가?

① 10명 이상
② 20명 이상
③ 30명 이상
④ 50명 이상
⑤ 100명 이상

73 다음 중 단체 소송제도에 대한 설명으로 가장 적절하지 않은 것은?

① 위법행위의 금지 및 중지가 목적이다.
② 개인정보처리자가 분쟁조정위원회의 조정을 거부하고 소송허가신청서의 기재사항에 흠결이 없어야 가능하다.
③ 원고가 개인정보 단체소송을 제기하기 위해서는 피해자 중 대표 1인을 소송대리인으로 선임하여야 한다.
④ 단체소송의 소는 피고의 주된 사무소 또는 영업소가 있는 곳의 지방법원 본원 합의부의 관할에 전속한다.
⑤ 비영리민간단체 소송 자격으로 정관에 개인정보보호를 단체의 목적으로 명시한 후 최근 3년 이상 이를 위한 활동 실적이 있어야 한다.

74 다음 중 개인정보 수집 · 이용의 적법 근거에 대한 설명으로 가장 적절하지 않은 것은?

① 정보주체의 자유로운 의사에 따른 명시적 동의가 있을 때에는 개인정보를 수집 · 이용할 수 있다.
② 법령에서 부과된 의무를 준수하기 위해 불가피하게 필요한 경우에도 정보주체의 동의 없이 수집할 수 있다.
③ 공공기관은 법령 또는 조례에 근거한 소관 업무 수행을 위해 필요한 경우에도 정보주체의 동의가 필요하다.
④ 계약을 이행하거나 계약 체결 과정에서 정보주체의 요청에 따른 조치를 이행하기 위해 필요한 경우에는 개인정보를 처리할 수 있다.
⑤ 급박한 상황에서 사람의 생명, 신체, 재산의 이익을 보호하기 위해 필요한 경우에는 동의 없이 개인정보를 수집 · 이용할 수 있다.

75 다음 중 개인정보 수집 · 이용 동의 시 고지해야 할 필수 사항으로 옳지 않은 것은?

① 개인정보의 수집 · 이용 목적
② 수집하고자 하는 개인정보의 항목
③ 개인정보를 제3자에게 제공할 경우 제공 절차
④ 개인정보의 보유 및 이용기간
⑤ 동의를 거부할 권리가 있다는 사실 및 동의 거부에 따른 불이익의 내용

76 다음 중 「개인정보 보호법」상 개인정보파일 등록 제외 유형에 대한 설명으로 가장 적절하지 않은 것은?

① 국가 안전이나 외교상 비밀 등 국가의 중대한 이익과 관련된 개인정보파일
② 범죄 수사, 공소 제기 및 유지, 형 집행, 교정처분, 출입국 관리 등에 관한 개인정보파일
③ 회의 참석 수당 지급, 물품 송부, 공공요금 정산 등 단순 업무를 위해 일시적으로 운영되는 개인정보파일
④ 코로나19 확진 환자 관리 명단 등 공공의 안전과 안녕을 위해 긴급히 처리되는 개인정보파일
⑤ 공공기관의 인사기록, 급여지급 등 지속적으로 관리해야 하는 개인정보파일

77 다음은 개인정보 보호법상 정보주체 이외로부터 수집한 개인정보 통지의무 개인정보 처리자 요건에 대한 설명이다. 빈칸 (㉠), (㉡), (㉢)에 들어갈 알맞은 내용을 고르시오.

> 통지의무 부과 대상은 (㉠)명 이상 정보주체의 민감정보 또는 고유식별정보를 처리하는 자, 또는 (㉡)명 이상의 정보주체에 관한 개인정보를 처리하는 자이며, 개인정보를 제공받은 날로부터 (㉢) 이내에 관련 사항을 통지해야 한다.

① (㉠) 1만 / (㉡) 50만 / (㉢) 1개월
② (㉠) 3만 / (㉡) 80만 / (㉢) 2개월
③ (㉠) 5만 / (㉡) 100만 / (㉢) 3개월
④ (㉠) 10만 / (㉡) 200만 / (㉢) 6개월
⑤ (㉠) 20만 / (㉡) 500만 / (㉢) 1년

78 영리 목적의 광고성 정보 전송 시 유의사항 중 가장 적절하지 않은 보기를 고르시오.

① 오후 6시부터 그다음 날 오전 9시까지의 시간에 전자적 전송 매체를 이용하여 영리 목적의 광고성 정보를 전송하려는 자는 수신자로부터 별도의 사전 동의를 받아야 한다.
② 전자우편을 통한 광고성 정보 전송은 수신자의 별도 동의 없이 야간에 전송이 가능하다.
③ 광고성 정보 수신자의 수신 거부 또는 수신 동의의 철회를 회피·방해하는 조치를 해선 안된다.
④ 영리 목적의 광고성 정보를 전송할 목적으로 전화번호 또는 전자우편 주소를 자동으로 등록하면 안된다.
⑤ 광고성 정보 전송자의 신원이나 광고 전송 출처를 감추기 위한 각종 조치를 하면 안된다.

79 다음 「전자상거래 등에서의 소비자보호에 관한 법률」에 근거하여 기록 보존기한이 적절하지 않은 보기를 고르시오.

① 표시/광고에 관한 기록 : 6개월
② 계약에 관한 기록 : 5년
③ 청약철회에 관한 기록 : 5년
④ 대금결제 및 재화 등의 공급에 관한 기록 : 5년
⑤ 소비자의 불만 또는 분쟁처리에 관한 기록 : 5년

80 다음 중 개인정보 업무 위탁에 관한 사항으로 가장 적절하지 않은 것은?

① 위탁자는 위탁하는 업무의 내용을 홈페이지에 공개하여야 한다.
② 수탁자는 업무범위를 초과하여 개인정보를 이용해서는 안된다.
③ 수탁자는 제3자에게 개인정보 처리 업무를 다시 위탁할 수 없다.
④ 수탁자가 위탁받은 업무와 관련하여 개인정보를 처리하는 과정에서 이 법을 위반하여 발생한 손해배상책임에 대하여는 수탁자를 개인정보처리자의 소속 직원으로 본다.
⑤ 위탁하는 업무의 내용이나 수탁자가 변경된 경우 업무의 내용과 수탁자를 정보주체에게 알려야 한다.

(상)(중)(하)

81 다음 중 「개인정보 보호법」상 개인정보파일 등록 제외 유형에 해당하는 것은?

① 공공기관이 인사기록 · 급여지급을 위해 지속적으로 관리하는 개인정보파일

② 민원 처리 결과를 연도별로 누적하여 지속적으로 보관 · 활용하는 개인정보파일

③ 직원 건강검진 결과를 정기적으로 갱신하며 상시 관리하는 개인정보파일

④ 회의 참석 수당 지급을 위해 단기간 수집 · 사용 후 목적 달성 시 폐기하는 일시적 개인정보파일

⑤ 공공기관 내부 의사결정 자료를 지속적으로 축적하여 정책 분석에 활용하는 개인정보파일

(상)(중)(하)

82 내부관리계획의 수립 및 시행 생략이 가능한 개인정보처리자로 가장 적절한 보기를 고르시오.

① 1천명 미만 개인정보 처리 소상공인 · 개인 · 단체

② 5천명 미만 개인정보처리 소상공인 · 개인 · 단체

③ 1만명 미만 개인정보처리 소상공인 · 개인 · 단체

④ 10만명 이하 개인정보 처리 소기업 · 중견기업

⑤ 10만명 이하 개인정보 처리 소기업 · 중견기업 · 공공기관

(상)(중)(하)

83 다음 중 「개인정보의 안정성 확보조치 기준」에 근거하여 개인정보처리시스템에 대한 불법적인 접근 및 침해사고 방지를 위한 조치로서 가장 적절하지 않은 것은?

① 개인정보처리자는 개인정보처리시스템에 대한 접속 권한을 IP 주소 등으로 제한하여 인가받지 않은 접근을 제한한다.

② 개인정보처리자는 개인정보처리시스템에 접속한 IP 주소 등을 분석하여 개인정보 유출 시도를 탐지하고 대응한다.

③ 전년도 말 기준 직전 3개월 간 이용자수가 100만명 이상인 개인정보처리자는 인터넷망 차단조치를 반드시 해야한다.

④ 개인정보처리자는 개인정보취급자가 일정 시간 이상 업무처리를 하지 않는 경우 자동으로 접속이 차단되도록 조치한다.

⑤ 개인정보처리자는 업무용 모바일 기기의 분실 · 도난에 대비하여 비밀번호 설정 등 보호조치를 하여야 한다.

(상)(중)(하)

84 다음 중 접근통제 정책 구현 방법 중 가장 적절하지 않은 것은?

① 인가된 사용자만 네트워크 접근할 수 있도록 접근 통제 리스트 관리 절차를 마련한다.

② 업무에 불필요한 포트와 서비스는 제거 및 차단한다.

③ 화이트리스트와 블랙리스트를 병행 운영하여 네트워크 보안정책을 강화한다.

④ 2-factor 이상의 인증수단을 사용한다.

⑤ 접근통제 솔루션 admin 패스워드는 7자리 이상 특수문자, 소문자를 섞어서 쓴다.

85 다음 중 접근통제 정책으로 가장 성격이 다른 보기를 고르시오.

① DAC
② MAC
③ RBAC
④ CL
⑤ ABAC

86 다음 중 접속기록 보관 및 점검에 대한 설명으로 잘못된 것은?

① 개인정보처리자는 개인정보처리시스템에 대한 접속기록을 1년 이상 보관하여야 한다.
② 5면명 이상 정보주체에 관한 개인정보를 처리하면 2년 이상 보관하여야 한다.
③ 기간통신사업자 또한 2년 이상 접속기록을 보관하여야 한다.
④ 접속기록 등은 반드시 월 1회 이상 점검하여야 한다.
⑤ 접속기록에는 개인정보 취급자 계정, 접속일시, 접속지정보, 처리 정보 주체, 수행업무 등이 포함되어야 한다.

87 다음은 공공기관의 개인정보 영향평가 대상 기준에 관한 설명이다. 괄호 안에 들어갈 알맞은 수치를 고르시오.

> (ⓐ) 명 이상의 정보주체의 민감정보 또는 고유식별정보의 처리가 수반되는 개인정보파일
> 공공기관의 내부 또는 외부 연계 결과 정보주체의 수가 (ⓑ) 명 이상인 개인정보파일
> (ⓒ) 명 이상의 정보주체 수를 포함하고 있는 개인정보파일

① ⓐ 1만　　ⓑ 10만　　ⓒ 30만
② ⓐ 3만　　ⓑ 30만　　ⓒ 70만
③ ⓐ 5만　　ⓑ 50만　　ⓒ 100만
④ ⓐ 10만　　ⓑ 100만　　ⓒ 200만
⑤ ⓐ 50만　　ⓑ 100만　　ⓒ 500만

88 다음 중 아래의 특징을 가진 개인정보처리시스템의 위험평가 방법은?

> 개인정보처리시스템에 기본적 보호수준을 정하고 이를 달성하기 위해 보호대책을 선택하여 적용한다 기본적인 보호 대책을 선택하여 시간과 비용을 효율화 한다 보호 대책이 다소 미흡하거나 과한 보호대책이 적용될 수 있다.

① 상세 위험분석법　　　　　② 정성적 위험평가법
③ 기준선 접근법　　　　　　④ 자산기반 위험분석법
⑤ 혼합형 접근법

89 가명·익명 처리 기술 중 하나로 하나의 원본 데이터셋을 식별성이 있는 정보와 식별성이 없는정보로 분리하여 두 개 이상의 데이터셋으로 만드는 기법은?

① 가명처리(Pseudonymization)
② 일반화(Generalization)
③ 해부화(Anatomization)
④ 억제(Suppression)
⑤ 교환(Permutation)

90 다음 중 개인정보보호 중심 설계(Privacy by Design)의 7대 원칙에 해당하지 않는 것은?

① 사후 조치가 아닌 사전 예방의 원칙
② 초기 설정부터 개인정보 보호조치
③ 개인정보보호를 내재한 설계
④ 개인정보 유출 시 신속한 신고 및 피해보상
⑤ 이용자 개인정보 존중

91 이용자가 도메인명(URL)을 입력할 시 DNS를 중간에 탈취하고 악성 사이트의 IP를 전송하여 공격자 웹사이트로 연결시키는 공격 유형은?

① 피싱(Phishing)
② 스미싱(Smishing)
③ 파밍(Pharming)
④ 스푸핑(Spoofing)
⑤ 랜섬웨어(Ransomware)

92 각급기관의 업무를 식별하고 중요도별로 등급을 구분한 후, 해당 등급에 맞추어 보안대책을 차등 적용하는 보안 프레임워크는?

① N2SF(National Network Security Framework)
② ISMS-P(Information Security Management System - Privacy)
③ K-ISMS(Korea Information Security Management System)
④ CSAP(Cloud Security Assurance Program)
⑤ PIMS(Personal Information Management System)

93 미국의 사이버 보안 기관인 CISA가 만들고 관리하는 이미 악용이 확인된 취약점 목록은 무엇인가?

① KEV(Known Exploited Vulnerabilities Catalog)
② NVD(National Vulnerability Database)
③ CVE 목록(Common Vulnerabilities and Exposures)
④ Exploit-DB(Exploit Database)
⑤ CVSS(Common Vulnerability Scoring System)

94 유럽 국가들이 공동으로 발표한 정보시스템 보안 평가 지침서로, 컴퓨터 시스템과 제품의 보안성을 평가하기 위해 개발되었으며, 보안 요구사항과 기능적 측면을 체계적으로 평가하여 정보시스템의 안전성을 확보하는 데 중요한 역할을 하는 정보보호 기준은?

① TCSEC   ② ITSEC
③ TNI   ④ ISO
⑤ TDI

95 다음 중 원 텍스트의 내용과 구조를 보존하면서 파싱을 통하여 혹은 파싱 이후 개인식별(가능)정보만을 제거(마스킹 혹은 대체)하며, 단순 삭제 혹은 마스킹 방법과 유사하나 수작업이 아닌 자동화 SW를 이용한다는 특징을 가지는 비식별화 기법은?

① 가명 처리 (Pseudonymization)
② 총계 처리 (Aggregation)
③ 데이터 스크러빙 (Data Scrubbing)
④ 데이터 암호화 (Data Encryption)
⑤ 토큰화 (Tokenization)

96 파일을 분석하여 보안에 취약한 영역만을 제거하고 파일을 재조합하여 안전한 파일로 제공하는 보안기술로 가장 적절한 보기를 고르시오.

① 안티바이러스
② CDR
③ 샌드박스
④ DLP
⑤ 행위기반 탐지

97 ARC 프로세서에서 실행되는 스마트 장치를 감염시켜 원격으로 제어되는 봇 또는 멀웨어로 주로 DDoS를 위해 자주 사용되는 악성코드는?

① 스턱스넷
② 미라이 봇넷
③ 컨피커
④ 제우스
⑤ 워너크라이

98 ISMS-P 담당기관 및 체계에 대한 설명 중 가장 적절하지 않은 것은?

① 정책기관 – 과기정통부, 개인정보보호위원회
② 인증기관 – 한국인터넷진흥원
③ 금융분야 인증기관 – 금융감독원
④ 심사기관 – 한국정보통신기술협회
⑤ 인증위원회 – 인증기관이 구성·운영

99 정보보호 최고책임자(CISO)가 겸직가능한 업무로 가장 적절하지 않은 것은?

① 정보보호 공시에 관한 업무
② 정보통신기반 보호법에 따른 정보보호책임자 업무
③ 전자금융거래법에 따른 정보보호책임자 업무
④ 개인정보보호법에 따른 개인정보 보호책임자 업무
⑤ 전자서명법에 따른 보안인증 책임자 업무

100 다음 중 정보통신망법에 따른 정보보호 최고책임자(CISO) 자격 요건으로 적절하지 않은 것은?

① 개인정보관리사(CPPG) 자격증을 취득한 사람
② 정보보호 또는 정보기술 분야의 국내 또는 해외 학사학위 소지자로, 관련 업무 3년 이상 경력 보유자
③ 정보보호 또는 정보기술 분야의 국내 또는 해외 전문학사학위 소지자로, 관련 업무 5년 이상 수행한 사람
④ 정보보호 또는 정보기술 분야의 업무를 10년 이상 수행한 사람
⑤ 정보보호 또는 정보기술 분야의 국내 또는 해외 석사학위 이상을 취득한 사람

개인정보관리사	시험 시간	문항 수
	120분	총 100개

풀이 시간 : ____________   채점 점수 : ____________

(상)(중)(하)

01 국내대리인 지정에 관한 설명으로 가장 적절하지 않은 것은?

① 해외 사업자가 국내에서 재화·서비스를 제공하며 국내 정보주체의 개인정보를 처리하는 경우, 법령상 요건에 해당하면 국내대리인을 지정해야 한다.

② 국내대리인은 정보주체 권리행사 창구, 감독기관 요구 대응, 유출 통지 지원 등의 역할을 수행할 수 있다.

③ 국내대리인은 한국에 주소 또는 영업소가 있는 자연인 또는 법인이어야 한다.

④ 국내대리인은 반드시 한국인이어야 한다.

⑤ 하나 또는 복수의 국내대리인을 지정할 수 있으며, 하나의 국내대리인이 복수의 해외사업자를 대리할 수 있다.

(상)(중)(하)

02 다음 중 클라우드 보안 인증 제도(CSAP)에서 분류하는 서비스 유형이 아닌 것은?

① IaaS   ② SaaS 표준   ③ SaaS 간편

④ DaaS   ⑤ PaaS

(상)(중)(하)

03 개인정보보호법 제22조(동의를 받는 방법)에서는 정보주체의 동의를 받을 때에는 정보주체가 이를 명확하게 인지할 수 있도록 알리고 동의를 받도록 하고 있다. 다음 중 명확하게 표시해야 하는 경우에 해당하지 않는 것은?

① 개인정보를 제3자에게 제공(공유 포함) 시 동의를 받는 경우

② 정보주체의 민감정보 처리를 위한 정보주체의 동의를 받는 경우

③ 개인정보 처리 업무에 관한 위수탁을 하는 경우

④ 재화나 서비스를 홍보하거나 판매를 권유하기 위해 동의를 받는 경우

⑤ 개인정보 국외 이전 시 국외 이전 목적으로 동의를 받는 경우

(상)(중)(하)

04 다음 중 '영리 목적의 광고성 정보'에 해당하지 않는 것을 고르시오.

① 회원에게 할인쿠폰 코드와 구매 유도를 포함한 문자 발송

② 특정 상품의 할인 행사, 신상품 출시 안내, 이벤트 참여 유도

③ 신규 상품 런칭 소식을 담은 이메일 뉴스레터(구매 유도 링크 포함)

④ 계약 관계 또는 거래조건에 따라 주된 상품 또는 서비스에 대한 정보를 알려주는 경우

⑤ 통신사나 쇼핑몰에서 보내는 요금제 할인, 쿠폰 제공 안내, 새 상품 광고

(상)(중)(하)

05 개인정보 국외 이전에 관한 설명으로 가장 적절하지 않은 것은?

① 국외 이전 시에는 이전받는 자, 이전 국가, 이전 목적·항목, 보유·이용 기간, 보호조치 등에 대해 정보주체에게 알리고 동의를 받아야 한다.

② 계약에 따른 업무처리를 위해 국외 클라우드에 일시 보관만 하는 경우는 '국외 이전'에 해당하지 않는다.

③ 적정성 인증(또는 이에 상응하는 제도)이 있는 국가로 이전하는 경우에는 별도 동의 없이 가능하다.

④ 국외 위탁·제공 모두에 대해 이전 경로의 보호조치(암호화·접근통제·재제공 통제 등)를 설계해야 한다.

⑤ 국외 이전 후에도 정보주체 권리행사 창구(국내대리인 등)와 사고 대응·통지 책임의 연속성이 확보되어야 한다.

(상)(중)(하)

06 개인정보 국외 이전 조건으로 가장 적절하지 않은 것은?

① 정보주체에 동의를 받은경우

② 정보주체와의 계약의 체결 및 이행을 위하여 개인정보의 처리위탁·보관이 필요한 경우

③ 이전받는 자가 개인정보보호에 필요한 안전조치 및 정보주체 권리보장에 필요한 조치, 개인정보가 이전되는 국가에서 이행하기 위해 필요한 조치를 수행하여 개인정보보호 인증을 받은 경우

④ 이전되는 국가 또는 국제기구의 보호 체계, 정보주체 권리보장 범위, 피해구제 절차 등이 이 법에 따른 보호 수준과 실질적으로 동등한 수준으로 갖추었다고 보호위원회가 인정하는 경우

⑤ 개인정보를 이전받는 자와 표준계약조항(SCC)을 체결한 경우

(상)(중)(하)

07 전문 CPO 제도 적용대상에 해당되는 기업으로 잘못된 것을 고르시오.

① 공공시스템운영기관

② 연 매출액 1500억 이상이며 100만명 이상 개인정보 처리하는 기업

③ 연 매출액 1500억 이상이며 5만명 민감정보 또는 고유정보를 처리하는 기업

④ 상급종합병원

⑤ 재학생 수 1만명 이상 대학

(상)(중)(하)

08 다음 중 영리목적의 광고에 해당하는 것을 고르시오.

① 재화 등의 거래관계를 통하여 수신자로부터 직접 연락처를 수집한 자가 거래관계 종료일부터 6개월간 동종의 거래관계에 대한 광고 정보를 제공하는 경우

② 수신자가 서비스를 이용하기 위한 목적으로 포털 사이트, 애플리케이션 등에 접속하여 보게 되는 배너 광고나, 방송프로그램 시청 시 보게 되는 TV 광고

③ 전송자와 수신자간 체결된 계약이행 등과 관련한 정보

④ 공익목적을 위한 광고성 정보

⑤ 신용카드 거래내역(결제)정보를 이메일로 전송하면서 하단에 광고성 정보를 포함하는 경우

(상)(중)**(하)**

09 가명정보 활용에 대한 다음 설명 중 가장 적절하지 않은 것은?

① 가명정보는 통계작성 · 과학적 연구 · 공익적 기록보존 목적에서 법령에 따라 활용할 수 있다.
② 가명정보는 개인정보에 해당하므로 재식별 금지, 추가정보 분리 등 보호조치가 요구된다.
③ 가명정보는 개인을 식별할 수 없으므로 정보주체 권리가 적용되지 않는다.
④ 가명정보 처리 시 위험도 평가를 통해 재식별 우려를 통제해야 한다.
⑤ 가명정보 처리 관련 사항은 처리방침에 투명하게 공개할 수 있다.

(상)**(중)**(하)

10 양도 · 양수 · 합병 등으로 개인정보 처리자의 지위가 승계되는 경우의 고지에 관한 설명 중 가장 적절하지 않은 것은?

① 개인정보의 이전 사실, 이전받는 자의 성명, 주소, 전화번호 및 그 밖의 연락처를 정보주체에게 알려야 한다.
② 이전이 개인정보의 처리 목적 · 범위에 중대한 변화를 야기하는 경우에는 동의 등 적정한 법적 근거를 검토해야 한다.
③ 영업양수자등은 영업의 양도 · 합병 등으로 개인정보를 이전받은 경우 양수자의 새로운 목적으로 개인정보를 이용하거나 제3자에게 제공할 수 있다.
④ 이전 시 안전성 확보조치를 포함한 보호대책의 연속성이 확보되어야 한다.
⑤ 이전받는 자의 처리방침에 변경 내용을 반영하고 접근성을 확보해야 한다.

(상)**(중)**(하)

11 개인정보 보호법에 따라 이용자가 아닌 정보주체의 개인정보를 저장하는 경우 저장 위치와 무관하게 반드시 암호화 해야 하는 대상으로 적절한 것을 고르시오.

① 주민등록번호   ② 외국인등록번호   ③ 비밀번호
④ 운전면허번호   ⑤ 여권번호

(상)**(중)**(하)

12 개인정보 보호법에 따라 내부 정보통신망에서 개인정보 송 · 수신 시 반드시 암호화 해야 하는 대상으로 적절한 것을 고르시오.

① 개인정보
② 인증정보(비밀번호, 생체인식정보 등)
③ 고유식별정보
④ 주민등록번호
⑤ 계좌번호

상 중 하

13 다음 중 고정형 CCTV 설치가 가능한 경우가 아닌 것을 고르시오.

① 법령에서 구체적으로 허용하고 있는 경우

② 범죄의 예방 및 수사를 위하여 필요한 경우

③ 교통정보의 수집 · 분석 및 제공을 위하여 정당한 권한을 가진 자가 설치 · 운영하는 경우

④ 출입자 수, 성별, 연령대 등 통계값 또는 통계적 특성값 산출을 위해 촬영된 영상정보를 저장하는 경우

⑤ 시설의 안전 및 관리, 화재 예방을 위하여 정당한 권한을 가진 자가 설치 · 운영하는 경우

상 중 하

14 고정형 CCTV 설치 · 운영 기본원칙에 대한 설명으로 적절하지 않은 것을 고르시오.

① 외국인이 자주 이용하는 장소인 경우, 안내판은 한국어와 외국어로 병기하는 것이 바람직하다.

② 건물 안에 여러 개의 고정형 영상정보처리기기를 설치하는 경우에는 출입구 등 잘 보이는 곳에 해당 시설 또는 장소 전체가 고정형 영상정보처리기기 설치지역임을 표시하는 안내판을 설치할 수 있다.

③ 고정형 영상정보처리기기 운영자가 서로 다른 경우라도 동일한 장소 또는 건물이라면 고정형 영상정보 처리기기 안내판을 통합해서 사용할 수 있다.

④ 국가보안시설인 경우에는 안내판을 부착하지 않을 수도 있지만, 민원인들이 출입하는 민원실의 경우 공개된 장소로 민원인의 개인정보자기결정권 보장 등을 위해 안내판을 부착하는 것이 바람직하다.

⑤ 고정형 영상정보처리기기의 설치 · 운영을 위탁한 경우에는 고정형 영상정보처리기기 위탁자의 관리책임자의 연락처와 더불어 수탁자의 명칭 및 연락처를 함께 기재해야 한다.

상 중 하

15 다음 중 VPN(Vitaul Private Network)에 대한 설명으로 가장 적절하지 않은 것은?

① IPsec은 네트워크 계층(L3)에서 동작하며, AH와 ESP 헤더를 사용하여 전송 모드와 터널 모드를 지원하는 VPN 프로토콜이다.

② VPN은 암호화와 무결성 검증, 사용자 · 단말 인증을 통해 인터넷과 같은 공중망을 사설망처럼 안전하게 사용할 수 있도록 한다.

③ SSLVPN은 주로 원격 사용자가 웹 브라우저 등을 이용해 애플리케이션 단에서 내부 시스템에 접속할 때 사용하는 방식이다.

④ 원격 근무자의 노트북에서 본사로 안전하게 접속하기 위해 클라이언트-투-사이트(Client-to-Site) VPN 구성을 사용할 수 있다.

⑤ 지사와 본사 간 상시 전용망 연계는 IPsecVPN이 아닌 SSLVPN 방식으로 구성해야 한다.

16 지방자치단체 산하 기관인 C사는 '민원24 시스템', '보육포털' 등 여러 개의 공공시스템을 운영 중이다. 다음 중 「개인정보의 안전성 확보조치 기준」에 따라 공공시스템 운영기관이 준수해야 할 사항으로 가장 적절한 것은?

① 공공시스템 운영기관은 전체 기관 단위로 내부관리계획을 통합 수립하면 된다.

② 공공시스템 운영기관은 접근기록을 수동으로 점검하되, 연 1회 이상만 실시하면 된다.

③ 공공시스템 운영기관은 각 공공시스템별로 내부관리계획을 별도로 수립 · 시행해야 한다.

④ 공공시스템 운영기관은 접근 권한 부여, 변경, 또는 말소 내역 등을 반기별 1회 이상 점검하여야 한다.

⑤ 공공시스템 운영기관은 정보주체 수가 적은 경우 안전조치 기준을 일부 생략할 수 있다.

17 A기업은 개인정보처리시스템에 접근한 기록(로그)을 보관하고 있으며, 최근 처리 정보의 양이 증가해 6만 명 규모 정보주체의 개인정보를 처리하기 시작했다. 「개인정보의 안전성 확보조치 기준」에 따른 접속기록 보관 기준으로 가장 올바른 것은?

① 접속기록은 모든 개인정보처리자에게 3년 이상 보관이 의무이다.

② 5만 명 이상의 정보주체 처리 또는 민감정보 · 고유식별정보 처리 시 접속기록은 2년 이상 보관해야 한다.

③ 접속기록에 대해서 월 1회 이상 점검하여야 한다.

④ 접속기록은 개인정보 파기 후에도 3년 추가로 보관해야 한다.

⑤ 고유식별정보를 처리하지 않기 때문에 일반적으로는 보관 의무가 없다.

18 비밀번호 관리에 대한 설명으로 가장 적절하지 않은 것은?

① 비밀번호나 암호를 알아내기 위해 가능한 모든 조합을 시도하는 무차별 대입 공격을 캡차(CAPTCHA)라고 한다.

② 비밀번호는 추측이 어렵도록 영문 대소문자, 숫자, 특수문자 등을 조합하여 충분한 길이로 설정한다.

③ 동일한 비밀번호를 여러 서비스에서 재사용하지 않도록 하고, 필요시 정해진 정책에 따라 주기적으로 변경한다.

④ 일정 횟수 이상 비밀번호 입력에 실패하면 계정을 일시 잠그거나 추가 인증 절차를 요구하여 무차별 대입 공격을 방지한다.

⑤ 비밀번호는 저장 시 평문이 아닌 일방향 암호화(해시) 방식으로 저장하여, 유출되더라도 원문 비밀번호를 바로 알 수 없도록 한다.

19 다음 중 ISMS-P(정보보호 및 개인정보보호 관리체계) 인증제도에 대한 설명으로 가장 적절하지 않은 것은?

① 인증기관은 한국인터넷진흥원(KISA)이며, 인증업무의 총괄 · 관리를 담당한다.

② 심사기관은 인증기관으로부터 지정을 받아 실제 심사업무를 수행하는 기관이다.

③ ISMS-P 정책기관에는 과학기술정보통신부와 개인정보보호위원회가 포함된다.

④ 인증기관은 신청기관이 수립 · 운영하는 관리체계를 인증기준에 따라 심사하고, 인증위원회를 운영하여 인증기준에 적합한 기관에게 인증서를 발급한다

⑤ 인증위원회는 인증심사 결과가 인증기준에 적합한지 여부, 인증 취소에 관한 사항, 이의신청에 관한 사항 등을 심의 · 의결한다.

상 중 하

20 다음 중 ISMS-P(정보보호 및 개인정보보호 관리체계) 인증 취득 시 기대효과에 대한 설명으로 가장 적절하지 않은 것은?

① ISMS-P 인증기준은 '1.관리체계 수립 및 운영(16개)', '2.보호대책 요구사항(64개)', '3.개인정보 처리단계별 요구사항(21개)'으로 구성되어 있다.

② ISMS-P 인증을 받은 기업(조직)은 정보보안 침해사고로부터 안전하다는 것을 보장하는 제도이다.

③ ISMS-P 인증을 취득한 기관은 정보보호 및 개인정보보호에 대한 신뢰성을 높여 대외 이미지를 제고할 수 있다.

④ 기업 경영진이 직접 정보보호 의사결정에 참여함으로써 정보보호 및 개인정보보호 업무에 대한 책임성과 신뢰성을 향상시킬 수 있다.

⑤ 기업은 지속적이고 체계적인 ISMS-P 구축을 통해 해킹, DDoS 등의 침해사고 및 개인정보 유출사고 발생 시 신속하게 대응할 수 있는 관리체계를 마련할 수 있다.

상 중 하

21 가상자산사업자에 대한 ISMS-P(정보보호 및 개인정보보호 관리체계) 인증 및 특례에 대한 설명으로 적절하지 않은 것은?

① 가상자산사업자는 「특정 금융거래정보의 보고 및 이용 등에 관한 법률」에 따라 신고를 위해 정보보호 관리체계 인증 취득이 필수 요구사항이다.

② 신규 가상자산사업자가 인증기준에 따른 정보보호 관리체계를 2개월 이상 운영하지 못한 경우, 실제 서비스 운영 전 시험 운영 환경에서 '정보보호 관리체계 예비인증'을 신청할 수 있다.

③ 예비인증은 고시 제18조2제1항제2호에 따른 본인증을 받기 위한 조건부 인증이다.

④ 예비인증은 본인증을 받기 위한 조건부 인증으로서, 예비인증을 취득한 날부터 3개월 이내에 금융정보분석원장에게 신고해야 한다.

⑤ 가상자산사업자가 예비인증을 취득한 경우, 예비인증 취득일로부터 6개월 이내에 본인증을 취득해야 한다.

상 중 하

22 중소기업에 대한 ISMS-P(정보보호 및 개인정보보호 관리체계) 인증의 특례 적용 범위 및 제외 대상에 대한 설명으로 적절하지 않은 것은?

① ISMS-P 인증의 특례는 인증에 어려움을 겪는 중소기업의 부담 완화를 목적으로 2024년 7월부터 시행되었다.

② 인증의 특례는 「중소기업기본법」에 따른 소기업과, 일정 기준을 충족하는 중기업에 대하여 완화된 인증기준 및 절차 등을 적용할 수 있다.

③ 중기업 중 정보통신서비스 부문 매출액이 300억 원 미만인 자는 인증의 특례 대상에 해당한다.

④ 정보통신서비스 부문 매출액이 300억 원 이상인 중기업이라도, 주요 정보통신설비를 직접 설치·운영하지 않는 경우에는 특례 대상에 해당할 수 있다.

⑤ 가상자산사업자도 소기업이거나 정보통신서비스 부문 매출액이 300억 원 미만인 경우에 인증의 특례 대상에 해당된다.

(상)(중)(하)

23 ISMS-P(정보보호 및 개인정보보호 관리체계) 인증 취득 후 사후 관리 및 보완 조치에 대한 설명으로 적절하지 않은 것은?

① 사후심사는 인증 유효기간 중 매년 1회 이상 실시하는 인증심사이다.

② 사후심사는 인증발급일 기준으로 매 1년 이전에 심사를 완료해야 하며, 인증 유효기간 내 심사를 받지 않을 경우 인증이 취소될 수 있다.

③ ISMS-P 인증은 인증 유효기간 만료 이전에 갱신심사를 통해 유효기간을 갱신하여야 하며, 유효기간이 경과한 때에는 인증의 효력이 상실된다.

④ 심사팀장은 보완조치내역서의 적절성을 판단하고 이행점검을 통해 실제 이행 여부를 확인한다

⑤ 최초심사 신청기관이 연장 기한을 포함하여 최대 40일 이내에 보완조치를 완료하지 못한 경우, 인증위원회 심의·의결을 거쳐 심사가 무효된다.

(상)(중)(하)

24 ISMS-P(정보보호 및 개인정보보호 관리체계) 인증범위에 포함되는 정보통신설비 및 클라우드 환경에 대한 설명으로 적절하지 않은 것은?

① 인증범위에 포함된 서비스 및 응용프로그램의 개발, 운영, 보안 관리를 위해 필요한 개발서버, 백업서버, 로그서버 등은 심사범위에 포함된다.

② 클라우드 서비스를 이용하여 정보통신서비스를 제공하는 경우, 클라우드 서비스 형태에 따라 심사 범위가 달라지므로 관리 가능한 영역을 판단해야 한다.

③ IaaS(Infrastructure as a Service) 환경을 이용하는 경우, 클라우드 제공자가 서버 운영체제(Guest OS)를 관리하므로 신청기관의 심사 범위에는 포함되지 않는다.

④ 응용프로그램 계정 및 권한 관리와 같이 신청기관이 관리 가능한 영역에 한해 SaaS(Software as a Service)에 대한 심사가 수행될 수 있다.

⑤ 인증심사 수수료 산정 가이드에 따르면, 장애 대응을 위해 서버, 네트워크 장비 등을 이중화 운영하는 경우 1대로 산정할 수 있다.

(상)(중)(하)

25 ISMS-P(정보보호 및 개인정보보호 관리체계) 인증범위에 대한 설명으로 적절하지 않은 것은?

① 일반적으로 ISMS 인증범위는 정보통신서비스를 기준으로 관련된 정보시스템, 장소, 조직 및 인력을 포함하게 된다.

② ISMS-P 인증범위는 이에 더하여 해당 서비스에서 처리되는 개인정보의 흐름에 따라 해당 개인정보를 처리하는 정보시스템, 조직 및 인력, 물리적 장소 등을 모두 포함하여야 한다.

③ ISMS 의무인증 범위에 대해서는 ISMS 인증을 신청하고 일부 서비스에 대해서는 개인정보 영역을 포함한 ISMS-P 인증을 신청하여 2개의 심사를 동시에 진행하는 것도 가능하다.

④ 정보통신서비스와 직접적인 관련성은 낮지만 전사적자원관리시스템(ERP), 분석용데이터베이스(DW), 그룹웨어 등 기업 내부 시스템, 영업/마케팅 조직은 일반적으로 인증범위에 포함해야 한다.

⑤ 해당 서비스의 직접적인 운영 및 관리를 위한 백오피스 시스템은 인증범위에 포함되며, 해당 서비스와 관련이 없더라도 그 서비스의 핵심정보자산에 접근 가능하다면 포함한다.

26 정보보호 및 개인정보보호 관리체계(ISMS–P) 인증범위에 대한 고려사항으로 적절하지 않은 것을 고르시오.

① 정보통신서비스 관련 이용자 상담, 문의 대응 등을 위해 콜센터를 운영하는 경우, 콜센터 관련 시스템(교환기, CTI, IVR 등)은 의무 심사범위에 포함한다.

② 인증 대상 서비스 및 응용시스템을 위해 필요한 데이터가 저장·관리되는 데이터베이스는 심사범위에 포함한다.(회원DB, 운영DB, 백업DB 등)

③ 개발서버, 시험서버, 형상관리서버, 모니터링서버, 백업서버, 로그서버, 보안관리서버, 패치관리서버 등은 심사범위에 포함한다.

④ 인증범위에 포함된 조직 및 인력이 인터넷 사용, 원격접속 등을 위해 필요한 네트워크 장비는 포함한다.

⑤ 별도의 보안설정 없는 더미(Dummy) 역할을 하는 스위치는 심사범위에서 제외 가능하다.

27 Global CBPR(Cross–Border Privacy Rules) 인증에 대한 설명으로 적절하지 않은 것을 고르시오.

① 개인정보보호위원회는 총괄 부처로서 국내에서 Global CBPR 관련 제반 정책을 수립하고, 한국인터넷진흥원은 '인증기관'으로서 인증심사 업무를 수행한다.

② Global CBPR은 회원국 간 전자상거래를 활성화하고 국경 간 안전한 개인정보 이전을 촉진하기 위한 제도이다.

③ 해당 인증은 지난 2011년 아시아·태평양 지역 9개 국가를 중심으로 상호 간 인증(APEC CBPR)으로 시작하였으며, 2025년부터 Global CBPR로 확대되었다.

④ Global CBPR은 APEC 프라이버시 9원칙을 이행하기 위한 50개의 인증 기준으로 구성되어 있다.

⑤ ISMS–P(정보보호 및 개인정보보호 관리체계) 의무대상자는 개인정보 처리 단계별 보안을 강화하기 위해 해외로 개인정보를 전송하는 경우 의무적으로 Global CBPR 인증을 취득하여야 한다.

28 국제 정보보호 경영시스템 인증제도(ISO/IEC 27001:2022)에 대한 설명으로 적절하지 않은 것을 고르시오.

① 정보보안경영시스템(ISMS: Infomation Security Management System)에 대한 국제표준으로서, 해당 조직이 정보보호경영을 실행하기 위한 프레임워크를 확립하고 이를 자사에 적용할 수 있도록 안내하는 인증 제도이다.

② 각 나라별로 인정기관 및 인증기관을 지정하여 운영하며, 인증기관 내 인증위원회에서 인증결과를 심의하고 의결한다.

③ ISO/IEC 27001는 10가지 핵심 항목과 14개 분야의 총 114개 관리 통제 항목으로 구성되어 있다.

④ 인증심사는 문서심사와 현장심사로 이루어지며, 인증 유효기간은 3년이다. 인증 취득 후에는 연 1회 이상 사후 심사를 받아야 한다.

⑤ ISO/IEC 27001 인증을 취득한 경우, 국내 정보보호 관리체계(ISMS) 인증심사 일부를 생략할 수 있다.

29 다음 중 EU GDPR에서 사용하는 용어 정의에 대한 설명으로 옳지 않은 것은?

① 정보사회서비스(Information Society Service)란 서비스를 제공받는 자의 개별적 요청에 따라, 온라인에서 전자적 수단을 통해 영리 목적으로 제공되는 서비스를 의미한다.

② DPO가 되기 위해 별도의 자격증이 필요하지 않으며, 반드시 해당 조직의 내부인일 필요는 없으며 외부 전문가를 선임해도 된다.

③ 프로파일링(Profiling)이란 개인의 특징을 분석하거나 예측하는 등 해당 개인의 특성을 평가하기 위하여 행해지는 모든 형태의 '자동화된(automatic)' 개인정보 처리를 의미한다.

④ 컨트롤러(Controller)란 개인정보 처리의 목적과 수단을 결정하는 주체를 말한다.

⑤ 개인정보(Personal data)란 살아 있는 개인에 관한 정보로서, 해당 정보만으로 또는 다른 정보와 결합하여 특정 개인을 식별할 수 있는 정보를 말한다.

30 다음 중 GDPR 적용 범위에 포함하지 않는 사례를 고르시오.

① 한국에만 본사를 둔 A사는 EU 내에 지점·법인은 없지만, 유로(€) 가격을 표기하고 독일어·프랑스어로 된 쇼핑몰을 운영하며 EU 국가로 배송하는 유료 서비스를 제공한다.

② 한국 스타트업 B사는 무료 모바일 앱을 전 세계에 제공하고, EU 이용자의 위치·사용 패턴을 분석해 개인별 맞춤 광고를 제공한다.

③ 한국 기업 C사는 한국 이용자만 대상으로 하는 서비스의 서버를 단지 비용 절감을 위해 EU 데이터센터에 두고 있다.

④ 한국 대기업 D사는 독일에 영업 지사를 두고 유럽 고객을 상대한다.

⑤ 브라질 국적의 여행객 E는 프랑스에 일시 체류하면서, 프랑스에 설립된 호텔 체인이 운영하는 모바일 앱을 통해 객실을 예약하고 결제 정보·연락처 등을 입력하였다.

31 다음의 보기 중 용어에 대한 설명으로 가장 적절하지 않은 것을 고르시오.

① 결합정보 : 결합전문기관을 통해 결합대상정보를 결합하여 생성된 정보

② 가명처리 : 개인정보의 일부를 삭제하거나 일부 또는 전부를 대체하는 등의 방법으로 추가 정보가 없이는 특정 개인을 알아볼 수 없도록 처리하는 것

③ 추가정보 : 개인정보의 전부 또는 일부를 대체하는 가명처리 과정에서 생성 또는 사용된 정보로서 특정 개인을 알아보기 위하여 사용·결합될 수 있는 정보

④ 재식별 : 특정 개인을 알아볼 수 없도록 처리한 가명정보에서 특정 개인을 알아보는 것

⑤ 결합키: 처리되는 정보에 의하여 알아볼 수 있는 사람으로서 그 정보의 주체가 되는 사람

(상)(중)**(하)**

32 다음은 프라이버시와 개인정보 자기결정권과 관련된 설명이다. 가장 적절하지 않은 것을 고르시오.

① 프라이버시는 타인에게 방해받지 않고 개인의 사생활, 공간, 개인적인 선택을 존중받을 권리이다.

② 사생활의 비밀과 자유를 존중받을 권리를 '프라이버시권'이라고 하며 프라이버시의 범주는 공간, 개인, 정보로 구분한다

③ 개인 프라이버시의 위반 예시로는 주거침입, 합법적 근거 없이 자동차 내부 검색 등이 있다.

④ 개인정보 자기결정권이란 자신에 관한 정보가 언제, 어떻게, 어떤 방식으로 알려지고 이용되도록 할 것인지를 정보주체가 스스로 결정할 수 있는 권리이다

⑤ 프라이버시는 소극적 권리이며 개인정보 자기결정권은 적극적 권리이다.

(상)**(중)**(하)

33 다음 중 「개인정보 보호법」 제4조에 규정된 정보주체의 권리에 해당하지 않는 것은?

① 개인정보 처리 여부 확인 및 열람 요구권

② 개인정보 처리 정지·정정·삭제 요구권

③ 개인정보 전송 요구권

④ 완전히 자동화된 결정에 대한 거부 또는 설명 요구권

⑤ 가명정보에 대한 열람·처리 정지·삭제 요구권

(상)**(중)**(하)

34 다음 중 「개인정보 보호법」 등 관련 법령 적용 시 법제 간 충돌이 발생했을 때의 일반 원칙에 대한 설명으로 가장 부적절한 것은?

① 상위법 우선의 원칙이란, 동일한 사항에 대하여 상위 법령과 하위 법령이 서로 충돌하는 경우, 상위 법령의 규정이 우선 적용되는 원칙을 말한다.

② 특별법 우선의 원칙이란, 일반법과 특별법이 동일한 사항을 규율할 때, 특정 분야나 상황을 대상으로 한 특별법이 일반법보다 우선하여 적용되는 원칙을 말한다.

③ 신법 우선의 원칙이란, 같은 효력 단계의 법률끼리 서로 충돌하는 경우, 나중에 제정·개정된 법률이 먼저 제정된 법률보다 우선하여 적용되는 원칙을 말한다.

④ 특정 사안에 대하여 특별법이 존재하더라도, 그 특별법 규정이 상위법인 헌법이나 다른 상위 법령에 명백히 위반되는 경우에는, 특별법보다 상위법 우선의 원칙이 우선 적용될 수 있다.

⑤ 특별법 우선의 원칙은 동일한 사안에 관하여 특별법이 일반법보다 규제를 완화하고 있는 부분에 대해서는 특별법 우선의 원칙이 적용되지 않는다.

(상)(중)(하)

35 다음 중 「개인정보 보호법」 및 「정보통신망 이용촉진 및 정보보호 등에 관한 법률」에 따라 법령에서 주민등록번호 처리가 허용되는 예외 사유에 해당하지 않는 것을 고르시오.

① 온라인 쇼핑몰 D사가 향후 진행될 고가 경품 이벤트 당첨 시 제세공과금 신고를 대비한다는 이유로, 회원 가입 단계에서 주민등록번호를 필수로 수집·보관하는 경우
② A회사가 「소득세법」 등 관련 세법에 따라 근로소득세 원천징수 및 연말정산을 위해 직원의 주민등록번호를 수집·처리하는 경우
③ B은행이 「전자금융거래법」에 따른 전자금융거래용 접근매체 발급 및 실명확인을 위해 고객의 주민등록번호를 처리하는 경우
④ 「정보통신망 이용촉진 및 정보보호 등에 관한 법률」에 따라 본인확인기관으로 지정된 C사가 휴대폰 본인확인 서비스 제공을 위해 이용자의 주민등록번호를 수집·이용하는 경우
⑤ 교통사고로 의식을 잃은 응급환자에 대해 병원이 응급수술 및 치료를 위한 신원 확인을 위해 주민등록번호를 확인·처리하는 경우

(상)(중)(하)

36 고정형 영상정보처리기기를 공개된 장소에 설치 및 운영 가능한 사례로 적절하지 않은 것을 고르시오.

① 법령에서 구체적으로 허용하고 있는 경우
② 개인이 교통법규 신고를 목적으로 전용차로 위반, 주정차 위반 촬영을 위해 도로상에 CCTV를 설치·운영하는 경우
③ 시설의 안전 및 관리, 화재 예방을 위하여 정당한 권한을 가진 자가 설치·운영하는 경우
④ 불특정 다수가 출입이 가능한 공개된 장소에서, 촬영된 영상을 저장하지 아니하면서 방문객 수 집계 등 통계값 산출을 목적으로 일시적으로 사용하는 경우
⑤ 교통정보의 수집·분석 및 제공을 위하여 정당한 권한을 가진 자가 설치·운영하는 경우

(상)(중)(하)

37 다음 중 전문 개인정보 보호책임자 지정 적용 대상에 대한 설명으로 적절하지 않은 것을 고르시오.

① 연 매출액 또는 수입이 1,500억 원 이상인 자로서, 100만 명 이상 개인정보 또는 5만 명 이상 민감·고유식별정보를 처리하는 자
② 재학생 수 2만 명 이상인 대학(대학원 재학생 수 포함)
③ 대규모 민감정보(건강정보)를 처리하는 상급종합병원
④ 개인정보보호위원회가 고시하는 기준을 충족하는 공공시스템운영기관
⑤ 클라우드 서비스 제공자

상 중 **하**

38 개인정보의 국외이전에 대한 설명으로 적절하지 않은 것을 고르시오.

① 개인정보를 국외로 제공(조회되는 경우 포함) · 처리위탁 · 보관하는 것은 원칙적으로 금지되어 있다.

② 해외에서 한국인의 공개된 개인정보를 수집하는 경우에도 개인정보의 국외 이전에 해당한다.

③ 국외이전 중지 명령을 받은 개인정보처리자가 이에 불복하는 경우, 명령을 받은 날로부터 7일 이내에 보호위원회가 정하는 이의신청서에 이의신청 사유를 증명할 수 있는 서류를 첨부하여 보호위원회에 제출한다.

④ 보호위원회는 서류를 받은 날로부터 30일 이내에 그 처리 결과를 문서로 알려야 한다.

⑤ 개인정보 국외이전 관련 규정을 위반하거나 개인정보보호 수준이 취약하여 국외이전 시 정보주체의 피해가 예상되는 경우, 보호위원회에서는 개인정보 국외이전 중지를 명령할 수 있다.

상 중 **하**

39 개인정보 수집 출처 및 이용 · 제공 내역 통지에 대한 설명으로 적절하지 않은 것을 고르시오.

① 개인정보처리자는 수집한 개인정보의 이용 · 제공 내역이나 해당 내역을 확인할 수 있는 방법을 정보주체에게 연 1회 이상 통지하여야 한다.

② 자체적으로 생산된 정보도 정보주체의 요구가 있으면 수집 출처 및 이용 · 제공 내역에 대해 알려야 한다.

③ 정당한 사유가 없는 한 정보주체의 요구가 있은 날로부터 3일 이내에 수집 출처, 처리 목적, 동의철회 권리를 알려야 한다

④ 정보주체 이외로부터 수집한 개인정보는 개인정보의 수집 출처, 개인정보의 처리 목적, 개인정보 처리의 정지를 요구하거나 동의를 철회할 권리가 있다는 사실을 알려야 한다.

⑤ 연락처 등 정보주체에게 알릴 수 있는 개인정보가 없을 경우 통지 대상에서 제외 된다.

상 중 **하**

40 아동의 개인정보 보호를 위해 법정대리인 동의를 받는 방법에 대한 설명으로 적절하지 않은 것을 고르시오.

① 개인정보 처리자는 만 14세 미만 아동의 개인정보를 처리할 때는 보호자의 동의를 받아야 하며 법정대리인이 동의하였는지 확인하여야 한다.

② 미성년자의 법정대리인은 1차적으로는 아동의 부모 등 친권자가 법정대리인이 된다.

③ 미성년자에게 부모가 없거나 부모가 친권을 행사할 수 없는 때에는, 2차적으로 후견인이 법정대리인이 된다.

④ 아동에게 동의 시 고지 등을 할 때는 이해하기 쉬운 양식과 명확하고 알기 쉬운 언어를 사용해야 한다.

⑤ 법정대리인 동의를 받기 위한 법정대리인의 최소한의 정보(성명, 연락처)는 법정대리인의 개인정보이므로 아동으로부터 직접 수집이 불가능하다.

41 다음의 내용 중 가명정보에 대한 설명으로 잘못된 것은?

① 가명정보의 처리 목적이 시장조사를 위한 통계 등 상업적 성격일 경우에는 가명정보 처리가 불가능하다.

② 과학적 연구와 관련하여 공적 자금으로 수행하는 연구뿐만 아니라 민간으로부터 투자를 받아 수행하는 연구에서도 가명정보 처리가 가능하다.

③ 공익적 기록보존은 공공기관이 처리하는 경우에만 공익적 목적이 인정되는 것은 아니며, 기업, 단체 등이 일반적인 공익을 위하여 기록을 보존하는 경우에도 공익적 기록보존 목적이 인정된다.

④ 가명정보를 과학적 연구 등 법에서 허용하는 목적 범위로 제공하면서 대가를 받는 것은 가능하나, 법에서 정한 목적 범위를 벗어나 판매할 목적으로 가명처리하는 것은 허용되지 않는다.

⑤ 개인정보를 개인정보 보호법에서 정한 처리 목적에 따라 가명처리하고 관련 안전조치 등 법률에서 정한사항을 모두 준수하여 가명정보를 제공한 경우, 가명정보를 제공받은 자가 가명정보 이용 과정에서 의도치 않게 특정 개인을 알아볼 수 있는 정보가 생성되었다는 사실만으로는 가명정보를 제공한 자에 대해 개인정보 보호법상 행정처분을 하지 아니한다.

42 '루트킷(rootkit)'에 대한 설명으로 가장 적절한 것을 고르시오.

① 루트킷은 사용자 실수로 생성되는 정상 로그 파일을 말하며, 탐지·제거가 쉽다.

② 루트킷(Rootkit)은 시스템 내부에 몰래 설치되어 악성 행위를 은폐하고, 관리자 권한을 획득한 후에도 탐지되지 않도록 시스템 기능을 조작하는 고도화된 악성코드이다.

③ 루트킷은 브라우저 스크립트 주입을 통해 쿠키를 탈취하는 클라이언트 측 반사형 공격을 뜻한다.

④ 루트킷은 DNS 변조로 피싱 사이트로 유도하는 사회공학 기법을 말한다.

⑤ 루트킷은 네트워크 장비의 QoS 설정을 변경해 서비스 성능을 떨어뜨리는 관리 기능에 가깝다.

43 다음 중 내부관리계획에 대한 설명으로 옳지 않은 것은 무엇인가?

① 내부관리계획은 개인정보처리자의 고유 환경에 맞게 구체적으로 수립해야 한다.

② '내부관리계획'이라는 명칭을 반드시 사용해야 하며, 다른 용어로 대체할 수 없다.

③ 내부관리계획은 전사적 계획 하에 시행되도록 사업주 또는 대표자의 승인(예: 결재 등)을 받아야 한다.

④ 개인정보 보호책임자는 연 1회 이상 내부관리계획 이행 실태를 점검하여야 한다.

⑤ 내부관리계획에는 기술적·관리적·물리적 보호조치 등이 포함되어야 한다.

44 다음 중 '물리적 안전조치'에 대한 내용으로 적절하지 않은 것을 고르시오.

① 개인정보처리자는 전산실, 자료보관실 등 개인정보를 보관하고 있는 물리적 보관 장소를 별도로 두고 있는 경우에는 비인가자의 출입 등으로 인한 개인정보의 유출 등을 방지하기 위해 출입통제 절차를 수립 · 운영하여야 한다.

② 출입에 관한 사항을 '출입 관리대장'에 기록하고 해당 업무 관계자가 이를 확인해야 한다.

③ 정상 · 비정상적인 출입 여부, 장비 반입 · 반출의 적정성 등을 정기적으로 검토하여야 한다.

④ 출입을 통제하는 방법으로는 물리적 접근 방지를 위한 장치를 설치 · 운영하고 이에 대한 출입 내역을 전자적 매체에 기록하여야 하며 수기문서 대장 작성은 조작 및 변조의 위험이 있어 인정되지 않는다.

⑤ 개인정보처리자는 개인정보가 포함된 서류, 보조저장매체(이동형 하드디스크, USB메모리, 외장형 SSD 등) 등은 금고, 잠금장치가 있는 캐비닛 등 안전한 장소에 보관하여야 한다.

45 다음의 그림이 설명하는 공격 기법으로 적절한 것은?

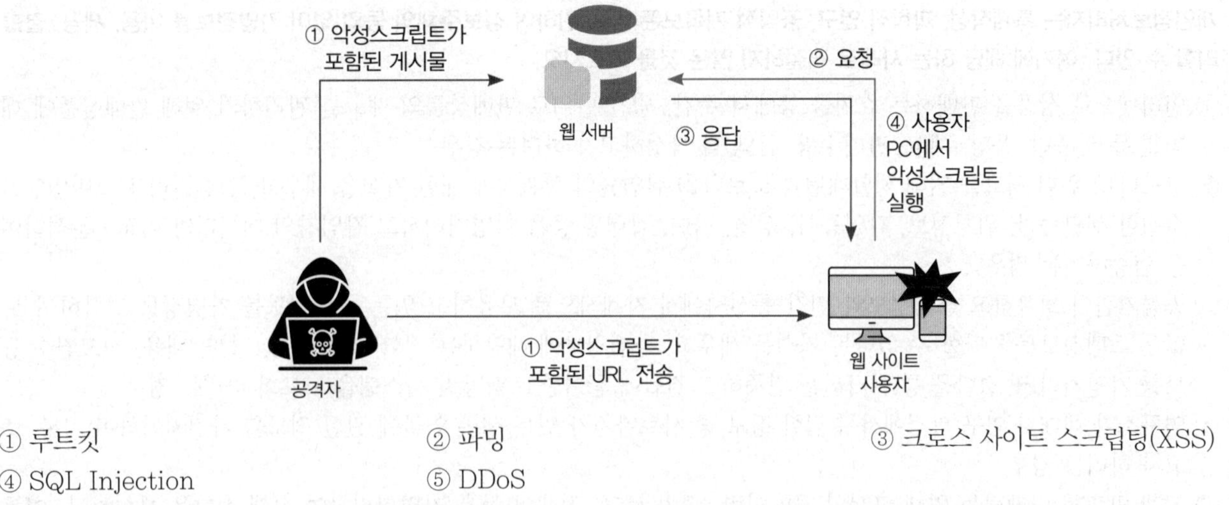

① 루트킷   ② 파밍   ③ 크로스 사이트 스크립팅(XSS)

④ SQL Injection   ⑤ DDoS

46 최근 통신사 해킹사건의 공격기법에 사용된 BPFDoor에 대한 설명으로 적절하지 않은 것을 고르시오.

① BPFDoor는 리눅스 기반 시스템의 커널 수준(BPF: Berkeley Packet Filter) 기능을 악용하여 탐지를 회피하는 백도어 악성코드이다.

② BPFDoor는 외부로 포트를 개방하지 않고도 공격자 명령을 수신할 수 있는 '포트리스(port-less)' 구조로 설계되어 있다.

③ 이번 통신사 사고에서는 BPFDoor를 통해 내부망에 침입한 뒤 유심(USIM)의 인증키(Ki)와 가입자 식별번호(IMSI) 등이 대량으로 유출된 것으로 조사되었다.

④ BPFDoor는 탐지를 피하기 위한 은폐(stealth) 기능이 없어 모든 활동은 시스템 로그에 기록되기 때문에 실시간 로그 분석을 통해 대응이 가능하다.

⑤ BPFDoor는 시스템이 부팅되어도 자동 실행되며, 감염 사실을 사용자나 보안 솔루션이 인지하기 어렵도록 설계되어 있다.

47 다음 그림의 가명처리 기법으로 적절한 것을 고르시오.

통신료		통신료		통신료
98,700		54,800		83,600
69,400		69,400		83,600
104,400	정렬 →	83,600	중간값 →	83,600
54,800		98,700		83,600
83,600		104,400		83,600

① 총계처리   ② 라운딩(Rounding)   ③ 마스킹
④ Local Generalization   ⑤ 토큰화

48 개인정보처리자는 통계작성, 과학적 연구, 공익적 기록보존 등을 위하여 정보주체의 동의 없이 가명정보를 이용, 제공, 결합 등 처리할 수 있다. 여기에 해당 하는 사례로 적절하지 않은 것을 고르시오.

① 인터넷으로 상품을 판매하는 쇼핑몰 등에서 주간, 월간 단위로 판매상품의 재고를 관리하기 위해 판매상품에 대한 지역별 통계(품번, 품명, 재고, 판매수량, 금액)를 작성하고자 하려는 경우
② 코로나19 위험 경고를 위해 생활패턴과 코로나19 감염률의 상관성에 대한 가설을 세우고, 건강관리용 모바일앱을 통해 수집한 생활습관, 위치정보, 감염증상, 성별, 나이, 감염원 등을 가명처리하고 감염자의 데이터와 비교·분석하여 가설을 검증하려는 경우
③ 공공기관이 보유하고 스팸정보와 민간 통신사에서 자체적으로 보유하고 있는 스팸정보를 가명정보 결합하여 보다 더 많은 스팸정보를 차단할 수 있다는 가설을 세우고, 스팸정보에 해당하는 전화번호, 유형, 날짜, 내용, 신고건수 등의 정보를 가명처리 및 결합을 통해 가설을 검증하고 결합에 참여한 스팸방지 시스템을 고도화 하려는 경우
④ 연구소가 현대사 연구 과정에서 수집한 정보 중 사료가치가 있는 생존 인물에 관한 정보를 가명처리하여 기록·보존하고자 하려는 경우
⑤ 고객 맞춤형 마케팅을 위해 고객의 구매이력, 접속 로그, 검색어 등을 가명처리하여 고객 성향을 분석하고, 이를 기반으로 개별 고객에게 맞춤 광고를 제공하려는 경우

49 물리적 망분리에 대한 설명으로 적절하지 않은 것은?

① 물리적 망분리는 인터넷망과 내부업무망을 물리적으로 분리된 단말 또는 네트워크 장비를 통해 완전히 분리하는 방식이다.
② 망분리 환경에서 인터넷 사용이 필요한 경우, 인터넷 전용 단말기를 별도로 두거나 가상화 기반 분리 방식을 사용할 수 있다.
③ 내부망과 외부망 간 데이터 교환이 필요한 경우, 보안 승인된 망연계시스템을 통해 자료를 송수신하도록 할 수 있다.
④ 물리적 망분리는 보안을 강화하기 위해 네트워크 장비, 케이블 등 물리적인 구성을 독립적으로 구축하는 것이 기본 원칙이다.
⑤ 하나의 랜카드로 인터넷망과 내부망을 연결하여 물리적 망분리를 구현할 수 있다.

50 해커가 인터넷뱅킹 등의 사이트 주소를 관활하는 도메인 서버를 직접 공격해 인터넷 프로토콜 주소 자체를 변경하여 정상 주소를 입력해도 가짜 사이트가 뜨게 하여 개인정보를 빼가는 공격은?

① 스미싱(Smishing) ② 피싱(Phishing) ③ 파밍(Pharming)
④ 키로깅 ⑤ 워터링 홀

51 개인정보 경영시스템 인증제도(ISO/IEC 27701)에 대한 설명으로 적절하지 않은 것을 고르시오.

① 개인정보 보호 정책 준수, 물리적 보안, 정보 접근 통제 등 49개 항목, 114개 기준 요건을 충족할 경우 인증을 받을 수 있다.
② ISO/IEC 27701은 ISO/IEC 27001의 확장 표준으로, 조직의 개인정보 보호 관리체계 수립을 위한 구체적인 요구사항과 지침을 제공한다.
③ ISO/IEC 27701은 ISO/IEC 27001 인증과 별도로 단독으로 인증받을 수 있다.
④ ISO/IEC 27701은 개인정보처리자 및 수탁자 각각에 대한 관리 기준이 구분되어 명시되어 있다.
⑤ ISO/IEC 27701 인증은 국제적으로 통용되는 개인정보 보호 수준을 갖추었는지를 평가할 수 있는 기준이 된다.

52 개인정보 영향평가(PIA) 대상에 대한 설명으로 적절하지 않은 것은?

① 주민등록번호를 3만 건 처리하는 개인정보파일을 신규 구축하는 경우
② 5만 건 이상의 민감정보를 처리하는 시스템을 구축하는 경우
③ 50만 명 이상의 정보주체 데이터를 다른 기관과 연계·결합하는 경우
④ 100만 명 이상의 정보주체의 개인정보를 처리하는 시스템을 구축하는 경우
⑤ 개인정보처리시스템을 중대한 변경(추가 기능, 목적 확장 등)하는 경우

53 다음 중 정보보호 및 개인정보보호 관리체계 인증(ISMS-P)을 취득할 때, 인증심사의 일부 생략 또는 완화된 기준 적용이 가능한 경우로 적절하지 않은 것은?

① ISO/IEC 27001을 취득하였으나 인증 받은 범위 외에 추가되는 시스템에 대해 ISMS-P 인증을 신청하는 경우
② 주요정보통신기반시설의 취약점 분석·평가를 완료한 경우
③ 교육부 정보보안 기본지침에 따른 정보보안 수준에 대한 해당 연도의 평가결과가 만점의 100분의 80이상인 경우
④ 정보통신서비스 부문 매출액이 300억 원 이상인 중기업이 주요 정보통신설비를 직접 설치·운영하지 않은 경우
⑤ 「중소기업기본법」 제2조제2항에 따른 소기업이 ISMS-P 인증을 신청하는 경우

54 다음 중 정보보호 및 개인정보보호 관리체계 인증(ISMS-P)을 취득한 후, 정책 및 관리체계의 유지관리 및 사후관리에 대한 설명으로 적절하지 않은 것은?

① ISMS-P 인증을 취득한 기관은 인증 유효기간(3년) 동안 정보보호 및 개인정보보호 관리체계를 지속적으로 유지하고 개선하여야 한다.

② 사후심사는 관리체계가 인증기준에 적합한 수준으로 유지되는지 확인하기 위해 인증 유효기간 중 매년 1회 이상 실시하는 심사이다.

③ 인증을 취득한 범위와 관련하여 침해사고 또는 개인정보 유출사고가 발생할 경우, 한국인터넷진흥원은 필요에 따라 인증 관련 항목의 보안 향상을 위한 지원 등을 할 수 있다.

④ 사후심사를 실시하지 않아 인증이 취소된 기관은 갱신심사를 통해 인증의 효력을 회복할 수 있으며, 이 경우 심사 과정은 최초 심사와 동일하다.

⑤ ISMS-P 인증기관은 인증서에 명시된 인증범위, 인증항목 및 적용기준을 변경하려는 경우, 한국인터넷진흥원에 변경심사를 신청할 수 있다.

55 다음 중 개인정보 보호 교육에 대한 설명으로 적절하지 않은 것은?

① 개인정보처리자의 지휘 · 감독을 받아 개인정보를 처리하더라도 고용관계가 없다면 교육 대상에 해당하지 않는다.

② 개인정보 처리 업무 위탁이 일회성으로 이루어지거나 위탁 기간이 매우 짧아 수탁자에 대한 교육 자체가 현실적으로 어려운 경우에는 개인정보 처리 위탁 계약을 체결하면서 해당 문서에 수탁자가 지켜야 할 사항을 명확히 기재하고 수탁자가 관련 직원에게 전달하여 교육할 수 있도록 요청하거나, 수탁자가 관련 직원에 대하여 교육 사항을 전달하였음을 확인하는 방식으로 교육을 수행할 수 있다.

③ 전문 수탁자는 위탁받은 업무의 내용이 실질적으로 동일한 경우에는 각각의 위탁자가 요청하는 교육을 모두 이행하는 대신에 관련 교육을 소속 직원을 대상으로 직접 또는 제3자를 통하여 실시하고 그 결과를 다수의 위탁자에게 알리는 방법으로 위탁자의 요청에 대응할 수 있다.

④ 개인정보처리자는 다음 교육 절차에 따라, 개인정보 보호책임자 및 개인정보 취급자를 대상으로 사업규모, 개인정보 보유 수, 업무성격 등에 따라 차등화하여 필요한 교육을 정기적으로 실시하여야 한다.

⑤ 교육 내용은 개인정보처리 환경에 따라 유동적으로 정할 수 있으며, 개인정보 보호책임자 그리고 개인정보취급자의 지위 · 직책, 담당 업무의 내용 및 성격, 업무 숙련도 등에 따라 차등화해야 한다.

56 AI 개발자와 서비스 제공자가 수행해야 하는 안전성 확보 조치에 대한 설명으로 적절하지 않은 것을 고르시오.

① 공개 데이터에는 위법하거나 정보주체의 의사와 무관하게 공개된 개인정보가 다수 포함되어 있을 수 있어 데이터 수집 출처 검증 노력이 필요

② 미세조정(fine-tuning)을 통한 추가 안전장치를 마련할 것을 권장

③ 실제 서비스 단계에서 프롬프트 공격 등에 의해 개인정보가 유 · 노출되는 등의 위험이 발생할 수 있어, 필터조치를 적용하는 것이 바람직함

④ AI 학습데이터에 민감한 정보가 포함되어 있을 개연성이 높거나 정보주체 권리 · 의무에 중대한 영향을 미칠 수 있는 AI 서비스를 개발 · 운영하는 경우 영향평가 실시를 고려하는 것이 바람직함

⑤ AI 학습용 개인정보 데이터는 모델 학습 완료 후에는 더 이상 안전조치 대상이 아니므로, 별도 조치를 하지 않아도 된다.

(상)**(중)**(하)
57 다음 중 Global CBPR(Global Cross-Border Privacy Rules)에 대한 설명으로 적절하지 않은 것은?

① Global CBPR은 APEC CBPR 시스템에서 출발하여 글로벌 개인정보 이전 환경에 맞춰 확장된 자율 인증 프레임워크
이다.
② Global CBPR 인증은 각국 정부가 승인한 제3자 인증기관(Accountability Agent)이 기업의 개인정보 보호 조치를
평가 · 인증한다.
③ Global CBPR 인증은 의무 제도로 운영되며, 개인정보를 해외로 이전하기 위해서는 반드시 CBPR 인증을 받아야 한다.
④ Global CBPR의 주요 목적은 국가 간 데이터 이동을 촉진하면서도 각국의 개인정보 보호 원칙을 조화롭게 반영하는
것이다.
⑤ 인증을 받은 기업은 참여 국가 간 상호 승인(Mutual Recognition) 체계를 기반으로 개인정보를 이전할 수 있는 신뢰
기반을 확보할 수 있다.

(상)(중)**(하)**
58 다음 중 정보보호 및 개인정보보호 관리체계 인증(ISMS-P) 인증 범위 설정 · 적용에 대한 설명으로 적절하지 않은 것은?

① 인증범위에는 대외 서비스뿐 아니라 이를 지원하는 내부 시스템도 포함될 수 있다.
② 개인정보를 처리하거나 처리 과정에 관여하는 콜센터 · 헬프데스크 등은 범위에 포함될 수 있다.
③ 위 · 수탁 운영의 경우, 수탁자가 이미 ISMS-P 인증을 보유하고 있다면 위탁자는 별도의 관리 · 감독을 수행할 필요가
없다.
④ 인증 범위에는 사업장 · 센터 · 지역 등 물리적 경계와 조직 · 업무 · 시스템의 논리적 경계가 함께 정의되어야 한다.
⑤ 범위 설정 시 개인정보 흐름(수집 · 이용 · 제공 · 보관 · 파기)과 대내외 인터페이스를 도식으로 명확히 한다.

(상)**(중)**(하)
59 정보보호 및 개인정보보호 관리체계 인증(ISMS-P) 인증범위 설정 시 고려사항에 대한 설명으로 적절하지 않은 것을 고르시오.

① 인증 받고자 하는 서비스의 범위는 이용자 중심의 대외 서비스만 포함할 것인지 임직원이 이용하는 내부 서비스까지 포함
할 것인지에 대해서 고려하여야 한다.
② ISMS 인증 의무대상자가 ISMS-P 인증으로 대체하고자 하는 경우 ISMS-P 인증범위에는 ISMS 인증범위를 반드시
모두 포함하여야 한다.
③ 온라인 또는 오프라인 여부와 상관없이 인증을 받고자 하는 서비스에서 처리되는 개인정보를 중심으로 관련된 모든 업
무 및 정보시스템을 식별하여야 한다.
④ 클라우드 서비스를 이용하는 경우, 클라우드 서비스 제공자가 CSAP 또는 ISMS-P 인증을 받았다면 해당 영역은 인
증범위에서 생략이 가능하다.
⑤ 정보시스템 및 개인정보를 모두 고려하여 서비스를 운영하기 위한 조직 및 인력, 정보시스템, 물리적 장소, 수탁자 등
을 파악하고 인증범위를 설정한다.

60 정보보호 및 개인정보보호 관리체계 인증(ISMS-P) 인증심사 절차에 대한 설명으로 적절하지 않은 것을 고르시오.

① 신청기관은 인증심사 신청 전 취득하고자 하는 인증의 종류에 따라 ISMS 혹은 ISMS-P 관리체계를 구축하고 최소 2개월 이상 운영한 증거자료를 준비하여야 한다.

② 인증심사 신청 시 취득하고자 하는 인증에 따라 ISMS 단일 인증, ISMS-P 단일 인증, 다수 인증(ISMS & ISMS-P), 예비인증, 인증의 특례 중 하나를 정하여 신청할 수 있다.

③ 심사팀장은 인증 수수료 납부 이후 심사 준비상태를 점검하며, 인증범위 및 심사 계획을 확정한다.

④ 인증을 받고자 하는 인증심사 대상 서비스가 여러 개 있는 경우 인증범위를 합치거나 분할하여 신청할 수 있으며, 인증범위를 분할할 경우, 각각의 인증범위에 대한 별도의 인증계약으로 수수료 등 추가 비용이 발생할 수 있다.

⑤ 심사 준비상태 점검이란 심사팀장이 신청기관을 방문하여 정보시스템의 규모, 위험 식별 및 평가 수행 여부, 운영명세서 등 인증심사에 필요한 기초자료 구비 유무, 인증심사 준비상태 및 운영여부를 확인하는 것이다.

61 다음은 개인정보에 대한 설명이다. 이에 대한 설명으로 적절하지 않은 것을 고르시오.

① ID와 결제상품정보는 개인정보에 해당할 수 있다.

② 가상자산 지갑주소는 개인정보에 해당할 수 있다.

③ 개인의 치아 엑스레이 사진은 개인정보에 해당할 수 있다.

④ 교통법규 위반 차량의 범칙금 납부 여부는 개인정보가 아니다.

⑤ 본인확인기관이 주민등록번호를 변환한 연계정보(CI)가 개인정보이다.

62 다음은 개인정보 보호법 해석 사례에 대한 설명이다. 사례에 대한 설명으로 적절하지 않은 것을 고르시오.

① 개인정보처리자의 과실 등으로 열람을 요청하는 등 열람 요청 사유가 개인정보처리자에게 있는 경우에는 열람에 수반되는 비용을 개인정보처리자가 부담해야 한다.

② 영상정보는 반드시 개인정보 보호를 위해 30일 이내로 보관하여야 하며, 안전성 확보에 필요한 조치를 하여야 한다.

③ 여러 대의 CCTV를 같은 건물 내에서 설치·운영하는 경우에는 출입구 등 잘 보이는 곳에 대표적인 안내판만 설치해도 된다.

④ 범죄 예방 및 시설 안전을 위해 행정복지센터 민원실에 설치·운영 중인 CCTV 영상을 같은 목적으로 민원실 내 모니터로 송출 가능하다.

⑤ 주차장에서 발생한 사고와 관련하여 사고차량 차주 본인이 아닌, 그가 가입한 보험사가 사고차량 차주의 위임장을 제출하면서 그 차주를 대리하여 개인영상 정보 열람을 요구하였다면 이에 응해야 한다.

상 중 하

63 다음은 개인정보 침해유형에 대한 설명이다. 이에 대한 설명으로 적절하지 않은 것을 고르시오.

① 개인정보 유출 : 개인정보 유출이란, 인가받지 않은 외부인에게 개인정보가 제공되거나 접근되는 경우를 말하며, 내부 직원이 권한을 남용하여 열람한 것은 유출에 미포함

② 홈페이지 노출 : 관리 부주의로 인하여 개인정보가 웹페이지의 게시물, 파일, 소스코드 및 링크(URL)에 포함되어 노출되는 경우

③ 개인정보 오남용 : 다양한 경로를 통해 수집한 개인정보가 이용 또는 관리 과정에서 관리 부주의 및 실수, 악의적인 유출, 해킹 등으로 인해 유출된 후 불법스팸, 마케팅, 보이스 피싱 등에 악용되어 개인정보 침해가 발생하는 경우

④ 허술한 관리 및 방치 : 개인정보처리자는 개인정보를 처리하면서 개인정보가 분실, 도난, 유출, 위조, 변조 또는 훼손되지 아니하도록 안전성 확보에 필요한 기술적, 관리적 및 물리적 안전조치를 취하여야 하나 안전조치가 미비한 경우

⑤ 개인정보 불법유통 : 다양한 경로를 통해 수집한 개인정보가 이용 및 관리 과정에서 관리 부주의 및 실수, 악의적인 유출, 해킹 등으로 인해 유출된 후 금전적 이익 수취를 위해 불법적인 방법을 통해 거래되는 경우

상 중 하

64 맞춤형 광고에 활용되는 온라인 행태정보에 대한 설명으로 적절하지 않은 것을 고르시오.

① 행태정보가 개인정보 보호법에서 규정하고 있는 개인정보에 해당되는 경우 개인정보 보호법 준수 의무가 발생한다.

② 개인정보 처리방침에 인터넷 접속정보파일 등 개인정보의 자동 수집 장치 설치 · 운영에 관한 사항을 포함하도록 규정한다.

③ 이용자 동의 없이 개인정보(이용자의 타사 행태정보)를 수집하여 온라인 맞춤형 광고에 활용할 경우 과징금 등 제재 처분이 가능하다.

④ 개인정보와 행태정보를 처리하는 시스템을 분리하여 운영하고, 결합되는 매칭키가 없도록 하여 행태정보가 개인정보와 결합될 수 없도록 해야 한다.

⑤ 14세 미만 아동에게 행태정보와 개인 식별정보를 결합하여 맞춤형 광고를 제공하고자 경우 사전에 법정대리인의 동의를 받을 필요가 없다.

상 중 하

65 다음은 개인정보 보호를 위한 암호화 기법에 대한 설명이다. 설명으로 적절하지 않은 것을 고르시오.

① 양방향 암호화(Two-way encryption) : 특정 정보에 대해 암호화와 암호화된 정보에 대한 복호화가 가능한 암호화 기법

② 일방향 암호화 (One-way encryption) : 원문에 대한 암호화의 적용만 가능하고 암호문에 대한 복호화 적용이 불가능한 암호화 기법

③ 순서보존 암호화 (Order-preserving encryption) : 원본정보의 순서와 암호값의 순서가 동일하게 유지되는 암호화 방식

④ 다형성 암호화 (Polymorphic encryption) : 가명정보의 부정한 결합을 차단하기 위해 각 도메인별로 서로 다른 가명 처리 방법을 사용하여 정보를 제공하는 방법

⑤ 동형 암호화(Homomorphic encryption) : 원본 정보의 형태와 암호화된 암호값의 형태가 동일하게 유지되는 암호화 방식

(상)(중)(하)

66 개인을 알아볼 가능성이 있는 준식별자(Quasi-identifier)와 민감속성(Sensitive attribute)을 분리해서 저장함으로써 재식별 위험을 낮추는 가명처리 방법은?

① 해부화(Anatomization)
② 토큰화(Tokenisation)
③ 범주화(Categorization of character data)
④ 총계처리(Aggregation)
⑤ 삭제(Suppression)

(상)(중)(하)

67 가명정보 처리 가이드라인의 안전성 확보조치에 대한 설명으로 적절하지 않은 것을 고르시오.

① 가명정보와 추가정보의 분리 보관. 다만, 추가정보가 불필요한 경우에는 추가정보를 파기해야 한다.
② 추가정보와 가명정보는 분리하여 보관하는 것을 원칙으로 하고, 반드시 물리적인 DB 분리를 통해 안전하게 보관하여야 한다.
③ 가명정보를 취급할 자를 추가로 둘 여력이 없는 경우 등 접근권한의 분리가 어려운 정당한 사유가 있는 경우에는 업무 수행에 필요한 최소한 접근권한 부여 및 접근권한의 보유 현황을 기록으로 보관하는 등 접근권한을 관리·통제하여야 한다.
④ 가명정보처리시스템의 접근권한 부여, 변경 또는 말소에 대한 내역을 기록하고, 그 기록을 최소 3년간 보관하여야 한다.
⑤ 개인정보처리자는 정보주체의 가명처리 정지를 요구 받았을 때에는 지체 없이 해당 정보주체의 개인정보 처리의 전부 또는 일부를 정지하여야 한다.

(상)(중)(하)

68 개인정보 보호법상 주민등록번호 처리 제한에 대한 설명으로 적절하지 않은 것을 고르시오.

① 주민등록번호 처리 적법 요건으로 동의는 요구되지 않으므로 예외사유에 해당하여 주민등록번호를 처리할 때에 정보주체로부터 별도의 동의를 받을 필요는 없다.
② 개인정보 처리 업무 위탁 계약을 맺은 경우 주민등록번호 처리 업무를 위탁할 수 있다.
③ 주민등록번호는 개인정보보호법 제24조의2, 동법 시행령 제21조의2에 따라 "개인정보 영향평가"나 "암호화 미적용 시 위험도 분석"의 결과에 따라 암호화 없이 저장 가능할 수 있다.
④ 이동통신서비스 등을 제공받아 재판매하는 전기통신사업자가 본인확인기관으로 지정받은 이동통신사업자의 본인확인 업무 수행과 관련하여 이용자의 주민등록번호를 수집·이용이 가능하다.
⑤ 주민등록번호의 뒤 7자리만 수집·이용하는 것은 주민등록번호의 부여 체계를 활용하여 주민등록번호의 고유한 특성, 즉 유일성과 식별성을 이용하는 행위이므로, 이는 주민등록번호 전체를 수집·이용하는 경우로 볼 수 있다.

69 다음은 개인정보 보호법 해석에 대한 사례이다. 이에 대한 설명으로 적절하지 않은 것을 고르시오.

① 한글, 엑셀 등 상용프로그램에서 제공하는 비밀번호 설정 기능을 사용하여 암호화를 적용하는 것도 보호법상 암호화 조치에 해당할 수 있다.

② 개인정보의 처리 업무를 위탁하는 위탁자가 보호법에 따라 민감정보 · 고유식별정보 · 주민등록번호를 처리할 수 있는 개인정보처리자라면 수탁자 또한 위탁받은 범위 내에서 민감정보 · 고유식별정보 · 주민등록번호를 처리할 수 있다.

③ 지방자치단체는 적법한 조례에 따라 교통약자의 이동지원과 관련한 이용자의 개인정보를 동의 없이 수집 · 이용할 수 있다.

④ 개인정보 처리(수집 · 이용, 제공 등)에 대한 동의를 받기 위한 수단으로 ARS는 이용할 수 없다.

⑤ 수탁자 관리방법으로 전문기관, 관련협회, 컨설팅 기관 등을 통한 대행, 원격점검, 솔루션 배포 등 다양한 방법을 활용할 수 있다.

70 전문 CPO(개인정보보호책임자) 제도에 대한 설명으로 적절하지 않은 것을 고르시오.

① 민간기업은 대표 또는 임원을 CPO로 지정해야 한다.

② 전문 CPO 지정 적용 대상은 연 매출액 또는 수입이 1,500억원 이상인 자로서, 100만명 이상 개인정보 또는 5만명 이상 민감 · 고유식별정보를 처리하는 자, 재학생 수 2만 명 이상인 대학(대학원 재학생 수 포함), 대규모 민감정보(건강정보)를 처리하는 상급종합병원, 공공시스템운영기관 등이다.

③ 전문 CPO의 자격요건은 개인정보보호 경력, 정보보호 경력, 정보기술 경력을 합해 총 4년 이상의 기간이면 가능하고, 그 가운데 개인정보보호 경력을 최소 1년 이상 보유하고 있어야 한다.

④ 정보보호 및 개인정보보호 관리체계 인증심사원은 1년은 경력 인정기간을 받을 수 있다.

⑤ 개인정보보호 관련 박사학위 취득자는 2년의 경력 인정기간을 받을 수 있다.

71 이동형 영상정보처리기기 설치 및 운영에 대한 설명으로 적절하지 않은 것을 고르시오.

① 공개된 장소 등에서 업무 목적으로 이동형 영상정보처리기기로 사람 또는 그 사람과 관련된 사물의 영상을 촬영해서는 안 된다.

② 범죄, 화재, 재난 또는 이에 준하는 상황에서 인명의 구조 · 구급 등을 위하여 사람 또는 그 사람과 관련된 사물의 영상의 촬영이 필요한 경우는 촬영이 가능하다.

③ 불빛, 소리, 안내판, 안내서면, 안내방송 또는 그 밖에 이에 준하는 수단이나 방법으로 정보주체가 촬영 사실을 쉽게 알 수 있도록 표시하고 알려야 한다.

④ 정보주체가 촬영거부의사를 밝히지 아니한 경우라도 업무를 목적으로 이동형 영상정보처리기기를 통한 촬영은 금지된다.

⑤ 공개된 장소에서 촬영된 불특정 다수의 영상을 별도로 저장하여 AI 학습 등 업무상 목적으로 활용하는 것은 피촬영자가 그 내용을 예측할 수 없다는 측면에서 부당한 권리침해 우려가 있으므로 특정 개인을 알아볼 수 없도록 익명 · 가명 처리가 필요하다.

(상)(중)(하)

72 손해배상(징벌적 손해배상·법정손해배상 등)에 관한 다음 설명 중 '틀린' 것은?

① 고의·중과실 등 일정 요건 시 손해액의 최대 3배의 징벌적 손해배상을 청구할 수 있다.

② 실제 손해액 입증이 곤란한 경우, 일정 요건 하에 법정손해배상(최대 300만 원)을 청구할 수 있도록 되어 있습니다.

③ 정보주체는 개인정보처리자가 이 법을 위반한 행위로 손해를 입으면 개인정보처리자에게 손해배상을 청구할 수 있다. 이 경우 그 정보주체는 개인정보처리자의 과실을 직접 입증하여야 한다.

④ 회사의 대표나 고용주가 개인정보 보호 교육, 관리 감독을 소홀히 하여 직원 등이 개인정보를 유출하거나 위법하게 처리한 경우, 본인이 직접 처리하지 않았더라도 사용자로서 손해배상 책임을 질 수 있다.

⑤ 손해배상과 별개로 과태료·행정제재 등 행정제재가 병행될 수 있다.

(상)(중)(하)

73 고정형 CCTV 안내판에 법적으로 필수로 기재해야 할 사항이 아닌 것은?

① 설치 목적 및 장소
② 촬영 범위 및 시간
③ 관리책임자의 연락처
④ (위탁 시) 수탁자의 명칭·연락처
⑤ 영상정보 보유기간

(상)(중)(하)

74 개인정보보호법(일반법)과 개별법·하위법령의 관계에 대한 설명 중 틀린 것은?

① 일반법은 기본 원칙과 공통 규율을 제시하고, 개별법은 분야 특성을 반영해 특례·추가 규율을 둘 수 있다.

② 동일 사안에 대해 개별법이 더 엄격한 기준을 두면, 그 특례가 우선 적용될 수 있다.

③ 개별법이 일반법보다 완화된 기준을 두고 있으면, 개별법이 일반법의 기본 원칙과 충돌하더라도 개별법 기준만 적용하면 된다.

④ 충돌 시에는 법체계·입법 취지·특별성·시간적 선후 등을 고려하여 해석·적용한다.

⑤ 조직은 적용 법령 매트릭스를 통해 상충·누락 없이 상위·하위 규범을 정합적으로 운영해야 한다.

(상)(중)(하)

75 다음 중 생성형 AI 기술을 활용하여 개인정보를 처리하는 과정에서 발생할 수 있는 주요 위험으로 가장 적절한 것은?

① 처리 속도 저하로 인한 서비스 품질 저하
② 인공지능의 자가학습 능력 부족
③ 개인정보의 자동수집에 따른 정보주체의 통제권 상실
④ 하드웨어 의존도 증가로 인한 비용 상승
⑤ 데이터셋 구축의 효율성 부족

(상)(중)(하)

76 다음 (A)~(B) 처리에 해당하는 가명처리 기법의 올바른 짝을 고르시오.

> (A) 개별 청구 금액을 숨기고 평균 · 최솟값 · 최댓값 · 중간값 등 요약 통계만 제공
> (B) 데이터 전체가 아닌 '희소 · 특이 구간'만 선택적으로 일반화 수준을 높여 범주화

① (A) 마스킹 / (B) 전역 일반화
② (A) 총계처리 / (B) 지역 일반화
③ (A) 난수 대치 / (B) 차분 프라이버시
④ (A) 합성데이터 / (B) 전역 일반화
⑤ (A) 차분 프라이버시 / (B) 토큰화

(상)(중)(하)

77 가명처리에 관련한 설명으로 가장 적절하지 않은 것은?

① 자체결합은 동일 처리자가 서로 다른 개인정보 집합을 내부적으로 결합해 동일인 여부를 식별하는 절차를 의미한다.
② 자체결합 과정에서는 결합 키 · 추가정보의 분리 보관, 접근권한 최소화, 작업망 분리 등 통제가 필요하다.
③ 고유식별정보 · 민감정보를 다루는 경우 법령상 강화된 제한과 보호조치를 준수해야 한다.
④ 내부에서 수행하는 자체결합은 외부 전문기관을 통한 결합이 아니므로 접근기록 보관과 재식별 금지 의무의 적용 대상이 아니다.
⑤ 결합 목적 · 범위 · 보존기간 등은 내부관리계획 · 처리방침과 연계해 관리하고 위험평가 결과를 근거로 남겨야 한다.

(상)(중)(하)

78 개인정보처리자가 개인정보를 국외로 이전하기 위해 정보주체의 별도 동의를 받는 경우, 반드시 고지해야 할 사항에 해당하는 것을 모두 고른 것은?

> ㄱ. 이전되는 개인정보 항목
> ㄴ. 개인정보가 이전되는 국가, 시기 및 방법
> ㄷ. 개인정보를 이전받는 자의 성명(법인은 명칭과 연락처)
> ㄹ. 개인정보를 이전받는 자의 개인정보 이용 목적 및 보유 · 이용 기간
> ㅁ. 개인정보를 이전받는자의 국내대리인 성명 및 연락처
> ㅂ. 개인정보의 이전을 거부하는 방법, 절차 및 거부의 효과

① ㄱ, ㄴ, ㄷ
② ㄴ, ㄹ, ㅁ
③ ㄱ, ㄴ, ㄷ, ㄹ
④ ㄱ, ㄴ, ㄷ, ㄹ, ㅂ
⑤ ㄱ, ㄴ, ㄷ, ㄹ, ㅁ, ㅂ

79 다음 중 「개인정보 보호법」상 '개인정보의 국외이전'에 해당하지 않는 경우를 고르시오.

① 국내 사업자가 보유한 고객 DB를 미국 클라우드 서버에 업로드하여 보관하는 경우
② 국내 회사가 일본 계열사에 인사 정보를 전송해 급여 시스템을 위탁 운영하는 경우
③ 해외 기반 SNS 사업자가 한국 이용자의 공개 프로필 정보를 인터넷에서 직접 수집하는 경우
④ 국내 쇼핑몰이 유럽 물류회사에 주문자 정보를 제공하여 배송을 위탁하는 경우
⑤ 국내 본사가 미국 지사 DB에 직접 접속하여 한국 이용자 정보를 조회하도록 설정하는 경우

80 「개인정보 보호법」 제20조 제1항에 따라 정보주체 이외로부터 수집한 개인정보를 처리하는 개인정보처리자가, 정보주체의 요구가 있는 경우 알려야 할 사항으로 옳은 것을 모두 고른 것은?

> ㄱ. 개인정보의 수집 출처
> ㄴ. 개인정보의 처리 목적
> ㄷ. 개인정보의 보유기간 및 파기 방법
> ㄹ. 개인정보 처리의 정지 요구권 또는 동의 철회권이 있다는 사실
> ㅁ. 정보주체 권리행사 방법 및 접수 창구의 연락처

① ㄱ, ㄴ,
② ㄱ, ㄴ, ㄷ
③ ㄱ, ㄴ, ㄹ
④ ㄱ, ㄴ, ㄷ, ㄹ
⑤ ㄱ, ㄴ, ㄷ, ㄹ, ㅁ

81 다음 중 공공기관이 법령 등에서 정하는 소관 업무의 수행을 위하여 개인정보를 수집·이용하는 사례로서 가장 적절하지 않은 것은?

① 지방자치단체가 「지방자치법」 및 재난 관련 법령에 따라 화재·홍수 등 재해대책 수립·이행을 위해 피해 지역 주민의 주소 및 연락처를 수집·이용하는 경우
② 지방자치단체장이 정치적 지지도 확보를 위해 주민센터가 보유한 주민 휴대전화번호를 활용하여 선거 홍보 문자메시지를 발송하는 경우
③ 국민건강보험공단ス이 「국민건강보험법」에 따라 보험급여 관리와 요양 급여비용 지급을 위해 진료내역 정보를 수집·이용하는 경우
④ 국립대학교 행정실이 「고등교육법」에 따른 학교 시설 관리 업무 수행을 위하여 교내 불법 주차 차량의 차주를 확인하기 위해 학적시스템에서 학생의 연락처를 조회·이용하는 경우
⑤ 인사혁신처가 「정부조직법」 및 관련 직제 규정에 따라 공무원 인사·복무 관리를 위해 공무원 인사기록카드를 수집·이용하는 경우

상 중 하

82 다음은 개인정보보호법상 정보주체와의 계약 체결 또는 이행을 이유로 정보주체의 동의 없이 개인정보를 수집·이용하는 사례에 대한 설명이다. 이 중 정보주체의 동의 없이 수집·이용이 가능한 사례로서 가장 적절하지 않은 것을 고르시오.

① 이동통신사가 '통신요금 할인 및 제휴 멤버십 제공'을 주요 혜택으로 하는 이용계약을 체결한 가입자에 대하여, 가입자의 통화 상대방, 통화 시간대, 위치정보 등을 장기간 분석하여 '외식·여행 이용 패턴'을 프로파일링하고, 그 결과를 바탕으로 제휴 카드사·제휴 쇼핑몰의 맞춤형 할인쿠폰을 앱 알림으로 발송하는 경우

② 아파트 관리사무소가 관리비 부과 및 주차 관리 등 관리서비스 제공을 위해 세대주 이름, 연락처, 차량번호와 세대 인원 수 정보를 수집·이용하는 경우

③ 기업이 입사 지원자의 요청에 따라 채용 전형을 진행하기 위해 이력서, 졸업·성적증명서, 경력증명서 등의 정보를 수집·이용하는 경우

④ 유료 동영상 스트리밍 서비스가 이용약관에서 '맞춤형 콘텐츠 추천'을 핵심 서비스로 명시하고, 이를 위해 구독자의 시청 이력과 검색 기록을 수집·이용하는 경우

⑤ 인터넷 쇼핑몰이 고객의 주문을 받아 상품을 배송하고 교환·환불을 처리하기 위하여 고객의 이름, 주소, 연락처, 결제 정보를 수집·이용하는 경우

상 중 하

83 다음 중 개인정보 보호·활용 기술과 정보보안 기술의 관계 및 한계에 대한 설명으로 가장 적절하지 않은 것은?

① 정보보안 기술은 인프라와 서비스의 기밀성·무결성·가용성 확보를 목표로 발전해 왔기 때문에, 개인정보 처리 과정에서의 노출 최소화나 오·남용 방지, 안전한 활용 분야까지 적용 가능하다.

② 빅데이터·인공지능 등 데이터 활용기술의 발달로 개인정보는 '안전하게 활용해야 할 대상'으로 인식이 전환되었으며, 이에 따라 개인정보 보호·활용 기술이 중요해지고 있다.

③ NIST(National Institute of Standards and Technology)는 프라이버시 위험을 사이버보안 사고와 동일한 범주로 보지 않으며, 기존 사이버보안 기술만으로는 프라이버시 위험에 충분히 대응할 수 없다고 설명한다.

④ EU GDPR과 같은 정보주체 권리 중심 제도가 강화되면서, 기존 정보보안 기술만으로는 정보주체의 동의·선호 관리 등 프라이버시 요구를 충족하기 어렵다.

⑤ 개인정보 보호·활용 기술은 정보보안 기술을 기반으로 하면서도, 개인정보 생애주기 전 과정의 유·노출 및 오·남용 방지, 정보주체 권리 보장을 추가적으로 목표로 한다.

상 중 하

84 다음 중 악성 QR코드를 이용해 사용자의 개인정보나 금융정보를 탈취하는 해킹 수법은?

① 큐싱(Qshing)
② 파밍(Pharming)
③ 스미싱(Smishing)
④ 키로깅(Keylogging)
⑤ 피싱(Phishing)

85 다음 중 개인정보 안전조치 적용에 대한 설명으로 가장 적절하지 않은 것은?

① URL 파라미터에 포함된 개인정보 식별 값을 임의로 변경하더라도 타인의 개인정보를 조회 · 변경할 수 없도록 비인가자에 대한 접근통제 등의 조치를 적용해야 한다.

② 불필요한 개인정보가 파일명이나 소스코드에 포함되지 않도록 개발 단계에서부터 주의해야 한다.

③ 게시글 등의 임시저장 페이지를 통해 개인정보가 노출되지 않도록 접근통제, 주기적 자동 삭제 등의 조치를 적용해야 한다.

④ 웹브라우저 주소 표시줄에 개인정보가 포함된 파라미터 값이 보이지 않도록, 개인정보를 포함하는 요청은 POST 방식 대신 GET 방식으로 구현하여야 한다.

⑤ 게시글 작성 완료 또는 작성 취소 시 저장된 임시저장 페이지는 즉시 삭제되도록 하고, 일정 기간이 경과한 임시저장 페이지도 자동으로 삭제되도록 구현해야 한다.

86 다음 중 개인정보 보호조치에 대한 설명으로 가장 적절하지 않은 것은?

① LIKE 검색 제한을 통해, '일치검색' 또는 '두 가지 항목 이상의 검색' 조건만을 허용하여 개인정보취급자의 과도한 개인정보 조회를 방지할 수 있다.

② 동일한 계정을 이용하여 동시 접속을 수행하는 경우, 한 개의 접속만을 허용하도록 해야 한다.

③ 개인정보취급자가 정보주체의 정보를 조회할 때, 개인정보에 마스킹 조치를 통해 개인정보가 과도하게 노출되지 않도록 조치한다.

④ 개인정보를 다수의 개인정보처리시스템 등에서 각기 다른 방식으로 마스킹할 경우, 여러 시스템을 이용하여 개인정보취급자가 정보주체의 개인정보 집합을 구성할 수 있으므로 동일한 방식의 표시제한(마스킹) 조치가 필요하다.

⑤ 개인정보처리시스템에서 장시간 미사용 시 자동 로그아웃(세션 차단) 기능을 구현하기 어렵다면, 대신 운영체제의 화면 잠금 기능만으로도 동일한 수준의 보호조치를 한 것으로 볼 수 있다.

87 스마트팩토리 H사는 작업자 위치 센서를 통해 실시간 안전 모니터링을 수행한다. 위치 데이터는 1초 간격으로 표시되며, 관리자들은 위험 구역 접근 시 경고를 출력 · 인쇄한다. 안전성 확보조치의 '표시제한' 및 '출력 · 복사 보호' 기준을 모두 고려할 때, 가장 적절한 시각화 방식은?

① 실시간 대시보드에는 작업자 이름 대신 내부 식별번호만 표시하고, 세부 좌표 정보는 관리자 권한으로 전환한 경우에 한해 개별 조회하도록 제한한다.

② 위험구역 접근 알림을 출력할 때 작업자 이름과 사번, 접근 일시만 인쇄하고, 출력물 하단에 인쇄자 계정과 출력 시각을 워터마크 형태로 기록하여 출력 · 배포 이력을 관리한다.

③ 공용 공간(휴게실, 복도 등)에 설치된 대형 화면에는 개별 작업자의 위치 정보 대신, 위험구역 진입 건수와 공정별 위험도 현황 등 집계 정보만 표시하도록 구성한다.

④ 위험구역 경보 내역은 필요한 경우에만 출력할 수 있도록 하고, 출력 시 인쇄자 · 출력 시간 · 사유를 로그로 남기며, 사고 처리 및 법정 보존 기간이 지난 출력물은 파쇄 등으로 완전 폐기한다.

⑤ 안전사고 예방을 위한 인공지능 데이터 학습에 이동위치를 학습할 수 있으며, 이는 근로자의 안전을 위한 정당한 사유에 해당하므로 정보주체 동의 없이 수집 가능하다.

88 다음 설명에 해당하는 공격기법으로 가장 적절한 것은?

> 유출된 사용자 계정정보(ID/비밀번호)를 자동화된 도구로 여러 웹사이트에 반복 입력하여 로그인을 시도하는 공격 기법으로, 동일한 계정정보를 사용하는 사이트에 무단으로 접속해 개인정보나 금융정보를 탈취하는 방식이다.

① 브루트포스 공격(Brute Force Attack)
② 크리덴셜 스터핑(Credential Stuffing)
③ 제로데이 공격(Zero-day Attack)
④ 피싱(Phishing)
⑤ 교차 사이트 요청 위조(Cross-Site Request Forgery)

89 다음 중 해시 함수의 특징 및 관련 공격·대응기법에 대한 설명으로 가장 적절하지 않은 것은?

① 암호학적 해시 함수는 입력 데이터의 길이와 관계없이 고정된 길이의 해시 값을 출력하며, 일반적으로 단방향성을 가져 원래 입력을 역으로 구하는 것이 어렵다.
② 브루트포스 어택(Brute-force attack)은 해시 값에 대응하는 입력을 찾기 위해 가능한 후보 값을 전부 대입해 보는 방식으로, 해시 함수의 일방향성에 정면으로 도전하는 공격 기법이다.
③ 레인보우 테이블(Rainbow Table) 공격은 미리 대규모의 입력 – 해시값 쌍을 계산해 두고, 이후 특정 해시 값에 해당하는 입력을 빠르게 찾아내는 사전 공격(Precomputation attack)의 일종이다.
④ 솔트(Salt)는 각 비밀번호마다 임의의 값을 추가하여 해시를 계산하게 함으로써, 동일한 비밀번호라도 서로 다른 해시 값이 생성되도록 하고, 레인보우 테이블 공격의 효율을 크게 떨어뜨리는 역할을 한다.
⑤ 키 스트래칭(Key Stretching)는 비밀번호와 같은 입력 데이터의 해싱 과정에 추가되는 비밀 값이다.

90 다음 중 「개인정보의 안전성 확보조치 기준」 제14조(공공시스템 운영기관의 안전조치 기준 적용)에 따른 공공시스템 안정성 확보조치 대상 선정 기준으로 적절하지 않은 것을 고르시오.

① 단일 공공시스템으로 100만 명 이상의 정보주체에 관한 개인정보를 처리하는 시스템
② 단일 공공시스템으로의 개인정보취급자 수가 200명 이상인 시스템
③ 2개 이상 기관의 공통 또는 유사한 업무를 지원하기 위하여 표준이 되는 시스템을 개발하여 다른 기관이 운영할 수 있도록 배포한 표준배포 시스템으로서 대국민 서비스를 위한 행정업무 또는 민원업무 처리용으로 사용하는 경우
④ 기관의 고유한 업무 수행을 지원하기 위하여 기관별로 운영하는 개별 시스템으로서 총 사업비가 100억원 이상인 시스템
⑤ 기관의 고유한 업무 수행을 지원하기 위하여 기관별로 운영하는 개별 시스템으로서 고유식별정보시스템과 연계하여 운영되는 시스템

(상)(중)(하)

91 다음 중 개인정보 위험관리 전략과 사례의 연결이 잘못된 것은?

① 위험수용 – 주민등록번호와 건강정보 등 고위험 개인정보를 대량으로 수집·보관하면서, 비용 부담을 이유로 아무 보호조치 없이 침해 가능성이 높은 상태를 그대로 두는 전략이다.

② 위험회피 – 불법 소지가 있거나 과도한 개인정보 처리 위험이 큰 온라인 서비스는 출시를 중단하고, 불필요한 공유폴더에서 개인정보 파일을 모두 삭제하여 해당 위험 자체를 제거한다.

③ 위험완화 – 암호화, 접근통제, 최소권한 부여, 로그 모니터링 등 기술적·관리적 보호조치를 적용하여 침해 발생 가능성과 피해 규모를 모두 줄인다.

④ 위험수용 – 법적·사회적 영향이 크지 않고 추가 통제 비용이 더 큰 경미한 위험에 대해서는, 잔여 위험 수준을 문서화하고 경영진 승인 하에 허용 가능한 범위 안에서 유지한다.

⑤ 위험전가 – 개인정보 유출 사고 발생 시 손해배상 비용을 보전받기 위해 사이버 보험에 가입하거나, 위탁 계약에 손해배상 책임 조항을 넣어 재정적 손실을 제3자에게 이전한다.

92 다음은 개인정보 보호 교육에 대한 설명이다. 가장 적절하지 않은 것은?

① 개인정보처리자는 소속 임직원 및 개인정보취급자에게 정기적으로 개인정보보호 교육을 실시하여 개인정보 유출·오남용을 예방해야 한다.

② 용역·파견·아르바이트·인턴 등 비정규 형태로 개인정보를 처리하는 인력에 대해서는 별도의 교육이 필요하지 않다.

③ 개인정보 처리 업무를 위탁하는 경우, 수탁자의 임직원도 개인정보를 안전하게 처리할 수 있도록 교육이 이루어지도록 위탁자(공공기관·회사)가 관리·감독할 책임이 있다.

④ 동호회, 자원봉사 모임 등과 같이 법인격이 없더라도, 회원 명단·연락처 등 개인정보를 수집·이용하는 경우에는 해당 개인정보를 취급하는 담당자에게 적절한 개인정보보호 교육을 실시하는 것이 필요하다.

⑤ 개인정보보호 교육은 기관·조직의 규모, 처리하는 개인정보의 종류·민감도, 업무 특성 등을 고려하여 내용·방법·주기를 실정에 맞게 설계·운영하는 것이 바람직하다.

93 다음 중 대표적인 알고리즘으로 AES, ARIA가 있으며, 암호화와 복호화에 동일한 키를 사용하는 알고리즘은?

① 대칭키 암호화 알고리즘
② 공개키 암호화 알고리즘
③ 해시 암호 알고리즘
④ 전자서명 알고리즘
⑤ 양자내성 암호화 알고리즘

⟨상⟩⟨중⟩**⟨하⟩**

94 「개인정보의 안전성 확보조치 기준」에 따라 2년이상 접속기록을 저장해야 하는 기준에서 고유식별정보 또는 민감정보로 보기 어려운 것은?

① 주민등록번호
② 여권번호
③ 혈액형
④ 노동조합 가입 여부 · 사상 · 신념
⑤ 정치적 견해

⟨상⟩⟨중⟩**⟨하⟩**

95 A사는 한국어 거대언어모델(LLM)을 개발하기 위해, 공개 웹게시판 · 블로그 댓글 · 뉴스 댓글 등에서 공개된 글을 크롤링하여 학습데이터로 활용하려 한다. 이때 A사가 「개인정보 보호법」 제15조 제1항 제6호(정당한 이익)를 근거로 공개된 개인정보를 수집 · 이용하는 경우에 대한 설명으로 가장 적절하지 않은 것은?

① 공개된 개인정보를 AI 학습에 활용하기 위해서는, 개발하려는 AI의 목적 · 용도를 구체화하여 개인정보처리자의 정당한 이익을 명확히 해야 한다.
② 정당한 이익이 인정되기 위해서는 개인정보처리자의 이익이 정보주체 권리보다 명백히 우월해야 하므로, 안전조치나 정보주체 권리보장 방안을 별도로 마련하지 않더라도 공개된 개인정보는 원칙적으로 자유롭게 학습데이터로 활용할 수 있다.
③ 정보주체 권익침해를 줄이기 위해, 정보주체의 민감한 개인정보가 포함된 URL을 수집대상에서 제외하는 등 보안 · 안전조치 및 권리보장 방안을 마련하는 것이 정당한 이익 판단에 도움이 된다.
④ 공개된 개인정보를 학습데이터로 활용하더라도, 개인정보 처리 사실 및 처리 근거를 처리방침 등을 통해 투명하게 안내하는 것이 바람직하다.
⑤ 학습데이터에 포함된 개인정보 항목이 AI 목적과 관련성이 있는지, 불필요한 정보가 포함되지 않는지 검토하여 처리의 필요성과 상당성을 따져야 한다.

⟨상⟩**⟨중⟩**⟨하⟩

96 개인정보처리자는 법 제31조제1항에 따른 개인정보 보호책임자 지정에 대한 설명으로 적절하지 않은 것을 고르시오.

① 국회, 법원, 헌법재판소, 중앙선거관리위원회의 행정사무를 처리하는 기관 및 중앙행정기관 : 고위공무원에 속하는 공무원(이하 "고위공무원"이라 한다) 또는 그에 상당하는 공무원
② 정무직공무원을 장(長)으로 하는 국가기관 : 3급 이상 공무원(고위공무원을 포함한다) 또는 그에 상당하는 공무원
③ 고위공무원, 3급 공무원 또는 그에 상당하는 공무원 이상의 공무원을 장으로 하는 국가기관 : 4급 이상 공무원 또는 그에 상당하는 공무원
④ ①~③의 국가기관 외의 국가기관(소속 기관을 포함한다) : 해당 기관의 개인정보 처리 관련 업무를 담당하는 부서의 장
⑤ 시 · 도 및 시 · 도 교육청 : 4급 이상 공무원 또는 그에 상당하는 공무원

97 다음 중 개인정보 암호화 조치에 대한 설명으로 적절하지 않은 것을 고르시오.

① 비밀번호는 복호화가 가능하도록 안전한 암호화 알고리즘으로 저장한다.

② 주민등록번호는 저장 시 반드시 암호화하여야 한다.

③ 암호화키는 분리 보관하고, 접근은 최소 인원으로 제한한다.

④ 개인정보 처리 시스템 간 전송 시에는 암호화 통신구간을 설정한다.

⑤ 암호화 방식은 최신 기술 수준에 부합하는 알고리즘으로 선택되어야 한다.

98 정보보호 및 개인정보보호 관리체계(ISMS-P)의 인증범위에 대한 설명으로 적절하지 않은 것을 고르시오.

① ISMS 인증범위는 정보통신서비스를 기준으로 관련된 정보시스템, 장소, 조직 및 인력을 포함한다.

② ISMS-P 인증범위는 이에 더하여 해당 서비스에서 처리되는 개인정보의 흐름에 따라 해당 개인정보를 처리하는 정보시스템, 조직 및 인력, 물리적 장소 등을 모두 포함하여야 한다.

③ ISMS 의무인증 범위에 대해서는 ISMS 인증을 신청하고 일부 서비스에 대해서는 개인정보 영역을 포함한 ISMS-P 인증을 신청하여 2개의 심사를 동시에 진행하는 것은 불가능하다.

④ 정보통신서비스와 직접적인 관련성이 낮은 전사적자원관리시스템(ERP), 분석용데이터베이스(DW), 그룹웨어 등 기업 내부 시스템, 영업/마케팅 조직은 일반적으로 인증범위에서 제외한다.

⑤ 인증범위는 신청기관이 제공하는 정보통신서비스를 기준으로, 해당 서비스에 포함되거나 관련 있는 자산(시스템, 설비, 시설 등), 조직 등을 모두 포함해야 한다.

99 정보보호 최고책임자(CISO) 지정·신고 제도에 대한 설명으로 적절하지 않은 것을 고르시오.

① 정보보호 필요성이 큰 '중기업' 이상의 정보통신서비스 제공자는 정보보호 최고책임자(CISO)를 지정하고 과학기술정보통신부장관(위임: 중앙전파관리소장)에게 신고해야 한다.

② 정보보호 최고책임자(CISO)는 업무의 독립성과 전문성을 유지할 수 있어야 하며, 이러한 이유로 「정보통신망 이용촉진 및 정보보호 등에 관한 법률」 및 관련 지침에서는 CISO의 겸직을 원칙적으로 제한하고 있다.

③ 직전 사업연도 말 기준 자산총액이 5조원 이상이거나, 정보보호 관리체계(ISMS) 인증의무 대상자 중 직전 사업연도 말 기준 자산총액이 5천억원 이상인 정보통신서비스 제공자는 겸직 금지 의무 대상이다.

④ 겸직 금지 대상 정보보호 최고책임자(CISO)는 개인정보 보호법에 따른 개인정보 보호책임자 업무를 겸직해서는 안된다.

⑤ 겸직금지 대상 정보보호 최고책임자는 일반 자격요건과 특별 자격요건을 함께 갖추어야 한다.

100 다음은 ISMS-P 인증 결함 사례에 대한 설명이다. 이에 대한 인증 기준으로 적절한 것을 고르시오.

> 데이터베이스에 대한 접근 및 작업이력을 효과적으로 기록 및 관리하기 위하여 데이터베이스 접근통제 솔루션을 신규로 도입하여 운영하고 있으나, 보안시스템 보안 관리지침 및 데이터베이스 보안 관리지침 등 내부 보안지침에 접근통제, 작업이력, 로깅, 검토 등에 관한 사항이 반영되어 있지 않은 경우

① 2.1.1.정책의 유지관리　　② 2.6.4.데이터베이스 접근　　③ 2.1.2.조직의 유지관리

④ 1.4.2.관리체계 점검　　⑤ 1.4.3.관리체계 개선

정답 & 해설

01 ⑤	02 ④	03 ②	04 ④	05 ④
06 ③	07 ③	08 ③	09 ①	10 ⑤
11 ②	12 ①	13 ④	14 ③	15 ④
16 ②	17 ③	18 ③	19 ③	20 ④
21 ③	22 ②	23 ③	24 ④	25 ③
26 ③	27 ②	28 ②	29 ③	30 ④
31 ④	32 ③	33 ③	34 ③	35 ③
36 ③	37 ③	38 ⑤	39 ②	40 ⑤
41 ④	42 ③	43 ③	44 ③	45 ③
46 ②	47 ⑤	48 ③	49 ③	50 ③
51 ⑤	52 ④	53 ⑤	54 ③	55 ①
56 ③	57 ②	58 ④	59 ③	60 ②
61 ⑤	62 ①	63 ①	64 ③	65 ③
66 ②	67 ②	68 ⑤	69 ②	70 ③
71 ①	72 ②	73 ①	74 ④	75 ④
76 ④	77 ②	78 ④	79 ③	80 ②
81 ③	82 ④	83 ②	84 ④	85 ③
86 ②	87 ③	88 ③	89 ③	90 ③
91 ③	92 ④	93 ④	94 ⑤	95 ④
96 ③	97 ③	98 ③	99 ③	100 ⑤

01 ⑤

개인정보는 살아있는 개인(자연인)에 관한 정보로서 개인을 식별할 수 있는 모든 형태의 정보를 의미한다. 따라서 법인·단체 정보나 사망자에 관한 정보는 개인정보에 해당하지 않으며, 정보의 형태(디지털·수기)나 처리방식(자동·수동)과 관계없이 개인 식별이 가능한 정보는 모두 개인정보로 본다. 다만 사망한 자의 유족 정보는 개인정보가 될 수 있다.

02 ④

개인정보 여부는 그 자체로 개인을 식별할 수 있는지 또는 다른 정보와 합법적으로 쉽게 결합할 수 있는지에 따라 판단된다.
자동차등록번호와 차종 정보만으로는 특정 개인을 식별하기 어렵지만, 공공기관이 법령에 따라 합법적으로 소유자·운전자 정보 등을 결합할 수 있는 상황이라면 개인정보에 해당한다.

03 ②

개인정보 보호법상 '정보주체'는 처리되는 정보에 의해 알아볼 수 있는 살아있는 사람을 말하므로, 국적에 관계없이 외국인도 보호대상에 포함된다.

오답 피하기

① 고객 ID나 결제상품정보는 다른 정보와 결합해 특정 개인을 식별할 수 있다면 개인정보에 해당한다.

③ 가명처리는 개인정보를 완전히 삭제하는 것이 아니라, 추가정보 없이는 특정 개인을 알아볼 수 없도록 처리하는 방법이다.

④ 추가정보는 가명처리 과정에서 생성되거나 이용되는 정보로, 특정 개인을 알아보기 위해 사용될 수 있는 정보이다.

⑤ 다른정보는 가명정보취급자가 보유하거나 합리적으로 입수 가능한 정보로, 재식별에 이용될 가능성이 있는 정보이다.

04 ④

가상자산 지갑주소는 공개키 암호화 방식으로 생성되어 그 자체만으로는 개인의 인적사항을 식별하기 어렵다. 그러나 해당 주소가 거래소의 실명확인 결과나 연계된 은행 계좌 명의자 정보 등과 결합되어 특정 개인을 알아볼 수 있다면, 개인정보에 해당할 수 있다.

05 ④

프라이버시는 개인의 사생활의 비밀과 자유를 존중받을 권리로, 공간 프라이버시·개인 프라이버시·정보 프라이버시의 세 가지 범주로 구분된다.
공간 프라이버시는 개인의 물리적 영역(주거, 차량 등)에 대한 접근 통제권이며, 개인 프라이버시는 개인의 신체·건강·의사소통 등 사적 정보에 대한 접근 통제권이다.
정보 프라이버시는 자신의 개인정보의 수집·이용·공유를 통제할 권리를 의미하며, 목적과 다른 개인정보 공유는 정보 프라이버시 침해에 해당한다.

06 ③

개인정보자기결정권은 정보주체가 자신에 관한 정보가 언제, 누구에게, 어느 범위까지 알려지고 이용될 것인지를 스스로 결정할 수 있는 권리이다.
개인의 신체·신념·사회적 지위 등 인격적 동일성을 식별할 수 있는 모든 정보가 보호 대상이 된다. 반드시 사적인 영역의 정보에 한정되지 않으며, 공적 생활에서 형성되었거나 이미 공개된 정보까지 포함한다.
또한 개인정보의 조사·수집·보관·처리·이용 행위는 원칙적으로 개인정보자기결정권의 제한에 해당한다.

07 ③

개인정보자기결정권은 내밀한 사적 정보뿐 아니라 공적 생활에서 형성되거나 이미 공개된 개인정보까지도 보호 대상으로 포함한다.

08 ③

가명정보는 개인정보의 일부를 삭제하거나 대체하여 추가 정보 없이는 개인을 알아볼 수 없도록 처리한 개인정보이다. 과학적 연구, 통계작성, 공익적 기록보존 등의 목적 범위 내에서는 가명정보를 처리할 수 있으며, 그 과정에서 연구비 등 정당한 대가를 받는 것은 가능하다. 다만, 이러한 목적을 벗어나 판매나 영리적 이용을 위해 처리하는 것은 허용되지 않는다.
가명정보는 여전히 개인정보의 한 형태로 분류되며, 신체정보는 얼굴·홍채·지문 등 신체적 특징과 관련된 정보, 사상·신조 등은 정신적 정보, 성명·주소 등은 인적사항에 해당한다.

09 ①

해킹 등으로 유출된 정보의 개인정보 여부는 해커의 입장이 아니라 해당 기업·기관이 개인을 식별할 수 있는지 여부를 기준으로 판단한다.
기업이 보유한 개인정보 DB 중 일부가 유출된 경우, 이름이나 주민등록번호가 포함되지 않았더라도 기업이 그 정보를 통해 개인을 알아볼 수 있다면 개인정보에 해당한다. 반면 해커는 불법적으로 정보를 취득한 제3자일 뿐이므로, 해커의 식별 가능성은 판단 기준이 아니며, 정보가 외부로 공개되었거나 불법적으로 유출되었다고 해서 개인정보에 해당하지 않는 것은 아니다.

10 ⑤

해킹 사고 등에서 개인정보 여부를 판단할 때는 해커의 입장이 아니라 기업 · 기관의 입장에서 판단해야 한다. 즉, 해당 정보가 그 자체로 또는 자사가 보유한 다른 정보와 결합하여 개인을 알아볼 수 있다면 개인정보에 해당한다.

11 ②

EU 일반 개인정보보호 규정(EU-GDPR)은 규정(Regulation) 형태로 제정되어 각 회원국의 별도 입법 없이 EU 전역에 직접 적용된다. 정부 · 민간 모두 법적 구속을 받으며, 위반 시 과징금 등 행정처분이 가능하다.

오답 피하기

④ 암호화된 정보도 추가 정보를 이용해 개인을 식별할 수 있다면 가명처리된 개인정보로 보아 적용대상에 포함된다.

⑤ EU 외 지역의 기업이라도 EU 거주자에게 상품이나 서비스를 제공하거나 그 행동을 모니터링하는 경우 GDPR의 적용을 받는다.

12 ①

EU-GDPR은 자동화된 수단뿐 아니라 파일링 시스템 일부를 구성하는 비자동화(수기) 처리에도 적용된다. 또한 EU 역내에 사업장이 있는 기업은 물론, EU 역외 기업이라도 EU 내 정보주체에게 재화나 서비스를 제공하거나 행동을 모니터링하는 경우 GDPR의 적용을 받는다. 단, 형사법 관련 활동, EU의 공동 외교 · 안보 정책 관련 활동, 자연인의 순수한 개인 또는 가사 활동 등은 적용 예외에 해당한다.

13 ④

EU-GDPR은 EU 역외 기업이라도 EU 내 정보주체(거주자)에게 재화나 서비스를 제공하거나 행동을 모니터링하는 경우 적용된다. ㈜글로벨라는 유럽 고객을 대상으로 웹사이트를 운영하고 유료 결제를 지원하며, 단순 광고 노출이 아닌 고객 행동을 분석해 맞춤형 광고를 제공하고 있으므로 GDPR 적용대상에 해당한다. 본사가 미국에 있더라도 이러한 역외적 활동이 확인되면 GDPR의 규제 범위 안에 포함된다.

14 ③

수령인은 개인정보를 제공받는 자연인 · 법인 · 기관 등을 의미한다.

오답 피하기

① 컨트롤러는 개인정보 처리의 목적과 수단을 결정하는 주체이며, 단독 또는 제3자와 공동으로 결정할 수 있다.

② 프로세서는 컨트롤러의 지시에 따라 개인정보를 처리하는 주체로, 목적을 스스로 정할 수 없다.

④ DPO는 모든 기업이 아니라 대규모 민감정보 처리, 대규모 모니터링 수행, 또는 정부부처 등 특정 조건에 해당할 때만 의무적으로 지정해야 한다.

15 ④

GDPR 제37조 제7항에 따라 컨트롤러나 프로세서는 DPO를 지정한 후 그 연락처를 공개하고 감독당국에 통지해야 한다. 또한 제37조 제2항에 따르면 사업체 집단(a group of undertakings) 내 여러 사업장은 '쉽게 접근이 가능한 경우(easily accessible)'에 한해 공동 DPO를 지정할 수 있다. 그러나 서로 독립된 법인은 공동 DPO를 지정할 수 없다.

DPO는 대규모 민감정보 처리나 개인에 대한 대규모 모니터링을 수행하는 기업, 그리고 정부부처(법원 제외)에 지정 의무가 있다.

16 ②

개인정보 유출 신고는 개인정보처리자(공공기관 및 민간기업)가 대상이며, 개인정보보호위원회 또는 한국인터넷진흥원(KISA)에 72시간 이내 신고해야 한다.

침해사고 신고는 과학기술정보통신부 및 KISA에 72시간 이내 신고하며, 개인정보 침해 신고는 일반 이용자(정보주체)가 KISA 개인정보침해신고센터를 통해 접수할 수 있다.

신용정보회사 등은 '1만 명 이상'의 정보가 유출된 경우에만 신고 의무가 있다.

17 ③

ESG 경영에서 개인정보보호는 사회(Social) 영역의 핵심 진단 항목 중 하나이다. 기업은 단순히 법적 의무를 이행하는 수준을 넘어 정보주체의 개인정보 자기결정권을 보장하기 위한 자율적 보호 활동을 수행해야 하며, 침해사고 발생 시에는 고객 · 협력사 등 이해관계자를 위한 구제 조치와 재발 방지 노력이 중요하게 평가된다.

반면, 단순히 법적 처벌 여부만을 기준으로 삼거나 구제 노력을 제외한 평가는 ESG 취지에 부합하지 않는다.

18 ③

상위법 우선의 원칙은 헌법 · 법률 · 명령 등 법체계 내에서 더 높은 지위를 가진 법이 하위 법령보다 우선 적용되는 원칙이며, 특별법 우선의 원칙은 동일 효력의 법률 간 충돌 시 특별법이 일반법에 우선 적용되는 원칙이다.

또한 신법 우선의 원칙은 형식적 효력이 같은 법률 간 내용이 상호 모순 · 저촉되는 경우, 시간상으로 나중에 제정된 법이 먼저 제정된 법보다 우선 적용되는 원칙이다.

개인정보보호법은 공공 · 민간 모든 개인정보처리자에게 적용되지만, 신용정보법 등 개별 분야의 특별법이 있을 경우 특별법이 우선 적용될 수 있다.

19 ③

개인정보 보호법 제3조 및 표준 개인정보 보호지침 제4조에 따르면 개인정보처리자는 처리 목적을 명확히 하고, 그 목적에 필요한 최소한의 개인정보만을 적법하고 정당하게 수집해야 한다. 또한 개인정보의 정확성 · 완전성 · 최신성을 유지하고, 정보주체의 권리가 침해되지 않도록 적절한 기술적 · 관리적 보호조치를 시행해야 하며, 개인정보 처리방침을 공개하고 정보주체의 열람 · 정정 등 권리를 보장해야 한다. 익명 또는 가명 처리가 가능한 경우에는 이를 통해 사생활 침해를 최소화하도록 해야 한다.

20 ④

정보주체 참여의 원칙은 정보주체가 자신과 관련된 개인정보의 존재를 확인하고 열람 · 정정 · 삭제 · 보완 등을 요구할 수 있는 권리를 보장하는 원칙이다.

21 ③

개인정보보호법 제3조에 따른 필요 최소한의 개인정보 수집 원칙은 개인정보처리자가 처리 목적을 명확히 하고 그 목적을 달성하기 위해 필요한 범위 내에서만 개인정보를 수집해야 한다는 원칙이다. 아파트 차량관리 업무에서 차량번호, 입주민 확인 정보(동 · 호수), 긴급 연락처 등은 업무 수행에 필요한 최소한의 정보로 볼 수 있다.

반면, 배송과 무관한 결혼 여부 · 직업, 진료예약과 무관한 임상실험용 정보, 경품추첨과 무관한 성별 · 자녀 수, 입학과 무관한 보호자의 종교 · 학력 정보 등은 최소정보 범위를 벗어난 사례이다.

22 ②

개인정보보호법 제16조는 개인정보처리자가 수집 목적에 필요한 최소한의 정보만을 수집해야 하며, 정보주체가 선택정보 수집에 동의하지 않았다는 이유로 재화 또는 서비스 제공을 거부해서는 안 된다고 규정하고 있다. 또한 최소정보 수집에 대한 입증책임은 개인정보처리자에게 있으며, 이를 위반할 경우 3천만 원 이하의 과태료가 부과될 수 있다.

23 ⑤

개인정보보호법 제18조는 개인정보를 수집 목적 외의 용도로 이용하거나 제3자에게 제공하는 것을 원칙적으로 금지하고 있다. 다만 정보주체의 별도 동의, 법률의 특별한 규정, 생명·신체·재산 보호의 긴급 필요, 공공기관의 법령상 업무수행 또는 국제협정 이행 등 일부 예외를 인정한다. 회사 내부 마케팅 분석을 위한 제휴업체 제공은 이러한 예외에 해당하지 않으므로, 목적 외 제공으로 금지된다.

24 ④

개인정보보호법 제18조 제2항은 원칙적으로 개인정보의 목적 외 이용·제공을 금지하면서도, 공공기관에 한해 특정 조건에서 예외를 인정하고 있다. 그 중 하나가 공공기관이 법률에서 정한 소관 업무를 수행하기 위해 불가피하게 개인정보를 목적 외로 이용해야 하는 경우다.

25 ③

개인정보보호법 제23조에 따른 민감정보란 정보주체의 사상·신념, 정치적 견해, 건강, 성생활 등에 관한 정보, 그리고 개인의 사생활을 현저히 침해할 우려가 있는 신체적·행동적 특징에 관한 정보를 말한다. 특히 건강 관련 정보는 대표적인 민감정보로, 「개인정보보호위원회 결정 제2019−18−293호」에서 발달장애인의 성명과 주소는 건강상태와 관련된 개인정보로서 민감정보에 해당한다고 판시하였다.
반면 성명·연락처·결제내역 등 일반 인적·거래 정보는 민감정보로 보지 않는다.

26 ③

고유식별정보란 개인을 고유하게 구별하기 위해 부여된 식별정보로서, 「개인정보보호법 시행령」에서는 주민등록번호, 여권번호, 운전면허번호, 외국인등록번호를 명시하고 있다.
반면 사번, 학번, 법인등록번호, 사업자등록번호, 멤버십번호 등은 개인을 국가 차원에서 고유하게 식별하기 위한 수단이 아니므로 고유식별정보에 해당하지 않는다.

27 ②

고유식별정보는 개인을 고유하게 식별할 수 있는 정보(주민등록번호, 여권번호, 운전면허번호, 외국인등록번호)로서, ① 정보주체에게 수집·이용 및 제공에 관한 사항을 고지하고 별도의 동의를 받은 경우, ② 법령에서 고유식별정보 처리를 요구하거나 허용하는 경우, ③ 공공기관이 법령에 따라 소관 업무 수행에 필요한 경우에 처리할 수 있다.

28 ②

개인정보보호위원회는 1만 명 이상의 정보주체에 관한 고유식별정보를 처리하는 공공기관 또는 5만 명 이상의 정보주체의 고유식별정보를 처리하는 개인정보처리자(민간 포함) 를 대상으로 3년마다 정기조사를 실시한다. 조사항목은 고유식별정보 보유 현황 및 안전성 확보조치 이행 여부이며, 조사기관

은 개인정보보호위원회와 한국인터넷진흥원(KISA)이다.
개인정보 보호수준 평가 또는 인증을 받았거나, 다른 법률에 따라 상시 평가가 이루어지는 경우에는 조사 예외 대상이 될 수 있다.

29 ③

개인정보보호위원회는 전자금융거래법 제6조 및 시행령 제31조에서 규정한 '접근매체 발급을 위한 실명확인'에는 신분증 진위확인 절차가 포함된다고 해석하여, 해당 경우 주민등록번호 처리 근거가 인정된다고 명확히 밝혔다.

오답 피하기
① 감염병 차단을 위한 일반 키오스크 수집, ② 단순 본인 여부 확인 목적, ④ 위탁 범위를 넘어선 보관, ⑤ 나이 확인 편의 목적의 수집은 모두 법적 근거가 없거나 처리 목적 범위를 벗어난 행위로, 주민등록번호 처리 근거로 인정되지 않는다.

30 ④

개인정보보호법 제24조의2에 따르면 주민등록번호의 수집·이용은 원칙적으로 금지되며, 법령에서 구체적으로 허용된 경우에만 예외적으로 가능하다. 예를 들어, 경찰은 「유실물법」 제1조 제1항에 근거하여 유실물 신고 시 습득자의 주민등록번호를 수집할 수 있으며, 이는 대통령령에 따라 허용된 예외에 해당한다.

오답 피하기
① 주민등록번호의 뒤 7자리만 수집해도 고유 식별 기능을 이용하는 것이므로 전체 번호를 수집한 것으로 본다.
② 주민등록번호는 정보주체의 단순 동의만으로 처리할 수 없다.
③ CI 역시 개인정보에 해당한다.
⑤ 주민등록번호는 영향평가나 위험도 분석 결과와 관계없이 반드시 암호화해야 한다.

31 ④

차량 내부를 촬영하는 CCTV는 고정형, 차량 외부를 촬영하는 블랙박스는 이동형 영상정보처리기기에 해당한다.
「재난 및 안전관리 기본법」상 재난관리책임기관인 지방자치단체는 기상특보 발령 시 '공공의 안전과 안녕을 위하여 긴급히 필요한 경우'로 인정되어, 주민 대피·출입 통제 등 재난 대응 목적의 CCTV 영상 활용이 가능하다.

32 ③

고정형 영상정보처리기기(CCTV)는 법령에서 구체적으로 허용한 경우, 범죄 예방 및 수사, 시설의 안전 및 관리, 교통단속 및 교통정보 수집, 법령에 근거한 교정시설·정신의료기관 등에서의 설치 등 정당한 목적일 때만 운영이 가능하다.
블랙박스로 외부 촬영은 고정형 CCTV 설치 운영 기준으로 보기 어렵다.

33 ④

고정형 영상정보처리기기는 원칙적으로 공개된 장소에 자유롭게 설치할 수 없으며, 법령상 허용된 경우에만 예외적으로 설치·운영할 수 있다. 또한 개인정보 최소 수집 원칙에 따라 촬영 목적을 달성하는 최소한의 범위 내에서만 촬영해야 하며, 임의 조작이나 녹음 기능 사용은 금지된다.
공공기관은 설치 전 관계인의 의견수렴 절차를 거쳐야 하고, 안내판은 촬영범위 내에서 출입구 등 정보주체가 쉽게 인식할 수 있는 위치에 설치해야 한다.

34 ②

민원인이 자유롭게 출입하는 공공기관의 민원실은 공개된 장소에 해당하므로, 「개인정보 보호법」 제25조에 따라 CCTV를 설치 · 운영할 수 있다. 다만, 해당 CCTV로 녹음 기능을 사용하는 것은 금지된다.

오답 피하기

① 출입이 통제되는 사무실은 비공개된 장소로 제25조가 아닌 제15조(수집 · 이용)에 따라야 한다.
③ 무단투기자 영상을 불특정 다수에게 공개하는 것은 부적절하며, ④ 경찰의 수사 목적 제공은 법 제18조 제2항 제7호에 따라 동의 없이 가능하다.
⑤ 방문객 수 집계 목적은 영상 저장 없이 일시적 촬영만 허용된다.

35 ③

이동형 영상정보처리기기는 사람이 휴대하거나 이동 가능한 물체(차량 · 드론 등)에 부착하여 영상을 촬영 · 전송하는 장치로, 공개된 장소에서 업무 목적으로 촬영하는 것은 원칙적으로 제한된다. 다만, 정보주체가 촬영 사실을 인지할 수 있었으나 거부하지 않은 경우나 범죄 · 화재 · 재난 등 인명구조 목적이 필요한 경우에는 예외적으로 허용된다.
촬영 사실은 불빛 · 소리 · 안내판 등으로 명확히 표시해야 하며, 드론 등 항공촬영처럼 정보주체에게 직접 알리기 어려운 경우에는 개인정보보호위원회가 구축한 인터넷 사이트에 공지하는 방법으로 알릴 수 있다.

36 ③

업무를 목적으로 이동형 영상정보처리기기를 운영하는 경우, 촬영 사실을 명확히 표시하여 정보주체가 촬영 사실을 인식할 수 있도록 하고, 거부 의사를 밝히지 않은 경우에는 별도의 동의 없이 촬영이 가능하다. 단, 정보주체의 권리를 부당하게 침해하지 않으며, 촬영 범위가 합리적 한도를 초과하지 않아야 한다.

37 ③

결합키는 서로 다른 개인정보처리자 간의 가명정보를 결합할 때 사용되는 매개 정보로, 해당 정보만으로는 개인을 식별할 수 없지만 결합을 가능하게 하는 역할을 한다.

오답 피하기

① 가명처리는 완전한 익명화가 아닌 추가정보가 있으면 재식별 가능한 수준의 비식별화이다.
② 추가정보는 가명처리 과정에서 생성 · 사용된 내부 정보에 한정한다.
④ 결합전문기관은 반드시 개인정보보호위원회 또는 관계 중앙행정기관의 장의 지정을 받아야 한다.
⑤ 반출심사는 반출 전 심사 절차로 사후 검토가 아니다.

38 ⑤

입수 가능성은 합법적인 방법으로 다른 정보에 접근할 수 있는 상황을 의미하므로, 불법적인 해킹이나 절취를 통해 정보를 얻을 수 있는 가능성은 판단 기준이 되지 않는다.

39 ②

개인정보처리자는 통계작성, 과학적 연구, 공익적 기록보존을 위해서는 정보주체의 동의 없이 가명정보를 처리할 수 있다. 연구소가 사료적 가치가 있는 인물 정보를 기록 · 보관하는 경우는 공익적 기록보존 목적에 해당하므로 적법하다.
① 맞춤형 광고, ③ 홍보 마케팅, ④ 친구 추천, ⑤ 쿠폰 발송 등은 모두 상업적 이익을 위한 개별 식별 또는 타깃 마케팅 목적이므로, 정보주체의 동의 없이 처리할 수 없다.

40 ⑤

가명처리는 명확한 목적 설정과 사전준비를 시작으로, 위험성 검토 → 가명처리 수행 → 적정성 검토 → 안전한 관리의 단계로 진행된다.

41 ④

적정성 검토 단계는 가명처리 절차의 네 번째 단계로, 가명처리가 올바르게 수행되었는지, 그리고 그 결과가 처리 목적을 달성하기 위해 적절한지를 검토하는 과정이다.
이 단계에서는 가명처리 결과의 유효성, 재식별 가능성, 목적 부합성 등을 점검하고 필요 시 추가적인 가명처리를 수행할 수 있다.

42 ③

랜덤 라운딩(Random Rounding)은 수치 데이터를 임의의 자릿수나 기준에 따라 올림 또는 내림하여 처리하는 가명처리 기법이다. 원본 데이터의 정밀도를 낮추어 개인을 특정하기 어렵게 만들며, 주로 급여 · 매출 · 연령 등의 정형데이터 가명처리에 활용된다.

43 ③

상하단코딩(Top and Bottom Coding)은 데이터의 양 극단(상위 · 하위 구간)에 있는 소수의 값을 범주화하여 식별 가능성을 낮추는 가명처리 기법이다. 예를 들어, 매우 적은 인원에 해당하는 '15세 이하' 또는 '80세 이상' 값을 묶음 처리함으로써 개인 식별 위험을 줄인다.

44 ③

개인정보보호 책임자는 개인정보 보호정책의 수립, 시행 및 감독을 총괄하는 최종 책임자이다.
소상공인은 일정 기준 미만의 경우 별도 지정이 면제되지만, 외부 전문가에게 책임자 역할을 위탁할 수는 없다.
민간기업에서 임원이 없는 경우란 전체 조직 내에 임원 직급을 가진 자가 전혀 없는 경우를 의미하며, 이 경우 개인정보 처리업무 담당 부서장을 개인정보보호 책임자로 지정할 수 있다.

45 ③

전문 CPO 지정 의무는 ① 연 매출액 또는 수입이 1,500억 원 이상이면서 100만 명 이상 개인정보 또는 5만 명 이상 민감 · 고유식별정보를 처리하는 자, ② 재학생 수 2만 명 이상 대학, ③ 상급종합병원, ④ 전문 공공시스템운영기관에 적용된다.
전문 CPO는 개인정보보호, 정보보호, 정보기술 관련 경력을 합산해 총 4년 이상, 그중 개인정보보호 경력 2년 이상을 보유해야 자격 요건을 충족한다.

46 ②

국내대리인은 국내에 주소 또는 영업소가 있는 자연인이나 법인으로, 해외사업자가 국내 이용자의 개인정보를 처리하면서 일정 규모 이상의 매출 또는 개인정보 보유량을 가진 경우 지정해야 한다.
국적 요건은 없으나, 한국어로 원활히 의사소통이 가능해야 하며, 실질적으로 불만 처리 및 피해구제 업무를 수행할 수 있어야 지정 요건을 충족한다.

47 ⑤

공공기관의 장은 개인정보파일을 운용하는 경우 개인정보보호위원회에 등록 해야 하며, 인사기록·비상연락망 등 내부 업무용 파일도 등록 대상에 포함 된다. 다만, 국가 안전·외교상 비밀 등 국가의 중대한 이익에 관한 개인정보 파일은 예외적으로 등록 대상에서 제외된다.
또한 개인정보파일 명칭은 기관의 실제 업무 단위를 기준으로 자유롭게 정 할 수 있으며, 보호위원회는 정보주체의 권리 보장 등을 위하여 필요한 경우 제1항에 따른 개인정보 파일의 등록 현황을 누구든지 쉽게 열람할 수 있도록 공개할 수 있다.

48 ③

개인정보 열람권(제35조)은 정보주체가 개인정보의 처리현황 등을 확인할 수 있는 권리이며, 개인정보의 제공이나 활용을 요구할 수 있는 권리는 아니다.
본인전송요구권(제35조의2)은 정보주체가 자신의 개인정보를 정보처리장치 로 처리 가능한 형태로 전송받거나 제3자에게 전송하도록 요구할 수 있는 권 리로, 열람권보다 확장된 개념이다.
제3자 제공은 개인정보처리자가 주도적으로 정보를 제공하는 방식이고, 제3 자전송요구권은 정보주체가 직접 전송을 요구한다는 점에서 차이가 있다.

49 ④

정보주체의 동의는 반드시 정보주체의 명확한 의사표시를 통해 이루어져야 하며, 전화를 통하여 동의 내용을 정보주체에게 알리고 정보주체에게 인터넷 주소 등을 통하여 동의 사항을 확인하도록 한 후 다시 전화를 통하여 그 동 의 사항에 대한 동의의 의사표시를 확인하여야 한다.
서면의 경우 중요한 내용을 명확히 구분하여 표시해야 하며, 전화의 경우 동 의 내용 고지와 의사 확인 절차를 반드시 거쳐야 한다.

50 ③

자동화된 결정은 반드시 정보주체의 개인정보를 처리하여 권리 또는 의무에 영향을 미치는 최종 결정을 의미한다. 따라서 개인정보와 무관한 사업자 정 보나 상품 정보 처리는 자동화된 결정에 해당하지 않는다.
사람의 실질적 개입이 없는 경우 자동화된 결정으로 볼 수 있으며, 맞춤형 광 고 추천이나 난수 처리, 무작위 추출 등은 자동화된 결정에 포함되지 않는다.

51 ⑤

감사원의 자료 제출 요구는 「공공감사에 관한 법률」에 따른 정당한 감사 권 한 행사로, 「개인정보 보호법」 제15조 제1항 제3호에서 정한 공공기관의 법령 상 소관 업무 수행을 위한 불가피한 개인정보 처리에 해당한다. 따라서 감사 원이 감사 목적상 개인정보가 포함된 자료를 요구한 것은 정보주체의 동의 없이도 적법한 행위로 인정된다.

52 ④

자동화된 결정의 공개 내용에는 결정의 목적, 개인정보 유형, 처리 절차, 정 보주체의 권리 등이 포함되지만, 세부 알고리즘이나 프로그램 코드 공개는 요구되지 않는다.

53 ⑤

법정손해배상청구는 개인정보처리자의 고의 또는 과실로 개인정보가 분실· 도난·유출·위조·변조 또는 훼손된 경우에 적용되며, 300만 원 이하의 범 위에서 상당한 금액을 손해액으로 하여 배상 청구할 수 있다.

54 ③

집단분쟁조정 제도는 피해 또는 권리침해를 입은 정보주체가 50명 이상이 고, 사건의 중요한 쟁점이 사실상 또는 법률상 공통될 때 신청할 수 있다.

55 ①

개인정보 분쟁조정 절차는 ① 신청사건의 접수 및 통보 → ② 사실확인 및 당사자 의견청취 → ③ 조정 전 합의 권고 → ④ 위원회의 조정절차 개 시 → ⑤ 조정의 성립 → ⑥ 효력의 발생 순으로 진행된다.

56 ③

조정안은 신청인과 상대방이 모두 수락해야 조정이 성립하며, 일방이 수락하 지 않으면 조정은 성립되지 않는다. 양 당사자가 수락한 경우에는 재판상 화 해와 동일한 효력이 발생한다.

57 ②

단체소송의 목적은 손해배상 청구가 아니라 위법행위의 금지 및 중지에 있 다.
단체소송은 개인정보처리자가 분쟁조정 결과를 거부하거나 수락하지 않은 경우 제기할 수 있으며, 소비자단체나 일정 요건을 충족한 비영리민간단체만 이 제기할 수 있다.

58 ④

휴면회원 DB를 통합하더라도, 본인확인 절차 없이 즉시 일반회원과 동일하 게 활용하는 것은 부적절하다.

59 ③

「의료법 시행규칙」에 따르면 진료기록부는 10년간 보존해야 한다.

60 ②

개인정보 파기 절차 ① 파기 대상 개인정보 식별 → ② 파기 방법 선택 → ③ 파기 결정 및 승인 → ④ 파기 실행 → ⑤ 파기 기록 작성 및 보관 → ⑥ 파기 기록 점검 순으로 진행된다.

61 ⑤

제3자 제공 시에는 '제공받는 자의 명칭'뿐 아니라 '제공 목적'도 함께 고지하 고 동의를 받아야 한다.

62 ①

SHA-256은 안전한 해시알고리즘이며, AES는 안전한 대칭키 암호화 알고리 즘이다.
MD5와 SHA-1은 충돌 공격에 취약하여 안전하지 않고, DES는 키 길이가 짧 아 현대 기준에서 안전하지 않다. ARIA는 대칭키 암호화 알고리즘으로 해시 알고리즘 순서에 맞지 않다.

63 ①

'생체정보'는 개인의 신체적·생리적·행동적 특징에 관한 정보 자체를 의 미하며, 반드시 개인을 식별하거나 인증하기 위한 목적일 필요는 없다. 반면 '생체인식정보'는 생체정보 중 개인을 인증·식별하기 위해 기술적으로 처리 된 정보를 뜻한다.

64 ③

「개인정보의 안전성 확보조치 기준」 제8조에 따르면, 개인정보처리시스템의 접속기록에는 접속자 식별자, 접속 일시, 접속지 정보(IP 등), 수행한 업무 내용이 반드시 포함되어야 한다.

65 ③

내부 관리계획에는 개인정보보호 조직 구성, 책임자 지정, 접근권한 관리, 암호화, 사고 대응 등 개인정보의 안전성 확보를 위한 관리 · 운영 체계가 포함되어야 한다.
그러나 '개인정보 침해사고 발생 시 정보주체에게 배상 절차를 안내하는 사항'은 내부 관리계획의 필수 포함 항목으로 규정되어 있지 않다.

66 ②

「개인정보의 안전성 확보조치 기준」 제4조에 따르면, 1만 명 미만의 정보주체에 대한 개인정보를 처리하는 소상공인 · 개인 · 단체는 내부 관리계획의 수립 · 시행 의무를 생략할 수 있다.

67 ②

내부 관리계획은 단순히 법률이나 기준의 내용을 복사 · 반영하는 것이 아니라, 조직의 환경과 특성에 맞게 구체적으로 수립해야 한다.

68 ⑤

접근 권한의 부여 · 변경 · 말소 내역은 전자 또는 수기 방식과 무관하게 최소 3년간 보관해야 한다.

69 ②

「개인정보의 안전성 확보조치 기준」 제6조 제6항은 전년도 말 기준 직전 3개월간 일일 평균 이용자 수가 100만 명 이상인 개인정보처리자를 인터넷망 차단 조치의 대상으로 규정하고 있다.

70 ③

접근 통제 정책에서는 업무에 불필요한 포트와 서비스는 제거 또는 차단해야 한다.

71 ①

포트번호 21(FTP)와 23(Telnet)은 암호화되지 않은 평문 통신으로 보안에 매우 취약하므로, 화이트리스트에 추가해서는 안 되고 반드시 차단해야 한다. 22번 포트(SSH)는 암호화된 안전한 접속 프로토콜이지만, 그 외 포트들은 공격에 악용될 가능성이 높다.

72 ②

강제적 접근통제(MAC)는 보안 등급(Label)을 기반으로 접근을 제한하며, 사용자가 임의로 권한을 변경할 수 없다. 권한 변경은 중앙의 보안 정책 관리자에 의해서만 수행된다.

73 ①

Bell-LaPadula 모델은 군사적 보안 목적을 위해 개발된 최초의 강제적 접근통제(MAC) 모델로, 기밀성(Confidentiality) 보호에 중점을 둔다. 'No read up(상위 등급 정보 읽기 금지)'과 'No write down(하위 등급으로 쓰기 금지)' 원칙을 적용하여 정보의 무단 열람이나 누출을 방지한다.

74 ④

「개인정보의 안전성 확보조치 기준」 제8조 제2항에 따르면, 개인정보처리자는 원칙적으로 접속기록을 1년 이상 보관해야 한다.
다만, 다음의 경우에는 2년 이상 보관해야 한다. ① 5만 명 이상의 정보주체 개인정보를 처리하는 경우, ② 고유식별정보 또는 민감정보를 처리하는 경우, ③ 기간통신사업자에 해당하는 경우

75 ④

이용자의 개인정보 또는 생체인식정보를 개인정보취급자의 PC, 모바일기기 등에 저장하는 경우에는 안전한 암호 알고리즘으로 암호화해야 한다.
생체정보는 양방향 암호화가 가능하지만, 평문 상태로 저장하는 것은 명백한 위반이다.
비밀번호는 반드시 복호화 불가능한 일방향 암호화(해시) 방식으로 저장해야 하며, DMZ · 내부망 구간에서도 주민등록번호 · 외국인등록번호 등 고유식별정보는 필수 암호화 대상이다.

76 ④

정보통신망 송 · 수신 시에는 인증정보(비밀번호 · 생체인식정보 등)를 암호화해야 하며, 정보통신망 통한 인터넷망에서는 개인정보를 암호화해야 한다. 모바일 기기나 보조 저장매체 등에 저장 시에는 고유식별정보 및 생체인식정보를 암호화하여야 한다.

77 ②

암호키의 표준 생명주기(Lifecycle)는 생성(Generation) → 이용(Use) → 보관(Storage) → 배포(Distribution) → 파기(Destruction) 순으로 관리된다. 이는 암호키의 전체 수명 동안 기밀성과 무결성을 유지하기 위한 기본 관리 체계이다.

78 ④

「개인정보의 안전성 확보조치 기준」에 따르면, 전산실 · 서버실 · 통신장비실 등 개인정보처리시스템 또는 관련 장비가 설치된 장소는 반드시 통제구역으로 지정해야 한다.

79 ③

「개인정보의 안전성 확보조치 기준」 제11조에 따르면, 10만 명 이상의 개인정보를 처리하는 대기업 · 중견기업 · 공공기관 또는 100만 명 이상의 개인정보를 처리하는 중소기업 · 단체는 화재, 홍수, 단전 등 재해 · 재난 발생 시 개인정보처리시스템 보호를 위한 ① 위기대응 매뉴얼 마련 및 정기 점검, ② 개인정보처리시스템 백업 및 복구 계획 수립 등의 재해 · 재난 대비 안전조치 의무를 이행해야 한다.

80 ②

RPO(Recovery Point Objective)는 재해나 장애 발생 시 복구 시점 기준으로 허용 가능한 최대 데이터 손실 범위를 의미한다. 즉, 백업 주기 또는 데이터 동기화 주기를 설정할 때 기준이 되며, RPO가 짧을수록 데이터 손실 허용 범위가 작아 더 높은 수준의 복구 체계이다.

81 ③

제시된 그림은 월요일에 전체 백업(Full Backup)을 수행한 뒤, 이후 화요일부터 일요일까지 추가된 데이터를 합산하여 백업하는 형태로 차등 백업(Differential Backup) 방식이다.

82 ④

기술적 특성(블록체인 등)으로 인해 개인정보의 직접적인 삭제가 곤란한 경우, 「개인정보의 안전성 확보조치 기준」은 '익명처리(anonymization)' 등 복원이 불가능한 방식으로 전환할 것을 요구한다.

반면 '가명처리(pseudonymization)'는 단순히 개인정보를 변형하여 식별 가능성을 낮추는 조치에 불과하며, 법적으로 여전히 개인정보로 분류되므로 파기 의무를 대체할 수 없다.

83 ②

웹 방화벽이 클라이언트와 웹서버 사이의 네트워크 경로 상에 직접 위치하여 트래픽을 실시간으로 통과시키는 방식은 인라인 모드(Inline Mode)이다. 이 구성은 실시간 차단 및 탐지가 가능하며, 웹서버 IP 구조를 변경하지 않아도 되는 장점이 있지만, 장애 발생 시 트래픽이 차단될 수 있는 단일 장애점 (SPOF, Single Point of Failure)이 될 수 있다.

84 ④

「개인정보의 안전성 확보조치 기준」 제14조에 따르면, 공공시스템은 개인정보보호위원회가 지정하는 특정 기준(예: 100만 명 이상 정보주체, 200명 이상 취급자, 민감정보 처리, 총사업비 100억 원 이상 등)에 해당하는 시스템을 말한다.

다만, 제14조 제2항에서는 예외적으로 체계적인 개인정보 검색이 어려운 경우, 내부적 업무처리만을 위해 사용되는 경우, 개인정보 유출 가능성이 낮은 경우에는 보호위원회가 공공시스템으로 지정하지 않을 수 있다.

85 ④

영상정보는 「개인정보 보호법」상 개인정보에 해당하므로, 정보주체의 동의 없이 제3자(언론사 등)에게 제공할 수 없다.

86 ②

Trusted Execution Environment(TEE)는 프로세서 내에 보안이 보장된 별도의 실행 영역(Secure Area)을 생성하여, 암호키 연산 · 인증서 처리 · 생체인식 데이터 검증 등 민감한 연산을 외부 공격, 악성 코드, 루트킷 등으로부터 보호하는 기술이다. TEE는 하드웨어 수준에서 보안을 구현하며, 일반 OS 영역(Normal World)과 분리된 보안 영역(Secure World)에서 동작한다.

87 ③

영지식 증명(ZKP)은 증명자(Prover)가 검증자(Verifier)에게 어떤 비밀 정보의 내용을 노출하지 않고도, 그 정보를 알고 있음을 증명할 수 있는 암호 기술이다. 이는 블록체인, 인증, 개인정보 보호 등 다양한 분야에서 사용되며, 검증자는 증명자의 지식의 진위만 확인할 수 있다.

88 ③

네트워크 방화벽은 IP/포트 기반의 네트워크(Level 3) 제어에 초점을 맞추며, SQL Injection · XSS 같은 애플리케이션 계층 취약점 탐지에는 특화되어 있지 않다. 이러한 애플리케이션 계층 공격 탐지 · 차단은 WAF(웹 방화벽)의 역할로, WAF는 HTTP 프로토콜을 깊이 분석하고 취약점 패턴 DB 및 도메인 · URL 기반 정책으로 방어한다.

89 ③

N2SF(National Network Security Framework)는 국가 주요 기관의 업무정보 및 정보시스템을 기밀성 수준에 따라 기밀(Classified) · 민감(Sensitive) · 공개(Open) 등급으로 분류하고, 등급별로 차등적인 보안통제를 적용하는 국가 망 보안체계이다.

N2SF는 각급 기관의 정보화사업 보안대책 수립 시 활용되며, ① 준비 → ② 등급분류(C/S/O) → ③ 위협식별 → ④ 보안대책 수립 → ⑤ 적절성 평가 · 조정의 5단계 절차로 수행된다.

90 ③

ISMS–P 인증은 최초심사 → 사후심사 → 갱신심사의 세 종류로 구분된다.

- 최초심사 : 처음 취득 시 또는 인증 범위가 중요하게 변경될 때 수행, 유효기간은 3년
- 사후심사 : 인증 유지 여부 점검, 매년 1회 이상 실시
- 갱신심사 : 인증 유효기간 만료 전 수행해야 하며, 유효기간은 자동 연장되는 것이 아니라 심사 결과에 따라 갱신

91 ③

법원은 「주택법」 제12조 제2항 및 제3항에 따라 조합원이 조합 구성원 명부 등 주택조합사업 관련 서류의 열람 · 복사를 요청한 경우, 조합 임원은 15일 이내에 그 요청을 따라야 한다. 이는 「개인정보 보호법」 제15조 제1항 제2호의 '법률에 특별한 규정이 있거나 법령상 의무를 준수하기 위하여 불가피한 경우'에 해당한다. 따라서 조합이 법령에 따라 명부를 제공하는 것은 정보주체의 동의가 없더라도 적법한 개인정보 제공에 해당하며, 개별 조합원이 이를 이유로 공개금지를 청구할 수는 없다. (참조: 부산지방법원 동부지원 2017. 6. 29. 선고 2016가합104523 판결)

92 ④

「신용정보의 이용 및 보호에 관한 법률」 제45조의5에 근거한 정보보호 상시평가는 금융위원회가 신용정보회사 등의 개인정보 활용 · 관리 실태를 점검하여 점수나 등급으로 평가하는 제도이다.

오답 피하기

① 개인정보보호수준 평가는 「개인정보 보호법」, ② 정보보호제품 평가는 「지능화기본법」, ③ ISMS–P 인증은 「정보통신망법」과 「개인정보 보호법」, ⑤ 사이버보안 실태평가는 「국가정보원법」이 근거이다.

93 ④

「정보통신망법」에 따라 자본금 1억 원 이하의 정보통신서비스 제공자, 소기업, 또는 중기업 중 전기통신사업자 · ISMS 인증의무 대상자 · 개인정보처리자 · 통신판매업자에 해당하지 않는 자는 CISO 지정 · 신고 의무에서 제외된다. 단, 이러한 경우에는 사업주 또는 대표자가 CISO로 간주된다.

94 ④

현재 CSAP 보안인증은 IaaS, SaaS(표준 · 간편), DaaS 유형에 대해 각각 통제항목과 분야가 규정되어 있다.

95 ④

개인정보 보호 교육은 개인정보를 실제로 처리하거나 접근할 가능성이 있는 모든 사람을 대상으로 해야 하며, 계약관계의 유무는 관계가 없다. 따라서 동호회, 자원봉사자, 인턴 등 비정규적 관계자라도 개인정보를 다루는 경우에는 교육을 실시해야 하며, 교육 내용은 기관의 업무 특성과 실정에 맞게 구성할 수 있다.

96 ③

레드티밍(Red Teaming)은 AI 시스템의 안전성과 신뢰성을 높이기 위해 공격자 관점에서 의도적으로 모델을 시험하고, 유해 콘텐츠 생성이나 보안 우회 등 잠재적 위험을 사전에 식별하는 활동이다. 이는 실제 공격 시나리오를 모의 수행한다는 점에서 블루티밍(방어 측 대응)이나 화이트박스 테스트(내부 구조 검증)와 구분된다.

97 ③

개인정보를 AI 학습에 활용할 경우에는 학습데이터에 포함되는 개인정보 항목, 수집 · 이용 목적, 개인정보 필터링 정책, 보유기간 및 파기 방법 등 학습 데이터 수집 · 거부 · 파기 정책을 투명하게 공개해야 한다.

98 ③

옵트아웃(Opt-Out) 방식은 이용자가 명시적으로 거부 의사를 밝히기 전까지 정보 수집이나 참여가 이루어지고, 거부 의사를 표시하면 즉시 중단되는 동의 방식이다. 반대로 옵트인(Opt-In)은 사전 명시적 동의를 받아야만 정보 수집이나 참여가 가능한 방식이다.

99 ③

AI 모델이 특정 데이터나 정보를 잊도록 학습 과정을 역전시켜, 원치 않는 정보를 모델에서 완전히 제거하는 기술은 모델 언러닝이다.

100 ⑤

합성데이터는 인공지능 학습 등에 활용되는 인공 생성 데이터로, 원본데이터의 개인정보 노출 가능성을 완전히 배제할 수 없다. 따라서 개인 식별 가능성이 없다고 단정할 수 없으며, 정량 · 정성적 안전성 검증 절차를 반드시 수행해야 한다.

해설과 따로 보는 최신 기출문제 02회 208p

01 ⑤	02 ①	03 ④	04 ④	05 ③
06 ③	07 ②	08 ③	09 ③	10 ②
11 ⑤	12 ③	13 ④	14 ④	15 ④
16 ③	17 ④	18 ⑤	19 ①	20 ①
21 ④	22 ④	23 ③	24 ④	25 ①
26 ⑤	27 ③	28 ④	29 ③	30 ①
31 ⑤	32 ⑤	33 ⑤	34 ③	35 ⑤
36 ②	37 ④	38 ③	39 ③	40 ④
41 ③	42 ④	43 ②	44 ③	45 ③
46 ③	47 ③	48 ④	49 ③	50 ③
51 ④	52 ②	53 ⑤	54 ③	55 ⑤
56 ③	57 ①	58 ③	59 ②	60 ③
61 ①	62 ④	63 ②	64 ⑤	65 ④
66 ⑤	67 ⑤	68 ③	69 ④	70 ⑤
71 ③	72 ⑤	73 ④	74 ④	75 ②
76 ①	77 ⑤	78 ③	79 ③	80 ③
81 ③	82 ③	83 ②	84 ④	85 ⑤
86 ③	87 ②	88 ⑤	89 ③	90 ④
91 ②	92 ②	93 ②	94 ③	95 ②
96 ②	97 ③	98 ③	99 ①	100 ③

01 ⑤

CI(Connecting Information)는 동일인 식별을 위해 생성되는 고유한 식별값으로, 다른 정보와 결합할 경우 개인을 알아볼 수 있으므로 개인정보에 해당한다.

02 ①

익명정보는 시간 · 비용 · 기술적 수단 등을 합리적으로 고려했을 때 다른 정보와 결합하더라도 개인을 알아볼 수 없는 정보이다.

03 ④

개인정보자기결정권의 보호대상은 내밀한 정보에 한정되지 않고 공적 생활에서 형성되거나 공개된 정보까지 포함된다.

04 ④

소송가액 기반 방식은 개인정보 유출 관련 소송의 배상신청인 수, 배상판결액 등을 활용하여 평균 배상액으로 개인정보 가치를 역산정하는 방법이다.

05 ③

정보사회서비스는 온라인 거래 서비스에 한정되지 않고, 영리 목적의 모든 전자적 서비스(예: 광고, 검색엔진, 미디어 사이트 등)를 포함한다.

06 ③

EU-GDPR은 EU 역외 기업이라도 EU 내 정보주체에게 재화나 서비스를 제공하거나 행동을 모니터링하는 경우 적용된다. 메디핏은 유럽 거주자에게 건강관리 서비스를 제공하고 심박수·수면패턴 등 생체정보(민감정보)를 처리하므로 GDPR 적용 대상이다. 본사가 캐나다에 있더라도, EU 내 거주자의 개인정보를 수집·저장·분석하는 행위 자체가 GDPR의 물적 및 지리적 적용범위에 포함된다.

07 ②

신용정보 유출신고는 1만명 이상 신용정보 주체의 개인정보가 유출된 경우 해당된다.

08 ③

위 확장자들은 웹 서버에 업로드될 경우 악성 스크립트 실행 위험이 있는 파일 유형으로, 개인정보 유출이나 시스템 침해로 이어질 수 있다. 따라서 휘슬(Whistle) 등 보안 점검 도구를 활용하여 웹셸(WebShell) 패턴 점검을 수행하는 것은 대표적인 개인정보보호 강화조치이다.

09 ③

포트 및 네트워크 연결을 통해 외부와의 지속적인 통신 통로를 탐지하는 활동으로, 제시된 점검활동은 시스템 내부에 은닉된 백도어의 존재 여부를 확인하는 내용이다.

웹셸은 주로 파일 업로드나 웹서버 계층 점검과 관련 있고, 스미싱은 모바일 문자 기반 공격으로 본 점검과 거리가 있다.

루트킷은 변조된 파일을 확인하는 활동이 필요하여 netstat/lsof 기반 점검만으로는 탐지가 어렵다.

10 ②

개인정보보호 활동은 고객과 임직원 등 이해관계자의 권리 보호와 신뢰 확보를 위한 사회(Social) 영역에 해당한다. 사회 부문은 인권, 안전보건, 개인정보보호 등 기업의 사회적 책임 이행을 중점적으로 다루는 ESG 경영의 핵심 요소이다.

11 ⑤

개인정보 중계전문기관은 개인정보 전송 중계 기능 및 관련 시스템 운영을 담당하며, 안정적 운영을 위한 전담조직 및 담당인력 지정 기준 등의 세부항목을 평가받아야 지정될 수 있다.

12 ③

우리나라의 법령은 효력의 위계에 따라 헌법 〉 법률 〉 명령〉 규칙의 순이다. 상위법은 하위법에 우선하며, 하위법은 상위법에 위반되어서는 안 된다.

13 ④

개인정보의 국외 이전 중지는 제3장 '개인정보의 처리' 중 제4절에 포함되며, 제7장은 '개인정보 분쟁조정위원회'의 설치와 조정 절차에 관한 규정이다.

14 ④

제시된 내용은 OECD 프라이버시 보호 8원칙 중 정보주체 참여의 원칙(Individual Participation Principle)에 해당한다.

15 ④

수집 항목을 '필수 항목'으로 지정하는 것은 적절한 조치가 아니며, 오히려 선택항목으로 분리하거나 최소한으로 수집해야 한다.

16 ③

「개인정보 보호법」 제3조 제1항은 개인정보처리자가 정당한 목적의 범위 내에서 필요한 최소한의 개인정보만 수집해야 하며, 동의하지 않았다는 이유로 참여나 서비스 제공을 제한해서는 안 된다고 규정한다.

소비자 만족도 조사의 목적상 이름이나 연락처 정도면 충분하며, 가족 구성원 수·결혼 여부·직장명 등은 불필요한 정보이다. 따라서 이를 필수 항목으로 요구하고 미동의 시 참여를 제한하는 행위는 개인정보 보호 원칙 위반에 해당한다.

17 ④

공공기관의 경우 범죄 수사, 재판, 형 집행 등은 개인정보보호위원회의 별도 승인 없이 법령상 허용되는 예외 사유에 해당한다.

18 ⑤

①~④는 모두 「개인정보 보호법」 제71조에 따라 5년 이하의 징역 또는 5천만 원 이하의 벌금에 해당하는 중대한 위반행위이다. 반면 ⑤는 「개인정보 보호법」 제72조에 따라 3년 이하의 징역 또는 3천만 원 이하의 벌금에 해당한다.

19 ①

통장 계좌번호는 개인정보이며, ②~⑤는 인종, 건강, 유전, 장애 등 개인의 사생활을 현저히 침해할 우려가 있는 정보로 민감정보로 분류된다.

20 ①

공공기관은 1만 명 이상 정보주체의 고유식별정보를 처리하는 자 중 보호위원회가 필요하다고 인정하는 경우 조사 대상이 되며, 공공기관 외 개인정보처리자는 5만 명 이상 정보주체의 고유식별정보를 처리하는 자로서 매 3년마다 관리실태 조사를 받아야 한다.

21 ④

건강보험증 번호는 신용정보법 시행령에서 규정하는 개인식별번호가 아니다.

22 ④

「표준 개인정보 보호지침」 제40조는 개인영상정보의 목적 외 이용·제공을 원칙적으로 금지하되, 정보주체의 동의, 법률상 근거, 급박한 생명·신체·재산 보호, 가명처리된 통계·연구 목적 등은 위원회 심의 없이 허용되는 일반 예외에 해당하며, 공공기관의 소관 업무 수행상 불가피한 경우에만 보호위원회의 심의·의결이 필요하므로, 모든 영상 제공이 심의 대상이라는 ④의 설명은 과도한 해석이다.

23 ③

공공기관이 고정형 영상정보처리기기의 설치·운영에 관한 사무를 위탁하는 경우에는 위탁하는 사무의 목적 및 범위, 재위탁 제한에 관한 사항, 영상정보에 대한 접근 제한 등 안전성 확보 조치에 관한 사항, 영상정보의 관리 현황 점검에 관한 사항, 위탁받는 자가 준수하여야 할 의무를 위반한 경우의 손해배상 등 책임에 관한 사항에 대해 문서에 포함되어야 한다.

24 ④

「표준 개인정보 보호지침」 제39조의3 제3항에 따르면, 이동형영상정보처리기기운영자가 개인정보 처리방침을 수립할 때 해당 기기의 운영·관리 사항을 함께 포함한 경우에는 별도의 운영·관리 방침을 마련하지 않아도 된다.

25 ①

그림에서 결합신청자 A와 B는 공통된 결합키(dac…, c2e…, 9a0…)를 기준으로 1:1로 매칭되어 공통단일결합 결합이 이루어지고 있다.

26 ⑤

개인정보보호 교육은 「개인정보 보호법」에 따른 법정의무교육으로, 업종과 관계없이 모든 사업장에서 매년 교육을 실시하여야 한다. 단 교육 미이행 자체로는 과태료가 부과되지 않는다.

27 ③

「개인정보 보호법」 제30조 제1항 또는 제2항을 위반하여 개인정보 처리방침을 정하지 않거나 공개하지 않은 경우,해당 개인정보처리자에게는 1천만 원 이하의 과태료가 부과된다.

28 ④

「개인정보 보호법 시행령」 제31조 제2항 및 제3항에 따르면, 개인정보처리자는 개인정보 처리방침을 인터넷 홈페이지에 지속적으로 게재하거나, 홈페이지 게재가 어려운 경우 사업장 내 게시, 신문 게재, 소식지·간행물 게재, 계약서 포함 발급 등의 방법으로 공개해야 한다.
"정보주체 요청 시 이메일로 개별 제공"은 법령상 공개 방법으로 규정되어 있지 않으므로 가장 적절하지 않다.

29 ②

주요 개인정보 처리 표시는 개인정보의 유형, 처리단계, 권리 의무사항 등으로 분류하고, 원, 육각형, 네모와 같은 도형을 활용해 각 표시를 구분한다.

30 ①

「개인정보 보호법 시행령」 제32조에 따르면, 정무직공무원을 장으로 하는 국가기관의 개인정보보호책임자(CPO)는 3급 이상 공무원(고위공무원을 포함) 또는 그에 상당하는 공무원으로 지정해야 한다.

31 ⑤

「개인정보 보호법 시행령」 제32조제4항에 따라 개인정보보호책임자를 지정해야 하는 대상은 연간 매출액 1,500억 원 이상이면서 5만 명 이상의 민감정보 또는 고유식별정보 처리자, 연간 매출액 1,500억 원 이상이면서 100만 명 이상의 개인정보 처리자, 「고등교육법」 제2조의 재학생 2만 명 이상 대학, 「의료법」 제3조의4의 상급종합병원, 공공시스템운영기관이다.

32 ⑤

국내 대리인은 국내에 주소나 영업소가 없는 해외 개인정보처리자에게 지정 의무가 있으며, 전년도 매출액 1,000억 원 이상 또는 일일평균 정보주체 수 10만 명 이상일 경우 지정 대상이 된다.
또한 국내대리인은 반드시 한국 국적일 필요는 없으나, 한국어로 소통 가능해야 하고, 실질적인 불만 처리 및 피해구제 대응이 가능해야 한다.

33 ⑤

「개인정보 보호법」 제32조는 공공기관의 장이 개인정보파일을 운용하는 경우 보호위원회에 등록하도록 규정하고 있으며, 다만 국가안전·외교상 비밀 등 국가 중대한 이익 관련 파일, 범죄 수사·공소 제기·형 집행 등 사법 관련 파일, 조세범·관세범 조사 관련 파일, 일회성 등 지속적 관리 필요성이 낮은 파일, 다른 법령에 따라 비밀로 분류된 개인정보 파일은 등록 의무가 면제된다.

34 ③

개인정보 유출은 개인정보처리자의 관리·통제를 벗어난 상태를 의미하며, 분실·도난·무단접근·오전달 등은 모두 유출에 해당한다.
유출 인지 시 통지 기한은 인지 시점부터 72시간 이내로 산정해야 하며, 공휴일 등 근무일 외의 날을 별도로 고려하여 연장할 수 없다. 다만 접속경로 차단·취약점 보완, 회수·삭제 등 긴급조치나 천재지변 등 부득이한 사유가 있는 경우에는 그 사유가 해소될 때까지 통지 시기를 지연할 수 있고, 사유가 해소되면 지체 없이 통지해야 한다.

35 ⑤

「개인정보 보호법」 제4조는 ① 정보 제공 요구권, ② 동의 여부·범위 결정권, ③ 처리 여부 확인 및 열람·전송 요구권, ④ 처리 정지·정정·삭제·파기 요구권, ⑤ 피해 구제 요청권, ⑥ 완전 자동화된 결정 거부·설명 요구권 권리를 명시하고 있다.

36 ②

그림은 개인정보 전송요구 체계를 나타낸다.
중계전문기관(A)은 개인정보 전송 중계에 필요한 기능을 제공하고 관련 시스템을 운영하며, 정보전송자의 전송을 지원하는 역할을 수행한다.
정보전송자(B)는 정보주체의 전송 요구에 따라 자신이 보유하고 있는 개인정보를 정보주체 본인 또는 제3자에게 전송하는 개인정보처리자이다.
전송요구권(C)은 정보주체가 자신에 관한 개인정보를 직접 또는 제3자에게 전송하도록 요구할 수 있는 권리이다.

37 ④

「개인정보 보호법」 제22조에서는 정보주체의 권리 보호를 위해 동의를 구분하여 받아야 하는 경우를 규정하고 있다.
"개인정보 처리방침의 공개"는 법적 고지의무 사항으로 구분 동의를 받을 필요가 없다.

38 ③

정보주체는 개인정보처리자에게 자신의 개인정보에 대한 열람을 요구할 수 있으며, 공공기관의 경우 개인정보보호위원회를 통해 열람요구서를 제출할 수도 있다. 열람 대상에는 개인정보의 항목·내용, 수집·이용 목적, 보유·이용 기간, 제3자 제공 현황, 동의 사실 및 내용 등이 포함된다.
개인정보처리자는 열람요구를 받은 날부터 10일 이내에 열람이 가능하도록 조치해야 하며, CCTV 영상 열람 시 모자이크 처리 등 열람에 필요한 비용은 원칙적으로 열람요구자가 부담한다. 다만 열람 지연이나 처리 오류 등 사유가 개인정보처리자에게 있는 경우에는 정보주체가 해당 비용을 개인정보처리자에게 청구할 수 있다.

39 ③

정보주체는 개인정보처리자에게 자신의 개인정보에 대한 정정 또는 삭제를 요구할 수 있으며, 개인정보처리자는 이를 복구 또는 재생할 수 없도록 조치해야 한다. 다만, 다른 법령에서 개인정보를 수집 대상으로 명시한 경우에는 삭제가 불가하며, 그 사실과 이유, 이의제기 방법을 10일 이내에 통지해야 한다. 개인정보보호위원회는 아동·청소년 게시물 삭제를 지원하는 '잊힐 권리(지우개) 서비스'와, 불필요한 웹사이트 탈퇴를 지원하는 '웹사이트 회원탈퇴 서비스'를 운영하고 있다.

40 ④

개인정보처리자는 정보주체로부터 처리정지 요구를 받은 날부터 10일 이내에 처리정지 조치 여부를 결정해야 하며, 정지 조치를 한 경우에는 그 사실을, 정지 요구에 따르지 않은 경우에는 그 사유 및 이의제기 방법을 결과 통지서로 정보주체에게 알려야 한다.

41 ③

'자동화된 결정'은 개인정보처리자에 의한 결정으로, 정보주체의 권리나 의무에 영향을 미치는 최종적인 결과를 말한다. 따라서 제3자의 판단에 따른 결정은 '자동화된 결정'의 요건에 해당하지 않는다.

42 ④

개인정보보호법 시행령에서는 자동화된 결정의 사실, 목적, 주요 개인정보의 유형, 절차, 정보주체의 권리(거부·설명요구 등)를 공개하도록 규정하고 있다.

43 ②

개인정보 보호법상 손해배상책임 보장 의무대상자는 전년도 매출액 등이 10억 원 이상이고, 직전 3개월간 저장·관리된 정보주체 수의 일일 평균이 1만 명 이상인 개인정보처리자이다. 두 요건을 모두 충족해야 해당된다.

44 ③

준비금은 임의적립금(자본계정)으로 적립해야 하며, 주주총회 결의 등을 통해 손해배상책임 이행 목적임을 명확히 해야 한다.

45 ③

개인정보 분쟁조정제도는 정보주체뿐만 아니라 개인정보처리자도 신청할 수 있으며, 양 당사자가 수락한 조정은 재판상 화해와 동일한 효력(기판력·집행력)을 가진다.

46 ③

개인정보 집단분쟁조정위원회는 절차 개시 공고가 종료된 날의 다음 날부터 60일 이내에 분쟁조정을 마쳐야 한다.

47 ③

개인정보 단체소송은 비영리민간단체가 정보주체를 대신하여 침해행위의 중지를 청구하는 비금전적 구제 절차이다. 단체가 소송을 제기할 때에는 변호사를 소송대리인으로 선임해야 하며, 이는 법에서 명시된 필수 요건이다.

48 ④

개인정보보호법에 따르면 개인정보처리자가 정보주체의 동의를 받을 때 반드시 알려야 할 사항은 수집·이용 목적, 수집 항목, 보유 및 이용 기간, 동의 거부 권리 및 불이익 내용이다.

49 ③

개인정보의 추가적인 이용 또는 제공은 당초 수집 목적과의 관련성, 예측 가능성, 정보주체의 이익 침해 여부, 안전조치 여부 등을 고려해야 한다고 규정하고 있다.

50 ②

개인정보보호법은 영리/비영리를 불문하고 개인정보를 처리하는 모든 자(개인정보처리자)에게 적용된다. 자유로운 수집·이용은 허용되지 않으며, 법적 근거나 동의를 받아야 한다. 또한 회비 납부 현황, 생일, 특정 취향 등이 특정 회원과 결합되어 그 회원을 식별할 수 있게 한다면 모두 개인정보에 해당한다.

51 ④

개인정보보호법에 따른 통지의무 예외 사유는 연락처 부재, 법령상 등록 예외(국가안보 포함) 개인정보파일 포함, 통지로 인한 타인의 생명·신체·재산 침해 우려 등이다.

52 ②

5만 명 이상의 정보주체에 관한 민감정보 또는 고유식별정보를 처리하거나 100만 명 이상의 정보주체에 관한 일반 개인정보를 처리하는 개인정보처리자는 정보주체의 요구가 없어도 개인정보를 제공받은 날부터 3개월 이내에 통지해야 한다.

53 ⑤

형사소송법상 검사의 수사, 병역법상 병역판정검사, 청소년보호법상 연령확인, 신용정보법상 채권추심 행위는 모두 법률에 특별한 규정이 있어 개인정보 수집·이용이 가능한 경우에 해당한다.
게시판 이용자의 실명확인이 아닌 본인확인이 정보통신망법에 근거하여 수집·이용이 가능한 사례이다.

54 ③

개인정보보호법에 따라, 정보주체와 체결한 계약의 이행 또는 계약 체결을 위한 조치가 필요한 경우에는 별도의 동의 없이 개인정보 수집·이용이 가능하다. 본 사례는 서비스 이용계약에 근거하여 보안위험을 탐지·예방하는 행위로서 계약의 이행 과정에서 불가피하게 필요한 조치에 해당한다. 수집 시점이 서비스 제공 후라도, 해당 정보가 계약 이행(서비스 유지 및 보안)을 위해 불가피하다면 추가 동의가 필요하지 않다.

55 ⑤

개인정보 처리에 대한 동의를 받을 때는 자유의사, 구체·명확성, 이해가능성, 명확한 표시방법 제공의 네 가지 조건을 모두 충족해야 한다.
'필요한 최소한의 개인정보만 수집'은 개인정보 수집의 일반 원칙에 해당하며, 동의 방법의 요건과는 직접 관련이 없다.

56 ③

정보주체 또는 제3자의 생명·신체·재산상의 이익을 보호하기 위해 명백히 필요한 경우에는 정보주체의 동의 없이 개인정보를 수집·이용할 수 있다. 따라서 조난자 구조와 같은 급박한 생명·신체 보호 상황에서는 사전 동의 없이도 개인정보 처리(조회, 이용 등)가 허용된다.

57 ①

법정대리인에게 동의를 받는 수단은 문자메세지, 신용카드 및 직불카드, 휴대전화 본인인증, 서면, 전자우편, 전화등이 있다.

아동이 지참한 신분증 사본과 도장이 찍힌 문서를 근거로 개통을 진행하는 것은 법정대리인 본인이 직접 서명·제출한 사실을 확인할 수 없어 위·변조 위험이 존재한다.

58 ③

재화나 서비스를 홍보하거나 판매를 권유하기 위하여 개인정보를 처리하려는 경우에는 구분하여 각각(별도) 동의를 받도록 규정하고 있고, 만 14세 미만 아동의 개인정보를 처리하려면 그 법정대리인의 동의를 받도록 규정하고 있다. 즉, 회원 중 만 14세 미만 아동에게도 서비스 홍보 메일을 발송해야 하는 상황이라면 그 법정대리인의 동의를 받아야 하며, 법정대리인이 동의했는지를 확인해야 한다.

59 ②

영리 목적의 광고성 정보는 오후 9시부터 다음 날 오전 8시까지 전자적 전송매체를 통해 전송하려면 수신자의 별도 사전 동의가 필요하다. 다만, 전자우편(이메일)은 예외적으로 야간 시간대에도 별도의 동의 없이 전송이 가능하다.

60 ⑤

가명정보를 익명정보로 전환한 경우, 해당 정보는 더 이상 개인을 식별할 수 없으므로 '개인정보'가 아니며 파기 대상이 아니다.

61 ①

의료법 시행규칙 제15조에 따르면 의료기관은 환자 명부 5년, 진료기록부 10년, 처방전 2년, 수술기록 10년의 보존 의무가 있다.

62 ④

개인정보처리자는 개인정보의 보유기간이 경과하거나 처리 목적이 달성되어 불필요하게 된 경우, 정당한 사유가 없는 한 5일 이내에 파기하여야 한다.

일부만 파기하는 경우에는 전자적 파일은 복구되지 않도록 관리·감독하고, 서면 등은 마스킹이나 구멍 뚫기 등으로 삭제할 수 있다.

'복원이 불가능한 방법'이란 현재의 기술수준에서 사회통념상 적정한 비용으로 파기한 개인정보의 복원이 불가능하도록 조치하는 방법이다.

63 ②

제3자란 정보주체와 개인정보를 처음 수집한 개인정보처리자를 제외한 '다른 주체'를 의미한다. 다만, 대리인과 수탁자는 정보주체를 대신하거나 개인정보처리자로부터 위임받아 업무를 수행하므로 제3자에 해당하지 않는다.

64 ⑤

전자처방전 서비스 플랫폼이 F병원과 ㉮약국 간의 처방전 전송을 단순 중계하기 위해 정보를 일시적으로 보관하는 경우, 이는 개인정보의 처리로 보지 않는다. 플랫폼이 처방 내용을 실질적으로 접근하거나 활용하지 않기 때문에, 해당 사례는 개인정보 처리의 위·수탁 관계에 해당하지 않는다.

65 ④

개인정보 처리업무를 위탁할 때 위탁자는 문서(계약 등)를 통해 위탁업무의 목적·범위, 개인정보의 기술적·관리적 보호조치, 재위탁 제한, 안전성 확보 조치, 손해배상 등 책임사항 등을 명시해야 한다.

66 ⑤

개인정보의 국외이전은 정보주체의 별도 동의, 법률·조약·국제협정에 의한 근거, 계약의 체결 및 이행 목적을 위한 위탁·보관 시 사전 고지, 이전받는 자의 개인정보보호 인증 취득, 또는 보호위원회가 해당 국가·국제기구의 보호체계가 국내법과 동등한 수준임을 인정한 경우이다.

67 ⑤

개인정보를 국외로 이전하기 위해 별도 동의를 받을 때는 이전되는 개인정보 항목, 이전 국가·시기·방법, 이전받는 자의 성명(또는 법인명 및 연락처), 이전받는 자의 이용 목적 및 보유·이용 기간, 이전 거부 방법 및 거부 시 불이익(효과)을 정보주체에게 명확히 고지해야 한다.

68 ③

글로벌 CBPR(Global Cross-Border Privacy Rules)은 2025년 공식 출범한 APEC CBPR의 발전형 국제 인증제도로, 기업의 개인정보 보호 수준을 국제적으로 인증하여 국가 간 데이터 이동 장벽을 완화하고 전자상거래 활성화를 지원하는 제도이다. APEC CBPR이 APEC 회원국 중심이었다면, 글로벌 CBPR은 APEC 외 국가까지 확대된 국제 공통 인증 체계라는 점에서 차별화된다. 국내에서는 개인정보보호위원회가 총괄 부처, 한국인터넷진흥원(KISA)이 인증기관으로 지정되어 있다.

69 ④

개인정보 국외이전 인증은 (평가) 개인정보보호 인증전문기관 → (평가) 국외이전 전문위원회 → (협의) 정책협의회 → (심의/의결) 보호위원회 → (관보게재) 고시 절차로 진행된다.

70 ⑤

가명정보는 아래 조항들이 적용되지 않는다.

- 제20조 정보주체 이외로부터 수집한 개인정보의 수집 출처 등 통지
- 제20조의2 개인정보 이용·제공 내역의 통지
- 제27조 영업양도 등에 따른 개인정보의 이전 제한
- 제34조(개인정보 유출 등의 통지·신고) 제1항
- 제35조 개인정보의 열람
- 제35조의2 개인정보의 전송 요구
- 제36조 개인정보의 정정·삭제
- 제37조 개인정보의 처리정지 등

71 ③

병역판정검사는 국가가 수행하는 법정 의무 절차이므로, 해당 업무 수행을 위해 필요한 개인정보는 법령에 근거하여 수집·이용할 수 있다. 「병역법 제11조의2 제1항」에서는 지방병무청장이 병역판정검사와 관련하여 질병이나 심신장애의 확인이 필요한 경우, 의료기관장·국민건강보험공단 이사장·학교장 등에게 병역판정검사 대상자의 진료기록, 치료기록, 학교생활기록부 등의 제출을 요구할 수 있도록 규정하고 있다. 따라서 김 주무관의 요청은 법적 근거에 따른 정당한 절차이며, 해당 기관은 특별한 사유가 없는 한 이에 응해야 한다.

72 ⑤

원본 정보로부터 특징점을 추출하는 등의 일정한 기술적 수단을 통해 생성되는 정보는 생체인식 특징정보이다.

73 ④

개인정보처리자가 개인정보의 분실 · 도난 · 유출 · 위조 · 변조 · 훼손 등을 방지하기 위한 안전성 확보조치를 하지 않은 경우, 3천만 원 이하의 과태료가 부과된다.

74 ④

개인정보처리자는 내부 관리계획을 수립 · 시행하고, 개인정보 보호책임자가 연 1회 이상 그 이행 실태를 점검 · 관리해야 한다.

75 ②

개인정보취급자의 업무가 변경된 경우, 개인정보처리자는 지체 없이 접근 권한을 변경하거나 말소해야 한다. 또한 권한의 부여 · 변경 · 말소 내역은 최소 3년간 보관해야 하며, 계정은 개인별로 발급 · 관리해야 한다.

76 ①

개인정보처리자는 개인정보처리시스템의 접근 권한 부여 · 변경 · 말소 내역을 기록하고 기록형태(전사 · 수기)에 관계없이 최소 3년간 보관하여야 한다.

77 ⑤

기존에는 일일 평균 이용자 수 100만 명 이상의 대규모 개인정보처리자에게 인터넷망 차단 조치 의무가 부과되어 있었으나 삭제되었다.

78 ③

"접속기록"이란 개인정보처리시스템에 접속한 자가 수행한 업무 내역에 대해 식별자, 접속일시, 접속지 정보(IP 등), 처리한 정보주체 정보, 수행업무 등을 전자적으로 기록한 것이다.

79 ③

「개인정보의 안전성 확보조치 기준」에 근거하여, 일반 개인정보처리시스템은 1년 이상 접속기록을 보관하고 5만 명 이상의 정보주체에 관한 개인정보를 처리하는 시스템, 고유식별정보 또는 민감정보를 처리하는 시스템, 「전기통신사업법」에 따른 기간통신사업자는 2년 이상 접속기록을 보관 · 관리하여야 한다.

80 ③

3DES는 취약한 대칭키 알고리즘이다.

81 ③

개인정보의 안전성 확보조치 기준에 따르면, 개인정보처리자는 악성프로그램 방지 · 치료 프로그램을 설치 · 운영하고, 정당한 사유가 없는 한 일 1회 이상 업데이트하여 최신 상태로 유지해야 한다.

82 ③

법률에 특별한 규정이 있거나 법령상 의무를 준수하기 위하여 불가피한 경우에는 정보주체의 동의 없이 개인정보를 수집 · 이용할 수 있다.
「자동차손해배상 보장법」 제14조 제5항은 국토교통부장관이 보험료 산출 및 보험금 지급업무 수행을 위해 필요한 경우, 운전자의 음주운전 여부 및 면허 효력에 관한 정보를 제공할 수 있도록 명시하고 있으므로 이는 법령 근거에 따른 적법한 개인정보 수집 · 이용에 해당한다.

83 ②

파일 인클루전(File Inclusion) 공격은 주로 PHP로 작성된 웹애플리케이션에서 발생한다. PHP의 include 계열 함수는 외부 파일을 현재 소스에 삽입하여 실행할 수 있게 해주는 기능인데, 공격자는 이 동작을 악용하여 의도치 않은 파일을 애플리케이션에 끌어들이게 할 수 있다. 그중 서버 내부에 존재하는 파일을 불러오도록 유도하는 경우를 로컬 파일 포함(LFI, Local File Inclusion)이라고 부르며, 이를 통해 민감 정보 노출이나 추가 악성 코드 실행 등의 피해가 발생할 수 있다.

84 ③

「표준 개인정보 보호지침」에 따르면, 법령에서 개인정보처리자에게 구체적인 의무를 부과하고 있고, 그 의무를 이행하기 위해 개인정보 수집이 불가피한 경우에는 정보주체의 동의 없이도 개인정보를 수집 · 이용할 수 있다.
「소비자기본법」 제48조에서는 사업자가 결함상품으로 인한 위해를 방지하기 위해 수거 · 수리 · 교환 · 환급 등 리콜 조치를 취해야 함을 명시하고 있다. 따라서 A사는 해당 법령상의 의무를 이행하기 위해 구매자의 개인정보를 수집 · 이용하는 것이 정당하며, 이는 '법령상 의무 준수를 위한 불가피한 개인정보 처리'에 해당하므로 적법한 조치이다.

85 ⑤

개인정보처리자는 개인정보가 저장된 전산실 · 자료보관실 등 물리적 보관 장소에 출입통제 절차를 수립 · 운영해야 한다. 별도의 개인정보처리시스템을 운영하지 않고 모바일 기기로만 개인정보를 처리하는 경우, 보조저장매체 반출 · 입 통제대책은 적용하지 않을 수 있다.

86 ③

합성 전체 백업(Synthetic Full Backup)은 기존의 Full 백업본과 이후의 Incremental 백업본을 백업 서버에서 결합하여 새로운 Full 백업본을 생성하는 방식이다.

87 ②

별도의 개인정보 안전조치 기준은 (A) 2개 이상 기관이 공동으로 사용하는 단일접속 시스템 중 (B) 100만명 이상의 정보주체에 관한 개인정보를 처리하거나, (C) 200명 이상의 개인정보취급자가 접근하는 경우, 또는 민감정보를 처리하는 시스템에 적용된다.

88 ⑤

공공시스템 운영기관은 공공시스템별로 내부 관리계획을 수립할 때 관리책임자 지정 및 역할 · 책임, 개인정보 취급자의 역할 · 책임 및 관리 · 감독 · 교육, 접근권한 관리, 접근통제, 접속기록 보관 및 점검, 공공시스템 접근권한 관리 및 접속기록 보관 · 점검을 포함하여야 한다.
개인정보 파기에 관한 사항은 내부 관리계획에 포함되어야 하지만(파기 시점, 방법 등), '개인정보의 안전성 확보조치 기준' 고시에서 내부 관리계획의 필수 포함 사항으로 '자동 파기 절차'를 명시하고 있지는 않다.

89 ③

「개인정보 보호법」에 따르면, 정보주체와 체결한 계약을 이행하거나, 계약 체결 과정에서 정보주체의 요청에 따른 조치를 이행하기 위해 필요한 경우에는 정보주체의 별도 동의 없이 개인정보를 수집 · 이용할 수 있다. 따라서 E사가 강의 신청, 결제 처리, 수료증 발급 등 서비스 제공을 위해 필수적인 개인정보를 처리한 것은 적법한 행위에 해당한다.

90 ④

개인정보의 '수집'은 정보주체로부터 직접 제공받는 경우뿐만 아니라, 제3자·공개된 자료원 등 다양한 경로를 통해 취득하는 모든 행위를 포함한다. 또한 업무 과정에서 개인정보가 새로 생성되거나 생산되는 경우 역시 수집에 포함된다. 따라서 ④처럼 '업무 중 생성된 개인정보는 수집이 아니다'라는 설명은 잘못이다.

91 ②

BPFDoor는 2025년 한국의 주요 통신사 중 한 곳에서 대규모 유심정보가 유출되었을 때 사용된 악성코드로 BPF 기반의 포트 비노출(backdoor) 전술을 사용한다. 리스닝 포트 부재, 조건부 패킷 반응(일반 포트리스닝 대신 특정 패킷을 골라 받는 기법), 파일리스 실행, 암호화 통신(RC4), 방화벽 규칙 조작 및 데몬 위장 등의 특징을 가지고 있다.

92 ②

「위치정보의 보호 및 이용 등에 관한 법률」 제29조에 따르면, 생명이나 신체에 급박한 위험이 있는 경우, 경찰 등 긴급구조기관은 정보주체의 동의 없이 개인위치정보를 요청할 수 있다.

93 ②

NAT(Network Address Translation)은 내부 네트워크의 사설 IP 주소를 외부 네트워크의 공인 IP 주소로 변환(Mapping)하는 기술이다.

94 ③

생성형 AI의 사전·추가 학습에 개인정보가 포함되는 경우, 해당 개인정보의 처리 목적은 구체적이고 명확하며 합법적으로 설정되어야 한다. 이는 목적 외 이용이나 과도한 수집을 방지하고, 개인정보 보호 원칙을 준수하기 위한 핵심 검토사항이다.

95 ②

SQL 인젝션(SQL Injection)은 웹 애플리케이션의 입력란에 악의적인 SQL 구문을 삽입하여 데이터베이스를 비인가로 조회·변경하거나 인증을 우회하는 공격이다.

오답 피하기

① XSS는 사용자 브라우저에서 악성 스크립트가 실행되도록 하는 공격이다.
③ CSRF는 사용자의 인증된 세션을 이용해 의도하지 않은 요청을 서버에 발생시키는 공격이다.
④ LFI는 서버의 로컬 파일을 포함·읽도록 유도하는 공격이다.
⑤ Command Injection은 입력값에 운영체제 명령어를 삽입하여 서버에서 임의 명령이 실행되게 하는 공격이다.

96 ②

사례에서는 학생의 학습 데이터를 AI 학습분석 등으로 활용하면서도 구체적이고 명확한 개인정보 처리 목적이 설정되지 않아 목적 외 이용 및 오남용 가능성이 발생하였다. 따라서 이는 개인정보 처리 목적 미정립에 따른 문제로 실제로 개인정보위에서는 통합 DB에 관리되는 데이터에 대해서는 처리 항목 및 목적을 보다 명확히 할 것을 시정권고하였다.('25.5)

97 ③

MITRE ATT&CK(Adversarial Tactics, Techniques, and Common Knowledge)은 공격자 그룹의 전술·기법을 체계적으로 분류한 글로벌 위협 분석 지식 체계로, 보안 담당자가 침해사고 탐지·대응·훈련 등에 활용할 수 있는 프레임워크이다.

98 ③

그림에서 결합신청자 A와 B는 일부 동일한 결합키(dac…, c2e…, 9a0…)를 이용하여 결합하지만, A에만 존재하는 결합키(cd1…, 89c…) 등 한쪽(결합신청자 A) 데이터에만 존재하는 키가 포함되어 있다. 이 경우 결합은 1:1 관계로 이루어지지만, 결합 대상의 범위가 한쪽으로 확대되었기 때문에 '확대단일결합'에 해당한다.

99 ①

그룹웨어 등 내부 업무지원 시스템이라 하더라도 해당 시스템이 인증대상 서비스의 처리 과정에 사용된다면 인증 범위에 포함될 수 있다. 제20조 제6항은 수탁사가 동일한 인증을 받은 경우 현장심사를 생략할 수 있도록 규정하고 있으며, 내부 시스템이라도 서비스 제공과 연계되어 있으면 심사대상에서 제외되지 않는다.

100 ③

RLHF는 사람의 피드백(Human Feedback)을 활용해 AI 모델을 강화학습시키는 방법이다. 사람이 AI의 응답에 점수나 순위를 매겨 보상모델(Reward Model)을 학습시키고, 이를 바탕으로 모델이 더 바람직한 출력을 생성하도록 훈련한다. 예를 들어, 사생활 침해를 회피하는 답변에는 +1, 부적절한 답변에는 −1의 보상을 주어 올바른 행동을 학습하도록 한다.

01 ⑤	02 ④	03 ④	04 ④	05 ④
06 ②	07 ③	08 ④	09 ④	10 ⑤
11 ②	12 ①	13 ①	14 ④	15 ②
16 ②	17 ①	18 ⑤	19 ⑤	20 ②
21 ①	22 ⑤	23 ④	24 ④	25 ②
26 ④	27 ①	28 ③	29 ③	30 ⑤
31 ⑤	32 ⑤	33 ②	34 ⑤	35 ③
36 ⑤	37 ⑤	38 ④	39 ②	40 ②
41 ③	42 ③	43 ③	44 ④	45 ①
46 ③	47 ⑤	48 ④	49 ③	50 ④
51 ③	52 ③	53 ③	54 ④	55 ⑤
56 ①	57 ③	58 ①	59 ⑤	60 ④
61 ③	62 ②	63 ④	64 ③	65 ①
66 ③	67 ②	68 ④	69 ⑤	70 ①
71 ①	72 ④	73 ④	74 ④	75 ③
76 ③	77 ①	78 ④	79 ④	80 ⑤
81 ②	82 ⑤	83 ③	84 ③	85 ②
86 ④	87 ②	88 ③	89 ④	90 ④
91 ⑤	92 ②	93 ⑤	94 ②	95 ④
96 ②	97 ③	98 ④	99 ①	100 ④

01 ⑤

개인정보보호법은 대한민국 내에서 개인정보를 처리하는 모든 개인정보처리자에게 적용되며, 정보주체 역시 국적에 관계없이 국내에서 개인정보가 처리되는 경우 보호받을 수 있다. 따라서 외국인도 개인정보보호법의 보호대상에 해당한다.

여권사진이나 증명사진 등 얼굴 사진은 일반적으로 개인정보에 해당하며 민감정보에는 해당하지 않는다. 다만, 일반적인 얼굴 사진을 차후에 인증·식별 등의 목적으로 일정한 기술적 수단으로 처리할 경우 민감정보에 해당한다.

02 ④

개인정보의 전부 또는 일부를 대체하는 가명처리 과정에서 생성 또는 사용된 정보로서 특정 개인을 알아보기 위하여 사용·결합될 수 있는 정보는 '추가정보'이다.

03 ④

가명처리는 개인정보의 일부를 삭제하거나 대체하여, 추가 정보 없이는 특정 개인을 식별할 수 없도록 만드는 처리 방법이다. 이 과정을 통해 생성된 결과물이 '가명정보'이다.

04 ④

P2P(Peer to Peer)는 중앙 서버를 거치지 않고 개인 간(단말기 간) 직접 연결을 통해 파일이나 데이터를 공유하는 통신 방식이다.

클라우드 스토리지는 중앙 서버에 데이터를 저장하고 접근하는 구조이며, FTP는 서버를 통해 파일을 전송한다. VPN은 가상사설망을 의미하고, IDS는 침입탐지시스템이다.

05 ④

추론가능성은 데이터 내 특정 속성값을 이용해 다른 속성값을 통계적 또는 확률적으로 유추할 수 있는 정도를 의미한다.

06 ②

설문조사를 통한 개인정보 가치산정 방식으로 WTP(Willingness to Pay)를 산출하는 기법은 가상가치산정법(CVM, Contingent Valuation Method)이다.

07 ③

컨트롤러(controller)는 개인정보 처리의 목적과 방법을 결정하는 주체이며, 프로세서(processor)를 대신하여 개인정보를 처리하는 주체가 아니다. 오히려 프로세서가 컨트롤러를 대신해 개인정보를 처리한다.

08 ④

EU 개별 회원국의 개인정보보호법과 관련하여 수행되는 활동은 GDPR의 적용 제외 대상에 해당하지 않는다.

09 ④

EU-GDPR에 따르면, EU 역내에서 수집한 개인정보를 역외로 이전하려면 다음 세 가지 중 하나의 조건을 충족해야 한다.

첫째, EU 집행위원회로부터 적정성 승인(adequacy decision)을 받은 국가로의 이전은 별도의 절차 없이 가능하다.

둘째, 적정성 승인을 받지 않은 경우에는 적절한 보호조치를 마련해야 하며, 대표적으로 ① 구속력 있는 기업 규칙(Binding Corporate Rules, BCR), ② 표준 개인정보보호 조항(Standard Data Protection Clauses, SCC)에 따른 계약, ③ 승인된 행동규약(Code of Conduct) 또는 인증제도(Certification Mechanism)가 있다.

셋째, 이들 보호조치가 불가능한 특정 예외 상황에서는, 정보주체가 위험성을 고지받은 뒤 명시적으로 동의한 경우 등 제한적으로 이전이 허용된다.

10 ⑤

「클라우드컴퓨팅 발전 및 이용자 보호에 관한 법률」 제25조 등이 클라우드 이용자 정보유출 신고 근거이다.

11 ②

침해사고 신고는 한국인터넷진흥원(KISA)에 24시간 이내 해야 한다.

12 ①

알려지지 않았거나 알려졌으나 아직 패치되지 않은 취약점을 악용한 공격은 제로데이(Zero-day) 공격이라고 한다.

13 ①

모의해킹을 체계화된 방식으로 수행하기 위해 만들어진 표준 방법론(PTES)
에서는 사전협의, 정보수집, 위협모델링, 취약점 분석, 공격실행, 후속조치, 보
고 순으로 진행한다.

14 ④

GET 방식은 URL에 데이터가 노출되므로 개인정보 전송에 적합하지 않으며,
개인정보 전송 시에는 데이터가 본문에 실리는 POST 방식을 사용하는 것이
일반적으로 권고된다.

15 ②

개인정보보호의 목적은 고객 신뢰 확보, 규제준수, 위험관리, 국제적 신뢰 확
보 등과 밀접한 관련이 있다.
'광고 타깃 데이터 수집 확대'는 개인정보보호 강화보다는 오히려 개인정보
활용을 확대하는 행위로, 보호 관점에서의 중요성과는 거리가 먼 항목이다.

16 ②

ESG 경영에서 개인정보보호는 'S(Social, 사회적 책임)' 영역에 포함된다.

17 ①

개인정보 거버넌스(Governance)는 조직 차원에서 개인정보 보호와 활용의
균형을 유지하기 위해 전략, 정책, 의사결정 체계, 자원 배분 및 통제 메커니
즘을 포괄하는 관리 체계이다.

18 ⑤

Consulted는 업무 수행 과정에서 협업 · 자문 · 협의를 수행하는 주체를 의
미하며, Informed가 업무 결과를 보고받는 주체이다.

19 ⑤

개인정보 보호법은 개인정보 보호에 관한 일반법이며, 금융 · 신용 분야처럼
별도의 법률이 존재하는 경우에는 특별법인 신용정보법이 우선 적용된다.

20 ②

개인정보 보호는 개인정보 보호법을 중심으로 하되, 업무 특성을 매우 중요
하게 반영하여, 「주민등록법」(행정), 「의료법」(보건), 「통신비밀보호법」(정보통
신) 등 분야별 특별법에 일반법인 「개인정보 보호법」과 다른 규정들을 두고
있다.

21 ①

ㄱ은 수집 제한의 원칙(Collection Limitation Principle), ㄴ은 정보 정확성
의 원칙(Data Quality Principle), ㄷ은 목적 명확화의 원칙(Purpose Specifi-
cation Principle), ㄹ은 안전성 확보의 원칙(Security Safeguards Principle),
ㅁ은 책임의 원칙(Accountability Principle)에 해당한다.

22 ⑤

형의 선고 · 면제 · 선고유예 · 집행유예 · 보호감호 · 치료감호 · 보호관찰 등
의 형사처분 관련 정보는 민감정보로 분류된다. 운전면허의 정지 또는 취소
정보는 행정처분 사항으로 민감정보에 해당하지 않는다.

23 ④

고유식별정보란 개인을 고유하게 식별하기 위하여 법령에 따라 부여된 정보
로서 주민등록번호, 여권번호, 운전면허번호, 외국인등록번호를 말한다. 반면
사업자등록번호는 법인이나 사업자를 식별하기 위한 정보로 개인의 고유식
별정보에 해당하지 않는다.

24 ④

개인정보 보호수준 평가를 받거나 개인정보 보호 인증을 받은 경우 안전성
확보조치 관리 실태 조사에서 예외로 인정받을 수 있다.

25 ②

병원이 감염병 전파 차단을 위해 출입구에서 키오스크로 방문자의 주민등록
번호를 처리하는 것은 보호법 예외 사유(명백히 정보주체 또는 제3자의 생
명 · 신체 · 재산의 이익을 위한 경우)로 보기 어렵다고 개인정보보호위원회
는 해석하였다. 주민등록번호 처리는 법령에서 명시적으로 허용하거나 요구
하는 경우에만 가능하며, 단순 예방 목적만으로는 정당한 처리 근거가 되지
않는다.

26 ④

개인정보보호법 제38조 제3항 및 시행령 제47조에 따르면, 개인정보처리자
는 열람 등에 필요한 실비 범위 내의 수수료 및 우송료를 정보주체에게 청구
할 수 있으며, 모자이크 처리 등 열람에 소요되는 비용도 실비 범위 내에서
정보주체에게 부담시킬 수 있다. 단, 열람 요청의 사유가 개인정보처리자의
과실 등으로 발생한 경우에는 개인정보처리자가 그 비용을 부담해야 한다.

27 ①

영상정보는 반드시 30일 이내로만 보관해야 하는 것은 아니며, CCTV 설치
목적 달성을 위해 필요한 최소한의 기간 동안 보관할 수 있다. 다만, 보관 목
적의 달성을 위한 최소 기간을 산정하기 어려운 경우에는 30일 이내로 정하
는 것이 권장된다.

28 ③

녹화 여부와 관계없이(실시간 송출만 하더라도) 기기 자체가 영상정보를 처
리(수집)하고 있으므로, 관리책임자 지정, 안전성 확보 조치 등의 의무를 이행
해야 한다.

29 ③

고정형 영상정보처리기기운영자는 CCTV 설치 사실을 쉽게 인지할 수 있도
록 안내판을 설치해야 한다. 다만, 같은 건물 내 여러 대의 CCTV를 설치 ·
운영하는 경우에는 출입구 등 잘 보이는 곳에 대표 안내판만 설치할 수 있다.
이 경우 안내판에는 해당 건물 전체가 CCTV 설치지역임을 표시해야 하며,
개별 CCTV별 안내판을 모두 설치할 필요는 없다.

30 ⑤

「개인정보 보호법」은 정보주체(여기서는 사고차량 차주)의 권리 보호를 위해
영상정보 열람 요구권을 보장하고 있으며, CCTV 운영자(A씨)는 원칙적으로
이에 응해야 한다. 다만, 열람 요구에 응할 때 다른 정보주체의 권리를 침해
해서는 안 된다.

31 ⑤

타법에서 명시적으로 개인정보 처리 근거를 규정하지 않은 경우에는, 반드시 개인정보 보호법이 정한 요건과 절차에 따른 적법한 동의 또는 법적 근거를 갖추어야 한다. 단순히 서비스 약관에 포함된 일반 동의만으로는 개인정보 수집의 법적 근거가 충족되지 않는다.

32 ⑤

개인정보 보호법상 정보주체는 자신의 개인정보 처리에 대한 동의를 언제든지 철회할 수 있으며, 동의 철회는 이용 취소의 개념을 포괄한다.

33 ②

개인정보 처리방침은 개인정보처리자의 내부 기준과 처리 현황을 공개하기 위한 자율규제 장치로, 이는 정보주체의 동의를 받는 절차와는 구분되는 것이다. 따라서 개인정보 수집 · 이용 또는 제3자 제공 동의를 처리방침에 대한 단순 동의로 갈음할 수 없다.

34 ③

수탁자가 개인정보 처리 업무를 제3자에게 다시 위탁하려면 반드시 위탁자의 별도 동의를 받아야 하며, 기존의 위탁 동의로 이를 갈음할 수 없다.

35 ③

개인정보처리자는 원칙적으로 수집 목적 범위를 초과하여 개인정보를 이용할 수 없다. 따라서 기업이 당초 휴대전화번호를 홍보나 판매권유 이외의 목적으로 수집하였다면, 별도의 동의 없이 해당 번호를 홍보 · 마케팅에 이용하는 것은 불가능하다.
다만, 홍보 목적 이용에 대한 사실을 명확히 알리고 정보주체의 별도 동의를 받는 경우에는 해당 목적의 이용이 가능하다. 또한 이때의 동의는 다른 개인정보 수집 · 이용, 제공, 민감정보 처리 동의와 구분하여 별도로 받아야 한다.

36 ⑤

개인정보보호법에서는 원칙적으로 정보주체의 동의를 받은 경우, 개인정보를 제3자에게 제공(공유)할 수 있도록 허용하고 있다. 따라서 다수의 회사가 포인트 통합관리, 공동 마케팅 등 제휴서비스를 위해 고객정보를 공유하는 것은 금지된 행위가 아니라, 정보주체에게 제공받는 자의 명칭, 이용 목적, 제공 항목, 보유기간 등을 알리고 명시적 동의를 받은 경우 적법하게 가능하다.

37 ⑤

1회성 단기 위탁이라도 개인정보보호 교육을 생략할 수는 없으며, 위탁 계약서에 교육 사항을 명시하거나 수탁자가 자체적으로 관련 직원에게 교육을 실시하도록 요청하는 등의 방법으로 반드시 교육 의무를 이행해야 한다.

38 ④

하나의 개인정보처리자가 여러 서비스를 운영하는 경우에도, 개인정보를 일괄적으로 처리하고 있다면 서비스별로 구분하지 않고 전체 정보주체의 총수를 기준으로 산정해야 한다.

39 ②

개인정보처리자는 정보주체의 열람 요구가 있더라도 법률에 따라 열람이 금지되거나 제한되는 경우, 다른 사람의 생명 · 신체를 해할 우려가 있는 경우 등의 사유로 열람을 제한하거나 거절할 수 있다.

40 ②

개인정보처리자는 당초 수집 목적과 합리적으로 관련된 범위에서 정보주체에게 불이익이 발생하는지 여부, 암호화 등 안전성 확보에 필요한 조치를 하였는지 여부 등을 고려하여 정보주체의 동의 없이 개인정보를 제공할 수 있다.

41 ③

수집한 개인정보가 최소한의 정보임을 입증할 책임은 개인정보처리자에게 있다.

42 ③

통계작성, 과학적 연구, 공익적 기록보존 등의 목적 내에서 가명정보를 제공하면서 제공에 소요된 비용을 합리적 기준에 따라 산정하여 대가를 받는 것은 가능하다.

43 ③

가명정보는 단순히 이름 · 주민등록번호 등 직접 식별정보를 삭제했다고 해서 자동으로 되는 것이 아니다. 가명처리 시에는 개인을 직접 식별할 수 있는 정보뿐만 아니라, 다른 정보와 결합될 경우 개인을 알아볼 수 있는 가능성까지 종합적으로 고려하여 식별 위험을 낮추는 조치가 필요하다. 따라서 직접 식별정보만 삭제한 정보는 여전히 재식별 가능성이 높은 '개인정보'로 판단될 수 있으며, 안전한 가명정보로 보기 어렵다.

44 ③

가명정보를 제공받은 자가 안전조치를 하지 않거나 고의로 재식별 행위를 하여 피해가 발생한 경우, 그 행위의 책임은 제공받은 자(수신자)에게 있으며, 가명정보를 제공한 자(제공자)는 제재 대상이 되지 않는다.
가명정보 처리 과정에서 의도치 않게 특정 개인을 알아볼 수 있는 정보가 생성되었다는 사실만으로는 제재 대상이 되지 않는다.

45 ①

중앙행정기관도 관련 법령(「공공기관의 운영에 관한 법률」, 「민원 처리에 관한 법률」)에 근거하여 정보주체의 동의 없이 만족도 조사를 수행할 수 있다.

46 ③

유실물법 시행령에 따라 경찰관서는 습득물 신고를 접수할 때 습득자의 인적사항 확인을 위해 주민등록번호를 수집할 수 있다.

47 ⑤

개인정보 처리 업무를 제3자에게 위탁하는 경우, 위탁자는 위탁받은 업무를 수행하기 위해 필요한 범위 내에서 개인정보를 수탁자에게 제공할 수 있다. 위탁의 대상이 되는 개인정보의 종류에는 제한이 없다. 단, 개인정보처리자의 안전성 확보 조치, 암호화 조치 등의 의무사항을 준수해야 한다.

48 ④

공공기관은 「개인정보보호법」과 「민원 처리에 관한 법률」에 근거하여, 민원 처리를 위한 범위 내에서는 민원인의 동의 없이 담당자에게 필요한 개인정보(예: 전화번호)를 전달할 수 있다. 이는 공공기관의 정당한 소관업무 수행으로 인정된다.
다만, 권한이 없는 직원에게 개인정보를 전달하는 것은 개인정보 누설이나 접근제한 위반에 해당할 수 있으므로 주의가 필요하다.

49 ③

사회복무요원이 정당한 권한 없이 다른 사람의 개인정보를 검색 또는 열람한 경우에는 '경고처분'을 받게 되며, 동일 사유로 2회 이상 경고처분을 받을 경우 1년 이하의 징역에 처해질 수 있다.

사회복무요원이 불법적으로 타인의 개인정보를 취득하고, 이를 유출하여 범죄에 악용된 사건이 발생함에 따라, 복무관리 전반에 걸쳐 개인정보보호를 강화하기 위하여 사회복무요원은 원칙적으로 정보시스템 접근을 통한 개인정보 취급 업무 및 문서 수발 · 복사 · 파쇄 등의 업무를 할 수 없으나(「병역법 시행령」 및 「사회복무요원 복무관리 규정」). 해당 기관에 안전성 확보조치가 되어있다는 전제 하에. 복무기관 장의 승인 후 담당 직원의 관리 · 감독을 받는 경우에는 정보시스템 접근을 통한 개인정보 취급 업무를. 근무지의 장의 승인 후 담당 직원의 관리 · 감독을 받는 경우에는 문서 수발 · 복사 · 파쇄 등의 업무를 할 수 있다(「사회복무요원 복무 관리 규정」).

50 ④

개인정보보호위원회의 심의만으로는 법적 근거 없는 개인정보 제공을 정당화할 수 없다. 「질서위반행위규제법」에 따르면, 행정청이 과태료 부과 · 징수를 위해 필요한 경우에는 해당 법률 근거에 따라 다른 공공기관으로부터 개인정보를 제공받을 수 있으며, 별도의 심의 절차는 요구되지 않는다.

51 ③

ARS나 전화로 개인정보 처리(수집 · 이용 · 제공 등)에 대한 동의를 받는 것은 가능하다. 다만, 단순히 통화에 응답했다는 사실만으로는 동의 의사가 있다고 볼 수 없으며, 개인정보처리자가 동의에 대한 입증책임을 부담하므로 반드시 정보주체의 음성 녹음 등 명확한 동의 확인 절차를 거쳐야 한다. 또한, 동의받은 내용은 개인정보를 파기할 때까지 보관해야 한다.

52 ③

민간기업은 공공기관과 달리 법령으로 정해진 개인정보파일 보유기간 기준표가 존재하지 않는다. 따라서 개인정보처리자는 수집 목적 달성에 필요한 최소한의 기간을 스스로 정해야 하며,그 기간이 타당하다는 입증책임은 개인정보처리자에게 있다.

53 ②

위탁자는 수탁자 관리 · 감독을 반드시 직접 수행해야 하는 것은 아니다. 전문기관. 관련 협회. 컨설팅 기관 등을 통한 대행이나 원격점검. 솔루션 배포 등의 방법을 활용하여 합리적으로 감독할 수 있다.

54 ④

자동차등록번호는 일반적으로 개인정보에 해당하지 않지만, 다른 정보와 쉽게 결합하여 특정 개인을 식별할 수 있는 경우에는 개인정보로 간주된다. 예를 들어 백화점 회원DB와 결합 가능한 차량번호나 경찰 교통단속 영상처럼 공공기관이 다른 정보(자동차등록원부 등)와 쉽게 결합할 수 있는 경우 즉, 자동차등록번호를 통해 소유주 등의 개인정보를 조회하거나 알아볼 수 있는 특수한 상황인 경우에는 개인정보에 해당한다.

55 ⑤

이동형 영상정보처리기기를 이용해 촬영하는 경우에도 정보주체가 쉽게 인지할 수 있도록 불빛, 소리, 안내판, 안내문, 안내방송 등 다양한 방법을 통해 촬영 사실을 알려야 한다. 영상기기를 보지 못했더라도 고지의무가 면제되지 않으며, 기기의 특성과 상황에 따라 복수의 수단(Multi–channel)을 활용해 알릴 필요가 있다.

56 ①

가명처리에서 결합키는 서로 다른 가명정보 세트를 결합할 때 사용하는 매개 값으로, 개별적으로는 특정 개인을 식별할 수 없지만 결합대상 정보들 간의 동일인을 구별할 수 있도록 조치된 정보를 말한다.

57 ③

가명정보는 통계작성, 과학적 연구, 공익적 기록보존의 목적일 때에 한해 정보주체의 동의 없이 처리할 수 있다. 그러나 인사평가 목적은 이러한 법적 예외 사유에 해당하지 않는다.

58 ①

k–익명성(k–anonymity)은 동일한 준식별자 조합을 가진 레코드가 최소 k개 이상 존재하도록 데이터를 처리함으로써 개인 식별을 어렵게 하는 모델이다. 이를 통해 외부 정보와의 연결공격(Linkage Attack) 위험을 줄인다.

한편 l–다양성(l–diversity)과 t–근접성(t–closeness)은 k–익명성의 한계를 보완한 개념으로, 민감정보의 다양성 및 분포의 유사성을 고려한 추가적인 보호 모델이다.

59 ⑤

결합전문기관은 「개인정보 보호법」 및 관련 고시에 따라 전문 인력(3명 이상). 안전한 결합 환경, 정책 · 절차. 재정능력(50억 원 이상) 등을 갖추어야 하며, 최근 3년 이내에 과태료 공표 등의 불이익이 없어야 한다.

공공기관은 재정능력 기준을 적용받지 않는다.

60 ④

개인정보 처리방침에는 원칙적으로 개인정보의 처리목적, 항목, 보유기간. 파기절차 등 주요 사항을 반드시 포함해야 한다.

반면, '제3자 제공에 관한 사항'은 개인정보를 실제로 제3자에게 제공하는 경우에만 기재하는 선택적(해당 시) 항목으로, 제3자 제공이 없는 경우에는 처리방침에 기재하지 않아도 된다.

61 ③

개인정보 처리방침은 정보주체가 쉽게 확인할 수 있는 위치나 방법으로 공개해야 하며, 인터넷 홈페이지가 없는 경우에도 사업장 내 보기 쉬운 장소 게시. 관보 · 신문 게재, 간행물 · 계약서 기재 등의 방법을 통해 공개할 수 있다.

62 ②

「표준 개인정보 보호지침」에 따르면, 법령에서 개인정보처리자에게 구체적인 의무를 부과하고 있고, 그 의무를 이행하기 위해 개인정보 수집이 불가피한 경우에는 정보주체의 동의 없이도 수집 · 이용할 수 있다. 또한 「청소년보호법」 제16조 제1항은 청소년유해매체물을 판매 · 대여 · 배포하거나 시청하도록 제공하려는 자는 상대방의 나이 및 본인 여부를 확인해야 한다고 규정하고 있다. 따라서 C사는 법령에 근거한 연령확인 의무를 이행하기 위한 불가피한 개인정보 수집이 가능하며, 이는 '법령상 의무 준수를 위한 개인정보 처리'로서 적법한 행위에 해당한다.

63 ④

개인정보 처리방침 평가는 적정성 · 가독성 · 접근성을 기준으로 이루어지며, 평가대상은 개인정보처리자의 유형, 규모, 개인정보의 종류, 법 위반 이력, 정보주체 특성 등을 종합적으로 고려하여 선정한다. 법 위반이 있었다고 해서 자동으로 평가 대상에서 제외되는 것은 아니다.

64 ③

개인정보보호 경력, 정보보호 경력, 정보기술 경력을 합하여 총 4년 이상 보유하고, 그 중 개인정보보호 경력을 최소 2년 이상 보유해야 한다.

65 ①

국내대리인은 반드시 한국 국적일 필요는 없으나, 한국어로 원활한 의사소통이 가능하고 국내 이용자의 개인정보 관련 고충을 처리 및 자료 제출을 할 수 있어야 한다.

66 ③

개인정보처리자가 개인정보의 분실·도난·유출 사실을 인지한 경우, 지체 없이 정보주체에게 유출 항목, 시점과 경위, 피해 최소화 방안, 대응조치 및 피해구제 절차, 신고 담당부서 및 연락처를 통지해야 한다.

67 ②

제3자전송요구 시 정보전송자는 반드시 중계전문기관을 통해 개인정보를 전송해야 하며, 직접 일반수신자에게 전송해서는 안 된다. 또한 전송 시에는 안전한 암호화 알고리즘을 사용하고, 개인정보의 정확성·완전성·최신성을 유지해야 한다.

스크래핑 방식은 정보주체의 접근수단을 직접 보관하거나 그 권한을 확보해 정보주체의 이름으로 열람하는 방식으로 금지되며, 개인정보관리 전문기관과 일반수신자는 논리적 또는 물리적 분리보관을 해야 한다.

68 ③

제3자 전송요구는 정보수신자가 보호위원회가 정한 요건을 갖추어 지정·등재되고 중계전문기관과 연계된 경우에만 가능하므로, 정보주체가 정보전송자에게 직접 요구하는 것은 허용되지 않는다.

69 ⑤

국내대리인은 개인정보보호 관련 업무(불만 처리, 피해 구제, 규제기관 대응 등)를 대리하는 자로서, 요금 고지나 결제업무 수행 등의 상업적 역할은 수행하지 않는다.

70 ①

우리나라는 「개인정보 보호법」, 「위치정보의 보호 및 이용 등에 관한 법률」(이하 '위치정보법') 등에서 만 14세 미만 아동의 개인정보 수집·이용 시 법정대리인 동의 의무, 명확하고 쉬운 고지 의무 등을 규정하고 있다.

71 ①

넛지 기술(Nudge techniques)은 이용자의 심리적·행동적 특성을 이용해 특정 선택을 자연스럽게 유도하는 기법이다. 원래는 공익적 의사결정을 돕기 위한 개념이지만, 아동·청소년 대상 서비스에서 상업적 목적이나 개인정보 제공을 유도하는 방식으로 사용될 경우 개인정보 자기결정권을 침해할 우려가 있다.

72 ④

개인정보 보호법상 정보주체의 열람 요구는 원칙적으로 허용되며 법률에 따라 열람이 금지되거나 제한되는 경우, 타인의 생명·신체·재산 등 이익을 침해할 우려가 있는 경우, 조세 부과·징수 또는 환급 등 공공업무에 중대한 지장을 초래하는 경우, 성적 평가·입학자 선발·자격심사·보상금 산정·감사·조사 등 법률상 규정된 업무 수행에 지장을 초래하는 경우 거절이 가능하다.

73 ④

개인정보처리자는 자동화된 결정이 이루어지는 경우, 정보주체가 이를 쉽게 확인할 수 있도록 ① 결정 사실·목적·대상, ② 사용 개인정보 유형, ③ 처리 절차, ④ 민감정보·아동정보 처리 목적 및 항목, ⑤ 거부·설명요구 방법 등을 공개해야 한다.

74 ④

개인정보 보호법은 손해배상청구권의 시효를 별도로 규정하지 않으므로, 민법상 일반규정이 적용된다. 따라서 정보주체는 손해 및 가해자를 안 날로부터 3년(소멸시효), 또는 불법행위를 한 날로부터 10년(제척기간) 이내에 손해배상을 청구해야 한다.

75 ③

개인정보파일의 보유기간은 전체 파일이 아닌 개별 개인정보의 수집부터 삭제까지의 생애주기 기준으로 산정해야 하며, 관련 법령의 보존기간을 우선 적용해야 한다.

76 ③

음성 형태의 광고는 광고가 시작되는 부분에 '광고'임을 알리는 음성, 전송자의 명칭·전화번호·주소 및 수신 거부 또는 동의 철회 방법을 안내해야 한다.

77 ①

통신사실 확인자료의 보존 기간은 통신비밀보호법에서 규정하며, 전자금융거래법에서는 전자금융거래와 관련된 전자적 장치의 접속기록은 5년을 보존한다.

78 ④

개인정보 보호 수준 인정은 법적·제도적 보호체계 및 피해구제 절차의 실효성을 중심으로 판단한다. 즉, 법령상 보호원칙, 감독기관의 독립성, 공공기관의 법적 근거와 피해구제 절차, 그리고 감독기관 간 협력 가능성 등이 주요 고려사항이다.

79 ④

국외 이전 중지 명령은 개인정보 보호위원회가 정보주체의 권익 침해 우려가 크다고 판단되는 경우에 내릴 수 있는 조치로, 개인정보의 유형·규모, 위반의 중대성, 피해의 심각성, 정보주체 이익 여부, 피해구제 수단의 유무, 침해 위험성 등을 종합적으로 고려한다.

80 ③

「119구조·구급에 관한 법률」에 따르면, 소방청장 또는 시·도지사 등은 구급대가 응급환자를 의료기관으로 이송한 경우, 이송환자의 수, 증상, 사망 여부, 상해의 경중 등 진단 및 상태에 관한 정보를 요청할 수 있다. 이는 응급처치의 적절성을 자체적으로 평가하기 위한 법적 근거에 따른 정보 수집 행위로서, 이 경우 의료기관은 정당한 사유가 없는 한 요청에 따라야 한다.

81 ②

'25년 10월 개인정보의 안전성 확보조치 기준 개정을 통해 '비밀번호'의 기능을 '식별'에서 '인증'으로 수정하여, 비밀번호가 정당한 접속 권한을 가진 자임을 인증하는 수단임을 강조하였다.

82 ⑤

'25년 10월 개인정보의 안전성 확보조치 기준 개정을 통해 내부 관리 계획 수립 항목이 2개가 추가되었다. 제12조(출력 · 복사 시 안전조치)와 제13조(개인정보의 파기)를 내부 관리계획 수립 · 시행 대상 항목에 새로 포함하여, 개인정보의 안전한 관리 전 과정에서 계획적 점검이 이루어지도록 하였다. 개인정보 논리적 안전조치에 관한 사항은 필수항목이 아니다.

83 ③

'25년 10월 개인정보의 안전성 확보조치 기준 개정을 통해 기존의 정기 점검 주기(월 1회 이상) 규정을 삭제하고, 개인정보처리자가 내부 관리계획을 통해 점검 주기 · 방법 · 사후조치절차를 자율적으로 정할 수 있도록 변경하였다.

84 ③

ISO/IEC 27001은 정보보호 경영시스템 국제표준, ISO/IEC 27018은 클라우드환경 보호 표준, ISO/IEC 22301은 비즈니스연속성경영시스템 표준이다.

85 ②

사이버킬체인(Cyber Kill Chain)은 군사용어 '킬체인(Kill Chain)'에서 유래된 개념으로, 사이버 공격을 단계별로 분석하여 공격자의 절차를 차단하거나 지연시켜 피해를 최소화하는 적극적인 방어 전략이다.

86 ④

Privacy by Design의 일곱 가지 기본원칙 중 'Full Functionality : Positive-Sum'은 개인정보 보호와 비즈니스 목적 간의 상충관계를 '제로섬(Zero-Sum)'이 아닌 '플러스섬(Positive-Sum)'으로 접근해야 함을 강조한다. 즉, 개인정보 보호와 서비스 기능 중 하나를 희생하지 않고, 두 가지 모두를 달성하기 위한 설계 노력을 의미한다.

87 ②

웹서버에 업로드된 악성 스크립트를 통해 원격 명령 실행 및 서버 제어가 가능하도록 하는 것은 웹셸이다.

88 ③

ISMS는 법적 근거에 따라 일정 기준을 충족하는 기관이 인증을 신청해야 하는 의무 정보보호 제도이며, ISMS-P는 개인정보보호 분야까지 확장된 선택 인증제도이다.

89 ④

한국인터넷진흥원(KISA)과 금융보안원(FSI)은 「정보보호 및 개인정보보호 관리체계 인증 등에 관한 고시」에 따라 ISMS-P 인증기관으로 지정되어 있다.

90 ④

갱신심사는 인증의 유효기간이 만료되기 이전에 실시하여 인증 효력을 연장하기 위한 절차이며, 통과 시 유효기간은 5년으로 변경되지 않는다.

91 ⑤

개인정보 영향평가의 대상은 전자적으로 처리되는 개인정보파일에 한정된다.

92 ②

기준은 5만 명 이상의 민감정보 또는 고유식별정보를 처리하는 개인정보처리자이다.

93 ⑤

정보관리기술사. 컴퓨터시스템응용기술사는 정보보호 · 정보기술 분야 경력으로만 인정되며, 개인정보보호 경력으로는 인정되지 않는다.

94 ②

내부 업무용 파일도 등록 대상이다.

95 ④

신용정보 유출 신고는 1만 명 이상이 기준이다.

96 ②

유출 원인과 규모는 통지 항목이 아니며, 정보주체의 조치 가능성과 피해 대응에 관한 정보가 필수이다.

97 ③

구분하고 있지 않은 경우가 평가 기준이다.

98 ④

④는 분쟁조정제도에 대한 설명이다. 단체소송은 소송 제도에 해당된다.

99 ①

공공시스템은 시스템 별로 내부관리계획을 별도로 수립해야 한다.

100 ④

'공개' 등급은 일반 국민에 공개 가능한 정보로, 보안위협이 거의 없는 데이터이다. 업무상 민감한 내용이 있다면 이는 '민감' 등급으로 분류되어야 하며, 공개 등급 데이터에 대해 무조건적인 암호화 · 망분리는 과도한 조치이다.

01 ③	02 ③	03 ②	04 ④	05 ②
06 ③	07 ④	08 ③	09 ④	10 ⑤
11 ②	12 ④	13 ④	14 ④	15 ④
16 ③	17 ⑤	18 ③	19 ⑤	20 ④
21 ①	22 ⑤	23 ④	24 ③	25 ①
26 ⑤	27 ④	28 ②	29 ⑤	30 ④
31 ④	32 ②	33 ⑤	34 ④	35 ④
36 ⑤	37 ①	38 ①	39 ⑤	40 ③
41 ④	42 ③	43 ④	44 ③	45 ①
46 ②	47 ③	48 ③	49 ⑤	50 ②
51 ⑤	52 ④	53 ⑤	54 ②	55 ④
56 ③	57 ④	58 ④	59 ④	60 ②
61 ①	62 ③	63 ①	64 ⑤	65 ④
66 ④	67 ④	68 ⑤	69 ②	70 ③
71 ③	72 ④	73 ③	74 ③	75 ③
76 ⑤	77 ③	78 ③	79 ③	80 ⑤
81 ④	82 ③	83 ③	84 ⑤	85 ④
86 ④	87 ③	88 ③	89 ③	90 ④
91 ③	92 ①	93 ①	94 ②	95 ③
96 ②	97 ②	98 ③	99 ⑤	100 ①

01 ③

해당 정보만으로 특정 개인을 식별할 수 없더라도 다른 정보와 쉽게 결합하여 식별할 수 있는 정보는 익명정보가 아니라 개인정보에 해당한다. 익명정보는 어떠한 방법으로도 특정 개인을 식별할 수 없도록 영구적으로 비식별화된 정보이다.

02 ③

사업체 주소와 전화번호는 개인이 아닌 법인이나 단체에 관한 정보로서 특정 개인을 식별할 수 없으므로 개인정보에 해당하지 않는다.
고객 ID, CI, 엑스레이 사진, 유족관계 정보 등은 개인의 신원이나 신체, 사회적 관계를 식별할 수 있으므로 개인정보에 해당한다.

03 ②

개인정보 보호 원칙에 따르면 개인정보처리자는 수집 목적의 범위 내에서만 개인정보를 처리해야 하며, 목적 외의 용도로 활용하는 것은 금지된다.

04 ④

정보 프라이버시(Information Privacy)는 개인의 정보가 수집 · 이용 · 제공되는 과정을 스스로 통제할 수 있는 권리이다.

05 ②

개인정보자기결정권은 정보주체가 자신의 개인정보의 수집, 이용, 제공 여부를 스스로 결정할 수 있는 권리로, 헌법상 일반적 인격권에서 파생된 권리이다. 이는 단순한 사생활 보호에 그치지 않고, 공개된 정보나 공적 영역의 개인정보에 대해서도 적용될 수 있다.

06 ③

선별 가능성(Singling-out)은 데이터 세트 내에서 특정 개인을 명확히 식별하거나 구별할 수 있는 정도를 의미한다.

07 ④

델파이 기법(Delphi Method)은 전문가들의 판단을 반복적으로 수집 · 조정하여 개인정보의 가치를 예측하는 방식이다.

08 ③

예외적으로 EU 또는 회원국 법률에 따라 특정한 문의 · 회신 · 조회 업무를 수행하는 상황에서 개인정보를 제공받는 정부부처 및 관련 기관은 수령인에 해당하지 않는다.

09 ④

GDPR(General Data Protection Regulation)은 Regulation(규칙)에 해당한다. Regulation은 회원국의 별도 입법 절차 없이 모든 회원국에 직접 적용되는 구속력 있는 법률로, 정부 및 민간 부문 모두에 적용된다.

10 ⑤

DPO는 컨트롤러 또는 컨트롤러의 직원이거나(내부 DPO), 개인 또는 조직이 서비스 계약에 근거하여(외부 DPO) 직무를 이행할 수 있다.

11 ②

'Galaxy Edu'가 EU 거주 학생들의 학습 데이터를 자동으로 수집 · 분석하는 것은 EU 내 정보주체의 행동 모니터링에 해당하므로, 본사가 EU 외부에 있더라도 GDPR이 적용된다. 따라서 데이터 저장 위치나 서비스 요금 여부와 관계없이, EU 거주자의 개인정보를 처리하는 경우 GDPR 준수 의무가 발생한다.

12 ④

정보통신망법에 근거하여 침해사고의 신고를 하지 않으면 3천만원 이하의 과태료가 부과될 수 있다.

13 ④

시스템 오류나 홈페이지 게시로 인한 개인정보 유출의 경우, 원인을 파악하고 서버 설정이나 소스 코드를 수정하는 등 재발 방지 조치를 즉시 시행해야 한다. 해킹, 내부자 유출, 이메일 오발송, 검색엔진 노출 등은 각각의 원인에 맞게 차단 · 삭제 · 회수 등의 조치를 신속히 수행해야 한다.

14 ④

개인정보 유출 사고 발생 이후 본인 확인을 위해 주민등록번호나 CI(Connecting Information)와 같은 민감한 식별 정보를 추가로 수집하거나 노출시키는 것은 2차 피해를 유발할 수 있다.
휴대전화 인증, 이메일 인증 등 대체 인증수단을 사용해야 하며, 유출 피해를 최소화하기 위해 안전한 전송구간 암호화, 웹 취약점 제거, 상담 창구 마련, 피해 구제 안내, 2차 피해 방지 안내 등 종합적인 대응이 필요하다.

15 ④

개인정보보호 관련 ESG 진단 항목은 사회(Social) 및 지배구조(Governance) 영역과 밀접하며, 개인정보 보호 노력, 피해 구제 체계, 이해관계자 정보보호 관리 등을 포함한다.
온실가스 배출량, 에너지 절감 노력, 재생에너지 사용 비율 등은 환경(Environmental) 영역에 해당하므로 개인정보보호 관련 ESG 항목과는 거리가 있다.

16 ③

개인정보 보호법에서는 국가와 지방자치단체의 책무로서 개인정보의 오남용 방지, 정보주체 권리 보호, 아동 개인정보 보호 시책 마련, 자율적 보호활동의 존중·지원, 개인정보 보호 원칙 준수 등을 규정하고 있다.

17 ⑤

개인정보 보호 조직은 사업 부서를 대신해 업무를 수행하는 것이 아니라, 각 부서가 소관 업무 내에서 개인정보 보호를 책임지고 수행할 수 있도록 점검·지원·감독하는 역할을 하는 것이 바람직하다. 이는 광범위한 개인정보 보호 범위를 효율적으로 관리하고, 조직 전체의 자율적 보호 문화와 책임성을 강화하기 위한 핵심적인 운영 방식이다.

18 ③

상위법 우선의 원칙은 법체계 내 위계질서를 유지하기 위한 기본 원칙으로, 상위 법령(헌법·법률 등)이 하위 법령(시행령·시행규칙 등)에 우선 적용된다는 원칙이다.

19 ⑤

개인정보처리시스템 보호기술은 개인정보보호법 구성 항목과 관련이 없다.

20 ④

개인정보처리자의 정당한 이익을 달성하기 위하여 필요한 경우는 명백하게 정보주체의 권리보다 우선하는 경우에만 가능하다. 또한 개인정보처리자의 정당한 이익과 상당한 관련이 있고 합리적인 범위를 초과하지 아니하는 경우에만 가능하다.

21 ①

명백히 정보주체 또는 제3자의 급박한 생명, 신체, 재산의 이익을 위하여 필요하다고 인정되는 경우는 공공기관에 한정된 사유가 아니라 모든 개인정보처리자에게 공통적으로 적용되는 예외 사유이다.

22 ⑤

개인정보 보호법에서는 공공기관의 경우, 다른 법률에 따라 소관 업무 수행을 위하여 불가피하게 개인정보를 목적 외로 이용하거나 제3자에게 제공할 수 있도록 예외를 인정하고 있다. 보기 모두 개별 법률(소득세법, 감사원법, 병역법, 국회법, 공공감사에 관한 법률)에 근거하여 정당한 직무 수행을 위한 자료 요구 또는 제출 사유에 해당하므로, 모두 목적 외 이용·제공이 가능한 사례이다.

23 ④

개인정보처리자가 목적 외 이용 또는 제3자 제공에 관한 동의를 받을 때는
① 개인정보를 제공받는 자,
② 개인정보의 이용 목적,
③ 이용 또는 제공하는 개인정보 항목,
④ 개인정보의 보유 및 이용 기간,
⑤ 동의 거부권 및 그에 따른 불이익의 내용을 고지해야 한다.

24 ③

「개인정보 보호법」상 민감정보란 사상·신념, 노동조합·정당의 가입·탈퇴, 정치적 견해, 건강, 성생활, 유전자 정보 등 개인의 사생활을 침해할 우려가 있는 정보를 말한다.

25 ①

민감정보를 동의없이 처리하면 5년 이하의 징역 또는 5천만 원 이하의 벌금에 처한다. 다른 조항들은 위반 시 3년 이하의 징역 또는 3천만 원 이하의 벌금에 처한다.

26 ⑤

개인정보 보호법에 따라 주민등록번호는 원칙적으로 처리가 금지되며, 법률, 대통령령(시행령), 국회규칙, 대법원규칙, 헌법재판소규칙 등에서 구체적인 근거를 두고 있는 경우에만 예외적으로 처리가 허용된다.
행정절차법은 행정의 일반적인 사항을 다루며 주민등록번호 처리에 대한 개별 근거가 없다.

27 ④

개인정보처리시스템은 고유식별정보를 처리할 수 있도록 체계적으로 구성된 정보시스템을 의미한다.
외부 위탁을 포함하여 대상기관에서 직접 운영·관리하는 개인정보처리시스템은 점검유형이 보유 유형으로 점검된다.

28 ②

주민등록번호는 고유식별정보로서 해당하는 경우에만 예외적으로 처리할 수 있다. 단순히 동의를 받았다는 이유로 주민등록번호를 처리하는 것은 허용되지 않는다.

29 ⑤

'고정형 영상정보처리기기'는 법령에서 구체적으로 허용한 경우, 범죄 예방 및 수사, 시설 안전 및 관리, 화재 예방, 교통 단속 및 정보 제공, 그리고 영상정보를 저장하지 않는 통계 목적 등의 공익 목적에 한해 설치·운영이 가능하다.
의류 매장 탈의실 입구는 개인의 사생활을 침해할 우려가 높은 장소로, 비록 범죄 예방이나 안전 목적이라 하더라도 설치·운영이 허용되지 않는다.

30 ④

개인영상정보를 제공하거나 열람할 때에는 타인의 사생활 침해를 방지하기 위해 모자이크, 마스킹 등 적절한 보호조치를 반드시 수행해야 한다.

31 ④

고정형 영상정보처리기기 설치·운영 사무를 위탁할 때에 위탁계약서(또는 문서)에 반드시 포함해야 할 사항이 정해져 있다. 주요 포함 항목은 △위탁업무 수행 목적 외 개인정보 처리 금지 △안전성 확보를 위한 기술적·관리적 보호조치 △위탁업무의 목적 및 범위 △관리·감독에 관한 사항 등이다.
'열람 창구'는 영상정보 열람 요청 처리 절차에 관한 사항으로, 위탁계약서 필수 포함 항목이 아니므로 가장 거리가 멀다.

32 ②

옵트아웃(Opt-out) 방식은 정보주체가 별도로 거부하지 않으면 동의한 것으로 간주하는 방식으로, 이메일·문자 등을 통해 개인정보 수집이나 광고 수신을 안내한 후 거부 의사를 표시한 사람만 제외하고 나머지를 대상으로 처리하는 형태이다.

33 ⑤

영상기기운영자는 공개된 장소에서 영상을 촬영할 때 촬영 목적의 정당성, 수단의 적합성, 정보주체 권리의 성질과 내용, 정보주체 권리보장의 수준을 종합적으로 고려해야 한다.
영리 목적을 위한 동의 없는 촬영 가능 여부는 판단 요소에 해당하지 않으며, 이는 개인정보보호 원칙에 위배된다.

34 ④

드론을 이용한 항공촬영 등 촬영 방법의 특성으로 인해 정보주체에게 촬영 사실을 알리기 어려운 경우에는 개인정보보호위원회가 구축한 인터넷 사이트에 공지하는 방법으로 알릴 수 있다.

35 ④

가명정보의 자체결합(셀프결합)이란 결합전문기관이 자신이 보유한 가명정보와 다른 개인정보처리자가 보유한 가명정보를 스스로 결합하여 활용까지 수행하고자 하는 결합 형태를 의미한다.

36 ⑤

가명정보는 제20조(정보주체 이외로부터 수집한 개인정보의 수집 출처 등 통지), 제20조의2(개인정보 이용·제공 내역의 통지), 제27조(영업양도 등에 따른 개인정보의 이전 제한), 제34조(개인정보 유출 등의 통지·신고) 제1항, 제35조(개인정보의 열람), 제35조의2(개인정보의 전송 요구), 제36조(개인정보의 정정·삭제), 제37조(개인정보의 처리정지 등)을 적용하지 않는다.

37 ①

가명처리는 일반적으로 ① 목적 설정 및 사전 준비(ㄱ) → ② 위험성 검토(ㄷ) → ③ 가명처리 수행(ㅅ) → ④ 가적정성 검토(ㄴ) → ⑤ 안전한 관리(ㅂ)의 순서로 진행된다.

38 ①

정규 표현식(Regular Expression)은 문자열 내에서 일정한 패턴을 탐색하거나 대체하기 위해 사용되는 형식 언어이다. 주민등록번호, 이메일, 전화번호 등 특정 형식을 가진 민감정보를 자동으로 탐지하고 마스킹할 때 핵심적으로 활용된다.

39 ⑤

가명정보 또는 추가정보가 보조저장매체 등에 저장되어 있는 경우 잠금장치가 있는 안전한 장소에 보관하여야 하며, 이러한 보조저장매체 등의 반·출입 통제를 위한 보안대책을 마련하여야 한다.
저장자체를 무조건 금지하는 것은 아니다.

40 ③

차등프라이버시(Differential Privacy)는 데이터 분석 결과에 무작위 잡음(Noise)을 추가하여 특정 개인의 데이터가 포함되었는지 여부를 알아낼 수 없도록 하는 개인정보 보호 기법이다.

41 ④

개인정보 처리방침은 표준화된 명칭을 사용하여 홈페이지 상단에 기재하여야 한다.

42 ③

각 표시는 개인정보 처리 주요 사항을 기호화한 예시를 마련한 것으로, 각 표시를 표준으로 이용하여야 하는 것은 아니나 중요한 의미가 변경 또는 왜곡되지 않도록 표시를 참고하여 개인정보처리자가 다양한 방식으로 활용하는 것도 가능하다.

43 ④

개인정보 안정성 확보조치에 관한 사항은 필수 항목이고 나머지 항목은 해당 시 기재하면 된다.

44 ③

개인정보 처리방침 평가 대상은 ▲대규모 개인정보를 처리하거나 ▲민감·고유식별정보를 다량 보유한 경우, ▲AI 등 신기술을 활용하여 침해 위험이 있는 경우, ▲유출·과징금 등 위반 이력이 있는 경우, ▲청소년 대상 서비스 운영 등 일정 요건을 충족할 때 지정된다.

45 ③

「소상공인 기본법」 제2조 제1항에 따른 상시 근로자 수가 10명 미만이거나 업종별 상시 근로자 수 등이 대통령령으로 정하는 기준(광업·제조업·건설업 및 운수업은 10명 미만, 그 외 업종 5명 미만)에 해당하는 소상공인일 경우 개인정보보호 책임자 미지정이 가능하며, 이 경우 사업주 또는 대표자가 책임자가 된다.

46 ②

연간 매출액 등이 1,500억원 이상인 자의 조건에는 의료기관은 제외된다.

47 ③

한국 내 영업소의 유무는 국민의 개인정보 고충처리, 개인정보 침해신고 시 규제 집행 등을 고려하여 판단할 수 있으며, 한국에 별개의 법인을 설립했다고 하더라도 해당 법인이 개인정보처리자가 아니라면 '국내에 주소 또는 영업소'가 없는 경우에 해당하여 지정예외는 될 수 없다.

48 ③

공공기관이 처리하는 인사기록 파일, 비상연락망 등 공공기관의 내부적 업무 처리만을 위하여 사용되는 개인정보 파일도 등록 대상이다.

49 ⑤

개인정보처리자는 개인정보가 분실·도난·유출(이하 "유출등"이라 한다)되었음을 알게 되었을 때에는 지체없이 정보주체에게 1. 유출등이 된 개인정보의 항목, 2. 유출등이 된 시점과 그 경위, 3. 유출등으로 인하여 발생할 수 있는 피해를 최소화하기 위하여 정보주체가 할 수 있는 방법 등에 관한 정보, 4. 개인정보처리자의 대응조치 및 피해 구제절차, 5. 정보주체에게 피해가 발생한 경우 신고 등을 접수할 수 있는 담당부서 및 연락처 사항을 알려야 한다.

50 ②

'유출 사실을 알게 되었을 때'는 권한 없는 제3자가 개인정보를 알 수 있는 상태에 이르렀다는 사실을 인지하게 된 것만으로도 충족한다.

51 ⑤

개인정보 전송 요구권은 정보주체 본인에 관한 개인정보 중 동의에 따라 처리된 개인정보, 계약 이행 또는 체결 과정에서 처리된 개인정보, 또는 보호위원회가 심의한 공익적 목적의 개인정보 등에 한하여 인정된다.
전송 대상은 컴퓨터 등 정보처리장치로 처리되는 개인정보이어야 하며, "공신력 있는 계약서로 처리되는 개인정보"라는 표현은 법에서 규정한 요건이 아니므로 적절하지 않다.

52 ④

통신정보전송자는 「전파법」 제10조에 따라 주파수를 할당받아 이동통신서비스를 제공하고, 정보주체와 이용계약을 체결한 자를 말한다. 2025년 기준으로는 이동통신 3사만 통신정보전송자에 해당하며, MVNO(이동통신재판매사업자)는 전송 대상 기준에 포함되지 않으므로 적절하지 않다.

53 ⑤

적법한 동의를 받기 위해서는 정보주체가 자유롭고 명확한 의사 표시를 할 수 있어야 하며, 동의 목적과 내용이 구체적이고 명확해야 한다. "서비스 편의를 위해 포괄적으로 동의받는 행위"는 정보주체가 동의의 내용을 명확히 인식하지 못하게 하므로 적법한 동의로 볼 수 없다.

54 ②

개인정보처리자는 정보주체에게 동의를 받을 때, 개인정보의 수집ㆍ이용, 제3자 제공, 목적 외 이용ㆍ제공, 민감정보 및 고유식별정보의 처리, 재화ㆍ서비스 홍보나 판매 권유 목적의 처리 등은 각각 구분하여 별도의 동의를 받아야 한다. 그러나 개인정보처리방침의 공개는 법에 따른 고지 의무 사항이지 동의를 받아야 하는 대상이 아니므로 적절하지 않다.

55 ④

서면, 전화 확인, 인터넷 표시, 전자우편 회신 등은 적법한 동의 방법에 해당하지만, 문자 회신만으로 동의를 받은 것으로 간주하는 행위는 정보주체의 명확한 동의 의사 표시를 확인할 수 없으므로 적법한 방법이 아니다.

56 ③

정보주체는 개인정보 보호법에 따라 자신의 개인정보에 대한 열람 및 제공을 요구할 권리가 있으며, 열람 대상에는 개인정보의 항목ㆍ내용, 수집ㆍ이용 목적, 보유 및 이용 기간, 제3자 제공 현황, 동의 사실 및 내용 등이 포함된다.

57 ④

개인정보 보호법상 열람 요구의 제한 사유는 ▲법률상 열람 금지ㆍ제한, ▲타인의 권익 침해 우려, ▲공공기관의 조세ㆍ환급 업무 지장, ▲학교의 성적평가ㆍ입학선발, ▲시험ㆍ자격심사 업무 지장 등이다.

58 ④

개인정보 보호법 시행령에 따르면, 개인정보처리자는 열람 요구를 받은 날부터 10일 이내에 정보주체가 해당 개인정보를 열람할 수 있도록 해야 한다.

59 ④

정보주체는 자신의 개인정보에 대해 정정 또는 삭제를 요구할 수 있으나, 다른 법령에서 수집 대상으로 명시된 개인정보는 공익적 필요에 따라 삭제 요구의 대상에서 제외된다.
개인정보처리자는 요구를 받은 날로부터 10일 이내에 정정 또는 삭제 조치 결과를 통지해야 하며, 삭제 시에는 복구ㆍ재생이 불가능하도록 조치해야 한다.

60 ②

개인정보를 목적외이용등을 한 날부터 30일 이내에 다음 각 호의 사항을 관보 또는 인터넷 홈페이지에 게재하여야 한다. 인터넷 홈페이지에 게재할 때는 10일 이상 계속 게재하여야 한다.

61 ①

개인정보처리자는 정보주체의 처리정지 요구를 원칙적으로 이행해야 하지만, ▲법령상 의무 준수 필요, ▲타인의 권익 침해 우려, ▲공공기관의 법정 업무 수행 필요, ▲계약 이행 곤란 및 정보주체 미해지 의사 등의 경우에는 예외적으로 처리정지를 제한하거나 거절할 수 있다.

62 ③

국세청이 종합신용정보집중기관의 요청에 따라 체납자료를 제공한 행위는 「국세징수법」에 근거한 적법한 행위이다. 법원은 이를 「개인정보 보호법」에서 정한 '법률에 특별한 규정이 있는 경우'에 해당한다고 판시하였다.(참조: 서울중앙지방법원 2016. 5. 26. 선고 2015가합580409 판결)

63 ①

「개인정보 보호법」에 따르면, 공공기관은 법령 등에서 정하는 소관 업무 수행을 위하여 불가피한 경우 개인정보를 수집ㆍ이용할 수 있다. 대구지방법원(2022. 6. 8. 선고 2021구합618 판결)에서는 피고 소속 교도관은 교정 업무의 수행을 위하여 수용자들의 개인정보를 수집ㆍ이용ㆍ제공할 권한이 있고, 접근권한이 있는 자에게 개인정보에 접근할 수 있도록 하는 행위는 개인정보의 유출 또는 누설에 해당하지 아니하므로, 피고 소속 교도관들이 교정 업무를 수행하기 위하여 수용자들의 개인정보를 수집ㆍ이용ㆍ제공했더라도 직권남용에 해당한다거나 개인정보보호법에 위배된다고 볼 수 없다고 판시하였다.

64 ⑤

만 14세 미만 아동의 개인정보 수집ㆍ이용 시에는 법정대리인의 동의 및 동의 확인이 반드시 필요하다.
①~④는 모두 법정대리인의 신원을 확인하고 실제 동의 의사표시를 검증할 수 있는 적절한 방법이다.
반면 ⑤는 법정대리인의 실제 확인 절차가 없으므로 동의 확인 방법으로 인정되지 않는다.

65 ④

'자동화된 결정' 판단시 고려사항은
1. '완전히 자동화된 시스템'에 의할 것
- 정당한 권한을 가진 사람에 의한 실질적이고 의미 있는 개입이 있는지 여부
2. '개인정보를 처리'하여 이루어질 것
- 해당 정보주체의 개인정보를 자동화된 시스템을 통해 실질적인 자동화된 처리 과정을 거쳐 의미 있는 정보를 추출하는 과정을 의미
3. 개인정보처리자에 의한 '결정'일 것
- 개인정보처리자에 의해 '정보주체의 권리 또는 의무'에 영향을 미치는 최종적인 결정을 의미
4. 정보주체에 대한 '최종적인 결정'일 것
5. '완전히 자동화된 시스템에 의한 개인정보의 처리'와 '결정' 사이에 '실질적인 관련성'이 있을 것
6. 다른 법률에 자동화된 결정 관련 특별한 규정이 없을 것에 해당한다.

66 ④

자동화된 결정은 완전히 자동화된 시스템에 의해 개인정보가 처리되고, 그 결과가 정보주체의 권리 또는 의무에 직접적이고 실질적인 영향을 미치는 최종 결정에 해당할 때 인정된다.
시스템이 부정행위를 탐지하여 임시로 계정을 차단하더라도, 이후 정보주체의 요청에 따라 사람이 개입하여 최종 결정을 내리는 절차가 존재하므로 '완전히 자동화된 결정'으로 보기 어렵다.

67 ④

개인정보처리자는 자동화된 결정을 투명하게 운영하기 위해 ▲결정의 사실 · 목적 · 대상 범위, ▲사용되는 개인정보 유형 및 관계, ▲처리 절차 및 고려사항, ▲민감정보 · 아동정보 처리 목적과 항목, ▲정보주체의 거부 · 설명 요구 방법 등을 공개해야 한다.

68 ⑤

법원은 손해배상액을 산정할 때 ▲고의 또는 인식 정도, ▲피해 규모, ▲경제적 이익, ▲벌금 · 과징금, ▲위반 기간 · 횟수, ▲재산상태, ▲개인정보 회수 및 피해구제 노력 등을 종합적으로 고려한다. "내부 감사 부서를 설치한 여부"는 법에 명시된 고려사항이 아니므로 가장 거리가 멀다.

69 ②

개인정보 보호법상 손해배상책임 보장 의무는
① 전년도 매출액 등이 10억 원 이상,
② 전년도 말 기준 직전 3개월,
③ 저장 · 관리 중인 정보주체 수가 일일 평균 1만 명 이상인 개인정보처리자에게 적용된다.

70 ③

가입대상개인정보처리자의 가입금액 산정요소		최저가입금액
정보주체 수	매출액등	(최소적립금액)
1만 명 이상 10만 명 미만	800억 원 초과	2억 원
	50억 원 초과 800억 원 이하	1억 원
	10억 원 이상 50억 원 이하	5천만 원
10만 명 이상 100만 명 미만	800억 원 초과	5억 원
	50억 원 초과 800억 원 이하	2억 원
	10억 원 이상 50억 원 이하	1억 원
100만 명 이상	800억 원 초과	10억 원
	50억 원 초과 800억 원 이하	5억 원
	10억 원 이상 50억 원 이하	2억 원

71 ③

조정안을 제시받은 당사자가 제시 받을 날로부터 15일 이내 수락 여부를 알리지 않으면 조정을 수락한 것으로 본다.

72 ④

집단분쟁조정은 피해 또는 권리침해를 입은 정보주체의 수가 50명 이상이고 사건의 중요한 쟁점이 사실상 또는 법률상 공통될 때 개별적으로 소송을 제기하는 대신에 집단으로 분쟁을 해결할 수 있도록 하는 제도이다.

73 ③

단체소송의 원고는 변호사를 소송대리인으로 선임하여야 한다.

74 ③

공공기관이 법령 등에서 정한 소관 업무 수행을 위해 불가피한 경우에는 정보주체의 동의 없이도 개인정보를 수집 · 이용할 수 있다.

75 ③

개인정보처리자가 정보주체의 동의를 받을 때는 개인정보의 수집 · 이용 목적, 수집하려는 개인정보의 항목, 개인정보의 보유 및 이용기간, 동의를 거부할 권리와 그로 인한 불이익의 내용을 고지하여야 한다.

76 ⑤

인사기록, 급여지급 등과 같이 지속적으로 관리할 필요가 있는 개인정보파일은 등록 대상에 해당한다.
국가 안전 · 외교상 비밀, 범죄 수사 및 형 집행 관련 사항, 조세 · 관세 범칙행위 조사, 단순 업무 수행을 위한 일회적 개인정보파일, 공공의 안전을 위한 긴급 처리 개인정보파일 등은 등록 제외 대상이다.

77 ③

개인정보 보호법상 통지의무는 5만 명 이상 정보주체의 민감정보 또는 고유식별정보를 처리하거나, 100만 명 이상의 개인정보를 처리하는 자는 통지의무 대상에 해당하며, 개인정보를 제공받은 날로부터 3개월 이내에 관련 내용을 통지해야 한다.

78 ①

오후 9시부터 그다음 날 오전 8시까지의 시간에 전자적 전송 매체를 이용하여 영리 목적의 광고성 정보를 전송하려는 자는 수신자로부터 별도의 사전 동의를 받아야 한다.

79 ⑤

소비자의 불만 또는 분쟁처리에 관한 기록의 보존기한은 3년이다.

80 ③

수탁자는 위탁받은 개인정보의 처리업무를 제3자에게 다시 위탁하려는 경우에는 위탁자의 동의를 받아야 한다.

81 ④

처리 목적이 달성되는 즉시 파기되는 일시적 파일(통상 2개월 이내)은 등록 제외 대상이다.

82 ③

내부관리계획의 수립 및 시행 생략이 가능한 개인정보처리자는 1만 명 미만 개인정보처리 소상공인 · 개인 · 단체이다.

83 ③

개인정보처리시스템에서 개인정보를 다운로드 및 파기하는 컴퓨터 등의 경우 내부 관리계획에 따른 위험 분석을 실시하여, 위험을 감소시킬 수 있는 보호조치 등 적절한 통제대책을 적용한 경우에는 해당 컴퓨터 등을 인터넷망 차단 조치 대상에서 제외할 수 있도록 25년 10월 개정되었다.

84 ⑤

개인정보보호 법령 상 패스워드 정책에 대한 내용은 없으나, 10자리 이상, 대소문자 특수문자를 섞어서 사용하는 것이 바람직하다.

85 ④

접근통제 정책으로 임의적 접근통제(DAC), 강제적 접근통(MAC), 역할기반 접근통제(RBAC), 속성기반 접근통제(ABAC)가 있으며 CL은 주체를 기준으로하는 접근허가 목록으로 접근통제 매커니즘의 한 유형이다.

86 ④

25년 10월, 내부 관리계획을 통해 개인정보취급자의 개인정보처리시스템에 대한 접속기록 점검 주기, 방법, 사후조치절차 등을 자율적으로 정할 수 있도록 개정되었다.

87 ③

공공기관의 개인정보 영향평가는 5만 명 이상의 민감정보 또는 고유식별정보를 처리하는 경우, 50만 명 이상의 개인정보파일을 내부 · 외부에서 연계하는 경우, 100만 명 이상의 개인정보파일을 구축 · 운용 또는 변경하는 경우 개인정보 영향평가를 실시해야 한다.

88 ③

기준선 접근법은 개인정보처리시스템에 대해 기본적인 보호수준(기준선)을 설정하고, 그 수준을 달성하기 위한 보호대책을 선택 · 적용하는 방법이다. 시간과 비용을 절감할 수 있는 장점이 있으나, 보호대책이 과하거나 부족할 수 있는 단점이 있다.

89 ③

해부화는 기존의 하나의 데이터셋을 식별성이 있는 정보집합물과 식별성이 없는 정보집합물로 구성된 2개의 데이터셋으로 분리하는 개인정보 가명 · 익명처리 기술이다.

90 ④

개인정보보호 중심 설계(Privacy by Design)는 제품 · 서비스의 기획 단계부터 파기 단계까지 전체 생애주기에 걸쳐 개인정보를 보호하는 기술 및 정책을 적용하는 것이다.

7대 원칙으로 ① 사후 조치가 아닌 사전 예방, ② 초기 설정부터 개인정보 보호조치, ③ 개인정보보호를 내재한 설계, ④ 개인정보보호와 사업 기능의 균형, ⑤ 개인정보 생애주기 전체에 대한 보호, ⑥ 개인정보 처리 과정에 대한 가시성 및 투명성 유지, ⑦ 이용자 개인정보 존중 등으로 구성되어 있다.

91 ③

사용자의 PC 또는 DNS 서버를 조작하여 정상적인 도메인 주소로 접속하더라도 가짜(악성) 웹사이트로 유도해 개인 정보나 금융 정보를 탈취하는 기법이다.

92 ①

N2SF는 국가 · 공공기관의 업무 중요도 및 시스템 등급에 따라 보안대책을 차등 적용하는 국가망 보안 프레임워크이다.

93 ①

이미 악용이 확인된 취약점의 목록으로, 미국 CISA에서 관리하고, 연방 기관들이 즉시 패치해야 하는 가장 심각하고 위험한 취약점을 식별하는 데 사용된다.

94 ②

ITSEC(Information Technology Security Evaluation Criteria)는 유럽 여러 국가가 공동으로 제정한 정보시스템 보안 평가 기준이다.

95 ③

데이터 스크러빙(Data Scrubbing)은 원본 텍스트의 구조와 의미를 유지하면서 자동화된 파싱 기술을 이용해 개인식별(가능)정보만을 제거하거나 마스킹 · 대체하는 비식별화 기법이다. 이는 단순 삭제나 수작업 마스킹과 달리 자동화 소프트웨어를 통해 수행되어 효율성과 일관성을 높일 수 있다.

96 ②

CDR(Content Disarm & Reconstruction)은 수신된 파일에서 악성 요소나 취약한 구성요소를 제거(또는 무력화)한 뒤 파일을 재구성하여 안전한 상태로 제공하는 기술이다.

97 ②

미라이 봇넷은 IoT 기반 스마트 장치를 감염시켜 대규모 DDoS 공격을 수행하는 악성코드다.

스턱스넷은 산업제어시스템 공격, 컨피커는 윈도우 네트워크 웜, 제우스는 금융정보 탈취용 트로이목마, 워너크라이는 파일 암호화형 랜섬웨어로 목적과 특성이 다르다.

98 ③

98 ③ ─────

금융분야 인증기관은 금융보안원(FSI)이다.

99 ⑤ ─────

정보보호 최고책임자(CISO)가 겸직가능한 업무는 정보보호 공시에 관한 업무, 정보통신기반 보호법에 따른 정보보호책임자 업무, 전자금융거래법에 따른 정보보호책임자 업무, 개인정보보호법에 따른 개인정보 보호책임자 업무, 그 밖에 관례 법령상 업무로써 정보보호 최고책임자 업무가 있다.

100 ① ─────

정보보호 최고책임자(CISO) 자격 요건에 CPPG 자격 취득은 포함되지 않으며, ISMS 인증심사원 자격 보유자가 포함된다.

---

01 ④	02 ⑤	03 ③	04 ④	05 ②
06 ⑤	07 ⑤	08 ⑤	09 ③	10 ③
11 ①	12 ②	13 ④	14 ③	15 ⑤
16 ③	17 ②	18 ①	19 ②	20 ②
21 ⑤	22 ⑤	23 ③	24 ③	25 ④
26 ①	27 ⑤	28 ③	29 ⑤	30 ③
31 ⑤	32 ⑤	33 ⑤	34 ⑤	35 ①
36 ②	37 ⑤	38 ②	39 ②	40 ⑤
41 ①	42 ②	43 ③	44 ④	45 ⑤
46 ④	47 ③	48 ⑤	49 ⑤	50 ③
51 ③	52 ①	53 ①	54 ④	55 ①
56 ⑤	57 ③	58 ③	59 ④	60 ③
61 ④	62 ②	63 ①	64 ⑤	65 ⑤
66 ①	67 ②	68 ③	69 ④	70 ⑤
71 ④	72 ③	73 ⑤	74 ③	75 ③
76 ②	77 ④	78 ④	79 ③	80 ③
81 ②	82 ①	83 ①	84 ①	85 ④
86 ⑤	87 ⑤	88 ②	89 ⑤	90 ⑤
91 ①	92 ②	93 ①	94 ③	95 ②
96 ⑤	97 ①	98 ③	99 ④	100 ①

01 ④ ─────

국적은 한국인일 것을 요하지 않으나, 국내 이용자의 개인정보 관련 고충을 처리하고 규제기관에 정확한 자료를 제출할 수 있어야 하므로 한국어로 원활한 의사소통이 가능해야 한다.

02 ⑤ ─────

CSAP는 클라우드 서비스 모델에 따라 다음과 같다.
- IaaS 보안인증은 관리적·물리적·기술적 보호조치 및 공공기관용 추가 보호조치로 총 14개 분야 116개 통제항목으로 구성
- SaaS 표준등급 인증은 관리적·기술적 및 공공기관용 추가 보호조치로 총 13개 분야 79개 통제항목으로 구성
- SaaS 간편등급 인증은 관리적·기술적 및 공공기관용 추가 보호조치로 총 11개 분야 31개 통제항목으로 구성
- DaaS 인증은 관리적·물리적·기술적 및 공공기관용 추가 보호조치로 총 14개 분야 110개 통제항목으로 구성

PaaS에 대한 인증은 존재하지 않는다

03 ③ ─────

위수탁은 제22조의 명확한 표시 대상이 아니지만, 처리방침에는 반드시 공개해야 한다.

04 ④

대가를 지불한 거래 관계를 통해 직접 연락처를 수집한 사업자가 거래 종료 후 6개월 이내에 자신이 처리하고 수신자와 거래한 것과 같은 종류의 재화 등에 대한 영리 목적의 광고성 정보를 전송하는 경우 사전 동의 의무 예외에 해당한다.

05 ②

법 28조8(개인정보의 국외 이전)에서는 국외 이전이란 국외 제공("조회되는 경우 포함") · 처리위탁 · 보관으로 정의하고 있다. 즉, 해외 사업자의 시스템 (클라우드 등)에 잠시 저장하는 형태라도 '보관'에 해당하면 국외 이전에 해당한다.

06 ⑤

SCC 체결만으로는 별도 동의가 자동 면제되지 않는다. 법이 정한 국외이전 근거를 충족해야 하고, 보호조치와 공개 · 알림 의무도 따라야 한다.

07 ⑤

전문 CPO 제도 적용대상은 재학생 수 1만명 이상이 아닌 2만명 이상인 대학이다.

08 ⑤

정보통신망을 통해 영리목적 광고성 정보를 수신자에게 전달하는 것을 의미한다. (수신자의 사적 영역인 휴대전화, 이메일 등에 정보가 전송되는 경우 등)

오답 피하기
② 영리목적의 광고에 해당하지 않는다.
⑤ 주된 정보가 광고성 정보가 아니라고 하더라도 부수적으로 광고성 정보가 포함되어 있으면 해당 정보 전체가 광고성 정보에 해당한다.

09 ③

가명정보는 개인정보의 한 유형이다(개인정보 보호법 제2조). 특정 목적(통계작성 · 과학적 연구 · 공익적 기록보존)에 한해 일부 권리만 제외되며 그 외에는 정보주체의 권리가 적용된다.

10 ③

법 제27조제3항은 영업양수자 등이 개인정보를 이전받은 경우 "이전 당시의 본래 목적"으로만 이용하거나 제3자 제공할 수 있다고 규정한다.
즉, 양수자의 새로운 목적으로 이용 · 제공하려면 원칙적으로 별도 법적 근거나 동의가 필요하다.

11 ①

이용자가 아닌 정보주체의 개인정보를 저장할 경우 주민등록번호 외의 고유식별정보(여권번호, 운전면허번호, 외국인등록번호)는 영향평가 또는 위험도 분석을 통해 암호화 적용여부 및 범위를 정할 수 있다.

12 ②

내부 정보통신망만 이용한다면 인증정보(비밀번호, 생체인식정보 등) 송 · 수신 시 암호화 의무가 있다.
고유식별정보 등 개인정보는 인터넷 구간 포함 시 송 · 수신 암호화 의무가 발생한다.

13 ④

출입자 수, 성별, 연령대 등 통계값 또는 통계적 특성값 산출을 위해 촬영된 영상정보는 저장하지 않고 일시적으로 처리하는 경우에 설치 가능하다.

14 ③

운영자가 서로 다른 경우에는 같은 건물 · 장소라 하더라도 운영자별로 각각 안내판을 설치해야 한다고 가이드라인에 명시되어 있다.

15 ⑤

지사와 본사 간 상시 전용망 연계는 일반적으로 IPsecVPN으로 구성하는 것이 표준 방식이고, 재택 · 원격 근무자 등 개인 단말에서 본사 또는 내부 시스템에 접속할 때는 SSLVPN을 주로 활용한다.

16 ③

「개인정보의 안전성 확보조치 기준」 제15조는 공공시스템 운영기관은 공공시스템별로 내부관리계획을 수립 · 시행해야 한다고 명시하고 있으며, 제17조에서는 자동화된 방식으로 접속기록을 점검하고, 정기적(최소 월 1회 이상)으로 이상 징후를 탐지할 의무를 부과하고 있다.

17 ②

접속기록은 기본 1년 보관하되, 5만 명 이상 정보주체 처리나 민감정보 · 고유식별정보를 처리하는 경우엔 최소 2년 이상 보관해야 한다.

오답 피하기
③ 개인정보 안전성 확보조치 기준 개정(2025년 10월 31일)으로 인해 접속기록에 대해 기존 월 1회 점검에서 내부 관리계획으로 정하고 이행하는 것으로 변경됐다.

18 ①

CAPTCHA(Completely Automated Public Turing test to tell Computers and Humans Apart)는 컴퓨터와 인간을 구분하기 위한 완전히 자동화된 공개 튜링 테스트의 약자이다.
무차별 대입공격은 Brute-Force Attack이다.

19 ②

심사기관은 인증심사 업무를 수행할 수 있도록 인증기관이 아닌 정책기관(과학기술정보통신부장관과 개인정보 보호위원회)가 지정한다.

20 ②

ISMS-P 인증을 받은 기업(조직)이 정보보안 침해사고로부터 100% 안전하다는 것을 보장하지는 못한다. 다만, 인증취득을 통해 정보보호 침해사고 발생 가능성을 낮출 수 있으며, 침해사고가 발생하더라도 안전한 정보보호 관리체계 운영으로 서비스 복구 등에 소요되는 시간을 최소화할 수 있다.

21 ⑤

본인증 취득 기한 6개월은 '신고가 수리된 날'부터 기산하며, 예비인증 취득일로부터 기산하지 않는다.

22 ⑤

ISP, IDC, 상급 종합 병원, 대학교, 금융회사, 가상자산사업자는 특례 대상에서 제외됨을 명심하자.

23 ⑤

신청기관은 보완조치 요청을 받은 날로부터 40일 이내 보완조치를 완료하고 보완조치 사항에 대한 보완 조치 내역서 및 보완조치 완료확인서를 작성하여 심사 수행기관에 제출해야 한다.

심사 수행기관은 신청기관이 제출한 보완조치 결과가 미흡하다고 판단하거나, 신청기관 스스로 보완조치 내용상 기한 연장이 필요하다고 판단되는 경우 공문을 통해 최대 60일 간(재조치 기간 포함) 연장할 수 있다.

24 ③

IaaS 환경에서 신청기관이 직접 관리하는 영역(Guest OS, 미들웨어, 응용프로그램, DBMS 등)은 심사 범위에 포함된다. 클라우드 제공자가 관리하는 인프라를 제외하고 신청기관이 지배권을 갖는 부분이 심사 대상이다.

25 ④

정보통신서비스와 직접적인 관련성이 낮은 전사적자원관리시스템(ERP), 분석용데이터베이스(DW), 그룹웨어 등 기업 내부 시스템, 영업/마케팅 조직은 일반적으로 인증범위에서 제외한다.

26 ①

정보통신서비스 관련 이용자 상담, 문의 대응 등을 위해 콜센터를 운영하는 경우, 콜센터 관련 시스템(교환기, CTI, IVR 등)은 의무 심사범위에서 제외된다.

27 ⑤

Global CBPR의 특징은 자발적 참여 기반의 '자발성', 각 국의 법제도를 대체하지 않는 '비대체성', 각 국의 법제도 환경에 맞게 제도 운영 가능한 '유연성', 개인정보의 활용을 장려하기 위한 보호체계를 갖춘 '활용 중심'의 특징을 가지고 있다.

Global CBPR과 ISMS-P 인증과는 관련이 없으며 Global CBPR은 기업이 자율적으로 선택 가능한 인증 제도이다.

28 ③

ISO/IEC 27001:2013에서는 10가지 핵심 항목과 14개 분야의 총 114개 관리 통제 항목을 요구했지만 2022년 개정되면서 93개 통제항목으로 변경되었다.

29 ⑤

⑤는 EU GDPR이 아닌 국내 개인정보 보호법에서 정의하는 개인정보에 대한 설명이다. EU GDPR에서 개인정보란 식별 되었거나 또는 식별 가능한 자연인(정보주체)과 관련된 모든 정보를 뜻한다.

30 ①

EU 역내에 사업장을 운영하거나, EU 내 정보주체에게 재화·서비스 제공, 행동 모니터링 여부를 중심으로 적용 범위를 정한다.

단순히 서버 위치만 EU라고 해서 자동으로 GDPR이 적용되지는 않는다.

31 ⑤

가명정보 결합 시 서로 다른 정보 집합을 매칭하기 위해 생성되는 비식별 식별자이다.

32 ③

③은 공간 프라이버시에 대한 설명이다. 개인 프라이버시 위반 사례로는 건강검진 결과, 유전자정보 유출, 의사소통 내용(전화 대화, 이메일 등) 유출 등이 있다.

33 ⑤

가명정보는 특례에 따라 제35조(열람권), 제35조의2(전송요구권), 제36조(정정·삭제 요구권), 제37조(처리정지 요구권) 등이 적용되지 않는다.

34 ⑤

특별법이 일반법보다 더 강하게 규제하든, 더 완화해서 규제하든, 같은 사안에 대해 둘이 충돌하면 원칙적으로 특별법이 우선한다.

35 ①

제세공과금 신고 때문에 당첨자의 주민등록번호를 세법 근거로 수집하는 건 인정될 여지가 있지만, 당첨될지도 모르는 모든 회원의 주민등록번호를 미리 필수 수집하는 건 법에서 요구하는 수준을 넘어선 과도한 수집이다.

36 ②

교통단속을 위하여 설치하는 경우에는 정당한 권한을 가진 자(지자체·경찰 등)만 가능하다.

개인의 경우 블랙박스, 휴대폰 등으로 일시적으로 촬영해서 신고하는건 가능하지만, 고정형 CCTV를 설치하는 것은 불가하다.

37 ⑤

클라우드 서비스 제공자는 전문 개인정보 보호책임자 지정 대상에 해당하지 않는다.

38 ②

해외에서 한국인의 공개된 개인정보를 수집하는 경우에는 개인정보처리자에 의한 이전 행위가 있다고 볼 수 없으므로 국외이전에 해당하지 않으며, 개인정보 보호법 제15조(개인정보의 수집·이용) 등이 적용된다.

39 ②

자체적으로 생성한 개인정보는 수집 출처 통지 대상이 아니며, 정보주체의 요구에 따라 출처 및 이용·제공 내역을 통지해야 하는 것은 정보주체 이외로부터 수집한 개인정보를 처리할 때 해당한다.

40 ⑤

법정대리인 동의를 받기 위한 법정대리인의 최소한의 정보(성명, 연락처)는 아동으로부터 직접 수집이 가능하다.

41 ①

가명정보의 처리 목적이 시장조사를 위한 통계 등 상업적 성격을 가진 통계를 작성하기 위한 경우에도 가명정보를 처리하는 것이 가능하다.

42 ②

③ 크로스사이트 스크립팅(XSS) ④는 파밍/피싱 계열이다.

43 ②

「개인정보의 안전성 확보조치 기준」에 따르면, '내부관리계획'이라는 명칭 사용이 권장되지만, 반드시 해당 명칭을 사용해야 하는 것은 아니며 내부 방침에 따라 다른 용어를 사용할 수도 있다.

44 ④

「개인정보의 안전성 확보조치 기준」 제10조(물리적 안전조치)에 따르면, 개인정보 보관 장소(전산실, 자료보관실 등)에 대한 출입통제는 전자적 방식뿐 아니라 수기 방식의 출입대장도 허용된다.

45 ③

XSS(Cross—Site Scripting, 크로스 사이트 스크립팅) 공격은 웹 애플리케이션의 취약점을 이용해 악성 스크립트를 사용자에게 실행시키는 공격이다. 이 스크립트는 대개 브라우저에서 실행되는 자바스크립트 코드로, 사용자의 세션 탈취, 피싱, 악성 행위 수행 등을 가능하게 한다.

46 ④

BPFDoor의 핵심은 은폐(stealth) 기능이다. 이를 통해 BPFDoor는 활동을 시스템 로그에 남기지 않고, 네트워크 포트 개방 없이 통신하며, 백도어 프로세스를 정상 프로세스처럼 위장한다.
따라서 로그 분석만으로 실시간 탐지하는 것은 거의 불가능하다.

47 ③

총계처리는 평균값, 최댓값, 최소값, 최빈값, 중간값 등으로 처리한다.

48 ⑤

고객 맞춤형 마케팅은 상업적 목적이며, 통계작성 · 과학적 연구 · 공익적 기록보존 등 가명정보 처리의 예외 사유에 해당하지 않는다. 따라서 이 경우에는 정보주체의 동의 없이 가명정보를 처리할 수 없다.

49 ⑤

하나의 랜카드(NIC)를 쓰는 순간 두 네트워크는 물리적으로 연결된다. VLAN 등으로 논리적으로 구분할 수는 있으나 이는 논리적 망분리이다. 물리적 망분리는 반드시 각 망별로 독립된 랜카드가 필요하다.

50 ③

파밍은 DNS/Hosts 변조로 정상 주소를 입력해도 위조 사이트로 경유시키는 공격이다.

> **오답 피하기**
> ① 스미싱은 문자 기반 유인, ② 피싱은 메일 · 메신저 링크 유도, ④ 키로깅은 키 입력 탈취, ⑤ 워터링 홀은 정상 사이트를 악성화하는 기법이다.

51 ③

ISO/IEC 27701 인증을 받기 위해서는 반드시 ISO/IEC 27001 인증을 선행하거나 동시에 획득해야 하며, 단독으로 인증받을 수 없다.

52 ①

주민등록번호는 고유식별정보이며 PIA 대상 기준은 5만 명 이상이다. 3만 건은 기준 미달이므로 PIA 대상이 아니다.

53 ①

ISO/IEC 27001 인증을 이미 받았다고 하더라도, 인증 범위 외 시스템에 대해 ISMS—P를 신청하는 경우에는 인증심사 일부 생략이 불가하다. 범위가 다르면 새롭게 심사를 받아야 한다.

54 ④

사후심사를 받지 않으면 인증이 취소될 수 있음은 맞지만, 인증이 취소된 경우는 더 이상 인증 보유 기관이 아니며, '갱신심사'가 아닌 '최초 인증' 절차를 다시 받아야 한다.

55 ①

개인정보 보호 교육 대상은 개인정보를 처리하는 모든 사람이다. 고용관계 여부는 중요하지 않으며, 계약직, 파견 · 용역 직원, 외부 전문가, 임시/단기 근로자 같은 경우도 교육 대상에 포함된다.

56 ⑤

AI 모델이 개인정보를 학습한 경우, 학습 이후에도 모델이 해당 정보를 암기하거나 재노출할 가능성이 존재하므로, 머신 언러닝(Machine Unlearning), 필터링, 재식별 위험 최소화 등 적절한 안전성 확보조치가 반드시 필요하다.

57 ③

Global CBPR은 "자율적 참여" 제도이며, 의무사항이 아니다. 인증을 받지 않아도 법 위반은 아니며, 국제 데이터 이전에 있어 신뢰성 확보 수단으로 사용된다.

58 ③

ISMS—P 인증 보유 여부는 참고 요소일 뿐, 위탁자의 관리책임을 대신할 수 없다.

59 ④

ISMS—P 인증은 신청기관이 자신이 직접 관리 · 운영하는 영역에 대해 인증을 받는 제도이다.
클라우드 사업자가 CSAP나 ISMS—P 인증을 받았더라도, 해당 서비스를 이용하는 신청기관은 여전히 자신의 서비스 운영 범위 내에서 정보보호 책임을 져야 하며, 인증범위 설정 시 그 책임 범위를 명확히 식별하고 검토해야 한다.

60 ③

③은 마치 수수료 납부 후에야 주요 협의(인증범위, 인원 등)가 진행되는 것처럼 서술되어 있으며, 이는 실제 인증 프로세스와 다르다.
인증기관과 신청기관은 인증범위, 심사기간, 심사 인원, 심사팀 구성, 인증 수수료 등을 사전에 협의해야 한다. 이 협의 결과를 바탕으로 인증심사 계약을 체결하고 수수료를 납부한다. 이후야 심사팀장이 심사 준비 상태를 점검하고, 현장 심사 일정을 조율하게 된다.

61 ④

범칙금 납부 여부만으로는 개인을 알아볼 수 없지만 교통법규 위반 신고인은 이미 알고 있는 교통법규 위반 차량 소유자의 정보와 결합하여 특정 개인을 알아볼 수 있으므로 범칙금 납부 여부는 개인정보에 해당할 수 있다.(개인정보보호위원회 결정 제2017—03—15호 참고)

⑤ CI는 본인확인기관이 주민등록번호를 단방향 암호화한 정보로서 복원이 불가능하고 그 자체로는 특정 개인을 알아볼 수 없으나 특정 개인에 고유하게 생성 및 귀속되어 유일성을 가지며 정보통신서비스 제공자의 온·오프라인 서비스 연계를 위해 활용되므로 다른 정보와 쉽게 결합하여 특정 개인을 알아볼 수 있어 개인정보에 해당한다.

62 ②

영상정보는 반드시 30일 이내로 보관하여야 하는 것은 아니며, CCTV 설치 목적 달성을 위해 필요한 최소한의 기간동안 보관할 수 있다.
단, 최소한의 기간을 산정하기 곤란한 경우에는 보관기간을 30일 이내로 정하는 것이 바람직 하다.

63 ①

개인정보 유출이란 법령이나 처리자의자유로운 의사에 의하지않고, 정보주체의 개인정보에 대하여 처리자가 통제를 상실하거나 권한없는 자의 접근을 허용한 경우를 뜻한다.

64 ⑤

행태정보도 개인정보에 해당하는 경우 개인정보 보호법 준수 의무가 발생한다. 따라서 14세 미만 아동의 행태정보와 개인 식별정보를 결합하는 경우 개인정보에 해당하기에 맞춤형 광고를 제공하고자 하는 경우 사전에 법정대리인의 동의를 받아야 한다.

65 ⑤

⑤ 동형 암호화(Homomorphic encryption)는 암호화된 상태의 연산한 값을 복호화하면 원래의 값을 연산한 것과 동일한 결과를 얻을 수 있는 4세대 암호화 기법이다.

66 ①

기존 하나의 데이터셋(테이블)을 식별성이 있는 정보집합물과 식별성이 없는 정보집합물로 구성된 2개의 데이터셋으로 분리하는 기술이다.

② 성명이나 주민번호 같은 식별자를 무작위 값(토큰)으로 교체하는 방식이다.
③ 구체적인 값을 구간이나 범위로 변환하는 방식이다.
④ 개별 데이터를 보여주지 않고 집합의 합계나 평균값만 보여주는 방식이다.
⑤ 식별 위험이 높은 항목을 지워버리는 단순한 방법이다.

67 ②

추가정보와 가명정보는 분리하여 보관하는 것을 원칙으로 하고, 불가피한 사유로 물리적인 분리가 어려운 경우 DB 테이블 분리 등 논리적으로 분리하는 것도 가능하다. 다만, 논리적으로 분리할 경우 엄격한 접근통제를 적용하여야 한다.

68 ③

주민등록번호는 개인정보보호법 제24조의2, 동법 시행령 제21조의2에 따라 "개인정보 영향평가"나 "암호화 미적용 시 위험도 분석"의 결과에 관계없이 암호화하여야 한다.

69 ④

개인정보처리자가 정보주체의 개인정보 제공 동의를 받을 때에는 각각의 동의 사항을 구분하여 정보주체가 이를 명확하게 인지할 수 있도록 알리고 동의를 받아야 하며, 이 경우 서면, 전화, 인터넷, 전자우편 등의 방법으로 개인정보 수집 동의를 받을 수 있다.
다만, 전화로 동의를 받는 경우 동의에 대한 입증책임은 개인정보처리자가 부담하고, 전화 통화에 응했다는 사실만으로는 동의의사가 있다고 볼 수 없으므로 정보주체의 음성을 녹음하는 등의 방법으로 동의의사를 확인받는 것이 필요하다. 그리고 동의받은 내용은 해당 개인정보를 파기할 때까지 보관하여야 한다.

70 ③

③ 개인정보보호 경력은 최소 1년 이상이 아니라 최소 2년 이상 보유해야 한다.

71 ④

정보주체가 촬영 사실을 명확히 알 수 있도록 고지되었고, 별도로 촬영 거부 의사를 밝히지 않은 경우에는 업무 목적으로의 촬영이 가능하다.

72 ③

③ 손해 발생의 입증 책임은 정보주체에게 있으나, 고의·과실의 유무에 대한 입증 책임은 개인정보처리자에게 있다.

73 ⑤

안내판 기본 3항목(①②③)은 무조건, ④는 위탁이 있을 때만 의무. 보유기간은 안내판이 아니라 운영·관리 방침에 적는다.

74 ③

개별법이 특별 규정을 두면 그 부분은 일반법보다 우선 적용된다.
그러나 개별법이 일반법보다 완화되어 있다고 해서 항상 우선 적용되는 것은 아니다. 개별법 자체가 일반법의 상위 기준을 침해할 수는 없다. 개별법이 위임 범위를 벗어나거나, 기본적 보호원칙을 훼손하면 일반법 또는 상위법이 우선 적용된다.

75 ③

생성형 AI 기술 도입 시, 자기정보 결정권과 동의 기반 처리를 강조한다.
생성형 AI와 개인정보 위험을 물으면 "대량·자동수집 + 재식별·재노출 + 정보주체 권리행사 곤란 = 통제권·자기결정권 침해" 이 키워드가 들어간 보기를 최우선으로 선택하면 된다.

76 ②

- 마스킹(Masking) : 식별정보의 일부를 가려서 직접 알아볼 수 없게 표시하는 기법
- 전역 일반화(Global generalization) : 데이터 전체(모든 레코드)에 동일한 수준의 일반화 규칙을 적용하는 기법
- 난수 대치(Random substitution) : 원래 값을 통계적으로 비슷한 분포의 임의 값으로 통째로 교체하는 기법
- 잡음 주입(Noise injection) : 원래 데이터 값에 작은 랜덤 오차(노이즈)를 더해 변형하는 기법
- 토큰화(Tokenization) : 원래 민감값 대신 의미 없는 대체값(토큰)으로 치환하고, 매핑 정보는 별도 안전하게 저장하는 기법

- 차분프라이버시(Differential Privacy) : 데이터가 거의 달라지지 않도록 노
  이즈를 섞는 수학적 프라이버시 보호 기법
- 합성 데이터(Synthetic Data) : 실제 데이터를 이용해 학습한 모델이 '비슷
  한 특성을 가진 가짜 데이터'를 새로 생성해 낸 것

77 ④

자체결합이라고 해서 의무 예외가 되는 것은 아니다. 가명정보든, 가명처리
과정에서 생성된 데이터든, 여전히 '개인정보'에 해당하고, 개인정보처리자는
접근기록(접속기록) 보관, 재식별 금지, 재식별 발생 시 즉시 중단·파기·보
고같은 안전조치를 해야 한다.

78 ④

개인정보 보호법 제28조의8 제2항에 따라 반드시 고지해야 하는 항목은 다
음과 같다.
- 항목, 국가·시기·방법, 이전받는 자(성명·연락처), 목적·보유기간, 거
  부 방법·효과

79 ③

해외 사업자가 한국인의 공개된 개인정보를 직접 수집하는 경우는, 국내 개
인정보처리자가 해외로 "이전"한 것이 아니므로 국외이전에 해당하지 않는
것으로 해석한다.

80 ③

「개인정보 보호법」 제20조 제1항은, 정보주체 이외로부터 수집한 개인정보를
처리할 때 정보주체가 요구하면 알려줘야 하는 사항을 딱 3가지이다.
- 개인정보의 수집 출처
- 개인정보의 처리 목적
- 개인정보 처리 정지 요구권 또는 동의 철회권이 있다는 사실

81 ②

개인정보보호법에서는 공공기관이 법령 등에서 정하는 소관 업무의 수행을
위하여 필요한 경우에는 별도의 동의 없이 개인정보를 수집·이용할 수 있
도록 하고 있다.
② 정치적 지지도 확보, 후원금 모집은 지방자치단체장의 공적 직무가 아니
라 개인의 정치활동이다.

82 ①

통신요금 할인·멤버십 제공이라는 계약 이행에 불가피하게 필요한 범위를
넘어, 통화내역·위치정보를 장기간 분석해 라이프스타일을 프로파일링하는
것은 본래 목적을 벗어난 처리이다. 이 프로파일링 결과를 제휴사 맞춤형 쿠
폰 발송(광고 및 마케팅)에 이용하는 것은 정보주체가 합리적으로 예상하기
어려운 목적 외 이용이므로 별도 동의 없이는 허용될 수 없다.

83 ①

정보보안 기술은 인프라와 서비스의 기밀성·무결성·가용성(CIA) 확보를
주목적으로 발전해 왔으며, 개인정보 처리 과정에서의 최소 수집·유·노출
및 오·남용 방지, 정보주체 권리·선호 반영, 안전한 활용까지 포괄하기에
는 한계가 있다.
따라서 이러한 영역을 보완하기 위해 개인정보에 특화된 보호·활용 기술이
별도로 필요하다.

84 ①

큐싱은 QR코드를 통해 악성링크로 접속되도록 유도하여 개인정보를 탈취하
는 방식이다.

오답 피하기

② 파밍(Pharming)은 정상적인 웹사이트로 접속한 것처럼 위장하여, 악성
   DNS 또는 호스트 파일을 조작해 가짜 사이트로 유도하는 방식이다.
③ 스미싱(Smishing)은 문자 메시지(SMS) + 피싱으로, 악성 링크를 포함한
   문자를 보내 사용자 클릭을 유도하여 악성 앱 설치나 개인정보 탈취를 시
   도하는 방식이다.
④ 키로깅(Keylogging)은 사용자의 키보드 입력을 기록하는 악성 프로그램
   을 통해 ID, 비밀번호 등을 수집하는 기법이다.
⑤ 피싱(Phishing)은 이메일이나 가짜 웹사이트 등을 통해 금융기관 등을 사
   칭하여 개인정보나 인증정보를 탈취하는 방식이다.

85 ④

GET 방식은 파라미터가 URL 쿼리스트링에 그대로 노출되므로, 브라우저 주
소창, 히스토리, 서버·프록시 로그 등에 남기 쉬워 개인정보 전송에 더 위험
하다.
개인정보가 포함되는 요청은 가능한 GET이 아니라 POST로 처리하거나, 애
초에 URL에 개인정보를 싣지 않는 설계를 해야 한다.

86 ⑤

윈도우 화면잠금은 단말기 물리적 접근만 막는 조치일 뿐, 같은 계정으로 다
른 PC·브라우저에서 접속, 세션 탈취, 백그라운드에서 돌아가는 웹 세션을
통제하지 못한다.
그래서 세션 차단 기능 구현이 어렵다면 윈도우 화면잠금으로 대체 가능하
다는 건 보호조치를 동등하게 대체했다고 볼 수 없고, 안전조치 기준에도 못
미치는 설명이다.

87 ⑤

개인정보보호법에서 동의 없이 처리할 수 있는 경우는 법률 근거, 계약 이행
에 필수, 공공의 안전 등으로 엄격하게 한정된다.
단순히 "근로자 안전을 위한 정당한 목적"이라는 이유만으로 일반적으로 동
의가 면제되는 것은 아니다.
또한, AI 학습용 '이동 위치 데이터'는 목적 변경·고위험 처리에 해당하며 원
래의 실시간 안전 모니터링(사고 즉시 대응)과, AI 학습을 위한 대규모 이동경
로 분석·패턴 추출은 사실상 목적 외 이용/목적 변경에 가깝다. 이 경우에
는 추가 법적 근거, 또는 가명정보 처리, 영향평가(PIA), 동의 등을 검토해야
하며, "안전 목적이니까 동의 불필요"라고 포괄적으로 면제할 수 없다.

88 ②

크리덴셜 스터핑은 이미 유출된 아이디/비밀번호(크리덴셜) 조합을 가져다
가, 다른 웹사이트·앱·서비스에 자동으로 대량 로그인 시도를 해서 계정을
탈취하는 공격이다.

오답 피하기

① 무작위 조합의 문자/숫자를 이용해 비밀번호를 하나씩 대입하며 맞추는
   공격이다.
③ 보안 패치가 되지 않은 알려지지 않은 취약점(제로데이)을 이용한 공격이다.
④ 이메일이나 메시지를 이용해 사용자를 속이고 가짜 페이지로 유도하여
   개인정보를 직접 입력하게 만드는 방식이다.
⑤ 사용자가 이미 로그인된 웹사이트에서 의도치 않은 작업을 하도록 유도
   하는 웹 취약점 공격이다.

89 ⑤ ─────

⑤는 페퍼(Pepper)에 대한 설명이다.
키 스트래칭(Key Stretching)이란, 해시 함수를 여러 번 반복 적용하여 무차별 대입 공격(Brute-force Attack)과 레인보우 테이블 공격(Rainbow Table Attack)에 대한 보안을 강화하는 기법이다.

90 ⑤ ─────

고유식별정보시스템이 아닌 주민등록정보시스템과 연계하여 운영되는 시스템이 해당한다.

91 ① ─────

①은 고위험 개인정보(주민번호 · 건강정보)를 대량 처리하면서 법적 필수 보호조치조차 하지 않는 것으로, 이는 "위험수용"이 아니라 법 위반 · 부실관리에 가깝다.

92 ② ─────

개인정보를 처리하는 임직원, 계약직, 파견 · 용역 인력 등 개인정보를 실제로 취급하는 모든 인력(고용형태 불문)에 대해 교육을 해야 한다.

93 ① ─────

공개키 암호화 알고리즘은 서로 다른 공개키 · 개인키를 사용하는 비대칭키 암호 방식으로 대표적인 알고리즘으로 RSA, ECC가 있다.

오답 피하기

③ 해시 암호 알고리즘(암호학적 해시 함수)은 임의 길이 입력을 고정 길이의 단방향 해시값으로 만드는 함수로 대표적인 알고리즘으로 SHA-256, MD5가 있다.
④ 전자서명 알고리즘은 개인키로 서명하고 공개키로 검증하여 무결성과 서명자의 신원을 보장하는 기술로 대표적인 알고리즘으로 RSA 서명, ECDSA가 있다.
⑤ 양자내성 암호화 알고리즘(PQC)은 양자컴퓨터 공격에도 안전하도록 설계된 차세대 공개키 · 서명 알고리즘으로 대표적으로 SPHINCS, McEliece가 있다.

94 ③ ─────

③ 혈액형은 신체 · 의료 정보이긴 하지만, 통상 시험 · 실무에서는 '건강정보 중 민감정보' 예시에는 주로 질병명 · 장애 여부 · 진료기록 등을 들고, 혈액형은 일반 개인정보로 보는게 일반적이다.

95 ② ─────

정당한 이익(제15조 제1항 제6호)이 인정되려면 ① 목적의 정당성, ② 처리의 필요성, ③ 구체적 이익형량(정보주체 권리 보호조치 포함)이라는 3요건을 충족해야 한다.
즉, 정보주체 권리침해를 줄이기 위한 안전성 확보조치(수집 제외, 최소수집 등)와 권리보장 방안을 전제로 개인정보처리자의 이익이 우월함을 입증해야 하는데, ④번처럼 별도 안전조치 없이도 공개된 개인정보는 자유롭게 학습에 활용 가능이라고 보는 것은 정당한 이익 요건을 과도하게 완화한 잘못된 설명이다.

96 ⑤ ─────

⑤ 3급 이상 공무원 또는 그에 상당하는 공무원을 개인정보 보호책임자로 지정해야 한다.
시 · 도 및 시 · 도 교육청이 3급 이상 공무원 또는 그에 상당하는 공무원이다.

97 ① ─────

비밀번호는 복호화가 불가능하도록 일방향 해시 알고리즘을 사용해야 한다.

98 ③ ─────

ISMS 의무인증 범위에 대해서는 ISMS 인증을 신청하고 일부 서비스에 대해서는 개인정보 영역을 포함한 ISMS-P 인증을 신청하여 2개의 심사를 동시에 진행하는 것도 가능하다.

99 ④ ─────

정보보호 최고책임자(CISO) 겸직가능 업무는 다음과 같다.
- 정보보호 공시 업무
- 정보통신기반보호법상 정보보호책임자 업무
- 전자금융거래법상 정보보호최고책임자 업무
- 개인정보 보호법상 개인정보 보호책임자 업무
- 그 밖에 법령상 정보보호 관련 업무

즉, 겸직금지 대상 CISO라고 해도 개인정보 보호법에 따른 개인정보 보호책임자(CPO) 업무는 겸직 "가능한" 업무로 명확히 규정되어 있다.

100 ① ─────

2.1.1 정책의 유지관리 인증 기준은 정보보호, 개인정보보호 및 IT 환경의 중대한 변화(신규 보안시스템 또는 IT 시스템 도입 등)가 있는 경우 정보보호 및 개인정보보호 관련 정책 및 시행 문서에 미치는 영향을 검토하고 필요시 제 · 개정할 것을 요구하고 있다.
결함 사례에서는 데이터베이스 접근통제 솔루션을 신규로 도입하였으나, 관리지침, 보안지침에 해당 사항이 반영되어 있지 않은 경우로 정책의 유지관리 결함으로 판단하는 것이 적절하다.